Paul Brunner

Studien und Beiträge zu Gottfried Kellers Lyrik

Verlag
der
Wissenschaften

Paul Brunner

Studien und Beiträge zu Gottfried Kellers Lyrik

ISBN/EAN: 9783957008787

Auflage: 1

Erscheinungsjahr: 2016

Erscheinungsort: Norderstedt, Deutschland

Hergestellt in Europa, USA, Kanada, Australien, Japan
Verlag der Wissenschaften in Hansebooks GmbH, Norderstedt

Studien und Beiträge
zu
Gottfried Kellers Lyrik

Von

Dr. Paul Brunner.

Zürich,
Druck und Verlag: Art. Institut Orell Füßli.

Vorwort.

Die vorliegende Arbeit ist das Ergebnis einer Anregung meines verehrten Lehrers, Prof. Dr. Adolf Frey. Sie befaßt sich mit den Änderungen, die Gottfried Keller im Lauf der Jahre an seinen Gedichten vorgenommen hat. Sie bietet erstens eine Sammlung aller erreichbaren Varianten. Zweitens sucht sie an Hand derselben die Linien der Technik des Lyrikers Keller. Drittens bringt sie alle diejenigen Gedichte zum Neudruck, die Keller von seinem lyrischen Sammelband ausgeschlossen hat. Dieselben dürften an dieser Stelle um so eher willkommen sein, als Kellers ältere Gedichtbändchen längst vergriffen sind. Schließlich ist dem Buch ein bisher ungedrucktes Poem „Lenzspuk" beigegeben.

Sollte es über die technische Untersuchung hinaus dem Verfasser gelungen sein, einige interessante Züge im Porträt des Dichters, wenn nicht neu entdeckt, doch von neuen Gesichtspunkten aus gezeigt zu haben, so wäre das Ziel dieser Studien erreicht.

Es ist mir eine angenehme Pflicht, Herrn Prof. Dr. Adolf Frey für seine vielfachen Anregungen und Ratschläge meinen besten Dank auszusprechen. Ebenso Herrn Dr. Max Eßlinger, der mir in liebenswürdigster Weise seine Keller=Manuskripte zur Verfügung gestellt hat. Herrn Oberbibliothekar Dr. Hermann Escher und den übrigen Organen der Stadtbibliothek Zürich bin ich für ihre Unterstützung bei der Sammlung des Materials zu Dank verpflichtet.

Zürich, im September 1906.

Der Verfasser.

Inhalts-Übersicht.

I. Teil.

Einleitung. Aufgabe und Ziel der Arbeit 3

Der lyrische Sammelband von 1883 6

    Geschichte seiner Entstehung. — Briefliche Äußerungen Kellers. — Lyrische Nachblüte. — Charakteristik des Buches. — Anordnung und Aufbau.

Material und Quellen. Drucke. — Manuskripte 19

Wesen und Ziel der Varianten.

    Ökonomie 23

    Prägnanz 79

    Klarheit und Deutlichkeit 100

    Realismus 104

    Mäßigung 110

    Verallgemeinerung 118

    Bescheidenheit 125

    Äußere Einflüsse 133

    Grammatisch-syntaktische Verbesserungen 135

    Stilkorrekturen 144

    Formelle Glättungen 157

Die vom Sammelband ausgeschlossenen Gedichte 164

Anmerkungen 174

II. Teil.

Erläuterungen 179

  I. Verzeichnis der sämtlichen lyrischen Publikationen Kellers in chronologischer Anordnung (Bibliographie) 182

  II. Lesarten-Verzeichnis:

    Buch der Natur 190

    Erstes Lieben 218

    Sonette 235

    Lebendig begraben 251

    Feuer-Idylle 258

    Rhein- und Nachbarlieder 263

Sonnwende und Entsagen 271

Festlieder und Gelegentliches 275

Pandora 287

Trinklaube 297

Vermischte Gedichte 310

Der Apotheker von Chamounix 357

III. **Lyrische Publikationen, welche nicht in die „Gesammelten Gedichte" aufgenommen worden sind.**

Register 395

Aus den „Neueren Gedichten" 1851/54 399

Aus dem ersten lyrischen Bändchen von 1846 406

Einzelne Publikationen und Separatdrucke 426

IV. **Anhang.**

„Lenzspuk". Ein ungedrucktes Gedicht Kellers 436

Register 437

Erster Teil.

„Wenn die Könige bau'n, haben die Kärrner zu tun!“

(Schiller.)

Einleitung.

Veränderungen und Verbesserungen, die ein Dichter an seinen Werken macht, verdienen nicht allein angemerkt, sondern auch mit allem Fleiß studiert zu werden. Man studiert an ihnen die feinsten Regeln der Kunst; denn was die Meister der Kunst zu beachten für gut finden, das sind Regeln.

(Lessing.)

Die Aufgabe der vorliegenden Arbeit besteht darin, die sämtlichen Veränderungen, welche Gottfried Keller an seinen Gedichten im Verlauf der vierzig Jahre vorgenommen hat, die zwischen seinen ersten lyrischen Publikationen und der Redaktion der „Gesammelten Gedichte", 1883, liegen, festzustellen, nach gemeinsamen Gesichtspunkten zu ordnen und ihren Ursachen und künstlerischen Absichten nachzugehen.

Der erste Teil dieser Aufgabe, die Feststellung und Übersicht der Varianten, fällt dem Lesartenverzeichnis zu, das der Arbeit beigegeben ist. Es enthält über 2000 Varianten.

Die weitern Aufgaben, die Zusammenstellung der Varianten nach gemeinsamen Gesichtspunkten und die Untersuchung ihrer künstlerisch= ästhetischen Bedeutung, fallen dem ersten, abhandelnden Teil der Arbeit zu. Es liegt auf der Hand, daß es sich dabei nicht um eine erschöpfende Benützung des gesamten, riesigen Variantenmaterials handeln kann. Vielmehr müssen wir uns mit dem Versuch begnügen, durch eine Aus= wahl möglichst treffender Beispiele die allgemeinen Gesichtspunkte festzu= legen, von welchen sich Keller bei der Bearbeitung seines lyrischen Sammel= bandes leiten ließ.

Die kritischen Fragen sind für uns immer die: Was hat dem Dichter an der alten Fassung mißfallen? Warum hat er sich zu der Änderung veranlaßt gefühlt? Warum hat er gerade so und nicht anders geändert? Inwiefern verdient die neue Redaktion vor der früheren den

Vorzug? Hat der Dichter durch die Variante seine künstlerische Absicht erreicht?

Bei der überwiegenden Mehrzahl der Fälle sind wir in der Lage, den künstlerisch-kritischen Erwägungen und Absichten des Meisters folgen zu können. Immerhin sind der Möglichkeit, die Gründe einer Variante mit absoluter Sicherheit nachzuweisen, bestimmte Grenzen gesetzt. Manchmal haben ganz äußerliche Dinge den Dichter veranlaßt, eine Änderung anzubringen. In solchen Fällen besteht die Gefahr, ihm künstlerische Absichten unterzuschieben, die er nie gehabt hat.

Die Arbeit der Variantenvergleichung, die wir im folgenden an der Lyrik G. Kellers unternehmen, ist für seinen Landsmann und Zeitgenossen C. F. Meyer schon geleistet worden. Im Jahre 1900 erschien von Heinrich Moser ein kleines Buch: „Wandlungen der Gedichte Conrad Ferdinand Meyers" (Leipzig, Haessel), wo unter allgemeinen Gesichtspunkten die Arbeitstechniken des Meisters beschrieben sind. Im Jahr darauf erschien als XVI. Band der Sammlung Palästra eine Untersuchung von Heinrich Kräger: „Conrad Ferdinand Meyer. Quellen und Wandlungen seiner Gedichte". Diese Arbeit gibt für jedes einzelne Gedicht dessen ausführliche ·Entstehungs- und Entwicklungsgeschichte in monographischer Behandlung. Für C. F. Meyer, dessen Gedichte oft solche Metamorphosen durchmachten, daß die ursprüngliche Fassung kaum mehr erkennbar ist, mag diese Behandlungsweise am Platze sein. Für die Variantentechnik G. Kellers, die sich vielmehr an der Oberfläche hält, konnte sie, schon der unendlichen Wiederholungen wegen, nicht in Betracht kommen. Denn Keller hat seine Gedichte nicht umgewandelt und umgegossen; er hat mehr nur an ihnen gefeilt und geglättet. Seine Varianten sind im allgemeinen Retouchen; sie beschlagen nicht so sehr den Inhalt und die ganze Gestalt, als vielmehr die äußere Mache, die Technik seiner Gedichte.

Nicht nur in ästhetischer, sondern auch in psychologischer Hinsicht ist das Problem der Varianten in einer Dichtung von Interesse. Wie haben wir uns psychologisch den Prozeß der Umänderung eines poetischen Produktes im Geist des Dichters zu erklären? Vielfach hält das Publikum noch an dem naiven Glauben fest, daß sich ein solcher Vorgang in der Seele des Poeten unbewußt-instinktiv vollziehe, wie es ja überhaupt die poetische Produktion als eine Gabe Gottes betrachtet, die dem Talent in Weihestunden durch Inspiration zu teil wird. Aber so einfach ist die Sache nicht. Für das Zustandekommen einer Variante bedarf es offenbar des Zusammenwirkens von ästhetischer Kritik auf der einen, von Produktionskraft auf der andern Seite.

Die künstlerische Kritik vollzieht sich freilich infolge der natürlichen Begabung und vielfacher Übung beim Dichter viel exakter, rascher und sicherer, als beim Laien.

Die Produktionskraft aber liegt ausschließlich im angeborenen Talent des Dichters, und dies unterscheidet ihm vom Kritiker und Rezensenten von Profession.

Der lyrische Sammelband von 1885.

Eine Vergleichung und kritische Untersuchung der Varianten in der Lyrik Gottfried Kellers führt uns notgedrungen auf eine kurze Geschichte seiner lyrischen Sammlungen.

Im Jahre 1846 erschien bei der „Akademischen Verlagshandlung von C. F. Winter in Heidelberg" ein erstes lyrisches Oktavbändchen: „Gedichte von Gottfried Keller". Es enthielt auf 340 Seiten gegen 150 Gedichte: Naturlieder (Tages= und Jahreszeiten); zwei Dutzend Sonette, größtenteils politischen oder philosophisch=religiösen Inhalts; siebenundzwanzig Liebeslieder; die beiden Zyklen: „Gedanken eines Le=bendig=Begrabenen" und „Feueridylle" und schließlich eine Abteilung „Vermischte Gedichte".

Weitere Auskunft über dieses erste lyrische Sammelbändchen gibt J. Baechtold, I, 221—229 und 248—254. Der Dichter selbst hat sich später absprechend darüber geäußert. In dem Aufsatz „Autobiographisches" schreibt er darüber: „Ein Band Gedichte, zu früh gesammelt, erschien im Jahre 1846; er enthielt nichts, als etwas Naturstimmung, etwas Frei=heits= und etwas Liebeslyrik, entsprechend dem beschränkten Bildungsfeld, auf dem er gewachsen. Ein freundlicher Kreis, in welchem ich aufge=taucht war, schlug, wie es zu gehen pflegt, weitere Wellen und Wellchen und fütterte mich mit den schönsten Hoffnungen. Kurz, ich lebte in gedrängtester Zeitfrist alle Phasen eines erhitzten und gehätschelten jungen Lyrikers durch und blieb wohl nur wenige von den Torheiten und Un=gezogenheiten schuldig, die einem solchen anhaften."

Im Jahre 1851 ließ Keller bei Vieweg in Braunschweig ein schon seit zwei Jahren gesammeltes Bändchen „Neuere Gedichte" erscheinen. Es sind zumeist Erzeugnisse der Jahre 1846—49. Sie stellen, trotz des Dichters eigenem abschätzigem Urteil, der älteren Sammlung gegen=über einen wesentlichen Fortschritt dar. Es ist ein Oktavbändchen von 240 Seiten mit gegen 100 Gedichten. Das Inhaltsverzeichnis nennt die Abteilungen: „Jahreszeiten", „Von Weibern", „Sonette", „Gaselen", „Vermischte Gedichte", „Aus dem Leben". Zur Kritik des Bändchens vgl. J. Baechtold, II, 29—33.

1854 folgte eine zweite Auflage, deren Geschichte Baechtold a. a. O. folgendermaßen erzählt: „Vieweg übernahm den Verlag der „Neueren Gedichte" im August 1850 nach unangenehmen Auseinandersetzungen mit Winter in Heidelberg, bei dem die ersten Gedichte erschienen waren, stellte jedoch die Bedingung, daß das Büchlein, wofern es nach zwei Jahren nicht verkauft sei, als zweite Ausgabe mit einigen Zusätzen, die durch Kartons eingefügt werden könnten, zur Versendung gelange. Im Herbst 1853 sandte Keller diese Zusätze ein; sie konnten nicht alle aufgenommen werden, „weil das Buch sonst nicht mehr in den alten Deckel hineinpasse". So ist die zweite Ausgabe von 1854 tatsächlich eine Scheinauflage: neu ist das Titelblatt und Inhaltsverzeichnis, eingeschoben als Kartons die Seiten 55—68: „Aus Berlin" (früher „Sonette"), ferner Blatt 169—170, das „Aus der Brieftasche", statt, wie früher, „Aus dem Leben" betitelt ist; neu ist endlich die Zugabe der „Romanzen", S. 209—241." Dazu kommt noch (was Baechtold entgangen ist) die Ersetzung des Gedichtes „Ich habe so manchen Narren gekannt" durch das Lied „Weise nicht von dir mein schlichtes Herz", S. 187.

Zu diesem Bestand an lyrischen Produkten kamen in den folgenden Jahrzehnten manche neue Gedichte, „die da und dort in Zeitschriften zerstreut, wie Juwelen aus ihrer oft unangemessenen Umgebung herausblitzten".

„Es war das Schicksal der Kellerschen Lyrik," sagt Baechtold, II, 32, „daß sie außerhalb seiner engen Heimat wenig Beachtung fand. Belesene Literaturhistoriker gestanden noch zu Ende der siebenziger Jahre, daß sie keines der Gedichtbändchen je zu Gesicht bekommen hätten. Keller klagte nie darüber. Wenn man mit einer Sache nicht durchdringe — pflegte er zu sagen —, liege die Schuld nicht an den andern, sondern am Urheber selbst, der entweder voreilig und leichtsinnig verfahren oder schlecht beraten war, was bei seinen ersten Lyricis leider beides der Fall gewesen sei." Um so mehr mußte ihm daran liegen, seine Lyrik noch einmal zu sammeln, durchzusehen und neu herauszugeben.

Nach dem Erscheinen der „Neueren Gedichte" geriet die lyrische Produktion Kellers ins Stocken. Er ist sich dessen wohl bewußt gewesen. Indessen hatte dies bei ihm seine tiefen Gründe. Schon im September 1850 schreibt er an F. Freiligrath: „Es ist mit der Lyrik eine eigene Sache; sie duldet nur selten eine rivalisierende Tätigkeit neben sich und erfordert ein ganzes ungeteiltes Leben, um aus dessen edelstem Blute als unvergängliche Blüte hervorgehen zu können. Jedes gute Lied kostet einen schrecklichen Aufwand an konsumierten Viktualien, Nervenverbrauch und manchmal Tränen, vom Lachen oder vom Weinen, gleichviel, und dann wird es einem bogenweise berechnet! Und die sechs Strophen füllen nicht einmal zwei Seiten — da geh’ einer hin und werde Lyriker! An genugsamer Aufregung und Bewegung fehlt es mir zwar nicht; aber ich habe bei meiner wunderlichen Lebensart erst angefangen, kräftig und wahr zu empfinden, nachdem die erste und reichste Singlust schon ver= pufft und verkünstelt war.“

Aber er hat die Hoffnung auf eine lyrische Nachblüte nicht aufge= geben. Am 29. September 1857 schreibt er an G. Kinkel: „Es war mir sehr wunderlich, aber auch angenehm, von einem Manne, wie Sie, meiner von aller Welt vergessenen Gedichte so freundlich erwähnt zu sehen, und es erhält mir die Hoffnung, daß ich vielleicht doch noch einige sonnige lyrische Jahre kriegen werde, wo ich jene mehr zufälligen Anfänge zu einem bessern Liederbuch gestalten kann, und zwar ohne dem Schema= tismus zu verfallen. Dazu gehört vor allem Freiheit, Ganzheit und Unbefangenheit des Lebens; und, nachdem die Jugend vorüber, kann ich mir jene nur durch eine Zeit anhaltender künstlerischer Arbeit wieder herbeiführen. Es läßt sich jetzt nichts Besseres tun, als diese Zeit der Nichtswürdigkeit und der Verwirrung mit getroster Arbeit zu verbringen.

Indes wird gewiß der Tag wiederkommen, wo ein freies Lied von selbst entsteht und die steifen Finger wieder leicht werden und zu skan= bieren anfangen; denn es skandiert sich am Schwertgriff der Freiheit mindestens so leicht als auf dem Nacken einer Römerfrau.“

Schon hier also tritt uns der Gedanke an ein „Liederbuch“, eine erweiterte lyrische Sammlung, entgegen. Aber erst zu Anfang der 70 er Jahre gewinnt dieser Plan festere Gestalt. Am 10. September 1871 schreibt Keller an Emil Kuh: „Sie sind leider auch hinter meine Gedichte geraten. Auch hier muß ich neu anfangen und gehe damit um, eine purifizierte und mit Neuem versehene Sammlung anzulegen. Inzwischen wünsche ich, daß die alten Bändchen so wenig als möglich vermerkt werden. Man ist in der Jugend immer selbst schuld, wenn man mit dergleichen nicht durchbringt, sei es aus Leichtsinn, sei es wegen schlechten Beratenseins.“

Ein Brief vom 31. Mai 1872 an Ferd. Weibert, Göschensche Buch= handlung in Stuttgart, zeigt, wie sich damals Keller mit der Frage der lyrischen Sammlung beschäftigte: „Was Sie von meinen Gedichten schreiben, bringt mich auf eine Angelegenheit, welche mich in der Zukunft noch mehrfach beschäftigen wird. Leider sind dieselben (vor sechsund=

zwanzig Jahren erschienen) ohne mein Wissen schon vor manchen Jahren in die Hand von Orell, Füßli & Comp. übergegangen, nachdem der frühere Inhaber der C. F. Winterschen Handlung gestorben war. Hätte ich eine Ahnung gehabt, so hätte ich den Rest der Auflage für den geringen Preis, der dafür gezahlt worden sein wird, natürlich selbst an mich gezogen.

Ein Bändchen „Neuere Gedichte" kam in den fünfziger Jahren bei Vieweg heraus. Bei einer Gelegenheit, als ein bei demselben Herrn Verleger erschienener Roman von mir in einer beschränkten Anzahl von Exemplaren speziell in Zürich zu 5 Franken (statt 26 Franken) verkauft wurde, bat ich Herrn Vieweg, es mir doch zu sagen, wenn er etwa die „Neuern Gedichte" auch antiquarisch zu verkaufen gedächte. Es wurde mir hierauf nichts eröffnet. Seit einem halben Jahr aber stehen diese Gedichte an einem Schaufenster einer Zürcher Sortimentsbuchhandlung zu stark ermäßigtem Preise ausgestellt.

Dieser Sachlage gegenüber existiert nun mein Wunsch und Projekt, in etwa zwei Jahren, nachdem die erforderliche Arbeit getan sein wird, „Gesammelte Gedichte" herauszugeben, bestehend aus den purifizierten beiden, viel Unreifes enthaltenden Erstlingsbändchen und einem starken Zuwachs noch ungedruckter lyrischer Sachen. Die beiden früheren Bänd-chen werde ich in keinem Fall in der jetzigen Gestalt wieder abdrucken lassen. Die Frage wird nun sein, wie ich freie Hand bekommen kann für eine anständige und gereifte Gesamtausgabe der Gedichte. Am besten wird sein, die Sache im stillen abzuwarten, bis ich fertig bin; vielleicht haben bis dahin die Herren jene armen Jugendbändchen glücklich ver-tröbelt. Mit den Viewegischen ist es in diesem Falle dann überall aus. Mit Orell, Füßli & Comp. läßt sich vielleicht, wenn ich bestimmt erkläre, daß ich sein Bändchen, wie es ist, durchaus nicht mehr erneuern lasse, auch ein Abkommen treffen, obgleich diese Firma nicht ohne Absicht das Büchlein so hinter meinem Rücken acquiriert haben wird.

Für den Fall aber, daß ich wirklich mit 1 oder 2 Bänden „Ge-sammelter Gedichte" frei werde absegeln können, denke ich mir jetzt schon gerne Ihren Verlag als einen besonders geeigneten und Glück verheißen-den, und habe in diesem Sinne diese vorläufige Meldung von meinen lyrischen Schicksalen machen wollen, schon um Ihre Äußerungen nicht unerwidert zu lassen." —

In einem Brief an Emil Kuh vom 28. Juli desselben Jahres, 1872, heißt es: „Daß sie meine Gedichte nicht lieben, ist ganz in der Ordnung; ich tue es auch nicht. Dennoch muß ich diese ungeratenen Jugendkinder noch spät zu striegeln und harmonischer anzukleiden suchen, da sie ein-

mal da sind. Mit einem besonnen durchgearbeiteten und sachlich ver=
mehrten Gesamtbande hoffe ich, jene unfertigen Zufrühbändchen ver=
schwinden zu machen."

Dann versiegen für die nächsten Jahre die Nachrichten über die Be=
schäftigung des Dichters mit seiner Lyrik. Anno 1878 entfaltet sich bei
G. Keller auf einmal eine lyrische Nachblüte. Eine Reihe von neuen
Gedichten, darunter echte Perlen der Kellerschen Lyrik, erschienen in den
Jahrgängen 1878 und 1879 der „Deutschen Rundschau". (Herausgegeben
von Julius Rodenberg. Bd. XV, 335 ff.: Has von Überlingen.
Wardeins Brautfahrt. Der Narr des Grafen von Zimmern. Aroleid.
Venus von Milo. — Bd. XVI, 228 ff.: Tafelgüter. Das Weinjahr.
Am Rhein. — Bd. XX, 451 ff.: Ein Schwurgericht. Stutzenbart.
Abendlied. Tod und Dichter.)

Am 25. Juni 1878 schreibt G. Keller an Th. Storm: „Ich geriet
dann, über dem Blättern in Ihren hübschen Bänden aufgeregt, plötzlich
an meine eigenen alten Gedichte, die zu gelegentlichem Durchsehen auf
dem Tisch liegen, und hantierte mit dem Bleistift bis gegen zwei Uhr
morgens darin herum, fand bessere Schlußzeilen, strich Strophen, wo es
mich freute, ganze Lieder ohne Besinnen, machte andere Überschriften,
kurz, ich kam in ein paar Stunden weiter, als sonst in einem halben
Jahre, und das danke ich dem bloßen Kontakte mit dem Mann am
fernen Nordmeer. Hier habe ich trotz der großen Bildungsanstalten keine
Seele, mit der ich in dieser Beziehung verkehren kann. Schriftsteller und
Literarmenschen zu Dutzenden, Leute, die sogar über mich schreiben, aber
keinem ist in concreto ein Wort aus dem Stockfischmaul zu locken.
Freilich versuch ich es auch nicht." — Und in dem gleichen Briefe, weiter
unten: „Da ich grade dran bin, so will ich gleich noch was betteln.
Ich habe neulich in der „Rundschau" ein paar Gedichte abdrucken lassen
auf Rodenbergs Anregung. Wenn Sie dieselben gelesen haben, so sagen
Sie mir, ob ich mit dergleichen Spätlingsgelüsten fortfahren soll, oder
ob ich besser aufhöre? Diese Verübungen kosten mich, sofern es Neu=
entstehungen sind (welch schöne Worte!), so unbillig viel Zeit, daß ich
das Wasserwerklein gern abstelle, wenn es nur Schaden anrichtet. Und
dennoch empfinde ich einen gewissen Reiz dabei, indem man nämlich
immer etwas zu spielen und zu tun hat, ohne daß man an dem ver=
fluchten Manuskript sitzen muß, wie ein Leineweber."

Einige Wochen später, am 13. August 1878, schreibt er an Storm:
„Meine Dichterei, die noch einen Rückfall erlebt, werde ich zunächst
wieder eine Zeitlang schlafen lassen. Es war mehr ein Versuch, die
Handgelenke zu probieren, ob noch die Kraft da sei, das Alte zu sammeln

und zusammenzubinden mit einem Notreifen zum letzten Gange oder Gewatschel. Ich hoffe, diese Arbeit nächstes Frühjahr vornehmen zu können, und muß dann eben etwas geübt sein, da und dort im Fluge etwas Neues oder Ergänzendes aufzuhaschen, wenn die Laune der früheren Tage wach ist und die Weisheit des Alters oder deren berühmtes Gegenteil wenigstens dabei steht. Inzwischen danke ich geziemend für die genossene Aufmunterung, und werde sie nur mäßig mißbrauchen."

Im gleichen Sinne äußert er sich in einem Brief an Petersen vom 27. Januar 1879:

„Ich habe mancherlei Gedichte gemacht und entworfen, um das Sichtungsmaterial für die bevorstehende lyrische Testamentsbestellung etwas reichlicher zu gestalten. Es gibt eine gewisse Zahl Gegenstände, die einem jungen Poeten nicht einfallen können, sonst würde ich diese Nachernte mir nicht erlauben. Tröstlich ist wenigstens bei all diesen Verspätungen, daß ich bis an mein Ende zu tun und mich zu wehren habe und meine kleine Herrlichkeit nicht um Dezennien zu überleben brauche et après nous le déluge!"

Es ist von nicht zu unterschätzender Bedeutung, daß die lyrische Nachblüte mit der Korrektur und Sammlung der ältern Gedichte zeitlich zusammenfällt.

Die frische, starke Produktionskraft mußte natürlich der Palingenesis der Gedichte ungemein zustatten kommen. Und umgekehrt wird auch die intensive Beschäftigung mit seinen älteren Lyricis, gewissermaßen die Nachdichtung derselben, in dem Meister die Produktionslust neu aufgeweckt haben. Wenn man bedenkt, daß ohne diese Nötigung der Beschäftigung mit seinen früheren lyrischen Produkten Perlen der Kellerschen Dichtung, wie das „Abendlied" und anderes, vielleicht nicht entstanden wären, so kann man diese Korrektur- und Sammeltätigkeit erst in ihrem ganzen Werte würdigen.

In dieser Zeit sehen wir den Meister mitten in der Wiedergeburt seiner Gedichte. Im Jahre 1879 äußerte er sich zu Adolf Frey in dem Sinne, er gedenke nun noch seine Gedichte umzuarbeiten und neu herauszugeben und einen Roman zu schreiben (Martin Salander); dann sei er bereit, „abzufahren". Freilich scheint es vorerst mit dieser Arbeit noch nicht recht vorwärtsgegangen zu sein. In einem P. S. zu dem Briefe an Ida Freiligrath vom 13. Juli 1879 schreibt er:

„Von meinen gereimten „Worten" ist zurzeit nichts zu bekommen und nichts genießbar. Das nächste Jahr hoffe ich sie endlich zu putzen und in einem anständigen Zustande sammeln zu können."

Aber in diesem nächsten Jahre 1880 vernehmen wir kein Sterbens=
wörtchen über den Stand der Arbeit. Vermutlich hat ihn das „Sinn=
gedicht" ganz in Anspruch genommen.

Im Frühjahr 1881 dagegen tauchen wieder einzelne Nachrichten
über den Stand der Dinge auf. Ein junger Mensch hatte um Kellers
Mitwirkung für eine Anthologie gebeten. Der Dichter schreibt darüber
an Th. Storm am 11. April 1881: „Ich sollte ihm meine verschollenen
Gedichtbändchen schicken und eine Auswahl darin selbst bezeichnen. Ich
ersuchte ihn, von meinen lyrischen Sünden für jetzt Umgang zu nehmen,
da ich in der Redaktion und Zusammenstellung einer Sammlung begriffen
und alles sich im Umguß befinde. Ich könnte mithin in diesem Augen=
blicke nicht noch unkorrigierte, schlechte Lesarten verzapfen. Zur Erle=
bigung hätte ich aber keine Zeit."

Am 21. April desselben Jahres berichtet er an Petersen:

„Ich bin jetzt an der Sammlung und Korrektur meiner sämtlichen
lyrischen Sünden begriffen, ein bedenkliches Unterfangen; doch kann ich
nicht mehr warten, sonst bringe ich nichts mehr zustande."

Am 28. Juli 1881 schreibt er an Friedr. Theodor Vischer:

„Jetzt bin ich an einer andern Reparaturarbeit, die mir auch noch im
Wege lag. Ich soll meine lyrische Dichterei, da sie einmal da ist, sam=
meln und zurechtstutzen, und da treten bittersüße Reminiszenzen und
Gewissensfragen gleich zu halben Dutzenden auf."

Und am Tag darauf an Adolf Frey:

„Was mich betrifft, so bin ich jetzt an der Redaktion meiner lyrischen
Übeltaten, die ein ganz anderes Ansehen bekommen müssen, wenn ich es
nicht besser unterlassen soll."

Am 16. August 1881 an Th. Storm:

„Gleichzeitig bin ich daran, meine Verse zu sammeln, respektive
gewissermaßen zum zweitenmal zu gebären; denn es handelt sich um
einen ganzen Rattenkönig von Gewissensfragen, die ich mit mir ab=
machen muß."

Die Arbeit zieht sich ins folgende Jahr, 1882, hinein. Am 15. Januar
schreibt der Dichter an Adolf Exner:

„Ich bin am Redigieren der Sammlung dessen, was ich in Versen
gehudelt habe, was unter allen Umständen dies Jahr getan sein muß."

Und am 5. Juni 1882 an Storm:

„Übrigens bin ich momentan ebenfalls an meiner Gedichtausgabe
beschäftigt, schreibe ab, rezensiere während des Schreibens und mache neue
Strophen, zuweilen ganze Gedichtchen. Es ist eine nicht unlustige Ar=

beit und koſtet viel Zigarren, da man dabei immer im Zimmer herum=
läuft und durch Garten und Wieſen."

Am 22. Juli an J. Rodenberg:

„Ich bin jetzt mitten in der Redaktion meiner lyriſchen Sünden
und metriſchen Untaten begriffen, und hoffe, bis anfangs Herbſt damit
fertig zu werden; es gibt entweder einen dicken oder zwei dünnere Bände,
eine triviale Wahrheit, wie ich eben gewahre."

Dann kam wieder eine ſtörende Unterbrechung der Arbeit, durch
äußere Verhältniſſe veranlaßt. Am 22. September 1882 äußert ſich
Keller zu Storm:

„Leider muß ich jetzt mein armes Manuſkript (des Gedichtbandes)
auf Wochen hinaus ſiſtieren, da der Wohnungswechſel vor der Tür ſteht
und ſchwerfällig genug ausfallen wird für uns zwei alte Leutchen."
(Umzug vom „Bürgli" nach dem Zeltweg.)

Im gleichen Sinne ſchreibt er an Peterſen am 21. November 1882:

„Meine Gedichte ſind ſchon zu einem anſehnlichen Manuſkripte an=
gewachſen, deſſen Wachstum aber durch den Wohnungswechſel unter=
brochen worden. Sie werden im Frühjahr, wahrſcheinlich in Berlin, an
den Tag kommen."

Und an Rodenberg am 7. Dezember 1882:

„Wegen eines großen Zeitverſchleißes infolge des Umzuges und
eines dabei erlebten Malheurs (Sturz von der Büchertreppe mit etwelcher
Zerſchlagung des Jobſiſchen Kobſes) kam ich in der Redaktion und Aus=
feilung der Gedichte um mehr als einen Monat zurück, ſo daß ich wohl
bis in den Januar hinein noch damit zu tun habe."

Ende des Monats, am 30. Dezember 1882, ſchreibt er an Marie
Melos:

„Auf das Frühjahr kommen meine ſogenannten geſammelten Ge=
dichte heraus, womit ich jetzt beſchäftigt bin; das wird ein ſchönes Ra=
gout abgeben, obgleich ich vieles beſeitigt und anderes ausgeflickt habe."

Das Jahr 1883 ſollte nun endlich das Reſultat der langjährigen
Pläne und Arbeiten, den großen lyriſchen Sammelband, bringen. Im
Frühling war mit dem Druck begonnen worden (im Verlag von Hertz
in Berlin). Am 19. Mai ſchreibt Keller an Storm:

„Ich habe immer noch mit dem Druck der Gedichte zu tun, deren
letzte von den ca. 30 Bogen noch im Satze ſind."

Die Fertigſtellung 'des Bandes verzögerte ſich. Am 1. Juli 1883
berichtet Keller an Peterſen:

„Die Gedichte, deren Redaktion ich bis zuletzt fortbetrieb und weiter=
ſpann, ſind demnächſt endlich fertig gedruckt; es gibt etwa dreißig Bogen,

aber ziemlich kompreß gedruckt. Ich erwarte keine hochzeitlichen Freuden davon; allein es mußte noch geschehen, um den Spaß den unberufenen Nachlaß-Trüffelhunden vorweg zu nehmen."

Eine Woche später vernehmen wir aus einem Brief an Rodenberg (8. Juli 1883):

„Mit den Gedichten habe ich bis jetzt zu tun gehabt; der Druck ist beinahe fertig; ob der Verleger sie vor September oder Oktober herausgeben wird, ist mir unbekannt."

Mitte Juli schließlich gingen die letzten Korrekturbogen an den Verleger ab. „Ich habe Korrekturbogen meiner Gedichtsverbrechen ab= zuschicken, welche bald zutage treten werden und mir jetzt schon Katzen= jammer verursachen," schreibt Keller am 18. Juli an Marie Melos.

Im September lag das stattliche, 500 Seiten umfassende Lieder= buch im Druck vor. Der großen Leserwelt präsentierte es sich als ein völlig neues Werk. Bevor es in den Handel kam, wurde schon eine zweite Auflage nötig.

Baechtold druckt im III. Band, S. 279 ff., eine längere Rezension aus den „Grenzboten", 1883 (Nr. 52), ab, die nach Kellers eigenem Dafürhalten sehr Zutreffendes über die Sammlung sagt. Eine Stelle daraus lautet:

„Bei dem großem Publikum .... werden diese Zeugnisse eines ernsten, geistig tiefbewegten und auch äußerlich sturmreichen Dichterlebens schwerlich auf Sympathie oder auch nur auf Verständnis zu rechnen haben. G. Keller ist kein Lyriker in jenem engsten Sinne, den man der Lyrik nach und nach gegeben hat, kein Liederdichter, dessen Lieder an das Volkslied unmittelbar anknüpfen, kein seliger Träumer, an den die Re= flexion nur soweit herantritt, als sie sich in frohe oder schmerzliche Stimmung wandeln läßt, vor allem keiner jener Sprachvirtuosen, welche weit eher die Deutlichkeit und Eigenart des Ausdrucks, als den Wohl= klang des Verses opfern. In Kellers Gedichten machen sich eine trotzige Selbständigkeit der Empfindung, eine zu Zeiten befremdende Anschauung der Welt, die von Verklärung weit entfernt ist, ein gelegentliches heißes Ringen mit der Sprache geltend, die im einzelnen Falle freilich die höchsten poetischen, rhythmischen und melodischen Wirkungen erreichen, in andern jedoch einen Nachgeschmack hinterlassen, der nur dem Nach= geschmack starken, duftigen, aber herben Weines zu vergleichen ist. Die knorrige Originalität, die in gewisse poetische Tiefen hinabsteigt, in die andere Dichter kaum einen scheuen Blick werfen, die gewisse Höhen erklimmt, auf denen die Luft für den Durchschnittsleser dünn wird, tritt hier noch stärker und entschiedener hervor, als in den Erzählungen des

Dichters. Lebensfrisch und dunkelgrüblerisch, geistblitzend und voll
schlichten Ernstes, herausfordernd, keck und zartsinnig, scheu und zurückhaltend stellt sich Gottfried Keller in seinen Gedichten dar; alle Töne
schlägt er ein= und das anderemal, keinen so wiederholt an, daß er für
die große Menge ein Lyriker mit einem bestimmten Ton wäre..... Wir
müßten weit ausholen, um dem ganzen Verdienst der Kellerschen Sammlung gerecht zu werden oder das Verhältnis dieser eigentümlichen Gedichte zur landläufigen Lyrik festzustellen, oder auch nur annähernd die
erquickliche Fülle der eigensten Empfindungen, Gedanken und Erlebnisse
zu charakterisieren, welche in ihnen zusammengedrängt erscheint. Aber
mit aufjauchzender Freude sagen wir nur: doch endlich einmal wieder
ein Buch — im Guten und Schlimmen eine Erscheinung, vor der uns
das jämmerliche Gefühl der großen demokratischen Allgemeinheit verläßt,
das uns bei so zahllosen, nur dem Titel nach unterschiedenen poetischen
Produkten überkommt. Hier prangt der alte starke Stamm unsrer
Literatur, der Individualismus, in neuer Blüte, und ein frischer Duft
strömt von ihm aus."

Übrigens wichen die Urteile der Kritik sehr stark voneinander ab.
Keller macht sich in seinem Brief an Storm vom 26. März 1884
darüber lustig:

„Was meine eigene gereimte oder geperste Dichterei betrifft, so hat
dieselbe unerwarteterweise ein ziemliches Geräusch gemacht und in der
Beurteilung fast noch mehr Widersprüche erfahren, als sie selbst enthält,
so daß das böse Gewissen, das mich plagte gerade hierdurch einigermaßen beruhigt wurde. Das Richtigste, ohne es zu wollen, sagte einer
am Schlusse seiner Kritik in der „Konservativen Monatsschrift": Die
Meinung, das Buch sei zu dick, d. h. ohne Auswahl zusammengestellt,
sei nicht haltbar; denn es sei alles so gleichmäßig schlecht, daß entweder
alles oder nichts habe gedruckt werden müssen. Hingegen sagt neulichst
ein Berliner Gymnasiarch, ich hätte zu vieles beseitigt, was hoffentlich
sowieso wieder aufgebracht werden würde. Letzteres Diktum hat mich
mehr geärgert als das erstere."

Th. Storm selbst scheint in seinem Urteil über das Buch etwas
zurückhaltend. Eine eigentliche Kritik umgeht er und äußert seinen Dank
für die Zusendung des Bandes mit ein paar unverfänglichen Sätzen.
Er schreibt am 22. Dezember 1883:

„Dank, lieber Freund, für Ihr gewichtiges Buch, das am 24. November mit mir von Hamburg reiste und dann allein weiter nach Husum,
wo ich ihm zur Lebensstärkung den Rücken mit gutem Leder steifen ließ,
so daß es mir nun schon halten soll. Ich habe zunächst meine Lieblinge

darin aufgesucht, und gesehen, wie die „Wochenpredigt" jetzt überall gehalten werden kann. Im übrigen sind S. 33, 64, 179, 410, 43 und 379 meine Lieblinge bis jetzt geblieben. Das scheinen mir Sachen ganz für sich zu sein. Aber alle, denen aus Ihren Prosasachen der Dichter und der Mensch wert geworden, müssen Ihnen für das Buch dankbar sein, denn man wandelt an demselben durch Ihr Leben; man sieht, wie Sie überall teilgenommen und doch überall der ganze ungeteilte und in gewissem Sinne einsame Mensch geblieben sind. Es ist schön, daß jetzt alles so beisammen ist; ich danke Ihnen herzlich für dieses Buch."

Wer die Natur G. Kellers einigermaßen kennt, wird sich sagen, daß diese gleichgültige Beurteilung des Buches den in solchen Dingen sehr sensiblen Meister verletzen mußte. Eine eingehende sachliche Kritik, auch wenn sie da und dort absprechend gewesen wäre, hätte er von dem Freunde, dem er sich gerade in seinen lyrischen Gewissensfragen so rück- haltlos anvertraut, viel eher ertragen. Adolf Frey hat darauf hinge- wiesen, daß Keller eben infolge dieser kühlen Beurteilung der Gedichte seinen brieflichen Verkehr mit Storm von da ab stark eingeschränkt und auf einen merklich kühleren Ton gestimmt hat (vgl. auch Köster, Brief- wechsel, S. 220).

Nicht daß er in seine Lyrik vernarrt gewesen wäre; aber aufrich- tige Anerkennung hat ihm wohlgetan. Am 7. Januar 1884 schreibt er an Rodenberg:

„Ich danke auch für die rapide Besprechung der Gedichte und deren Abdruck, und bitte, Herrn Brahm recht biedermännisch von mir zu grüßen. Über den schmeichelhaften Tenor des Aufsatzes will ich mich diesmal nicht unnütz machen, sonst schlägt er gelegentlich ins Gegenteil um, und das würde mich dann doch wieder verblüffen als verwöhnten alten Esel. Ein solcher wird am Ende auch fähig, alle Münchhausiaden zu glauben, die man über ihn sagt. Ihre eigenen warmen Worte haben mich nicht minder gefreut und dankbar gestimmt, als die eines wirklich Mitlebenden, obgleich ich mit Bezug auf das Buch das Gefühl nicht los werde, daß es kein lyrisch melodiöses und vielfach zu prosaisch und rauh sei. Daß Sie mit Brahm den „Apotheker" nicht veraltet und wässerig finden, hat mich jedoch tatsächlich erquickt, da dies Stück seinerzeit con amore entstanden ist, und ich doch fürchtete, es werde nicht goutiert werden."

Rückhaltloses Lob spendete C. F. Meyer. Er schreibt nach Empfang der Gedichte am 12. November 1883:

„Wozu Worte machen, wo sich um einen Stamm unsterblicher Lieder die unendliche Mannigfaltigkeit eines ganzen Lebens ausbreitet? Das Natürlichste ist hier entdecken und genießen, und zu wünschen bleibt nichts, als daß diese Sammlung jährlich und lange Jahre sich mehre."

Darauf antwortete G. Keller am 22. November 1883:

„Was meinen Gedichten mangelt, weiß ich wohl; es ließ sich eben nicht mehr besser machen, da die Sache seit vierzig Jahren angefangen war, und ignorieren konnte ich sie auch nicht, wegen der Nachlaßmarder, denen ich sie, soweit möglich, aus den Händen nehmen mußte. So ist das Buch gewissermaßen von selbst am Wege gewachsen, wie eine ungefüge dicke Distel. Aber sie ist am Ende wenigstens geworden."

G. Keller hat sich seine Gedichtsammlung schwere Mühe und Arbeit kosten lassen. Seine brieflichen Äußerungen beweisen, daß trotz mancher Vorarbeit, die durch frühere, gelegentlich im einzelnen angebrachte Korrekturen geleistet war, die eigentliche Bearbeitung und Sammlung bis zur fertigen Drucklegung einen Zeitraum von etwa vier Jahren umfaßt. Dem Druck der Gedichtsammlung von 1883 lag der gewichtige Foliomanuskriptband zu Grunde, dessen bloße Niederschrift schon ein gehöriges Stück Arbeit darstellt.

Welche Sorgfalt Keller auf die Redaktion der „Gesammelten Gedichte" verwendet hat, zeigt schon die Einteilung und Gruppierung des Inhalts. Sie ist durchaus künstlerisch. Aus ihr sprechen deutliche Züge der Kellerschen Individualität. Seine Neigung zum Zyklus, die uns in den Prosaschöpfungen entgegentritt, zeigt sich auch in der Anordnung der Gedichte.

In elf Abteilungen hat er seine reiche lyrische Ernte geborgen. Einzig für den dritten Abschnitt, die Sonette, ist die äußere Form das Kriterium der Einteilung. Sonst ist überall der Inhalt und die Stimmung für die Gruppierung der Gedichte maßgebend gewesen. Und zwar ist dieses rein künstlerische Prinzip im Sammelband weit strenger durchgeführt, als in den früheren Bändchen. Während z. B. die Gaselen um ihrer Form willen alle zusammengestellt waren, hat der Dichter im Sammelband mehrere derselben in denjenigen Abteilungen untergebracht, in welche sie nach Motiv und Stimmung gehören. „Lebendig begraben", „Feuer-Idylle", „Der Apotheker von Chamounix" sind von vorneherein in sich abgeschlossene Zyklen. Aber auch die reiche Fülle der übrigen Gedichte und Lieder erhält durch die künstlerische, eben Kellers Individualität entsprungene Zusammenstellung etwas zusammenhängend-Zyklusartiges. Die Gruppierung ist immer so, daß die aneinandergrenzenden Gedichte durch irgend ein Element, sei es das innere Motiv, die äußere Situation, die Stimmung oder die Behandlungsweise, in Beziehung zu einander stehen. Das trägt mit zu dem gediegenen Wesen des Bandes bei.

Dazu kommt ein weiterer Punkt. Wenn Theodor Storm nach Empfang der „Gesammelten Gedichte" an Keller schrieb: „An diesem Buche wandelt man durch Ihr Leben", so liegt dieser eminente Vorzug zum Teil auch in der Gruppierung der Gedichte. Ohne daß sich der Leser der künstlerischen Absicht des Meisters bewußt wird, führt ihn dieser durch die wichtigsten Phasen seines Lebensschicksals und seiner Entwicklung. So tritt uns die ganze, große, geschlossene Persönlichkeit G. Kellers aus seiner lyrischen Sammlung entgegen.

Der Gedichtband enthält im ganzen etwa 330 Nummern. Davon stammen 100 aus dem ersten lyrischen Bändchen von 1846; 95 aus den „Neueren Gedichten", 1851 bezw. 1854. Von den noch übrigbleibenden 135 Nummern sind die meisten in Anthologien, Almanachen, Zeitschriften und Separatdrucken erschienen, und von dort in mehr oder minder veränderter Gestalt in die Sammlung herübergenommen worden. Vollständig neu, d. h. weder handschriftlich noch in früheren Drucken vorhanden, sind in den „Gesammelten Gedichten" nur ein Dutzend Nummern, wozu in der Auflage 1884 noch zwei Festkantaten kommen.

Der Sammler hatte also ein ungemein reichhaltiges Material zur Verfügung. Das Ziel seiner Redaktionsarbeit lag in der harmonischen Ausgleichung und Erhebung der poetisch ungleichwertigen Gedichte auf die höchstmögliche Stufe künstlerischer Vollendung. Das Resultat ist der lyrische Sammelband. Er ist von einer Mannigfaltigkeit, einem Reichtum und einer Gediegenheit, die wohl nur ein Werk besitzen kann, an dem Jugend und Alter gemeinsam gearbeitet haben.

Material und Quellen.

Zur Konstatierung der Änderungen, die Gottfried Keller an seinen Gedichten vorgenommen hat, steht uns ein reiches Material zur Verfügung. Es zerfällt: 1. in die Drucke, 2. in das handschriftliche Quellenmaterial.

I. Übersicht über die Drucke.

a) Unserer Untersuchung legen wir die letzte, von Keller selbst besorgte Ausgabe seiner „Gesammelten Gedichte" zu Grunde. Es ist dies die 1888 erschienene 3. Auflage (Berlin, Verlag von W. Hertz). Aus praktischen Gründen halten wir uns an die „Gesammelten Gedichte" in IX. und X. Band der „Gesammelten Werke", erschienen 1889. Diese Redaktion deckt sich vollständig mit derjenigen der letzten Auflage des Sammelbandes von 1888. Gegenüber der 1. Auflage von 1883 und der 2. von 1884 enthalten die spätern Ausgaben in der Abteilung „Festlieder und Gelegentliches" noch zwei neue Beiträge: Die beiden Kantaten „bei Eröffnung einer schweizerischen Landesausstellung in Zürich 1883" und „zum 50 jährigen Jubiläum der Hochschule Zürich". (W. IX, 267 und 269). In neuester Auflage liegt heute vor: Bd. IX der „Gesammelten Werke" in 18., Bd. X in 17. Auflage, beide vom Jahre 1903. (Cottasche Buchhandlung Nachfolger, Stuttgart/Berlin.)

b) „Neuere Gedichte" von Gottfried Keller. Zweite vermehrte Auflage. Braunschweig, Druck und Verlag von Friedrich Vieweg u. Sohn. 1854. Das Büchlein ist lediglich eine Scheinausgabe des früheren Bändchens.

c) „Neuere Gedichte" von Gottfried Keller. 1851. Braunschweig, Vieweg. (vgl. Baechtold II³, 29. Anm., und ferner den Brief Kellers an Hettner vom 15. Oktober 1853). — Die „Neueren Gedichte 1851" hatten an der Stelle, wo in der 2. Auflage 1854 der neue Karton „Aus Berlin" eingesetzt ist, elf Sonette, die erst wieder in die „Gesammelten

Gedichte" aufgenommen wurden. Es sind folgende Nummern: „Von Kindern", I—III, S. 57. „An Follen", S. 60. „Der Schein trügt", S. 61. „Das Leben ist doch schön", S. 62. „Erkenntnis", S. 63. „Ein Wandrer", I—III, S. 64. „Nach dem Sonderbundskriege (zu einem entworfenen, aber nicht ausgeführten Zyklus)", S. 67.

Von diesen beiden Gedichtbändchen liegen die Exemplare, die Keller in seinem persönlichen Gebrauch hatte und die zahlreiche Eintragungen von seiner Hand aufweisen, auf der Stadtbibliothek Zürich. Zur Vorbereitung auf die Sammlung und Sichtung seiner Lyrika hat er wohl zu den verschiedensten Zeiten die Bändchen, mit dem Korrekturstift in der Hand, durchgangen.

Ferner habe ich das Handexemplar der „Neueren Gedichte 1854" des Keller-Biographen J. Baechtold zur Verfügung gehabt. Es enthält manche wertvolle Notiz von der Hand Baechtolds, namentlich Datierungen der einzelnen Gedichte.

d) Gedichte von Gottfried Keller. Heidelberg, Akademische Verlagshandlung von C. F. Winter. 1846.

Über alle weiteren lyrischen Publikationen gibt die von Baechtold herausgegebene, 36 Seiten starke Gottfried Keller-Bibliographie Auskunft. (Berlin, W. Hertz, 1897.) Die Arbeit ist ein Verzeichnis der sämtlichen gedruckten Werke G. Kellers und erschien als Nachtrag zur Biographie.

II. Handschriftliche Quellen.

Sie stammen aus Kellers literarischem Nachlaß, welcher auf der Stadtbibliothek Zürich deponiert ist. Das für unsere Untersuchung in Betracht kommende Quellenmaterial besteht aus folgenden Manuskripten:

1. Skizzenbuch mit Aufzeichnungen von 1836—1841 (Handschriftenkatalog Ms. G. K. 1.1). 94 Blätter, enthaltend Zeichnungen, Skizzen Karrikaturen; ferner folgende Aufzeichnungen: Auszüge aus Eckartbauers Magie. Versuche zu Erzählungen: Die Freveltat. Der Selbstmörder. Die Drohung. Fremde Gedichte. Malrezepte. Entwurf zu einem Drama: Adam Wiedenbauer, nach Fouqué. Briefentwürfe an den Oheim und an J. Müller in Frauenfeld (29. Juni 1837). Erste eigene Gedichte. Tagebuchartiges. Aufsätze: Das Gewitter (1838). Gedicht: Das Grab am Zürchersee. Szenen aus dem Drama: Der Freund. Entwürfe zur Kneipzeitung in München. Schweiz. Wochenblatt 1841: Unangenehmes Erwachen. Parabeln: Vom Fichtenbaum. Vom Teiche. Fabeln.

2 Skizzenbuch mit Zeichnungen, Gedichten, Notizen, Aufsätzen usw. 44 Blätter, davon 23 beschrieben: Tagebuchaufsätze. Aphorismen. Motive zu Bildern. Auszüge aus dem „Republikaner". Die Reise in die Unterwelt. 1838. Vermischte Gedanken über die Schweiz (für die Münchner Kneipzeitung). Naturhistorisches. Phantasien eines Redaktors in den Hundstagen. Gedichte aus München. Die zwei Uhren. Lektüre. (Handschriftenkatalog Ms. G. K. 1.2.)

3. Große, blaue Mappe (Handschriftenkatalog Ms. G. K. 10), enthaltend einen Komplex handschriftlicher Gedichtaufzeichnungen auf fliegenden Blättern. Entwürfe, Abschriften, Fragmente verschiedenster Art. Zum Teil aus der Heidelberger Zeit, das meiste aus den sechziger Jahren. Etwa 90 Blätter, darunter einige schöne Druckmanuskripte für Einzelpublikationen. Ferner enthält die Mappe ein Foliomanuskriptheft (M. H.), worin Gedichte aus den Jahren 1878—1883 eingetragen sind: Die in der „Rundschau" erschienenen Lieder, dann die sämtlichen Epigramme, „der Kranz", die Kantaten auf das Hochschuljubiläum und auf die schweizerische Landesausstellung.

4. Gedichtbuch von 1843/1844 (Katalog Ms. G. K. 2). Enthaltend etwa 80 Gedichtentwürfe aus der Zeit vom Juli 1843 bis März 1844. Davon sind 17 später zum Druck gekommen. Meist ist das Datum beigefügt.

5. Gedichtbuch von 1844/1845. Format 8⁰. (Katalog Ms. G. K. 9.) C. 120 Gedichtmanuskripte aus der Zeit vom Februar 1845 bis Januar 1846. Davon sind 80 zum Druck gelangt (die große Mehrzahl im 1. lyrischen Bändchen von 1846).

6. Traumbuch 1846. Format 8⁰. (Katalog Ms. G. K. 3.1.) 72 Seiten enthalten Traumbeschreibungen. Ferner tagebuchartige Aufzeichnungen. Auf S. 73—90 stehen Gedichtmanuskripte aus den Jahren 1851—1855. Vier davon sind in die 1. Ausgabe des „Grünen Heinrich" und später mit starker Umgestaltung in die „Gesammelten Gedichte" übergegangen. (X. 119 „Aus einem Romane".)

7. „Gesammelte Gedichte" von Gottfried Keller. Druckmanuskript der 1. Auflage von 1883. (Katalog Ms. G. K. 13.) Format 8⁰. Handschriftliches Buch. An einigen Stellen ist die Handschrift durch eingeklebte Druckbogen (aus früheren Publikationen der betreffenden Gedichte) unterbrochen.

8. Sieben schöne Gedichtmanuskripte befinden sich im Besitz von Herrn Dr. M. Eßlinger in Zürich. Sie machen den Eindruck von Reinschriften, durch deren Überreichung der junge Dichter seinem Gönner,

Regierungsrat Eßlinger (dem Vater des heutigen Besitzers) eine Aufmerksamkeit erwies.

Zu diesem handschriftlichen Material kommen viele Einzeldrucke von Gedichten, die in einer Mappe des literarischen Nachlasses gesammelt sind. (Katalog Ms. G. K. 11.) Sie sind abgedruckt im II. Teil der Arbeit.

Mappe 12 des literarischen Nachlasses enthält die in einen starken Band gebundenen Korrekturabzüge der „Gesammelten Gedichte", 1. Aufl., 1883. Jeder Bogen trägt den Stempel Hofbuchdruckerei Weimar und das Datum der Zusendung an den Autor. (19. März bis 9. August 1883.) Die Druckbogen enthalten zahlreiche Eintragungen Kellers: Orthographische Korrekturen, Änderungen der Interpunktion, Beseitigung von Mißverständnissen und falschen Lesarten der Handschrift.

Wesen und Ziel der Varianten.

Ökonomie.

„Größere Ökonomie und Knappheit ist nötig, wenn unsere Opus-
cula sich leiblich konservieren sollen," schreibt Gottfried Keller mit Bezug
auf die Neugestaltung des „Grünen Heinrich" am 10. September 1871.

Dieser Satz gilt auch von den Änderungen, die er bei der Sammlung seiner Gedichte an denselben vorgenommen hat. Größere Ökonomie
und Knappheit ist das Hauptmittel, wodurch Keller seine ungleichen
lyrischen Produkte auf die Kunsthöhe des Sammelbandes von 1883
gebracht hat.

Zu diesem Ziel führten zwei Wege. Je nachdem die frühere Fassung
ein Zuviel oder Zuwenig bot, mußten Verse und Strophen gestrichen
oder neugeschaffen werden.

In dem „Schifferliedchen", IX 23, hat Keller die Schlußstrophe
der früheren Fassung gestrichen. Sie war offenbar der Technik des
Volksliedes nachgebildet, wo die Nennung des Sängers in der Schlußstrophe beinahe formelhaft ist. Durch die Beseitigung des Refrains und
dieser formelhaften Schlußstrophe hat Keller die Fiktion des Volksliedes
aufgegeben. Die vierte Strophe mit ihrem bedeutungsvollen letzten
Verse schließt das rein nur Liebesdurst atmende Liedchen viel wirkungsvoller ab.

Eine interessante Änderung zeigt das Gedicht „Rosenwacht", IX, 42.
Die beiden Fassungen der Schlußstrophe von 1844 und 1883 illustrieren
so recht deutlich den Abstand des 25jährigen Dichters vom Meister.
Die früheren Schlußverse sind geschmacklos; sie erinnern an ähnliche derbe
Stellen in den Kirchenliedern des 16. Jahrhunderts. Keller hätte sie
schon aus rein künstlerischen Gründen beseitigt. Dazu kommt der weitere
Umstand, daß der Inhalt der Strophe mit seinen persönlichen Ansichten
und Überzeugungen nicht mehr im Einklang stand. Im Jahre 1891

hat es ein protestantischer Geistlicher, C. W. Kambli, in einer Schrift: „Gottfried Keller nach seiner Stellung zu Religion und Christentum, Kirche, Theologie und Geistlichkeit“ — unternommen, unter anderem auch das Verhältnis Kellers zum Unsterblichkeitsglauben festzustellen. Er sagt darüber S. 63: „Anfangs hält er innig daran fest und verteidigt ihn mit großer Wärme gegen die, welche ihn leugnen; dann siegt der Zweifel, und zwar offenbar nach heißem Kampfe; denn der Unsterblichkeitsglaube war offenbar die letzte und festeste Position, in der er den frommen Glauben seiner Kindheit verteidigte und zu halten hoffte; als er dann aber daraus sich herausgeworfen sieht, geht er zu einer erbitterten Polemik gegen diesen Glauben über, aus der doch immer wieder die Sehnsucht nach dem Trost des Glaubens an ein ewiges Leben herausklingt.“ Der Verfasser verfolgt dann den Gang dieser Wandlungen in den Anschauungen des Dichters im einzelnen an den Änderungen der Gedichte. Merkwürdigerweise hat er den Schluß der „Rosenwacht“ nicht als Beleg für seine Ausführungen herangezogen. Wenn sich aus den Wandlungen der Gedichte das Aufgeben des Unsterblichkeitsglaubens nachweisen läßt, so ist auch diese Stelle ins Feld zu führen.

Und wie hat Keller geändert! Wie kommt nun die milde, versöhnliche Stimmung, die über dem Ganzen liegt, zum Ausdruck; wie getragen und edel klingt mit ihr das Gedicht aus!

Ebenso aufschlußreich ist die Ersetzung der 7. und 8. Strophe im ersten der „Waldlieder“, IX., 53. Das Mskr. 45 (der erste Entwurf ist in Glattfelden, Juli oder August 1845, niedergeschrieben) zeigt zwei Strophen, bei denen man sogleich empfindet, wie sehr sie gegenüber den vorausgehenden abfallen. So meisterhaft die Naturschilderung und -Stimmung der ersten sechs Strophen war, so dilettantisch dieser Schluß. Es war überhaupt eine unglückliche Idee, nach der wundervollen Schilderung des Sturmes noch einen Vergleich beibringen zu wollen. Die Fassung der letzten Langzeile von Str. 8 ist nüchtern und wenig wirkungsvoll. Zudem ist sie psychologisch anfechtbar. Die Wirkung einer Naturerscheinung, wie hier des Sturmes, auf die menschliche Seele liegt in ihrer Intensität, und nicht darin, daß sie Tag und Nacht anhält. — In Str. 7 enthielt das Epitheton „wunderlich“ zur Sache und zur Stimmung einen Widerspruch. Möglicherweise handelt es sich um eine Verschreibung statt „wundersam“. Das Epitheton Z. 2 „froh“ zu „durchschauert“, das doch einen intensiv angeregten Gemütszustand bezeichnet, ist zu schwach. Die gehäuften Partizipialkonstruktionen nehmen sich nicht gut aus; besonders die absolute Konstruktion mittels des Part. praes. ist grammatisch unrichtig.

Diese negativen Qualitäten hat der junge Dichter auch sehr früh bemerkt und schon für die erste Druckredaktion (Ged. 1846) die Strophen beseitigt, resp. ersetzt. Soweit das Gedicht reine Naturschilderung ist, bleibt auch für den strengen Bearbeiter des Sammelbandes die erste Niederschrift untadelig; sie ist ein Produkt des ursprünglichen, ureigenen Talentes Kellers, eine Schöpfung seines wunderbar feinen Natursinnes. Dazu tritt aber die gefährliche Neigung zur Didaxis. Diese wirkt an sich weniger poetisch und braucht zu ihrer glücklichen Ausgestaltung unendlich mehr Können und künstlerische Reife. Hier zeigt sich der Unterschied zwischen dem, was Keller als angeborene Gabe mitgebracht und dem, was er noch zu lernen hatte. Es ist unendlich schwierig, die Reflexion mit der elementaren poetischen Naturempfindung auf der gleichen künstlerischen Höhe zu halten, sie anzuknüpfen oder zu vermischen, ohne die Harmonie des Gedichtes zu zerstören.

Wie hat sich in unserem Falle der junge Dichter geholfen? Aus seiner bescheidenen Bildung heraus findet er ein mythologisches Element, das sich in Motiv und Stimmung glücklich anpaßt und das schöne Lied harmonisch abschließt.

Es mag hier am Platze sein, ein Wort über das Verhältnis der beiden „Waldlieder" zu einander zu sagen. Es ergibt sich auf den ersten Blick, daß das zweite hinter dem ersten bedeutend zurücksteht. Man merkt es dem Liede an, daß es sekundären Ursprungs ist. Es ist nicht der Ausdruck der elementaren Stimmung, des überwältigenden Gefühls vor der Erhabenheit der Natur, wie das erste; sondern es ist als bewußtes und beabsichtigtes Gegenstück zu jenem erdacht. (Im Eingang beruft sich der Dichter ausdrücklich auf das vorhergehende.) Das erste Lied ist Inspiration; das zweite dichterisch-zünftige Mache voller Reflexion. Jenes ist einheitlich nach Motiv und Stimmung; dieses setzt sich zusammen aus einer Reihe von Gedanken und Motiven, die mit der Naturempfindung, wie sie am Eingang des Liedes herrscht, nichts mehr zu schaffen haben. Das Lied erhält einen starken politisch-religiösen Beigeschmack; der Dichter legt Gedanken eines Liberalen aus der zweiten Hälfte der vierziger Jahre in dasselbe hinein; er behandelt darin die Lieblingsthemata seiner Zeit, Politik und Religion. So tritt an die Stelle der poetischen Inspiration das zeitgenössische Schlagwort. Darin scheint mir, im Grunde gefaßt, die verschiedene Wirkung der beiden Lieder auf den heutigen Leser zu liegen.

Wir haben gesehen, wie schwierig es ist, in einem Gedicht die Reflexion mit der poetischen Naturempfindung auf der gleichen künstlerischen Höhe zu halten. Wie wenig der junge Keller dieser Schwierigkeit

gewachſen war, beweiſt Nr. III des Zyklus: „Am fließenden Waſſer",
IX., 57. Nach drei Strophen, die reine Naturſtimmung atmen, läßt
ſich der Dichter durch ſeine bidaktiſchen Neigungen verleiten, das Ergebnis
dieſer Naturempfindung als fabula docet auf ſeinen eigenen pſychiſchen
Zuſtand anzuwenden. Bei dieſem Verſuch leidet er freilich Schiffbruch;
denn die beiden Strophen dieſes fabula docet ſind nur gereimte Proſa.
Bei der Bearbeitung für den Sammelband hat Keller den glücklichen
Gedanken gehabt, ſie zu ſtreichen und lediglich die Naturſtimmung zu
geben ohne die Reflexion, auf die er ſonſt ſo ungern verzichtet.

Ähnlich verhält es ſich mit dem wunderbaren Gedicht „Winternacht".
In ſeiner handſchriftlichen Geſtalt (Mſkr. Dr. Eßlinger in Zürich) fehlt
dem Lied die dritte Strophe. Nach der jetzigen vierten ſtand dagegen
eine Strophe, die in den „Neueren Gedichten" 51/54 geſtrichen iſt. Der
Grund dieſer Streichung liegt, neben einer gewiſſen Härte im Ausdruck,
wohl mit darin, daß auch hier wieder das poetiſch geſchaute Bild mit
einer Rückbeziehung auf die Pſyche des Dichters verquickt wird. Dieſes
reflektierende Element tut entſchieden der Wirkung Abbruch, ſo daß die
4. Str. einen glücklicheren Abſchluß bildet.

Ein Beiſpiel für die Streichung bietet auch die in den Ged. 46 an
zweiter Stelle ſtehende, im Sammelband unterdrückte Strophe von „Die
Mitgift", IX., 80. Das Gedicht mit ſeinen 13 achtzeiligen Strophen
war für ein Lyrikum von vornherein zu lang. Von der alten Schul=
meiſterweisheit, daß man aus einem guten Dichtwerk keine Zeile, geſchweige
eine Strophe ohne ſchwere Schädigung herausnehmen kann, läßt ſich auch
die Umkehrung machen: Es iſt ſicher eine Verbeſſerung eines Gedichtes,
wenn es gelingt, dasſelbe um eine Strophe zu reduzieren, ohne daß dabei
eine Lücke ſpürbar wird. — In unſerm Falle wird niemand, der von
der alten Faſſung nichts weiß, die Empfindung haben: Hier, zwiſchen
Strophe 1 und 2, fehlt etwas. Die Situation, das Motiv iſt völlig
klar. Die Strophe iſt überflüſſig; wenn uns der Dichter acht Verſe lang
verſichert, er habe an die Liebſte gedacht, ſo können wir das im folgenden
noch deutlich genug erfahren nach der alten Wahrheit: Wes das Herz
voll iſt, des geht der Mund über. Wir ſind von der Stärke und Auf=
richtigkeit ſeiner Empfindungen überzeugt, wenn wir ſehen, wie er ſich
vor dem Herrn für ſeine Liebſte ins Zeug legt. Die Strophe ſtörte nur
den poetiſch wirkſamen Aufbau des Gedichtes.

In der „Himmelsleiter", IX., 84, zeigen die früheren Redaktionen
(Mſkr. 10. Jan. 1844 u. ältere Drucke) eine Eingangsſtrophe, die nicht
in die „Geſ. Ged." übergegangen iſt. Sie war nicht viel anderes, als
gereimte Proſa; ſie ſtellte einen Verſuch dar, den in den folgenden

Strophen erzählten Vorgang physikalisch-optisch zu erklären und zu erläutern. Es wird niemand einfallen, vom Dichter die wissenschaftliche Darlegung der Entstehung eines Traumgebildes verlangen zu wollen.

Einen interessanten Hinweis für die Chronologie der künstlerischen Entwicklung G. Kellers gibt das Mskr. (vom 4. Okt. 1844) des Gedichtes, das im Sammelband „Tagelied" betitelt ist. IX., 89. Der 23jährige, ganz in der politisch aufgeregten Atmosphäre seiner Zeit und Umgebung steckende Dichter läßt sich die Gelegenheit nicht entgehen, sein revolutionäres Programm in wohlgesetzten Jamben an den Mann zu bringen. Aber schon nach Jahresfrist, in der Redaktion für das Morgenblatt, 1845, hatte er die Einsicht, diese Strophen, die ihm gewiß ans Herz gewachsen waren, aufzugeben, aus Rücksicht darauf, daß sie die künstlerische Ausgestaltung des Motives störten.

Die Schlußstrophe in den älteren Fassungen des Gedichtes „Die Begegnung", IX, 90, macht dasselbe zum Rückblick, wodurch es an Unmittelbarkeit der poetischen Wirkung verliert. Überdies hat es in der Schlußredaktion einen gewissen effektvollen Reiz, daß der „blasse Hirte" nicht direkt mit dem dürren, harten Worte Tod benannt wird; das Gedicht ist in der neuen Fassung ohnehin klar genug.

Einen interessanten Einblick in seinen Werdeprozeß bietet „Scheiden und Meiden", IX, 95. Es ist in der Redaktion der Sammlung 1883 aus zwei Nummern (D. T. B. 46 XX u. XXI; Ged. 46 XXIII u. XXIV) zusammengezogen. Die drei ersten Strophen stammen vom 30.—31. Dez. 1843, Strophe 4 vom 2. Jan. 1844 und Strophe 5 vom Dezember 1844.

Das Motiv hat dem jungen Dichter (das beweisen schon die Daten) große Mühe gemacht. Ursprünglich bestand die Absicht, in e i n e m Gedicht das Motiv zu behandeln, wie ein Mann am Grabe der Geliebten vom Schmerz über ihren Verlust sich aufrafft. Der Schwierigkeit, die beiden Bestandteile dieses Motivs, den Schmerz und das Aufraffen, organisch zu verbinden, die beiden Stimmungen zusammenzubringen, war der junge Dichter nicht gewachsen. So wurden aus dem Motiv, das in einem Male nicht zu bewältigen war, zwei Gedichte gemacht.

In der Bearbeitung für die Sammlung 83 kommt der um 40 Jahre gereifte Dichter wieder auf den ursprünglichen Plan zurück. Durch relativ wenige und geringfügige Änderungen, im wesentlichen bloß durch Streichung dreier Strophen, entsteht ein in sich abgeschlossenes Gedicht, das nun die b e i d e n Motive in sich vereinigt. Die beiden zunächst beseitigten Strophen (Str. 2 u. 3 d. f. F.) enthalten den leidenschaftlichen Ausdruck des Schmerzes um · die Verstorbene. Dieses Schmerzmotiv mußte abgekürzt werden. Schon aus psychologischen Gründen. Denn nach der furchtbaren Totenklage würde die sofortige, unvermittelte Aufraffung unnatürlich, sogar roh erscheinen.

Aus dem gleichen Grunde mußte auch die 1. Str. des ursprünglichen zweiten Gedichtes wegfallen: „Fahret wohl, ihr schönen Gräber". Der Übergang von der einen Stimmung in die andere wäre zu unvermittelt, zu gewaltsam gewesen. Die Strophe ließ sich beseitigen, ohne die geringste Lücke zu hinterlassen. Die darauffolgende Strophe „Gegen Morgen, gegen Morgen" . . . schloß sich inhaltlich sehr gut an die 3. Str. der neuen Fassung an. Durch den Hinweis auf den Naturvorgang des Sonnenwandels, der gleichsam die Verkörperung der Idee vom Wechsel und Wandel aller Dinge darstellt, wird der Umschwung in der Seele des Verlassenen motiviert.

Zwei schon für die „Ged. 46" getilgte Str. im Mskr. 44 (13. Sept. 1844) führen uns auf eine Betrachtung des die Abteilung „Festlieder und Gelegentliches" eröffnenden Gedichtes „An das Vaterland", IX, 199.

Diesem Gedichte kommt eine besondere Würdigung zu: einmal, weil es zum Nationalhymnus der Schweizer geworden ist, sodann weil es in seine Genesis und Geschichte aufschlußreiche Einblicke gewährt.

Das Lied wurde am 13. Sept. 1844 mit zwei Sonetten („Ja, du bist frei, mein Volk", IX, 116, und dem nicht veröffentlichten „Weß' ist dies Haus?") gedichtet. Baechtold erzählt, I., 225: „Keller liebte das Lied nicht und behauptete stets, und zwar mit Recht, es verdanke seine Volkstümlichkeit bei den Schweizern lediglich der Melodie Wilhelm Baumgartners. Diese letztere entstand im Juni 1846 und wurde öffentlich zuerst vom Züricher Studentengesangverein beim Frühjahrskonzert im März 1851 gesungen."

Im Anhang I, 434, druckt Baechtold das Gedicht in seiner ursprünglichen Gestalt ab. Es ist dies ein Abdruck der ersten Niederschrift im Mskr.-Band I, Bl. 50, vom Jahre 1844. Da Baechtold nachweist, daß an dem gleichen Tage noch zwei Sonette entstanden sind, ist es für uns um so eher begreiflich, wenn dieses so unmittelbar aus der subjektiven Stimmung herausgewachsene Gedicht noch eine recht unvollkommene Gestalt zeigt. Es besteht aus fünffüßig katalektischen Trochäen in vierzeiligen Strophen, wobei nur Vers 2 und 3 reimen, 1 und 4 dagegen reimlos sind, also nach dem Schema x a a x.

Diese erste Niederschrift ist im Mskr.-Band selbst überarbeitet worden. Verschiedene Umstände deuten darauf, daß die Überarbeitung erst nach längerem Zeitraum vorgenommen wurde, wie denn ja das Gedicht in der ersten größern Publikation G. Kellers (D. Taschenbuch) nicht steht.

Das Wesentliche an dieser Bearbeitung ist, daß sie den durchgehenden Reim bringt, so daß die Strophen nun umarmende Reime (abba) haben. Dies ändert die äußere Physiognomie des Gedichtes merklich; der Fluß der Verse wird glatter, gleichmäßiger, wohlklingender; die Qualifikation als Lied tritt erst jetzt deutlich hervor. Gewiß hätte der junge Dichter schon in der ersten Fassung gerne durchgehend gereimt; aber es fehlte die nötige Muße und das technische Können, um die Gedanken auf die gewünschte Form zu bringen. Trotz der Länge der Verse hat der Reim ihm Mühe gemacht. Wir können die Entstehung der Strophen mit ziemlicher Sicherheit verfolgen. Von Strophe 1 sind dem Dichter zuerst Vers 2 und 3 vorgeschwebt, zu denen er dann 1 und 4 geschaffen hat. Später macht sich bei Keller das Gefühl geltend, daß zur Erhöhung der poetischen Wirkung der Reim zwischen Vers 1 und 4 erforderlich sei. Das Bedürfnis nach diesem Reim hat zur Streichung der ursprünglichen Zeilen 3 und 4 und zu den zwei neuen Versen

> Schönste Ros', wenn jede mir verblich,
> Duftest noch auf meinem öden Strand!

geführt. Ich glaube nicht, daß diese durch das Erfordernis des Reimes hervorgerufenen Änderungen immer glücklich waren. Das liegt schon in der Aufgabe: einen bereits vorliegenden Gedanken so auszudrücken, daß er zu einem schon vorhandenen Reimwort die Entsprechung darstellt.

Gerade die erste Strophe hat durch diesen Reimzwang Schaden gelitten. Der auf „Land" geforderte Reim hat dem „öden Strand" gerufen. Keller sagte von den beiden Zeilen (Baechtold, I, 225): das sei zu individuell empfunden und treffe doch nur auf die ganz besondere Zuständlichkeit eines einzelnen zu. Ein ganzes Volk singe nicht von seinem „öden Strand". — Ebenso hat infolge der Reimnot das natürliche, einfach schöne Bild vom Hoffnungsstern des Vaterlandes dem gesuchten Vergleich mit der duftenden Rose weichen müssen.

In der 2. Strophe erforderte glücklicherweise die Anbringung des Reimes nur formale Änderungen. Doch gefiel auch diese Strophe Keller nicht. Die Wendung: „Als ich . . . Königsglanz mit deinen Bergen maß" schalt der Dichter eine einfältige. Das Kaisertum Österreich und das Herzogtum Savoyen hätten noch höhere Berge als die Schweiz, pflegte er halb scherzhaft zu sagen. (Baechtold a. a. O.)

Auch in der 3. Str. ist der Dichter mit der formalen Änderung nur eines Verses ausgekommen.

In Str. 4 bringt das neue zweite Glied des 1. Verses: „all mein Gut und Hab" in die rhetorische Apostrophierung eine gewisse Vertiefung und knüpft inhaltlich wieder an die zweite Strophe an. In Str. 5

führt der Reimzwang zu dem schönen Verse: „Werfe ich von mir einst mein Staubgewand", der recht wirkungsvoll ist, wenigstens in den „Ged. 46" und später, wo die störende, rhythmische Ungenauigkeit weg= fällt. (Widerspruch zwischen Verstakt und ·sinngemäßer Betonung: „Wérfe ich von mír || einst mein Staubgewand!".)

Auf diese erste Überarbeitung mit Durchführung des Reimes folgt eine zweite, die Redaktion für die Ged. 46. Das Wesentliche derselben ist die Beseitigung der Strophen 4 und 5 der ursprünglichen Gestalt des Gedichtes.

Sie haben ihres Inhaltes wegen weichen müssen. Nicht, daß die innere Zerrissenheit und Fehde der Parteien anno 1846 geringer gewesen wären oder Keller weniger berührt hätten, als zwei Jahre zuvor. Aber der junge Dichter war in der Selbstkritik so weit gereift, daß er fühlte, in diesem innig empfundenen, ganz subjektiv=individuellen Gedichte müsse die Anspielung auf das unselige politische Zerwürfnis der poetischen Wirkung Abbruch tun. Die Einheit der Stimmung der heißen Liebe zum Vaterland, die so mächtig und inbrünstig aus dem Liede spricht, wurde durch diese Strophen gestört.

Eine weitere glückliche Änderung der zweiten Redaktion ist die Ein= führung der direkten Rede in den beiden Schlußversen. Es ist klar, daß dieses Gebet zum Herrn um Segnung des Vaterlandes in der direkten Form kräftiger und schöner wirkt, als die indirekte Rede der ersten Fassung.

Die Redaktion 1883 weist zwei Varianten auf. Einmal 5.1, wo am Rhythmus und Ausdruck noch einmal etwas gefeilt wird, und dann die vielbesprochene Stelle 4.2. Hier ist erstens das „wann" der ursprüng= lichen Fassung wieder eingesetzt, wohl um die Wiederholung des „wenn" in 3.4 zu vermeiden; und sodann „mein banges Stündlein" in „die letzte Stunde" geändert. Wir haben die Begründung dieser Änderung aus Kellers Mund selbst. (Baechtold a. a. O.) „Banges Stündlein töne muckerhaft und feige zugleich. Arnold Ruge und Karl Heinzen hätten ihm dasselbe mit Hohn vorgehalten und gefragt, ob er unter die Stün= beler gegangen sei." Dies Beispiel zeigt, wie sehr bei der Bearbeitung die Eigenart von G. Kellers Charakter, äußere Einflüsse, Erinnerungen an irgend wo und wann gefallene kritische Äußerungen mitgewirkt haben. Hier lassen sich solche Einflüsse direkt nachweisen; an vielen andern Stellen, wo sie gewiß ebenfalls vorliegen, aber uns nicht bekannt sind, mühen wir uns vergeblich ab, den künstlerischen Erwägungen und poe= tisch=technischen Finessen des Meisters nachzukommen.

Was diese „zum Verdruß aller vaterländischen Gesangvereine" ange=
brachte Änderung betrifft, so ist die Erscheinung interessant, daß die
Variante — zu spät gekommen ist. Die Herausgeber der vielen nach
1883 erschienenen Liedersammlungen, in denen der Hymnus steht, haben
sich um die Änderung des Dichters auch nicht im geringsten gekümmert:
„mein banges Stünblein" wird nach wie vor gedruckt und nach wie vor
gesungen. Der Grund, warum die alte Redaktion beibehalten wird,
liegt sicher nicht in der ästhetischen Erwägung, daß „banges Stünblein"
individueller, intimer sei; auch nicht in der Empfindung, daß die Me=
lodie der alten Fassung sich besser anpasse. Sondern die frühere Redak=
tion ist eben bei ihrer allgemeinen Verbreitung im Verlauf der 36 Jahre
bereits zum Gemein= und Erbgut des Volkes geworden.

Wenn Baechtold erzählt, daß G. Keller das Lied nicht liebte und im
einzelnen so viel daran auszusetzen hatte, so dürfen wir folgendes nicht
außer acht lassen: Für den Geschmack des gealterten Dichters, bei dem
sich eine gewisse Verschlossenheit und äußere Härte geltend machte,
war das Lied zu empfindsam, zu rührselig. Wie er in dem Zyklus
„Lebendig begraben" alle Sentimalität, alle Gefühlstiraden in der Re=
daktion 1883 unterdrückt hat, so war ihm auch in diesem Liede das
überquellende Gefühl, das, was der Schweizer „wehleidig" nennt, unan=
genehm. Es entspricht das einer Eigentümlichkeit seines Wesens, die sich
im Alter mehr und mehr ausbildete.

Streichung von Strophen zur Erzielung größerer Knappheit hat
Keller auch bei der Bearbeitung des Gedichtes „Apostatenmarsch" ange=
wendet. (IX., 276.) Strophen 6—9 der ersten Fassung im Mskr.
(Jan. 1844) sind weggefallen. Der Dichter hat gefühlt, daß der erste
Entwurf gegen den Schluß hin viel zu lang sei, daß er im Sande ver=
laufe. Er hat offenkundig das Poem in seiner ersten Form in höchster
sittlicher Empörung und Verachtung des Apostatentums hingeworfen. Da
ist es psychologisch sehr begreiflich, daß er sich im Ausdruck seines Ab=
scheus nicht genug tun konnte. Bei der Durchsicht für die erste Druck=
legung im D. T. B. 1845 hat er gesehen, daß das Zuviel an Strophen
dem Gedichte schadet. Im Interesse der Wirkung des Ganzen hat er
unbedenklich die vier letzten Strophen beseitigt, was um so höher anzu=
schlagen ist, wenn man bedenkt, daß sie in jener aufgeregten Zeit bei
seinen Gesinnungsgenossen gerade ihrer Schärfe wegen gewiß den freu=
digsten Widerhall gefunden hätten.

In verschiedener Hinsicht interessant ist das unter den „Vermischten
Gedichten" stehende „Revolution" X. 58. Das Gedicht liegt im Mskr.=
Band II vom Jahre 1845 vor, findet sich aber merkwürdigerweise

nirgends früher abgedruckt; erst 1874 erscheint es im dritten Jahrgang von „Das Schweizerhaus", ein vaterländisches Taschenbuch. (Bern, Jent und Reinert.) Im Mskr. 45 trägt das Gedicht das aus der Geschichte der französischen Revolution bekannte Schlagwort „Ça ira" als Überschrift; im „Schweizerhaus" ist es „Revolution" betitelt. Der ganze Habitus des Manuskriptes zeigt deutlich, daß es sich um einen ersten Entwurf handelt. Zwischen Str. 5 und 6 der jetzigen Fassung zeigt dieser erste Entwurf zwei weitere Strophen, die im Mskr. selbst wieder gestrichen sind. Sie schildern das weitere Umsichgreifen der Revolutionsbewegung über die Grenzen der Stadt hinaus aufs Land; vielleicht eine Reminiszenz an die Darstellung in irgend einem Geschichtswerk über die Revolution. Die Verse sind ziemlich holperig und der Ausdruck manchmal unbeholfen. Wurde aber erst einmal mit gereimter, chronikartiger Geschichtsdarstellung angefangen, dann hatte das Gedicht keine Grenzen mehr. Die Strophen mußten entweder fallen, oder dann mußte das ganze Gedicht in breiterem Umfange angelegt und mehr episch gehalten werden. Sobald Keller die 6. Str., den schönen Vergleich des sich erhebenden Volkes mit der Braut am Hochzeitstage gefunden hatte, verzichtete er auf die weniger dankbare epische Gestaltung des Gegenstandes und gewann so einen inhaltschweren und wirkungsvollen Abschluß.

Größere Knappheit zeigt in der letzten Redaktion auch Nummer IV des Zyklus „Alte Weisen". (X. 78.) Hier ist die vierte Strophe der früheren Fassung mit Fug beseitigt. Erstens hemmte sie den Gang der Erzählung, da der Vers: „Jüngst, als ich im Mondschein . . ." unmittelbar an die dritte Strophe anschließt. Zweitens sehen wir die Wirkung, welche die Erscheinung des Mädchens auf das Nachtweib ausübt, ja durch die Erzählung dargestellt; es war unökonomisch, sie zum voraus zu verkünden.

Von dem Lied „In fremden Landen" (X. 100) hat Keller die in den Gedichten 51/54 an fünfter Stelle stehende Strophe nicht in die Sammlung aufgenommen. Man kann sich darüber wundern, denn die Strophe bildete Vers für Vers das erste Glied der Gegenüberstellung, deren zweites Glied die Schlußstrophe darstellt. Diese steht infolgedessen isoliert; sie mutet uns etwas willkürlich-gezwungen an, weil wir das Gefühl haben, daß zwischen den Strophen 4 und 5 ein Glied fehlt. Die schon mehrfach konstatierte Tatsache, daß durch den Wegfall von Strophen der innere Organismus eines Gedichtes sonst gar nicht berührt zu werden pflegt, trifft hier nicht zu. Aber damit kommen wir der Hauptfrage nach dem Grunde der Streichung nicht näher. Am wahrscheinlichsten ist die Annahme, daß sich Keller aus der ihm eigenen Be scheidenheit in strenger Vermeidung alles dessen, was nach patriotischem Pharisäertum hätte aussehen können, gescheut hat, in noch weiterem Maße, als das schon in Strophe 4 geschieht, Tüchtigkeit, Verdienst und Glück seiner Landsleute herauszustreichen auf Kosten desjenigen Volkes, bei dem er gastliche Aufnahme gefunden und wichtige Jahre seiner Entwicklung verlebt hatte. (Es handelt sich ja um die Heidelbergerzeit.) Möglicherweise hat Keller gegen die Strophe auch Bedenken gehabt, weil sie in ihrer ersten Hälfte Wiederholung eines im Jahr vorher schon einmal poetisch verwerteten Gedankens war. (Man vergleiche das Gedicht „Landwein" X. 23, das 1848 im „Donauhafen" erschienen war.)

Das schöne Lied „Poetentod" X. 126 hatte im Manuskript und im ersten Druck 19 Strophen. In den „Gesammelten Gedichten" ist es auf 14 Strophen reduziert. Die 11. Strophe, wo der Sterbende über die Zukunft seiner Kinder Bestimmungen trifft, hat Keller in der richtigen Erwägung beseitigt, daß sie nicht streng zum Hauptmotiv gehört, welches sich vielmehr auf die Sorge um das Schicksal der poetischen Schöpfungen, der Geisteskinder des Poeten beschränkt. Dadurch, daß alle anderen Sorgen des Sterbenden, Familie, Haus und Hof gegenüber der einen großen zurücktreten, kommt das Hauptmotiv des poetischen Testamentes um so mehr zur Geltung. — Auch die 13. Strophe der älteren Fassung war entbehrlich. Zudem entsprach jene Stelle, wie der Dichter sich selbst den Lorbeer zulegt, dem innersten Wesen G. Kellers wenig. — Ferner beseitigt die Schlußredaktion die Strophen 15 und 16 der älteren Fassung, die, so schön sie an sich sind, doch das poetisch erschaute Bild zu sehr ausbeuten.

Die Erwiderung auf Justinus Kerners Lied: „Unter dem Himmel" X. 129 hatte im Manuskript 1845 noch eine Schlußstrophe, die schon in den Ged. 46 beseitigt ist. Es liegt auf der Hand, daß die prächtige Strophe: „Dann bög' ich mich, ein sel'ger Zecher . . ." einen wirkungsvolleren Abschluß erzielt, als die ziemlich matte Anspielung auf die alte Streitfrage der Poetik, mit der das Manuskript schließt.

Ebenfalls schon im Manuskript gestrichen ist die 7. Strophe des Gedichtes „Das Weinjahr" X. 134. Die Fußnote in den Ges. Ged. deutet darauf hin, daß es etwa im Spätsommer 1865 entstanden ist; es kann aber auch jüngeren Datums sein. Auffallend ist die seltene Form der Strophe: durchgehende Reimlosigkeit, wenn auch gewisse Gleichklangserscheinungen in den die Verse schließenden Worten vorkommen. Die beseitigte 7. Strophe ist interessant. Sie war ein echter Keller, im Motiv etwa zu vergleichen mit gewissen Stellen in „Lebendig begraben".

Aber sie hat, abgesehen von dem absonderlichen, bizarren Motiv, etwas Gezwungenes und Geschraubtes. Wenigstens ist nicht klar, welche Bestandteile an Schädel und Kiefer denn eigentlich das Mühlewerk vorstellen, das durch das „Überlein Wassers" getrieben wird. (Zur Kritik des Ausdruckes in Vers 4 möchte ich auf eine Parallele verweisen: X. 72 Schlafwandel 3, 6: „Unglücklichen Mann's, der träumt" . . .).

Besonderes Interesse bietet das Gedicht „Aroleid" X. 136, weil es den direkten Einfluß Theodor Storms zeigt. Auf die Anfrage um sein Urteil über die in der Rundschau 1878 erschienenen Gedichte schreibt Storm am 15. Juli 1878.

„Ihr „Nicht ein Flügelschlag ging durch die Welt", „Arm in Arm und Kron' an Krone", „Die Erntepredigt" sind solche Sachen, worauf man den Finger legen muß und sagen: „Da, das ist's!" und zu solchen möchte ich auch „Aroleid" zählen, wenn es (ich weiß nicht, wie) in der Mitte etwas knapper gehalten wäre; namentlich die erste und die vorletzte, auch die letzte Strophe sind wunderschön; in der siebenten Strophe müßte es nach meinem Gefühle heißen: „Mit ihrem Kind zur Höhe braust".

Die Redaktion in den Ges. Ged. zeigt unmittelbar die Berücksichtigung dieser Kritik Storms. Die Beseitigung der in der Sammlung zwischen Strophe 4 und 5 stehenden Strophe „So himmelhoch, so abgrundtief" ist offenkundig auf die Bemerkung Storms zurückzuführen, daß das Gedicht „in der Mitte etwas knapper gehalten" sein sollte.

Diesem „Aroleid" liegt die gleiche Quelle zu Grunde, wie mehreren Motiven im „Apotheker von Chamounix": Die Walliser Sagen von Tschenien und Ruppen (Sitten 1872). Dort heißt es Seite 32: „In Zermatt heißt es an einer Bergschaft „Aroleid", was so viel bedeuten soll als: Leidwesen von einem Ari — Geier — oder grauen Adler verursacht. Dieser Name soll folgendem traurigen Ereignisse entnommen sein. Eine Mutter, welche das Vieh hütete, legte ihren Säugling in das Gras nieder, um dem Vieh nachzulaufen, das sich zu weit entfernte. Während ihrer Abwesenheit kam der Geier — b's Ari — und raubte ihr das Kind. Als sie zurückkehrte, sah sie einen großen Vogel in der Luft, von dem eine lange Fäsche (Band) herunterhing. Die Unglückliche erriet schnell, was dies bedeute; — erfüllte Berg und Tal mit ihrem Wehklagen, fand aber das liebe Kind nie wieder."

Keller hat also das Motiv noch dahin verstärkt, daß er auch den Vater des Kindes, den Gatten der unglücklichen Mutter, ein Opfer des verderbenbringenden Adlers werden läßt und es vertieft, indem der

Harm, die „bittere Sehnsucht" der jungen Witwe indirekt die Veranlassung zu dem neuen Unheil wird.

Das Kapitel Streichungen führt uns zu einigen Bemerkungen über
den „Apotheker von Chamounix"; denn auf Streichungen beruht zum
guten Teil die veränderte Gestalt, welche dieses merkwürdige Produkt der
Kellerschen Phantasie in den „Gesammelten Gedichten" zeigt.

Die in mehr als einer Hinsicht interessante Geschichte dieser Literatur-
komödie behandelt Baechtold Bd. II 325—331. Ich kann darauf nicht
eintreten, sondern verweise auf jene Ausführungen des Keller-Biographen.
Dagegen möchte ich einige briefliche Äußerungen Kellers zusammenstellen,
die uns deutlich darüber aufklären, was ihn zu dieser so oft miß-
verstandenen und unrichtig ausgelegten Dichtung geführt und was er
damit beabsichtigt hat.

G. Keller schreibt am 12. August 1856 an Ludmilla Assing: „Auch
werde ich nächstens sonst als ein großer Sünder vor Ihnen erscheinen.
Ich hatte nämlich schon beim Erscheinen des „Romanzero" ein trochäisches
Gedicht angefangen gegen die literarisch-poetische Willkür Heines und
seiner formellen Nachbeter, hatte die Sache aber liegen lassen. Da aber
auch nach seinem Tode jene Weise fortgesetzt wird, welche durchaus nur
Einer Persönlichkeit angemessen ist und nachgesehen werden kann, so
habe ich das Ding wieder hervorgezogen und fertig gemacht, bedenkend,
daß vielleicht durch die Poesie allein das rechte Wort gesagt werden
könne, ohne Philisterei, und daß der dichterisch ausgesprochene Tadel
seinen Gegenstand erhebt, wie ihn die Prosa herabdrückt. Sie werden
mich alsobald im Lager derjenigen sehen, welche Ihren Unwillen auf sich
zu ziehen pflegen; doch wird es nicht so gefährlich ablaufen. Das
Dings wird heißen: „Der Apotheker von Chamouny oder der kleine
Romanzero".

Und im Februar 1857 an die gleiche Adresse:

„Es tut mir wahrhaftig leid, daß ich Ihnen einen solchen blinden
Schreck verursacht habe, wegen meines Attentats auf Heine. Wie Sie
bemerkt haben werden, ist dasselbe unterblieben, aber nicht wegen Ihrer
Ermahnungen (denn bei aller Ehrerbietung müssen wir uns unsere Un-
abhängigkeit wahren!) sondern weil mich plötzlich ein Widerwillen gegen
solche polemische Produkte befiel. Indessen wäre der tote Heine ganz
gut gefahren dabei, wie ich glaube; und es wäre mehr eine plastisch-
poetische Charakteristik seines Wesens geworden (z. B. am Schluß ein
Pariser Totentanz à la Holbein auf dem Kirchhof Montmartre), nebst

einbringlichen Ermahnungen an die Lebenden, daß jetzt des Guten genug sei und wir uns endlich konsequent und aufrichtig vom Witz, Unwitz und Willkürtum der letzten Romantik lossagen und wieder zur ehrlichen und naiven Auffassung halten müßten."

Am 27. März 1884 wendet sich G. Keller in einem Briefe an Paul Nerrlich gegen die falsche Auffassung und Auslegung seines „Apothekers" folgendermaßen:

„Dies grobe Mißverständnis macht mir auch Ihre Auffassung des „Apothekers von Chamounix" klarer, worin Sie eine peinliche Verhöhnung des Kranken und Sterbenden sehen. Man wird doch bei Gott noch Spaß verstehen, auch wenn er keck ist, und wenn er allerdings etwas Wein oder selbst Branntwein ins Rosenwasser gießt! Die Sache dreht sich einfach um die Fiktion, daß Heine (oder vielmehr der Heinöismus) sich schlimmer stelle, als er sei; darin einzig besteht der Scherz, und dieser wird provoziert durch die Bekehrung auf dem Krankenbette zum Theismus mittelst eines Buches wie der „Romanzero", das kein weiner= licher Geist machen konnte; dazu lebte er ja noch mehrere Jahre.

Mein Apotheker=Poem ist gewiß keine klassische Satire, aber noch weniger eine giftige oder feindselige; einigen Inhalt aber wird sie selbst= verständlich haben müssen, sonst wäre der Spaß nicht weit her."

In diesen Ausführungen, wie übrigens auch in der kurzen Ein= leitung, die in den Ges. Ged. 83 dem eigenartigen Poem vorangeht, hat sich G. Keller über den Ursprung, die Absicht und das Wesen seines „Apothekers" deutlich genug ausgesprochen.

Zwischen der Konzeption (1852—1853) und dem Drucke liegt ein Zeitraum von dreißig Jahren. Von den verschiedenen Redaktionen, von denen Baechtold spricht (II. 327) liegen heute noch drei vor: Außer dem Druck in den Ges. Ged. 1883 die Fassung vom Jahre 1860, wie sie G. Keller, der wieder einmal in Geldnot war, dem Verlag von Franz Duncker anbot. 1895 hat Baechtold diese Redaktion mitgeteilt im „Euphorion", Zeitschrift f. Literaturgesch. herausgegeben v. A. Sauer. Erg. Heft I. 138—189.

Ein Bruchstück der Dichtung (Romanze XVI bis zum Schluß) er= schien 1882 in „Nord und Süd". Eine deutsche Monatsschrift, hg. von Paul Lindau. XX. Band. 60. Heft. S. 277—285 unter dem Titel: „Der Apotheker von Chamounix. Fragment aus einem älteren Gedichte. Von Gottfried Keller, Zürich." (Mit einem Porträt des Dichters. Ra= bierung von R. Leemann.) Die Redaktion dieses Fragmentes weicht von der Fassung in den „Gesammelten Gedichten" nur wenig ab.

Sodann steht die Dichtung natürlich auch im Mskr.-Band 1882. Die Abweichungen zwischen dem Mskr. 82 und dem Druck in den Ges. Ged. sind indessen qualitativ so unbedeutend, daß sie uns nicht weiter beschäftigen werden. Von großem Interesse ist dagegen eine Vergleichung der von Baechtold veröffentlichten Fassung vom Jahre 1860 mit der Redaktion in den Ges. Ged. Zwar handelt es sich auch hier wieder nicht um prinzipielle Umbildung, aber doch um eine äußerst sorgfältige und ziemlich tief greifende Durcharbeitung, die wesentliche Abweichungen zur Folge hat.

Auch bei der Bearbeitung des „Apothekers von Chamounix" strebt G. Keller nach möglichster Knappheit der Erzählung, nach strenger Ökonomie. Was er in bezug auf die Änderungen am „Grünen Hein= rich" am 3. April 1871 an Emil Kuh schreibt: ... „selbstverständliche Streichung alles Langweiligen und Geschmacklosen ... die Komposition durch gute Ökonomie knapper und dadurch pikanter halten ..." das gilt auch für die Änderungen am „Apotheker". Es dürfte schwer halten, dieselben mit wenigen Worten besser zu charakterisieren, als Keller es hier getan hat.

Die weitaus überwiegende Mehrzahl der Änderungen sind auch in dieser Dichtung Retouchen. Bei der für Keller charakteristischen Ab= neigung, vorhandene Reime zu ändern, haben naturgemäß die Gedichte mit wenigen oder gar keinen Reimen die meisten Varianten im einzelnen aufzuweisen. Das trifft namentlich für den „Apotheker" zu, dessen Strophen ja reimlos sind. Hier konnte Keller nach Belieben im ein= zelnen, auch an den Versenden, Änderungen anbringen, Worte aus= wechseln oder ersetzen, ohne durch den Zwang des Reimes behindert zu sein. Die Nötigung, auch das mit dem beseitigten reimende Wort eines anderen Verses dem neuen Reim entsprechend ersetzen zu müssen, fiel hier weg. (In den Gedichten war gewiß manchmal der Wunsch, eine Ände= rung anzubringen, unterdrückt worden in Anbetracht der Schwierigkeiten, die eine durch den Reimzwang bedingte weitere Variante in einem anderen Vers nach sich gezogen hätte.)

Für die Änderungen im einzelnen sind die gleichen Gesichtspunkte maßgebend, wie wir sie für die Bearbeitung der Gedichte festlegen.

1. Euphonische Rücksichten.

2. Stilistische Bereinigungen (Vermeidung von Wortwiederholung, monotonen Verseingängen ꝛc.

3. Streben nach sachlicher Richtigkeit und Genauigkeit.

4. Nach Klarheit und Deutlichkeit der Darstellung.

5. Sprachlich-grammatische Bereinigungen.

6. Kraft und Prägnanz des Ausdrucks.

7. Milderung von Derbheiten 2c.

Größeres Interesse als diese Retouchen bietet die Änderung in der Disposition, in der Anlage und im Aufbau des ganzen Poems. In der letzten Redaktion hat Keller die beiden Teile, „die ursprünglich ineinander verwoben und verschränkt waren", getrennt. Während die ältere Fassung ein fortlaufendes Ganzes bildet, zerfällt in der Redaktion 1883 die Dichtung in zwei auch äußerlich von einander geschiedene Teile, die lediglich durch das Motiv der als Purgatorium dienenden Eiszacke, in welche die Seele zu ihrer Reinigung eingesperrt wird, unter einander in Verbindung stehen. (Str. 477—488 b. Redaktion 83. Werke X. 232.) Durch diese Zweiteilung erreichte der Dichter wenigstens die feste epische Geschlossenheit jedes der beiden Teile für sich; Geschlossenheit des ganzen Stückes war nach der Natur der Dichtung unmöglich, denn die beiden selbständigen Themata: Geschichte des Apothekers und seiner beiden Liebsten auf der einen, Heines Himmelfahrt, Tod und Versetzung ins Purgatorium auf der andern Seite, ließen sich nicht organisch miteinander verschmelzen.

Die ältere Fassung litt empfindlich unter diesem Fehler der Komposition. Die fünf ersten Gesänge bieten die Geschichte des Apothekers bis zur Versetzung der Seele Claras in die Eiszacke. Dann „beginnt eine unangemessene Abschweifung, welche den polemischen Teil dieser romantischen Dichtung enthält"; nämlich die Bekehrung Heines, seine Krankheit, seine Himmelfahrt, sein Sterben, der Tanz des Pariser Totenvolkes und schließlich seine Entführung ins Purgatorium. Diese „unangemessene Abschweifung" (die allerdings keine Abschweifung, sondern der Kern der Dichtung ist), wird in einer Ausdehnung von 14 Gesängen und etwa 390 Strophen in die Geschichte des Apothekers wie ein Keil hineingetrieben. Dadurch wird die Titusgeschichte völlig auseinandergerissen und verliert natürlich sehr an poetischer Wirkung. G. Keller hat das schon bei der Niederschrift der früheren Fassung sehr wohl gefühlt. Die XXI. Romanze, mit der „die Erzählung zu ihrem ursprünglichen Thema zurückkehrt, das schießbaumwollene Motiv wieder aufnehmend", leitet er mit den folgenden, selbst ironisierenden Versen ein:

> Jetzo kann die Bergromanze
> Füglich ihren Schluß ereilen,
> Und vergnüglich lauf ich mit ihr
> Heimwärts durch die Alpenrosen.

> Denn der Kropf der Episode
> Der so greulich überwuchert,

Glücklich ist er eingebunden
In der Willkür weiten Kragen
In die bunte Schicksalsbinde .... 2c.

Mit dieser XXI. und XXII. Romanze (c. 50 Str.) ist dann die Geschichte zu Ende; es folgen noch das Fabula docet und der Abgesang, der erst im November 1859 dazugekommen ist.

Diese empfindliche Schwäche der gewaltsamen Einkeilung des einen Themas in das andere hat G. Keller in der letzten Redaktion beseitigt, indem er die beiden Gegenstände der Dichtung auseinanderlöste; das heißt die Hochgebirgsgeschichte zuerst zu Ende führte und die Literatur= satire auf den zweiten Teil beschränkte. Dabei ist der erste Teil ganz selbständig; er könnte für sich allein stehen, ohne daß auch nur eine Zeile gestrichen oder geändert werden müßte. Der ganze Zusammen= hang der beiden Teile besteht darin, daß die Seele Heines zum Zwecke ihrer Reinigung in der Eiszacke des Montblanc die gleiche Wohnung bezieht, welche vorher die Seele der unglücklichen Clara innegehabt hat. Wenn man streng sein will, wird man gewiß sagen dürfen, daß dieses Motiv als einzige Verknüpfung zweier Teile einer Dichtung von solchem Umfange etwas dünn und spärlich ist. Aber das lag eben schon in der Konzeption. Und dann darf man nicht vergessen, daß es sich ja darum handelte, die „Geisteswillkür des Heineismus" durch eine „Gegenübung" zu parodieren.

Hand in Hand mit der Auseinanderlösung der beiden Hauptthemata der Dichtung in der letzten Redaktion geht eine Verschiebung in ihrer Ausdehnung, in der Strophenzahl. Und zwar verteilen sich die Strophen auf die beiden Themata folgendermaßen:

Redaktion 1860.	Redaktion 1882.
I. Teil 123 Str.	I. Teil 184 Str.
II. „ 419 „	II. „ 324 „
Zusammen 542 Str.	Zusammen 508 Str.

Daraus ergibt sich, daß Keller die Hochgebirgsgeschichte beträchtlich erweitert, dagegen die Literatursatire in noch höherem Maße beschnitten hat. Die Gründe dafür sind einfach. Das Motiv der Titusgeschichte oder wenigstens einzelne Episoden derselben waren eben poetisch und reizten den Meister zur weiteren Ausgestaltung; der polemische Teil dagegen hatte infolge des langen Zeitraumes, der verflossen, seit die Strophen einst „aktuell" gewesen waren, an Interesse und an Wirkung verloren.

Keller hat mit dieser Umgestaltung der Dichtung einen großen Dienst erwiesen, denn die schönsten Episoden, Stellen von reinster, wundervollster Poesie, entstammen ihr.

Es ist an anderer Stelle der Ort, die Erweiterungen zu besprechen, welche die Dichtung in der Redaktion der Ges. Ged. erfahren hat. Dagegen müssen hier die Streichungen, die G. Keller am „Apotheker" vorgenommen hat, etwas näher betrachtet werden.

Dabei fällt zunächst auf, daß der Dichter bei der letzten Redaktion die Randglossen unterdrückt hat, die der früheren Fassung beigegeben waren und die auch im „Euphorion" abgedruckt sind. Wer schon einmal Gelegenheit hatte, in den Büchern aus der Bibliothek G. Kellers zu blättern, der kennt seine ausgesprochene Neigung und Gewohnheit, kritische Randglossen anzubringen — manchmal in ganzen Versen und Strophen, manchmal nur mit einzelnen Stichworten.

Wie das bei den Gedichten anderer seine Gewohnheit war, so hat hier Keller seine eigenen Verse glossiert. Und zwar unterscheiden sich die Randbemerkungen im „Apotheker" sehr zu ihrem Vorteil von denen in den Almanachen. In diesen sind die Witze denn doch manchmal gar zu platt und wohlfeil. Der „Apotheker" dagegen hat keine einzige von jenen Glossen, wie sie Keller in gewisse Gedichtsammlungen eingetragen hat, und die man gemeinhin als „Kalauer" zu bezeichnen pflegt. Die Randbemerkungen im Apotheker erscheinen vielmehr als eine Art Übersicht, eine Art von Disposition. Zum Teil sind es Überschriften zu den einzelnen Episoden des Poems, manchmal mit selbstkritischen und selbstironisierenden Seitenblicken. Dann wieder, wenn etwa die Strophen den Gedanken nicht genügend klar auszubrücken schienen, enthält die zugehörige Randbemerkung eine nähere Erklärung und Erörterung, wie etwa zu Str. 63, 67, 70, 71 der älteren Fassung. Oder dann führt der Dichter einen Gedanken, den er gerne an den Mann gebracht hätte, den er aber nicht gut in den Text hinein verweben konnte, in einer Randbemerkung aus, wie etwa zu Str. 286.

> Kein Deutscher ist so schlimm baran,
> Er hat noch seinen Eckermann;
> Und wo ein Faust zum Teufel fährt,
> Fühlt sich das Wagnertum verklärt.

Speziell hatte es ja Keller darauf abgesehen, die Schwächen und Manieren und die „romantische Geisteswillkür des Heineismus" durch eine „Gegenübung" hervorzuheben. Diesem Zwecke diente eine parodistische Glossierung trefflich. Eine ganze Reihe von Randbemerkungen zeigen diese Absicht deutlich: Str. 22 „Romantische Ausführung des Haupt=

motivs"; Str. 25 „Romantisch tötliche Schalkheit einer Eifersüchtigen";
Str. 38 „Romantische Stimmungen"; Str. 44 „Bedenklicher Dualismus
auf einem Mädchengrabe; romantische Ausführung und Beschreibung
desselben"; Str. 403 „Romantische Selbstironie, welche in diesem Gedichte
nicht fehlen darf" ꝛc.

Es würde zu weit führen, all den Spezialitäten dieser Glossierung
nachzugehen. Vielmehr handelt es sich für uns um die Frage: Warum
hat G. Keller dem von ihm redigierten Drucke des „Apothekers" in den
„Ges.-Ged." diese Randbemerkungen nicht beigegeben? Gewiß deßhalb,
weil er sie für unkünstlerisch hielt, weil er sich von ihnen nicht nur
keinerlei poetische Wirkung versprach, sondern im Gegenteil befürchtete,
sie könnten an manchen Stellen dem Eindruck schaden. Für den II. Teil
die Literatur-Satire, wären die Randbemerkungen wohl angegangen.
Aber wir haben gesehen, wie der Dichter den polemischen Teil zu gunsten
der Hochgebirgsgeschichte in der letzten Bearbeitung zurückdrängt und
diese durch sehr glückliche Neuschöpfungen poetisch bereichert und ver=
schönert. Zu diesen neuen Elementen, zu diesen Strophen voll der
reinsten Poesie, konnten die Randbemerkungen nicht mehr passen.

Nun die Streichungen an der Dichtung selbst: Es handelt sich
dabei entweder um die Unterdrückung ganzer Strophen oder dann, da
bei der Kürze der Strophen dieselben häufig ineinander übergreifen, um
Streichung einzelner zusammenhängender Verse und Zusammenstellung
und Gruppierung der übrig gebliebenen Bestandteile zu neuen Strophen.

Die Gründe, die zu den Streichungen geführt haben, lassen sich
etwa folgendermaßen zusammenfassen.

Eine Reduktion um ein halbes Dutzend Strophen brachte schon die
neue Anlage, die Zweiteilung der Dichtung, mit sich. Naturgemäß fielen
jetzt die Strophen weg, die in der älteren Fassung zur Anknüpfung und
Verbindung der in einander verschränkten und verwobenen Teile gedient
hatten. Es betrifft dies die Strophen 73—75, 402—403, 459—461
der älteren Fassung. (Euphorion S. 145, 175, 180.)

Ein zweiter Grund zur Streichung liegt darin, daß nach Kellers
eigenen Worten (vgl. oben den Brief an P. Nerrlich) das Apotheker-
Poem keine giftige oder feindselige Satire sein sollte. Es zeigt sich in
der letzten Redaktion das Bestreben, die Anzüglichkeiten und Ausfälle
auf die Persönlichkeit Heines, welche die frühere Fassung noch aufwies,
nach Möglichkeit zu beschränken. Alles Beleidigende sollte unterdrückt
werden. In diesem Sinne hat Keller die Str. 117 und 118 beseitigt
(Euph. 149, VII, 2—3), die auf die Ruhmsucht und das Privatleben
Heines in nicht sehr zarter Weise anspielten. Der „Apotheker" sollte ja

gerade „keine peinliche Verhöhnung des Kranken und Sterbenden sein." Diesem gleichen Bestreben entstammt jedenfalls die Unterbrückung der Str. 127 (Euph. 150, 5), die, wenn auch in milderer Form, doch einen empfindlichen Ausfall gegen Heine bedeutet; ebenso die Str. 161—162 (Euph. 153, 6—7), wo sich Keller wiederum über Heines Lorbeerpflan- zung lustig macht. Unter diese Rubrik gehören auch die beiden be- seitigten Strophen 244—245 (Euph 161, 1—2), wo Lessing erscheint und „Vergleichungen anstellt, welche zum Vorteil älterer Juden aus- fallen".

In einer dritten Spezies von Streichungen geht Keller aus auf strikte Beseitigung der in der früheren Fassung häufigen allgemeinen Betrachtungen, Gemeinplätze und Sentenzen. Typische Beispiele dafür bieten die Str. 475—476 (Euph. 182, 1—2); ferner Str. 95—96 (Euph. 147, 7—8). Man wird zugeben müssen, daß die angeführten Sentenzen sehr kräftig und prägnant formuliert und entschieden nicht ohne Wirkung sind. Aber es sind eben, wie der Dichter sie selber nennt, „beiläufige Betrachtungen", und solche ließ die strenge Ökonomie der letzten Redaktion nicht zu. Dasselbe gilt von Str. 112 (Euph. 149, 1), die eine „abermalige Betrachtung" enthält und von den Str. 121—124 (Euph. 149—150, VII, 6—150, 2). Auch hier wieder bieten die Strophen eine an sich sehr hübsche, witzige und scharf pointierte Ab- schweifung, aber eben eine Abschweifung, die Keller in der Schluß- redaktion vermieden haben wollte. (Str. 123 u. 124 eine „Philosophie der Geschichte in zwei Versen".)

Hand in Hand mit dieser Unterbrückung von allgemeinen Betrach- tungen geht in der letzten Redaktion überhaupt die Streichung alles dessen, was den raschen Fortschritt der Erzählung hemmt. Ein typisches Beispiel hiefür ist Str. 263 (Euph. 162, 9) „eine Strophe voll psycho- logischer Erörterungen"; oder Str. 107 (Euph. 148, 7), die 1882 nicht mehr das geringste Interesse hatte und kaum verständlich war.

Eine der umfänglichsten Streichungen der ganzen Dichtung ist die- jenige der ersten Hälfte der V. Romanze der früheren Fassung. Strophe 44—60 (Euph. 142, V 1—144, 4) die Beschreibung des Grabes der armen Clara und des sonderbaren Treibens auf demselben. „Bedenk- licher Dualismus auf einem Mädchengrabe; romantische Ausführung und Beschreibung desselben", bemerkt Keller zu der 16 Strophen umfassenden Episode. (Baechtold hat sie II, 538 Biogr. abgedruckt.) Der Haupt- grund, weshalb der Dichter diese Stelle beseitigt hat, liegt wohl darin, daß sie eine langatmige und unnötige Abschweifung war, die den Fort- schritt der Erzählung störte und hemmte. Kein Mensch wird in der neuen Fassung, wo die Strophen fehlen, eine Lücke empfinden. Dazu kommt, daß die ganze Allegorie, das Spiel der Zwergdryas mit dem Mönchlein, an sich ja zur Not verständlich, aber in ihrer Beziehung auf die ganze Dichtung nicht recht klar ist. Schließlich ist die Ausführung, wenn auch an sich echt Kellerisch originell und phantasiereich, durch das Schwelgen in Deminutiven und Winzigkeiten doch auf die Dauer etwas zu barock = puppenhaft, um eine größere Wirkung hervorzubringen.

Die Strophen 68—72 (Euph. 145, 1—5), welche die Aufzählung all der „Teufelsbraten" enthalten, die durch die Einsperrung ihrer Seelen in den Gletscher „hier gemütlich auf die angeborne Unschuld ihres harmlosen Herzens rebuziert werden", bedeuten ebenfalls eine den Fortschritt der Erzählung hemmende Weitschweifigkeit und werden daher beseitigt.

Auf den Grund zur Beseitigung der Str. 156—157 (Euph. 153, X 1—2) weist die Randbemerkung Kellers: „Weitere Beschreibung eines ziemlich mageren Gegenstandes". In der Tat ist die Beschreibung des Himmelsraumes, in dem die seligen Dichtergestalten gedankenvoll auf und ab wandeln, so dürftig, so wenig imstande, eine Vorstellung zu erwecken, daß Keller gewiß gut daran getan hat, dieser Schwierigkeit durch Streichung der Strophen auszuweichen.

Interessant ist die beseitigte Strophe 191, wo „der große Goethe schließlich auf die Weiber verfällt. Die Gedanken, welche er über diese Materie äußert, werden dem Verfasser als unecht und paradox ausgelegt werden", meint Keller in der Randbemerkung. Indessen haben wohl nicht die Gedanken über diese Materie als solche, sondern lediglich die burschikos-derbe Form, in der sie ausgedrückt sind, den Anstoß zur Streichung der Strophe gegeben.

In dem Bestreben nach Knappheit hat Keller auch die Strophen 247—252 unterdrückt. (Euph. 161, 4—9.) Sie waren besonders interessant, weil sie zeigen, wie (nach der Ansicht Kellers) ein Lessing die Produkte und das Treiben der Literatur der ersten Hälfte des 19. Jahrhunderts, deren antipodische Vertreter Heine und Börne sind, etwa beurteilt hätte. Das Wesentliche und Positive an diesem Urteil hat der Dichter auch in die neue Fassung hinübergenommen (Str. 322):

> „Wahrlich, wär't ihr nicht die Meister
> Neuer Künste, die uns Alten
> Noch verborgen sind gewesen, ... ꝛc."

Im übrigen aber war dem Dichter die Strafpredigt Lessings für die letzte Redaktion zu weitschweifig, und er hat sie deshalb unterdrückt. Aus dem gleichen Grunde mußten die Str. 291—292 (Euph. 165, 4—5) wegfallen. Es war ja sonst ein Lieblingsthema Kellers, sich über

„literarische Leichenmarder“ und Nachlaßschnüffler zu entrüsten und sie
feierlich zu verfluchen. So hat es ihn wahrscheinlich keine geringe Über=
windung gekostet, in der letzten Redaktion die Romanze abzubrechen,
ohne diesen „Schmachgesellen“ wieder einmal einen kräftigen Hieb versetzt
zu haben. Aber es lag hier eine jener Längen vor, die der Dichter als
unkünstlerisch und störend empfunden hat.

Die Begründung, weshalb er die Str. 269—278 (Euph. 163,
4—164, 3) unterdrückt hat, gibt uns Keller selbst. Es handelt sich um
einen kräftigen Ausfall gegen einen seiner Widersacher, „den galligen,
ewig unzufriebenen Karl Gutzkow, der sich wiederholt an Kellers Erst=
lingswerken gerieben hatte“. Keller schreibt über diesen Punkt an Her=
mann Hettner am 18. Oktober 1856.

„Das Gleiche (nämlich daß er an mein Aufkommen glaubt) erlaubte
ich mir aus Gutzkows gehässigem und knabenhaft verdrehtem Anfall zu
abstrahieren, den er mir in seinem Blatte zukommen ließ. Fast hätte
ich mich zu einer dummen Retourchaise verleiten lassen. Ich habe mich
nämlich bis jetzt noch mit jener Romanzen=Parodie auf Heine herum=
getragen und das Ding fast fertig gemacht. Darin kommen auch ein
Dutzend sehr malitiöser Strophen auf Gutzkow vor, worin er geschildert
wird, ohne genannt zu werden. Erst heute früh habe ich mich endlich
entschlossen, die ganze Geschichte wegzuwerfen, und mich von dergleichen
Dingen fernzuhalten, lieber meine positiven Produkte fördernd. Haupt=
sächlich dachte ich, wenn Gutzkow ein Esel ist, so wolle ich nicht auch
einer sein und ihn seinem eigenen dialektischen Prozesse überlassen. Er
ist aber doch ein schofler Gesell; nicht lang nach jenem willkürlichen
Einsänhängen brachte er eine wehmütig=weltschmerzliche Erklärung in
seinem Küchenblatt, wie man aus übergroßem Schmerz öfter ungerecht
urteilen könne, mit halbem Bewußtsein des Unrechtes 2c. und suchte
solche Lumperei süßholzraspelnd zu beschönigen. Es war offenbar eine
oratio pro domo.“

In den 25 Jahren bis zur letzten Redaktion hat Keller seine An=
sicht über diesen Punkt nicht geändert, und so blieb diese Stelle un=
gedruckt, welche „von einem noch lebenden Übeltäter handelte, der sich
und andern längst das Leben zur Hölle macht und deshalb dem schwarzen
Sumpfe nicht entgehen wird.“

In den Str. 329—331 (Euph. 168, 9—11) hat der Hinweis auf
die drei großen Geister Frankreichs, deren sterbliche Überreste einst im
Pantheon ruhten, Voltaire, Rousseau, Mirabeau mit dem Zusammen=
hang der Dichtung so wenig zu schaffen, daß ihre Beseitigung vollauf
gerechtfertigt ist.

Zu Str. 367 (Euph. 172, 3) ist zu sagen, daß der Dichter das wirkungsvollste Element, den Gegensatz zwischen dem wilden Tanz der üppigen Grisette und dem „keuschen Mond" in die neue Fassung hinübergenommen hat. Im übrigen war dem gereiften Keller alle Lüsternheit in der Darstellung verhaßt, auch wenn das Motiv den Anlaß dazu bot. Er konnte jeden andern „starken Tabak" eher vertragen, als Nuditäten, denn, schreibt er am 10. September 1871: „Es ist die roheste und trivialste Kunst von der Welt, in einem Poem den weiblichen Figuren das Hemd übern Kopf wegzuziehen."

Im folgenden sind noch einige Fälle anzuführen, wo aus einem größeren Strophenkomplex einzelne Verse gestrichen und die übrig gebliebenen Bestandteile zu einer oder mehreren neuen Strophen zusammengestellt werden. Ein Beispiel dafür bietet die Zusammenfassung der Strophen 35, 36, 37 der früheren Fassung und Str. 99 der letzten Redaktion. Die Häufung von Bildern und Vergleichen, die an sich schon nicht poetisch wirkt, hemmte den gerade an dieser Stelle sehr wünschenswerten raschen Fortgang der Erzählung.

Ebenso gehört hieher die Reduktion der Str. 467, 465, 468 und Str. 133 der letzten Fassung. (W. X, 182, 3.) Die Stelle mit ihren ausführlichen psychologischen Erörterungen war ermüdend. Auch formell war sie wegen der vielfach völlig gleichen Verseingänge nicht glücklich. Die Diktion grenzt hier an Manier.

Wie oben in Str. 156—157 geht Keller auch in den Str. 181 bis 182 (Euph. 155, 4—5) einer für ihn unüberwindlichen Schwierigkeit aus dem Wege, indem er einzelne Verse streicht. Es handelt sich darum, das Leben in der Lichtsäule zu beschreiben, die Goethe um sich zieht, und die offenbar einen Reflex seiner sämtlichen Schöpfungen, der ganzen Welt seines Geistes, darstellen sollte. Dieser Schwierigkeit war auch ein größeres Quantum von Versen nicht gewachsen.

Str. 209—212 der früheren Fassung und Str. 289—290 (Euph. 157. XIII. 4—7). Diese Reduktion ist ein deutliches Beispiel, wie der Dichter aus einem zu weitschweifigen Strophenkomplex diejenigen Elemente, welche ihm für den Fortgang der Erzählung und für die Charakteristik förderlich und unentbehrlich scheinen, auszieht und neu zusammenstellt; die übrigen aber beseitigt.

Schließlich handelt es sich noch um die Frage: Warum hat Keller die letzte Romanze (XXIII) der älteren Fassung nicht in die Ges. Ged. aufgenommen? Er bezeichnet sie selbst als „fabula docet". Aber dieses fabula docet geht gar nicht mit Naturnotwendigkeit aus der Dichtung hervor, es ist nicht das zwingende Resultat derselben. Keller hat sich im „Apotheker" gegen die Geisteswillkür und gemachte Herzlosigkeit einer bestimmten literarischen Richtung gewendet; das fabula docet enthält aber nicht die Ermahnung, „daß wir uns endlich vom Witz, Unwitz und Willkürtum der letzten Romantik lossagen und wieder zur ehrlichen und naiven Auffassung halten müßten", sondern es hält sich in allgemeinen Ermahnungen, die an sich sehr beherzigenswert und auch geschickt formuliert sind, aber doch den Kern, das Wesen der Sache, nicht ganz treffen. Ich werde den Eindruck nicht los, daß hier das Können des Dichters hinter dem Wollen zurückgeblieben ist, und dieses Mißverhältnis macht sich als Abschluß der Dichtung besonders fühlbar. So schließt die neue Redaktion in ihrer Prägnanz und milden Freundlichkeit ohne das fabula docet das Apotheker=Poem viel glücklicher und wirkungsvoller ab.

Aus einem ähnlichen Grunde wohl, weil der innere Zusammenhang mit der Heine=Dichtung nicht genügend fest und klar ist, hat Keller den im November 1859 bei Anlaß der Jahrhundertfeier Schillers gedichteten „Abgesang" (Str. 524—552 der älteren Fassung des „Apothekers", Euph. 186—189) zu einem selbständigen Gedichte unter dem Titel „Das große Schillerfest 1859" erhoben. (W. X. 153.) Die bloße Tatsache, daß er dieses Gedicht vom „Apotheker" einfach loslösen konnte, ohne deshalb an diesem auch nur die geringste Änderung anbringen zu müssen, beweist zur Genüge, daß ein innerer Zusammenhang gar nie vorlag.

Es erübrigt hier, noch eine Spezialität von Streichungen zu besprechen, die in das Wesen der dichterischen Produktion Kellers einen interessanten Einblick gewähren. Der junge Dichter wird manchmal der auf ihn einstürmenden Inspiration nicht mehr völlig Meister. So kommt es, daß er sich oft verleiten läßt, einzelne Nebenmotive, Bilder, Vergleiche, beiläufige Betrachtungen so weit auszuspinnen, daß dadurch das Hauptmotiv zurückgedrängt oder auseinandergezerrt wird und so an Wirkung einbüßt.

In der ersten Abteilung der Gedichte steht das Lied „Wetternacht". (W. IX. 29.) Das Motiv ist deutlich. Das gewaltige Naturphänomen einer Wetternacht draußen in der Landschaft macht auf die Seele des Dichters einen solchen Eindruck, daß er seinen verschlossenen, herben Trotz und Stolz gebrochen und die „dunkle Lust der Demut" in sich angefacht fühlt. In dieser Stimmung denkt er an den Tod, der ihm in lieblicher Gestalt erscheint; er verliert die Furcht vor demselben und befreundet sich mit ihm.

So liegt statt des einen schon eine Fülle von Motiven vor; die inneren Gesichte drängen sich; kaum hat ein Gedanke Gestalt gewonnen, so löst er auch schon in der Seele des Dichters einen zweiten aus, der, kaum gefaßt, seinerseits wieder auf eine neue Schönheit führt. Dieses Übermaß des Stoffes zu bemeistern, versteht der junge Keller nicht immer.

Um auf unser Beispiel zurückzukommen: In Str. 5 preist der Dichter den Reichtum der Mutter Erde, welche ihn nun auch noch die ihm bisher unbekannte „Lust der Demut" empfinden läßt. Und der Gedanke — Reichtum der Mutter Erde — bringt ihn auf das Bild vom Schachte eines reichen Bergwerkes. Aber damit kann er nicht abbrechen. Dieses Bild löst in der Phantasie des Dichters sogleich wieder eine Welt von Vorstellungen aus. Das Leben der Seele im Bilde eines Bergwerks! Wie kann die Phantasie hier schwelgen!

Da leuchtet es in düsterm Strahlenkranze,
Da funkelt es von mildem Tränenglanze
Und tief der Wehmut Gold erglüht!
Wie flimmern da der Sehnsucht blaue Kerzen
Und spiegeln sich in der Entsagung Erzen,
Ergebung in gewund'nen Adern blüht.
Gebrochner Stolz klagt wie in Grabesklängen,
Doch Demut wacht in den geheimsten Gängen,
Als mildes Grubenlicht entbrannt;
Die oben nicht zum Leben Raum gefunden,
O was für Liebe schläft und träumt da unten,
Friert endlich ein zu hartem Diamant! —

So hat hier das e i n e Wort „Schacht" vermöge der Vorstellungen, die es in der Phantasie des Dichters auslöste, diesen zu zwei neuen Strophen angeregt. Aber nun? Die Strophen gehörten zum Worte „Schacht", aber nicht zum ganzen Gedicht. Keller hatte sich durch den Reiz eines schönen und wirkungsvollen Bildes auf einen Seitenpfad verlocken lassen und fand sich nun weitab vom Wege. — Dem Meister konnte diese Tatsache nicht entgehen. Er hat den Auswuchs, der hier zwischen Str. 5 und 6 des Gedichtes wucherte, beseitigt.

Ein zweites Beispiel ist der Eingang zu dem Gedichte „Nachhall". (IX. 97.) In ein paar Versen möchte der Dichter die Stimmung der einbrechenden Nacht wiedergeben. Aber gerade darin ist seine poetische Schöpferkraft so reich, so überquellend, daß gleich zwei der poetischen Gesichte nebeneinander Gestalt gewinnen. So hat das Lied im Mskr. 45 und in den Ged. 46 eigentlich zwei parallele Eingangsstrophen, von denen dann bei der Redaktion für die Gedichtsammlung 83 die eine weichen mußte.

Hierher gehört auch das humorvolle Gedicht „Rote Lehre". (X. 26.)
Es liegt in folgenden Redaktionen vor:

1. Auf einem fliegenden Blatt im Nachlaß (Mappe X) steht der Entwurf zu den zwei Strophen „O ihr Esel! 2c." und „Nein, der ewig golden grüne . . ."

2. In Schads Musenalmanach 1853. S. 231 unter dem Titel: „Für die Roten". 9 Str.

3. In den Ged. 54. S. 220. Titel: „Rot". 8 Strophen.

4. ⎰ Im Mskr. Band 82 ⎱ Titel: „Rote Lehre". 6 Strophen.
   ⎱ In den Ges. Ged. 83 ⎰

Höchst wahrscheinlich sind die beiden Strophen, die wir handschriftlich besitzen, der erste und ursprünglichste Bestandteil des Gedichtes. Darauf deutet schon ihre absolute, in sich abgeschlossene Form. Keller hat wohl die Absicht gehabt, in epigrammatischer Weise mit diesen zwei kurzen Strophen das Proletentum und Maulaufreißen revolutionärer Heißsporne zu geißeln. Zu diesem Epigramm trat dann nachträglich das gelungene Badermotiv, welches das blutdürstige Heldentum dieser Sorte Menschen so humorvoll illustriert. Wie verfährt nun der Dichter, um seine früheren Strophen verwenden zu können? Auf der einen Seite führt er das Badermotiv aus; auf der andern erweitert er das ursprüngliche Epigramm zu einem auf jenes bezüglichen fabula docet von fünf Strophen und stellt nun in den früheren Drucken die beiden Bestandteile unbedenklich zusammen. Das Resultat ist, daß wir tatsächlich nicht eines, sondern zwei Gedichte haben; das erste Str. 1—4, das zweite Str. 5—9 im D. M. A.

Das Wesentliche an der Redaktion 1882 ist die Beseitigung der 5. u. 6. Str. der früheren Fassung. Dem Meister ist die Zweiteiligkeit des Gedichtes zum Bewußtsein gekommen; er hat gesehen, daß sich die beiden Teile in ihrer Wirkung gegenseitig beeinträchtigten. War das ältere Motiv von der Rose und dem Weinstock für eine epigrammatische Behandlung glücklich gewesen, so eignete sich nun für eine mehr ins Breite gehende humoristisch=satirische Behandlung das Aderlaßmotiv viel besser. So werden die ursprünglichen Bestandteile, aus denen das Gedicht hervorgegangen ist, beseitigt und von dem einst fünf Strophen umfassenden Motiv bleibt nur ein spärlicher Überrest in den sechs letzten Versen. Wer würde dem Gedichte, wie es heute vorliegt, ansehen, welche Phasen der Entwicklung es durchgemacht hat? Jetzt erscheint es wieder einheitlich und geschlossen.

Höchst interessant ist auch die Geschichte des kleinen Liedes „Ein Tagewerk II". (W. X. 66.) Das Manuskript vom Jahre 1845 stellt offenbar zwei Entwürfe dar; einfach der Reihenfolge nach gelesen, ist der Strophenkomplex im Manuskript ein Chaos, aus dem sich kaum ein Sinn ergibt.

Im Anschluß an die in dem vorangehenden Gedicht geführte Klage, daß er unfähig sei, das in ihm schlummernde Lied zu Tage zu fördern und so seine kostbare Lebenszeit ungenutzt verschleudere, hat der Dichter zunächst die beiden Strophen geschaffen: „Aber kommen wird noch die Zeit" und „Mach, o Seele, dir keine Pein". Sie gehören zusammen und bilden eine Art von Auflösung des im ersten Gedicht gestellten Problems.

Daneben ist er auf eine andere Lösung des Problems gekommen. Einer der Sterne, die über ihm leuchten, ruft ihm Trost zu, daß sein Lied nicht verloren, sondern in der Sternenwelt gut aufgehoben sei, und daß er es einstmals wieder finden werde. Diese Auflösung besteht aus drei Strophen: den beiden, die später in die Ged. 46 über=gegangen sind, und einer dritten, später weggefallenen.

Drittens liegen im Mskr. 45 noch zwei weitere Strophen vor, die wieder unter sich zusammengehören und gewissermaßen eine Fortsetzung jener zwei Strophen der ersten Auflösung darstellen.

Als es sich um den Druck handelte, mußte sich Keller für eine dieser Lösungen entscheiden und er wählte das Motiv von dem Sterne, der ihm Trost zuruft. Warum dies? Das Hauptthema des ersten Gedichtes „Ein Tagewerk I." ist die Unfähigkeit, das in der Seele des Dichters schlummernde Lied zur würdigen Ausgestaltung zu bringen und die aus diesem Mißverhältnis zwischen Wollen und Können sich er=gebende Seelenpein, unter welcher der junge Keller oft so schwer gelitten hat. Das zweite Gedicht sollte diese seelische Verwicklung lösen. Das vermochten am besten die drei neuen Strophen (3—5). Sie bildeten die Entsprechung zum Hauptmotiv des ersten Gedichtes. Für die Ged. 46 hat G. Keller das Liedchen um drei Strophen erweitert. Diese Plus=strophen sind auch wieder interessant. Sie sind, was man sonst bei Keller nicht häufig findet, verschwommen und in ihrer Bedeutung nicht ganz klar. Aber dieser dunkle Timbre übt einen eigenartigen Reiz aus. Er paßt zur Stimmung und zum Grundton des ersten Gedichtes und entspricht der Fiktion, daß diese merkwürdig getragen-prophetischen Worte von einem Sterne stammen.

Keller ließ diesen beiden Gedichten viel Sorgfalt angedeihen. Sie mußten ihm besonders am Herzen liegen, denn sie sind der Ausfluß der schweren und schmerzlichen Kämpfe, die der junge Poet in sich fühlte, wenn der Drang und die Lust zur Produktion nicht im Einklang standen

mit der Fähigkeit, dem innerlich Empfundenen und Geschauten ein künst=
lerisches Gepräge zu geben.

Ebenso wie dieses Poem hat auch das Gedicht „Parteigänger"
(X. 105) im Mskr. 1843 zwei Bestandteile, die hier freilich schon äußer=
lich deutlich zu erkennen sind.

Die Genesis ist interessant. Der erste Entwurf unter dem Titel
„Allerhand große Streiter" besteht aus vier Strophen; die zweite Nieder=
schrift, aus drei Strophen bestehend, bildet dazu eine Art Ergänzung.
Für den Jahrgang 1873 der Zeitschrift „Über Land und Meer" sind
die sieben Strophen der beiden Bestandteile bereinigt und zusammen=
geschweißt worden.

Die neue Redaktion ist sehr glücklich, indem der Dichter die drei
Strophen der zweiten Niederschrift als Rahmen verwendet, in welchen
(unter Wegfall der ursprünglich ersten Strophe) die Selbstcharakteristik
des streitbaren Gesellen hineingestellt wird. — Bei der Aufnahme in die
Sammlung 83 hat das Gedicht sozusagen keine Änderungen mehr er=
fahren.

<hr>

Dem Zwecke größerer Ökonomie und Knappheit dient auch die
Zusammenziehung größerer Strophenkomplexe zu kleineren; meist zweier
Strophen zu einer.

Hier handelt es sich nicht darum, den Gedankeninhalt einer Strophe
einfach auszuschalten, sondern vielmehr, ihn zusammenzuziehen, zu kon=
zentrieren. Der äußere Umfang, den die Formulierung beansprucht, soll
eingeschränkt werden. Es gilt also, die gleiche Arbeit, welche bei der
Streichung von Strophen gewissermaßen am äußeren Gerüste des Ge=
dichtes getan wurde, auf den feineren inneren Organismus desselben
anzuwenden.

Nehmen wir das Gedicht „Sonnenuntergang" (IX. 36). Die zweite
Strophe setzt sich zusammen aus je den ersten Hälften der Str. 2 und 3
der älteren Fassung, d. h. graphisch dargestellt: 2, 1—8 < 2, 1—4 + 3,
1—4 (mit Umstellung in der Reihenfolge der Verse). Das Motiv, wie
der Dichter die untergehende Sonne um einen letzten Abschiedsstrahl anruft,
wird zu stark ausgebeutet. 16 Verse für dieses an poetischer Kraft doch
beschränkte Motiv war des Guten zu viel. Die an sich schon etwas
barock zugestutzte zweite Hälfte der zweiten Strophe konnte ohne Nachteil
wegfallen. Auch die zweite Hälfte der dritten Strophe war in ihrem
Gedanken, daß der Dichter als Singmeister der Lerchen auftreten werde,
unnatürlich und gezwungen.

Ein weiteres Beispiel einer Zusammenziehung bietet das II. der „Waldlieder" (IX. 54). Hier ist in der letzten Redaktion die 7. Str. aus der 7. u. 8. Str. der früheren Fassung zusammengezogen. Aus den zwei inhaltlich mageren und stellenweise (8. 3) gezwungen formulierten Strophen nimmt der Dichter den wesentlichen und schönen Gedanken heraus, wie im Anblick der freien Waldnatur das beklommene Herz aufatmet; er formuliert diesen Gedanken einfacher und glücklicher und erreicht so die Reduktion um eine Strophe.

Hier ist auch die 3. Strophe des schönen Gedichtes „Der Nachtschwärmer" anzuführen. (IX. 79.) Sie ist kontrahiert aus Str. 3 u. 4 der älteren Fassung, allerdings mit ziemlichen Abweichungen. Vers 1—4 der neuen Fassung entspricht den früheren Versen 5—8 der 3. Str. Nur die „Sommernacht" (3. 8) ist trefflich ersetzt durch „Geist der Nacht", der mit seiner wunderbaren Sphärenmusik das Ständchen des Liebenden begleiten und unterstützen soll. Vers 5—8 der letzten Redaktion faßt sodann den Inhalt der früheren 4. Strophe zusammen. Der junge Keller hatte sich auch hier wieder durch den Reiz der landschaftlichen Nachtstimmung, deren Wiedergabe seinem Talent so ganz entsprach, verleiten lassen, des Guten zu viel zu tun.

Auch die „Klage der Magd" (X. 74) zeigt ein Beispiel der Kontraktion. Hier ist der Inhalt der 3. u. 4. Str. der früheren Fassung in eine Strophe zusammengezogen. Der am Garten vorüber wandelnde Geliebte der Magd und die Spitzeleien der bösen Hausfrau am Mittagtisch werden direkt aneinander gereiht und in das Verhältnis von Ursache und Wirkung gesetzt. Der Grund dieser Zusammenziehung liegt nahe: Die beiden Strophen wiederholten sich inhaltlich.

In dem wundervollen Gedicht „Der Taugenichts" (X. 84) ist die 5. Strophe der Redaktion im Sammelband das Produkt der Zusammenziehung der 1. Hälfte der 6. Str. und der 2. Hälfte der 5. Str. der früheren Fassung. Durch diese Kontraktion wird das Gedicht von 9 auf 8 Strophen reduziert. Die Zusammenfassung ist um so eher begründet, als sich die ersten Hälften der beiden Strophen ziemlich genau wiederholten. Zudem mag sich Keller, dessen peinliche Genauigkeit in solchen Sachen wir noch kennen lernen werden, gesagt haben, daß der kleine Schlingel sich wohl schwerlich so gewählt ausdrücken würde, wie 6. 7.—8. „mir hat sich eine neue Welt aufgetan".

Im „Poetentod" (X. 126) ist die 9. Str. aus Str. 8 und 9 der früheren Fassung zusammengezogen. Hier ist der Grund der Kontraktion sehr leicht zu erkennen: einmal war der Dichter direkt genötigt, zu kürzen, wo es irgend anging; dann standen die beiden Strophen in der Formulierung hinter den anderen zurück und namentlich war ihr Inhalt so spärlich, daß er sich leicht in einer Strophe unterbringen ließ.

Streichung und Zusammenziehung sind das negative Element der Arbeit, die Keller für die Redaktion seiner verschiedenen Gedichtsammlungen aufgewendet hat. Diesen Ausscheidungen steht eine positive Seite der Bearbeitung gegenüber: die Schöpfung neuer Strophen.

Hierher gehört auch die Ersetzung oder Umänderung einzelner Strophen, wobei es sich nicht um einen Zuwachs in der Zahl der Verse handelt, sondern um Änderungen innerhalb der die Strophe bildenden Zeilen. Nun haben wir schon gesehen, wie wenig im allgemeinen Keller zu solchen tiefer gehenden Änderungen geneigt war. Wie streng er seinen Grundsatz durchgeführt hat, daß bei der Sammlung ein Gedicht oder eine Strophe entweder ganz zu beseitigen oder dann ohne durch= greifende Umarbeitung, lediglich retouchiert, aufzunehmen sei, beweist die Tatsache, daß der Gedichtband 1883 nur etwa ein Dutzend eigentlich umgewandelter Strophen aufweist. Wir betrachten zuerst einige Fälle dieser Strophenersetzung, um uns dann dem großen und interessanten Gebiet der Neuschöpfungen zuzuwenden.

„Wetternacht" (IX., 29) ist einer der wenigen Fälle, wo Keller eine ganze größere Strophe durchgehend in der Form und teilweise auch in den Gedanken umgearbeitet hat. Während nach der älteren Fassung der Schlußstrophe der Dichter unter dem Eindruck des gewaltigen Natur= phänomens allerdings innerlich in seinem Trotz und Stolz gebrochen ist, nach außen aber, der Welt gegenüber, wieder die Maske stolzen Welt= sinns aufsetzt, ist in der neuen Fassung die Wirkung der seelischen Ein= drücke dieser Wetternacht noch tiefer. Kein Dualismus mehr zwischen dem innern Menschen, in dem die Todesdemut blüht, und dem äußern, wie er sich stolz und hart der Welt zeigt: so, wie er ist, gibt er sich jetzt auch, denn seine Umwandlung ist eine vollständige:

<blockquote>
Ein andrer aber tret' ich ihm entgegen,
Der ich die Furcht des Todes still verlor.
</blockquote>

Zu dieser inhaltlichen Änderung kommt in der neuen Fassung eine meisterhafte Formulierung und Diktion der Strophe. Der wirkungs= volle landschaftliche Stimmungshintergrund, auf dem sich die seelische Umwandlung vollzieht, das Herandämmern des Morgens, wird mit drei herrlichen Versen ausgeführt. An die Stelle der psychischen Erwägungen tritt in klarer, ungezwungener Fassung das Resultat der Umwandlung.

Eine ebenso vortreffliche Änderung stellt die 2. Strophe des hübschen Liedes „Am Brunnen" (IX., 35) in den „Neueren Ged. 51/54" dar, gegenüber der Redaktion im „Donauhafen" 1848. Wie meisterhaft ist hier das reizvolle Motiv herausgearbeitet! Wie wird mit den vier kurzen Zeilen das Liedchen verinnerlicht und vertieft! Die Natur ist's, die sich hier auch in menschlichem Liebreiz offenbart und so dem stillen Wanderer ihren Morgengruß entbietet. — Wie reich ist die Strophe gegenüber der früheren Fassung!

Im „Tagelied" (IX., 89) ist die Schlußstrophe umgearbeitet und die an sechster Stelle stehende Strophe durch eine neue ersetzt. Das Mskr. 1844 zeigt für die letzte Strophe drei Entwürfe nebeneinander, ein Beweis, wie unsicher und schwankend in der Ausdrucksweise der junge Dichter noch war. In der letzten Redaktion bereichert und vertieft Keller die Strophe, indem er in sie den Gedanken hineinzieht, den Schiller in die Worte gefaßt hat: „Der Mann muß hinaus ins feindliche Leben" . . . Der 2. Vers in der letzten Redaktion: „Leb' ich in dir ein Stück Unendlichkeit" ist ein unvergleichlich glücklicherer und poetischerer Ausdruck für das höchste Liebesglück, als die tastenden Versuche der früheren Fassungen.

Die alte 6. Strophe war jedenfalls Keller zu schäferlich-tändelnd, zu mager an Gehalt und Gedanken. Gespickt mit witzigen Anspielungen ist dagegen ihr Ersatz! In köstlich humorvoller Weise verknüpft der Dichter das Motiv von Simson und Delila (Buch der Richter, Kap. XIV), daß das Weib den Simson seiner Überkräfte beraubt, indem sie dem in ihrem Schoße Schlafenden die Locken abschneidet, mit der Modetorheit emanzipationslustiger Frauenzimmer, die Haare kurz zu tragen. Gewiß ein echt Kellerscher Einfall! Aus dieser Gedankenverknüpfung ergibt sich eine Reihe witziger Anspielungen: Lieber langes Haar und kurzes Denken, als umgekehrt! Oder als Schlußeffekt der witzige Doppelsinn in „ungeschoren".

Ein Meisterstück der Umarbeitung und ein instruktives Zeugnis für die Ausreifung der lyrischen Talente Kellers liegt vor in der 6. Strophe des Gedichtes: „Die Begegnung" (IX., 90). Es ist wunderbar, welche poetischen Feinheiten er in der letzten Redaktion an dem Motiv herausgearbeitet hat. Im Gedanken ist nichts neu; es handelt sich um das Motiv, wie der Tod hinter der durch den abendlichen Herbstwald schreitenden Geliebten hergeht. Aber zum Unterschied von der früheren Fassung steht jetzt die Ausführung auf der Höhe der Konzeption: was der Dichter innerlich geschaut, das vermag er jetzt auch poetisch auszugestalten. — Die alte Fassung: „Es war, als ob" . . . erscheint dilettantisch

— ungeschickt. Der „Schatten" in Vers 2 war nicht genügend klar und ist wohl schwerlich von allen Lesern richtig gedeutet worden. Übrigens war Vers 3 auch sprachlich-grammatisch anfechtbar. „.... lachend gegen mir" entspricht wohl unserem Dialekt, wird aber von einem Deutschen als Sprachschnitzer empfunden." Wie schön ist dagegen in der neuen Fassung die Gestalt des Todes mit wenigen Strichen gezeichnet. Als „fremder, blasser Hirt" erscheint der Unerbittliche. Er geht im Schatten der „Huldgestalt", wie der Eindruck der Mädchenerscheinung noch einmal schön und erschöpfend zusammengefaßt wird. Und wie erfahren wir, wer dieser Hirt ist? Durch die wunderbaren Verse, die den Tod personifizieren:

<blockquote>
„Im Gurt ein silbern' Sichlein hing,
Das klang: ich schneide bald!"
</blockquote>

Eine überaus glückliche Änderung hat Keller an der letzten Strophe des kleinen Liedchens „Du milchjunger Knabe" (X., 77) vorgenommen. Der leichte, schelmische Ton ist vorzüglich getroffen; der Ausdruck ebenso originell, wie der Gedanke, und die reizende Schalkhaftigkeit, die über dem Liedchen liegt, ist prächtig zum Ausdruck gebracht.

Den Gipfelpunkt glücklicher Bearbeitung stellt die 8. Strophe des Gedichtes „Poetentod" dar. Diese oft zitierte Strophe, wo der Dichter die Bestimmung trifft, daß seine Jugendwerke, Entwürfe und Skizzen dem Feuer übergeben werden sollen, ist gründlich umgearbeitet und in der neuen Redaktion beträchtlich nach vorne gerückt. (In den Ged. 46 steht sie an 12. Stelle.) An die Stelle der wenig sagenden zwei Zeilen der früheren Fassung treten die prächtigen, wie in Stein gemeißelten Verse, die den Mittelpunkt des poetischen Testamentes darstellen:

<blockquote>
„Im Reich der Kunst, wo Raum und Licht so teuer,
Soll nicht der Schutt dem Werk im Wege steh'n!"
</blockquote>

Bei den Sonetten verunmöglicht das bestimmte Strophensystem einen Zuwachs; es kann sich hier bei tiefergreifenden Änderungen lediglich um den Ersatz einzelner Strophen handeln. Und zwar werden fast ausnahmslos nur die Terzinen, die dreizeiligen Stanzen, ersetzt. Es handelt sich um die Herausarbeitung der Pointe. Da sie in den Schluß des Gedichtes fällt, betreffen die Änderungen naturgemäß diesen am meisten. Das Sonett „Herwegh" (IX., 123) ist seiner Entstehungsgeschichte nach interessant. Der Manuskriptband von 1843 zeigt auf Blatt 24 unter dem Datum des 8. August ein Sonett auf Herwegh, worin in der 1. Strophe seine Lieder mit einem „Goldpokal, der brausend überschäumt", verglichen werden. Die folgenden Zeilen enthalten die Aufmunterung, sich von der „dunklen Brut" der Gegnerschaft nicht einschüchtern zu laſſen, denn der „helle Tag“ werde doch endlich anbrechen. In dem gleichen Manuſkriptband ſteht zwei Blätter weiter hinten unter dem Datum des 10. Auguſt ein 2. Sonett auf Herwegh, mit dem Inhalt: Dein wildes Lied entſpricht den wilden Zeiten, in denen wir jetzt leben. Wenn aber dieſe einſt ruhiger ſind und das erſtrebte Ziel erreicht iſt, dann wird dein rauhes Lied zur holden Frühlingspoeſie werden. Nun zeigt ſich die intereſſante Erſcheinung, daß bei der Redaktion für den 1. Druck im „Deutſchen Taſchenbuch 1845“ der junge Dichter ſich nicht für eines der beiden Sonette entſchieden, ſondern dieſelben zu einem Dritten kompiliert hat, ſo zwar, daß er die 1. Strophe dem 1. Sonett, die beiden Terzinen dem 2. entnommen und die beiden Beſtandteile durch eine neue 2. Strophe verbunden hat. Die 1. Strophe iſt allerdings formell völlig umgearbeitet, aber das Bild iſt beibehalten. Die 2. Strophe iſt (gegenüber der entſprechenden des 1. Entwurfes vom 8. Aug. 1843) viel klarer und prägnanter. Die beiden Terzinen ſind (gegenüber dem Entwurf vom 10. Aug. 1843) in der Druckredaktion nur retouchiert worden. Dieſe Kompilation zweier Gedichte ſcheint um ſo intereſſanter, als ſie in eine ſo frühe Periode zurückgeht.

Dieſes Beiſpiel, das zeigt, wie ſorgfältig Keller ſeine Gedichte ſchon für die erſte Drucklegung bereinigt hat, ſteht nicht vereinzelt. Im 2. der Sonette unter dem Titel „Schein und Wirklichkeit“ (IX., 106) ſind im D. T. B. 1845 die beiden Terzinen des Entwurfes nach Form und Inhalt vollſtändig umgearbeitet. Das Manuſkript bietet einen intereſſanten Einblick in die Entſtehung des Sonettes. Von den beiden dreizeiligen Stanzen haben dem Dichter offenbar zuerſt die beiden Verſe „Tritt denn kein Uhrenmacher“ . . . . vorgeſchwebt, von denen aus er die übrigen Zeilen geſchaffen hat. Das hat nun, ſo prägnant auch einzelne dieſer Verſe an ſich ſind, doch zur Folge gehabt, daß das einmal gewählte Bild zu ſehr ausgenutzt wird. In der Redaktion für den 1. Druck iſt das Bild von der verroſteten und verſtaubten Uhr ganz fallen gelaſſen — an die Stelle des verzweifelten Rufes um Hilfe tritt die zuverſicht= liche Hoffnung, daß, wenn auch erſt in weiter Ferne, das Licht einer beſſern Zeit leuchten werde. Ein übereifriger Kommentator könnte ſich verſucht fühlen, aus dieſer Änderung auf einen Umſchwung in der Zeit= und Weltanſchauung Kellers im Sinne einer Verſöhnung und Anpaſſung an die vorhandenen Zuſtände zu ſchließen. Das wäre aber verfehlt. Es dürfte ſchwer halten, aus der Biographie Kellers Belege für eine ſolche Ge= ſinnungsänderung nachzuweiſen. Es kann ein momentaner Stimmungswechſel den Anlaß zu der Änderung gegeben haben, wenn wir die rein künſt= leriſchen Rückſichten nicht als genügende Beweggründe einſchätzen wollen.

Ebenso sind schon in der 1. Druckredaktion für das D. T. B. 1845 die beiden Terzinen des Sonettes „Auf die Motten" (IX., 118) abgeändert. Das Manuskript hat zwei Fassungen nebeneinander. Der 1. Entwurf qualifiziert sich als ein leidenschaftlicher parteipolitischer Erguß gegen diejenigen, welche unter dem Hinweis auf die Errungenschaften und Freiheiten, die das Schweizervolk vor andern voraus hat, die Postulate der Radikalen zurückweisen. Der 2. Entwurf bereichert das Motiv, indem die letzte Terzine auf die Parole der Konservativen die Antwort der Radikalen bringt: freilich haben wir Errungenschaften zu verzeichnen, aber das Ziel ist erst dann erreicht, wenn es gelingt, euch zu verjagen. In der Redaktion für den 1. Druck kommt der Dichter auf einen neuen Vergleich, auf ein Bild, das dann in der letzten Fassung dem Sonett auch seinen prägnanten Titel: „Auf die Motten" gegeben hat: er vergleicht den zersetzenden Einfluß der Konservativen auf den Staat mit der Wirksamkeit der Motten im Pelzwerk. Wie man diese aus dem Pelze klopft, muß man auch jene loszuwerden suchen. Ohne Zweifel ist durch diese treffende Pointe das Sonett für den heutigen Leser, dem es in seiner ursprünglichen Gestalt kaum viel Interesse abgewinnen konnte, genießbarer geworden.

Von Interesse sind die verschiedenen Fassungen der Schlußstrophe des 3. Sonettes unter dem Titel: „Von Kindern" (IX., 110). Es sind ihrer nicht weniger als vier. 1. In den „Neueren Gedichten 1851" ärgert sich der Dichter über die Dokumentation des kindlichen Knechtsinns. 2. Diese Fassung hat Keller in seinem Handexemplar ins gerade Gegenteil umgeändert. Er sieht jetzt in dem Treiben der Knaben nur Einheit, Freiheit, Liebe. 3. Ähnlich ist der Inhalt der 3. Redaktion im Mskr.-Band 1882. Schließlich 4. im Druck der Gedichtsammlung 83 kommt noch eine Quintessenz hinzu: der Ausdruck der Hoffnung, daß dieses Verhältnis von Herrschertrieb und Knechtessinn kindliches Spiel bleiben und sich nie in bittere Wirklichkeit umsetzen möchte. Für die Bearbeitungstechnik Kellers ist es charakteristisch, daß alle vier Fassungen, so weit sie inhaltlich auseinandergehen, konsequent die gleichen Reimwörter oder wenigstens Reimklänge beibehalten. Es beweist das, wie ungern Keller einen einmal angesetzten Reim geändert hat und welche Geschicklichkeit er besaß, ganze Verse unter Beibehaltung der alten Reime inhaltlich umzuändern.

Interessant ist eine Vergleichung der beiden Redaktionen der Schlußstrophe des Gedichtes „Via mala" (IX., 164) im Manuskript 1845 und in den „Neueren Gedichten 1851/54". Welche Differenz in der poetischen Wirkung! Nach der Fassung im Manuskript führt die letzte

Strophe lediglich den Gedanken der beiden vorangehenden noch weiter
aus: Im Vergleich mit der Schönheit der Geliebten muß selbst der Rhein
mit seinen Wundern beschämt vorüberziehen. Wie weiß schon der 30jäh=
rige Dichter das Motiv zu vertiefen durch subjektivere Färbung und
Herausarbeitung all der poetischen Kräfte des Sujets. Den direkten
Anstoß zur Änderung mag die nüchtern=prosaische Sprache der Schluß=
strophe im Manuskript gegeben haben. Nun kommt der Dichter auf den
glücklichen Gedanken, den bisherigen Inhalt: Wie die Pharaonentochter
am Ufer des Nils, so nimmst du, Geliebte, an den sanften Borden des
Rheins dich aus, dessen Schönheiten du überstrahlst, — durch eine Kon=
trastwirkung zu erweitern. Er versetzt sich selbst in die Via mala, wo
der junge Rhein in ungebändigt=wilder Kraft seinen Weg sich bahnt.
Hier hat er die Vision, wie an den gleichen Wassern, aber viele, viele
Meilen entfernt, wohl zur Abendstunde die Geliebte steht. Und all das
Brausen und Tosen in der wilden Schlucht ist ein Sehnsuchtsschrei nach
ihr! Keller erhebt sich in dieser letzten Strophe zu einer Kraft und
Leidenschaftlichkeit des Empfindens und der Sprache, die sonst bei seinen
rein lyrischen Poemen selten ist und das Gedicht nunmehr hoch über die
erste Fassung stellt.

Wir wenden uns zur Betrachtung der Neuschöpfungen. Es handelt
sich dabei nicht um die Umarbeitung von Versen und Strophen einer
früheren Fassung, sondern um die zahlreichen und wichtigen Plusstrophen,
welche einzelne Gedichte des Sammelbandes gegenüber ihren früheren
Redaktionen aufweisen.

Das Gedicht „Himmelsleiter" hat, neben zahlreichen andern Än=
derungen, gegenüber dem Manuskript 1844 in den verschiedenen Druck=
redaktionen eine Erweiterung um die Schlußstrophe erfahren. Sie trägt
zur Klarheit und Durchsichtigkeit des etwas langatmigen Gedichtes wesent=
lich bei. — Das Poem ist episch=lyrisch; episch nach der Darstellung,
lyrisch nach dem Motiv. Es hätte keine derart in die Breite gehende
Behandlung erfordert; das Motiv des verratenen Geheimnisses ist an sich
einfach genug: Der Dichter schläft; die Geliebte, im Vertrauen auf seinen
Schlaf, hat sich über ihn gebeugt; da erwacht er und erkennt ihre Liebe.
Wie wird dieses Motiv bereichert? Der Schlafende hat einen Traum,
in welchem sich das Liebesverhältnis kundgibt; der Traum selbst ist sein
Liebesgeständnis. Aber in diesem Traummotiv liegt zugleich die Schwäche
des Gedichtes. Denn es zeigt sich die interessante Erscheinung, daß der
Maler in G. Keller dem Dichter einen Streich spielt. Die Erfindung

und Auffassung der Himmelsleiter, welche sich auf die Erde herabsenkt, mit den daran auf- und niederschwebenden Liebesengeln ist barock. Die Ausführung geht auf entschiedene Farbenwirkung. Das Gedicht ist ein willkürliches Spiel der Phantasie ohne das nötige Gegengewicht der einfachen und natürlichen Empfindung, wie sie rein lyrische Motive erfordern. Das ist an der geringen Wirkung deutlich fühlbar, wenn man es mit andern rein lyrischen Gedichten, wie etwa die „Entschwundene" oder „Winternacht" vergleicht. Das Poem ist ein interessantes und charakteristisches Beispiel für die Art der Produktion Kellers in der Übergangsperiode vom Maler zum Dichter.

Interessant und aufschlußreich für eine Würdigung der Arbeit, welche Keller für die Sammlung seiner Lyrika aufwendete, sind die beiden Gedichte, die er unter dem gemeinsamen Titel „Trauerweide" vereinigt hat (IX., 91). Das erste Gedicht: „Es schneit und eist den ganzen Tag" findet sich handschriftlich im Mskr.-Band 1845 und ist gedruckt im D. T. B. 1846 und in den Ged. 1846. Es zeigt das von dem jungen Dichter am häufigsten angewandte metrische System der vierfüßigen Jamben mit durchgehend männlichen gekreuzten Reimen. Der Inhalt ist einfach: Es ist Winter. Des Dichters Geliebte ist ernstlich krank. Sie ist bleich geworden; nur die Augen leuchten und der Mund ist noch „des Kusses wert". Täglich kommt der Dichter aus Krankenlager. Er ist sehr in Sorge um das liebe Mädchen, ihre Krankheit ist der erste Kummer seines Lebens. Aber der Frühling wird der Geliebten die Gesundheit wiederbringen und dann auch ihn wieder „leicht und froh" werden lassen.

Sodann findet sich im gleichen Mskr.-Band auf Blatt 37 von Kellers Hand das Gedicht „O Kirchhof, du gedrängtes Meer unzähliger Gräberwogen!", das auf jenem Sommeraufenthalt in Glattfelden im Juli und August des Jahres 1845 entstanden ist (vgl. Baechtold, I., 226), dem eine Reihe von Gedichten ihren Ursprung verdanken. Merkwürdigerweise ist dieses Gedicht nirgends gedruckt, während sonst die Glattfelder Lieder samt und sonders in die Gedichtsammlung 1846 übergegangen sind. Der Inhalt des Poems ist folgender: Der Dichter steht auf einem Kirchhof (zwischen den Zeilen zu lesen am Grab der Geliebten). Er vergleicht denselben mit dem Meer, die Grabhügel mit den Wogen. Dieses Bild wird durch das ganze Gedicht durchgeführt. Die Leichen sind ihm die gestrandeten, auf dem Grunde versunkenen Schiffe. Die Woge, wo das Lebensschifflein der Geliebten versank, erkennt er an dem Rosenflor. Die Tautropfen, die im Morgenschein auf den Rosen funkeln, sind ihm die Perlen auf dem Meeresgrund. Er versenkt sein

Herz in die Tiefe dieser Grabeswoge. Wie Christus, steht er auf der Welle, doch sein Herz zieht ihn hinunter und sehnt sich darnach, zu versinken.

Das 1. Gedicht ist in der neuen Redaktion knapper gehalten; durch die Streichung der 3. und 4. Strophe tritt die Person des Dichters, d. h. die Verse, wo er sich selber einführt, ganz zurück. Kein Wort mehr, mit dem er uns seiner Besorgnis und seines schweren Herzens um die Kranke versichert; wir sollen seinen Schmerz auf eine poetischere und wirkungsvollere Weise erfahren. Zur Verstärkung des Kontrastes wird der Gedanke, mit dem die frühere Redaktion abschloß, daß der Frühling der Kranken Heilung bringen werde, durch zwei Plusstrophen zu einer Vision ausgesponnen. Der Dichter tröstet und ermuntert die Geliebte, indem er ihr mit einer Beimischung von zartem Humor in leuchtenden Farben vormalt (man beachte in Str. 5 und 6 wieder das koloristische Element, den Maler in G. Keller), wie sie im Frühling zusammen die junge, stärkende und heilende Natur genießen wollten. Nun das Neue und Überraschende! Während der Dichter, diesem lieblichen Spiel der Phantasie nachhängend, zufällig den Blick durchs Fenster wirft, sieht er auf einmal die Eisblumen, die der Frost auf das Glas gezeichnet hat, und welche die bleiche Wintersonne besonders scharf hervortreten läßt. Eisblumen? Nein, ein Trauerweidenbaum ists, Zweig an Zweig ge=drängt! Und dieses Zeichen ist bedeutungsvoll!

Die ganze Situation ist psychologisch fein und treffend gezeichnet. Wie im Traum die verschiedensten Dinge und Situationen, deren Ursprung wir uns nicht erklären können, sich zu einem Traumbild kaleidoskopisch zusammenstellen, so tritt hier in diese Vorstellungswelt heiterer Frühlings=pracht plötzlich das Bild von der Trauerweide, das durch die Eisblumen am Fenster in der Phantasie des Dichters ausgelöst wird. Damit ist nun erst das wirkungsvollste Motiv geschaffen, dem auch der neue Titel entnommen ist.

Die so spät geschaffene neue Strophe mit dem Trauerweidemotiv hat den Anlaß zur Heranziehung und Umarbeitung jenes Gedichtes aus dem Glattfelder Ferienaufenthalt gegeben, das uns sonst vielleicht ver=loren gegangen wäre. Bekanntlich ist Keller, in Lyrik wie in Epik, eine ausgesprochene Neigung zum Zyklus eigen. Unter der Wirkung dieser Neigung mag er dazu gekommen sein, das Eisblumenmotiv weiter zu verwerten, indem er jene ahnungsvoll erschaute Trauerweide noch in der Wirklichkeit erstehen ließ. Über die Beschäftigung mit diesem Gedanken mag ihm die Erinnerung an das Jahrzehnte zuvor entstandene Gedicht auf das Grab der Geliebten, „O Kirchhof, du gedrängtes Meer", ge=

kommen sein. Durch das Trauerweidemotiv ließen sich die beiden Gedichte zu einem in sich abgeschlossenen, wirkungsvollen Ganzen verbinden.

Selbstverständlich hat in den „Ges. Gedichten" das zweite Poem, das aus so frühen Jahren stammt und nie für eine Drucklegung durchgesehen war, eine große Zahl von Verbesserungen erfahren. Strophe 3 der früheren Fassung ist beseitigt. Sie hatte etwas Unnatürliches, Gezwungenes. Der junge Dichter hat sich auch hier wieder durch die Schönheiten des Motivs verleiten lassen, den an sich wirkungsvollen Vergleich des Kirchhofs mit dem wogenden Meer zu weit auszubeuten. — Die 4. Strophe deckt sich mit der alten Fassung bis auf die zwei letzten Verse, die im Hinblick auf den nach Inhalt und Form neuen Schluß geändert werden mußten.

Historisch besonders interessant ist der „Jesuitenzug" (IX., 281). Kein Gedicht Kellers ist so oft publiziert worden, wie dieses leidenschaftliche politische Kampflied. Zur Vergleichung liegen vor:

1. Das Manuskript vom 3. August 1843. Ms. 43, Bd. I., Bl. 23.
2. „Die freie Schweiz". 3. Februar 1844. Erste Publikation G. Kellers.
3. Deutsches Taschenbuch 1845.
4. Gedichte 1846.
5. „Die politischen Lyriker unserer Zeit". 1847.
6. Manuskript 1882.
7. Ges. Ged. 1883.

Baechtold bemerkt zur Geschichte des Poems folgendes (I., 223): „Die frühesten Gedichte des Jahres 1843 blieben fast alle unbekannt. Nur drei sind in die erste Sammlung der Gedichte übergegangen: das am 3. August 1843 entstandene Jesuitenlied („Loyolas wilde verwegene Jagd", Gedichte S. 237), das älteste, im Druck erschienene Erzeugnis Gottfried Kellers (veröffentlicht und von dem bald darauf gestorbenen Martin Disteli illustriert als Beilage zu Emanuel Scherbs Wochenschrift „Die freie Schweiz", 3. Februar 1844) . . . ."

Mit dieser ersten Publikation Kellers verhält es sich folgendermaßen: Im Jahre 1844 erschien in Hegners Buchdruckerei in Winterthur unter der Redaktion des Publizisten Emanuel Scherb die politisch-literarische Wochenschrift „Die freie Schweiz". Die Redaktion gab der ersten Nummer vom 3. Februar eine Ankündigung des neuen Blattes bei, worin unter anderem folgendes steht: „Dieser ersten Nummer ist eine artistische Beilage, den Einzug der Jesuiten in Luzern vorstellend, beigegeben. Das auf derselben abgedruckte Gedicht hat einen jungen Zürcher, Gottfried Keller aus Glattfelden, zum Verfasser." Es war das fünfstrophige Gedicht unter dem Titel: „Sie kommen, die Jesuiten", und die Zeichnung stammte von dem Solothurner Maler Martin Disteli: Das betreffende Blatt der Zeitschrift liegt jetzt auf der Stadtbibliothek Zürich.

Im Hintergrund des Bildes zieht ein großer, bärtiger Mann, offenbar Gott selbst, ein Schwert aus der Scheide und blickt zornig auf den Zug der Jesuiten, welche auf die links abgebildete Hofkirche in Luzern losmarschieren, gefolgt von fanatischem, andächtig zur Erde starrendem Volk. Zur Rechten zieht ein Engel einen Mann mit einfältigem Gesicht an den Händen in die Höhe. Auf den Flügeln des Engels stehen die Worte: „Selig die Armen im Geiste, denn ihrer ist das Himmelreich." Im Mittelpunkt des Bildes erblicken wir, leicht skizziert, die Hölle, aus welcher Flammen emporzüngeln und wo verschiedene Teufel geschäftig an der Arbeit sind, verdammte Seelen zu malträtieren. Eine Schweizersennerin, offenbar eine Helvetia, die Verkörperung des Vaterlandes darstellend, sitzt im Vordergrund und blickt in die Ferne, während von hinten ein Teufel seine Krallen nach ihr ausstreckt. Zu ihren Füßen sehen wir ein Jesuitlein auf einer kleinen Schlange auf sie zureiten, und rechter Hand hockt eine größere Jesuitengestalt auf einem Drachen, der ebenfalls auf die einsam sitzende Helvetia zustrebt.

Dieses Beiblatt, sowohl das Bild als auch das zugehörige Gedicht, wirbelte viel Staub auf. Nach einer Notiz in Nr. 6 der „Freien Schweiz" (9. März 1844) wurde die Publikation in Luzern beschlagnahmt, und das luzernische Statthalteramt äußerte sich über das „Beiblatt" folgendermaßen: ..... „Strafbar ist zweitens ein Artikel, enthalten in der Beilage zur „Freien Schweiz", mit einer Zeichnung; ein Pasquill auf den Orden der ehrwürdigen Gesellschaft Jesu nebst fünf darauf bezüglichen Strophen Gottfried Kellers unter der Überschrift „Sie kommen, die Jesuiten". Aus der Hauptdarstellung des Bildes entnimmt man, daß sie — die Gesellschaft Jesu — eine Ausgeburt der Hölle sein solle. — Eine weitere Deutung der Einzelheiten dürfte wohl nur dem schamlosesten Religionsspötter und Cyniker gelingen, — und da müßte man den Autor befragen! Das Ganze ist der Ausdruck eines unversöhnlichen protestantischen Religionshasses, dessen Wirkung leider schon lange Zeit auf den Katholiken lastet ....." usw.

Gottfried Keller konnte sich also nicht darüber beklagen, daß seine erste poetische Publikation unbeachtet geblieben wäre. Allerdings herrschte darüber nicht eitel Lob. In dem Aufsatz „Autobiographisches" erzählt er folgende ergötzliche Geschichte: „Das erste Produkt, welches in einer Zeitung gedruckt wurde, war ein Jesuitenlied, dem es aber schlecht erging; denn eine konservative Nachbarin, die in unserer Stube saß, als das Blatt zum Erstaunen der Frauen gebracht wurde, spuckte beim Vorlesen der greulichen Verse darauf und lief davon!"

Das Gedicht bezieht sich auf den am 24. Oktober 1844 gefaßten, aber schon lange vorbereiteten Beschluß der Luzerner Regierung der Berufung der Jesuiten. Die Varianten der einzelnen Verse sind nur Retouchen. Dagegen sind die beiden Plusstrophen 4 und 6, durch welche Keller das Gedicht in der Sammlung 83 von fünf auf sieben Strophen erweitert hat, von Interesse. Sie sind noch schärfer und beleidigender als die früheren Strophen. Wie kommt der Meister dazu, nach 40 langen Jahren das Poem durch diese zwei mehr als kräftigen Strophen noch zu verschärfen? Die Vermutung liegt nahe, daß der Zuwachs der beiden Strophen aus einer Zeit stammt, wo neuerbings eine Verschärfung des Gegensatzes der beiden Konfessionen eingetreten war, wo die Jesuiten in irgend einer Weise wieder im Mittelpunkt des Interesses standen. Aber nachweisen läßt sich das nicht. Die beiden Strophen beweisen, daß auch der gealterte Gottfried Keller in seinem Haß gegen den Katholizismus und speziell gegen die Jesuiten nichts nachgegeben, sondern noch immer den extremen Standpunkt seiner Jugend eingenommen hat.

Er hat jedenfalls, wie auf die ganze Abteilung „Pandora", auch speziell auf den „Jesuitenzug" viel gehalten und ihn besonders geliebt. Das ist ganz begreiflich. Denn erstens ist das Gedicht als Agitationslied von einer ganz ausgezeichneten Wirkung, die sich aus dem glücklich getroffenen Ton und der kraftvollen Sprache ergibt. Es stellt den Gipfelpunkt der sittlichen Entrüstung eines radikalen Patrioten dar. Zweitens mußte Keller das Poem besonders lieb sein wegen der mannigfachen Erinnerungen, die sich für ihn daran knüpften. War es doch das erste gedruckte Erzeugnis seines dichterischen Schaffens. Und drittens ist das Gedicht wertvoll (und darum ist auch seine Aufnahme in die Ges. Ged. 1883 gerechtfertigt), weil es zum geistigen Porträt Gottfried Kellers gehört.

Schließlich möchte ich noch auf einen Irrtum aufmerksam machen, der sich seit der unrichtigen Notiz Baechtolds (I. 223), wonach Disteli das Gedicht Kellers illustriert haben soll, beständig forterbt. Das Verhältnis ist vielmehr das umgekehrte. Die Zeichnung ist das primäre. G. Keller hat zu ihr den Text geliefert. Das ergibt sich neben mehreren anderen Gründen schon aus dem Begleitwort der Redaktion in der ersten Nummer des Blattes.

Auch das folgende Gedicht in der Abteilung „Pandora", betitelt „Die öffentlichen Verleumder", hat gegenüber dem Manu-

ſkript 1878 in der letzten Redaktion eine weitere Schlußſtrophe be=
kommen. Sie enthält, wie das bei mehreren dieſer polemiſchen Lieder
Kellers der Fall iſt, den Ausblick auf die Zeit, da einſt die in dem
Gedicht gegeißelten Mißſtände geſchwunden ſein werden. Das Gedicht iſt
eines der wenigen, die neu in die Sammlung aufgenommen ſind. Das
Manuſkript ſtammt aus dem Anfang des Jahres 1878. Keller gedachte
es mit einem weiteren Büſchel Lyrika in der „Deutſchen Rundſchau“ zu
veröffentlichen und wandte ſich in dieſer Angelegenheit an den Redaktor
der Monatsſchrift, an Julius Rodenberg in Berlin. Er ſchreibt unterm
18. Februar 1878: „Ich habe eine Art ethiſches Zorngedicht in Arbeit,
welches die Verleumdung in öffentlichen Sachen, wie ſie namentlich in
der Gegenwart (nicht der Paul Lindauſchen) in Preſſe und politiſcher
Literatur graſſiert und bei Euch wie bei uns geübt wird, zum Gegen=
ſtand hat und etwa den Titel: „Calumniator publicus“ führen wird.
Hier kann ich mir nun denken, daß Ihnen das zu ſchwerfällig oder zu
grämlich oder ſonſt was wäre, vielleicht zu abſonderlich im Stoff uſw.
Daher die Frage: Iſt es Ihnen vielleicht lieber, wenn dergleichen ins
aktuelle Politiſche hinüberſpielende Sujets überhaupt aus beſagtem Bouquet wegbleiben? Wenn Sie unverhohlen Ja ſagen, ſo lege ich dieſelben
einfach zu anderer Verwendung zurück und befaſſe mich zunächſt mit dem
Übrigen. . . .“

Und Rodenberg ſcheint „unverhohlen Ja“ geſagt zu haben; wenigſtens
ſteht das Gedicht weder im Rundſchauband 1878, noch in einem ſpäteren
Jahrgang. Jedenfalls iſt es wieder ein deutlicher Beweis, daß auch der
gealterte Keller die politiſche Lyrik noch keineswegs von oben herab an-
geſehen und ganz an den Nagel gehängt hat. Für ihn hatte offenbar
ein ſolcher „Hoſenlupf in Verſen“ einen gewiſſen Reiz; es tat ihm wohl,
ſeiner Entrüſtung über die Mißſtände im öffentlichen Leben in dieſer
kräftigen Weiſe Ausdruck zu geben.

Einen beträchtlichen Zuwachs an Strophen hat in der letzten Redaktion auch das Gedicht „Nacht im Zeughaus“ erfahren. Es ſtammt
aus dem Anfang der 70er Jahre. Das Manuſkript liegt nicht vor;
dagegen der Druck in der Zeitſchrift „Die illuſtrierte Schweiz“. Bern
1873. Das Poem iſt jedenfalls erſt 1873 entſtanden, denn Keller
ſchreibt am 22. Mai 1873 an Adolf Exner, zweifelsohne mit Bezug auf
das vorliegende Gedicht:

„Um Sie mit meinen ſchlechten Verſen, von denen ich immer noch
nicht laſſen kann, wieder ein bißchen zu ärgern, lege ich auch einen gereimten Hoſenträger (offenbar das Manuſkript oder der ausgeſchnittene
Druck in der Form eines langen Papierſtreifens) neulicher Fabrikation

bei, der mir hier ein tiefes Stillschweigen nebst grimmigen und miß=
trauischen Blicken von seiten der Jasser in den Kaffeehäusern eingetragen
hat, wegen der 16. oder 17. Strophe des herrlichen Gesanges" ... Die
Abweichungen zwischen dem Druck in der „Illustrierten Schweiz" und
der Redaktion in den Ges. Ged. 1883 bestehen hauptsächlich in dem
Zuwachs von 14 Strophen („Illustr. Schweiz" hat 22 Str., der Sammel=
band 36 Str.) Hand in Hand mit diesem Zuwachs ist dann das Ganze,
das in der „Illustrierten Schweiz" als ein fortlaufendes Gedicht erscheint,
in acht Abteilungen zerlegt worden, die eng zusammengehören. Die neuen
Strophen bringen keinerlei Änderungen des Inhalts, sie führen auch
keine wesentlichen neuen Momente ein; dagegen gehen sie mehr in epische
Breite und sind eindringlicher in ihrer erzieherischen Tendenz.

Die neugeschaffenen Strophen 4—8, welche in der letzten Redaktion
zusammen mit den ersten vier Strophen die I. Abteilung des Zyklus
bilden, sind für die Wirkung des Ganzen sehr glücklich. Sie preisen die
Tüchtigkeit der Männer, die einst in diesen Eisenkleidern für Ehre und
Freiheit gestritten und ihren Nachkommen das Kleinod der Unabhängig=
keit hinterlassen haben. Daraus ergibt sich der wirkungsvolle Gegensatz
zu den folgenden Ausführungen, die zeigen, wie erbärmlich im Vergleich
zu diesen Helden der Vorzeit das neue Geschlecht und wie wenig es der
ererbten Freiheit würdig ist. Die folgenden Plusstrophen führen die
Erscheinungen der mannigfachen Fratzgebilde in epischer Breite aus. Es
folgen in Abteilung III—VII, je eine in einem Abschnitt, die Personi=
fikationen der nationalen Laster und Gebrechen: III. Die Schwätzerei,
IV. die Verleumbung, V. der Bruderneid, VI. der Eigenruhm, VII. die
Spielsucht.

Interessant ist die neue Plusstrophe, mit welcher die „Morgenwache"
(X, 35) in der Redaktion der „Gesammelten Gedichte" schließt. Die vier
ersten Strophen sind klar: Sie sind ein schönes Trinklied, Verse zum
Preise einer im Freien durchzechten Nacht. Die 5. Strophe bringt den
Gedanken: Unsere Freude am Leben ist groß; aber in ihr wacht auch
der Zorn, der uns nun von hinnen zieht. Die Strophe, mit der in der
früheren Fassung das Poem schloß, war nicht verständlich; der Leser
weiß nicht, worauf sich dieser „Zorn" bezieht, von dem auf einmal mitten
in der gemütlichen Trinkstimmung gesprochen wird. Die neue 6. Strophe
führt aus, gegen wen sich der Zorn der nächtlichen Zecher wendet. Zum
Kampf gegen dunkle Existenzen, gegen Lüge und Gemeinheit soll der
anbrechende Tag sie führen. Aber auch ihren bloßen Antipathien gegen
gewisse Menschen wollen die vom Wein erhitzten Gemüter rücksichtslosen
Ausdruck geben:

„Ja, die Nas zu finden, die uns nicht gefällt
Zieh'n mit allen Winden fort wir in die Welt!"

Die beiden neuen Strophen sind charakteristisch für G. Keller; sie sind eine Art dichterischen Selbstbekenntnisses. So, wie diese Zecher hier, war eben Gottfried Keller; was er in der letzten Strophe in wohlgesetzten Trochäen andeutet, das hat er in den entsprechenden Verhältnissen oft genug und in ausgiebiger Weise selber getan! „Es handelt sich," sagt Adolf Frey (Erinnerungen an G. Keller, 2. Aufl., S. 127), „nicht um die berufene Reizbarkeit der Dichter, nicht um die Krankheit unserer Tage, die leidige Nervosität. Sondern er trank einfach, was man gerade bei kerngesunden, zum Jähzorn neigenden Männern nicht selten trifft, einen bösen Wein, wie man bei uns sagt. Und es war nur der Zorn, den der Rebensaft in ihm erregte; in allen andern Dingen hielt er gute Contenance." — Auf solche Erfahrungen an sich selber sind offenbar die beiden neuen Schlußstrophen der „Morgenwache" zurückzuführen.

Auch in der großen Gruppe der „Vermischten Gedichte" begegnen wir zahlreichen und gewichtigen neuen Strophen. So hat gleich das an 2. Stelle stehende „Wanderlied" einen neuen Schluß bekommen. Den direkten Anstoß zu der Änderung mögen wohl die „Süßigkeiten". in der 6. Strophe der früheren Fassung gegeben haben, die der Meister nicht mehr liebte. Damit kommt aber auch die Vertiefung des Gehaltes, der neue Gedanke von der Melusinennatur der Freiheit, die, wie jenes rätselhafte Weib in der Sage, von hinnen zieht, wenn das Geheimnis ihrer Gestalt entdeckt wird. Der neue Schluß ist lebhafter, kräftiger gehalten, derber in den Ausdrücken und frischer in der Erfindung.

In dem 1. Liedchen des Zyklus „Alte Weisen" trifft die an 4. Stelle neu hinzugekommene Strophe den volksliedmäßigen Ton sehr glücklich und hilft zu der famosen Wirkung wesentlich mit. — Ebenso glücklich ist die neue Schlußstrophe in Nr. X der „Alten Weisen". Der Dichter mochte das Gefühl haben, daß die beiden Ströphlein für ein selbständiges Poem zu wenig gewichtig seien, und hat nun mit dem echt Kellerschen Originaleinfall dem Liedchen eine prächtige Pointe angefügt.

Ein Meisterstück scheint mir Keller bei der letzten Redaktion des Gedichtes „Stilles Abenteuer" (X., 113) geliefert zu haben, indem er zu der Erzählung des „alten Schlingels" eine kurze, aber treffend charakterisierende Einleitung schuf, gleichsam das Proömium des kleinen Epos. Dem Vorwurf der beabsichtigten Lüsternheit, den ein prüder Sittlichkeitsapostel der früheren Redaktion gegenüber etwa zu erheben versucht gewesen wäre, wird dadurch von vorneherein die Spitze abgebrochen. Es ist richtig, daß nach der alten Fassung die Geschichte etwas in der Luft stand und so vielleicht einem zart besaiteten Gemüte aufdringlich und indezent erscheinen mochte. Wir haben aber schon früher gesehen, daß der gereifte Dichter solche billige Effekte als unkünstlerisch durchaus verschmäht. So hat wohl auch diese Rücksicht zur Neuschöpfung der einleitenden Verse mitgewirkt, die auch vom rein künstlerisch-ästhetischen Standpunkte aus eine glückliche Erweiterung darstellen.

Interessant sind die vier Gedichte, welche Keller unter dem gemeinsamen Titel „Aus einem Romane" (X, 119) zusammengestellt hat. Sie waren alle in den 4. Band der 1. Ausgabe des „Grünen Heinrich" eingestreut. In der Neugestaltung des „Grünen Heinrich" von 1879 und 1880 (IV. Band) sind sie weggefallen; dagegen hat sie Keller in die Ges. Ged. 1883 hinübergerettet. — Neben dem 1. Druck in der ursprünglichen Fassung des „Grünen Heinrich" liegen die Lieder noch handschriftlich vor in dem sogenannten Traumbuch. Sie stammen alle aus der Berlinerzeit; bei zweien ist das Datum angegeben: September 1852 und September 1854. — Die Gründe, welche Keller gehabt hat, die Herkunft und Entstehungsgeschichte dieser Lieder in den Ges. Ged. zu verschleiern, lassen sich nicht mit Sicherheit angeben; indessen gehen wir wohl nicht fehl, wenn wir annehmen, daß er eben nicht die Erinnerung an jene erste Fassung des Romanes wecken wollte. „Ihm war das Verschwinden dieser ersten Ausgabe (sagt Baechtold, II., 54) eine wahre Herzensangelegenheit." „Die Hand — sprach einst G. Keller fast feierlich — möge verdorren, welche je die alte Fassung wieder zum Abdruck bringt!" Das ist auch begreiflich, wenn man weiß, wie mühsam der Dichter die Umarbeitung vollzogen hat — „mit krankhafter Widerwilligkeit und Scheu, in dem übel angelegten Wesen fortzufahren".

Die vier Lieder sind, so wie sie nun im Sammelband stehen, infolge ihrer rein subjektiven Natur, infolge des rein innerlichen „Gedankenbrauwerks", das sie darstellen, nicht leicht zu verstehen. Das rührt namentlich davon her, daß sie nun aus dem psychischen Zusammenhang herausgerissen sind. Wir werden daher im folgenden jeweilen die in dem betreffenden Kapitel des „Grünen Heinrich" ein Gedicht einleitenden Sätze wieder anführen.

Das 1. der Lieder „Verlor'nes Recht, verlor'nes Glück" steht ganz am Schlusse des 4. Bandes, wo Heinrich wieder in die Heimat zurückgekehrt ist. Dort heißt es S. 478: „Eines Abends streifte er in der Gegend umher und kam an einen breiten Fluß. Ein großer siebzigjähriger Mann, den er noch nie gesehen, in einfacher aber sauberer Kleidung, beschäftigte sich am Ufer mit Fischerzeug und sang ein sonderbares Lied dazu vom Recht und Glück, von dem man nicht wußte, wie es in die Gegend gekommen. Er sang mit frischer Stimme, indem er seine glänzenden Netze zusammenraffte: Recht im Glücke, gold'nes Los" ... usf.

Die andern drei kleinen Lieder hat der Dichter unter einem gemeinsamen Titel zusammengefaßt „In der Trauer" (X., 120) und diese Gruppe dem voranstehenden „Verlor'nes Recht, verlor'nes Glück" beigeordnet. Die Lieder sind ein Ausfluß jener Fieberphantasien, wo sich dem schlafenden Heinrich die Kraft und Schönheit des Vaterlandes in den lieblichsten Traumbildern zeigt. Vgl. „Grüner Heinrich", 1. Ausg. B, IV, Kap. VII, S. 262: „So träumte er eine Nacht, daß er an dem Rande des Vaterlandes auf einem dunklen Berge säße, während das Land in hellem Scheine vor ihm ausgebreitet lag. Auf den weißen Straßen, auf den grünen Fluren wallten und zogen viele Scharen von Landleuten und sammelten sich zu heiteren Festen, zu allerhand Handlungen und Lebensübungen, was er alles aufmerksam beobachtete. Wenn aber solche Züge nahe an ihm vorübergingen und er manche Befreundete erkennen konnte, so schalten diese ihn im Vorbeigehen, wie er, teilnahmslos in seinem Elende verharrend, nicht sehen könne, was um ihn herum vorgehe. Er verteidigte sich, indem sie vorüberzogen, und rief ihnen sorgfältig gefügte Worte nach, welche wie ein Lied klangen, und dieser Ton lag ihm nach dem Erwachen fort und fort im Gehör, indessen er sich wohl noch des Sinnes, aber durchaus nicht mehr der Worte erinnern konnte, oder wenigstens nur so viel, daß sie wohl an sich sinnlos, aber gut gemeint gewesen seien. Es reizte ihn aber unwiderstehlich, die liedartige Rede herzustellen oder vielmehr von neuem abzufassen bei wachen Sinnen, und indem er ein altes Bleistümpfchen und ein Fetzchen Papier mit Mühe zusammensuchte, schrieb er, in Takt geratend und mit den Fingern zählend, diese Strophen auf:

> Klagt mich nicht an, daß ich vor Leid
> Mein eigen Bild nur könne sehen! ... usf.

Je herber und trockener diese Verse an sich waren, desto unmittelbarer und wahrer drückten sie seine Gemütsverfassung aus, da ein blühendes und vollkommenes Kunstwerkchen nicht in einer solchen selbst, sondern erst in der versöhnten Erinnerung entstehen kann. Die Zeilen dünkten den über seine plötzliche Kunst Verwunderten aber die schönste Musik; er vertrieb sich die öde Zeit, indem er ferner dergleichen Träume festhielt, und als er wieder von dem schlimmen Meierlein träumte, hämmerte er in stillem Ingrimm einige bittere Verse zurecht:.

> Im Traum sah ich den schlimmen Jugendfeind,
> Mit dem ich in der Schule einst gesessen;" . . . uff.

(Das Gedicht ist weder in den Sammelband 1883 aufgenommen, noch sonst irgendwo zum zweitenmal gedruckt. Es ist hinten Krit. App. wiedergegeben.)

Inzwischen erhält der grüne Heinrich jenen Brief von seiner Mutter, der ihn so sehr ergreift. Da heißt es S. 266:

„Es war ihm unmöglich, auch nur eine Zeile zur Erwiderung hervorzubringen; dagegen folgte dem ersten Schmerz über den rührenden Brief ein begieriges Aufsichladen einer verhängnisvollen Verschuldung, indem er sein ganzes Leben und sein Schicksal sich als seine Schuld beimaß und sich darin gefiel, in Ermangelung einer anderen froheren Tätigkeit diese Schuld als ein köstliches Gut und Schoßkind zu hätscheln, ohne welches ihm das Elend unerträglich gewesen wäre. Seine Traumgesichte vergessend, brachte er diese neue Leidseligkeit in gereimte Wortzeilen und feilte die folgenden mit so wehvollem Herzen aus, als ob er die schlimmsten Dinge verübt hätte:

> O, ich erkenn' das Unglück ganz und gar
> Und sehe jedes Glied an seiner Kette . . . uff.

Wenn er aber in dies Wesen sich recht hineingegrämt hatte, wobei ihn die traurigsten Erlebnisse unterstützten, die nicht erbaulich zu beschreiben wären, die er aber anfing, mit Lust in sich hineinzutrinken, so schrieb er plötzlich voll guten Mutes, einem frischen Lufthauch Raum gebend:

> „Ein Meister bin ich worden, zu tragen Gram und Leid . . ." uff.

Dieses letzte, in die Sammlung aufgenommene Lied aus dem „Grünen Heinrich" ist in seiner Entwicklungsgeschichte besonders interessant. Das Manuskript im Traumbuch weist nur zwei Strophen auf, die aber doch ein in sich geschlossenes Ganzes bilden: Das Bewußtsein, durch lange Übung die Kraft erlangt zu haben, um schweres Leid ertragen zu können, aber auch für den Genuß eines kommenden Glückes reif zu sein. Diesen zwei Strophen sind im „Grünen Heinrich" zwei weitere beigefügt, welche diese Aussichten auf eine glücklichere Zukunft weiter ausspinnen. Was hat nun Keller daraus in den „Gesammelten Gedichten" gemacht? Von der alten Fassung hat er einzig die Eingangsstrophe beibehalten; im übrigen ist das Lied vollständig umgegossen. Genau genommen, liegt eigentlich ein neues Poem vor, zu dem die 1. Strophe des ursprünglichen die Anregung, die Anknüpfung des Gedankenganges und die äußere Form dargeboten hat.: Der Dichter hat den Gehalt bereichert und vertieft, indem er das selbstpeinigende Insichversenken, das wollüstige Wühlen im eigenen Seelenschmerz, vom Standpunkt des auf der Höhe seiner sittlichen Lebensweisheit stehenden Mannes aus kritisiert. Und dabei kommt er zu dem Resultat, daß ein solches Wesen unethisch ist, daß es zum Egois= mus und zur selbstgefälligen Koketterie führt. Auf dieser Stufe der sittlichen Entwicklung konnte der Dichter der 1. Fassung des „Grünen Heinrich" noch nicht stehen. — Wie fein und poetisch weiß der Meister dieses sein sittliches Urteil einzukleiden und zu formulieren! Er wählt zum Ausdruck des Leides zwei prächtige Bilder: Der Unglückliche trägt den Mantel der Trauer und die Krone aus Dornen. Aber Krone und Mantel sind die Königstracht, die dem „Zwerglein Mensch" nicht zu= kommt. Um sich dieser Zwerghaftigkeit bewußt zu werden, braucht der unglückliche Mensch, statt sich eigensinnig in sich selbst zu versenken, nur einmal um und über sich zu blicken. Da steht die ewige Sonne am Firmament, und im Anblick des gewaltigen Naturphänomens wird die Erkenntnis über ihn kommen, daß gegenüber den ehernen und erhabenen Gesetzmäßigkeiten der Natur das bißchen Menschenschicksal solche Bedeutung und solchen Raum nicht beanspruchen darf. Und beschämt legt er die Symbole seiner Trauer am Wege hin! So hat der Meister aus einem inhaltlich mageren Liedchen einen echten „Gottfried Keller" geschaffen, ein reifes Produkt seiner großen Persönlichkeit, tiefgründig an innerem Gehalt und poetisch fein in der Ausgestaltung.

Dem im Dezember 1848 zu Heidelberg entstandenen Gedichte „Me= lancholie" (X, 122) hat Keller bei der Aufnahme in die „Gesammelten Gedichte" eine neue Schlußstrophe beigefügt, zu welcher ihn der Dürersche Kupferstich „Melancholie" angeregt hat. Die Strophe ist für die Wir= kung des Gedichtes von großer Bedeutung, da sie zu der starken Reflexion der vorausgehenden Strophen in ihrer reizvollen Anschaulich= keit ein wohltuendes Gegengewicht darstellt.

Der „Has von Überlingen" (X., 132) zeigt in der Redaktion der „Deutschen Rundschau 1878" und in den „Gesammelten Gedichten" gegenüber dem Manuskript 1878 zwei Plusstrophen (7 und 8). Sie erscheinen uns heute als für das Verständnis und die klare Darstellung des famosen Motivs unentbehrlich. Wenn Theodor Storm in bezug auf das Gedicht urteilt: „Es scheint mir der Funken nicht recht heraus= zukommen," so würde jedenfalls diese Bemerkung für die Fassung im Manuskript noch weit mehr Geltung haben. Indessen hat Keller auch selber die Empfindung gehabt, daß hier etwas geschehen müsse, um die Pointe deutlicher herauszuarbeiten, und in dieser Absicht hat er die beiden Plusstrophen geschaffen.

Einen neuen Schluß hat in den „Gesammelten Gedichten“ auch die Romanze „Am Ufer des Stromes“ (X., 146). In der alten Fassung hatte das Poem überhaupt keinen rechten Abschluß; die zwei letzten Verse waren matt, und die Pointe des Ganzen, der Schmerz und die Reue über das aus falscher Scham unausgesprochen gebliebene Wort, tritt viel zu wenig deutlich heraus. Daraus resultiert denn auch ein gewisses unkünstlerisches Mißverhältnis, indem diejenigen Strophen, welche lediglich der Einkleidung und Darstellung der äußern Situation dienen, gegenüber dem eigentlichen Sujet einen zu weiten Raum beanspruchen. Diese Mängel hat der Meister durch die neuen Verse gehoben. Jetzt erst kommt die Gewalt der so lange verhaltenen Leidenschaft zum ergreifenden Ausdruck und weckt das Mitgefühl des Lesers für den Alten. Aus dessen ergreifender Erzählung kann nun der Jüngling zu seiner Beruhigung entnehmen, daß er sich seines Geständnisses nicht zu schämen braucht. So wird der Gedankenkreis des Gedichtes wirkungsvoll in sich geschlossen und überhaupt die ganze Romanze in der Empfindung vertieft.

Von Interesse ist das Gedicht „Ein Schwurgericht“ (X., 148). Wie Keller auf solche Motive kam, erzählt Baechtold, II., 77 ff.: „Er fing an, schreckhafte Tagesgreuel in der bänkelsängerischen Balladenmanier des früheren achtzehnten Jahrhunderts oder im Stil Schartenmeyers unter dem Titel „Schwurgerichtsgeschichten“ ganz für sich in Reime zu bringen. Ein späterer Versuch, auf diese Dinge zurückzukommen, liegt in dem merkwürdigen, in der Gesamtausgabe der Gedichte gedruckten Stücke „Ein Schwurgericht“ vor, in dessen Eingangsversen auf jenes wunderliche Unterfangen, das ihn „befiel in wunderlicher Zeit“, angespielt wird.“ Das Stück erschien 1879 in der Rundschau und bildet nun, wie die andern Rundschau-Gedichte auch, ein Objekt der gegenseitigen Aussprache im Briefwechsel zwischen Gottfried Keller und Theodor Storm. Dieser schreibt am 20. Sept. 1879 in bezug auf das Poem: „Gehört das nicht mehr in eine Geschichte der Geisteskrankheiten, so gut es auch vorgetragen ist?“ Darauf antwortete ihm Keller am 20. Dez. 1879: „Die Schwurgerichtsgeschichte soll keinen kriminal-wissenschaftlichen Fall darstellen; es handelt sich nur um den erbärmlichen Tod des friedlichen Jüngelchens, das musizierend durch den Wald ging; der schien mir poetisch, und soll's darüber hinaus noch eine Pointe geben, so ist's der unbefriedigt gebliebene Spieltrieb eines finstern Bengels, der so unbedenklich zum Morde greift, wie ein Macbeth usw., denen es um Thron und Krone zu tun ist.“ — Wie Albert Köster, der Herausgeber des Keller-Stormschen Briefwechsels, zeigt, war „das Gedicht Storm unsympathisch als bloßer pathologischer Einzelfall." Aber Keller wollte gerade nur die nackte Tatsache hinstellen und nichts zu ihrer Deutung tun. Das zeigen evident zwei Änderungen, die er an der „Novellette" anbrachte, als er sie leicht gefeilt in seine Sammlung aufnahm. In den neu eingefügten Versen 89—91

> „Denn eine unbezwinglich starke Lust
> Hab' ihn schon lang gequält, auf solchem Werklein
> Ein einzig Mal sich blasend zu vergnügen"

wird die Unerklärbarkeit der Mordtat noch ausdrücklich hervorgehoben. In der gleichen Absicht sind in den Drucken die zwei Verse des Manuskriptes beseitigt, die zwar nicht eine Erklärung, aber doch einen leisen psychologischen Hinweis auf das Motiv zum Mord enthielten — „und zwar im wilden Zorn, denn niemals hab' er selber Kind sein dürfen;" — eben auch in der Erkenntnis, daß damit das psychologische Rätsel nicht gelöst, und es besser sei, von jedem Versuch einer Erklärung abzusehen und sich mit der Darstellung der Tatsachen zu begnügen.

In mehrfacher Hinsicht interessant ist das schöne Gedicht: „Das große Schillerfest 1859". Wie bereits früher bemerkt wurde, war das Poem ursprünglich nicht selbständig, sondern es gehörte zu der älteren Fassung des „Apothekers von Chamounix". Jene frühere (von Baechtold im „Euphorion", 2. Bd., 1895, S. 138—189 abgedruckt) Redaktion des „Apothekers" schloß mit einem fabula docet, das in den Versen gipfelt:

> „Wollt ihr eure Zeit erbauen,
> Laßt sie schauen lichte Züge!
> Frauen, die in Hoffnung leben,
> Zeigt man weislich schöne Bilder."

Daran schloß sich nun, als eine Verherrlichung Schillers, der Abgesang, worin zwei solchen Frauen ein derartiges Bild gezeigt wird. (Baechtold, II., 541.) „Zwei arme, im Forst Holz suchende, über die Not des Lebens scheltende Weiber vernehmen plötzlich durch die kalte Winterluft Festgeläute; die Novembersonne zerreißt das Gewölk; zu ihren Füßen strahlt die Stadt, und herauf tönt es den Armen zum Trost, wie zur Verkündigung der bessern Zeit: „Freude, schöner Götterfunken!" Es ist das große Schillerfest des Jahres 1859, das drunten begangen wird. Mit dieser Huldigung auf Deutschlands idealsten Dichter schloß früher der „Apotheker von Chamounix".

Nun hat Keller diese Strophen aus ihrem Zusammenhang losgelöst und zu einem selbständigen Gedichte erhoben, das er an den Schluß des Sammelbandes stellte. Im allgemeinen weist das Gedicht in der neuen

Redaktion nur Retouchen auf. Die ursprüngliche 3. Strophe ist im In=
teresse der Knappheit der Erzählung beseitigt, ohne daß dadurch — bei
der Kürze der Strophen — tiefer in das Gewebe des Gedichtes ein=
gegriffen worden wäre. Die beiden neuen Strophen 10 und 15, wo
die beiden armen Weiber sich über ihre Männer Aufschluß geben, dienen
der deutlicheren Charakterisierung der beiden merkwürdigen Frauen=
gestalten. Die wesentlichste Abweichung gegenüber der Fassung im
„Apotheker" bedeuten aber die beiden neu hinzugekommenen Schluß=
strophen, die für das Gedicht als selbständiges Ganzes von Bedeutung
sind. Der Kern des Gedichtes, welches die hohe Bedeutung dieses fest=
lichen Tages für jeden Menschen, auch den sozial und seiner Bildung
nach tiefstehenden, zeigen will, kommt erst in dieser neuen Gestalt zu
wirkungsvoller Geltung. Der Meister hat einen äußerst prägnanten und
poetischen Ausdruck dieses Gedankens gefunden. Auch noch nach einer
andern Richtung ist das Gedicht durch die neuen Strophen bereichert
und vertieft. Denn die beiden Frauengestalten erscheinen nicht mehr
schlechthin als die Vertreterinnen des Volkes, das dieses Tages froh wird,
sondern sie sind zugleich die Personifikationen „des künftigen Geschickes"
und seiner unsichtbaren Hüter; sie stellen das Gewissen und die
Kraft dar, unter deren Schutz und in deren Geist sich die Prophe=
zeiung bewahrheiten wird,

> „Daß die schönere und die größere,
> ja die bessere Zeit sei nah!"

———

Es erübrigt, an dieser Stelle die Erweiterungen zu besprechen, welche
der „Apotheker von Chamounix" in der Redaktion der „Gesammelten
Gedichte 1883" erfahren hat. Es ist bereits früher darauf aufmerksam
gemacht worden, daß Keller den nunmehrigen 1. Teil der Dichtung, die
Hochgebirgsgeschichte, beträchtlich erweitert hat, während die Literatur=
satire beschnitten wurde. Die poetischen Kräfte, die in dem Sujet der
Titusgeschichte und in deren einzelnen Episoden lagen, reizten den Meister
zur weiteren poetischen Ausgestaltung. Gerade die schönsten Stellen der
Dichtung voll wundervollster Poesie entstammen der Überarbeitung und
Erweiterung.

In der 1. Romanze sind Strophe 2—5 neu. Es mußte für Keller,
der sich bei der Bearbeitung so liebevoll in die Titusgeschichte versenkte,
eine der ersten Forderungen sein, das ungewöhnliche Verhältnis der zwei
feurigen Liebenden wenigstens einigermaßen zu charakterisieren, wozu der
einzige Vers der älteren Fassung „Und sie lebten, wie sie's freute" denn

doch kaum genügte. Das Streben nach Klarheit der Darstellung und die Forderung einer gewissen epischen Exposition haben diese vier Plus= strophen hervorgerufen, welche die beiden Leutchen in ihrem Übermut und Leichtsinn charakterisieren. Strophe 5 und 6 nennen dann die Namen des schönen Pärchens, ihre Herkunft, ihre Berufsumstände und Lieb= habereien, so daß der Leser mit allem Wissenswerten bekannt gemacht und mitten in die Situation hineingeführt wird. (Vielfache Varianten verursachen die Änderungen der Namen in der neuen Redaktion: Bertram wird zu Titus; die schöne Sünderin Laura zu Rosalore.)

Die einkleibende Hochgebirgsgeschichte umfaßt in der älteren Re= daktion 123 Strophen; in der neuen ist sie auf 184 Str. erweitert. Den Hauptraum dieser Erweiterung nimmt die breitere Ausführung der Geschichte der unglücklichen Klara in Anspruch. In der älteren Fassung ist die Geschichte „der von Hause aus unschuldigen und harmlosen Klara" mit sechs Strophen (16—21. Euph. 140 II.) abgetan. Die Darstellung ist hier gar zu knapp; Klara tritt im Verhältnis zu dem Liebes= paar Titus=Rosalore ganz zurück. Nun haben wir früher gesehen: Das verbindende Motiv zwischen der Hochgebirgsgeschichte und der Heine = Satire bildet die in den Gletscher versetzte Seele Klaras Titus=Rosalore gehören erst sekundär zum Zusammenhang, insofern als Titus die unschuldige Klara ins Unglück gebracht hat und Rosalore ihre Nebenbuhlerin ist. Wenn also Keller diese Klara=Episode erweitert und mehr in den Vordergrund der Erzählung rückt, so verstärkt er dadurch das lockere Band zwischen den beiden Teilen der Dichtung; er knüpft es fester und leistet damit dem Werk einen wesentlichen Dienst. Die neue Geschichte der unglücklichen Klara führt zu den schönsten Partien der ganzen Dichtung.

In der II. Romanze der neuen Fassung (Str. 21—32. Werke. X. 166—167) erzählt uns der Dichter, episch ausholend, in prächtigen Versen das Schicksal Klaras; ihre äußere Lage und Verhältnisse, ihre Einsamkeit infolge des Todes des Vaters usw. Dazu kommt das neue, glückliche und wirkungsvolle Bienenmotiv, an welches dann später wieder angeknüpft wird. In der III. Romanze schildert der Dichter, wie der Apotheker Titus und das feine Mädchen, dies „Bild der Einsamkeit und Unschuld", sich zum erstenmal sehen und sich lieb gewinnen.

In der neuen Fassung tritt Klara als vollgültige, ausgeprägte Figur in die Dichtung ein und wird mit ihrem zarten Wesen dem Leser ungemein sympathisch. Und der Dichter läßt dieser Figur noch weiterhin seine liebevolle Sorgfalt angedeihen. Außer den beiden neu geschaffenen Romanzen II und III hat er ihr noch weitere 14 Strophen gewidmet:

Romanze VII. Str. 114—128 (Werke X. S. 179—181). Er führt zu ihrer Versetzung in die Eiszacke ein neues poetisches Motiv ein. Die Anregung dazu bot ihm die schöne Sammlung der Walliser Sagen (gesammelt und erzählt von Tscheinen und Ruppen, Sitten 1872). Ein Lieblingsstück G. Kellers war die Sage von der edlen Mailänderin, welcher er die Begegnung der toten Klara mit dem Ziegenhirten (VII. Romanze) nachgebildet hat. Es mögen hier einige Bemerkungen über das Verhältnis des „Apothekers" zu den Walliser-Sagen gestattet sein. Jakob Baechtold sagt darüber (II. 331): „Wer unsere Walliser-Sagen in der schönen Sammlung von Tscheinen kennt, weiß, daß nach dem Volksglauben der große Aletschgletscher das Purgatorium für die Abgeschiedenen ist, daß zu gewissen Zeiten nächtlich die Toten in langen Prozessionen über die Eisfelder ziehen. Als Gottfried Keller die tote Klara und seinen Heinrich Heine zur Sühnung in einen Eisfirn bannte, wußte er von jenen damals überhaupt ungedruckten Volkssagen noch nichts. Mit dichterischer Divination nahm er einen Zug vorweg, dem er mit Verwunderung später in der von ihm hochgeschätzten Sammlung begegnete."

Noch ausführlicher bespricht diesen Punkt Adolf Frey in seinen „Erinnerungen an Gottfried Keller". (Leipzig 1893 in 2. Auflage.) Kap. III, wo er über die Herkunft der dichterischen Vorwürfe des Meisters handelt. „Das Totenvolk, das im „Apotheker von Chamounix" zu sechsen und zwölfen bis zum Morgen-Vesperläuten heranmarschiert und hinter welchem betrübte Nachzügler einherwandern, sowie die einfache, unsäglich traurige alte Weise, die vor ihren Fahrten tönt, stammen aus dem Schatz der Walliser Sage. Diese kennt auch eine ihrer eigentümlichsten Gestaltungen, die Verbannung der büßenden Seelen ins Eis der Gletscher, und so lag es nahe, daß ich das krystallene Gefängnis Klärchens und Heinrich Heines auf jene Schöpfung der Sage zurückführte. Allein der Dichter erhob entschiedene Einsprache und erklärte, so auffallend es mir auch erscheinen möge, schon zur Zeit, da er am „Apotheker" schrieb, nach dem Erscheinen des „Romancero", spontan auf die fragliche Erfindung geraten zu sein, und berief sich darauf, daß die „Walliser-Sagen" erst 1872 erschienen seien und somit vorher außerhalb ihres heimischen Standortes Niemanden hätten bekannt sein können."

Nach diesen Äußerungen ist es völlig klar, daß G. Keller das Motiv von der Verbannung der büßenden Seelen im Eise nicht den Walliser Sagen entnommen haben kann. Damit ist aber noch nicht gesagt, daß er das Motiv erfunden habe. Denn es ist nicht neu. Es kommt schon bei Dante in der „göttlichen Komödie" vor und zwar im „Fegefeuer"

13. Gesang V. 43 ff., wo ganze Scharen von Schatten an einem Felsen=
rand dicht aneinandergereiht sind, und dann besonders in der „Hölle"
32. Gesang, Caïna V. 22—39, wo „zähneklappernd nach der Störche
Weise" die Schatten bis zum Gürtel im Eise stecken. Jedenfalls hat
Keller diese Stellen gekannt, und wenn wir auch gerne zugeben wollen
daß er sich dieser Anregung nicht mehr erinnerte, so ist doch die Nach=
wirkung aus Dante wahrscheinlich.

Jedenfalls ist so viel sicher, daß für die endgiltige Gestalt des
„Apothekers" einige der Walliser Sagen willkommene Motive boten.
Die Sage von der edlen Mailänderin, welche dem Zuge Klaras in ihr
Purgatorium zu Grunde liegt, lautet in der Sammlung folgendermaßen
(S. 13. Nr. 9):

„Auf der Törbjeralpe, nahe der Grimsel, begegnete ein Hirt, der
ein verlorenes Rind aufsuchte, in der wildesten Gegend, wo nur Gletscher
und kahle Felsen zu sehen, bei finsterem Regenwetter, zu seinem großen
Erstaunen einer vornehmen Dame, welche gegen den Gletscher wanderte.
Er verdoppelte seine Schritte, um derselben seine Dienste anzubieten,
falls sie sich verirrt hätte. Bei seiner Annäherung bemerkte er, daß sie
schön, jung und vornehm war, aber, was ihm am meisten auffiel, daß
sie keine Kopfbedeckung hatte und barfuß einherging. Aus ihren präch=
tigen Haaren, welche in reichen Locken auf ihre Schultern herabfielen,
tröpfelte der Regen, an ihrem Lilienhals hing eine Goldkette, ihre
schlanken Lenden umgab ein kostbarer Gürtel und ihre Arme waren
gleichfalls mit goldenen Brasseln geschmückt. An den Fingern ihrer
kleinen, schneeweißen Hände glänzten Ringe mit Diamanten besetzt. Ihre
bloßen Füße, welche von der Kälte und Nässe gerötet waren, schienen
so zart zu sein, daß jedes Steinchen selbe hätte verwunden müssen.
Mit einer Hand hielt sie züchtig die seidene Schürze empor, um sich
den Gang zu erleichtern durch die rauhe Gegend, in der andern führte
sie einen langen Reisestock. Sie trat mit ihren delikaten Füßen auf die
harten, kalten und nassen Steine so behutsam, daß man sah, jeder Tritt
mache ihr Mühe und verursache ihr Schmerzen. Ihr holdseliges An=
gesicht trug die Spuren von vielem Weinen, in ihren großen und sanften
Augen schimmerten noch frische Tränen und ihre feinen Lippen öffneten
sich zu leisen Seufzern und Gebeten. Voll Verwunderung über diese
seltsame Erscheinung und von tiefem Mitleiden gerührt, fragt er: „Aber
um Gotteswillen, meine schöne, gute Frau, wo wollet ihr hin bei so
harter Witterung und in einer so wilden Gegend? Ihr müßt euch
ganz verirrt haben? Ach daß Gott erbarm! ihr geht ja barfuß ohne
Hut und Regenschirm, gewiß seid ihr verunglückt? Oder wo sind denn

euere Bedienten? Habet ihr keinen Führer mitgenommen? Ihr seid
doch nicht zu Fuß bis hieher gekommen? Ohne Zweifel seid ihr nicht
ferne von hier vom Pferde gestiegen und habet allein euch zu weit von
eurer Begleitschaft entfernt und verirrt?" — „Nein, mein guter Junge,"
erwiderte die Dame mit einer lieblichen Stimme: „Ich habe mich nicht
verirrt; ich komme wirklich hieher ohne Begleitschaft, ohne Pferd, ohne
Diener, ohne Hut, Schuhe und Regenschirm. Soeben komme ich von
einer großen Stadt und glänzendem Palaste. Mein Leib liegt noch
warm in Mailand auf dem Totenbette, um welchen meine lieben Eltern,
als um ihre einzige Tochter, bitterlich weinen und ihn mit ihren Tränen
benetzen. Ich bin von Gott verurteilt worden, daß ich in diesem
Gletscher abbüßen muß, weil ich bei Lebzeiten fast auf keine Erde ge=
treten, weil ich immer in der Kutsche fuhr, niemals in eine Traufe kam,
nie ohne stattliche Begleitung mich vom Hause entfernte, nie einem
kalten Lüftchen mich aussetzte, keine anständige Freude mir versagen
durfte, mich vor aller Anstrengung und Mühe fürchtete, darum bin ich
zur Strafe meiner Verzärtlichung verurteilt, in dieser rauhen Wildnis
barfuß, in Regen, Kälte und Ungewitter zu wandeln und in diesem
Gletscher abzubüßen — dies ist mein Fegfeuer — denn außer dieser Ver=
zärtlichung habe ich keine Sünde begangen." — Bei diesen letzten
Worten kam plötzlich ein dichter finstrer Nebel und kalter Regenschauer
daher, welche ihm die liebliche Gestalt aus den Augen nahmen. Als
nach wenigen Augenblicken der Regenschauer mit dem dichten Nebel
vorüber war und die Gegend sich wieder etwas aufheiterte — da war
keine Spur von der schönen Frau mehr zu erblicken. Augenblicklich,
aber leider zu spät, fiel ihm ein, Gott habe nicht umsonst es zugelassen,
daß sie ihm in so schöner Gestalt erscheinen durfte. Gewiß habe ihr
zur völligen Erlösung nur wenig gefehlt; ach, statt der unnützen Fragen
hätte er ihr seine Hilfe anbieten sollen, womit er sie erlösen könnte. So
laut er vermochte, rief er jetzt in die Gegend, wo sie verschwunden:
„Schöne Frau, o saget mir doch, womit kann ich euch erlösen?" Aber
statt einer Antwort kam jedesmal ihm nur ein schwacher Widerhall
seiner letzten Worte zurück; melancholisch rauschte der Bach; dumpf
donnerte der Gletscher, bleiche Nebelgestalten stiegen aus den Gletscher=
spalten auf und nieder — aber von ihr sah und hörte er nichts mehr."

Wir haben diese Sage, abgesehen von dem Interesse, das sie als
Lieblingssage Gottfried Kellers bietet, auch angeführt, um zu zeigen, wie
frei und unbefangen der Meister an das Motiv sich angelehnt hat. Be=
sonders schön und zart verbindet er damit das Bienenmotiv.

Ebenso kann mit Sicherheit nachgewiesen werden, daß die in der letzten Redaktion des „Apothekers" neu geschaffene IX. Romanze den sogenannten Gratzügen der Walliser Sagen entnommen ist, allerdings wiederum mit sehr freier poetischer Ausgestaltung. Die Gratzüge der Walliser Sage kommen in der Sammlung in verschiedener Gestalt vor. So heißt es S. 17: „Diese Totenprozession heißt an gewissen Bergen Gratzug oder Symphonie. Wenn ein solcher Geisterzug vorübergeht, so hört man bald ein dumpfes Murmeln, wie bei einem zahlreichen Bitt= gang, wo der Rosenkranz gebetet wird. — Bald soll man den lang= samen Totenmarsch deutlich trommeln und pfeifen hören, bald wieder allerlei Musik, weinende und lachende Stimmen; bald wieder nur ein seltsames Getöse und Rauschen mit einem bald kalten, bald warmen Windhauche, — als wenn ein starker Windstoß durch das Laub der Bäume sauste. — Von Wenigen vernimmt man, daß man einen stundenlangen Zug weiß Gekleideter oder auch einen finsteren Schatten= zug an Bergen und in Schluchten bei mondhellen Nächten auf und nieder habe steigen sehen." Oder S. 211: „Von Gratzug und Synagog hört man die Leute wohl in allen Gemeinden des deutschen Wallis er= zählen. — Unter Gratzug versteht man Gänge, Wege, Straßen oder besser Züge, durch welche die Abgestorbenen in den Gebirgen oder auf dem Lande herum wandern; sie bilden gewöhnlich große Karawanen und lange Züge; sie verraten sich nicht selten, so meint man, durch ein dumpfes Summen, Trommeln, Pfeifen und allerhand hohltönendes Musikgetöse. — Auf der „Egge" an Jungen in St. Niklaus hört man in der Herbstquatemberwoche den Totenzug oder die Synagog mit deut= lichen Musiktönen und starkem Trommeln vorüberziehen, so daß selbst die nahen Felsen widerhallen".

Diese Sagen aus der Sammlung haben Keller die Anregung zu der IX. Romanze geboten, mit welcher in der neuen Gestalt der 1. Teil der Dichtung wirkungsvoll abschließt.

Dagegen ist das zweite Hauptmoment der Erweiterung, die in der letzten Redaktion neue IV. Romanze (Werke X. S. 171. IV. Str. 54 bis 77) wieder ein reines, echt Kellerisches Phantasiestück. Sie bietet die Erzählung, wie die eifersüchtig gewordene Rosalore sich beim Zwerg, dem Diener und Laboranten des Titus, nach der Person Klärchens, ihrer Nebenbuhlerin, erkundigt und von ihm an der Nase herumgeführt wird. Den Dichter mochte die Gegenüberstellung und Unterhaltung des schönen stolzen Weibes mit dem häßlichen gnomenhaften Männlein zur Darstellung reizen. Die Idee, wie das verhutzelte Embryönchen aus seinem Spiritusglase steigt, sich in eine schöne Dame wandelt und mit dem Apotheker Arm in Arm im Sonnenschein spazieren geht, ist so originell, so echt Kellerisch, daß man um ihrer selbst willen, ohne Rücksicht auf ihre Teilhaftigkeit an der Dichtung, daran seine Freude haben muß.

Weiterhin sind neu die sechs Eingangsstrophen der V. Romanze. (Werke X. S. 174. Str. 78—85.) Sie sind eine Folge davon, daß der Dichter das Bedürfnis hat, genauer zu motivieren, wie die schöne Rosalore in den Besitz der Schießbaumwolle kommt. Nach der alten Fassung wird diese Frage sehr einfach abgetan (Str. 24 ff.):

> „Nahm sie viele Schießbaumwolle,
> Weiß und zart, die nach und nach
> Sie aus des Jägers Tasch entwendet".

Diese Motivierung ist G. Keller zu fadenscheinig vorgekommen. So verfällt er auf die Erfindung des Zwiegesprächs zwischen den beiden unnatürlich Liebenden; dadurch wird nicht nur motiviert, wie Rosalore in den Besitz der Schießbaumwolle kommt, sondern es wird zugleich auch das unheimliche und rachgierige Frauenzimmer charakterisiert. Auch sonst ist die Situation wirkungsvoll und pikant; es mußte den Dichter zur Darstellung reizen, wie der arme Apotheker hier selber seinem Henker das Beil in die Hand drückt.

Diesem Streben, dem Leser alles möglichst plausibel zu machen, scheint auch die neue Plusstrophe 137 zu entstammen. (W. X, 182.) Keller möchte den Steinbock nicht als deus ex machina erscheinen lassen. Er gibt daher in der neuen Strophe eine Erklärung für sein Auftauchen. Die neuen Strophen 164 und 165 (Werke X, 186) zeigen die seltene Erscheinung, daß e i n e Strophe der früheren Fassung in der neuen Redaktion zu z w e i en erweitert wird. Der Grund der Änderung ist wiederum ganz offenkundig das Streben nach möglichster Genauigkeit und sachlicher Richtigkeit des geschilderten Vorgangs. Es genügt dem strengen Wahrheitsbedürfnis Kellers nicht, daß der Apotheker die schießbaumwollene Binde um den Hals hat. Er könnte ja auch abdrücken, ohne daß von der Pfanne der Jagdflinte ein Funken gerade auf die Binde fiele. Also muß der Vorgang erklärt, der Kausalnexus enger geknüpft werden. Darum wird ausführlich erzählt, weil der Morgen kalt gewesen, habe der Jäger die Binde zweimal um den Hals gewickelt, jedoch gelockert, getragen, und zwischen den beiden Wicklungen hindurch habe er den Kolben an die Wange genommen! Jetzt kann niemand mehr daran zweifeln, daß das pyrotechnische Experiment des Fräulein Rosalore effektvoll gelingen wird!

Diese Sorgfalt des Dichters in der Motivierung der Details be=
rührt hier fast komisch, wenn man dabei die souveräne Willkür der ganzen
schrullenhaften und bizarren Erfindung in Betracht zieht. Sie entspricht
dem Keller eigentümlichen Zug zum Realismus. Er hat ihn auch da
gezeigt, wo er nach der Natur der Sache entbehrlich gewesen wäre. Ein
typischer Fall liegt wieder in Str. 166 V. 4 vor. Die neue Fassung
„Alle Füße nah beisammen" soll erklären, wie es möglich ist, daß das scharfe
Auge eines Jägers ein aufrechtstehendes, bekleidetes weibliches Wesen von
einem Vierbeiner nicht unterscheiden kann. Überhaupt hat Keller dieser
Partie der Dichtung bei der Bearbeitung große Sorgfalt zu teil werden
lassen. Da mußte er sich sagen, daß die frühere Fassung mit dem
knappen Ende der XXII. Romanze nicht alle die Wirkungen zur Geltung
brachte, welche bei sorgfältigerer Ausnutzung aus dem „schießbaumwollenen
Motiv" herauszuschlagen waren. So hat er in der neuen Fassung der
Katastrophe die vier neuen Plusstrophen 171—175 (Schluß der achten
Romanze. W. X, 187) gewidmet. Die Erzählung, wie der verhängnis=
volle Schuß von dem nichtsahnenden Titus abgegeben wird und dann
plötzlich das Schreckliche sich ereignet, ist ein Meisterstück.

Den umfänglichen und gewichtigen Erweiterungen des 1. Teils
gegenüber hat der 2. Teil, die Literatursatire, in der neuen Redaktion
bloß drei einzelne Plusstrophen erhalten: 188 (W. X, S. 190); 336
(X, 211); 375 (X, 217).

Prägnanz.

Wer die früheren lyrischen Sammlungen Kellers aufmerksam durch=
geht, wird die Beobachtung machen, daß dem jungen Dichter manchmal
in auffallendem Maße die Fähigkeit mangelt, eine dichterische Eingebung
angemessen klar und erschöpfend auszudrücken. Er sucht und tastet nach
dem passendsten, der Intention adäquaten Ausdruck, ohne ihn in allen
Fällen zu finden. Die Eingebung wäre da, aber es mangelt
das Können, sie künstlerisch zu fassen. R. M. Meyer hat
diese Erscheinung dahin formuliert (Deutsche Lit.=Gesch. des XIX. Jahrh.,
S. 435). „Zuweilen streckt der Inhalt an allen Ecken und Enden
störend Kopf und Finger unter der Versdecke hervor."

Die Beispiele, in denen dieses Streben nach Prägnanz und Charak=
teristik in Kellers Lyrik zu tage tritt, begegnen uns sozusagen auf jeder Seite.

In dem Gedicht „Wetternacht" (IX, 29) handelt es sich in der 2. Strophe darum, die Landschaft zu charakterisieren, über die der erwachte Sturm hinstreicht. „Dicht auf der Haide kühle Winde streichen", heißt es in den Ged. 1846. Wie unvollkommen gaben diese Worte das wieder, was der Dichter (und Maler!) geistig erschaut hatte und in sich trug. Wie war einem solchen toten Verse Leben, Kraft und Schönheit einzuhauchen? „Des Windes Peitsche fühlt die Haide streichen", heißt der Vers in der neuen Gestalt. Das Beispiel zeigt, wie der Meister durch das einfache Kunstmittel der Personifikation einem matten Verse Kraft und Prägnanz zu verleihen versteht.

Oder man beachte in „Zur Erntezeit" I (IX, 51) Str. 2, V. 4, die Prägnanz der neuen Fassung, wo der Dichter ein ähnliches Kunstmittel angewendet hat. „Sie schneiden die Sorge auf brennender Au" bringt erst so recht zum klaren Ausdruck, was der Dichter fühlte und sagen wollte, und trifft sehr gut die dumpfe, gewitterschwüle Stimmung, die über dem Gedichte liegt

Eine meisterhafte Änderung in diesem Sinne ist der Eingang des Gedichtes „Stiller Augenblick" (IX, 66). Nach der früheren Fassung war das Bild von dem zur Neige gehenden Jahr wenig anschaulich. Der Dichter kommt nicht über die abgenutzten poetischen Formeln der „Harfen, Flöten und Abendröten" hinaus. Wie wunderbar sind dem gegenüber die neuen Verse! Der Maler in Keller erschaut in seiner Phantasie ein herrliches Abendstimmungsbild: am Rande des kleinen Waldsees geht die in leichte Nebelschwaden gehüllte Gestalt des fliehenden Jahres. Und der Dichter in ihm, der auf der Höhe seines Könnens steht, schafft für dieses innere Gesicht den ebenbürtigen, künstlerischen Ausdruck:

> „Fliehendes Jahr, in duftigen Schleiern
> Streifend an abendrötlichen Weiern
> Wallest du deine Bahn" . . .

Wie mächtig regen diese schönen Verse die Phantasie des Lesers an, daß er in den Bann des Gedichtes hineingezogen und zur Mitempfin= dung und zum Mitgenusse gezwungen wird.

Auch in dem „Kirchenbesuch" (IX, 87) versteht es der Dichter meisterlich, die feine Komik, welche in der Situation liegt, noch präg= nanter als in der früheren Fassung auszudrücken, indem er in der 2. Strophe, Vers 5, die lange, dünne Predigt mit dem „Faden eines Bächleins" vergleicht, das sich „um die Pfeiler" der Kirche herumwindet. Strophe 4, Vers 2—4 desselben Gedichtes illustrieren deutlich, wie sehr der junge Dichter mit der Sprache ringen mußte, um das innerlich

geschaute Bild, wie die durch die Kirchenfenster einbrechenden Sonnen=
strahlen auf dem Taufstein wunderliche Gebilde malen, angemessen aus=
zudrücken. Die alte Fassung ist nicht glücklich. Was soll das „mitten
drin"? Auch das Wörtchen „ganz" ist Füllsel. Wie fein und poetisch
hat dagegen der Meister in der letzten Redaktion das Bild gekennzeichnet,
indem er uns die Wirkung dieser gebrochenen Lichtstrahlen vorführt,
unter denen sich der Taufstein zur bunten Blumenschale wandelt.

Im „Tagelied" (IX, 89) ist V. 3 der 1. Strophe in der neuen
Fassung viel prägnanter, denn die rote Mütze ist eben das Abzeichen
der Jakobiner, denen das emanzipationslustige Mädchen in witziger Weise
zugezählt wird. Der liebenswürdige Scherz kommt in der neuen Gestalt
viel besser zur Wirkung.

In der „Feueridylle" hat Nr. V in der letzten Fassung einen neuen
Eingangsvers erhalten. Die alte Redaktion war schwerfällig und unbe=
holfen. Der neue Eingang ist natürlicher und ungezwungener. Er ist
auch anschaulich und wahr und kennzeichnet sehr gut die Situation,
wie die Zuschauer müßig herumstehen und über die Einzelheiten des
Brandes ihre Glossen machen.

Oder in Nr. VII dieses Zyklus beachte man die Änderung in
Strophe 2, Vers 4. Hier ist das Streben nach Charakterisierung und
Prägnanz ganz deutlich. Der Dichter beschreibt uns das Gemach der
Töchter des Hauses:

> „Es ist ein eng und niedrig Kämmerlein
> Mit runden Scheiben und uraltem Schrein.
> Drin Putz und Mädchenkleinod aller Art,
> In buntbemaltem Schachtelwerk verwahrt."

Früher hieß es in V. 4: „In mannigfachen Kästlein wohl ver=
wahrt." — Das „buntbemalte Schachtelwerk" ist charakteristisch für die
Bauernmädchen. Es gehört stilgerecht zu diesem niedrigen Kämmerlein
mit den Butzenscheiben und dem uralten großen Schrank. Offenbar hat
der Dichter an jene mit bunter Malerei geschmückten großen Holzschachteln
viereckigen, runden oder ovalen Formates gedacht, die in der zürcherischen
Landschaft, aber auch noch in älteren Häusern der Stadt, unter dem
Namen der „Badener Trucken" bekannt sind und die speziell zur Auf=
nahme von allerlei Putz und Tand der Mädchen und Frauen dienen.

In der „Wochenpredigt" (IX, 189) hat Keller den derben Vers 46,
zusammen mit dem vorhergehenden, umgeändert und den Gedanken in
etwas zarterer Form ausgedrückt. Darauf bezieht sich wohl die Be=
merkung Storms (Brief an Keller vom 22. Dezember 1883): „Ich
habe zunächst meine Lieblinge darin (in dem Gedichtband 1883) auf=

gesucht, und gesehen, wie die Wochenpredigt jetzt überall gehalten werden kann."

In den für die „Gesammelten Gedichte" abgeänderten Schlußversen des schönen Liedes „Das neue glückhafte Schiff" (IX, 209) tritt wieder das Bestreben zu Tage, jegliche Art von Versfüllsel und Phrase zu vermeiden. Man merkt es der alten Fassung an, daß der Dichter Worte brechseln mußte, um den Schluß zu gewinnen. Dieser matten Stelle hat er zugleich mit der glücklicheren Formulierung auch realen Gehalt zu verleihen verstanden.

Einige interessante, aus der Forderung nach Prägnanz hervorgegangene Änderungen zeigt das Gedicht „Des Friedens Ende" (X, 60). Gleich der 2. Vers der 1. Strophe ist bedeutungsvoller und führt besser in das Motiv ein, indem er die wilde Flucht des Jünglings Frieden vor der Göttin Zwietracht lebendig und packend darstellt. Von höchster Prägnanz sind die neuen Verse 6, 3—4.

„Ich bin die Wut und Unvernunft, die wie die Hölle brennt,
Der Dämon, der sich weinend selbst den bösen Willen nennt!"

Wie viel schöner und poetischer ist in Str. 7, Vers 1, die neue Fassung „aus den Gewändern", anstatt des prosaischen „aus seinem Kleid". In Vers 4 der gleichen Strophe ist es viel künstlerischer und entspricht unserem Empfinden viel mehr, daß der gehetzte Friede „lautlos" zusammensinkt, statt daß er, wie in der älteren Fassung, „schreiend" zusammenbricht.

Das schöne Gedicht „Tod und Dichter" (X, 111) erfordert einige Bemerkungen. Der erste Druck in der „Deutschen Rundschau", 1879, weist gegenüber dem Manuskript vom vorhergehenden Jahre einige glückliche Verbesserungen auf. So vor allem die neue Formulierung der Verse 15—18:

„Doch die lieblichste der Dichtersünden
Laßt nicht büßen mich, der sie gepflegt:
Süße Frauenbilder zu erfinden,
Wie die bittre Erde sie nicht hegt!"

Sie stellen die Pointe des schönen Gedichtes dar; aber erst infolge der Änderungen für den Druck in der Rundschau. Wie nüchtern und kalt nehmen sich die früheren Verse aus gegenüber der neuen Redaktion in ihrer Kraft, Prägnanz und poetischen Fülle! — Sodann sind die Verse 23 und 24: „Blut von meinem Blute; zu verderben bin ich nicht, eh' jene sterben" neu in der Rundschau. Sie dienen zur Deutlichkeit und Klarheit des liebenswürdigen Scherzes, den Keller hier zum Motiv gewählt hat. Wie sehr sie nötig waren, das beweist am besten die Tat-

sache, daß ein Leser wie Theodor Storm auch so noch das Gedicht miß=
verstehen und infolgedessen nicht völlig genießen konnte. Er schreibt am
20. September 1879 an Keller über das Gedicht: „Im einzelnen sehr
schön und voll poetischer Anschauung; mir im ganzen aber nicht klar
und einheitlich genug. Wie kommt der Dichter dazu, den Tod zu bitten,
ihn seine Dichtersünden nicht büßen zu lassen? Der ist ja doch nur der
Exekutor. Und wie kann der Dichter sich darüber freuen, wenn der
Tod dahinfährt, um seine schönsten Gebilde zu vernichten? Ist die so
erkaufte Spanne Leben nicht zu teuer? Oder will der Dichter ihn nur
narren, und glaubt er selber nicht an das Leben seiner Gebilde auf
einem andern Sterne? — Es scheint mir das nicht recht heraus=
zukommen."

Storm hat zuerst nicht gemerkt, daß das Poem ein Scherzgedicht
ist. Der Tod wird geprellt; er kann nach diesem Vertrage dem Dichter
nichts anhaben, als bis er dessen Kinder, die dichterischen Gestalten,
vernichtet hat. Und diese kann er nicht packen, weil sie nur Geister der
Phantasie sind (vgl. A. Köster, Der Briefwechsel zwischen Th. Storm
und G. Keller. S. 69).

In seiner Antwort vom 20. Dez. 1879 gibt Keller Storm folgende
Aufklärung: „Das Machwerklein mit dem Tod ist eine harmlose Neckerei
gegen das schöne Geschlecht, ein kleines Vexierzeug. Der Dichter schickt
den Tod einfach in die Erdbeeren, wie man hier sagt, nämlich dahin,
wo man weiß, daß das Gesuchte nicht zu finden ist. Wollen wir solche
Scherze zergliedern, so hört der Spaß natürlich auf. Was den Tod als
Richter betrifft, so wird er in dem Passus ja absichtlich pluraliter ange=
redet, also mit und in ihm die Mächte, die hinter oder über ihm stehen."
— Darauf repliziert dann Storm am 3. Jan. 1880: „Zur Verstän=
digung. Heute Nacht fiel's mir in betr. der „Schönen, Guten" (Vers 30)
plötzlich ein, daß der Tod deshalb in die Erdbeeren gehetzt wird, weil
sie bloße Phantasiegebilde sind, und die Jagd daher vergeblich ist. Ver=
leitet durch die vorhergehenden Worte „Zu verderben bin ich nicht, bis
jene sterben", hatte ich in blinder Hartnäckigkeit daran festgehalten, daß
eben die dichterischen Gestalten als die eigentlichen, resp. ewig lebendigen
vom Verfasser vorausgesetzt wären. Daher also. — Und nun erst ver=
stand ich das Ding als eine Neckerei der irdischen Schönen."

Eine ähnliche Rolle wie „Tod und Dichter" spielt im Briefwechsel
Storm=Keller auch noch ein weiteres unter jenen Rundschau=Gedichten,
nämlich der „Stutzenbart" (X, 124). Storm kritisiert unterm 20. Sept.
1879 das Liedchen folgendermaßen: „Ist mir zu leicht und für leichte
Ware nicht durchweg anmutig genug; um die etwas unappetitliche Haar=

und Bartgeschichte unterzukriegen, bedarf es einer größeren Wucht." Dagegen wehrt sich nun aber Keller ziemlich energisch (Brief an Storm vom 20. Dez. 1879): „Der Bartstutzer ist mißraten, weil ich das ur= sprüngliche Motiv im Stiche ließ. Es sollte nämlich der Gute, indem er die weißen Bartflocken (nicht etwa Rasierschmutz!) dem Winde gibt, sich seufzend gestehen und geloben, nun sei es mit aller Lieb= und Buhlschaft vorbei, worauf die Vögel kommen und das fliegende Bart= wesen zum Nestbau holen. Ich fürchtete aber, man könnte mir die Wen= dung als eine törichte Empfindung auslegen, und ließ sie fahren. Warum soll aber das Ding unappetitlich sein? Ist denn der Nesterbau der lieben Vöglein nicht hundertfach Gegenstand zierlicher Idyllen und Lieblein? Oder denkt man denn gleich an beschmutzte Wäsche, wenn man das weiße Linnen eines Brautschatzes besingt?"

Zu diesen Briefstellen macht der Herausgeber des Briefwechsels, A. Köster folgende Notiz (S. 68): „Stutzenbart" ist einer jener derben Späße, die der Franzose Baldensperger geschmacklos, der empfindliche Lyriker Storm unappetitlich, die Mehrheit der Leser wohl plump nennt; man muß sie hinnehmen, sie gehören zum Bilde Kellers."

Diesen Urteilen gegenüber muß ich bekennen, daß ich nicht zu dieser Mehrheit der Leser gehöre. Ich verstehe nicht, wie man das Liedchen einen „plumpen" Spaß nennen kann. Nach Form und Ausdruck doch gewiß nicht. Man stößt sich am Sujet. Der Einfall ist allerdings neu und originell. Er gehört zum Bilde Kellers, insofern er zeigt, wie in des Dichters voller Seele der unscheinbarste prosaische Vorgang sich zum poetischen Motiv ausgestaltet. Aber bei dieser Art der Behandlung scheint mir der Vorwurf der Geschmacklosigkeit nicht gerechtfertigt.

Das Lied gehört seinem Grundmotiv nach zusammen mit dem „Abendlied" und dem „Geistergruß" (W. IX, 43, und X, 142). Alle drei sind ungefähr in der gleichen Zeit (1879) entstanden; alle drei gründen sich auf eine gewisse Altersstimmung, die freilich in sehr verschie= denen Tönen klingt. (Die Beschäftigung mit dem Gedanken, daß er allmählich dem Endziel seiner Lebensbahn entgegengehe, zeigt sich auch mehrfach in des Dichters Briefen aus dieser Zeit.) Am deutlichsten tritt diese Altersstimmung im „Abendlied" zu Tage, in dessen mittleren Strophen der Dichter seine eigenartige, lieblich=intime Vorstellung des Sterbens niedergelegt hat. Im „Geistergruß" kommt das gleiche Stim= mungselement in der Traumgestalt des silberlockigen Weibes wieder zum Ausdruck: Über deinem Haupte liegt der Reif des Lebens, das zur Neige geht wie das fliehende Jahr. Aber in beiden Gedichten klingt auch nicht der leiseste Ton der Elegie mit; keine Verbitterung, keine Klage über den spärlichen Rest des Daseins. Was ihm auch „die Norn' am Rocken" spinnt, — ein tapferes Beharren ist sein Teil, so lange es das Schicksal will. Darum

„Lächle denn durch Blüt' und Blatt,
Schönster Frühlingsmorgen!"

Im „Stutzenbart" hat diese Lebensweisheit des gealterten Meisters die munterste Ausgestaltung gefunden.

Wie sehr im allgemeinen Keller die kritischen Äußerungen Storms bei der Aufnahme der Gedichte in den Sammelband berücksichtigt hat, zeigt auch „Der Narr des Grafen von Zimmern" (X, 137). Storm schreibt darüber am 15. Juli 1878:

„Der Narr von Zimmern ist eine reizende Geschichte; nur ist mir in den vorletzten beiden Strophen allerlei nicht recht; sie sind mir im ganzen zu sehr referierend, dadurch zu unlebendig, die Verse „doch manche Nuß . . . . köstlich an" überflüssig; da wäre Platz für Lebendigeres; was sollen in so knappen Epen noch lange Vergleiche! Ebenso die Vorbereitung „doch hat der Narr sich schnell bedacht — versöhnen". Weshalb nicht gleich in medias res? Zu referierend hier insbesondere, schon als langer Relativsatz: „der schon das Zeichen" usw. Ich glaube, eine Strophe, statt der zwei, könnte es auch tun. Dann würde die wunderschöne letzte Strophe erst recht zur Geltung kommen."

Darauf antwortete Keller am 13. Aug. 1878: „Auch die wohltätigen kritischen Bemerkungen wegen der Gedichte werde ich mir zunutze machen, insbesondere die blinde Stelle mit der taubbekernten Nuß (im „Narren") hatte ich schon vorher auf dem Korn, und ich habe mich nun überzeugt, daß zwei Halbstrophen wegmüssen."

Bei Vergleichung der beiden Fassungen des Gedichtes in der „Rundschau", 1878, und in den „Gesammelten Gedichten" zeigt sich in 4, 3—4, daß Keller jene „blinde Stelle" von der taubbekernten Nuß durch zwei neue Verse ersetzt hat. Ebenso hat er sich die Stormsche Kritik zu Herzen genommen in bezug auf Vers 3 und 4 der 5. Strophe. Freilich, der Hauptforderung, statt der referierenden Form die Situation selbst durch „etwas Lebendigeres" knapp zu kennzeichnen, konnte er nicht nachkommen; dagegen hat er wenigstens den formalen Mangel beseitigt, den Storm in dem zu langen Relativsatz gesehen hatte. Auch die völlige Zusammenziehung der Strophen 4 und 5, die Storm postuliert, und von deren Vorteil Keller nach der oben angeführten Briefstelle überzeugt ist, hat er nicht erreicht. Immerhin ist es interessant, zu beobachten, wie hier die verständnisvolle Kritik des Freundes G. Keller, der sonst in den Dingen der Kunst so ganz auf eigenen Füßen stand, beeinflußt hat.

Das Streben nach Prägnanz und Charakteristik tritt auch in der Bearbeitung des „Apothekers von Chamounix" auf jeder Seite zu Tage. Wie treffend ist in Str. 97, Vers 3 (X, S. 177), der Seelenzustand des zwischen den zwei geliebten Frauen ruhlos hin= und herfliegenden Apothekers gekennzeichnet mit den Worten: „Heimatlos war seine Seele!" Wie viel zarter, poetischer und dem lieblichen Wesen Klärchens ange= messener sind die beiden Strophen 103 und 104 (Schluß der 7. Ro= manze. X, 178), statt der früheren drei mit ihren „Gleichnissen und pikanter Wendung!" — An der Stelle, wo Rosalore an dem verhängnis= vollen Jagdtag, da sie dem Apotheker die schießbaumwollene Binde um= gelegt hat, vom bösen Gewissen getrieben wird, ihm nachzugehen — wie hat da der Meister in der neuen Redaktion den Seelenzustand der Un= glücklichen treffend gezeichnet. Ganz ähnlich in Str. 160, 1—2. Die frühere Fassung erzählt: „Wieder klomm sie ruhlos aufwärts und sie kam in eine Wolke" .... Wie matt hört sich das an gegenüber den neuen prächtigen Versen: „Aber ruhlos aufwärts trieb die Seele sie durch eine Wolke ..." Oder in Str. 166, 1—2 (X, 187). Wenn uns in der früheren Fassung der Dichter erzählt, wie der Jäger im An= schlag steht „und wahrhaftiglich, den Steinbock sieht er dort ...", so hat das auf den Leser keine direkte Wirkung. Ganz anders in der neuen Redaktion. Da ist kein Referat dessen, was der Jäger sieht; wir sind dabei und sehen selbst, denn „auf einmal steht der Steinbock wie gemalt auf dunkler Klippe".

Ebenso im 2. Teil der Dichtung. Wer empfände nicht die Differenz in der Wirkung der beiden Fassungen der Str. 328, Vers 4 (X, 210), wo der tapfere Lessing mit dem langen Schifferhaken in die Schimmel= decke der höllischen Tintenflut ein tüchtig Loch reißt, „und auch stracks ein paar Skandäler pfauchend aus der Tiefe stiegen", während sie früher „auf im halben Zwielicht tauchten". — Oder die Stelle, wo der Kutscher, der die Leiche Heinrich Heines nach dem Montmartre geführt hat, sich von den Mühseligkeiten seines Berufes erholt. Str. 366 (X, 216). Wie prägnant, echt Kellerisch ist da die neue Fassung, wie weiß der Dichter mit wenigen Meisterstrichen die gefühlvolle Sippschaft zu charakterisieren! — Wo immer Keller eine blinde Stelle findet, da läßt er sich bei der Durchsicht die Mühe nicht verdrießen, ihr in irgend einer Weise aufzuhelfen. Betrachten wir bei dem Tanze des Pariser

Totenvolkes die Verse, wo die indische Bajadere auftritt. Da hieß es früher in Str. 343 (Euph. S. 170):

> „Mit den feinen Saffranarmen
> Schlägt sie klirrend wild die Cymbeln,
> Wie wenn große Nachtigallen
> Wütend ihre Schnäbel wetzten."

Dieses Bild ist keineswegs glücklich, denn es entbehrt der Anschaulichkeit. Der Dichter hat es denn auch in der Redaktion der „Gesammelten Gedichte" durch ein anderes ersetzt, das viel bezeichnender, anschaulicher und wirkungsvoller ist; die entsprechende Strophe heißt nun (Str. 396, X., 220):

> „Mit den zimmetfarb'nen Armen
> Wetzt und schlägt sie gold'ne Cymbeln,
> Hält sie weithin auseinander,
> Zeigt sie lächelnd wie zwei Monde."

So begegnet man auf Schritt und Tritt der nachbessernden Hand des Meisters, der in dem Sammelbande die Kinder seiner lyrischen Muse in ihrem feinsten Sonntagsstaate zeigen möchte.

Die bis jetzt angeführten Varianten im Sinne der Prägnanz und Charakteristik waren Änderungen oder Ersetzungen ganzer Verse und Sätze. Nicht minder deutlich und in einer Masse von Beispielen zeigt sich dieses Bestreben in der Ersetzung einzelner Worte. Wir haben eingangs als Grundprinzip festgelegt, daß Keller im allgemeinen durchgreifende Umarbeitung seiner Lyrika vermeidet. Gedichte, welche ihm nicht die zur Aufnahme in den Sammelband erforderlichen künstlerischen Qualitäten zu besitzen scheinen, schließt er kurzerhand davon aus. Die übrigen erfahren bei der Aufnahme in die „Gesammelten Gedichte" eine überaus sorgfältige Retouchierung, welche sich namentlich darin äußert, daß der Dichter eine Masse von Wörtern — Verba, Substantiva, insbesondere die schmückenden Beiwörter — durch treffendere, prägnantere Synonyma ersetzt. In dieser Kunstübung zeigt der Bearbeiter der „Gesammelten Gedichte" eine wahre Meisterschaft. Mit bewunderungswürdiger Feinheit und verblüffender Sicherheit weiß er nun für einen Begriff den bedeutungsvollsten, erschöpfenden Ausdruck zu finden. Eine Anzahl von Beispielen mag das im einzelnen dartun. Zunächst zu der zahlreichen Gruppe der in späteren Redaktion ersetzten Verba!

So ist es interessant, zu beobachten, wie sich der Dichter dem häufigen Verbum „glänzen" gegenüber verhält. In dem Gedicht „Das neue glückhafte Schiff" (Str. 2, 9) „glänzte" früher das Horn von Gold und Elfenbein. Bei der Durchsicht des Gedichtes findet Keller das Verbum zu matt; jetzt „blitzt" das Horn im Julisonnenschein. Genau die gleiche Ersetzung liegt im „Apotheker" vor. Str. 451, 2 (X, 228). Während früher „glänzen" verwendet war, heißt nun die Stelle „Jetzt aus ihren Riesenschleiern endlich „blitzt" die nackte Wüste." Oder die Stelle im „Apotheker", wo draußen auf dem Montmartre die spanische Tänzerin aus dem Grabe steigt (Str. 391, 4; X, 219). Sie

> „Schlägt zurück den dichten Schleier
> Ihrer schwarzen Sammethaare,
> Daß aus seinem tiefen Schatten
> Arm und Busen silbern „leuchten".

Ähnlich geht es mit andern Verben, die einen Sinneseindruck be=zeichnen. In „Scheiden und Meiden" (Str. 4, 3) ist die Stelle: „scheint die Sonne" ersetzt durch „wie erglänzt sie wild und feurig". In dem schönen Gedicht „Die Schifferin auf dem Neckar", II, Str. 7, 4, hieß es früher „In den Augen glimmet das Totenlicht". Nein, sagt sich der Dichter, in solcher Lage, wo der Tod so dicht an einem vorüber=geht, da glimmt nicht nur das Totenlicht, da „flackert" es in den Augen. — Das Verbum „stehen" ist dem Bearbeiter in mancher Ver=wendung zu kraftlos. In dem Sonett an Herwegh „steht" Zwing-Uri nicht mehr, sondern es „ragt" hoch gefirstet. Ebenso in dem Strafgedicht auf „die öffentlichen Verleumder". Früher hieß es Str. 4, 4 „steht" bald er groß an Macht; nun „ragt" bald er . . . usw. Ein Wirtshaus „steht" nicht am Wege, sondern es „winkt" am Wege („Parteigänger", Str. 2, 5). — Wenn möglich, soll das Verbum der gehobenen poetischen Sprache angehören, zum mindesten soll es nicht zu alltäglich und abgenutzt sein. In „das große Schillerfest", Str. 4, 4 „sammelte" nach der früheren Fassung das arme Weib Laub und Reisig; nun heißt es: „Mühsam sich zur Erde bückend, raffte sie ein zaghaft Büschel". In dem kleinen Liedchen „Röschen biß den Apfel an" ist der Schluß „Tränen ohne Unterlaß träu=felten hernieder" abgeändert in . . . „perlten" nun hernieder. — In „Am Ufer des Stromes" begann die 3. Strophe früher: „Und jener spricht"; nun heißt es präziser: „Und jener erwidert"; im „Schwurgericht", Vers 3, früher „daß halb verschwand", jetzt „daß halb verblich die flüchtige Schrift". . . . — Interessant ist in „Re=volution" der letzte Vers der 5. Strophe. Hier hat der Dichter in den verschiedenen Redaktionen sukzessive die inhaltlich stärkeren Verba ge=wählt: erst „schmilzt" das Erz, dann „glüht" es, dann „fließt" es. — Wie viel anschaulicher ist in der neuen Fassung die Stelle im „Apotheker", wo sich Lessing mit der höllischen Tintenflut zu schaffen macht, wenn es nun in Str. 328, 2 (X, 210) heißt: Er riß ein Loch in die Schimmeldecke, „daß die gallig bitt're Flut schwarz aufquellend überfloß", statt des früheren „sich erzeigte". — Wie prägnant ist im „Taugenichts", Str. 7, 3 das neue Verbum „schmiß weit die Gräte in den See" . . ., statt des früheren „warf!" — Ganz ähnlich die Variante in Str. 7, 2 des Gedichtes „Grillen". „Greinen" ist viel bezeichnender für die Schmerzensäußerung des eitlen Grillenfängers. — Zahlreich sind auch die Fälle, wo der Bearbeiter ein Verbum nicht durch ein synonymes, sondern durch ein in der Bedeutung abweichendes Tätigkeitswort ersetzt hat. Dabei handelt es sich jeweilen darum, zu dem vorhandenen Subjekte das bezeichnendste Prädikat zu finden. In dem Gedicht „In fremden Landen" hieß es früher in Str. 4, 7: „Das Gesetz schmückt Haus und Hütte", ... Aber zu „schmücken" ist nicht das innerste Wesen und Ziel des Gesetzes, sondern Ordnung, Schutz und Schirm. Und darum ist es doch den Dichter zu tun, den Kern der Sache zu treffen. So ersetzt er in der neuen Fassung das Prädikat „schmückt" durch das prägnantere „schirmt". Ebenso in der „Kantate bei Eröffnung einer schweizerischen Landesausstellung. Da hieß es früher in V. 21—22: „Große Städte, Nationen prangten lang schon im Verein". . . . Aber das Wesen einer Ausstellung liegt doch nicht so sehr im „Prangen" schlechthin, als vielmehr im Wetteifer der Kon= kurrenz. So hat Keller bei der Aufnahme in die „Gesammelten Ge= dichte" die Stelle abgeändert in „Große Städte, Nationen eifern lang schon". . . .

Auf ähnliche Resultate führt die Betrachtung der in der Redaktion der „Gesammelten Gedichte" ersetzten Substantiva. Dabei handelt es sich in erster Linie um die präzise Erfassung abstrakter Begriffe, um den erschöpfenden Ausdruck ihres Bedeutungswertes. In dem schönen Lied „Fahrewohl" (IX. 70) hat die Herbststimmung dem Dichter „ein schaudernd Grabgefühl" ins Herz gesenkt. Nun möchte er dem Ge= danken Ausdruck geben: Wenn die schöne Welt ein anderes Menschen= leben in die Erscheinung rufen möchte, das würdiger ist, den Platz aus= zufüllen, den ich jetzt einnehme, dann mag sie mich dahinschwinden lassen. Das drückt er in der älteren Fassung so aus: „Wenn du für dieses Herzens Raum ein besseres weißt zu finden . . ." Dann ändert er: „Wenn du für meines Wesens Raum ein besseres . . ." (Str. 4. 1).

— Oder in dem Sonett: „Die Tellenschüsse". Da hieß es in V. 2 der 1. Strophe: „Die Zierde jeder Fabel ist der Sinn." Das ist zu wenig gesagt. An diesem Satze kommt „der Funken nicht heraus", wie Storm zu sagen pflegt. Vielmehr: „Die Perle jeder Fabel ist der Sinn". In dieser neuen Fassung ist der Vers der Grundpfeiler des Sonettes, auf den sich alles andere stützt. — Eine Reihe von Beispielen ließen sich aus den an abstrakten Begriffen reichen „Prolog zur Schiller= feier in Bern 1859" anführen. Es sei nur auf die eine Variante in Vers 200 hingewiesen. Es ist die Stelle, wo Keller auf den Tell anspielt, der uns „allein schon eine hohe Schule der wahren Schönheit ist", von der er dann fortfährt:

„Die das Gewordene als edles Spiel verklärt,
das seelenstärkend neuem Werben ruft,
daß Dichtung sich und kräft'ge Wirklichkeit
in reger Gegenspieglung so durchbringen", ... ꝛc.

Statt dessen hieß es früher „in reger Wechselwirkung"... Jedermann fühlt die Prägnanz des neuen Ausdrucks heraus. — Wie viel bezeichnender ist in der neuen Fassung der Schlußvers des V. Gasels, wenn der Dichter, statt wie früher von seiner „Feinde Schar", nun von seiner „Neider Schar" spricht, indem er so gleich die Ursache ihrer Feindschaft andeutet. — Ein sprechendes Beispiel für das Streben nach Prägnanz zeigt auch das schöne Gedicht „Schlafwandel". In der 4. Strophe, wo die Legionäre das reizende Bild der fernen Heimat schauen und dann die Erinnerung an die Tage der Jugend sie über= mannt, ist der neue Schlußvers „Verlornes Jugendland" so recht die Zusammenfassung all der schmerzlichen Gefühle der bedauernswerten Menschen. Gegenüber dem früheren „verlornes Vaterland" sagt die neue Fassung viel mehr; denn wie der Gedanke an die verlorene Heimat, so schmerzt auch die Erinnerung an die unwiederbringlich entschwundene, schönere Jugend. — In „der alte Bettler" hieß es früher in Str. 6, wo der Greis sich nach einem Grabe in der warmen Heimaterde sehnt, Vers 6 „Wegwerfend meiner Armut dürren Stab".... Aber die Armut allein ist es nicht, was ihn so tief gebeugt, so lebensmüd ge= macht hat. Es kommt dazu das Alter, die Verlassenheit und so manches andere, was nun der Dichter zum Ausdruck bringt, indem er die Stelle abändert in ... „meines Elends dürren Stab" ... — Im „David" heißt es nun in Str. 2, 6 „Der große Hans Narr warf dort Bein und Arme mit tollem Prahlen in die Luft empor" ... Das Prahlen ist für den Goliath in höherem Maße charakteristisch, als das „Wüten" der früheren Redaktion. — Auch der „Apotheker von Chamounix" zeigt ähnliche Beispiele. So heißt es nun in Str. 102, in der Schilderung, wie Titus das unschuldige Klärchen verführt (X. 177):

„Und in ihre quellenklare
Wissenslose Mädchenliebe
Streut’ er böse Leidenschaften
Der Verwild’rung und Verderbnis.“

Dagegen früher „der Verzweiflung und der Sünde“.

Aber auch konkrete Begriffe sind bei der Bearbeitung vielfach ersetzt worden. Dabei kommt es Keller auf möglichste Anschaulichkeit an. „Funkenflug“ ist für uns deutlicher und anschaulicher als „Feuerflug“ (Feueridylle II. 3, 1.) Oder wenn es nun von der „Schifferin auf dem Neckar“ heißt, daß sie „mit fliegendem Busen“ im Boot stand, so ist das anschaulicher und wirkungsvoller als die frühere Fassung „mit klopfendem Herzen“. — Sodann zeigt es sich auch hier, daß der Dichter, wenn irgend die Möglichkeit dazu gegeben ist, einen Begriff durch ein Synonymon ersetzt, das der gehobeneren poetischen Sprache angehört. Des „Adlers Flügel“ werden zu „des Adlers Schwingen“ (Poetentod. Str. 12); das „Leichenhemd“ zum „Leichenschmucke“ (Am Ufer des Stromes. Str. 7, 4); „des Bieres trübe Wellen“ zu „des Trankes“ … usf.

Wie anschaulich ist die Stelle im „Apotheker“, wo der Dichter er= zählt, Lessing habe einen langen „Schifferhaken“ ergriffen, um das ominöse Loch in die Schimmeldecke des Tintenmeeres zu reißen. Der lange „Schifferhaken“ ist so anschaulich, weil wir das Instrument kennen; der „Eisenhaken“ der früheren Redaktion dagegen vermag uns keine bestimmte Vorstellung zu erwecken. — Eine besondere Wirkung weiß Keller durch originelle Neubildungen von Wörtern zu erzielen. So zum Beispiel im „Apotheker“ Str. 341, wo er für das frühere „Tinten= faß“ den neuen Ausdruck „Schreibekübel“ geschaffen hat. Solche origi= nelle Bildungen passen besonders gut zu dem genial=übermütigen Ton, der über dem ganzen „Apotheker“ liegt. — Übrigens hat Keller, ohne dabei irgendwie in sprachliche Willkür zu verfallen, auch sonst in seiner Lyrik hin und wieder neue Wörter gebildet. Es sei dafür nur auf jenes schöne und stimmungsvolle „Abendfeld“ in der letzten Strophe des „Abendliedes“ hingewiesen.

Es mag hier der Platz sein, auf eine sprachliche Erscheinung in der Lyrik Kellers hinzuweisen, die ich noch nirgends erwähnt gefunden habe. Ich meine seine große Vorliebe für das Fremdwort. Es ist auffallend, wie häufig er in seiner Lyrik Fremdwörter anwendet, und zwar hin und wieder ziemlich seltene. Diese Vorliebe für den fremden Ausdruck nimmt

im Alter noch immer zu und hat in der Redaktion der „Gesammelten
Gedichte" zu einer Reihe von Änderungen geführt. Er liebt den fremden
Ausdruck nicht aus Eitelkeit, nicht um des fremden Klanges willen. Wo
ihm das entsprechende deutsche Wort dasselbe oder mehr zu sagen scheint,
da ist es ihm lange gut genug. So hat er noch bei der 2. Korrektur
der Druckabzüge des Sammelbandes 1883 die Überschrift zu der 7. Ab=
teilung der Gedichte, die im Manuskriptband „Sonnwende und Re=
signation" hieß, in „Sonnwende und Entsagen" abgeändert. Aber wo
er glaubt, durch ein Fremdwort einen Gedanken oder einen Begriff be=
sonders prägnant und präzise ausdrücken zu können, da wendet er es
ohne Bedenken und mit einem gewissen Behagen an. So im „Prolog
zur Schillerfeier" (Vers 159), wo der Dichter von der „wahren Schön=
heit", der Schillerschen Schönheit, spricht:

> Nicht ist's die Schönheit „die verfall'ne Völker
> Mit Tonnen Goldes auf dem Markte kaufen,
> Und mit Geschrei auf die Altäre stellen!"

Diesen letzten Vers hat er im Sammelband abgeändert in

> „Zum Histrionendienste sie zu zwingen!"

In „Der Schöngeist" wird in Str. 3, 2 „die kunstgeübte Zeichner=
hand" zu „die kecke Dilettantenhand". Gewiß ist hier der fremde Aus=
druck bezeichnender, er ist ein terminus technicus, für den uns im
Deutschen die genaue Entsprechung fehlt. — Ebenso verhält es sich mit
der gespreizten Titulatur in Str. 5 von „Polkakirche". Der „glatte
Superintendent" ist für die ganze „byzantinische" Geschichte stilgerechter
als der „germanisch=christliche Pastor" der früheren Fassung. — Um
auch aus dem „Apotheker" ein Beispiel für diese beliebte Einsetzung von
Fremdwörtern anzuführen, verweisen wir auf Str. 314 (X. 208), wo
von jener geheimnisvollen, rot glühenden Glasglocke die Rede ist, unter
der sich Ludwig Börne verborgen hält, um Heine zu narren. Die
Stelle hieß früher

> „Was nicht wich und was nicht wankte,
> War jedoch die Wunderglocke".

Das ist abgeändert in

> „War das gläserne Mysterium".

Man wird nach dem Grunde dieser Vorliebe G. Kellers für das
Fremdwort fragen. Da geht man wohl nicht fehl, wenn man ihn in
dem ungewöhnlichen Bildungsgang des Dichters sucht. Keller ist Auto=
bidakt. Und dem Autodidakten, den sein Wissen so unendlich viel mehr
Arbeit und Mühsal gekostet hat, als den glücklicheren Mitmenschen, der
den regulären Unterricht mittlerer und höherer Schulen genießen durfte,

pflegt oftmals eine Vorliebe für fremde, gelehrte Ausdrücke durch sein ganzes Leben nachzugehen. So mag es auch Keller gegangen sein. Wenn wir dieser Eigentümlichkeit auch in den Gedichten begegnen, so ist ist das wieder ein Beweis dafür, wie genau seine lyrische Sammlung die ganze Persönlichkeit Kellers bis in die einzelsten Züge hinein widerspiegelt.

Von besonderem Interesse sind die Änderungen, welche die schmückenden Beiwörter (Adjectiva und Participia) erfahren haben. Keller hat bei der Durchsicht seiner Lyrika für den Druck des Sammelbandes diesen Epitheta ornantia seine ganz besondere Aufmerksamkeit und Sorgfalt angedeihen lassen. Wenn man schlechthin von den Retouchen in Kellers Lyrik spricht, so denkt man wohl in erster Linie an solche ausgewechselte schmückende Beiwörter. Ersetzungen im Epitheton ornans, sei es durch ein Synonymon, sei es durch ein in der Bedeutung wesentlich abweichendes Wort, sind ungemein häufig. Wer das Lesartenverzeichnis aufschlägt, wird dafür auf jeder Seite Beispiele finden.

R. M. Meyer sagt in seiner „Deutschen Literatur des XIX. Jahrhunderts" B. I. 419 in bezug auf die Sprache G. Kellers: „Die Epitheta, deren Pflege in der deutschen Literatur eigentlich erst mit Heine beginnt — noch Goethe zog typische Beiwörter den individualisierenden vor, — sind von der gesuchten Paradoxie der Jungdeutschen hinweg zu lebendiger Anschaulichkeit entwickelt." Das gilt nun speziell auch für Kellers Lyrik. Wie sehr er nach Anschaulichkeit trachtet, das beweisen am deutlichsten die Fälle, wo er ein abstraktes Epitheton durch ein konkretes, sinnfälliges ersetzt. In „Stille der Nacht" wird die „hehre Sternenpracht" zu „goldne Sternenpracht"; in „Rosenglaube" die „träumenden" zu „tauigen" Blumen, in „Zur Erntezeit I" die „tüchtige" zur „wogenden" Freiheitsschlacht. Das reizende Lied „Der Kirchenbesuch" bietet dafür in seiner 3. Strophe zwei Beispiele.

<table>
<tr><td>Gedichte 1846:</td><td>Gesammelte Gedichte:</td></tr>
<tr><td>Eichenbäume, a l t und schlank,</td><td>Eichenbäume, h o c h und schlank,</td></tr>
<tr><td>All' die gotischen Pfeiler ragen,</td><td>All' die gotischen Pfeiler ragen,</td></tr>
<tr><td>Hoch ein z i e r l i ch Blätterdach</td><td>Ein g e w ö l b t e s Blätterdach</td></tr>
<tr><td>Ihre b r e i t e n Äste tragen.</td><td>Ihre k r a u s e n Äste tragen.</td></tr>
</table>

Das schöne Gedicht „Die Winzerin" beginnt jetzt mit dem Vers „Am sonnig weißen Gartenhaus", während es in den „Neueren Gedichten 1854" hieß „Am sonnig e d l e n Gartenhaus" ...

In einer Gruppe von synonymen Ausdrücken wird der prägnanteste die größte Kraft und Fülle in sich schließen. Wenn es in dem Gedicht

„Nachtfahrer" von der paradiesischen Schönheit der Südseeinsel heißt: „was ein erstorbnes Auge kann erfrischen", so ist dieses Epitheton stärker als das frühere „was ein ermüdet Auge" ... Ähnlich in dem Sonett auf die „Eidgenossenschaft", wo es jetzt von unserem Bundesstaate heißt, der Diamant sei „zu unzerstörlich alldurchdrungener Einheit" entstanden, gegenüber dem früheren „unvergänglich". Im „Prolog zur Schillerfeier" heißt es jetzt von dem festlichen Jubiläumstag, der sich „hundertmal ruhmvoll erneut", daß er auch „hundertfältig leuchtet" statt des früheren „unvermindert". In dem 1. jener Lieder, die aus dem alten „grünen Heinrich" stammen (W. X. 119) lauten jetzt die Eingangsverse der 1. und 2. Strophe: „Recht im Glücke, goldnes Los" und „Recht im Unglück, herrlich Schau'n", während die alte Fassung die Lesarten „schönes Los, großes Schau'n" hatte. So sind vielfach die Begriffswerte graduell gesteigert und dadurch auch ihre poetische Wirkung erhöht.

In dem Strafpoem auf „Die öffentlichen Verleumder", heißt es in Str. 3 bei der Charakterisierung des Tuns und Treibens dieser ausgeschämten Ehrabschneider: „Er zischelt seine Grüße in die verblüffte Welt". Das neue Epitheton ist viel treffender als das frühere „in die verworr'ne Welt", da es zugleich andeutet, daß die Wirkung solchen niederträchtigen Gebarens auf die Welt nicht ausbleibt. Wie treffend ist in dem unter dem Titel „Den Zweifellosen" an 2. Stelle stehenden Sonette die neue Fassung „sie ist so eng, die grüne Erdenzeit", gegenüber der früheren „sie ist so kurz" ... Das wird besonders fühlbar, wenn man den im folgenden Verse ausgesprochenen Gegensatz ins Auge faßt. Nicht allein auf die kurze Dauer unseres irdischen Daseins will der Dichter hinweisen, sondern auch auf unsere Beschränktheit in der Erkenntnis der letzten Dinge, die über „das Sehnen, das uns hinüberzieht", nicht hinauskommt. Diesen Gedanken bringt erst die neue Fassung deutlich zum Ausdruck. Im „Landwein" ist die Prägnanz des neuen Ausdruckes mit Händen zu greifen. Da heißt es in Strophe 5 von dem in seinem Rebberg beschäftigten Landmann: „wie Arbeit er und Müh' mit Lust verschwendet, der Rebe wähl'risch Schoß zum Lichte wendet". Man empfindet sogleich die Prägnanz dieses individualisierenden Epithetons gegenüber dem früheren allgemein typisierenden „der Rebe zartes Schoß" ...

Wieder in anderen Fällen hat ein Epitheton in der Schlußredaktion einem neuen Platz machen müssen, das einer gegebenen Situation oder einer vorherrschenden Stimmung angemessener ist. In „Stille der Nacht" kommt für die poetische Wirkung alles auf die Einheit der

Stimmung an. Wie viel besser ist in Strophe 5 die neue Fassung „doch wie im dunklen Erdental ein unergründlich Schweigen ruht" als das frühere „doch wie auf blüh'ndem Erdental" ... — In dem Sonett „Schein und Wirklichkeit I" schildert der Dichter die Pracht der (wie er meint) aufgehenden Sonne und ihren belebenden Einfluß auf die menschliche Seele. Aber das wohltätige Gestirn verschwindet. Erst jetzt erkennt er, daß er den Sonnenuntergang bewundert hat, und daß die Nacht heraufsteigt. Nun handelt es sich darum, für den Gegensatz zwischen dem eben beschriebenen herzerhebenden Naturschauspiel und der durch die Veränderung der landschaftlichen Stimmung hervorgerufenen seelischen Depression möglichst prägnante Ausdrücke zu finden. Wie löst der Dichter diese schwierige Aufgabe? Im Manuskript 1844 heißt es in Str. 4. 2 „die Nacht stieg auf mit graulich stillem Wehen" ... Aber damit ist die Wirkung auf die Seele des Enttäuschten zu wenig gekennzeichnet. Darin gehen die Gedichte 1846 einen Schritt weiter: „mit frostig leisem Wehen" heißt es dort. Die Schlußredaktion „die Nacht stieg auf mit frostig rauhem Wehen" nüanciert den Gedanken am feinsten. — In „Sommernacht", wo der Dichter die schöne Sitte schildert, wie das junge Volk zur nächtlichen Stunde auf dem Acker der Witwen oder Waisen für diese die Erntearbeit verrichtet, ist die neue Fassung „wie lieblich floh'n die kurzen Stunden" so viel treffender als das frühere „die stillen Stunden". Eben weil es „ein Spiel in kühler Nacht" ist, und weil das Bewußtsein einer guten Tat die Arbeit fördert, scheinen den jungen Schnittern die Stunden so kurz.

In Nr. V der „Feueridylle" macht der Dichter seiner Erbitterung darüber Luft, daß der geizige Bauer den edlen Wein, der nun in der Feuersbrunst zu grunde geht, jahrelang ungenutzt im Keller liegen ließ. Da heißt es jetzt: „Und ob ihm trampelte der geiz'ge Wicht". Die Prägnanz dieses Epithetons gegenüber dem früheren „der graue Wicht" ist sehr fühlbar. Nicht weil der Bauer grau ist, sondern weil er geizig ist, läßt er „keinen Tropfen an das Tageslicht". — Beispiele dieser Art ließen sich häufen. In dem kleinen Epos „Ein Festzug in Zürich" hieß die Stelle, wo die beiden Herren aus Tirol mittelst des hanfenen Schlauches aus dem brennenden Haus gerettet und wieder auf die Füße gestellt werden, ursprünglich folgendermaßen: Vers 406 ... „behutsam stellt es auf die Beine rund und heil die rundlichen Gestalten". Die neue Fassung „die zitternden Gestalten" ist ohne Zweifel sprechender für die Situation. — Wie wichtig ein prägnantes Epitheton für das Heraustreten der Pointe eines Gedichtes sein kann, zeigt „Ein Tagewerk I". Früher hieß es in Str. 5, wo der junge Poet im Wehen des Windes

seinen eigenen Seelenschmerz vernimmt: „Was suchst du hier, arm=
selig Menschenkind?" ... Die Schlußredaktion geht tiefer. Mit dem
einzigen neuen Epitheton deutet sie auch den Grund dieser „Armselig=
keit", dieser psychischen Depression, an: „Du müssig Menschenkind".

Wie schön ist in dem Monolog, den „Der alte Bettler" hält, im
1. Vers das Bild von der „wettermüden Föhre!" Wie viel besser
trifft dieser Ausdruck das Wesen und die Stimmung des nach Erlösung
von der Mühsal des Daseins verlangenden Greises, als die frühere
Fassung „knorrenvolle Föhre".

Interessant ist der Wechsel des Epithetons in der 3. Strophe des
„Schifferliedchens". „Ich höre schon den Brunnen gehn dem Pförtlein
nebenan" ... Dann heißt es in der 1. Redaktion weiter: „und dieses
hat ein heilig Wehn ... aufgetan". Das mochte dem Dichter zu
abstrakt sein. In den „Neueren Gedichten" ändert er die Stelle zu
„ein frisches Wehn" ... Aber das war wieder zu oberflächlich, zu
nichtssagend. Der Meister findet eine überaus glückliche Lösung, indem
er den Luftzug, der das Pförtlein zur Liebsten aufgetan hat, gewisser=
maßen personifiziert. Dies „Wehen" begünstigt sein Liebeswerben, es
ist für ihn „ein gütig Wehen".

Auch als Epitheta ornantia hat Keller vielfach Fremdwörter ver=
wendet; namentlich im „Apotheker von Chamounix". Die neue Re=
daktion ist noch um einige Fremdwörter reicher als die frühere. So ist
in Str. 239 (IV. Romanze des 2. Teiles) das „ungeheure" Himmelstor
zum „kolossalen" geworden, die „duft'gen Geisterhände" Platens zu
„transparenten Händen".

Besonderes Talent bekundet Keller bei der Redaktion der „Ge=
sammelten Gedichte" in der Neubildung von Epitheta ornantia. Es
handelt sich dabei durchweg um Zusammensetzungen von Substantiven
mit Adjektiven, die der Sprachgebrauch bis dahin nicht verwendete.

In dem 3. der Lieder „Am fließenden Wasser" hieß es früher
von dem in den höchsten Lüften schwebenden Falken „der ist so klein
und fern zu seh'n". ... Nun ist der Vers abgeändert in „der ist so
lerchenklein zu sehen". In „Die Mitgift" wird in der 6. Strophe die
„reichgeschmückte Herzensbraut" zur „myrtenschönen Schleier=
braut". In „Nachhall" (Str. 5) tritt an die Stelle der Worte „still
und fern", die vielleicht nicht neue, aber jedenfalls sehr schöne Zu=
sammensetzung „so jugendfern". In der 1. Strophe von „Das
große Schillerfest" spricht der Dichter in der neuen Fassung von
„novemberbraunen Bergen". Nicht immer sind solche auf be=
sondere Prägnanz hin geschaffene Epitheta auch in ihren sonstigen Quali=

täten glücklich, zum Beispiel in ihrer Klangwirkung. So in Vers 3
des Sonettes „Auf die Motten". Die frühere Fassung „ein blühender,
glückſel'ger Heldenkind" iſt abgeändert zu „ein glücklicher nutznieß'riſch
Heldenkind" ... Ohne Zweifel iſt damit der zu Grunde liegende Gedanke ſo deutlich und präzis als möglich ausgedrückt; aber niemand
wird behaupten wollen, daß der Ausdruck ſonſt poetiſch ſei; das Beiſpiel beweiſt wieder, wie Deutlichkeit und Prägnanz G. Keller über die
formelle Schönheit gehen.

Schließlich ſei noch auf eine beſonders witzige Originalbildung eines
Epithetons hingewieſen. Im „Apotheker" heißt es an jener Stelle, wo
Heine infolge des Stoßes von Börne köpflings in die Tintenflut ſtürzt:
er fuhr troſtlos in die Tiefe (Str. 341)

> „Die ſo unerforſchlich dunkelt',
> Wie der Satz im Schreibekübel
> Eines feberſiechen Schmierers".

Unter das Stichwort Prägnanz gehört auch die Behandlung der
Titelvarianten. Daß die Wahl des Titels Keller manchmal nicht
leicht geworden iſt, beweiſt außer der großen Zahl von geänderten Überſchriften der Gedichte die Tatſache, daß er auch für ſeine Proſaſchöpfungen
bei der Frage nach dem Titel ſich mehrfach an den Verleger gewendet
hat. Als es ſich um die Wahl eines Titels für „Das Fähnlein der
ſieben Aufrechten" handelte, hat Keller Auerbach ein halbes Dutzend
Überſchriften zur Auswahl zugeſtellt, weil er ſich ſelbſt nicht für eine
derſelben entſchließen konnte. Auch der Titel „Der grüne Heinrich" hat
dem Dichter bei der neuen Ausgabe Beſchwerden verurſacht. In ſeiner
Verlegenheit wandte er ſich an Th. Storm, der aber auch keinen poſitiven
Rat geben konnte, ſondern nur den Seufzer ausſtieß: „Verfluchter Kaſus
mitunter, ſo ein Titel!" (Brief vom 5. März 1879.)

Keller hat in ſeinen Gedichten auffallend viele Titel geändert.
Von etwa 330 Titeln ſind gegen 80, d. h. etwa 25 %, geändert worden.
Die Änderungen ſind zum Teil völlige Neubildungen, zum Teil bloß
unbedeutende Retouchen der früheren Faſſungen. Unter den 80 Nummern mit geändertem Titel ſind 10 mit drei und vier verſchiedenen
Faſſungen der Überſchrift (drei verſchiedene Faſſungen des Titels zeigen
die Gedichte IX, 55; 68; 126; 180; X, 19; 26; 105; vier verſchiedene Titelredaktionen haben IX, 165; 281; X, 20).

Beſondern Wert legt der Dichter auf leichten und flüſſigen Klang
eines Titels. „Lebendig begraben" klingt beſſer und flüſſiger, als die

umständliche frühere Fassung „Gedanken eines lebendig Begrabenen“ (IX, 135). „Loyolas wilde verwegene Jagd“ klingt nicht nur schwerfällig, sondern ist beinahe ein Sprechkunststück. Der neue Titel „Jesuitenzug“ ist flüssig und prägnant und hat vor „Jesuitenlied“ den Vorteil, daß er die Situation schärfer kennzeichnet, indem er von vornehereiu die Anschauung des Vorbeimarsches der Jesuiten im Zug produziert (IX, 281). „Gegenüber“ klingt leichter und flüssiger, als „Einkehr unterhalb des Rheinfalls“. „Ein unschuldig Unwahrer“ war phonetisch unschön wegen der aufeinanderfolgenden Vorsilben un —. „Ein schuldlos Unwahrer“ klingt besser. Euphonische Rücksichten haben wohl auch zu der Änderung des Titels „Den christlichen Griesgrämlern“ zu „Die Hehler“ geführt (IX, 119).

Indessen ist in der überwiegenden Mehrzahl der Fälle nicht der Gesichtspunkt des leichtern und flüssigeren Klanges für die Änderung des Titels maßgebend, sondern das Streben nach möglichster Prägnanz. Der Titel soll sich dem Gedächtnis einprägen. Man braucht nur einige der früheren Titel neben die neuen im Sammelband zu stellen, um die Prägnanz dieser sogleich deutlich zu empfinden: „Feldbeichte“ < „Im Herbst“ (IX, 64); „Alles oder nichts“ < „Warnung“ (IX, 116); „Geübtes Herz“ < „Liebeslied“ (X, 18); „Doppelgleichnis“ < „Rätsel“ (X, 18); „Geistergruß“ < „Winterlandschaft“ (X, 142); „Wardeins Brautfahrt“ < „Heimführung“ (X, 118); Stutzenbart“ < „Bartschur“ (X, 124); „Krötensage“ < „Zeugen der Vorwelt“ (X, 103); „Mönchspredigt“ < „Unterbrochenes Opferfest“ (X, 108).

Am deutlichsten zeigt sich das Streben nach Prägnanz im Titel da, wo die älteren Fassungen Überschriften rein formaler Natur trugen. So hatten die beiden Gedichte „Stilles Abenteuer“ (X, 113) und „Zeitlandschaft“ (X, 152), die nun so vorzüglich betitelt sind, ursprünglich die nichtssagende Überschrift „Trochäen“. In X, 146, hat der Dichter den früheren Titel „Romanze“ ausgemerzt und dafür später neue Überschriften eingesetzt. In der 2. Druckredaktion trägt das Gedicht den Titel: „Die falsche Scham“. (Neuere Gedichte, 1854, S. 225.) Hier ist das Motiv in drei Worten formuliert. Nun läge es a priori nahe, diese Überschrift, d. h. das auf die kürzeste Formel gebrachte Motiv, als den idealen Titel zu proklamieren. Aber der Dichter sieht in diesem Fall die Aufgabe des Titels nicht in einer möglichst treffenden und erschöpfenden Inhaltsangabe. In der letzten Redaktion ersetzt er die Überschrift „Die falsche Scham“ durch „Am Ufer des Stromes“. Er vermeidet es, das Motiv mit dürren Worten an die Spitze zu stellen. Vielmehr kennzeichnet der neue Titel lediglich die äußere Situation.

In der Kunst, die Phantasie zur Reproduktion der äußern Situation oder eines wichtigen Momentes derselben anzureizen, scheint zum Teil das Geheimnis eines glücklichen und wirkungsvollen Titels zu liegen. — Ein ähnlicher Fall liegt vor im Titel „In den Äpfeln" (X, 33), früher „Lebensart".

Ein weiterer Gesichtspunkt, der für Keller bei der Änderung der Titel maßgebend gewesen ist, ergibt sich ohne weiteres aus der Vergleichung der früheren mit den späteren Fassungen. Wenn es im IX. Band, S. 18, statt „Nacht" nunmehr heißt „Unruhe der Nacht", S. 35 statt „Wasser" „Am Brunnen", S. 41 statt „Golgatha" „Abend auf Golgatha", S. 51 statt „Sommer" „Zur Erntezeit", S. 126 statt „Das Leben" „Dankbares Leben", S. 213 statt „Stichfieber" „Schütz im Stichfieber", so sind das offenbar Änderungen, die den Zweck haben, das Motiv treffender zu bezeichnen. — Bei einer Reihe von Überschriften hatte der Dichter das Gefühl, daß sie zu allgemein seien, zu sehr in der Luft stünden. Das Gedicht, das jetzt „Des Friedens Ende" betitelt ist (X, 60), trug früher die Überschrift „Eines Morgens". Daraus läßt sich weder auf den Inhalt des Gedichtes, noch auf das Motiv, noch auf ein Charakteristikum der äußern Situation der geringste Schluß ziehen.

Ein Schritt weiter in dieser Richtung führt auf diejenigen Titel, die Keller ersetzt hat, weil sie an Unklarheit leiden. Dahin gehören Fälle wie in Bd. X, S. 58, wo der frühere Titel „Ça ira" gewiß manchem, der seine Provenienz nicht kannte, unklar war. Die neue Überschrift „Revolution" ist deutlicher. Der frühere Titel „Türkischer Brauch" (X, 90), jetzt „Der Schöngeist", ist mir völlig unklar. Das in Bd. X auf S. 20 stehende Gedicht hat seinen Titel viermal gewechselt: „Rätsel" > „Verliebtes Rätsel" > „Mit einer Schachtel Reißkohle" > „Mit einer Reißkohle". Der neue Titel, der die Auflösung des „Rätsels" in sich schließt, ist zum Verständnis des Gedichtes und damit für dessen poetische Wirkung unbedingt erforderlich.

Der Dichter hat bei der Redaktion des Sammelbandes gegen fünfzig neue Titel geprägt. Denn die in den Abteilungen „Buch der Natur" und „Erstes Lieben" stehenden Lieder, die dem ersten lyrischen Bändchen von 1846 entnommen sind, hatten ursprünglich keine Überschriften.

Klarheit und Deutlichkeit.

Die Gedichte Gottfried Kellers entbehren im allgemeinen jener sinn=
fälligen Leichtigkeit, welche uns die Lyrik manches andern Dichters ange=
nehm, ihre Lektüre zu einer mühelosen Erholung macht. · Sie erfordern
in höherem Maße, als das sonst gemeinhin der Fall zu sein pflegt,
Konzentration und eine gewisse geistige Mitarbeiterschaft des Lesers,
wenn wir sie recht genießen wollen. Der Hauptgrund für dieses —
sit venia verbo — schwerere Kaliber der Kellerschen Lyrik liegt einmal
in der Art der Motive, sodann in der konzentrierten Gedankenfülle, im
Verhältnis, zu welcher die Worte oft äußerst knapp sind. Dazu kommt
der weitere Grund, daß namentlich der junge Gottfried Keller oftmals
Mühe hat, seiner Gedankenwelt die Sprache völlig dienstbar zu machen.
Wenn er für einen Gedanken den treffendsten Ausdruck nicht zu finden
weiß, oder wenn die technischen Schwierigkeiten des Verses und Reimes
der klaren Darstellung hinderlich sind, indem er ihretwegen zu Umschrei=
bungen greifen muß, so ist es leicht erklärlich, daß wir bei der Lektüre
früherer Redaktionen der Gedichte hin und wieder auf Stellen stoßen,
wo wir uns fragen müssen: Was will der Dichter eigentlich sagen?
Natürlich beeinträchtigen solche Unklarheiten die Wirkung und den künst=
lerischen Wert eines Gedichtes. Wie nicht anders zu erwarten, hat das
der Meister sehr wohl empfunden und bei der Redaktion der „Gesam=
melten Gedichte“ solchen schwer verständlichen Stellen seine Sorgfalt
angedeihen lassen.

Schon im vorigen Kapitel ist von dem Epitheton „nußnieß’risch“
die Rede gewesen, das Keller in dem Sonett „Auf die Motten“ (V. 3
der 1. Strophe) im Sammelband neu geschaffen hat. Das Wort ist
weder seiner Bildung noch seinem Klange nach schön. Wenn es der
Dichter dennoch der früheren Fassung vorgezogen hat, so beweist das,
wie ihm alles darauf ankommt, den Gedanken klar und unmißverständlich
auszudrücken. Denn der Inhalt steht ihm immer höher als die Form.

In dem 1. der Sonette unter dem Titel „Eitles Leben“ war in
den früheren Fassungen Vers 3 des 1. Terzettes undeutlich im Ausdruck.
Es hieß dort vom Ruhm:

> „Der Frauen Gunst vermag er zuzuwenden
> Und macht uns leicht bereinst das letzte Scheiden,
> Denn deutlicher verschwindet alles Enden!“

Wie umständlich und doch unklar ist das ausgedrückt! Statt dessen
nun der neue Vers:

> „Da wir zur Hälfte nur das Dasein enden.“

In dem gleichen Sonette hatte in der 1. Redaktion („Neue Alpen=
rosen“, 1848), Vers 1 der 2. Str. die Apostrophierung: „Nicht kannst
du, Holde, edlern Trank bereiten“ . . . Es ist völlig unklar, wen der
Dichter hier als „Holde“ anredet. Schon für den Druck in den
„Neueren Gedichten“, 1851, hat er, in der Erkenntnis dieser Unzuläng=
lichkeit, dem Vers folgende, nunmehr klare und einwandfreie Fassung
gegeben: „Nicht kann uns Hebe reinern’ Trank bereiten“ . . . In
Nummer II des gleichen Sonettzyklus begrüßt der „eitle“ Dichter seine
vom Sonnenuntergang bestrahlten heimatlichen Gefilde in der 1. Fassung
mit den Worten:

> „Seid mir gesegnet, meiner Heimat Gründe,
> Die in des Niederganges Rosen strahlen!“

Wenn er schon in dem Bändchen 1851 die Stelle abändert zu

> „Die in des Niederganges Röte strahlen!“

so resultiert diese Variante aus der Empfindung, daß der Vers allzu
kühn war. Der Dichter kann allenfalls von „des Sonnenunterganges
Rosen“ sprechen, aber jedenfalls nicht von „des Niederganges Rosen“
schlechthin, wenn er noch verständlich sein will. — Vers 2 der 3. Strophe
desselben Sonettes ist ein bezeichnendes Beispiel dafür, wie der junge
Keller mit der Sprache ringen muß. In der 1. Fassung hieß es von
der Liebsten: „Du wandelst auf sonnenhellen Wegen mit unbeschütztem,
sicherem Schritt“ . . . Bei der Redaktion für die „Neueren Gedichte“,
1851, möchte der Dichter diesen Gedanken dahin erweitern, daß seine
„Reine“ bei ihrem Spaziergang einen Schutz nicht nötig hat. Er ver=
sucht, diesen Gedankenzuwachs in den Vers hineinzubringen und kommt
dabei auf die gewiß nicht poetische, auch sprachlich=stilistisch anfechtbare
Fassung: „mit eines Schirms nicht dürft’gem Schritt“ . . . Hier hat
dem Dichter die Fähigkeit versagt, einen etwas komplizierten Satz in das
metrische System hineinzubringen. Für die letzte Redaktion „Mit keines
Schirm’s bedürft’gem Schritt“ brauchte es nur geringe Änderungen, um
den Vers in Ordnung zu bringen.

Auch im „Buch der Natur“ stoßen wir auf Varianten, die größerer
Klarheit und Deutlichkeit dienen. — In dem aus der Heidelberger Zeit
stammenden (21. Mai 1848) „Gewitter im Mai“ hieß früher der
4. Vers der 2. Str.: „Und träumend nasch’ ich armer Tor!“ In
dieser absoluten Verwendung ist uns das Verbum nicht klar; wir suchen
nach einem Objekte desselben, das wir wohl aus dem „Mai“ in Str. 2, 1
entnehmen müssen. Die neue Fassung „Verträumt von dem vergrämten
Tor“ stellt eine Verbesserung im Sinne größerer Klarheit dar.

In „Die Gräber“ ist nach der Redaktion in den „Neueren Ge=

dichten“ Vers 7 der 4. Strophe in der Konstruktion ganz unklar. Der vollständige Satz lautet dort: „Sie trauerten, bis . . . der Höhe Blau das Gold verborgen und es auf Erden heiter war.“ Wer zum Verständnis dieses Satzes durchdringen will, muß ihn völlig zergliedern. Er wird dann zu der Auflösung kommen: Sie trauerten, bis das Gold dem Blau der Höhe verborgen war. Aber auch in dieser aufgelösten Form ist der Satz noch unklar. Nun hat der Meister mit geringen Änderungen aus der unverständlichen Stelle die schönen Verse geschaffen:

> „So trauerten sie, bis der Morgen
> Erröten hieß der Wolken Schar,
> Im Ätherblau das Gold verborgen
> Und lichter Tag auf Erden war.“

In dem Festgesang „Das neue glückhafte Schiff“ ist in der 1. Strophe der neuen Fassung die historische Anspielung auf jene Hirsebreifahrt viel deutlicher. Es wird erzählt, die Zürcher hätten, um ihren Bundesgenossen in Straßburg zu zeigen, wie rasch sie ihnen im Falle der Not beizustehen in der Lage wären, einen in Zürich gekochten Hirsebrei auf dem Wasserweg noch warm nach Straßburg gebracht. Darauf spielt der Dichter an in den Versen:

> „Und aus der Tiefe rauscht’ die Sage
> Verwundrungsvoll aus Licht empor,
> Sie, die im Glanz verschwund’ner Tage
> Einst auf dem Rhein zum Festgelage
> Sah fahren schneller Männer Chor.“

In der früheren Fassung war die Anspielung auf den einzigen Vers „Wie eh’dem froher Männer Chor“ beschränkt und infolgedessen weit weniger deutlich.

Im „Prolog zur Schillerfeier in Bern“ heißt es jetzt in V. 66 ff.:

> „So manchen guten Mann wir unser nennen,
> Die Quelle seines Wertes springt im Volke,
> Und was er ist, dankt jeder dieser Quelle.“

Statt dessen hieß es früher: „dankt jeder nur dem Ganzen“.

Bezeichnenderweise haben auch die Epigramme mehrfache Verbesserungen in diesem Sinne erfahren. Die einzige Variante, welche die „Venus von Milo“ in den „Gesammelten Gedichten“ gegenüber dem Druck in der „Rundschau“ 1878 aufweist, zeigt, wie sehr sich Keller bemühte, deutlich und unmißverständlich zu sein. Im Manuskript und in der „Rundschau“ hieß Vers 1, 3: „Und stehst in Gips, Biskuit und Zinn“ . . . Wie Keller in einem Brief an Petersen dieses „Biskuit“ als „mattes Porzellan“ genauer erklärt, so ersetzt er in der letzten Redaktion des Epigramms dieses Wort durch das völlig unmißverständliche „Porzellan“. Keller verteidigt sich gegen den Einwand Petersens, er

wünschte, „daß das Material der ersten beiden Strophen weniger vulgär
gewählt wäre", in seinem Briefe vom 25. Juni 1878 folgendermaßen:
„Ich brauche schon aus formalen Gründen das dunkle und gemeine
Gerümpel des Eingangs, um den Gegensatz des Schlusses recht wirken
zu lassen. Die innere Bedeutung soll sodann die sein: Ich habe
beobachtet, wie überall von Philistern und Unberufenen jetzt mit Vorliebe
die arme Frau von Milo aufgepflanzt wird, um Bildung und Schön=
heitssinn zu beurkunden, weil sie hören und sehen, daß die Figur so
hoch gehalten wird. Zugleich verschaffen sie sich dadurch ungestraft eine
fortwährende banale Augenweide; denn jenen Zweck könnten sie auch
durch Anschaffung der Juno Ludovisi, des Zeus von Otrikoli oder einer
andern schönen Antike erreichen. Aber das wissen sie eben nicht. „Die
Meyers haben die Venus, so müssen sie die Itzigs auch haben" usw.
Biskuit (mattes Porzellan) und Zinn sollen die schlechten Gußmaterialien
bezeichnen, mit welchen die edle Gestalt geschändet wird. Kurz, die
Göttin soll aus einer obskuren und unwürdigen Umgebung heraus den
Glanz des Mittelmeeres und ihres ehemaligen Marmortempels sehen
u. dgl. Doch genug davon!" — Entgegen dem Urteil Petersens, der
sich also an dem „Gerümpel" der ersten Strophen gestoßen zu haben
scheint, äußert sich Storm in seinem Briefe vom 15. Juli 1878: „Auch
der „Venus" stimme ich völlig bei; auch ist es wohl wert, das einmal
auszuprägen." Ich habe die Stelle aus dem Briefe Kellers angeführt
nicht nur wegen der bezeichnenden Ersetzung des Wortes „Biskuit",
sondern namentlich auch, weil es mir interessant scheint, wie sich der
Dichter bei der Verteidigung dieses Epigramms ins Zeug legt. Über=
mäßige Lobsprüche waren ihm verhaßt; Stillschweigen oder wenig ein=
gehende Kritik seiner Werke beleidigten ihn; gegen gelegentliche Einwände
wehrt er sich oft mit Energie und zäher Gründlichkeit — man sieht, es
mochte nicht eben ein leichtes Ding sein, sich mit ihm über seine Werke
zu unterhalten oder eines derselben zu rezensieren.

In dem Epigramm „Rhetorische Histrionen" hieß der 2. Vers ur=
sprünglich „doch vor dem nämlichen Glas wurden die Reden studiert".
Wenn auch der Zusammenhang darauf hindeutet, daß unter diesem „Glas"
ein Spiegel verstanden ist, so erregt doch in der alten Fassung die Stelle
Anstoß; durch die neue Gestalt des Verses „Doch vor dem gleichen
Trümeau wurden" . . . . gewinnt der Vierzeiler an Klarheit, die gerade
beim Epigramm die Voraussetzung tieferer Wirkung ist. — Das Epi=
gramm, dessen Titel in den „Gesammelten Gedichten" „Dem Kopf= und
Herz=Dogmatiker" lautet, bestand ursprünglich nur aus den beiden ersten
Versen, mit denen freilich der Leser nicht viel anfangen konnte, da sie

über ein Wortspiel nicht hinauskommen. Die neuen Verse geben dem Epigramm überhaupt erst Wesen und Inhalt.

Ein bezeichnendes Beispiel, wie der Meister bemüht ist, sich möglichst klar und deutlich auszudrücken, bietet auch die erste Hälfte der 3. Strophe des schönen Gedichtes „Schlafwandel“. Es genügt, die beiden Fassungen zusammenzustellen, um sich des Fortschrittes der neuen Redaktion bewußt zu werden:

<table>
<tr><td>1852.</td><td>1882.</td></tr>
<tr><td>Und was sonst in der dunklen Nacht
Das enge Zelt nur sieht,
Wird unter off'nem Himmelsblau
Vom Wüstenlicht durchglüht.</td><td>Und was sonst in der dunklen Nacht
Das Zelt nur sehen mag,
Tritt unterm off'nen Himmelsblau
Im Wüstenlicht zu Tag.</td></tr>
</table>

In „Tafelgüter“ zeigt schon die Redaktion in der „Rundschau“ 1878 gegenüber dem Manuskript in der 13. Strophe folgende Verbesserung, durch welche die bischöfliche Erklärung des eigenartigen Wildbretfanges noch deutlicher und origineller wird. Während die Strophe früher lautete:

„Damit die Brut nicht flügge wird,
Schließt man sie an die Kette,
Bis sich ein neu Geschlecht gebiert
Im luft'gen Wolkenbette,“

sind nun die Verse 2 und 4 abgeändert zu „Schließt man sie fest am Felsen“ und „Mit nackten Hungerhälsen“. Der letzte Vers führt dann sehr gut zur folgenden Strophe über.

Das in der Gedichtsammlung 1883 unter dem Titel „In der Trauer“ an 1. Stelle stehende Liedchen „Klagt mich nicht an . . . .“ hatte in der 1. Fassung des „Grünen Heinrich“ in Str. 3, 1—2 folgenden Wortlaut: „Und wie die Danaide wohl einmal neugierig um sich blicket“, ... In der neuen Fassung heißt die Stelle „Und wie die müde Danaide wohl, das Sieb gesenkt, neugierig um sich blicket,“ . . . . So erst ist die Anspielung klar und allgemein verständlich.

Realismus.

Bei der Bearbeitung der Gedichte für den Sammelband treten viele Varianten hervor, die uns zeigen, daß Keller mit großer Sorgfalt bemüht war, irgend ein Motiv, eine Aktion, einen Gegenstand mit gewissenhaftester sachlicher Richtigkeit und Genauigkeit darzustellen. In seinen „Erinnerungen an Gottfried Keller“ macht Adolf Frey auf diesen Punkt aufmerksam. Er schreibt im 3. Kapitel seines Buches: . . . „Man muß sich Zeit nehmen und Studien machen", hörte ich ihn mehrfach sagen. — In der Tat suchte er das Reale mit äußerster Sorgfalt. „Er tat sich, berichtet C. F. Meyer, etwas darauf zu gute, daß das Menschenbild, das er in der zweiten Braut seines portugiesischen Seehelden Don Correa schildert, eine ethnographische Möglichkeit wäre, und sagte wichtig, er habe Rohlfs darüber beraten. Es geht die Mär, er sei trotz seiner schwer in Fluß zu bringenden Reiselust nach einem bekannten Schweizerstädtchen gefahren, wo man bis vor kurzem lustig wie die Seldwyler lebte, um seine Helden von Angesicht zu Angesicht zu sehen." Besonders bezeichnend für G. Keller, den Bearbeiter seiner Gedichte, ist der folgende Zug, den Adolf Frey a. a. O. mitteilt (II. Aufl. S. 36 f.): „Gelegentlich verführte ihn der Zug nach dem Realistischen sogar zur Pedanterie. Als ihm einst ein Dichter ein im Stil einer Vision gehaltenes Gedicht vorlegte, worin ein Goldstück mit Cäsars Bildnis vorkam, meinte er: „Das ist schön und gut; aber man müßte doch erst nachsehen, ob Goldstücke mit Cäsars Kopf geprägt wurden". Unwahrscheinlichkeiten oder Unmöglichkeiten in der Darstellung der früheren Fassungen beseitigt er konsequent. Alles soll möglichst glaubhaft, möglichst plausibel erscheinen.

Einige Beispiele mögen diesen Zug nach dem Realen illustrieren. Es ist schon davon gesprochen worden, wie im „Apotheker" der Dichter in der letzten Redaktion durch einige neue Strophen das „schießbaumwollene Motiv" einleuchtend und plausibel darzustellen sich bemüht. Auch einzelne isolierte Varianten im „Apotheker" gehen auf diesen realistischen Zug zurück. Wenn es jetzt in Str. 9 heißt: ... „Stand er unter hohen Arven, wo der Mond den Schnee beglänzte", ... statt des früheren „unter hohen Tannen", so hat wahrscheinlich die Überlegung, daß in diesen schneebedeckten Jagdrevieren der Hochgebirgswelt die Tanne nicht mehr vorkommt, zu der Änderung geführt. — Im „Poetentod" hieß früher Vers 2 der 1. Strophe „die Wolkenschatten jagen an der Wand". ... Im Sammelband ist die Stelle abgeändert zu „die Blätterschatten fallen an der Wand". ... Wahrscheinlich hat sich der Dichter bei der Bearbeitung die Frage nach der physikalischen Möglichkeit des Phänomens vorgelegt und aus den hieraus sich ergebenden Bedenken die Stelle geändert, welche übrigens in der neuen Fassung für die über dem Gedicht liegende Herbststimmung bezeichnender ist. — In „Landwein" hieß es früher in Strophe 2, wo von dem weiten Besitz des begüterten Landmannes die Rede ist: „Da ist das ganze Jahr ein wechselnd Blüh'n in weiten Kreisen und in allen Farben rings um das Haus". ... „In weiten Kreisen?" Daran nimmt der Bearbeiter Anstoß. Genau genommen ziehen sich die Felder und Äcker doch nicht „in weiten Kreisen" hin; vielmehr ist das Gelände in lange Streifen verschiedenartig bebauten Ackerlandes abgeteilt. Da macht sich auch der Landschaftsmaler in Keller wieder geltend, vor dessen Phantasie das Gut des alten Bauersmannes am Hügel deutlich und mit frischem Kolorit ersteht. Wie in „Romeo und Julia" „drei prächtige lange Äcker über die sanfte Anhöhe weithingestreckt lagen, gleich drei riesigen Bändern nebeneinander", so gestaltet sich ihm jetzt das Bild folgendermaßen:

„Da ist das ganze Jahr ein wechselnd Blüh'n,
Geteilt in Streifen und in allen Farben
Dehnt es sich aus, vom hellen Saatengrün
Bis zum gediegnen Gold der schweren Garben."

Eine sachliche Richtigstellung bringt auch die neue Redaktion von „Krötensage" in der Zeitschrift „Schweizerhaus" 1874 gegenüber dem 1. Druck von 1852. (Album von Scherffig.) Wenigstens ist nicht klar, wie sich der Dichter den Vorgang denkt, wenn er in Str. 4 die Kröte von sich und ihrem „Futterale" sagen läßt: „Dann sind wir wieder zum starren Grat in Sprüngen hinangestiegen". An zufälligen, oftmals sich wiederholenden Wurf von Menschenhand ist doch kaum zu denken, und anders wüßte ich mir den Vorgang nicht zu erklären, ohne die Naturgesetze auf den Kopf zu stellen. Später hat der Dichter diese Schwierigkeit umgangen, indem er die Verse einsetzte: „Doch manchmal in der Wasser Sturz sind wir gewaltig gesprungen".... — In dem hübschen kleinen Epos „Ein Festzug in Zürich" ist in der Schilderung des Rettungswerkes an den beiden Tiroler Herrchen ein Punkt sachlich nicht klar. Es ergibt sich ein Widerspruch zwischen den Versen 374 „Ein Leiterbau wird aufgericht't, ein schwanker, bis er ebner Schicht fast zum verlornen Fenster trägt", und den in dem früheren Drucke darauf folgenden Versen „Die leichte Hakenleiter schlägt von Stock zu Stock er sicher ein". Wenn ein (wie die Verse 374—376 andeuten) freistehender Leiterbau aufgerichtet ist, so werden die Retter an diesem ihren Aufstieg bewerkstelligen und nicht noch mit den Hakenleitern operieren. Dem entsprechend hat der Dichter in der letzten Redaktion die beiden Verse, wo von der Hakenleiter die Rede war, wieder beseitigt. Auch ist dann in jener größeren, völlig ersetzten Partie (Vers 383 bis 396) die Fiktion des Aufstieges der Retter an den Hakenleitern ganz aufgegeben. — In dem unter dem Titel „Von Kindern" an 2. Stelle stehenden Sonett hieß früher der letzte Vers „Fern, wild und weh der Adler Rufe klangen". Sicher hat die Überlegung, daß des Adlers Ruf nur im Hochgebirge zu vernehmen ist, nicht aber auf Bergen, wohin der

Dichter noch eine abendliche Promenade unternimmt, zu der neuen Fassung geführt: „Fern, wild und weh der Falken Stimmen klangen". — In dem Lied „Gruß der Sonne" (IX. 33) will diese nach der früheren Fassung „ruhn am Gletscherhange, wo der Adler minnt". (Str. 5. 1.) Aber der Adler horstet nicht „am Gletscherhange", sondern in den zerrissenen Felsklüften des Gebirgsmassivs. Dem trägt der Dichter Rücksicht, indem er die Stelle ändert zu „Ruh'n am Felsenhange" rc. — Im „Nachtfalter" ist in der letzten Redaktion die Lampe, bei deren Schein nach der früheren Fassung der Dichter sein „wild und gottverleugnend Lied" schrieb, zum offenen Kerzenlicht geworden. Einmal mag diese Variante ihren Grund darin haben, daß die Kerze für die bittere Armut des Poeten bezeichnender ist. Gewiß hat aber auch die Erwägung mitgewirkt, daß die Kerze für den herumschwirrenden Falter gefährlicher ist, und daß die in Vers 15—18 und 22—24 geschilderten Vorgänge eigentlich nur bei der Annahme eines offenen Lichtes denkbar und plausibel sind.

Besonders sorgfältig und genau ist der Dichter bei Zahlangaben. In „Die Landessammlung zur Tilgung der Sonderbundskriegsschuld 1852" lautete früher Vers 3 der 2. Strophe: „Wir feilen ein halb Jahrtausend schon" ... Indessen erinnert sich der Bearbeiter daran, daß die Anfänge der Bildung der Eidgenossenschaft bis tief ins 13. Jahrhundert zurückgehen, daß also mit dem „halben Jahrtausend" noch zu wenig gesagt ist. In der Schlußredaktion heißt die Stelle genauer „Wir feilen sechs Jahrhundert schon". ... — In dem „Marschlied für das ostschweizerische Kadettenfest 1856" ist in Str. 2, wo es früher hieß: „bis hundert und bis tausend sind und abertausend wieder" die Teilnehmerzahl, jedenfalls den tatsächlichen Verhältnissen entsprechend, dahin präzisiert: „ ... und dreimal tausend wieder!" — In der Erwiderung auf Justinus Kerners Lied „Unter dem Himmel" heißt es nun in der vorletzten Strophe, wo der Dichter den prophetischen Blick in die Zukunft wirft, mit einiger Bescheidung

> „Und wenn vielleicht in hundert Jahren
> Ein Luftschiff hoch mit Griechenwein
> Durchs Morgenrot käm' hergefahren —"

gegenüber den „fünfzig Jahren" der früheren Redaktion.

Das Bestreben nach möglichst genauer und sachlich richtiger Darstellung illustrieren auch Varianten, wie etwa am Schluß der Feueridylle. Da hieß es in X, Str. 1 von der aufgehenden Sonne: „Sie glänzt auf Kohlen, wo die Wohnung stand" ... Das ist dem Bearbeiter nicht genau genug. Streng genommen ist es doch nicht Kohle, was von der Feuersbrunst übrig bleibt, sondern Asche. So ändert er: „Sie glänzt auf Asche", ... Derartige Fälle sind zahlreich. — Hin und wieder äußert sich der Zug zum Realen auch in der strengen Anpassung an das Milieu. Wie Keller dem Gedichte „Ehescheidung" im Sammelbande den Untertitel „Amerikanisch" beigegeben hat, so ist in der 4. Strophe der „Beutel" durch den bezeichnenderen „Dollar" ersetzt. — Oder in der schönen Romanze „Jung gewohnt, alt getan" zeigt die neue Fassung der letzten Strophe, Vers 2 „Doch Ihnen diesmal nicht, verehrte Dame!" gegenüber dem früheren „Euch aber diesmal nicht" ... eine engere Anpassung an den Ton der gesellschaftlichen Unterhaltung. — Hierher rechne ich auch die Fälle, wo der Dichter einen terminus technicus einführt, wie zum Beispiel am Schluß des Gesanges auf „Wien 1848". Hier bringt er in dem Verse „Auf des Meerschiffs schwanken Tauen" in der letzten Redaktion den fachtechnischen Ausdruck an Stelle des früheren „schwanken Seilen".

Wir haben gesehen, wie Gottfried Keller bemüht ist, alles möglichst glaubhaft und plausibel darzustellen. Dazu kommt eine auffallende Scheu vor Übertreibungen und poetischen Kühnheiten jeder Art.

In der Ballade von der „Schifferin auf dem Neckar" II begann ursprünglich die 5. Strophe: „Schon blitzt durch die Gärten von Helmen ein Meer". In der letzten Redaktion ist die Stelle abgeändert: „Schon schimmert durch Bäume der Helm und der Speer". Offenbar ist die Variante auf den Wunsch des Dichters zurückzuführen, die Übertreibung, die in dem Ausdruck „ein Meer von Helmen" liegt, zu beseitigen. — In der 3. Romanze der „Feuer-Idylle" war früher das Kruzifix, das aus dem brennenden Rankenwerk des Epheus sich löst, und auf die Erde niederpoltert, „von Golde schwer". Bei der Bearbeitung hat sich der Dichter gesagt, daß Kruzifixe von dieser Größe aus purem Gold doch selten sind und dieser Gegenstand einen ungewöhnlichen Wert repräsentieren würde. Um die Sache plausibler erscheinen zu lassen, ändert er den Vers zu „ein tüchtig Kruzifix von Silber schwer". — In „Der alte Bettler" hieß es ursprünglich in Str. 5 ... „wo ich des Abgrunds Stege auch mit' verbund'nem Aug' beschreiten kann". In seiner peinlichen Scheu vor Übertreibung glaubt offenbar der Bearbeiter den Mund zu voll genommen zu haben. Bescheidener schreibt er nun: ... „wo ich des Abgrunds Stege f a s t mit verbundnem Aug'" ... — Ähnlich ist die Variante in Strophe 14, Vers 4 des Gedichtes „Das große Schillerfest" zu taxieren. Wenn nach der früheren Fassung das eine der beiden Weiber, das die Kraft repräsentiert, dem anderen erzählt, ihr jüngstes Kind habe ihr den „Ohrlapp weggebissen", so ist das etwas stark. Es erscheint plausibler, wenn sich das kleine Raubtierchen darauf beschränkt, der Mutter „den Ohrlapp durchgebissen" zu haben.

Auch im Wechsel einzelner Verba läßt sich nachweisen, wie streng sich der Meister vor übertreibenden Ausdrücken hütet. In der „Wetternacht" ist der letzte Vers der 4. Strophe „Und ungehemmt strömt meiner Tränen Lauf" nunmehr abgeändert zu ... „fließt meiner Tränen Lauf". In der Ballade „Die Schifferin auf dem Neckar" heißt jetzt Vers 1 der 11. Strophe: „Es rieselt im Nachen die purpurne Flut" statt des früheren „Es schwellt sich im Nachen" ...

Ursprünglich lautete Vers 2 der „Wochenpredigt": „Die Ernte wimmelt auf der Flur". Offenbar war dem Meister das Verbum in dieser Verbindung zu kühn; er ersetzt es in der letzten Redaktion durch das weniger prägnante „die Ernte lagert auf der Flur". — Wenn in der früheren Fassung die „Fahrenden Schüler" von sich sangen (IX. 193. 4, 1): „Trinken froh das Morgenwehn", so hätte sich gewiß niemand an dieser poetischen Lizenz gestoßen. Wohl aber der Meister. Ihm ist das Verbum in dieser Verbindung zu willkürlich. Er ersetzt es durch „Atmen froh das Morgenwehn". Oder man vergleiche die beiden Fassungen von Vers 1 der vorletzten Strophe des Liedes „Sonnenaufgang". In den Gedichten 1846 hieß es vom Wagen des Sonnengottes: „Fahre hinüber auf klingenden Speichen".... Auch hier wieder nimmt der Bearbeiter Anstoß an dem ungewöhnlichen Epitheton, welches er durch ... „auf drehenden Speichen" ersetzt.

Selbst im „Apotheker", der doch seiner Erfindung nach willkürlich genug ist, erscheinen solche Varianten. Die allerdings anfechtbare Stelle in der VIII. Romanze der früheren Fassung

„Und ein kleines Stückchen weiter
In dem letzten Wassertümpel
Der im letzten Sternchen schimmert" ...

hat er in der neuen Redaktion dahin berichtigt (Str. 231, X. S. 196):

„D'rin das letzte Sternchen schimmert".

An der Stelle, wo die Gespenster der Grisetten sich zum Reigen um Heines Grab zusammenschließen, hieß es früher (Euph. S. 172):

„Jetzo rauschen alle Bäume
In dem mitternächt'gen Winde,
Welcher kalt die Luft durchwehet,
Daß die Gräber in sich schaudern".

„Schaudern" können nur lebendige, beseelte Wesen; nicht aber ein toter Erdhügel. Der Bearbeiter umgeht die Schwierigkeit, indem er die Strophe mit dem Verse abschließt (Str. 420. X. 223):

... „Und die köstlichen Gewänder."

Bei der Schilderung der Himmelfahrt Heines hieß es früher (Euph. S. 174):

„Doch er sieht nichts von den Sternen;
Denn die weh'nden Rabenhaare
Seiner Trägerinnen hüllen
Ihn in duftig dunkle Nacht".

Im Sammelband mäßigt sich der Dichter, indem er die Stelle abändert (Str. 441. X. 226):

„Denn die weh'nden Rabenhaare
Seiner Trägerinnen decken
Wie ein Schleier ihm die Augen".

Mäßigung.

Ein mit der Scheu vor Übertreibung verwandter Zug besteht darin, daß Keller gewisse starke, unfeine Ausdrücke der früheren Fassungen im Sammelband entweder mildert oder durch eine andere Wendung des Satzes zu umgehen sucht.

Übrigens ist es eine ganz normale und natürliche Erscheinung, daß dem Meister mancher Ausdruck nicht mehr beliebte, den der leidenschaftliche, jugendlich-ungestüme Dichter einst als besonderen Trumpf auszuspielen glaubte. Diese Varianten erstrecken sich namentlich auf das Gebiet der polemischen Lyrik: Die Sonette, die Abteilung „Pandora", den „Apotheker von Chamounix".

Bekanntlich war Keller der Geistlichkeit insgemein auch im Alter nicht grün. Immerhin hat er in dem Gedichtband an zwei Stellen den nach dem modernen Sprachgebrauch despektierlichen Ausdruck „Pfaffe" durch neutralere Titulaturen ersetzt. In „Nachtfahrer" (Str. 8. V. 3) ist der „Christenpfaffe" im Sammelband zum „Christenpriester" geworden; in „Rosenwacht" „das schwarze Pfäfflein" zu „das Kirchenmännlein" (Str. 2, 4). — In dem Sonett „Die Hehler" lenkt der Dichter den Vorwurf der Träumerei und Blindheit, welchen ihnen, den Fortschrittlern, die christlich-griesgrämlerischen Reaktionäre machen, auf diese zurück und apostrophiert sie nach der früheren Fassung in Str. 2, 4 „Wer sind die Schwindler nun? — Ihr, alte Toren!" Im Sammelband hat er, den Gedanken des vorangehenden Verses weiterführend, die Apostrophierung umgangen. Die Stelle heißt jetzt

„Ihr laßt verschmachtend uns gen Himmel schweben,
Wo ihr schon lang das Bürgerrecht verloren!"

Am häufigsten sind diese Varianten im Sinne der Mäßigung von Kraftausdrücken in der Abteilung „Pandora", da in diesen antipanegyrischen Produkten der junge Dichter einst gegen die politischen, konfessionellen und sozialen Mißstände seiner Zeit am schärfsten vom Leder gezogen hatte. So im „Apostatenmarsch". In Vers 3 der 1. Strophe heißt es jetzt „Abgeweidet ist die Matte" statt des früheren „abgefressen". Strophe 5 schloß ursprünglich im Manuskript mit dem Vers „Hure, reich' die Hand zum Tanz". Dafür ist schon im „Deutschen Taschenbuch" 1845 der Vers eingesetzt „In den Staub mit dem Popanz". In Strophe 6 hatten alle früheren Fassungen: „Unsereiner schwimmt mit Würde stets als reiner Goldfisch oben auf dem Kot". Im Sammelband hat der Dichter dafür eingesetzt: ... „als reiner Goldfisch durch das Blut so rot!"

In dem letzten der Gaselen (Nr. X), ist im Vers 2 der „Säufer" zum „Trinker" geworden. In der Romanze „Am Ufer des Stromes" ersetzt der Dichter in Str. 2, 4 das unfeine „Maul" durch „Mund"; im „Apotheker" Str. 216, 3 (X. S. 194) dasselbe Wort durch „Schnabel". ... „hält den Schnabel gleich in alle Ewigkeit" heißt der Vers nun. — Die Überschrift zum Zyklus „Alte Weisen" lautete in den „Neueren Gedichten" 1851/54 „Von Weibern. Alte Lieder". — Im „Schillerfest" hieß es früher in Str. 4 von dem armen, schwachen Weibe, welches das Gewissen darstellt: „Schlotternd und mit nassen Fingern".... Dieser Ausdruck war dem Meister zu hart; er ersetzt ihn durch „Zitternd"... In Str. 6 des gleichen Gedichtes lauteten früher Vers 1 und 2

„Kam ein zweites Weib gegangen
Groß und stark und schwangeren Leibes."

Der Meister hat den Vers geändert: „Groß und stark und guter Hoffnung".

In der X. Romanze des „Apothekers", wo der Dichter einen Seitenhieb auf das komödiantenhafte Gebaren Louis Napoleons und die Zustände des zweiten Kaiserreichs ausführt, hieß es früher in der drittletzten Strophe (325, Euph. S. 168): „Eine Metze ist die Welt". Die neue Redaktion hat: „Auf zwei Augen steht die Welt". — Sodann zeigt der „Apotheker" mehrere Varianten, welche allzu burschikose oder despektierliche Titulaturen Heines beseitigen. So heißt es nun in Str. 291, 4 (X. S. 205) „Also fragt ihn Meister Heine" statt des früheren „unser Heinz". In der 13. Romanze apostrophiert nach der

früheren Fassung das weiße Männchen, der Wächter des eisigen Pur=
gatoriums am Montblanc, Heine, der sich sträubt, sein kaltes Büßer=
kämmerlein zu beziehen, mit den bespektierlichen Worten: „Seht! der
Schlingel will die Maske auch im Tod nicht lassen fahren!" (Euph.
S. 176.) In der Redaktion der „Gesammelten Gedichte" drückt sich der
kleine Hüter büßender Seelen etwas zahmer aus: „Seht den Schalk!
Die Sündermaske will um keinen Preis er lassen!"

Gottfried Keller vermeidet es strenge, auch bei Motiven, die dazu
herauszufordern scheinen, irgendwie rührselig, sentimental zu werden.
Wir haben nachzuweisen versucht, daß seine Abneigung gegen seinen
Vaterlandshymnus „O mein Heimatland" nicht zuletzt in dem überschweng=
lichen Gefühlsausdruck, in der patriotischen Sentimentalität des Liedes be=
gründet liegt. Bei einer Reihe von Motiven wäre es für den Dichter
ein Leichtes gewesen, durch Betonung der rührenden Seite der Geschichte
auf das mitfühlende Herz des Lesers zu wirken. Aber solche Effekte
sind Kellers männlicher Lyrik fremd; er hat sie verschmäht.

In dem Gedichte „Der Kürassier" (X, 48) hat er den früheren tragischen
Schluß umgearbeitet, gewiß mit aus dem Wunsche heraus, die Rührung über
das Schicksal des armen Soldaten nicht zu heftig werden zu lassen.
Besonders bezeichnend in dieser Hinsicht sind auch die drei neuen Schluß=
strophen in der umgearbeiteten Fassung des Gedichtes „Frau Rösel"
(X, 49). Jeder andere Dichter hätte mit der 10. Strophe, dem schönen
Tod der Frau Rösel, abgeschlossen; Gottfried Keller ist dieser Schluß zu
gefühlvoll, zu ergreifend. Da es ihm weniger auf den Einzelfall, als auf
das Problem ankommt, zieht er es vor, in den neuen Strophen dieses
schärfer zu kennzeichnen und auf die Wirkung jener 10. Strophe als
Schluß des Gedichtes zu verzichten. Aber er geht noch weiter. Wenn
er in der Behandlung eines Motivs bis zu dem Punkte gekommen
ist, wo er die Gefahr vor sich sieht, der Stimmung nicht mehr Meister
werden zu können, so macht er sich kein Bedenken daraus, schroff abzu=
brechen und auf einen völlig außerhalb der bisherigen Stimmungssphäre
liegenden Gedanken überzuspringen. Ich denke dabei namentlich an den
im Sammelband geänderten Schluß des 11. Liedchens in dem Zyklus
„Alte Weisen": „Wie glänzt der helle Mond" (X, 83). Da läßt er
die elegisch=ätherische Stimmung eines dem Gedanken an die Herrlich=
keiten des ewigen Lebens nachhängenden Weibes plötzlich in die Verse
überspringen:

„Sankt Petrus aber gönnt sich keine Ruh,
Hockt vor der Tür und flickt die alten Schuh'."

Solche Schnurren erinnern an jenes Wort Th. Storms, das er mit Bezug
auf gewisse Stellen in Meister Gottfrieds Prosaschöpfungen gesprochen
hat (Brief an Keller vom 27. Februar 1878): „Ich stemme dann die
Hände in die Seite, sehe ruhig zu und denke: ‚Ja so! der Gottfried
muß erst seinen Spaß zu Ende machen!' Und er macht ihn dann auch
jedesmal zu Ende." So tritt in der letzten Redaktion mehrfach an die
Stelle, wo die früheren Fassungen eine getragene Stimmung geatmet
hatten, ein gewisses humoristisches Element, das sich, je nach dem Motiv,
bald als grimmig-brummiger Witz, bald als reizvolle Schalkhaftigkeit
äußert.

Ein instruktives Beispiel für die Unterdrückung überschwenglicher
Gefühlsergüsse ist die Bearbeitung des Zyklus „Lebendig begraben".

Die Dichtung erschien zuerst in dem lyrischen Bändchen von 1846,
in welchem sie dreißig Seiten füllt. Über die Veranlassung ihrer Entstehung erzählt J. Baechtold (Biogr. I, 224): „Über den Zyklus ‚Gedanken eines lebendig Begrabenen' (so hieß der Titel in den Gedichten
1846) machte mir Keller folgende Mitteilung: Spitalpfleger Leonhard
Ziegler zum „Egli" (1782—1854), eine in Zürich wohlbekannte Persönlichkeit, besaß nebst einem guten Tokaier eine unüberwindliche Angst
vor dem lebendig Begrabenwerden. Er bot dem Dichter eines Tages
hundert Flaschen seines edlen Weines an, wenn ihm jener ein allgemein
nützliches Gedicht über das Thema verfertige. Keller machte sich ans
Werk, wobei freilich etwas ganz anderes herauskam, als der Besteller
gewollt hatte. In den Gedichten 1846 umfaßt der Zyklus in 19 Nummern genau 100 Strophen. Im Sammelband 1883 ist er auf 14 Nummern mit 76 Strophen reduziert. Keller hat bei der Bearbeitung den
Weg eingeschlagen, auf den Varnhagen von Ense schon anno 1846 als „auf
die einzig erträgliche Seite der Vorstellung" hingewiesen hatte, nämlich
„die sittlich-religiöse Kraft einer auch diesem Unglück überlegenen Seele"
besonders hervorzuheben und dafür das Schauderhafte des Gegenstandes
in den Hintergrund treten zu lassen. Varnhagen schreibt über die „Gedanken eines lebendig Begrabenen" in seinem Brief an Keller vom
19. August 1846: „Sie erlauben meinem wahren Anteil gewiß das
offene Bekenntnis, daß ich die Lieder des Lebendigbegrabenen für einen
Mißgriff im Stoff halte: der schauderhafte Gegenstand kann die Poesie
kaum einen Augenblick anziehen, aber nicht festhalten, außer indem er
sie selber mitbegräbt. Dabei verkenne ich nicht, daß Sie die einzig
erträgliche Seite der Vorstellung, die sittlich-religiöse Kraft einer auch

diesem Unglück überlegenen Seele, weislich hervorgehoben haben: indes bleibt die Behandlung überhaupt noch immer ungenügend und würde es meines Erachtens immer bleiben, so oft ein Dichter sich vornähme, diesen Gegenstand ausdrücklich und abgesondert zu bearbeiten."

Mit Ausnahme weniger neuer Strophen am Schlusse zeigt die Dichtung keine eigentliche Umarbeitung. Ihre neue Gestalt beruht im wesentlichen auf starken Streichungen und Retouchierung der übriggebliebenen Strophen.

Vor allem ist dem Meister bei der Bearbeitung daran gelegen, die verzweiflungsvollen Klagen und Selbstbejammerungen des Unglücklichen zu unterdrücken. Er zeigt die Seele dieses Menschen in einer solchen Größe und Stärke, daß auch das schrecklichste Schicksal ihn nur niederbeugen, nicht zermalmen kann. Den Effekt, der sich mit Leichtigkeit aus dem Grauenvollen der äußern Situation schlagen ließe, vermeidet er absichtlich und konzentriert die Wirkung auf die imponierende Seelengröße des Mannes. Er dichtet dem Leidenden eine kühle Ruhe an, in welcher derselbe die Eindrücke mit einem gewissen naiven Behagen auf sich wirken läßt. Aus diesem psychischen Zustand wird dann jene Reihe von Betrachtungen und Erinnerungen losgelöst, die den Inhalt und Kern des Zyklus ausmachen.

So wird die 5. Str. von Nr. VIII der früheren Redaktion kurzer Hand gestrichen.

<blockquote>
O wehe, wehe mir! nun darf es kühn
Hinaus in Gottes freien Himmel blühn!
O wehe mir! ich bin ja auch erwacht,
Und kann nicht regen mich in Grabesnacht!
</blockquote>

Auf solche Effekte hat der Meister verzichtet. Aus dem gleichen künstlerischen Prinzip resultiert die Änderung in V. 3 der 5. Strophe. „Meinen armen, armen Leib" ersetzt er durch — „den gefangnen, meinen Leib". In Str. 5, 4 (IX, S. 139) wird der Ausruf: „O s'ist" durch das einfache logische „Doch ist's" . . . ersetzt. Gegen Exklamationen hat der Meister überhaupt eine unverkennbare Abneigung. In Str. 6, 3 muß die vorwurfsvolle Ausrufung „O wüßten sie . . . ." der positiven Überlegung weichen: „Sie wissen nicht" . . . . An die Stelle der Verfluchung der „gedankenlosen Brut" der Menschen, welche die Schuld an dem grauenvollen Schicksal des Unglücklichen haben, tritt wieder ein Element ruhiger, ja poetischer Betrachtung. „Und keine Wünschelrute zeigt dies Blut!" Ganz ähnlich im letzten Vers von Nr. IX. Anstatt des Fluches über die bittere Armut, die den Unglücklichen des letzten Hoffnungsschimmers beraubt, hat die neue Redaktion den resignierenden

Gedanken: „Umsonst ist nur der Tod für dich!“ Der Ausdruck selbst „lebendig begraben“, welcher die Vorstellung der schrecklichen Situation immer neu wieder produziert, soll ausgeschaltet werden: statt „mein lebendiges begrabnes Herz“ heißt es nun so schön und bedeutungs= voll „mein zum Blühen so bereites Herz“ (VI, 6, 2). Ebenso in Nr. X, 3. Strophe. Statt des früheren: „Ein Herz, das hier im Grab lebendig an sie denkt“, heißt es jetzt: „. . . . das, unterm Rasen schlagend, an sie denkt!“ Durchweg herrscht jetzt an Stelle der leidenschaftlichen Ex= klamationen der früheren Fassung ein ruhig maßvoller Ton der Betrach= tung, der indessen nicht weniger eindrucksvoll ist.

Nr. VII (IX der alten Fassung) ist von zehn Strophen auf fünf reduziert. Der Grund dafür liegt wieder in dem künstlerischen Prinzip, das Grauenvolle des Motivs zu mildern. Da mußten von vorneherein die beiden Eingangsstrophen des Liedes fallen. Denn aus ihnen schreit die entsetzliche Todesangst und =Qual, die den Unglücklichen fast zum Wahnsinn treibt. Konsequent führt jetzt der Meister den Grundsatz seines Helden durch: „Fest will ich bleiben, meiner selbst bewußt!“ Solche Momente der Schwäche und Verzweiflung läßt er nicht mehr an ihn herantreten. Dadurch fällt für den Leser das Peinigende, Nieder= drückende des Motivs weg, und seine Schönheiten kommen zu um so besserer Wirkung. — Aus denselben Gründen ist der Verzicht auf die weitere Ausführung des Hunger=Motivs abzuleiten. (Str. 9 und 10 der alten Fassung.) Dasselbe ist bei jeder Art der künstlerischen Behand= lung immer einer der grauenvollsten Gegenstände und führt notgedrungen zu eben den Wirkungen, die der Meister bei der Bearbeitung des Zyklus vermeiden wollte. — Dahin gehören auch die drei bei der Bearbeitung unterdrückten Strophen, welche ursprünglich den Schluß des XIII. Stückes bildeten. Sie stellten wieder einen Moment der Schwäche und ver= zweiflungsvollen Aufbäumens dar, wo den Unglücklichen die Selbst= beherrschung im Stiche läßt und die Darstellung aus dem Rahmen ruhiger Betrachtung heraustritt. — Genau so erklärt sich der Wegfall der 1. Strophe von Nummer XI der älteren Fassung, wo sich der Unglück= liche wiederum mit dem Gedanken an seine Rettung müht und peinigt.

Ein weiteres Element zur Zeichnung der Seelenruhe des Begrabenen ist ein gewisser barscher Humor, in welchem sich der Leidende selbst zum Objekt seines grimmigen, halb verhaltenen Witzes macht. Diese Seite der Bearbeitung tritt in der brummigen Selbstironie des Unglücklichen in der 1. Strophe von Nr. II besonders deutlich in die Erscheinung.

Das 14. Lied ist aus den beiden letzten Nummern der früheren Fassung (XVIII und XIX) zusammengezogen und zeigt, mit diesen ver=

glichen, die stärksten Änderungen des ganzen Zyklus. Drei Strophen
sind völlig neu. In den drei, aus XVIII der alten Fassung retouchiert
herübergenommenen Strophen ist das Reimschema geändert (ab ab > a a b b).
Wir haben also durchgehende Umstellung der Verse innerhalb der Strophe,
eine bei Keller nicht seltene strophen-technische Umgestaltung.

Das Entscheidende und Neue der Bearbeitung liegt in den beiden
neuen Schlußstrophen. G. Keller konnte sich mit dem alten Schluß
nicht abfinden. Auf eine prinzipielle Änderung in den religiös-philosophischen Überzeugungen des Meisters hat C. W. Kambli in seiner oben
zitierten Schrift aufmerksam gemacht. Er sagt S. 68: „Natürlich mußten
auch in der Serie von Liedern „Lebendig begraben" die letzten Lieder
nun völlig anders lauten." In Lied XVIII der alten Ausgabe gibt
die zweitletzte Strophe dem Unsterblichkeitsgedanken schönen Ausdruck mit
den Worten:

> „Geläutert will ich meine Seele tragen
> Zu ihm empor aus diesem Erdengrab."

Die Änderungen in der neuen Ausgabe nun sind ein Beweis, wie gewaltsam der Dichter sich vom Glauben an persönliche Unsterblichkeit losreißen
mußte." — Wie viel oder wie wenig Überwindung es Keller gekostet
hat, den Glauben seiner Kindheit abzulegen, können wir nicht entscheiden
— jedenfalls ist es aus diesen Versen nicht ersichtlich. Dagegen wird
man den abgeänderten Schluß dieses Zyklus als Beweis dafür gelten
lassen, daß der Meister den Glauben an die persönliche Unsterblichkeit
aufgegeben hat. Das Motiv gründet sich in dieser neuen Gestalt auf
eine Religion des Diesseits, auf das feste Vertrauen der eigenen Seelen-
stärke. Es ist kein Versuch, durch den Glauben, durch einen angst-
erfüllten Seufzer die Brücke in das dunkle Reich der Ewigkeit zu schlagen.
Der Hauptgrund für die Umarbeitung liegt also in der veränderten
philosophisch-religiösen Überzeugung des Dichters. Dazu kommen aber
auch noch andere Motive, persönliche und vor allem künstlerisch-ästhetische.
Der auf der Höhe seiner Kunstübung stehende Dichter fühlte die Fähigkeit in sich, dieses schwierigste aller Motive in höherer Vollendung künstlerisch zu bewältigen, als der 26jährige es vermochte. Die beiden neuen
Schlußstrophen sind meisterhaft. Da ist kein dilettantisches „Nun geht's an's
Sterben" mehr. Unmerklich schwindet des Sterbenden klares Bewußtsein;
noch einmal drängen sich in verschwommener Vision die Schönheiten der Erde,
die er so sehr geliebt, in der Seele des Unglücklichen zusammen. Und das Aller-
letzte ist nicht die unwillkürliche psychische Aktion eines der Agonie Verfallenen,
sondern die letzte Frage des scheidenden Weisen, auf die es keine Antwort gibt.

Es erübrigt, noch kurz auf die Gründe hinzuweisen, die zur Beseitigung der Nummern IV, V und XVII der alten Fassung geführt haben. In XVII wird wieder das Grauenvolle der Situation, die Todesqual des lebendig Begrabenen, ausgeführt und auf den Erstickungstod hingedeutet. Der Unglückliche verliert seine Fassung; er ergeht sich in bittern Klagen über sein Schicksal und weint heiße Tränen. (Innerhalb zweier Strophen viermal die Interjektion o!) Es sind also just diejenigen Elemente, welche der Dichter in der Neubearbeitung prinzipiell vermeidet. Die sämtlichen vier Strophen standen mit dem für die Bearbeitung des Zyklus wegleitenden Grundsatz der Milderung der schrecklichen Seite des Motivs im Widerspruch und mußten daher fallen.

Derselbe Grund gilt zum Teil auch für die Nummern IV und V, insofern, als dieselben das ä u ß e r e Motiv behandeln, d. h. die Vorstellung des lebendig Begrabenseins immer wieder aufs neue produzieren. Dazu kommt, daß die beiden Motive, die nur Kellers Phantasie entspringen konnten, gar grotesk waren. Einige Rücksicht auf die psychologische Möglichkeit mußte der Dichter — wir haben ja den Realisten Keller kennen gelernt — denn doch selbst bei diesem Thema walten lassen. Wir werden die beiden Stücke als Zeugnisse der Originalität des jungen Keller mit hohem Interesse betrachten. Als Dokumente für seine Persönlichkeit behalten sie ihren Wert, wenn sie auch aus der Neubearbeitung des Zyklus verschwunden sind.

Durch quantitativ geringe Änderungen — Streichungen, Retouchen und die wenigen neuen Schlußstrophen — hat Keller den Zyklus „Lebendig begraben" auf eine bedeutend höhere Stufe des poetischen Wertes gebracht. Er hat das Sujet verinnerlicht, konzentriert, indem er das Hauptgewicht auf die Zeichnung der Seelengröße des Helden legt und denselben bis zuletzt die männliche Fassung behalten läßt. Alle diejenigen Ausführungen, welche die unästhetisch wirkende Vorstellung des lebendig Begrabenseins produzieren, sind unterdrückt. So besitzen wir in der neuen Gestalt dieses Zyklus eine Dichtung, die Jakob Baechtold beim Erscheinen der Gedichtsammlung mit folgenden Worten charakterisiert hat (Neue Zürcher Zeitung vom 17. Nov. 1883. Nr. 321):

„.... Trefflich ist die Umarbeitung des erschütternden Zyklus „Lebendig begraben" gelungen. In der ersten Fassung war das Entsetzliche der Situation auf die Spitze getrieben. Namentlich durch die glückliche Schlußwendung ist das Grauenvolle gemildert und unsere Literatur um ein Werk bereichert, das, voll herber Schönheit, etwa Chamissos „Salas y Gomez" zu vergleichen wäre."

Verallgemeinerung.

Die Jugendlyrik G. Kellers aus der Zeit der vierziger Jahre ist zum großen Teil Tagespoesie kat exochen, politisch-konfessionelle Partei- und Programmlyrik. Diese vom Zeitgeist getragenen Erzeugnisse des jungen Dichters sind von sehr verschiedenem poetischem Wert. Es ist überhaupt nur ein bescheidener Bruchteil derselben jemals zum Druck gekommen. Der überwiegende Teil dieser streitbaren Poeme: Verwünschungen und Drohungen gegen Trone und Regierungen; Schmähgedichte gegen Indifferente, Konservative, Pfaffen, Jesuiten; Aufrufe und Ermahnungen zu festem Zusammenhalten der Unterdrückten 2c. 2c. liegt ungekannt in den Mappen des literarischen Nachlasses. Immerhin erschienen in der 1. Hälfte der vierziger Jahre einige dieser Tagespoesien in den radikalen Zeitungen der Heimat. Auch weiteren Kreisen blieb die temperamentvolle Lyrik des jungen Streithahns nicht verborgen. Als 1847 Arnold Ruge eine große Anthologie herausgab „Die politischen Lyriker unserer Zeit", da war auch der junge Keller mit sieben Liedern darin vertreten. Eine Auswahl seiner besten politischen Lieder hat er in den Gedichten 1846 publiziert. Auch das zweite lyrische Bändchen „Neuere Gedichte 1851/54" enthält noch mehrere Nummern politisch-tagesgeschichtlichen Inhalts. Bei der Sammlung seiner Lyrika im Anfang der 80er Jahre trat an den Dichter die Frage heran, wie er sich dazu stellen sollte.

Von den vor langen Jahren im Druck (sei es in Tageszeitungen, sei es in den früheren Gedichtsammlungen) erschienenen politischen Liedern blieben etwa ein Dutzend von der lyrischen Sammlung ausgeschlossen. Warum hat der Meister diese politische Lyrik in der volle 30 Jahre später redigierten Sammlung nicht gänzlich unterdrückt? Um ihrer künstlerischen Qualitäten, um ihres poetischen Wertes willen, stellt sie kaum eine Bereicherung des Sammelbandes dar. Wir haben diese interessante Frage schon früher gestreift. Man darf nicht vergessen, daß in diesen aufgeregten Zeitläuften die politischen Tagesfragen für den jungen, heißblütigen Dichter das All und Eine waren, daß er in allem mit Leib und Seele mitgemacht und seine politischen Lieder aus innerster Überzeugung und mit seinem Herzblut geschrieben hat. Der politischen Lyrik hatte er die ersten Erfolge zu verdanken; durch sie wurden Literaten und Gönner auf den jungen Mann aufmerksam. So mußte die Erinnerung an diese wichtige und bewegte Jugendperiode dem Meister lieb und teuer sein. Die „Gesammelten Gedichte" stellen, wie selten ein lyrischer Band, ein vollständiges, abgeschlossenes Bild der machtvollen Persönlichkeit Kellers dar. Das geistige Porträt wäre unvollkommen, wenn diese charakteristischen Züge, diese Dokumente seiner Eigenart und seiner Entwicklung, darin fehlten. — Und schließlich, — so skrupellos der Herausgeber des Sammelbandes bei der Streichung von Strophen oder in der Beschneidung allzu umfänglicher Gedichte ist —, zeigt sich doch hie und da die Neigung, ein Gedicht, dessen Qualitäten die Aufnahme in die Sammlung kaum rechtfertigen, in diese hinüber zu retten. Dabei schlägt der Dichter ein eigenartiges Verfahren ein.

Er hat solche Lieder nicht tale quale in die Sammlung hinübergenommen. Künstlerisch-ästhetische Erwägungen wirkten zu den Änderungen mit. Gewisse Verschiebungen der politischen Ansichten im Verlauf der vierzig Jahre mochten dabei ebenfalls eine Rolle spielen. Namentlich aber hat sich der Bearbeiter des Sammelbandes gesagt, daß solche vor dreißig und mehr Jahren einst aktuellen Tagesfragen in lyrischer Behandlung die jüngere Generation nicht mehr zu interessieren vermöchten, ihr überhaupt nicht mehr verständlich seien. So gerät er auf den Gedanken, einige seiner politischen Lyrika bei der Aufnahme in die Sammlung ihres geschichtlichen Gewandes zu entkleiden, indem er sie aus den gegebenen historischen Verhältnissen herauslöst. Er versucht aus einem einst aktuellen, bestimmte zeitgeschichtliche Ereignisse behandelnden Gedicht, ein für die allgemeinen Verhältnisse schlechthin gültiges Poem zu schaffen dadurch, daß er alle auf das historische Faktum zugeschnittenen Elemente beseitigt; vor allem Namen von Persönlichkeiten und Nationalitäten, sowie Lokalbezeichnungen.

In dem am 14. August 1843 entstandenen Sonett „Die deutschen Freiheitskämpfe" (in den Gedichten 1846 unter dem Titel „Der deutsche Freiheitskrieg" S. 98) kann nach den früheren Redaktionen kein Zweifel darüber walten, auf welche Nation der Dichter das Sonett gespitzt hat. Schon der Titel: „Der deutsche Freiheitskrieg" ist klar genug. Die beiden ersten Verse lauten in den Gedichten 1846

„Du deutsches Volk mit deinem Löwenzorn,
Wie du Vernichtung schwurst den argen Franken,"...

Die Redaktion im Sammelband hat einen neuen, allgemein gehaltenen Titel „Kriege der Unfreien". Sodann sind die beiden Nationalitätsbezeichnungen in den ersten Versen des Sonetts unterdrückt; statt „du deutsches Volk" heißt es jetzt „du tapfres Volk"; im 2. Vers hat sich der Bearbeiter bemüht, das Wort „Franken" zu eliminieren, ohne den Reimklang ändern zu müssen, was bei dem komplizierten Reimsystem eines Sonettes von unangenehmen Konsequenzen gewesen wäre. Diese

Gewaltkur läßt dann freilich an dem Verse ihre Spuren zurück. Der
neue Satz von dem „löwenzornigen“ Volk

„Wie kühn du schwingst dich über Zaun und Planken“

klingt etwas gezwungen. Aber seine Absicht, das Sonett von dem
historischen Ereignis, das es behandelt, loszulösen und in die Allgemein=
heit zu erheben, hat der Dichter erreicht. Natürlich bietet es für den
Leser keine großen Schwierigkeiten, auch nach der neuen Redaktion
herauszufinden, auf wen das Sonett gemünzt ist.

Das gleiche Verfahren hat der Bearbeiter bei dem im Sammelband
unmittelbar folgenden Sonett „Nach dem Siege“ angewendet. Es stand
zuerst in den „Neueren Gedichten“ 1851, S. 67 und trug den Titel:
„Nach dem Sonderbundskrieg“. („Zu einem entworfenen, aber nicht
ausgeführten Zyklus“.) Auch hier ist die orientierende historische Notiz,
daß es sich um die Beendigung des Sonderbundskrieges handelt, unter=
drückt und dadurch das Gedicht zu einer allgemeinen Betrachtung ge=
worden.

Ein besonders interessantes Beispiel eines solchen bei der Aufnahme
in die Sammlung modifizierten politischen Liedes bietet das Gedicht „Der
Gemsjäger 1849“ (IX. 176). Es ist in der letzten Redaktion für den un=
eingeweihten Leser absolut unverständlich. Man müht sich vergeblich ab,
die Persönlichkeit herauszufinden, auf welche sich die Strophen beziehen.
Die erste Redaktion in den „Neueren Gedichten 1851/54“ enthielt noch
mehrfache Angaben und Anspielungen, die auf die richtige Lösung des
Rätsels führen konnten. Merkwürdigerweise hat der Dichter bei der
neuen Redaktion auch diese wenigen Spuren noch gänzlich verwischt,
namentlich durch die Variante in Vers 3 der 5. Str. Das „Haus am
Main“ hätte am ehesten auf die rechte Spur lenken können; auch den
drei in der Endredaktion unterdrückten Strophen wäre noch etwa ein
Hinweis zu entnehmen gewesen, wenn wir auch, nach der ästhetischen
Seite hin, ihren Verlust nicht beklagen werden. Es ist mir nicht be=
greiflich, wie Keller diese einzigen und letzten Stützen für das Ver=
ständnis des Poems beseitigen konnte; denn ein unverständliches Gedicht,
auch wenn es die glattesten Verse sind, kann doch keine poetische Wir=
kung erzielen. — Die Lösung des Rätsels gestaltet sich folgendermaßen:
Nach einer Mitteilung von Prof. Adolf Frey, welchem G. Keller per=
sönlich diesen Aufschluß gegeben hat, bezieht sich das Gedicht auf den
Erzherzog Johann von Österreich. Am 18. Mai 1848 hatte ihn das
deutsche Parlament in Frankfurt am Main (in der Paulskirche) zum
Reichsverweser gewählt. Der Bundestag löste sich dann auf; Erzherzog
Johann, der in Frankfurt residierte, ernannte ein Reichsministerium;

doch zeigte sich bald, daß die neugeschaffene Zentralgewalt weder den Einzelstaaten noch dem Ausland gegenüber wirkliche Macht hatte. Diese historischen Verhältnisse sind der Hintergrund für das Gedicht.

Wir müssen uns fragen: Warum hat Keller überhaupt dieses Poem in die Sammlung aufgenommen? Zur Beantwortung besitzen wir eine mündliche Äußerung Kellers, die derselbe Adolf Frey gegenüber tat, eben im Anschluß an jene Erklärung, daß sich das Gedicht auf den Erzherzog Johann beziehe. Keller äußerte sich in dem Sinne: Da das Gedicht einmal im Druck erschienen sei (Neuere Gedichte 1851/54) könne er es nicht mehr aus der Welt schaffen. Er publiziere es daher lieber selbst, weil es doch sonst die „literarischen Leichenmarder" ausgraben würden. Einwandfrei ist allerdings diese Argumentation nicht; denn die Möglichkeit, von „literarischen Leichenmardern" herausgegraben zu werden, lag für alle schon einmal im Druck erschienenen Gedichte in gleichem Maße vor. Konsequenterweise hätte also nach dem von ihm ausgesprochenen Grundsatz Keller alle diese Lyrika in die letzte Sammlung aufnehmen müssen, was er bekanntlich nicht getan hat. — Ich glaube vielmehr der Grund für die Aufnahme liegt in den persönlichen Erinnerungen, die sich für den Meister an dieses Gedicht als an ein Dokument einer wichtigen Lebens= und Entwicklungsperiode knüpfen. Das Lied stammt aus dem bedeutungsvollen Heidelberger Aufenthalt. Es ist ein Dokument der politisch und allgemein geistig bewegten Zeit, die in dem jungen Dichter unauslöschliche Eindrücke hinterlassen hat. Das Wohl und Wehe der politischen Gestaltung Deutschlands hatte ihn im tiefsten Innern bewegt und in Mitleidenschaft gezogen. Ist es da nicht natürlich, daß er sich bei der Redaktion des Sammelbandes einem solchen Produkte gegenüber konservativer verhielt, als sonst? Gerade die Abteilung „Rhein= und Nachbarlieder" scheint mir diese Auslegung zu bestätigen. Ziehen wir zum Beispiel das Albumblatt „An Frau Ida Freiligrath" zum Vergleiche heran: Auch dieses Gedicht ist nicht von hervorragenden poetischen Qualitäten, nur ist es leichter verständlich als „Der Gems= jäger". Aber es knüpfen sich liebe persönliche Erinnerungen des Meisters daran, denen er hier gerne einen Tribut zollt.

Ein weiteres Beispiel dafür, wie der Bearbeiter des Sammelbandes durch die Unterdrückung von Namen manchmal der Deutlichkeit eines Gedichtes schadet und sein Verständnis erschwert, zeigt das Lied „Nach= hall" (IX. 97), das allerdings nicht der politischen Lyrik angehört. In den Gedichten 1846 heißt es in der letzten Strophe „Armer Hölty, Du kannst gehen".... Die neue Fassung ist infolge der Unterdrückung des Namens Hölty kaum mehr verständlich. Der Leser merkt wohl, daß es sich bei dem „guten Freund" und Minnelehrer um ein lyrisches Buch handeln muß; aber dabei kann man ebensogut auf einen mittelhoch=deutschen Minnesänger oder sonst einen Poeten verfallen, da all und jeder Anhaltspunkt fehlt.

Einen interessanten Einblick in seine Entwicklungsgeschichte gewährt das Gedicht „Meergedanken" (IX. 275), das die Abteilung „Pandora" einleitet. Nach der Redaktion im Sammelband ist es ein „Antipane=gyricus" gegen Lügner, Verleumder, Heuchler und dunkle Existenzen, welche Keller aus dem Grunde seines Herzens haßte. Ursprünglich lag aber dem Poem ein ganz anderes Thema zu Grunde: Es war ein revolutionäres Agitationslied. Im Manuskript 1845 lauten die zwei ersten Verse

„O wär' mein Herz das tiefe Meer.
Und Trone darauf die Schiffe!" ꝛc.

Allerdings sind schon in den Gedichten 1846 die „Trone" durch das allgemeine und weniger gefährliche „meine Feinde" ersetzt worden; ob mit Rücksicht auf etwaige Eingriffe der Zensur, ob unter dem Ein=fluß A. A. L. Follens, ob infolge kritischer Erwägungen des Dichters selbst, kann ich nicht entscheiden. Jedenfalls war diese Substitution etwas oberflächlich und nicht ohne Folgen für das Gedicht. In dem Bändchen von 1846 ist es undeutlich und schwer verständlich. Mehrere Wendungen und Ausdrücke sind noch deutliche Spuren des ursprünglich zu Grunde liegenden Themas. Vor allem das angewandte Bild selbst. Einen wackelnden Tron kann man wohl mit einem morschen Schiff ver=gleichen; für eine bestimmte Sorte von Menschen dieses Bild anzuwenden, nimmt sich gezwungen aus. Das „Unglück" in 5. 1 der Gedichte 1846 ist der Druck der Fürsten, den das Volk „so lang getragen" (6. 2). Und wenn es in 6. 1 heißt

„Und endlich sinkt im Trümmerfall" .. ꝛc.

so entspricht diese Wendung dem ursprünglichen Gedanken an den Sturz der Trone. Bei der Redaktion des Sammelbandes hat sich der Dichter bemüht, den durch die Substitution des neuen Sujets entstandenen Mängeln ab=zuhelfen. Sämtliche Varianten für den Druck 1883 sind Ausflüsse dieses Versuchs und es ist nicht zu verkennen, daß er das irgend Mögliche er=reicht hat. Der Unnatur des Bildes selbst konnte er allerdings nicht beikommen; dagegen ist durch die neue Schlußstrophe das Gedicht wenigstens verständlich geworden: wir wissen jetzt, wer mit diesen „Feinden" gemeint ist: Lügner, Verleumder, Heuchler und Sykophanten sind die Passagiere des feindlichen Schiffes, das da seinen Untergang findet.

Ein glücklicher Zufall gestattet uns einen interessanten Einblick in die Entstehungsgeschichte des Epigramms: „Ein Goethe-Philister". (X. 29.) Von diesem kleinen Sinngedicht liegen zwei Manuskripte vor, von denen dasjenige in der Mappe 10 dem Druck in den „Gesammelten Gedichten" entspricht, dasjenige im Mskr.-Heft einzig im 3. Vers eine unbedeutende Variante zeigt. Das Epigramm lautet:

> „Den mit trock'nen Erbsen angefüllten Schädel
> Taucht er jauchzend in des klaren Meeres Wellen,
> Das man Goethe nennt; nun schauet achtsam,
> Wie die Nähte platzen, wenn die Erbsen schwellen!"

Damit müßten wir uns begnügen, wenn uns nicht ein günstiger Zufall auf die Spur der Entstehung des Epigrammes führte. Es stehen nämlich im Manuskript-Band II aus dem Jahre 1845 auf der Innenseite des hinteren Deckels folgende Verse:

> „Du, mit dem Kopfe voll Erbsen, o langer und redlicher Heinzen,
> Saug aus dem Ruge'schen Buch nicht zu viel Wasser in dich;
> Denn, wie du weißt, es zerspringen die Nähte an jeglichem Schädel,
> Wenn er mit Erbsen gefüllt, die unter Wasser gesetzt!"

Der Zusammenhang ist klar: Diese Spottverse beziehen sich auf die zu Ende des Jahres 1845 innerhalb der deutschen Kolonie in Zürich ausgebrochenen Streitigkeiten zwischen Arnold Ruge und Karl Heinzen einerseits, A. A. L. Follen anderseits. Man mag die Geschichte dieses Streites, in den bis zu einem gewissen Grade auch G. Keller hineingezogen worden war, bei Baechtold nachlesen. (I.⁴ 244—247.) Es würde zu weit führen, die Geschichte hier zu resümieren; Tatsache ist, daß 1845 Keller mit diesen Versen Karl Heinzen eins versetzt hat. Dieselben sind nie zum Druck gekommen, vielleicht nicht einmal in den betreffenden Literaten-Kreisen bekannt geworden. — Und nun im Sammelband das Epigramm auf den Goethe-Philister, das mit den Versen von 1845 in der Form zwar nicht ganz übereinstimmt, aber genau auf die gleiche Pointe hinausläuft! Der Witz ist derselbe; der Unterschied liegt einzig darin, daß dem so famos pointierten Motiv andere Persönlichkeiten substituiert sind. An die Stelle von Ruge ist Goethe getreten und an die Stelle von Heinzen der Goethe-Philister. Das Motiv ist also wiederum, wenn man so will, vom Lokal-Persönlichen losgelöst und zu allgemeiner Geltung erhoben.

Einen glücklichen Griff hat Keller bei der Aufnahme des Liedes „Bergfrühling" in den Sammelband (IX. 48) getan. Das im September 1844 entstandene Gedicht setzt sich, wie so oft bei dem jungen Keller, aus zwei Elementen zusammen: Naturstimmung und Reflexion.

Das zweite Element ist ein Notschrei über die politisch-konfessionellen Zustände im Schweizerland während der vierziger Jahre.

> „Denn lieber gepeitscht in Sibirien sein,
> Als Herrenknecht in dem Vaterland!
> Viel lieber mit Türken Allah schrein
> Als in Zwinglis Volk Jesuiten-Trabant!"

Wir wissen, wie ernst es dem jungen Dichter mit diesen Versen war und zweifeln nicht daran, daß er seinerzeit bei den gleichgesinnten Lesern des „Deutschen Taschenbuches" und der ersten Gedichtsammlung damit einen Trumpf ausgespielt hat. Aber von Poesie ist in der Strophe auch keine Spur. Der Meister hätte einfach mit der 3. Strophe schließen können. Aber er hat sich die Mühe nicht verdrießen lassen, durch eine neue Schlußstrophe dem Lied eine ganz andere Wendung zu geben, und es dadurch auf eine ungleich höhere Stufe des poetischen Wertes zu stellen. Das Thema von den politisch-konfessionellen Mißständen in der Heimat (die ja inzwischen längst ihre Lösung gefunden hatten), läßt er fallen. Wie wirkt an Stelle der ausgefallenen Tirade die neue Schlußstrophe, in der die Stimmung des Ganzen kulminiert!

> „Hinaus in die Welt, in das finstere Reich,
> Zu dienen im Dunkel dem fremden Mann,
> Ein armer Gesell, der die Sterne bleich
> Der Heimat nimmer vergessen kann!"

Wie hat der Meister durch die wenigen kurzen Verse das Lied verinnerlicht und veredelt! In diesem Falle bedeutet nun die Loslösung von den historischen Facta für das Lied einen künstlerischen Gewinn.

Schließlich sei an dieser Stelle noch einer Erscheinung kurze Erwähnung getan, die allerdings nicht die politische Lyrik betrifft. In den Überschriften zu dem Zyklus „Wanderbilder 1852" (Neuere Gedichte 1854: „Aus Berlin") vermeidet Keller im Sammelband mehrfach die genauen Lokalbezeichnungen, wie die erste Redaktion sie bot, und setzt dafür allgemeiner gehaltene Titel ein. Beispielsweise heißt die frühere Überschrift „Im Tiergarten" jetzt „In einem Lustwalde". Die „Berliner Hebe" wird zur „Biermamsell" schlechthin. Das hübsche Lied, das früher den Titel trug „Wilhelm von Humboldts Landhaus am Tegelsee", ist nur noch „Am Tegelsee" überschrieben.

Bescheidenheit.

Zum geistigen Porträt des Meisters gehört der Zug der Bescheiden=
heit. Es mag gestattet sein, hier die Worte Adolf Freys anzuführen.
In seinen „Erinnerungen an Gottfried Keller" charakterisiert er den
Dichter in dieser Hinsicht folgendermaßen (2. Aufl., S. 110 ff.):

„Mit einer gerechten Selbstwürdigung verband er fraglos eine echte
und aufrichtige Bescheidenheit. Wie alle Menschen, freute ihn Anerken=
nung und Verehrung, aber Kundgebungen ging er gerne aus dem
Weg. Die Zürcher Feier seines fünfzigsten Geburtstages überraschte ihn,
und er stand fast ratlos den Huldigungen gegenüber, die ihm zwanzig
Jahre später die Heimat und ganz Deutschland entgegentrugen. Es
genierte ihn beinahe, daß er als der größte deutsche Dichter der Gegen=
wart gelten sollte. Als er vernahm, der greise Moltke habe sich als der
Erste in die zu Berlin aufliegende Liste seiner Verehrer eingeschrieben,
da erstaunte er gerührt: „Gerade, wie wenn ich ein vornehmer Herr
wäre!" Ungefragt sprach er nie von widerfahrenen Ehren, es wäre
denn geschehen, seine Dankbarkeit zu bekunden.

„Dieser Bescheidenheit entstammte auch die drollige und oft derbe
Selbstironie, die er seinem Wandel und seinen Werken angedeihen ließ,
und die freilich auch in einer ruhigen und gefesteten Selbstschätzung wur=
zelte. Darüber hat sich mancher mittelmäßige Geselle zu hoch gewertet,
indem er nur zu leicht den Abstand zwischen sich und dem Meister ver=
gaß, der andere wohl Zorn und Stimmung, aber kaum die Überlegen=
heit fühlen ließ."

Diese Bescheidenheit Kellers macht sich auch in seiner Lyrik
geltend, wo sie ja naturgemäß am ehesten in die Erscheinung treten
konnte. Besonders auffällig wird dieser Charakterzug, wenn wir den
Sammelband mit den früheren Redaktionen der Gedichte vergleichen.
Denn in den Varianten tritt uns manchmal eine Art der Bescheidenheit
entgegen, die uns beinahe kleinlich, pedantisch vorkommt. Es ist das
Gegenteil jenes genialisch-freien Selbstgefühls eines Goethe. „Bescheiden=
heit" ist wohl kaum die richtige Bezeichnung dafür; denn es ist eine
gewisse Unfreiheit der Persönlichkeit und der künstlerischen Produktion
damit verbunden, die uns bei einem Menschen wie Keller doppelt auf=
fallen muß. Es ist vielmehr eine gewisse Behinderung des freien Be=
nehmens, die wir im Schweizerischen mit „geniert sein" zu bezeichnen
pflegen. Ich will dies vorerst mit einer Stelle aus einem Briefe Kellers
belegen. (A. Köster, Briefwechsel Keller=Storm, S. 77.) Er verteidigt

sein Gedicht „Stutzenbart" gegenüber der Kritik Storms und sagt u. a. folgendes: „Der Bartstutzer ist mißraten, weil ich das ursprüngliche Motiv im Stiche ließ. Es sollte nämlich der Gute, indem er die weißen Bartflocken dem Winde gibt, sich seufzend gestehen und geloben, nun sei es mit aller Lieb und Buhlschaft vorbei, worauf die Vögel kommen und das fliegende Bartwesen zum Nestbau holen. Ich fürchtete aber, man könnte mir diese Wendung als eine törichte Empfindung auslegen, und ließ sie fahren." Daran liegt's! Der gealterte Dichter fürchtet, man könnte ihm dieses und jenes so und so, jedenfalls zu seinem Nachteile, auslegen. Das ist, was ich „Geniert= heit" nenne. G. Keller hatte im Alter eine fast krankhafte Furcht davor, man könnte ihm etwas als Überhebung, als dichterliche Eitelkeit aus= legen. Das Schrecklichste wäre für ihn gewesen, den Fluch der Lächerlich= keit auf sich zu laden. — Sehen wir uns nach den Gründen dieser gewiß ungerechtfertigten Ängstlichkeit des Dichters um. Einmal liegen sie in seinem, trotz gelegentlicher äußerer Derbheiten so feinfühligen und sensiblen Charakter. Die Einsamkeit seines Lebensganges und das vor= rückende Alter mochten zur Herausbildung dieses Zuges das Ihrige bei= tragen. Findet man doch vielfach bei alten Junggesellen — auch bei geistig hoch entwickelten Naturen — ein gewisses ängstliches Mißtrauen im Verkehr mit den Mitmenschen. Dazu kommt ein dritter, sehr wich= tiger Punkt. Wie A. Frey an der o. a. Stelle bemerkt: Seine Berühmt= heit genierte ihn; er kam sich exponiert vor und verlor dadurch seine Unbefangenheit. Denn das Zürich seiner Zeit war in dieser Hinsicht ein Krähwinkel par excellence. Wer sich auf irgend einem Gebiete über das gewöhnliche Niveau erhob, auf den konzentrierte sich der Klatsch, die Mißgunst und Neidhammelei derer, die sich überflügelt und in den Schatten gestellt sahen. Und nun der Herr Ex=Staatsschreiber als größter Dichter der Gegenwart in der Stadt, wo der dichtende und schriftstellernde Dilettantismus die üppigsten Blüten treibt! Vermutlich hat G. Keller in dieser Beziehung auch Erfahrungen gemacht, die seine Ängstlichkeit begreiflich erscheinen lassen. Wie sehr er Neid und Mißgunst der Mit= strebenden fürchtete, zeigt eine Stelle aus einem Briefe an J. V. Wid= mann vom 28. Januar 1884 (Baechtold III, 548). Es heißt da= selbst u. a.:

„Noch habe ich Ihnen auch nicht für die pompöse Besprechung meiner Gedichte und für deren Zusendung gedankt, was ich herzlichst nachhole. Ich war und bin etwas verlegen wegen der Graduierung, welche Sie mit meiner Person darin vorgenommen. Dergleichen kann und soll man nie von einem unglücklichen Lebewesen sagen, ganz abge=

sehen von der Unbilligkeit gegen manchen, der besser und fleißiger ist, als just der Betroffene; und, was ein eigentliches Übel ist, es wirft bei den andern auf den unschuldigen Sünder selbst den Schein des Größenwahns und der Anmaßung.

Das ist es eben, was der Dichter um jeden Preis vermeiden will: den „Schein des Größenwahns und der Anmaßung". Die Spuren dieses Bestrebens treten uns in den Varianten des lyrischen Sammelbandes entgegen.

Ein deutliches Beispiel bietet das schöne Gedicht „Abendregen". W. IX, 38. Im 1. Druck 1848 heißt die Schlußstrophe:

> „So wird, wenn andere Tage kamen,
> Die sonnig auf dies Heute sehn,
> Um meinen fernen klaren Namen
> Der Ehre Regenbogen stehn."

Das klingt dem Meister zu sehr nach „Größenwahn und Anmaßung". Schon in der Redaktion der „Neueren Gedichte 1851/54" hat er den Gedanken etwas abgeschwächt, indem er den „klaren" Namen durch „bleichen" ersetzte. Die charakteristische Variante bringt aber die Bearbeitung im lyrischen Sammelband, wo der letzte Vers nunmehr heißt:

> „Des Friedens heller Bogen stehn."

Ähnlich das 3. der Sonette: „Vier Jugendfreunde". Im Manuskript lautet die letzte Strophe:

> „Doch segn' ich dankend meinen milden Stern:
> Ich war zu blöd, — und bin gesund geblieben —
> Zu schüchtern, — und bin brav jetzt und geachtet." —

Wer Keller einigermaßen kennt, für den steht von vorneherein fest, daß der philisterhaft-pharisäische Ton, der aus diesen Versen spricht, dem Meister zuwider sein mußte. Sicher hätte er eher .das ganze Sonett unterdrückt, als diese Verse in die Sammlung aufgenommen. Indessen hat er für die Redaktion im Sammelband eine glückliche Wendung gefunden, in der das Element der Bescheidenheit wieder deutlich hervortritt. Die Strophe heißt jetzt:

> „Am Ende preis' ich meine dürft'gen Sterne;
> Im Guten träge und zu blöd' im Bösen,
> Bin ich ein stilles Kind im Land geblieben!"

Welche Distanz in der künstlerischen Fassung ein und desselben Gedankens!

Eine auffällige Erscheinung liegt darin, daß der Dichter vielfach an Stellen, wo er sich früher selber als Subjekt einer Tätigkeit eingeführt hatte, in der neuen Fassung eine unpersönliche Wendung oder das Pronomen der 1. Perſon Pluralis vorzieht. Im ein und anderen Fall mögen rein künſtleriſch-äſthetiſche Rückſichten dafür maßgebend geweſen ſein. Aber im allgemeinen dürfen wir gewiß ſolche Pluralia der 1. Perſon als pluralis modestiae bezeichnen. Es iſt dem Dichter angenehmer, ſeine eigene Perſon nicht in den Vordergrund ſtellen zu müſſen. So hat er in dem Sonett „Dankbares Leben" (IX, 126), in deſſen früheren Faſſungen das dichterliche „Ich" durchweg Subjekt der ausgeſprochenen Empfindungen iſt, konſequent den Plural „wir" eingeführt.

„Die Gräber" beginnt in den „Neueren Gedichten 1851/54" mit dem Vers: „Ich ſah zwei Gräber auf der Heide . . .." Im Sammel-band (IX, 187) iſt die Fiktion, daß der Dichter ſelbſt den Vorgang beobachtet habe, aufgegeben. Hier haben allerdings künſtleriſche Rück-ſichten mitgewirkt. Wenn aber in der letzten Strophe des gleichen Liedes (6.3) das perſönliche „Ich" des Dichters durch das blaſſe „man" erſetzt wird, ſo iſt das ſicher eine Äußerung des Beſtrebens, mit ſeiner Perſon zurückzutreten.

Etwas ganz Ähnliches liegt in dem Gedicht „Landwein" vor (X, 23). Nach der früheren Redaktion iſt der Bauer, der den „Labe-wein" zieht, des Dichters Vetter, und der Dichter ſelbſt iſt's, der „ein ſchäumend Glas bei ihm geleert". In der neuen Faſſung iſt dieſe Fiktion aufgegeben; die Perſon des Dichters iſt völlig eliminiert.

Aber dieſer eigenartige Zug bei Keller iſt noch weiter ausgebildet. Wenn wir früher den Satz ausgeſprochen haben: Es genierte ihn, ein Dichter zu ſein, ſo gilt das auch ganz wörtlich genommen. Wenn immer möglich, vermeidet es der Meiſter in ſeinem lyriſchen Sammelband, ſich ſelber die Bezeichnung „Dichter" beizulegen, oder ſonſt auf ſeine poe-tiſche Produktion anzuſpielen. Das Wort „Dichter" nimmt er überhaupt nicht gern in den Mund, wenn er von ſich ſpricht, ebenſo ungern ſpricht er von ſeinem „Geiſt". Im 2. der „Waldlieder" (IX, 54) hieß früher die 7. Strophe:

<blockquote>
„In den Stämmen oft ein Laut
Hallet einſam wieder;
Üppig wie das Farrenkraut,
Wachſen mir die Lieder!"
</blockquote>

Das iſt dem Meiſter ſchon zu viel geſagt. Er wittert, man könnte das als anmaßend und prahleriſch auslegen. Er verſucht deshalb, die Strophe anders zu formulieren, und findet die glückliche neue Faſſung:

<blockquote>
„Lieg' ich ſo im Farrenkraut,
Schwindet jede Grille,
Und es wird das Herz mir laut
In der Föhrenſtille."
</blockquote>

Ganz ähnlich im „Winterspiel" (IX, 72). Im 1. lyrischen Bändchen schließt das Gedicht mit der Strophe:

„So spiel' ich des langen Winters Traum:
Doch wenn die Maiblumen sprossen,
Zerbrech' ich das gläserne Puppenspiel
Und — mache den Dichter im Großen!"

Diesen letzten Vers konnte der Meister bei der Durchsicht unmöglich passieren lassen. Und da die Zeile nicht leicht zu ersetzen war, so hat er es vorgezogen, eine neue Schlußstrophe zu schaffen, die nun auch inhaltlich abweicht. Die Fiktion des poetischen Winterspiels bleibt bis zuletzt gewahrt, indem der Dichter das letzte Traumbild noch weiter ausführt.

In dem Liebeslied „Der Nachtschwärmer" spricht in den älteren Fassungen der Poet von seiner „Dichterlust" (Str. 3, V. 4). Bei der aus künstlerischen Gründen geforderten Bearbeitung der Strophe hat er die Gelegenheit benutzt, das anstößige Wort zu beseitigen. In dem Liede „Denker und Dichter" (X, 39) hieß es ursprünglich in Str. 5, V. 7: „Mein Dichtergeist ist Feldmarschall . . . ." Dafür mußte ein Ersatz gefunden werden, der weniger anmaßend klang. Der Vers lautet nun:

„Mein leicht' Gemüt ist Feldmarschall".

Im 2. Lied, das unter dem Titel „Denker und Dichter" steht, ist die Stelle „Wir Dichter . . . ." abgeändert zu „Die Dichter . . . ." (X, 41, 1, 7). — In „Ein Tagewerk" zieht nach der früheren Fassung der Dichter in die freie Natur hinaus, um „ein bleibend Lied zu holen in den Wäldern". Wie peinlich streng der Dichter in seiner Selbstbescheidung ist, zeigt die Variante dieser Stelle im Sammelband (X, 66, 1, 7). Der Vers heißt jetzt: „Und auch ein Lied zu holen in den Wäldern" . . . .

Selbst der harmlose Vers im 1. Gesang der Feuer-Idylle (IX, 151, 6, 4):

. . . „Klimmt der Poet zur Feuerstätt' empor",

muß einer neuen unpersönlichen Fassung weichen, wobei „der Poet" wegfällt. Der Vers heißt jetzt:

„Zu Feuers Hofstatt führt der Weg empor".

Ein sprechendes Beispiel innerster Bescheidenheit des Herzens und der Gesinnung bietet die Umarbeitung jenes der 1. Fassung des „Grünen Heinrich" entnommenen kleinen Liedes „Ein Meister bin ich worden" (X, 121). In der neuen Redaktion verhöhnt sich der Dichter selber, daß er mit seiner Trauer und seinem Seelengram kokettiert hat. Im Hinblick auf die gewaltigen Schicksale des Universums legt er beschämt sein Trauerprunkkleid ab.

Auch der „Poetentod" (X, 126) zeigt in der neuen Redaktion zahlreiche Spuren, wie Keller den sterbenden Dichter nicht nur bescheidener sich aussprechen, sondern auch bescheidener denken und empfinden läßt. Von seinen Liedern, die früher „aus Wunderklängen aufgerichtet" waren, spricht er jetzt als von „luft'gen Klängen" (3.1). „Mein blühend Lied" ist bescheidener zu „mein Tagewerk" geworden (3.4). Statt „meines Geistes unbekannter Erbe" heißt es jetzt „meines Sinnes . . . ." Bezeichnend sind die Varianten der 4. Strophe. Während es in den Gedichten 1846 lautete: „Es bricht mein Herz, das stolz und mächtig diese Welt regierte", ist die neue Redaktion bescheidener, ohne im Sinne abzuweichen: . . . . ', „das keck und sicher seine Welt regierte". Der 2. Hälfte der Strophe, wo der Poet in tiefernsten, gehobenen Worten von seinem Dichterruhme spricht, ist im Sammelband ein Element Kellerischer Ironie beigemischt. Die früheren Verse

> „Der Gastfreund, der die edlen Hallen zierte,
> Der Ruhm wallt mit dem Leichenzug hinaus",

lauten nun:

> „Der Hungerschlucker, der die Tafel zierte:
> Der Ruhm, er flattert mit den Schwalben aus."

Der in der 12. und 13. Strophe der früheren Redaktion niedergelegte letzte Wille des sterbenden Poeten, daß man seinen Lorbeer ihm „zu Häupten im Totenschrein" legen solle, ist in der neuen Fassung ganz aufgegeben: gewiß aus der Besorgnis, man könnte das als dichterliche Eitelkeit auslegen.

Wir haben zu zeigen versucht, daß die Befangenheit und „Geniertheit" des Dichters in den engen Verhältnissen seiner Heimat begründet liegt. Aber eine gewisse Reserviertheit nach außen liegt auch in dem ureigensten Wesen des Dichters und Menschen G. Keller.

Man hat manchmal das Gefühl, daß der Meister sich scheut, sein Innerstes, das Allerheiligste seines Herzens, vor der großen Welt bloßzulegen. In seiner Natur liegt eine Keuschheit der Empfindung, welche die intimsten Vorgänge seines Seelenlebens verschleiert und verhüllt. Wie ist von den verschiedenen Herzenskämpfen, die der Dichter durchlitten und durchstritten hat, verschwindend Weniges in seine Lyrik übergegangen. Über den Zyklus „Erstes Lieben" äußerte er sich selbst, die Sachen seien nicht erlebt, sondern gemacht. Bleiben also nur noch ein paar wenige Lieder aus der Heidelberger Zeit. Und auch über diesen liegt es wie ein Schleier. In die Tiefe seines liebebedürftigen, so oft enttäuschten Herzens läßt uns der Dichter keinen Einblick tun. , Selbst da, wo er in den früheren Redaktionen seinen Gefühlen freien Lauf gelassen hatte, sind im Sammelband solche Elemente wieder unterdrückt. Das Gedicht „Vier Jahreszeiten" (IX, 166) hatte ursprünglich im Manuskript (Heidelberg, 1849) die beiden Schlußstrophen:

> ... „Der Traum! — Jedoch die Wahrheit nicht,
> Die ich von hinnen trug,
> Die bis zum Tode in mir spricht:
> Sie ist und lebt im Sonnenlicht,
> Und dies sei mir genug!
> Allein, allein ist nur der Tod,
> Das Leben ist zu zweit!
> O Herzenseinsamkeit, o Not,
> Wann kommt das letzte Abenbrot,
> Das mich von dir befreit?"

Im Sammelband sind diese beiden intimen Strophen beseitigt, und es wird dem Lied eine ganz andere Wendung gegeben. — Das zwei=strophige Poem, das jetzt unter dem Titel „Erster Schnee" im Sammel=band steht (IX, 71), ist ein spärlicher, bearbeiteter Überrest des am 13. November 1845 entstandenen siebenstrophigen Gedichtes „Herbst". Keller stellt darin die Traumbilder der Jugendgeliebten und des Jugendfeindes einander gegenüber (Henriette Keller einerseits — das Meyerlein anderseits. Baechtold, I, 16). Gewiß hat die Abneigung des Meisters, solche intime Vorgänge in seinem Gefühls= und Seelenleben zu offenbaren, den Anstoß zur Ausmerzung der Strophen gegeben. Denn ein zweites Lied, ein beängstigendes Traumbild des Dichters, der mit dem „schlimmen Jugendfeind" im erbitterten Kampfe liegt, ist eben=falls von der Sammlung ausgeschlossen worden. Es ist das im „Traum=buch", S. 86, niedergeschriebene Gedicht „Im Traum sah ich den schlimmen Jugendfeind", das dann in die 1. Fassung des „Grünen Heinrich" (1. Ausg. IV, 265) übergegangen ist.

Es mag gestattet sein, an dieser Stelle noch auf einen weitern charakteristischen Zug im geistigen Porträt des Meisters hinzuweisen.

Seine Abneigung gegen die Orthodoxie ist genugsam bekannt. Frömmler und Mucker kann er nicht leiden; ihr Gebaren und ihre sal=bungsvolle Ausdrucksweise ist ihm in der Seele zuwider. Das zieht seine Spuren auch in den Varianten des lyrischen Sammelbandes. Wo eine frühere Redaktion einen Ausdruck aufweist, der im entferntesten auch nur verdächtig ist, der Sprache der Mucker anzugehören, da greift der Meister sicher ein und beseitigt das anstößige Wort. — Es ist bekannt, wie er in seinem Vaterlandshymnus „mein banges Stündlein" in „die letzte Stunde" geändert hat. Genau die gleiche sprachliche Wendung liegt vor im „Abendlied an die Natur". In den Gedichten 1846 lautet

V. 5 der 4. Str.: „Und sollte mich mein Stündlein finden", ...
Im Sammelband . . . „das Ende finden". Dieser G. Keller eigentümliche
Zug ist noch weiter ausgebildet. Wenn möglich, vermeidet er es, das
Wort „Gott" in den Mund zu nehmen. In „Die Mitgift" hieß es
früher Str. 2, V. 2:

> . . . . „mein Gott schon manchmal zu mir trat", . . .

Jetzt lautet die Stelle: . . . „der Herr der Welt schon zu mir trat" . . .
In dem Gedicht „Auf der Landstraße" (X, 49) ist die frühere Fassung
von V. 6/7 der 4. Str.

> „Ich weiß gewiß, es hat mein Lieben
> Der wahre Gott in seiner Huld" . . .

abgeändert zu:

> . . . , „es steht mein Lieben
> Im goldnen Buch der höchsten Huld" . . .

In der Erwiderung auf Justinus Kerners Lied „Unter dem
Himmel" (X, 128) hieß früher V. 3 der 3. Str.: „Fast will mir
scheinen, Gottes: Werde! ertön' erst recht" . . . zc. Der Sammelband
hat „Gottes" beseitigt; der Vers lautet jetzt: „Und manchmal scheint
mir, daß das: Werde!" . . . zc. Zur vollständigen Umarbeitung der
4. Str. des Liedes „Jugendgedenken" (IX, 77) mag der „ew'ge Gottes-
garten" der 1. Fassung beigetragen haben. Im „Lied vom Schuft"
hieß es früher am Schlusse: „So Gott will, kommt ein Sonnentag", . . .
Was Keller von dieser Wendung gehalten hat, sehen wir aus seinem
Briefe an Th. Storm vom 31. Dez. 1877: „Für das nächste Jahr
wollen wir, „„so Gott will"", wie die Mucker sagen, fleißiger schreiben."
Richtig ist im Sammelband die „muckerhafte" Redewendung verschwunden.
Der Vers lautet jetzt: „Es tagt dereinst ihr Wandertag", . . .

Die unverkennbare Abneigung des Dichters erstreckt sich überhaupt
auf die Worte, welche der Sprache eines gläubigen Christen angehören,
wie etwa Segen, selig, heilig, Sünder, fromm u. a. Im „Poetentod"
(X, 126, Str. 13, V. 1) sind „des Seligen Penaten" durch „des
Schweigenden Penaten" ersetzt. Im Sonett unter dem Titel „Vier
Jugendfreunde" hat zweifelsohne der 1. Vers der 4. Strophe „Doch
seg'n ich dankend meinen milden Stern" zur Umgestaltung des Terzettes mitgewirkt. Oder man vergleiche in dem Sonett „Erkenntnis"
(IX, 127) die beiden Fassungen des letzten Verses. Welche Differenz
im Werte des poetischen Ausdrucks! Die frühere Redaktion hat:
„ . . . So hängt an deine Schritte sich der Segen". Dagegen lautet
der Vers im Sammelband: „ . . . Wird deine Kraft die fremde Kraft
erregen."

Äußere Einflüsse.

Wir wollen nicht verfehlen, an dieser Stelle auf eine Unzulänglich=
keit unserer Untersuchung aufmerksam zu machen. Für den Leser oder
Kritiker, der an die Vergleichung der Varianten mit der Absicht heran=
tritt, allgemeine Gesichtspunkte Kellerischer Kunstübung daraus abzuleiten,
liegt unbestreitbar die Gefahr nahe, dem Meister ästhetisch=kritische Er=
wägungen unterzuschieben, die er nie getan hat. Um dem alten und so
oft berechtigten Vorwurf

<blockquote>„Legt ihr's nicht aus, so legt was unter!"</blockquote>

zu entgehen, stellen wir nur dann für eine Erscheinung einen allgemeinen
Gesichtspunkt auf, wenn dafür eine größere Anzahl von Beispielen vor=
liegt. Wenn es auch nicht möglich ist, für gewisse Charakteristika
der Bearbeitung jeweilen alle Beispiele des umfangreichen Sammelbandes
anzuführen, so vermag doch eine gute Auswahl einigermaßen ein Bild
derselben zu geben. Wie wenig man aber für irgend einen dieser Belege
absolute Gültigkeit beanspruchen darf, mag ein Beispiel lehren. Das
Gedicht „Sonnenuntergang" (IX. 36), schloß ursprünglich mit der
Strophe:

<blockquote>
„Es ist auf Erden keine Nacht,
Die nicht noch ihren Schimmer hätte,
So groß ist keines Unglücks Macht,
Ein Blümlein hängt in seiner Kette!
Ist nur das Herz von rechtem Schlage,
So baut es sich ein Sternenhaus,
Und schafft die Nacht zum hellen Tage,
Wo sonst nur Asche, Schutt und Graus."
</blockquote>

In den „Gesammelten Gedichten" ist diese Strophe weggelassen.

Nun vergleiche man, was J. Baechtold dazu erzählt (Biographie II.
516): „Auf meine Frage nach der Ursache dieser Streichung antwortete
Keller, das Blümlein in der Kette sei höchst unplastisch; der Hauptgrund
sei jedoch folgender: Er habe sich bei einem Falle die Hand verstaucht
und darauf von einer ungenannten Zürcherin eine Salbe erhalten mit
den parodierenden Versen:

<blockquote>
„So groß ist keines Unglücks Macht,
Ein Sälblein hängt in seiner Kette."
</blockquote>

Seither könne er die Strophe nicht mehr ausstehen".

Hier ist einmal der Biograph in der Lage, den Grund der Variante
anzugeben. Der reine Zufall! Läge diese Erklärung nicht vor, so
könnte der eifrige Schüler versucht sein, aus der Variante die schönsten
ästhetischen Grundsätze abzuleiten und dem unschuldigen Dichter unter=

zuschieben. Aber so gut, wie in diesem einen, zufällig bekannt ge-
wordenen Beispiel können in einem Dutzend anderer Fälle, die wir
eben nicht kennen, rein äußerliche Dinge zu der Änderung geführt haben.
Wir haben bereits gesehen, wie in seinem Vaterlandshymnus die Variante
„mein banges Stündlein" zu „die letzte Stunde" auf die höhnisch vorwurfsvolle Frage von Ruge und Heinzen zurückgeht, ob er, G. Keller,
unter die Stündeler gegangen sei. Es liegen noch mehr solcher Fälle
vor, wo irgend welche äußere Einflüsse: gemachte Erfahrungen, schuldige
Rücksichten, Sympathien und Antipathien, Stimmungen und Launen für
eine Variante ausschlaggebend gewesen sind.

Im Zyklus „Alte Weisen" hat Keller im Sammelband die früher
als Titel über jedem einzelnen Lied stehenden Frauennamen unterdrückt.
Baechtold führt (Biogr. II. 515) diese Tatsache darauf zurück, daß der
Dichter Wirkungen ähnlicher Art, wie er sie mit seinem „Gretchen"
(Neuere Gedichte 1851/54 S. 42) erzielt hatte, vorbeugen wollte. (Ge-
meint ist die Geschichte von der Dienstmagd in Ungarn, die für ihre
beiden Mädchen einen Vater sucht und dabei auf G. Keller verfällt!
Vgl. Baechtold II. 512 ff.)

Äußerliche, in den Verhältnissen liegende Gründe, haben zu den
umfänglichen Änderungen der Verse 383—396 und 447/448 des kleinen
Epos „Ein Festzug in Zürich" (IX. 236) geführt. Wie aus Baechtold
Biogr. II. 311 ersichtlich ist, retteten bei dem großen Brand am
26. Juni 1856 Oberst Heinrich von Muralt, der Chef des Steiger-
korps, und der Messerschmid Fritz Waser mittelst Schläuchen zwei vor-
nehme Tiroler Beamte, die man schon für verloren gab. In der Tat
scheinen die beiden wackeren Männer an der Rettung gleichen Anteil
gehabt zu haben. In der „N. Zürcher Zeitung" vom 22. August 1856
steht zu lesen: „In der Volks- und Schützenzeitung für Tyrol und Vor-
arlberg sprachen die Herren Statthaltereirat Anton Ritter von Strele
und Graf Leopold von Künigl für ihre Rettung beim Brand im
„Limmathof" den Herren Heinrich von Muralt und Friedrich Waser
von Zürich ihren Dank aus". In der früheren Fassung des Gedichtes
in „Kunst und Leben" 1877 wird bloß Herr Muralt mit Namen
angeführt, der junge Messerschmid dagegen nicht. Vermutlich war Keller
über den Hergang und die dabei in Betracht kommenden Persönlichkeiten
nicht genau unterrichtet, oder er hatte in den zwischen dem Ereignis
und der Konzeption des Gedichtes verflossenen langen Jahren den
Namen vergessen. In der Redaktion für den Sammelband macht er
seinen Unterlassungsfehler wieder gut, auf den vielleicht von dritter Seite
hingewiesen worden war. In den abgeänderten Versen 383 ff. und in

den beiden neuen Schlußversen des Gedichtes wird nun auch der wackere Fritz Waser mit Namen genannt und sein Anteil an der Rettung nach Gebühr ins Licht gerückt.

Baechtold hat nachgewiesen, daß das 1. Gedichtbändchen G. Kellers von 1846 mehrfache Spuren des Einflusses seines Mentors A. A. L. Follen zeigt; sogar in dem Sinne, daß Follen bei der Durchsicht der Kellerschen Gedichte ganze Verse gestrichen und dafür eigene eingesetzt hat. Um nur ein Beispiel zu nennen: Das Gedicht „Modernster Faust" schloß ursprünglich mit dem Vers

„. . . vom Fuße bis zum Scheitel
Ein europäisch schlechter Hund!"

Der letzte Vers im Druck des Gedichtbändchens (S. 322): „Tut sich an mir Salon-Europa kund!" stammt von Follen. — Selbst in späteren Jahren hat sich Keller hin und wieder dazu bequemt, auf speziellen Wunsch eines Verlegers oder Herausgebers eine Stelle zu unterdrücken oder zu ändern. Man denke nur daran, wie Berthold Auerbach am „Fähnlein der sieben Aufrechten" Streichungen vorgenommen hat. (Baechtold II. 467 ff.) Auch für einige Gedichte sind die Wünsche und Rücksichten der Verleger von Bedeutung gewesen. In dem Lied „Die kleine Passion" (X. 101), lautete ursprünglich der Schluß:

. . . . „Wenn's kein katholisch Mückelein,
Sonst würd's im Fegefeuer sein."

Das Gedicht sollte, zusammen mit einem anderen, in Bd. 29 (1873) der Zeitschrift „Über Land und Meer" erscheinen. Der Verleger, Hallberger in Stuttgart, wünschte aus einleuchtenden Gründen, daß diese Verse wegfallen sollten. So ist Keller durch äußere Nötigung dazu gekommen, das schöne Gedicht in den süßen Ton des Friedens ausklingen zu lassen, in dem es jetzt endet.

Grammatisch-syntaktische Verbesserungen.

Es erübrigt, in den folgenden Abschnitten die Sprache des Meisters, seinen Stil, die Technik seiner gebundenen Rede zu untersuchen. Das Lesarten-Verzeichnis bietet dafür ein überreiches Material, so daß wir auch hier wieder uns begnügen müssen, auf Grund einer Auswahl von Belegen allgemeine Gesichtspunkte für die bei der Bearbeitung vorgenommenen Änderungen aufzustellen.

Die grammatisch-syntaktischen Verbesserungen sind zahlreich. Der junge Dichter gestattete sich Freiheiten in seiner poetischen Sprache, welche der Meister vierzig Jahre später als Verstöße gegen die Gesetze der Grammatik und der Syntax empfand und demgemäß änderte. Wenn wir in dem 1. lyrischen Bändchen von 1846 hie und da auf eine in grammatisch-syntaktischer Hinsicht anfechtbare Stelle stoßen, so werden wir uns darüber nicht wundern. G. Keller ist Autodidakt. Ohne Zweifel gehört die systematische Grammatik einer Sprache für einen Autodidakten, wenn er überhaupt den Mut hat, sich ernstlich mit ihr zu befassen, zu den schwierigsten Disziplinen. Dazu kommt, daß diese Sprache nicht des Dichters Muttersprache (im engeren Sinne) war. Vermutlich hat Keller als Knabe und Jüngling ein mustergültiges Hochdeutsch überhaupt nie gehört. Was der junge Mann an Kenntnis der deutschen Sprache und Ausdrucksfähigkeit besitzt, das stammt, — neben einem spärlichen Niederschlag aus den Schuljahren — wohl hauptsächlich von der Lektüre deutscher Bücher und Zeitungen her. In wie weit der Münchener Aufenthalt in dieser Richtung von Vorteil war, ist schwer zu entscheiden; jedenfalls wird man den Wert der dortigen schriftsprachlichen Anregungen nicht allzu hoch anschlagen dürfen. Nachher kommt's dann besser. Der vielfache Umgang mit den in Zürich ansäßigen deutschen Literaten und Gelehrten, vor allem aber die langen Studienjahre in Heidelberg und Berlin, machten dem Dichter die hochdeutsche Sprache, wenigstens in ihrem schriftlichen Ausdruck, vollständig vertraut. Es ist bekannt, mit welcher Meisterschaft der Erzähler Keller die Sprache handhabt.

Die Beispiele für syntaktische Inkorrektheiten sind zahlreicher, als die Verstöße gegen die Formen- und Wortbildungslehre. Doch lassen sich auch hiefür Belege anführen. In Str. 10 des Gedichtes „Nacht im Zeughaus" hieß es früher: „Grause Larven .... starren aus den stählern' Hauben". Der Daktylus der vollen regulären Form „stählernen" ließ sich nicht in das Verssystem unterbringen, und so hat der Dichter einfach die Flexionsendung apokopiert. Bei der Bearbeitung hat er das dreisilbige Epitheton aufgegeben und den Vers geändert zu: ... „Grinsen aus den Eisenhauben". Um so auffallender ist es, daß er die gleiche sprachliche Unzulänglichkeit, die er hier beseitigt hat, ein paar Verse weiter unten (Str. 13. V. 1) bei der letzten Redaktion neuerdings schafft. Statt der früheren Fassung „Auf der alten Trommel sitzet" heißt jetzt der Vers „Auf der hölzern' Trommel ..." — Von den beiden durch den Sprachgebrauch sanktionierten Bildungsformen des Conjunctivus practeriti des Verbums „stehen" verwendet Keller bald die eine, bald die andere. Im XI. Lied von „Lebendig begraben" heißt es jetzt Str. 4. V. 1 … „du ständest" statt des früheren … „du stündest". — In dem schönen Liede „Melancholie" liegt nach der früheren Fassung ein sprachlicher Schnitzer vor. V. 3 der 3. Str. lautete: „Daß der Erkenntnis Träne schwellt". Der Sinn verlangt aber nicht dieses transitive schwache Verbum schwellen, sondern das starke Intransitivum schwellen, schwillst, schwoll, geschwollen. Natürlich hat der Meister den Fehler entdeckt und die richtige Form des starken Verbums eingesetzt. — Im Manuskript des Gedichtes „Has von Über= lingen" liegt die umgekehrte Erscheinung vor. Dort ist — offenbar aus metrischer Verlegenheit — von dem schwachen Verbum „fürchten" ein starkes Praeteritum gebildet: „Der forcht' den Märzen …" Im Sammelband ist das Wort durch „der scheut' den Märzen …" ersetzt. — V. 3 der Str. 456 des „Apothekers" lautet nach der alten Fassung: „Von der Scheitel bis zur Zehe". Wahrscheinlich liegt hier Beein= flussung durch Kellers Dialekt vor, der das Wort bloß als Femininum kennt, während es schriftsprachlich Maskulinum ist. Die neue Redaktion berichtigt den Vers. — Wie oben „schwellen" und „schwillen", so sind in der „Himmelsleiter" (IX. 84. 8. 3) Formen der Verba „biegen" und „beugen" miteinander verquickt. Nach der Fassung in den „Gedichten 1846" steht die Geliebte über den schlafenden Dichter „vorgebogen". Vom Menschen sagt man „vorgebeugt", oder dann, wie der Meister in der neuen Fassung verbessert hat, „vorgeneigt". — Zahlreiche Varianten des lyrischen Sammelbandes beschlagen die Präfixe beim Verbum, in deren Wahl der Dichter bei den früheren Redaktionen nicht immer glücklich war. Jenes Gasel auf seinen Filzhut beginnt in den „Neueren Ge= dichten" 1851/54: „Zerbogen und zerkniffen" … Im Sammelband (X. 14. X. 1) heißt es, dem Sprachgebrauch angepaßt: „Verbogen". Ebenso ist in „Denker und Dichter" II. Str. 2 V. 8 die frühere Fassung: „Wenn das Gelärm zerflogen" verbessert in „ … verflogen". Wie das einzige kleine Präfix für den Inhalt der ganzen Strophe von Bedeutung sein kann, zeigt in dem Liede „Der falsche Hafisjünger" die 5. Str. Wie viel bezeichnender ist die neue Fassung des 3. Verses: „Und grämlich mich verbittre, statt des früheren „erbittre". — So= dann hat der Meister eine Reihe von Wortformen, welche sich an die ältere Sprache anlehnten, im Sammelband beseitigt; namentlich die in den früheren Fassungen häufigen Bildungen des Adjektivs auf —ig mittelst der Ableitungssilbe —lich. So in „Landwein" (X. 24. 6. 3) „Gewöhniglich zwar wird er etwas herb". Im „Stutzenbart" (X. 124. 4. 1) „Aber sieh! wie würdiglich". … Im „Has von Überlingen"

(X. 132. 7. 4) „So schlug er mächtiglich darein". Im „Apotheker" Str. 166 (X. 187. 1. 1) „Und wahrhaftiglich! den Steinbock ..." Ebenso auch bei andern Adjektiven, denen er früher überflüssigerweise die Silbe —lich angehängt hatte. So in „Jung gewohnt, alt getan" (X. 144. 10. 4). „Indem er sich gar sittsamlich verneigte". Oder in „Am Ufer des Stromes" (X. 146. 1. 1) „... und ein blönblicher Fant". — Eine ungebräuchliche Bildung des Adjektivs liegt vor in dem Lied „Das Weinjahr". (X. 134.) Der letzte Vers lautete früher: „Daß ihr entrinnet dem jähligen Fall". Dem Meister war diese Bildung zu willkürlich. Er hat das anstößige Wort ersetzt durch „töblichen". — Noch eine Reihe weiterer mehr oder minder willkürlicher Wortbildungen, die sich in den früheren Fassungen finden, hat der Meister vom Sammel-band ausgeschlossen. In der Mehrzahl der Fälle mochten sie aus vers-technischen Schwierigkeiten hervorgegangen sein, aus denen sich der Dichter seinerzeit nicht anders herauszuhelfen wußte. Der Bearbeiter des Sammelbandes dagegen besaß das technische Können, solche Schwierig-keiten ohne Zuhilfenahme willkürlicher Bildungen zu überwinden. Im „Kirchenbesuch" (IX. 87) hieß es in Str. 3, B. 5 und 6 „Drunter durch spielt hin und wider in den Dämmer der Sonnenschein". Ab-gesehen von den rhythmischen Mängeln des Verses ist das Substantiv „der Dämmer" unserem Sprachgebrauch fremd. — In „Rosenwacht" hat der Dichter das Wort „der Todeskranke", in „Winterspiel" das Wort „totstill" geprägt. Unser Sprachgebrauch kennt wohl die Bildungen „totkrank" und „totenstill" —, nicht aber die vom Dichter gebrauchten Formen. Der Meister hat im Sammelband seine früheren Wort-bildungen fallen lassen und dafür „der Sterbenskranke", bezw. „er-storben" eingesetzt. Eine Originalbildung von Keller ist auch das Wort „der" oder „das Schank" für „die Schenke". Im V. Liede von „Lebendig begraben" (Str. 2. B. 1) ist die frühere Fassung „... aus dem Schank gekommen" durch „aus der Schenke kommen" ersetzt; im „Parteigänger" (X. 105, Str. 2. B. 5) „Und winkt ein Schank an Wegen" ist das Wort noch erhalten. — Die in der ernsthaften deutschen Literatur jedenfalls singuläre Form des Namens unseres Weltteils, wie die frühere Fassung des „Apothekers" in Str. 377 sie bietet: „Gafft Europia, der Maulaff!" ist in der Schlußredaktion aufgegeben.

Ebenso zahlreich sind die Varianten, welche das Gebiet der Syntax beschlagen. Zuerst eine Stelle, wo der Dichter aus der Konstruktion gefallen ist, wie man zu sagen pflegt. Im 2. der „Erntelieder" hieß ursprünglich die 3. Strophe:

> „Mir ist: ich trag' ein grünes Kleid
> Von Sammet, und die weiche Hand
> Von einer schweigsam stillen Maid
> Streicht es mit ordnendem Verstand."

Streng genommen liegt hier ein syntaktischer Schnitzer vor, denn das Verbum des 2. Satzes ist abhängig von dem regierenden Verbum „Mir ist" ... und hat infolgedessen ebenfalls im Konjunktiv zu stehen. In der Tat bringt die Redaktion im Sammelband die Korrektur in V. 4 „Strich' es mit ..." — Wie es sich hier um die Einsetzung des richtigen Modus handelt, so in anderen Fällen um die Wahl des logisch und syntaktisch richtigen Tempus. In dem Gedicht „Am Ufer des Stromes" lauteten früher V. 3 und 4 der 6. Str.: „Ich glaube, sie ahnt' es und lächelte fein; doch weiß ich nicht, sang's in ihr Ja oder Nein". Das Präsens „doch weiß ich nicht" ist inhaltlich unrichtig, denn es steht im Widerspruch mit der Quintessenz des Gedichtes. Jetzt, das heißt seit dem Tode derer, welcher er die Liebe nicht erklärt, weiß er sehr wohl, daß es „ja!" in ihr „gesungen" und diese Gewißheit ist der Beweggrund für seine Erzählung. Der Sammelband hat die Korrektur: „Doch wußt' ich nicht, ..." —

Wieder eine andere Art syntaktischer Verbesserungen besteht darin, daß der Meister erst im Sammelband die genaue Übereinstimmung von Subjekt und Prädikat im Numerus herstellt. Die früheren Redaktionen hatten öfter bei doppeltem Subjekt das Prädikat im Singular. Z. B. in „Rosenwacht" (IX. 42. 5. 2) „Erkaltet und verglüht ist Berg und Tal". Oder im „Apostatenmarsch" (IX. 276. 3. 1—2): „Hohn und schriller Pfeifenklang tönet unsern Weg entlang". Oder in demselben Gedichte: 276. 4. 3—4. „Pfaffenküch' und Kellerkühle spühle weg die Hochgefühle". Im Sammelband sind statt dieser Singularia der Prädikate überall die entsprechenden Pluralformen eingesetzt. Auch in Bezug auf die Person galt es, die Übereinstimmung von Subjekt und Prädikat herzustellen. So hieß es früher in der letzten Strophe des Liedes „Trübes Wetter" (IX. 65. 4. 1—2): „Ich aber, mein bewußtes Ich späht mit des Feldherrnauges Ruh": d. h. 1. Person Singularis im Subjekt, aber 3. Person im Prädikat. Zugleich mit den stilistischen Verbesserungen hat der Meister die Stelle auch grammatisch-syntaktisch berichtigt.

Besonders interessant ist es, zu beobachten, wie Keller bei der Redaktion des Sammelbandes den richtungsbestimmenden Adverbien „herein, heraus, herauf" und „hinein, hinaus, hinauf" seine Aufmerksamkeit gewidmet hat. In den früheren Fassungen sind dieselben willkürlich verwendet; bald erscheint die Zusammensetzung mit „her" —, bald mit „hin" —, ohne daß es gelingen würde, eine bestimmte Ordnung darin zu erkennen. Ganz anders im Sammelband. Hier ist die Wahl der einen oder andern Zusammensetzung des Adverbiums streng logisch begründet. Je nachdem der Sinn und Zusammenhang das Adverbium der Richtung auf den Sprechenden zu oder von dem Sprechenden weg verlangt, verwendet der Meister „her" oder „hin". Darnach war es unrichtig, wenn es im 1. Lied von „Lebendig begraben" Str. 2, V. 4 hieß: „Hier schwingen sie wohl nimmer mich heraus!" Die Richtung von dem Begrabenen weg wird logisch durch „hin" bezeichnet. Die neue Fassung hat denn auch „hinaus!" Ebenso in Nr. V des Zyklus. Der betrunkene Küster und sein Weib keifen zusammen vor ihrem Haus. Die Fassung von V. 1 der 3. Str. in den Gedichten 1846: Sie „heißt ihn herein gehn …" ist daher nicht richtig, da sich die Küsterin ebenfalls draußen befindet. Der Sammelband hat … „hinein gehn". Im VI. Lied der Feueridylle heißt es in den Gedichten 1846 vom Apfelbaum: „Er schaut … verwundert auf den wilden Brand herein". Die neue Fassung „… verwundert in den wilden Brand hinein" ist logisch richtiger und genauer. Ebenso im VII. Lied des Zyklus Str. 4, V. 1. Die frühere Fassung „Manch nächtlich Lied hat hier heraufgetönt", ist insofern nicht genau, als der Sprechende, der diese Betrachtung anstellt, nicht oben am Fenster steht, sondern unten vor dem Haus. Für ihn hat also das Ständchen nicht „herauf=", sondern „hinaufgetönt", wie auch die Redaktion im Sammelband lautet. Umgekehrt verhält sich die Sache in den Anfangsversen des Liedes „Doppelgleichnis". Die frühere Fassung lautete: „O ein Glöcklein klingelt mir früh und spät silbernen Schalles in die Seele hinein". Vielmehr senkt sich der Klang des Glöckleins in seine „Seele herein". So lautet auch die Redaktion im Sammelband. Auch über den Unterschied der Bedeutung von „umher" und „herum" scheint sich der Dichter früher nicht ganz klar gewesen zu sein. Wenn er in dem Festspiel „Die Johannisnacht" den Schlosser den Überfall durch die vier Türken erzählen läßt (V. 251—252): „Zwei hab' ich übereck erstochen, zwei sind im Ring umhergekrochen", so entsprach der letzte Vers offenbar seiner Eingebung nicht völlig. Natürlich will er sagen, daß ihn zwei umgangen und im Rücken angefallen haben. „Umherkriechen" drückt aber Richtung und Ziel der Bewegung zu wenig deutlich aus. Richtiger ist die neue Fassung „Zwei sind im Ring herumgekrochen".

Ein grammatischer Schnitzer liegt vor in der früheren Redaktion des Liedes „Die Begegnung". Die 6. Strophe lautete ursprünglich:

„Es war, als ob dicht hinter ihr
Ein Schatten schwebt' im Abendstrahl,
Der gaukelnd, lachend gegen mir,
Ihr folgte durch das Tal."

Die Präposition „gegen" regiert nach Sprachgebrauch den Akkusativ und nicht den Dativ. Die Strophe ist umgearbeitet.

Auffallend sind die zahlreichen kleinen Änderungen, welche der Meister im Sammelband in denjenigen Fällen vorgenommen hat, wo ein Substantiv mit vorangehendem Epitheton von der Präposition — „in" — abhängig ist. Es handelt sich dabei um die Frage: Welches der beiden Elemente soll das Dativsuffix annehmen, die Präposition oder das Epitheton? Die früheren Fassungen schwanken: Wir haben ... „im klingenden Tanz" („Vor einem Luftschlosse" IX. 21. 3, 3) „... im wilden Feuerflug" („Feueridylle" II. 3. 1) „... im hellen Golde" („Das große Schillerfest" X. 153. 19. 3); dagegen „... in donnerndem Lauf" („Bergfrühling" IX. 48. 2. 2), „in rosig mildem Nebelmeer" („Sonnenuntergang" IX. 36. 3. 7), „... in weißem Dämmerlicht" („In Duft und Reif" IX. 60. 6. 2), „... in dunkelblauem Feuer" („Apotheker" Str. 485. 3. X. S. 233). Im Sammelband verhält sich die Sache gerade umgekehrt. In den drei Fällen, wo früher die Präposition das Dativzeichen trug, hat es nun das Epitheton, und in den vier andern Fällen lautet nun die Präposition „im ..." Bei dieser Lage der Dinge läßt sich keine Gesetzmäßigkeit nachweisen. Es scheint, daß sich der Meister dabei von seinem Sprachgefühl leiten ließ, das in einem Falle so, im andern wieder anders entschied.

Auffallend ist seine Abneigung gegen Vergleichungen, welche durch die Konjunktion „wie" und den Nominativ des verglichenen Gegenstandes gebildet werden. Der „Apotheker" hat mehrere Beispiele, wo diese Form des Vergleichungssatzes aufgegeben und statt dessen die Konjunktion „gleich" mit dem Dativ des verglichenen Gegenstandes angewendet ist. Statt des früheren „wie wilde Katzen" heißt es jetzt in Str. 318. 3 (X. 209. VIII. 1) „gleich wilden Katzen". V. 4 der Str. 338 (X. 212. 2) lautet jetzt „Gleich der bangen Lady Macbeth" statt des früheren „wie die bange Lady Macbeth".

Viele Varianten des Sammelbandes sind syntaktische Verbesserungen im einzelnen, ohne daß sich gemeinsame Gesichtspunkte für die Art der Korrektur ergeben würden. Mehrfach ist die genaue, logisch richtige Beziehung des Pronomens erst im Sammelband hergestellt. So im „Taugenichts", wo es von dem Alten früher hieß: „Im Zorn fraß er den Hecht, noch eh' er gar gesotten war". (X. 84. 7. 2.) Streng grammatisch bezieht sich das zweite „er" auf das Subjekt des Haupt=satzes, und das ist nicht der Hecht, sondern der alte Vagabund. In den „Gesammelten Gedichten" hat der Meister vorsichtigerweise als Subjekt des Nebensatzes „der" eingesetzt. Ebenso bringt in „Rote Lehre" (X. 26. 2) erst der Sammelband das logisch richtige Pronomen. Wenn es im „Deutschen Musenalmanach" hieß (Str. 2)

> „Also in des Babers Stube
> Hört' ich Einen, der dies sprach,
> Eben als 'nem feisten Bäcker
> Dieser in die Ader stach",

so bezieht sich „dieser" streng grammatisch eher auf den „Einen" in B. 2, als auf den Baber. Der Meister hat dafür im Sammelband das rückweisende Pronomen „jener" eingesetzt. — Interessant ist die Art, wie Keller das Verbum „dünken" konstruiert. In den früheren Fas=sungen verbindet er es durchweg mit dem Akkusativ. Im Sonett „Zur Verständigung" (IX. 124. 2. 4) hieß es früher: „Sie dünkten durch dein Lob mich so viel schaler" und in „Rosenglaube" (IX. 186) Str. 2, B. 2: „Die Rose, die Rose, sie duftet so hold, sie dünkt so unendlich der Morgen!" Meines Wissens ist diese Konstruktion des Verbums mit dem Akkusativ auch im heutigen Schriftdeutschen gebräuchlich und mustergültig. Der Meister scheint allerdings anderer Ansicht gewesen zu sein: wenigstens hat er im Sammelband in beiden Fällen den Dativ des Pronomens eingesetzt. Die betreffenden Verse lauten jetzt: „Sie däuchten (die neueste Orthographie schreibt „deuchten") durch dein Lob mir so viel schaler", und: „Ihr dünkt so unendlich der Morgen". — Anfechtbar ist die frühere Fassung der 1. Strophe des Liedes „Gruß an die Sonne" (IX. 36). „Grüne Knospen trollen tausendfach hervor". Der Ausdruck ist zwar anschaulich; aber das Verbum ist im Deutschen ein Reflexivum und kann nicht in dieser absoluten Form verwendet werden. Möglicherweise hat die mundartliche Verwendung des Wortes den jungen Dichter verleitet. Im Sammelband ist die Stelle berichtigt.

In „Zeitlandschaft" (X. 152. Str. 4. B. 4) hat die Verquickung zweier verschiedener Konstruktionen zu einer in syntaktischer Beziehung anfechtbaren Stelle geführt. In der früheren Fassung lautet der Vers: „Ruhvoll lehnt der Schiffer sich am Steuer". Unser Sprachgebrauch kennt zwei Formen des Ausdrucks: entweder „sich an das Steuer (Acc.) lehnen" oder „an dem Steuer (Dat.) lehnen". Im Sammelband hat sich der Meister für die Fassung entschieden: „Ruhvoll lehnt der Schiffer an dem Steuer".

Weiterhin liegt eine Gruppe von Fällen vor, wo der Leser die Empfindung hat, daß der junge Dichter den Schwierigkeiten nicht gewachsen war, welche die Sprache der Einkleidung eines Gedankens in das metrische Gewand entgegenstellt. In den Gedichten 1846 lautet die 3. Strophe des 2. Sonettes unter dem Titel „Schein und Wirklichkeit" (IX. 106. II. 3. 1) „Und dennoch kann die Hoffnung nie verlieren". Der Vers ist undeutlich. Im Sammelband ist dem Mangel abgeholfen: „Doch kann ich nie die Hoffnung ganz verlieren". — Ähnlich verhält es sich mit der früheren Fassung der 1. Strophe des Liedes „Herbstnacht". (IX. 62.)

> „Als ich, ein Kind, am Strome ging,
> Wie ich da fest am Glauben hing,
> Wenn ich den Wassern Blumen gab:
> Sie trügen all' zum Meer hinab!" —

Auch hier wieder versteht man zur Not, was der Dichter sagen will; genau genommen fehlt aber ein Objekt zu dem Verbum „tragen" und diese Lücke macht sich unangenehm fühlbar. In der Schlußredaktion hat der Meister der Stelle aufgeholfen, die nunmehr lautet: „Wenn ich den Wellen Blumen gab, so zögen sie zum Meer hinab". — Unter dem Druck des Metrums ist im „Winterspiel" (IX. 72. 3. 1) in der früheren Fassung das Verbum verstümmelt worden: „Da zünd' ich Morgen= und Abendrot". In dieser absoluten Form kann das Simplex „zünden" schriftsprachlich nicht verwendet werden. Wie viel Wert der Meister auf die Korrektheit des sprachlichen Ausdrucks legt, beweist die Tatsache, daß er im Sammelband trotz des dadurch entstehenden Hiatus und der metrischen Ungenauigkeit das Kompositum eingesetzt hat: „Da entzünd' ich Morgen= und Abendrot". — Ähnlich in der „Frau Rösel". Die alte Fassung von Str. 4. V. 1 lautet: „Sie geht in Wald". „In den Wald" konnte der Dichter nicht im Metrum unterbringen. Er hat einen andern, glücklichen Ausweg gefunden in der neuen Wendung: „Sie geht zu Wald". — Einen syntaktischen Schnitzer enthielt das Manuskript des schönen Gedichtes „Bei einer Kindesleiche". Str. 3. V. 6 (X. 71): „Wie oft senkt' ich den Blick, von Mühsal schwer, erfrischend tief in dies verklärte Blauen!" Streng grammatisch ist nach dieser Redaktion der Blick das Subjekt der Erfrischung, was einen Unsinn ergibt. Schon in den Gedichten 1846 ist die Stelle korrigiert „Ihn frischend, . . ." —

Stilkorrekturen.

Die gleichen Gründe, die wir für die grammatisch-syntaktischen Unzulänglichkeiten in den früheren lyrischen Publikationen G. Kellers angeführt haben, Nationalität und Autodidaxis, erklären uns auch gewisse stilistische Unebenheiten in seinen Gedichten. Auch noch der Meister hat — neben zahlreichen Liedern, in denen eine wunderbare Melodie der Sprache erklingt (wie „Winternacht" oder „Jugendgedenken") — häufig harte, schwerflüssige sprachliche Wendungen, denen man es anhört, daß sie aus Prosa erst in Verse übersetzt sind. In wie viel höherem Maße gilt das von dem jungen Dichter! Er müht sich ab, für eine poetische Eingebung den adäquaten Ausdruck zu finden. Aber er ist noch nicht zu der souveränen Beherrschung der Sprache durchgedrungen; die natürlichsten und treffendsten Wendungen fallen ihm nicht bei. Und glaubt er schließlich, den prägnantesten und stilistisch besten Ausdruck gefunden zu haben, so machen sich erst die Schwierigkeiten der Form, Metrum und Reim, geltend, um deretwillen er oft eine glückliche sprachliche Wendung hat aufgeben müssen.

Im „Nachtschwärmer" (IX, 79) hieß früher Vers 3 der letzten Strophe: „Es ist kein Baum so hoch gebaut", ... Wie unnatürlich klingt das! Der Sammelband hat: „Es ist kein Turm so hoch gebaut". — Bezeichnend ist die Variante in Str. 2, V. 4 der „Nacht im Zeughaus". Statt des früheren: „.... Banner, braun vom Schlachtenwetter, rauschen da wie Herbstesblätter" ... heißt es jetzt: „... rascheln da wie ...." Eine Verbesserung in doppelter Hinsicht: Einmal mit Bezug auf die Situation, Banner „rauschen" draußen in freier Luft, wenn sie einem festlichen Zuge vorangetragen werden; nicht aber, wenn sie in der Ecke eines Saales stehen oder hangen. Zweitens in Hinsicht auf den Gegenstand der Vergleichung. „Herbstesblätter" rauschen nicht, sondern sie „rascheln". — Die frühere Fassung von V. 4, Str. 2 in dem Gedicht „Die Tronfolger" hieß: „Herolde durchziehen die Straßen, wispern mit gedämpfter Hast". Herolde „wispern" nicht, sonst sind es keine Herolde mehr. Die neue Fassung: „Rufend mit gedämpfter Hast" kennzeichnet die Situation deutlich. „Unruhe der Nacht" (IX, 18) schließt in den Gedichten 1846 mit der Strophe:

> „Ich will mich schlafen legen,
> Ein Morgenwind schon zieht;
> Ihr Trauerweiden am Kirchhof,
> Summt mir ein Wiegenlied!"

Wie geziert klingt in V. 2 „ein Morgenwind". „Wiegenlied" in der letzten Strophe ist schief. Gewiß kann auch ein erwachsener Mensch unter der Wirkung eines Schlummerliedes einschlafen, aber ein „Wiegenlied" ist es dann eben nicht. Die Schlußredaktion verbessert die beiden Stellen:

> „Ich will mich schlafen legen,
> Der Morgenwind schon zieht —
> Ihr Trauerweiden am Kirchhof
> Summt mir mein Schlummerlied!"

Geziert nimmt sich die frühere Fassung der Str. 21 des Gedichtes „Das große Schillerfest" aus. „. . . . Stand im Tal eine strahlende Stadt". Nach unserem Sprachgebrauch „liegt" eine Stadt da und da. In diesem Sinne hat der Meister den Vers geändert: „Lag im Tal eine . . . ." (X, 153, 21.4).

Wie dilettantisch unbeholfen nimmt sich die frühere Fassung von V. 3 der 1. Str. des Gedichtes „Der Nachtschwärmer" aus (IX, 79): „Drob ist der Tag schön abgeblüht", neben der neuen Redaktion: „Darüber ist der Tag verblüht". — Im Lied zum Preise von „Wien" (IX, 171) hieß es früher am Schluß der zweiten Strophe: „Sieh', da warfst du edle Fechter singend in das Frührot aus!" Wenn der Meister im Sammelband trotz der dadurch entstehenden unschönen Konsonantenhäufung schreibt: „Sieh', da sandt'st du edle Fechter . . . .", so ist das ein Beweis, daß er an dem willkürlich gewählten und unpassenden Verbum Anstoß nahm.

Wie viel schöner ist in den späteren Redaktionen Vers 7 der 2. Str. der „Revolution" (X, 58): „Bring' auf das Forum deine Sache", als die gekünstelte Fassung im Manuskript: „Richt' auf ein Forum deiner Sache". — Dilettantisch ist in den „Neueren Gedichten 1851/54" die Fassung der ersten drei Verse der 3. Strophe im „David" (X, 104):

> „Des Königs Waffenlast verwerfend
> Trat er hervor, mit Gott allein im Bunde;
> Die Hand mit weißen Steinen schärfend . . ."

Mit relativ geringen Änderungen hat der Meister im Sammelband dieser schwachen Stelle aufgeholfen. Die Strophe beginnt jetzt:

> „Der Königs Waffenlast verschmähend,
> Trat er hervor, mit Gott allein im Bunde,
> Und einen weißen Stein erspähend . . . ."

In „Aroleid" (X, 136) hat die frühere Fassung von V. 4, Str. 1 „Seit lang entschlaf'ner Zeit" der näherliegenden Wendung „seit lang entschwund'ner Zeit" weichen müssen. — Im „Schwurgericht" (X, 148) hat Keller bei der Redaktion des Gedichtes für das „Züricher Dichter-

Kränzchen" 1882 die Fassung des 2. Verses „in Tagen, die nun lang dahingeschwunden" aufgegeben und dafür das gewundenere „in Tagen, deren Schein nun längst verblichen" eingesetzt. Aber bei der Aufnahme in die „Gesammelten Gedichte" hat er die ursprüngliche einfachere Fassung wieder zu Ehren gezogen.

Interessant ist eine Vergleichung der beiden Redaktionen des Liedes „Am Himmelfahrtstag 1846", 2. Strophe, V. 5—8:

1. lyr. Bändchen.	Sammelband.
Siehe, wie lebend'ge Fahnen,	„Und wie ferne Kirchenfahnen,
Flattern dort am Berggeländer	Flattert's von der Burg Geländern
Kinder, bunte Lenzgewänder	Bunt von seidnen Lenzgewändern
Unter grünenden Platanen!	Unter grünenden Platanen."

Auch im „Nachtfalter", V. 15 (IX, 24), ist die Verwendung des Verbums „flattern" anfechtbar, so daß man versucht ist, in den Gedichten 1846 „Wohl wie sein Schicksal flatterte das Licht" einen Druck= oder Schreibfehler für „flackerte" anzunehmen, wie auch im Sammelband verbessert wurde. Die frühere Fassung des „David" lautet am Schluß der 4. Strophe: „Wie lacht' er schön, als der Erschlaffte kopflos zu seinen Füßen lag!" Die Stelle ist gefährlich; denn unser Sprachgebrauch kennt das Wort „kopflos" kaum mehr in seiner ursprünglichen, sondern bloß noch in der übertragenen Bedeutung von einem, der die ruhige Überlegung verloren hat. Im Sammelband ist dafür „hauptlos" eingesetzt.

In einer andern Gruppe von Varianten geht der Meister darauf aus, sich in seinen Ausdrücken dem Gegenstand der poetischen Behandlung möglichst anzupassen. In „Trauerweide II" heißt es jetzt (IX, 92, 3.2): „Ich wandle wie Christ auf den Wellen frei, als die zagenden Jünger ihn riefen", statt des früheren: „als die zagenden Schüler ihn riefen". „Jünger Jesu" ist in unserer Sprache ein fest geprägter, bestimmter Begriff geworden, der sich mit „Schüler" nicht deckt. — In dem Lied „Abend auf Golgatha" hieß es früher von der niederschwebenden Phaläne in V. 5: „Langsam schlug sie ein Weilchen die samtenen Schwingen zusammen." Indessen braucht man den Ausdruck „Schwingen" sonst nur von größern Vögeln, von Schmetterlingen sicher nicht. Im Sammelband ist dafür „die samtenen Flügel" eingesetzt. — Wie hübsch ist in der „Wochenpredigt" V. 90 der neuen Fassung dem Milieu und der Stimmung angepaßt: „In Herrn Confratris frommer Hut". So viel bezeichnender und lebendiger als das frühere „in des Kollegen frommer Hut".

Die neue Fassung von V. 4. der 3. Strophe des Liedes „Rosenwacht" bringt die Berichtigung eines terminus technicus. Statt des früheren „die Sonne übt das heil'ge Totenamt" lautet der Vers nun: „die Sonne hält das heil'ge Totenamt".

Gewisse Kritiker haben beim Erscheinen sowohl der früheren lyrischen Bändchen als des Sammelbandes darauf hingewiesen, wie G. Keller seine dichterische Sprache aus dem lebendigen, unerschöpflichen Quell seiner Mundart immer wieder erfrische und sie gesund und kraftvoll erhalte. Wir wollen zugeben, daß da und dort eine glückliche sprachliche Wendung durch des Dichters Mundart beeinflußt ist. Aber im allgemeinen scheint uns, man sei leicht geneigt, die Bedeutung des Dialektes für die poetische Sprache Kellers zu überschätzen. Jedenfalls beweisen zahlreiche Varianten des Sammelbandes, daß der Meister bemüht war, die in den früheren Sammlungen bemerkbaren Spuren dialektischer Einflüsse zu tilgen. Und gewiß in vielen Fällen mit Fug und Recht. Denn die früheren Redaktionen der Gedichte enthielten eine Reihe von sprachlichen Wendungen und Ausdrücken, die etwa einem Norddeutschen unverständlich oder doch mißverständlich waren. Die Varianten im Sammelband bieten einige Beispiele dafür, daß sein Dialekt den Dichter zu sprachlichen Schnitzern verleitet hat. Das schöne Lied „In fremden Landen" (X, 100) hatte ursprünglich als Schluß der 4. Strophe die Verse: „Das Gesetz schmückt jede Hütte, jeden Herd ziert ein Geschoß!" Das ist ein Sprachschnitzer, wie ihn der schweizerische Schulmeister in seinen Schüler= heften findet. Der Schweizer hält vielfach die beiden Begriffe Geschütz (d. h. die schwere Feuerwaffe) und Geschoß (d. h. der abgeschossene Wurfkörper) nicht auseinander. Ein „Geschütz" ist ihm manchmal jede Feuerwaffe schlechthin ohne Rücksicht auf ihr Kaliber und die Möglichkeit oder Unmöglichkeit ihrer Handhabung durch einen einzelnen Menschen. Man sieht aus diesem Beispiel, daß die Einflechtung mundartlicher Ele= mente in die poetische Sprache mitunter gefährlich werden kann. Natür= lich hat der Meister im Sammelband den Fehler beseitigt. Die Verse lauten jetzt:

„Das Gesetz schirmt Haus und Hütte,
Jeden Herd ein Büchsenlauf."

Ein weiterer Fall, wo das mundartliche Element mit dem schrift= deutschen Sprachgebrauch in Konflikt gerät, liegt vor in der dialektischen An= wendung des Adjektivs „heiter" in der Bedeutung von hell. „Die Gräber" (IX, 187) hatte früher als Schluß der 4. Strophe den Vers: „So trauerten sie, bis .... es auf Erden heiter war". Im „Prolog zur Schillerfeier in Bern 1859" (IX, 222) hieß es früher in Vers 93/94: „In heitern Sälen wird Vertrag und Recht, Gesetz und Ordnung for= schend ausgebildet". Das Schriftdeutsche kennt das Adjektiv nur in der übertragenen Bedeutung. Keller hat es eliminiert. Die beiden Stellen lauten nun: „Und lichter Tag auf Erden war"; „In hellen Sälen wird` . . . ." — Ähnlich verhält es sich mit der Verwendung des Adjektivs „frisch", das ebenfalls in der Schriftsprache gegenüber der Mundart seinen Bedeutungsinhalt geändert hat. Im 2. Liede des kleinen Zyklus „Panard und Galet" hieß früher die 2. Strophe:

„Er schickt Panard den Morgengruß,
Sechs frische Lieder zum Genuß."

Wie sich aus dem Zusammenhang ergibt, hat hier das Adjektiv „frisch" die Bedeutung von „neu", wie in der Mundart allgemein. Das Schrift-deutsche kennt aber diese Bedeutung des Adjektivs, wenigstens in Ver-bindung mit einem Abstraktum, nicht mehr. Im Sammelband hat Keller „neue Lieder" eingesetzt. — In „Erkenntnis" (IX, 127) hieß es früher in Str. 2: „Ein Tor, der aus des Nachbars Bubenstreichen sich Trost nimmt . . . ." „Bubenstreiche" sind nach heutigem Sprachgebrauch gemeine, moralisch erniedrigende Handlungen. Das will aber der Dichter gar nicht sagen. Er verwendet den Ausdruck, wie er dialektisch gebräuch-lich ist, in der Bedeutung: dumme Kinderstreiche. In diesem Sinne hat er im Sammelband den Vers berichtigt: „Ein Tor, der aus des Nach-bars Kinderstreichen . . . ." — Einen Ausdruck, der meines Wissens nur dem schweizerischen Sprachgebiet angehört, enthielt die frühere Re-daktion von V. 5 der 1. Str. von „Der alte Bettler" (X, 88). Der Vers lautet in den „Neueren Gedichten" 1851/54: „Er wird so wenig mit dir federlesen" . . . Keller hat im Sammelband diesen Provinzialis-mus beseitigt, trotzdem dadurch eine beschwerliche Änderung des den entsprechenden Reim tragenden 7. Verses nötig wurde. — Auch das Simplex „schaffen" in intransitiver Verwendung dürfte den Provinzialis-men zuzuzählen sein, die der Meister mit Absicht vom Sammelbande ferngehalten hat. In der „Klage der Magd" (X, 74) hieß früher Str. 2, V. 3: „Wenn ich . . . . im Garten schaff und singe", . . . Die neue Fassung lautet: „. . . im Garten grab' und singe." — Im „Schwur-gericht" ist das Verbum in absoluter Verwendung erhalten. V. 44:

„Blieb ihr zu schaffen übrig noch genug".

Dagegen ist hier eine andere dialektische Wendung unterdrückt. Die Stelle hieß ursprünglich: „Blieb ihr zu schaffen noch des Zeugs genug." — Das Gedicht hat überhaupt mehrere Stellen, die zeigen, daß sich G. Keller bei der ersten Fassung sprachlich etwas gehen ließ. Es liegt das auch in der breiten, episch-chronikartigen Behandlung des Motivs begründet. Im Sammelband hat der Meister manches verbessert. Der frühere Vers 47 „Und ihr zehntausend Dinge abzufragen" hat die ſtiliſtiſch glücklichere Form bekommen: „Und ſie um tauſend Dinge zu befragen". Vers 54 lautete urſprünglich „Wie lacht er aber, wenn ſein Stumprich kommt". Ich weiß nicht, wie weit über das alemanniſche Sprachgebiet hinaus dieſes Koſewort verbreitet iſt; jedenfalls verdient die neue Faſſung des Satzes „. . . , wenn ſein Hänschen kommt", den Vorzug. V. 87 lautete urſprünglich: „Und gebeten, das Muſikding ihm zu leihen". Im Sammelband heißt der Vers: „Und es gebeten, ihm das Ding zu leihen". — In den früheren Faſſungen der Gedichte hat Keller mehrfach „reuen" in einem Sinne angewandt, der ſich mit dem heutigen ſchriftſprachlichen Bedeutungsinhalt: Reue empfinden über eine Handlung, die man ſelbſt begangen hat, nicht völlig deckt. Er verwendet den Ausdruck in der allgemeinen Bedeutung: Schmerz empfinden, bedauern, daß etwas ſo und ſo eingetroffen iſt. Zum Beiſpiel hieß es urſprünglich in der Feueridylle III (8. 1): „Nur eins reut mich — manch' zierlich Schwalbenneſt hing traulich in den wirren Ranken feſt" . . . . ꝛc. Oder in dem Gedichte „Der Kranz" (X, 131) hieß es an der Stelle, wo Uhland den Lorbeer an den Eichenbaum hängt, Str. 8, V. 3: . . . „Frau Emma ſendet reuig den Blick zurück". Beide Stellen hat Keller im Sammelband berichtigt. Sie lauten nun: „Eins tut mir leid; manch' zierlich Schwalbenneſt . . . ." und „Frau Emma ſendet traurig den Blick zurück", ... — Eine vortreffliche Verbeſſerung iſt die neue Faſſung von V. 1, Str. 4 des Sonettes „Nationalität". Der frühere Vers: „Denn einen Pred'ger nur verträgt der Dom" lautet nun: „Denn einen Pontifex nur faßt der Dom" (IX, 114, 4. 1).

Zu den ſtiliſtiſchen Verbeſſerungen gehört in erſter Linie die Tilgung all jener Ausdrücke, die wir, wenn ſie in der Sprache der Poeſie und gar in der gebundenen Rede erſcheinen, als geſchmacklos, als äſthetiſch unangenehm wirkend empfinden. In der früheren Faſſung des Liedes „Nixe im Grundquell" (IX, 87) lautete Strophe 1:

> „Nun in dieſer Frühlingszeit
> Iſt mein Herz ein klarer See,
> Drin verſank das ſchwere Leid,
> Draus verdampft das leichte Weh."

Der reinen Stimmungslyrik iſt ein ſolcher wiſſenſchaftlicher Ausdruck gefährlich. Ebenſo in Nr. XII von „Lebendig begraben". Str. 7 lautete früher:

> „Wie ich ſo lag, da rauſcht' und ſtob's herbei,
> Daß mir der Luftbruck durch die Locken ſauſte."

Keller hat im Sammelband an beiden Stellen eingegriffen. Die Verſe lauten nun: „Draus verflüchtigt ſich das Weh", und: „Daß mir der

Lufthauch durch die Locken sanfte". — In der „Biermamsell" (X, 98) hieß es früher: „Jedoch noch besser leuchtet mir die Bläue deiner Augen ein" (Str. 1, V. 3—4). Im Sammelband ist dafür „...das Blaue deiner Augen..." eingesetzt. — Im „Abendlied an die Natur" (IX, 40) lautete früher der 2. Vers der 1. Strophe: „Mit deinem Säuseln lull' mich ein!" Der Ausdruck „einlullen" verstößt gegen die getragene poetische Stimmung, die in diesem schönen Liede herrscht. Im Sammelband ist dafür „Mit deinem Säuseln sing' mich ein" gesetzt. — Auch gewisse Pronomina nehmen sich in der gehobenen poetischen Sprache schlecht aus. So vermeidet der Dichter, wenn möglich, das Pronomen determinativum. Die Schlußstrophe des XII. Liedes von „Lebendig begraben" hieß ursprünglich:

„Damals war ich ein kleiner Pantheist
Und ruhte selig in den jungen Bäumen:
Doch nimmer ahnte mir zu jener Frist,
Daß in denselben — solche Bretter keimen."

Im Sammelband ist das Pronomen im letzten Vers durch „in den Stämmchen" ersetzt. — Ebenso in „Röschen biß den Apfel an" (X, 80), wo der letzte Vers der Strophe

„Röschen biß den Apfel an,
Und zu ihrem Schrecken
Blieb ein perlengleicher Zahn
In demselben stecken,"

nunmehr mit Beseitigung des Determinativpronomens lautet: ... „in dem Butzen stecken." — Eine wahre Meisterschaft hat Keller bei der Bearbeitung seiner Gedichte darin gezeigt, daß er in vielen Fällen neue, kräftige, dem Wortschatz der gehobenen poetischen Sprache entnommene Verba einführte. Er besitzt darin ein hervorragendes Stilmittel, denn das Verbum bildet immer den Grundpfeiler des Satzes. — „Sehen" ersetzt er mehrfach durch das bedeutungsinhaltlich wie lautlich kraftvollere „schauen". „Im Nachtfalter" (IX, 24) heißt nun V. 7—8: „Und aller Sterne volle gold'ne Pracht schaut hoch herab". In dem Liede „Die Begegnung" hat der Sammelband in der letzten Strophe, V. 2, „und schaut' ins Abendrot". In „Wardeins Brautfahrt" (X, 118) beginnt nun die 3. Strophe: „Die duftig blauen Hügel dort, schau, werden mählich braun". — An einigen Stellen hat der Dichter das kraftvolle und wohlklingende Verbum „wogen" eingeführt. So im „Sonnenaufgang" (IX, 32). Die 2. Strophe begann früher mit dem Verse: „Siehe die Meere, sie schaukeln und branden"; jetzt: „... sie wogen und branden". In „Herbstnacht" hieß früher Vers 1 der 3. Strophe:

„Es rauscht und weht das weite Land". Das Verbum ist in dieser Verbindung etwas willkürlich. Im Sammelband lautet die Stelle „Schon rauscht und wogt das weite Land". Der neue Ausdruck ist anschaulicher und von größerem Wohlklang. Wundervoll klingen in der neuen Fassung die beiden ersten Verse der 23. Strophe des Gedichtes „Das große Schillerfest" (X, 153):

> „Herrlich wogte der Wind aus Norden,
> Und die Glocken erschollen mit Macht,"

gegenüber der früheren Fassung: „Herrlich rauschte der Wind von Norden und die Glocken erklangen mit Macht".

Unvorteilhaft für den poetischen Stil ist eine allzu komplizierte Ausdrucksweise. Ein Beispiel dafür bietet die frühere Fassung des Liedes „Ich kenne dich, o Unglück, ..." (X, 120). Vers 2 der 3. Strophe lautete ursprünglich: „. . . . als die Erinnerung einst wird können schließen". Durch die Häufung der Verba erscheint der Stil schwerfällig und schleppend. Die neue Fassung: . . . „als einst die müde Seele noch wird wissen" ist wenigstens etwas leichter und flüssiger. — In dem Gedicht „Der Narr des Grafen von Zimmern" hieß es ursprünglich in der 5. Strophe, V. 3—4: „Der schon das Zeichen deuten will als Unheil, das ihn traf". In seinem Brief vom 15. Juli 1878 kritisiert Th. Storm diese beiden Verse mit den Worten: „Zu referierend, hier insbesondere, schon als langer Relativsatz". Offenbar hat ihm Keller Recht gegeben, denn in der Redaktion des Sammelbandes erscheint der Relativsatz gekürzt und der Gedanke einfacher gegliedert. Die Verse lauten nun (X, 137, S. 3—4): „Der gleich ein Unheil ahnen will, das ihn vom Himmel traf". Eine ähnliche Verbesserung liegt vor, wenn der Dichter die frühere Fassung von Vers 3 der 2. Strophe des Sonettes „Herwegh": „Noch ist die Zeit ein stummer Totenschrein, der schweigend harrt auf seinen Osterschein" im Sammelband abgeändert hat zu: „Noch ist die Zeit ein stummer Totenschrein, der Schläfer harrt auf seinen Osterschein". Nicht der Totenschrein hat die Auferstehung zu erharren, sondern das Kind der Zeit, das einer bessern Zukunft entgegensieht. — Wieder eine andere Art der stilistischen Verbesserung liegt vor in der neuen Fassung von Strophe 353 des „Apothekers" (X, S. 214). Keller hat den in der früheren Redaktion über drei Strophen sich erstreckenden Satz abgeteilt und nach Str. 352 einen Punkt gesetzt. Es ist klar, daß durch diese einfachere Gliederung die Stelle gewinnt.

Ein wirkungsvolles Mittel stilistischer Verbesserung ist die direkte Apostrophierung an Stelle früherer Nebensätze. Das bekannteste Beispiel

dafür bietet der Schluß des Liedes „An das Vaterland". Im Manuskript lautete er:

> „Beten will ich dann zu Gott dem Herrn,
> Daß er segnend seinen schönsten Stern
> Strahlen lasse auf mein Vaterland!"

Wie viel wirkungsvoller ist dem gegenüber die neue Fassung, wo
der Dichter sein Gebet an den Herrn der Welt selbst richtet: „Lasse
strahlen deinen schönsten Stern nieder auf mein irdisch Vaterland!"
Im „Gruß der Sonne" (IX, 33) heißt es nun in Str. 9, V. 2:
. . . „lagert euch herum", statt des früheren: . . . „wimmle es herum".
— Das Lied, das im Sammelband als Nr. 2 unter dem Titel „In der
Trauer" steht (X, 120), begann im „Traumbuch" und in der 1. Ausgabe des „Grünen Heinrich": „O, ich erkenn das Unglück ganz und
gar und sehe jedes Glied an seiner Kette! Es ist vernünftig . . . ."
Im Sammelband wird das Unglück, gleichsam als die Personifikation
eines schweren, niederdrückenden Schicksals, direkt apostrophiert, und dadurch das Gedicht viel unmittelbarer und wirkungsvoller:

> „Ich kenne dich, o Unglück, ganz und gar
> Und sehe jedes Glied an deiner Kette!
> Du bist vernünftig, ..."

Mehrfach hat Keller, namentlich im Eingangsvers eines Gedichtes,
zur Belebung und zur Erhöhung der poetischen Wirkung die rhetorische
Frage nachträglich im Sammelbande eingeführt. So ist beispielsweise
der frühere Eingangsvers des Liedes „Es eilt vom Berg der Schweizerknab"
abgeändert zu: „Was eilt zu Tal der Schweizerknab?" In „Melancholie"
(X, 122) ist der Eingangsvers der 3. Strophe mit dem das Subjekt
des Satzes antizipierenden „Es hängt mein Herz" ersetzt durch den poetisch viel wirkungsvolleren Ausrufsatz: „Wie hängt mein Herz an eitler
Lust!" — Wenig angebracht ist in der poetischen Sprache ein längerer
Passus in der oratio obliqua. Das zeigt eine Gegenüberstellung der
beiden Fassungen der 2. Strophe von „Am Ufer des Stromes" (X, 146):

Neuere Gedichte 1851/54:	Gesammelte Gedichte:
„Der klagt ihm, wie er ein Weib hielt wert,	„Lieb fand ich ein Mädchen und hab' ihm's gesagt,
Dem neulich er fruchtlos die Liebe er-klärt,	Sie flüstert ein Nein, kaum daß ich ge-fragt,
Und wie nun verletzt seine stolze Brust,	Und alles im Nu — nun beklemmt's mir die Brust,
Daß er das Maul nicht zu halten ge-wußt!"	Daß Herz ich und Mund nicht zu halten gewußt!"

Mehrfach zeigen die früheren Fassungen ein Nebeneinander von
koordinierten, ohne eine Bindepartikel aneinandergereihten Ausdrücken,

seien es Substantiva, seien es Epitheta. Das vertrug sich mit dem verfeinerten Stilgefühl des Meisters nicht mehr. „Sonnenuntergang" (IX, 36) bietet dafür zwei Beispiele. In Str. 2 hieß es früher: „O reiche mir noch einen Strahl, der labend, leuchtend auf mich falle" . . . . und in der 3. Strophe „Verlassen, bang wend' ich mich ab". Die Verse lauten jetzt: „O reiche mir noch einen Strahl des Lichtes, daß er auf mich falle" . . .; und: „Sie geht, ich wende bang mich ab" . . . . — Im „Tagelied" (IX, 89) hieß es ursprünglich in der 5. Strophe: „Ich will dir einen festen Turm erbauen von Rosen, Lilien, Myrthen, duftend weich". Diese stilistisch nicht glückliche Häufung ist in der neuen Redaktion vermieden.

In Str. 162 des „Apothekers" sind die Epitheta in unkünstlerischer Weise gehäuft: „Denn sie stand auf einem schmalen, hohen, schwarzen Felsenturme" . . . (X, S. 186). Die Auflösung dieser koordinierten Epitheta lautet in der neuen Redaktion: „Denn sie stand auf schmaler Platte eines schwarzen Felsenturmes".

Zur sorgfältigen Pflege des Stils gehört auch die Vermeidung von Wortwiederholungen, wie sie die früheren Fassungen der Gedichte mehrfach aufwiesen. In einigen Fällen tritt ihre Funktion als Versfüllsel deutlich zu Tage. Im „Sonnenuntergang" lautete ursprünglich der 1. Vers der 3. Strophe (jetzt Str. 2, V. 6): „Als leichte, leichte Wolke nur . . ." Der Sammelband hat: „Als lichte, leichte Wolke nur" . . . In „Erster Schnee" (IX, 71, 2. 1—2) hieß es ursprünglich „Reiner, weißer Schnee, o schneie, schneie beide Gräber zu . . ." In der Schlußredaktion ist das zweite „schneie" durch „decke beide Gräber zu" ersetzt. Im „Sonntagsjäger" (IX, 63) erscheint in der früheren Fassung innerhalb zweier Verse dreimal das Verbum „haben":

> „Und als das Häslein ausgeschnappt,
> Hab' ich es heimgetragen —
> Doch hab' ich schon genug gehabt" . . .

Die neue Redaktion beseitigt das 2. „hab'". Der Vers lautet nun: „Doch freilich schon genug gehabt" . . .

Zu den Stilmitteln der poetischen Sprache gehört auch die Anwendung des bestimmten Artikels in vielen Fällen, wo man in der Sprache der Prosa den unbestimmten zu setzen pflegt. Bei Keller findet sich dieses Stilmittel häufig, und er hat es im Sammelband noch mehrfach neu angewendet. So im „Sonnenaufgang" (IX, 32, 5. 3): „Ja, s'ist der Hecht", ..., statt des früheren: . . . . „Ja, s'ist ein Hecht . . ." Ebenso im XII. Liede von „Lebendig begraben", wo es in Str. 7, V. 3 heißt: „Und aus der Höh' schoß senkrecht her der Weih", statt des früheren . . . „ein Weib". Wie diese Belege zeigen, handelt es sich dabei namentlich um Gattungsbegriffe. Es wird mit dem bestimmten Artikel ein Exemplar der betreffenden Spezies bezeichnet.

Ähnlich verhält es sich mit der Wahl des Numerus gewisser Begriffe. „Das Auge", „das Haar" sind Singularia, die, im Gegensatz zu den entsprechenden Pluralia, speziell der poetischen Sprache angehören. Umgekehrt ist z. B. der Plural „die Wasser" ein Ausdruck der poetischen Sprache. Gerade für die genannten Begriffe liegen in den Varianten des Sammelbandes Beispiele vor, die zeigen, daß Keller solchen stilistischen Problemen große Bedeutung beigemessen hat, so geringfügig auch äußerlich die dadurch bedingte Änderung erscheinen mag. Im „Abendlied an die Natur" lautet nun der Anfang der 2. Str.: „Des Kinderauges freudig Leuchten", statt der früheren Fassung: . . . „der Kinderaugen . . ." In dem Gedicht „Der Waadtländer Schild" heißt es nun von Ferdinand Flocon (X, 64, 4. 3): Er . . . „wandelt mit ergrautem Haare" (früher . . . „mit ergrauten Haaren".) — Umgekehrt ist in dem Liede „Verlor'nes Recht; verlor'nes Glück" in Str. 3, V. 2 der frühere Singular: . . . „sah ich auf dem Wasser fahren" (Traumbuch) durch den Plural ersetzt: . . . „auf den Wassern".

In mehreren Fällen hat der Meister noch in der Bearbeitung für den Sammelband die Personifikation zu glücklicher Anwendung gebracht. Man empfindet sogleich den Unterschied in der poetischen Wirkung, wenn im Sammelband „Wetternacht" beginnt: „Der Sturm erwacht", gegenüber der früheren Fassung: „Rauh geht der Nord". Ebenso, wenn es nun in „Ein Tagewerk", I. Str. 3, Vers 5 (X, 66) heißt: „Der Mittag kam", statt des früheren: „Es ward Mittag". Früher begann die 2. Strophe des Liedes „Der Nachtschwärmer": „Am andern Berge drüben steht im Sternenschein das liebe Haus". Im Sammelband heißt es statt dessen poetischer: . . . „im Sternenschein der Liebe Haus" (X, 79, 2. 2).

Eine besondere Wirkung versteht der Meister durch gewisse Original-Wortbildungen zu erzielen. Wir erinnern an das schöne „Abendfeld" (im „Abendlied", IX, 43, 4. 1) oder „im ferneblauen Duft" („Aroleib", X, 136, 7. 4). Es sei hier noch auf einen solchen Ausdruck aufmerksam gemacht, den Keller erst bei der Redaktion des Sammelbandes in seiner vollen Schönheit geprägt hat. Es ist der 3. Vers der Schlußstrophe von „Jugendgedenken" (IX, 77). Er lautet im Sammelband: „Heiter leuchte, Frühstern guten Strebens". An einer andern Stelle hat Keller eine glückliche Originalbildung durch einen weniger wirkungsvollen Ausdruck ersetzt. Im „Kirchenbesuch" heißt es nun in Vers 6 der 1. Strophe: „Taubesprengt ein Röslein blitzt", statt des früheren: „Morgenfeucht ein Röslein blitzt".

Schwierigkeiten bereitete dem jungen Keller oftmals die in stilistischer Hinsicht notwendige Abwechslung in der Formulierung der Verseingänge. In den früheren Fassungen ist es ihm ziemlich häufig begegnet, daß er unmittelbar oder in kurzer Distanz aufeinanderfolgende Verse mit denselben oder ähnlich klingenden Worten begann. Viele Varianten des Sammelbandes gehen darauf zurück, daß er dieser Monotonie der Verseingänge abzuhelfen bestrebt ist. So im „Winterspiel" (IX, 72) Str. 1, V. 4: „Da dehnen sich . . ." Str. 2, V. 1: „Da stell' ich . . ." Str. 2, V. 3: „Da spann' ich . . ." Str. 3, V. 1: „Da zünd' ich . . ." Str. 3, V. 3: „Da laß' ich . . ." Str. 4, V. 1: „Dann ändr' ich . . ." Str. 4, V. 3: „Ich lasse . . ." Str. 5, V. 1: „Dann plötzlich . . ." 2c. 2c. Keller hat sich bemüht, im Sammelband etwas Abwechslung in diese Eintönigkeit zu bringen, indem er die Partikel „da" etwa durch die Konjunktion „und" ersetzt oder sich sonstwie behilft.

Besonders zahlreich sind die Varianten zum Zweck der Abwechslung in der Form der Verseingänge im „Apotheker":

(Euphorion, S. 172, Str. 365—366.)	(Ges. Ged. Str. 418—419, [X, S. 223].)
„Und sie schüttelt ihre Locken,	„Plötzlich schüttelt sie die Locken,
Ihre braunen Seidenlocken,	Ihre braunen Seidenlocken,
Und sie wiegt die schönen Schultern,	Wiegt die schön gewölbten Schultern,
Und sie schürzt das Kleid zum Tanze.	Und sie schürzt das Kleid zum Tanze.
Und sie schwingt die runden Hüften,	Schneller dreht sie schon die Hüften
Und sie wirft den fein chaussierten . . ." 2c.	Und sie wirft . . . ." 2c.

Besonders hat Keller Anstoß genommen an der großen Zahl der Fälle, wo in den früheren Fassungen der Akkusativ des unbestimmten Artikels in der verkrüppelten Form „'nen" erscheint. Im Sammelband ist die anstößige Form fast durchweg getilgt. — In „Gewitterabend" (IX, 39, 5. 1) ist die frühere Fassung „Wenn Gott 'nen guten Gedanken hat" . . . abgeändert zu: „Wenn Gott einen guten Gedanken hat" . . . Der frühere Schlußvers des Sonettes „Dankbares Leben" (IX, 126): . . . „um zu bauen 'nen festen Damm" . . . heißt jetzt: . . . . „den festen Damm" . . . In dem Lied „Die Zeit geht nicht" (IX, 184) lautet jetzt Vers 3 der 5. Strophe: „Auch ich schreib' meinen Liebesbrief", statt des früheren: . . . „schreib' ich 'nen kurzen Liebesbrief" . . . „Landwein" (X, 23) begann früher: „'Nen Vetter hab' ich, einen Bauersmann." Im Sammelband ist der Vers geändert.

Sehr häufig hat Keller bei der Bearbeitung der Gedichte Umstellungen in der Reihenfolge der Verse vorgenommen. Man könnte dafür eine Unzahl von Beispielen anführen. Im „Frühling des Armen" (IX, 49) haben durch alle Strophen die früheren Verse 1 und 2 im Sammelband ihre Plätze vertauscht, d. h. es tritt in der 1. Hälfte der Strophe an die Stelle des früheren gekreuzten der umarmende Reim. Dadurch kommt in das Reimschema der achtzeiligen Strophe mehr Abwechslung (ab ab cd cd > ab ba cd cd). — Wieder in andern Fällen wird die 2. Hälfte der Strophe im Sammelband vorausgenommen; d. h. die frühere Gruppierung Vers 1, 2, 3, 4 wird zu V. 3, 4, 1, 2. Die Anordnung der Reime bleibt dabei die gleiche. Solche Umstellungen liegen u. a. vor in „Zur Erntezeit", I, Str. 2 (IX, 51); in „Trauerweide", II, Str. 3 (IX, 92). Dann in der 2. Hälfte der 7. Strophe von „Der alte Bettler" (X, 88) und in der 2. Hälfte der 2. Strophe von „Berliner Pfingsten" (X, 95). — Solche neue Gruppierungen erzielen zumeist eine strenger logische Reihenfolge der Gedanken.

Auch für die Umstellung einzelner Wörter und Satzglieder innerhalb des Verses bietet die Bearbeitung des Sammelbandes eine große Zahl von Beispielen. Dabei handelt es sich etwa um die Versetzung eines Adverbiums oder einer Partikel, namentlich auch um die Änderung der Wortfolge in solchen Fällen, wo zwei oder mehrere Epitheta zu einem Substantiv gehören. In Str. 27 des Gedichtes auf „Das große Schillerfest" (X, 153) hieß es in der früheren Fassung V. 3—4: „Daß die bessere und die schönere, ja die größere Zeit sei nah'!" In der neuen Redaktion ist die Reihenfolge der Epitheta geändert: „Daß die schönere und die größere, ja die bessere Zeit sei nah!" Manchmal zeigt der Dichter eine gewisse Unsicherheit in der Stellung der Worte, die er bei jeder neuen Redaktion wieder ändert. Z. B. hat das Sonett „Schein und Wirklichkeit", II, sukzessive drei Fassungen des 1. Verses: „So werd' ich manchmal irre an der Stunde" (Mskr. 1844); „So manchmal irre werd' ich . . ." (Gedichte 1846); „So manchmal werd' ich irre . . ." (Ges. Ged. IX, 106). — In vielen dieser Fälle ist die neue Fassung im Sammelband in metrisch-rhythmischer Hinsicht glatter. Zweitens kommt es dem Meister darauf an, ein Wort, das dem Sinne nach betont sein sollte, auch in eine Vershebung zu stellen, d. h. sinngemäße und rhythmische Betonung in Einklang zu bringen. — Im 2. der „Waldlieder" (IX, 54) lautet nun der letzte Vers: . . . . „hier ich will begehen". Neben der rhythmischen Verbesserung gegenüber dem früheren . . . „ich hier will begehen", verdient diese Redaktion auch sonst den Vorzug, da sie das Wort „hier", auf dem sinngemäß der Ton liegt, vorausnimmt und dadurch gebührend hervorhebt. Ebenso in der letzten Strophe des IV. Liedes „Am fließenden Wasser" (IX, 57). Der 2. Vers hieß früher: „Ja, es war sie“ . . . Sinngemäß trägt aber „sie“ den Hoch- und Hauptton des Verses und würde daher besser am Anfang, d. h. als erste Hebung des Verses stehen. Im Sammelband ist die Stelle auch wirklich so formuliert: „Ja, sie war es . . .“ Besonders deutlich wird die Sache dann, wenn es sich um die Hervorhebung eines Gegensatzes handelt, wie in den Schlußversen von „Tafelgüter“ (X, 109). Die Stelle lautete früher: „Wir schinden nur das Menschenkind, den Aar sie in den Lüften“. Im Sammelband wird durch die korrespondierende Stellung der betonten Pronomina der Gegensatz von Rittern und Pfaffen noch deutlicher hervorgehoben und so der Schluß des Gedichtes schärfer pointiert: „Doch sie den Aar in Lüften“.

Formelle Glättungen.

Die Zahl der formellen Glättungen ist sehr groß, wie man das bei der langsamen künstlerischen Entwicklung des Dichters in Hinsicht auf sein technisches Können nicht anders erwarten darf. Im Sammelband zeigt er sich den Schwierigkeiten der Verstechnik durchweg gewachsen. Doch machen wir die Beobachtung, daß ihm auch hier der Inhalt und die Kraft des Ausdrucks immer höher steht, als die Form.

Die formellen Glättungen, wie sie in den Varianten des Sammelbandes vorliegen, lassen sich nach zwei Richtungen einteilen. Entweder sind es Verbesserungen metrisch-rhythmischer Art, oder es sind Verbesserungen in Hinsicht auf den Wohlklang. Die rhythmischen Unregelmäßigkeiten der früheren Fassungen bestanden entweder darin, daß einzelne Verse mehr Takte aufwiesen, als das metrische Schema zugab, oder darin, daß der Silbenrhythmus mit der sinngemäßen Betonung im Widerspruch stand, indem die Vershebung auf eine dem Sinne nach unbetonte Silbe traf. Darnach gruppieren sich auch wieder die Varianten des Sammelbandes, welche diesen Mängeln abhelfen. Die letzte Strophe des Liedes „Stiller Augenblick“ (IX. 66) hatte früher durchgehend in allen sechs Versen eine Hebung zu viel, d. h. das reguläre Schema der vierfüßigen Trochäen ist hier um eine 5. Hebung erweitert. Durch Unterdrückung entbehrlicher Elemente (Epitheta, Interjektionen ꝛc.) ließ sich in allen Versen leicht der überschüssige Fuß beseitigen. — Im „Wanderlied“ (X. 42) hatte in der früheren Fassung je der 4. Vers der drei ersten Strophen an 2. Stelle einen Anapäst. In der neuen Redaktion ist derselbe jeweilen durch einen Jambus ersetzt und dadurch der ruhigere, glattere Fluß der Silben erzielt. Die früheren Verse: 1. 4 „Die Sonne da mit mir geht;“ 2. 4 „Wie's überall doch so schön“; 3. 4 „Gibt's purpurne Wolken doch“ lauten jetzt: „Die Sonne mit mir geht;“ „Wie's überall so schön;“ „Gibt's Purpurwolken doch“. — Dem Gedicht „Des Friedens Ende“ (X. 60) liegt das metrische Schema zu Grunde:

$$\overset{1}{\cup\,-\,\acute{}}\;\Big|\;\overset{2}{\cup\,-\,\acute{}}\;\Big|\;\overset{3}{\cup\,-\,\acute{}}\;\Big|\;\overset{4}{\cup\,-\,\acute{}}\;\Big\|\;\overset{5}{\cup\,-\,\acute{}}\;\Big|\;\overset{6}{\cup\,-\,\acute{}}\;\Big|\;\overset{7}{\cup\,-\,\acute{}}$$

Dem gegenüber zeigt aber die frühere Redaktion der letzten Strophe in allen vier Versen einen Takt zu viel. Sie lautete („Lieder des Kampfes“ 1848 S. 8):

„Schon steht sie auf des Berges Grat und schlägt den ersten roten Schein
Der Morgensonne mit dem Schwert zurück und in die Welt hinein.
In wilder Schönheit atmet sie, wie weiße Brandung wogt die Brust,
Und in den Tälern wacht es auf mit träumerischer Todeslust!“

Im Sammelband hat Keller in allen vier Versen den überschüssigen Takt unterdrückt. — Weniger auffallend als solche durch die ganze Strophe durchgeführte rhythmische Unregelmäßigkeiten sind diejenigen häufigen Fälle, wo ein Vers einen Takt oder einen einzelnen Fuß zuviel hat. Im „Gruß der Sonne“ (IX. 33) hieß früher die letzte Strophe, B. 3 „Mit der Liebe goldnem Faden“. In der neuen Redaktion ist der Vers um einen Takt reduziert und stimmt nun in seinem metrischen Bau völlig mit den anderen überein: „Mit dem goldnen Faden“ ... — In „Bergfrühling“ hieß ursprünglich der 1. Vers der 2. Strophe: „Und ob auch mein Hüttlein die Lauine trifft“. Es liegt vierfüßigjambisch-anapästisches Versmaß zu Grunde. Nach der früheren Fassung hat der 3. Fuß eine Senkung zu viel. Demgegenüber zeigt die neue Redaktion den regulären Bau: „Und ob auch die Laue mein Hüttlein trifft“ (IX. 48). — Daß der Dichter bei der neuen Redaktion etwa in einem Gedichte mit fallendem Rhythmus einen Daktylus durch einen Trochäus ersetzt und ähnliches, ist nicht auffallend. Der frühere Vers 2 der 2. Strophe des Liedes „Stiller Augenblick“ (IX. 66) „Taucht vergnügt in den feuchten Spiegel“ lautet nun „Tauchet in den Wasserspiegel“. — Bei steigendem Rhythmus bringt die neue Redaktion vielfach Jamben an Stelle früherer Anapäste. In „Frau Rösel“ heißt jetzt Vers 2 der 7. Strophe „Und sitzt vergnügt vor ihrem Haus und harrt der Landesmutter“ statt des früheren ... „und harrt im Haus auf die neue Landesmutter“. — Einen überschüssigen Versfuß enthielt die frühere Redaktion des Liedchens „Du milchjunger Knabe“ in B. 1 der 2. Str. (X. 77.) Die neue Fassung „Alle Ratsherrn der Stadt“ reduziert den übervollen Takt auf einen regulären Anapäst. — Vielleicht die holperigste Stelle der sämtlichen älteren Fassungen ist der Schluß des Gedichtes „Weihnachtsmarkt". (Neuere Gedichte 1854. S. 63.)

> „Hell schien der Mond ihr ins Gesicht,
> Das festlich still verkläret;
> Weil sie auf der Welt sonst nichts besaß,
> Hatte sie sich selbst bescheret."

Der Schlußvers zeigt sogar die metrische Unmöglichkeit eines Daktylus bei steigendem Versmaß. Im Sammelband sind die beiden anstößigen Verse rhythmisch geglättet. Sie lauten nun (X. 96) „Weil auf der Welt sie nichts besaß, hatt' sie sich selbst bescheret". —

Die zweite Art von rhythmischen Unregelmäßigkeiten besteht darin, daß der Silbenrhythmus mit der sinngemäßen Betonung in Konflikt gerät. In den früheren Fassungen der Gedichte sind die Fälle häufig, wo eine Silbe, die sinngemäß den Hauptton des Verses trägt, in eine Senkung des Metrums fällt, und umgekehrt, wo der Versiktus eine unbetonte Nebensilbe trifft. Zum Beispiel beim zusammengesetzten Epitheton. Sinngemäß und nach dem deutschen Akzentgesetz ist es auf der 1. Silbe betont. Mehrfach hat der Dichter früher solche Komposita auch in Gedichte mit steigendem Rhythmus aufgenommen. In „Stille der Nacht" (IX. 17) hieß früher V. 2 der 1. Strophe: „Die auf tautrunk'nen Fluren liegt". Das Versmaß ist jambisch, der Rhythmus also steigend. Das zusammengesetzte Epitheton „tautrunken" zeigt dagegen fallenden Rhythmus. Den daraus resultierenden Widerspruch in der Betonung beseitigt die neue Redaktion: „Die auf betauten Fluren liegt". — Ebenso verlangt der Rhythmus in Str. 2, Vers 3 des Liedes „Unruhe der Nacht" (IX. 18) nach der früheren Fassung die Betonung: „Reichfunkelnde Sternenkrone". Auch hier hat der Dichter im Sammelband das Epitheton aufgegeben. Der Vers heißt jetzt: „Und eine Sternenkrone" ... — Im „Schöngeist" lautete früher Vers 2 der 9. Strophe „Die im helllichten Abendrot" ... Auch hier wieder fällt der erste, hauptbetonte Kompositionsteil des Epithetons in eine Verssenkung und der Iktus trifft die zweite Silbe. Im Sammelband hat sich Keller damit geholfen, daß er ein mit einer unbetonten Vorsilbe versehenes Epitheton wählte: „Die im verglüh'nden Abendrot" (X. 92). — Wenn es früher in Vers 1 der 482. Str. des „Apothekers" hieß „Hinter dem durchsicht'gen Eise", so verlangte der Rhythmus die unrichtige Betonung „durchsicht'gen". Wieder bringt der Sammelband dieselbe Lösung der Schwierigkeit: einfaches Epitheton mit unbetonter Vorsilbe: „Hinter dem erhellten Eise" ... (X. S. 232). Der letzte Vers des V. Liedes von

„Lebendig begraben“ lautete ursprünglich: „Heimlich zu leuchten“ ...
Also in dem sonst durchgängig jambischen Versmaß ein ungebührlicher
Trochäus! In der neuen Redaktion ist dafür „Geheim zu leuchten“ ...
eingesetzt. — Ursprünglich hieß Str. 5, V. 3 des „Jesuitenzuges“
(IX. 281): „Fanatismus als Feldprofoß“. Der Rhythmus verlangt also
die unsinnige Betonung „Fanátismus“. In der neuen Redaktion heißt der
Vers: „Der Fanatismus ist Profoß“. — Wenn es früher in Nr. I
von „Lebendig begraben“ Str. 4. V. 2 hieß: „Sie haben selbst den
Erdboden belogen“, so fällt hier die Hebung des 4. Fußes auf die ton-
lose Silbe — „den“ — von — „boden“, was beim Vortrag stört. Im
Sammelband hat Keller die Stelle rhythmisch geglättet: „Sie haben in
das Grab hinein gelogen“. (IX. 135.)

Eine zweite Art von formellen Glättungen sind diejenigen Varianten,
die in Hinsicht auf den Wohlklang des Verses eine Verbesserung gegenüber der früheren Fassung darstellen. Die Mittel solcher euphonischer
Verbesserungen sind mannigfach.

Es ist eine allgemein bekannte Regel, daß in der gebundenen
poetischen Sprache der Hiatus möglichst vermieden werden soll. Im
Sammelband hat ihn Keller oft beseitigt, sei es durch Elision des einen
Vokales, sei es auf irgend einem anderen Wege. Namentlich hat er das
lautlich unschöne Zusammentreffen zweier —e konsequent vermieden. Im
II. Gasel (X. 11. II. V. 8) heißt es nun statt des früheren „Als stäte
er“... „Als stäf' er ... In „Waldfrevel“ (X. 86) lautete früher V. 8
der 7. Str.: „Schleift die Krone er im Staube“. Jetzt heißt es:
„Schleift die Kron' er nach im Staube“. Im „Apotheker“ hieß es
früher in Str. 102, V. 3 (X. S. 177) „Streute er die Leidenschaft“.
Jetzt lautet der Vers „Streut' er böse Leidenschaften“ ... Ebenso ab-
lehnend verhält sich Keller gegenüber dem Zusammenfall der Vokale e
und i. In „Ungemischt“ (X. 18) lautete früher V. 2 der 3. Str.:
„Wie sie linde in unsre Seelen rinnen“. In der neuen Redaktion hat
er das übrigens entbehrliche e von „linde“ elidiert. — Der Anfangs-
vers des Liedes „Der falsche Hafisjünger“ lautet jetzt „Ich bet' in
aller Frühe“ (X. 34), statt ich bete in der Frühe“. Die erste
Fassung des Liedes „An das Vaterland“ lautete in der Schlußstrophe: „Werfe ich von mir . . . . .“ In den späteren Redaktionen ist das e des Verbums apokopiert. — Auch das Zusammen-
stoßen anderer Vokale hat der Meister da und dort vermieden: Während
es früher in „Stille der Nacht“ in Str. 2, V. 2 hieß ... „wie ein
Nachtgebet“, lautet jetzt die Stelle ... „wie mein Nachtgebet“. In
dem Gasel „Trost der Creatur“ II. ist der frühere 5. Vers „Da wachte

eine Lilie auf" im Sammelband abgeändert zu „Da wacht' die schönste Lilie auf". (IX. 28.)

Mit der Konsequenz, wie in gewissen andern Sprachen, läßt sich im Deutschen die Vermeidung des Hiatus nicht durchführen. Gerade Keller ist in diesem Punkte nicht streng. Wenn die oben angeführten Belege dartun, daß er das Zusammentreffen gewisser Vokale (e: e, e: i, i: i) manchmal vermieden hat, so liegen auf der anderen Seite wieder Beispiele dafür vor, daß er den Hiatus ohne Bedenken hat stehen lassen. Ja noch mehr. In einigen Fällen hat er erst bei der Redaktion der „Gesammelten Gedichte" bei Gelegenheit anderweitiger Verbesserung den Hiatus neu eingeführt, wo die ursprüngliche Redaktion ihn nicht hatte. So heißt es jetzt im „Winterspiel" Str. 3. V. 1 (IX. 72): „Da ent- zünd' ich". In Str. 5, V. 3 desselben Gedichtes: „Laß' Schiffe und Männer zu Grunde geh'n". Während es früher in Str. 7. V. 3 des Liedes „Poetentod" hieß: „Auf off'nem Markt sich ahnungsvoll er- werbe" lautet jetzt der Vers mit Einführung des Hiatus: „Auf off'nem Markte ahnungsvoll erwerbe". Auch die 3. Strophe der „Frau Rösel" (X. 46) hat in der neuen Redaktion nachträglich noch einen Hiatus er- halten. Statt der früheren Fassung: „wie trippelt sie, wie lauft sie" heißt es jetzt: „wie trippelt sie und wie lauft sie".

Zahlreiche Varianten des Sammelbandes gehen darauf aus, die Häufung von Konsonaten zu vermeiden. Es betrifft dies namentlich die vielen synkopierten Formen des Epithetons. Durch den Wegfall des Vokals der mittleren Silbe stoßen mindestens zwei, häufig aber mehrere Konsonanten zusammen, die oft unschön klingen. In Str. 3, V. 1 des Gedichtes „Himmelsleiter" (IX. 84) hieß es früher „O das war ein prächt'ger Reigen". Der Sammelband hat: … „ein schöner Reigen". Im „Stutzenbart" (X. 124) hieß ursprünglich V. 3 der 8. Strophe: „Für die allerleicht'ste Brut". Später: „Für die weich beflaunte Brut". Ein bezeichnender Fall liegt vor in dem Gedicht „Auf der Landstraße". (X. 49.) Da hieß ursprünglich der letzte Vers der 3. Strophe: … „Mit ihrem röm'schkathol'schen Segen". In diesem Kompositum trifft es auf vier Vokale acht Konsonanten! Über- haupt macht das Wort infolge der zwiefachen Synkope einen ver- krüppelten, unästhetischen Eindruck. Im Sammelband lautet der Vers: „Mit ihrem gut kathol'schen Segen". — Aber nicht nur in synkopierten Wörtern, sondern auch an andern Stellen zeigen die früheren Fassungen den Zusammenfall mehrerer Konsonanten, wo dann aus euphonischen Rücksichten bei der Redaktion des Sammelbandes geändert wurde. So ist die frühere Fassung von V. 7, Str. 2 des Liedes „Sonnenuntergang": „Vor deinem Siegszug kündend eilen", abgeändert zu: „Vor deinem Zuge kündend eilen". Während es im II. Lied der „Feueridylle" Str. 4, V. 2 (IX. 152) früher hieß „Die einstens ziert", ... lautet nun die Stelle „Die zieren wird" ... —

Wieder andere Varianten des Sammelbandes zeigen, daß Keller bei der neuen Redaktion auch den sonstigen Mitteln zur Erhöhung des Wohlklangs der poetischen Sprache, wie Alliteration, Assonanz, Binnenreim ꝛc. seine Aufmerksamkeit zugewandt hat. Natürlich nehmen diese euphonischen Figuren auch schon in den früheren Gedichtsammlungen einen weiten Raum ein; immerhin hat der Meister den Sammelband noch damit bereichert. So in den beiden ersten Versen des Sonettes „Den Zweifellosen" I. (IX. 125.) Statt der früheren Fassung: „Wer ohne Schmerz, der ist auch ohne Liebe, wer ohne Leid, der ist auch ohne Treu'" ... heißt nun die Stelle mit Alliteration im 1., mit Binnenreim im 2. Vers:

„Wer ohne Leid, der ist auch ohne Liebe,
Wer ohne Reu', der ist auch ohne Treu'."

Im III. Sonett unter dem Titel „Eitles Leben" lautete früher V. 2 der 3. Str.: „Aus Luft und Sonne, drin er aufgeschossen"; im Sammelband mit Alliteration: „Aus Luft und Licht, darin er ..." — Der frühere 2. Vers des Liedes „Regen-Sommer" (IX. 59): „Jede Distel hängt voll Regen" hat im Sammelband die wirkungsvollere Fassung „Dorn und Distel hängt voll Regen". Im I. Lied der „Feuer-Idylle" hieß es früher in V. 2 der 5. Str.: ... „Die eine Flamme hell zum Himmel auf". Die neue Fassung zeigt Assonanz: ... „Die rote Lohe hell zum Himmel auf".

Unter diesem Abschnitt ist noch ein Punkt zu besprechen, auf den ich durch die Mitteilung von Prof. Adolf Frey aufmerksam gemacht worden bin. Es tat dem Ohr des Meisters weh — und noch mehr vielleicht seinem Auge, wenn man an die Äußerungen denkt, die er in diesem Punkte Storm gegenüber getan hat — wenn in einem Verse unmittelbar aufeinander mehrere kurze Wörter folgten. Bei der Besprechung eines Gedichtes eines jüngeren Poeten äußerte er sich gegenüber Prof. Adolf Frey dahin, daß die vielen kurzen Wörter im Vers nicht schön seien. Es ist also ganz natürlich, daß wir in den Varianten des Sammelbandes auf Verbesserungen in dieser Hinsicht stoßen. Mehrere Beispiele dafür bietet die neue Redaktion des „Wanderliedes" (X. 42). Früher lautete Vers 4 der 1. Strophe: „Die Sonne da mit mir geht"; V. 4 der 2. Strophe: „Wie's überall doch so schön". Die neue Redaktion hat je eines dieser kurzen Wörter beseitigt („da" und „doch").

V. 1 der 2. Strophe desselben Liedes lautete früher „Nichts nehm' ich mit als den Becher".... Diese Aufeinanderfolge von sechs einsilbigen Wörtern war dem Meister unangenehm. Er hat im Sammelband den Vers bereinigt: „Ich führe nur Stab und Becher".

Die vom Sammelband ausgeschlossenen Gedichte.

Dem kritischen Apparat ist ein Verzeichnis derjenigen Gedichte bei=
gegeben, welche G. Keller selbst früher irgendwo veröffentlicht, aber nicht
in die „Gesammelten Gedichte" aufgenommen hat. Im ganzen sind es
66 solcher älterer lyrischer Publikationen. Aus dem 1. Gedichtbändchen
1846 sind 27 Gedichte ausgeschieden. Aus den „Neueren Gedichten"
von 1851 eines, von 1854 ihrer 16. In Tageszeitungen, Zeitschriften
und Almanachen erschienen 17 Gedichte, die von der Sammlung aus=
geschlossen blieben. Schließlich liegen noch 5 Separatdrucke vor (Fest=
lieder und Gelegenheitsgedichte), die der Meister ebenfalls nicht der Auf=
nahme in die Sammlung für würdig befunden hat.

Die gleichen Gründe, um derenwillen Keller bei der Bearbeitung
des Sammelbandes eine oder mehrere Strophen streicht, können ihn auch
veranlassen, ein Poem völlig zu unterdrücken. Die Ausschließung ge=
wisser früherer Publikationen vom Sammelband beruht also ebenfalls auf
der einen Seite auf künstlerisch=ästhetischen, auf der andern auf sachlich=
persönlichen Gründen.

Mehr als die Hälfte der aus dem 1. lyrischen Bändchen 1846 aus=
geschiedenen Gedichte gehört dem Zyklus „Siebenundzwanzig Liebeslieder"
an. Von diesen 27 Liedern hat Keller 15 unterdrückt. Er hielt
von einem großen Teil dieser Liebeslyrik nicht viel. Schon wenige
Jahre nach ihrer Konzeption nennt er sie in einem Briefe an F. Frei=
ligrath (22. September 1850) „gemachte und wässerliche Liebeslieder",
die damals für „bare Münze" genommen wurden. In der Tat fehlt
ihnen die Hauptsache, die Tiefe der Empfindung; man merkt ihnen die
Mache viel zu deutlich an. Das zeigt sich schon ganz äußerlich in den
gekünstelten Strophenformen. So ist das 1. Lied, das in den „Ge=
dichten 1846" den Zyklus eröffnet, in Terzinen geschrieben; Nr. VIII

ift ein Gajel von 16 Zeilen! Echte, tiefe Liebeslyrik bedient sich nicht
solcher gekünstelter Formen. Diese Lieder sind ein Spiel der Phantasie;
die Darstellung ist koloristisch; in jeder Zeile tritt uns der Maler Keller
entgegen. Das ist auch der Grund, daß die Gedichte meist viel zu
lang sind. (Nr. II und X haben 64 Verse!) Mit der „Himmelsleiter"
hat Keller ein Beispiel dieser ersten Liebeslyrik in die Sammlung auf=
genommen.

Vor allem sind diejenigen Lieder ausgeschieden, welche die Krank=
heit und den Tod der Geliebten zum Motiv haben. Schon Varnhagen
von Enfe schrieb in seinem ersten Brief an Keller: „Auch die hektische
Geliebte wünsch' ich aus ihrer Sammlung zu verbannen; die in diesen
Stoff verschwendete dichterische Kraft würde jedem andern besser zu gute
gekommen sein." Im Sammelband ist über die Art der Krankheit nichts
gesagt; das schöne Lied „Die Begegnung" (IX. 90) ist um so wirkungs=
voller. Vor allem fällt das ursprüngliche XVII. Lied weg, wo der
„luftige Mediziner" dem Dichter seinen Verdacht mitteilt. Dann im
XIX. Liede die Schilderung der Stimmung am Krankenlager der Ge=
liebten.

Auch hat Keller streng darauf gesehen, die in den „Siebenund=
zwanzig Liebesliedern" mehrfach vorkommenden Wiederholungen des
gleichen oder eines ähnlichen Motivs im Sammelband zu vermeiden.
15 Nummern des Zyklus sind getilgt. Es ist das vielfach aufgefallen.
Ein Rezensent des Gedichtbandes von 1883 schrieb in der „deutschen
Literatur=Zeitung" Nr. 50 (1883): „Was mag ihn bewogen haben,
einem Teil dieser doch wohl durchlebten Herzenslieder den neuen Band
zu verschließen? Man entbehrt sie ungern und würde manches breite
Festpoem späterer Zeit dafür hingeben. Vielleicht sind ihm jene ersten
Knabenempfindungen allzu blaß geworden, als er vom kräftigen Sinnen=
leben seiner Wanderjahre wieder auf sie zurückschaute". Das mag ein
Punkt sein, der in Betracht fällt, aber nur deßhalb, weil die unter=
drückten Lieder an poetischem Wert nicht hoch genug standen. Sie sind
eben „gemacht und wässerlich". Die Darstellung der Liebesempfindung
und Liebesleidenschaft, in welcher der Prosaiker Keller zu den ersten
Meistern aller Zeiten und Völker zählt, ist dem Lyriker Keller in gleicher
Vollendung nur ganz selten gelungen.

Auch das 2. Bändchen: „Neuere Gedichte" von 1851/54 enthält
mehrere Lieder, die aus künstlerisch=ästhetischen Gründen vom Sammel=
band ausgeschlossen wurden. So vor allem die Gaselen XI, XII, XV
und XVI. Es sind ihrer im Sammelband an den zehn Stück noch
genug. Wir werden es als richtig anerkennen müssen, wenn eine sonst

sehr schmeichelhafte Rezension in Nr. 9 der „Gegenwart" 1884 dieselben
als hart und ungelenk bezeichnet. (W. X. S. 11—14.) Keller ist nie
ein Meister der Form, am wenigsten der gekünstelten lyrischen Form
gewesen.

Ferner sind aus dem 2. lyrischen Bändchen die Gedichte „Aurelie"
und „Seemärchen" beseitigt. Bei dem ersteren ist das Motiv mager;
die Bilder sind gar zu kühn. — An der Unterdrückung des „See=
märchens" ist wohl das ästhetisch unangenehme, grausam-rohe Motiv
schuld, wie die Nixe mit der Leiche des Fischers drei Tage Zeitvertreib
hat. Das Motiv ist künstlerisch nicht bewältigt — rohe Effekte aber
hat Keller immer verschmäht.

Aus dem Zyklus „Von Weibern" sind — jedenfalls aus künstlerisch=
ästhetischen Gründen — die Nummern V. „Ännchen", VI. „Agnes"
und XIV. „Sibylla" beseitigt worden.

Von früheren Publikationen, die gelegentlich in Tageszeitungen,
Zeitschriften und Almanachen erschienen, sind manche mit Fug fallen ge=
lassen worden, weil sie nicht auf dem künstlerischen Niveau des Sammel=
bandes standen. So ist das 1848 in den „Neuen Alpenrosen" S. 186
(J. J. Reithard) veröffentlichte, vierstrophige Gedicht: „Drei Brüder":
„Es zechten ihrer Dreie" unklar im Motiv und in den Anspielungen.
Die Ausführung ist dilettantisch. 1854 waren im „Deutschen Museum"
von Rob. Prutz (Nr. 11) 12 Sinngedichte von Keller erschienen, von
denen nur die Hälfte in den Sammelband übergegangen ist. Die unter=
brückten sechs Nummern sind zumeist etwas stark und unfein in den
Ausdrücken. Die lyrische Sammlung hat noch über zwanzig Epigramme.
Keller mag sich gesagt haben, daß gerade Epigramme nicht durch ihre
Zahl, sondern durch die Schärfe und den pointierten Ausdruck ihrer
Gedanken wirken müssen. — Wieder anderes, wie der am 16. August
1856 in der „Neuen Zürcher Zeitung" publizierte „Waffensegen" (auf
ein Kadettenfest), oder das am 13. Juli 1858 in der Zeitung „Der
Postheiri" erschienene „Lied vom Mutz, als er ein schweizerisches Natio=
naltheater errichten wollte" sind Gelegenheitsgedichte, die über das Tages=
interesse hinaus keinen literarisch-poetischen Wert haben. — Im Jahre
1858 erschienen im „Deutschen Musenalmanach" von Chr. Schad einige
Gedichte Kellers, die wir im Sammelband nicht finden. So steht auf
S. 120 das Gedicht „Aktäon". Das Motiv ist — eine Seltenheit bei
Keller — der bekannte griechische Sagenstoff. Das Gedicht hat seiner
Ausführung nach wenig poetischen Wert; namentlich die Schlußstrophe,
in der augenscheinlich der Dichter eine Pointe bringen wollte, ist unklar.
Ferner steht hier ein Lied „Auf das Sängerfest des Zürichsees 1847":

„Wann die Frühlingslüfte glänzen". Anno 1858, da das Lied im Musenalmanach erschien, hatte Keller schon wieder ein neues „Eröffnungslied am eidgenössischen Sängerfest 1858" gedichtet, welches an poetischem Wert das ältere hoch überragt. Es ist natürlich, daß er dem jüngeren und schöneren Lied auf das große eidgenössische Fest durch die Aufnahme in die Sammlung den Vorzug gab. (IX. 207.) Beide konnte er nicht aufnehmen. Ist doch so schon beim Erscheinen des Sammelbandes von verschiedenen Seiten der Vorwurf erhoben worden, die Abteilung „Festlieder und Gelegentliches" sei zu umfänglich, „manches breite Festpoem" würde man gerne entbehren. Meines Erachtens waren freilich diese Bemerkungen der Kritik nicht gerechtfertigt; denn wie der Sammelband überhaupt ein geistiges Porträt des Meisters ist, so zeigt der Umfang jener Abteilung, wie Keller den großen vaterländischen Festen warmes Interesse und persönliche Teilnahme entgegenbrachte und ihre Bedeutung für die Hebung und Stärkung des schweizerischen Nationalgefühls hoch schätzte. Aber auf der anderen Seite werden wir zugeben müssen, daß nach der künstlerisch-ästhetischen Richtung Keller wohl daran tat, einer Reihe von älteren Fest- und Gelegenheitspoemen der 50er und 60er Jahre den Sammelband zu verschließen. Zu diesen gehört auch das „Festlied für die Jubiläumsfeier der Universität Zürich. Lied vom Wort. Auf, lasset uns singen..." 1858. 1859 dichtete Keller einen „Gruß an die Bremer Schützen am eidgenössischen Schützenfest zu Zürich. Da nun die Eichen wieder grün..." Das Lied ist in der Form nicht besonders glücklich und zudem dazu angetan, in gewissen Kreisen des Chauvinismus Anstoß zu erregen und auf den Dichter einen sehr ungerechtfertigten Verdacht zu werfen. Da der Sammelband ohnehin noch zwei Schützenfestlieder enthält, ist dieses Poem um so leichter entbehrlich. — Der „Zimmermannsspruch", gesprochen vom Dache der neuen Irrenanstalt des Kantons Zürich, den 6. Oktober 1866 „Ihr Werkleut', tretet nun heran!" ist zu sehr von rein lokalem Interesse und zu sehr auf die gegebene Situation zugeschnitten, als daß er in den lyrischen Sammelband hätte Aufnahme finden können.

Damit sind wir bereits auf diejenigen Publikationen zu sprechen gekommen, zu deren Ausschließung vom Sammelband mehr sachliche als rein ästhetische Gründe geführt haben. Es gilt dies vor allem von den zahlreichen politischen Lyrika der älteren Gedichtbändchen. Es ist bekannt, mit welcher Leidenschaft der junge Keller zur Zeit des Sonderbundes auf Seite der protestantisch-liberalen Kantone gegen die im Schlepptau der verhaßten römischen Kirche fahrenden sonderbündlerischen „Jesuiten-Trabanten" gekämpft hat. Die leidenschaftliche Erregung, mit

welcher er der nationalen und konfessionellen Spaltung gegenüberstand
hat seine zwei schönsten politischen Lieder wachgerufen: „Waldstätte":
„Es sind vier Länder gelegen um einen urtiefen See", (Gedichte 1846,
S. 235) und „Ave Maria auf dem Vierwaldstättersee 1847": „Fuhr
ein Schifflein gegen Flüelen". (Neuere Gedichte 1851/54. S. 128).
Sie sind eine bittere Klage darüber, daß die schweizerischen Urkantone,
der Hort und Stolz der alten Eidgenossenschaft, jetzt so tief gesunken
seien, daß sie sich von der „Spinne von Rom" haben überspinnen
lassen, und daß der römische Pfaffe im eidgenössischen Bruderblute solle
prassen dürfen. Zur Zeit der Herausgabe des lyrischen Sammelbandes,
anno 1883, waren die beiden Lieder gänzlich antiquiert. Die politischen
Konstellationen hatten sich durch die Resultate des Sonderbundfeldzuges
völlig zu gunsten der protestantisch=liberalen Kantone umgestaltet. Keller
war, wie sein Gedicht „Die Landessammlung zur Tilgung der Sonder=
bundskriegsschuld 1852" (W. IX. 201) beweist, der erste, der das Vor=
gefallene so rasch wie möglich zu vergeben und zu vergessen wünschte
und vermochte. Wie hätte er es nach dreißig Jahren glücklichster ein=
heitlicher Fortentwicklung des gesamten Vaterlandes über sich gebracht,
den alten Streit wieder aufzuwärmen und durch die Invektiven, welche
die Gedichte enthielten, die Bundesbrüder in den Urkantonen vor den
Kopf zu stoßen? Das hätte seinem Charakter und seiner aufrichtig=
patriotischen Gesinnung durchaus widersprochen.

Dazu kommt noch ein weiterer Punkt, eine unangenehme Erfahrung,
die Keller im Jahre 1867 speziell mit Bezug auf das Gedicht „Wald=
stätte" gemacht hatte. Das „Luzerner Tagblatt" Nr. 244 vom 9. Sep=
tember 1867 druckte das Gedicht, diese „Giftblume", aus einem Gesang=
heft des Züricher Männerchors ab mit der Bemerkung: „Wir konnten
kaum unsern Augen trauen, so 'was von einem hochgestellten jungen (!)
Mann in Zürich als poetischen Erguß zu lesen — so sehr fanden wir
dies gegen alle Pietät und Humanität, ja als einen Faustschlag ins
Gesicht der Wahrheit und Liberalität" 2c. 2c. Darauf sandte Keller
eine lange und ausführliche Erklärung an Nationalrat A. Wapf in
Luzern, welcher sie im „Tagblatt" Nr. 248 vom 12. September ab=
drucken ließ. Es würde zu weit führen, den Brief hier wörtlich wieder=
zugeben. J. Baechtold hat ihn in den „Nachgelassenen Schriften und
Dichtungen" 2. Aufl. S. 356 ff. abgedruckt. Keller betont darin, daß
das Lied nichts anderes sei, als ein „Zeit= und Streitgedicht aus
jugendlich=leidenschaftlicher Feder". Baumgartner habe ihm seine Absicht
mitgeteilt, es zu komponieren. „Überrascht sagte ich ihm sofort, er er=
weise mir hierdurch keinen Gefallen, da ja der Friede längst geschlossen

sei, und ein solcher Gesang sich seltsam ausnehmen würde mitten im Gedeihen des erstarkten neuen Bundes. Wie könne er sich nur z. B. einen Gesangverein vorstellen, der sich vornähme, das Lied etwa an einem eidgenössischen Sängerfest vorzutragen, und damit vier Kantone in Bausch und Bogen auszuhudeln mit den leidenschaftlichen Worten einer Kriegszeit, die, Gott sei Dank, vorüber sei. Denn wenn die römische Wirtschaft auch vielfach forthause in unsern Bergen, so handle es sich nicht mehr um die vier Länder, die politisch verbunden und militärisch gerüstet uns mit Regierung und Volk feindlich gegenüber= standen". . . . 2c. 2c.

Ganz gleich verhält es sich mit dem Gedicht „Bei Robert Steigers Befreiung und Ankunft in Zürich am 20. Juni 1845". Es ist ein politisches Tagesgedicht, ein Panegyrikus auf einen dem Gefängnis in Luzern entkommenen Führer der protestantisch=demokratischen Freischaren= bewegung aus der Zeit des erbittertsten politisch=konfessionellen Haders. Es liegt auf der Hand, daß nach 38 Jahren der Entwicklung ein solches Gedicht für einen weiteren Leserkreis keinen Wert mehr haben kann. Denn poetische Eigenschaften hat es nicht. Es ist für den un= eingeweihten Leser von heute auch gar nicht mehr verständlich. Er kann nicht wissen, daß der in der 2. Strophe angerufene Apostat der St. Galler Landammann Baumgartner ist, derselbe, auf den Keller den „Apostaten= marsch" gemünzt hat. — Der „Pietistenwalzer" auf S. 239 des 1. lyrischen Bändchens gehört seinem Wesen und Stil nach eng zu= sammen mit dem „Apostatenmarsch" und dem „Jesuitenzug". — Einige weitere Streitgedichte aus der Tagespolitik, die gelegentlich während der Jahre des politisch=konfessionellen Zwiespaltes in den zürcherischen Tages= zeitungen erschienen, kamen für die Aufnahme in den Sammelband über= haupt nie in Betracht. Gedichte, wie das „Fahnenlied": „Die Fahne, der ich folgen muß, ist purpurrot und weiß", oder das „Lied zur zürcherischen Volksversammlung in Unterstraß: Heraus nun ins Freie", sind versifizierte Schlagwörter einer politischen Partei, gereimte Ergüsse, wie sie ein begabter Dilettant zu stande bringt. Das in der „Neuen Zürcher Zeitung" vom 5. Mai 1847 publizierte Lied: „Den St. Gallern: Wieder hat der junge Mai" . . . enthielt zudem eine sehr empfindliche Invektive gegen die Basler und ihr „Zöpflein", so daß seine Aufnahme in den Sammelband schon aus diesem Grunde nicht angebracht gewesen wäre.

Ein zweiter triftiger Grund zur Unterdrückung eines großen Teils der (zumeist politischen) Tageslyrik liegt in dem Umstand, daß diese Gedichte nach so langen Jahren nicht mehr interessant, ja sogar nicht mehr verständlich waren. Lieder, wie „Holzwege": „Ein Tannenbaum im Schwarzwald steht" oder „Das Weingespenst": „Die grünen Römer blinken" (Gedichte 1846. S. 252 und 273) sind charakteristische Erzeugnisse eines begeisterten jungen Liberalen aus der bewegten Zeit der vierziger Jahre. Auf gleichgestimmte Seelen mögen sie zu ihrer Zeit einen bedeutenden Eindruck gemacht haben. Uns berühren sie nicht mehr. — Interessant ist das Lied „An Freiligrath bei seinem Eintritt in die Schweiz im Frühling 1845". (Gedichte 1846. S. 301.) Schon seiner Form nach fällt es auf: es besteht aus 25 Terzinen! Die Ausschließung vom Sammelband ist gewiß gerechtfertigt. Denn das Gedicht ist ein literar-historisch-politischer Artikel in einem komplizierten Vers- und Strophensystem. — Gelegenheitsgedichte zur Ehrung bestimmter Persönlichkeiten, wie etwa das „Lied auf das fünfzigjährige Jubiläum von Dekan Johann Rudolf Waser in Bäretsweil: Auf Strömen des Lebens so tief und so breit", oder die „Antiquarische Buß- und Opferhymne auf den Berchtoldstag 1864: Was durchschauert uns beim Mahle", oder das „Lied der Damen des Gemischten Chores an Friedrich Hegar: An der Töne Perlenbändern", sind bei mancher poetischer Schönheit im einzelnen doch zu persönlich gehalten und von bloß lokalem Interesse.

Wieder eine andere Gruppe von Gedichten hat der Meister deswegen vom Sammelbande ausgeschlossen, weil ihr Inhalt jetzt, nach dreißig und mehr Jahren, seiner Überzeugung nicht mehr entsprach. Es betrifft das einige religiös-philosophische Gedichte, namentlich die beiden Sonette auf pag. 99 und 102 des 1. lyrischen Bändchens: „Auch an die „Ichel": Ich mach' die Seelen selig, ich allein!" und das XXIV. Sonett: „Wenn ein Poet ein Stück vom ew'gen Leben" ... Die beiden Sonette sind die „Spieße", welche Keller seinerzeit in den Kampf der „Gotteswüteriche gegen die Gott-losen Nichts-Wüteriche" trug. Baechtold referiert ausführlich über die Streitigkeiten, die Ende des Jahres 1845 innerhalb der deutschen Kolonie in Zürich ausgebrochen waren, auf S. 240 ff. I. Bd. der Biographie. Es genügt für uns, festzustellen, daß Keller auf der Seite von A. A. L. Follen und W. Schulz stand, während die Sache der Atheisten, der „Ichel", durch K. Heinzen und A. Ruge geführt wurde. Es handelt sich dabei um eine abstrakte Polemik über die Frage der Unsterblichkeit, deren einzelne literarische Erzeugnisse kaum verständlich sind, wenn man nicht den ganzen Verlauf jener Streitigkeiten kennt. So merkt man es auch diesen beiden Sonetten sehr wohl an, daß sie aus einem Zusammenhang von Ideen und Leitsätzen herausgelöst sind, was natürlich ihr Verständnis erschwert. Dazu kommt ein innerer Grund, auf den C. W. Kambli in seiner mehrfach angeführten Schrift besonderes Gewicht legt. Keller hat den Unsterblichkeits-

glauben, den er hier noch verteidigt, später aufgegeben, wie namentlich die Abteilung der Lieder „Sonnwende und Entsagen" beweist. Er mußte also, um
innere Widersprüche im Sammelband zu vermeiden, diese Sonette ausschalten.

Wie bald übrigens Keller den Glauben an die persönliche Unsterblichkeit aufgegeben hat, zeigt das in den „Neueren Gedichten 1851",
S. 187 stehende kleine Poem: „Ich habe so manchen Narren gekannt".
Die Umwandlung in seinen religiös-philosophischen Anschauungen hat sich
also schon wenige Jahre nach jenen Sonetten zur Verteidigung des Unsterblichkeitsglaubens vollzogen, jedenfalls unter dem Einfluß Feuerbachs,
dessen persönlichen Umgang der Dichter in Heidelberg genoß. Das
Liedchen ist direkt eine Proklamation dieser Gesinnungsänderung. Schon
in der 2. Auflage der „Neueren Gedichte" vom Jahre 1854 steht es
nicht mehr. Fälschlicherweise figuriert es noch im Inhaltsverzeichnis des
Bändchens 1854. (S. VIII. 2. Zeile v. o.) Der Grund der früh-
zeitigen Unterdrückung liegt meines Erachtens in der fast aufbringlichen
Form, in welcher der Dichter die Wandlung seiner Ansichten über die
letzten Dinge kund tut.

Wir haben früher gesehen, daß G. Keller sich manchmal scheut, die
intimsten Regungen seines Herzens vor dem Publikum zu offenbaren.
Diese Keuschheit seines Wesens und seiner Empfindungen zeigt sich auch
darin, daß er mehrere Gedichte, die einen Einblick in die Regungen
seines Herzens tun ließen, vom Sammelbande ausgeschlossen und damit
einem größeren Leserkreis entzogen hat. Das gilt vor allem von den
beiden Liedern auf S. 201 und 203 des lyrischen Bändchens von 1854:
„Weil ich den schwarzen untreu ward . . . und „Ich fühlte wohl, warum
ich dich" . . . Sie stammen vom November 1849 und beziehen sich auf
die Liebe Kellers zu Johanna Kapp in Heidelberg. (Zur Geschichte
dieser für Keller wiederum unglücklichen Liebe vgl. Baechtold I. 330 bis
335.) Wie uns Baechtold zeigt, saß es diesmal bei G. Keller tief. Es
spricht auch wirklich aus diesen beiden Liedern eine tiefe, innige Empfindung; man merkt, daß der Dichter sie gelebt und gelitten hat. Darin
liegt ihre poetische Wirkung, um derenwillen sie auch dem Sammelband
wohl anstehen würden. Aber es steckten in diesen Liedern zu viel persönliche Erlebnisse und Erinnerungen, zu viel Liebesleid und Liebeslust,
als daß er es über sich gebracht hätte, sie der weiten Leserwelt preis-
zugeben und so zu profanieren.

Sodann gibt es eine Gruppe von Gedichten, zu deren Ausschließung
vom Sammelband persönliche Erfahrungen und Vorkommnisse im Leben
des Dichters mitgewirkt haben. Ein typisches Beispiel dafür ist das
kleine Lied „Gretchen" („Neuere Gedichte" 1851/54 S. 42), das Keller

nicht in den Sammelband aufgenommen hat. Baechtold erzählt in B. II³, Anhang S. 512 ff. die köstliche Komödie der Irrungen, wie eine hinten im Ungarland wohnende Dienstmagd, die von ihrem ehemaligen Liebhaber mit Namen G. Keller im Stich gelassen worden war, das Lied diesem als einen Ausfluß seiner Gewissensbisse zuschrieb und so in dem Dichter den Vater ihrer beiden Töchter suchte. Es würde zu weit führen, die ganze famose Geschichte hier auseinander zu setzen. Baechtold schließt mit den Worten: „Man kann sich vorstellen, wie der sogenannte Gottfried Keller gelacht und geflucht haben mag über diese ungeahnte Macht des Gesanges. Um jedoch Wirkungen ähnlicher Art vorzubeugen, hat er später vorsichtig das betreffende Gedicht unterdrückt und auch die Weibernamen bei den übrigen gestrichen". — Es ist auffällig, daß Keller dem zuerst im „Donauhafen" 1848 und nachher in den „Neueren Gedichten 1851/54 gedruckten Liede „Cyprier" den Sammelband ver= schlossen hat. In künstlerisch=ästhetischer Hinsicht scheint kaum ein Grund zur Unterdrückung vorzuliegen. Dagegen führt die Ersetzung der Schluß= strophe bei der Redaktion für das lyrische Bändchen von 1851/54 auf die Vermutung, daß hier ein persönlicher Grund, eine Reminiszenz an die kritischen Jahre nach der Rückkehr von München, die Ausschließung vom Sammelband zur Folge gehabt hat. Am 26. September 1848 boten Erziehungsrat und Regierung Keller ein Reisestipendium von 800 Franken an zur weiteren wissenschaftlichen Ausbildung im Ausland, (Baechtold I. 319) und zwar sollte er sich zur Erwerbung sogenannter bedeutender Eindrücke nach dem Orient begeben. Den abenteuerlichen Plan einer Orientreise nahm Keller allerdings nicht ernst. Was wäre dabei herausgekommen? „Einige lausige Verse und eine schlechte Reise= beschreibung", meinte er einmal. „Voraussichtlich jedoch wäre ich in der ersten östlichen Stadt bei liederlichen jungen Schweizern liegen geblieben." Offenbar steht das Gedicht·mit diesen Reiseplänen in einem Zusammen= hang, den wir heute nicht mehr mit Sicherheit herstellen können.

Über die Beseitigung des Gedichtes „Modernster Faust" (Gedichte 1846. S. 319) gibt uns der Brief Kellers an Paul Nerrlich in Berlin vom 27. März 1884 Auskunft. Er schreibt: „Aber, verehrter Freund! wer zum Teufel hat Ihnen denn gesagt, daß im „Modernsten Faust" auch nur mit einem einzigen Wort an Heine gedacht sei? Paßt denn irgendwie das Wesen der dort gemeinten Bummelpoeten einer jetzt aus= gestorbenen Gattung auf Heine im plumpsten Sinne? Wie können Sie so trocken hinwerfen, er sei ohne Zweifel Gegenstand des Gedichtes, das ich weggelassen habe, weil es wirklich nicht mehr verstanden werden kann, ohne daß man Namen nennt, was man eben nicht mehr tun will!"

Es ist auffallend, daß Keller zwei Gedichte, die sich auf Lenau bezogen, von seiner lyrischen Sammlung ausgeschlossen hat. Das ältere derselben ist das auf Seite 299 der „Gedichte 1846" stehende „An Lenau": „Welk lag meines Herzens Garten"; das jüngere ein in den „Neueren Gedichten 1851/54" stehendes Weinlied, betitelt: „Tokaier. Reminiszenz an Lenau. Als die Wetterwolken schlossen. . . ." Diese Tatsache ist doch wohl nicht anders zu erklären, als daß Keller im Alter Lenau nicht mehr die gleiche Verehrung zollte, wie in seinen jungen Jahren. Indessen kann dafür auch ein anderer Grund vorliegen, der sich unserer Kenntnis entzieht.

Wir wissen von C. F. Meyer, daß er ganze Lieder in neue Vers- und Strophenformen umgegossen hat. Ebenso Heine, der sofort nach der ersten Niederschrift umzuarbeiten pflegte, und zwar so gründlich, daß manchmal vom ersten Entwurf nichts mehr übrig blieb. Anders Keller. Für ihn besteht der Grundsatz: Ein vorhandenes Gedicht ist entweder zu gebrauchen ohne tiefgreifende Umgestaltungen, und dann wird es nach sorgfältiger Durchsicht mit den nötigen Retouchen in die Sammlung aufgenommen; oder es ist nicht zu gebrauchen ohne bedeutende Umarbeitung, und in diesem Falle wird es vom Sammelband ausgeschlossen. Keller hielt dafür, daß ein wahrhaft gutes Gedicht eine Umarbeitung nicht nötig haben könne. Er äußerte sich Adolf Frey gegenüber mehrfach dahin, das sei das Wunderbare an Goethes Gedichten, daß für eine neue Ausgabe nur ein paar Kleinigkeiten geändert werden mußten.

Kellers ideales Prinzip in bezug auf die Sammlung seiner Gedichte wäre demnach: Sint ut sunt, aut non sint! Zur absoluten Durchführung dieses Grundsatzes ist er allerdings nicht gelangt. Er kannte die Schwächen und Mängel seiner früheren Gedichtsammlungen gut genug, um zu wissen, wie sehr sie noch der feilenden und ausbessernden Hand bedurften. Seine Arbeit bei der Redaktion des lyrischen Sammelbandes ist das, was man in der Malerei Retouchierung nennt. Dazu kommt die Ausscheidung aller derjenigen Gedichte, welche ihm für die Aufnahme in die lyrische Sammlung zu unbedeutend schienen oder einer tiefgreifenden Umarbeitung bedurft hätten. Das Resultat dieser künstlerischen Arbeit ist, daß G. Keller die ungleichen Produkte weit auseinander liegender Bildungsphasen auf die Stufe einer hohen, harmonisch ausgeglichenen Kunstübung und einer großen, in sich geschlossenen Persönlichkeit erhoben hat.

Anmerkungen.

Seite	Zeile	

11 11 v. u. Übrigens ist es interessant und wirft ein scharfes Licht auf die Eigentümlich-
keiten des alternden Dichters, daß er sich dieses lyrischen Nachsommers beinahe
schämt und beständig dahinter einen greisenhaften Rückgang wittert. Er lebte
in der Angst, sich damit lächerlich zu machen. Das wäre für ihn das Schrecklichste gewesen. Es spricht dieses Gefühl aus einer Reihe von brieflichen
Äußerungen, mit denen es dem Meister mehr Ernst war, als man der
humoristisch-selbstironischen Ausdrucksweise nach annehmen mag.

11   9 v. u. Mitteilung Adolf Freys.

16   2 v. o. Die betreffenden Gedichte, die „Lieblinge“ Th. Storms, sind: Abendlied (IX. 43).
Winternacht (IX. 74). Wochenpredigt (IX. 189). Der Kranz (X. 131).
Waldlieder I. (IX. 53). Jung gewohnt, alt getan (X. 144).

19 13 v. u. Vgl. die Briefe an Petersen vom 1. Juli 1883 und an Marie Melos vom
7. Okt. 1883.

20 10 v. u. Zur Würdigung der figürlichen Elemente in den Skizzenbüchern vgl. das
„Neujahrsblatt der Stadtbibliothek Zürich auf das Jahr 1894“ von Carl Brun:
„Gottfried Keller als Maler“. (S. 16 ff.)

36   8 v. u. Vgl. den Literatur-Nachweis in der Bibliographie von Baechtold. S. 30. Die
dem „Fragment“ beigegebenen einleitenden Bemerkungen lauten daselbst
folgendermaßen: (Die von den „Gesammelten Gedichten“ abweichenden Stellen
sind gesperrt gedruckt.)

„Fragliches Opus verdankt seine Entstehung unmittelbar dem Erscheinen von Heines Romancero. Die mit gesteigerter poetischer Energie
verbundene Geisteswillkür, welche das merkwürdige Buch samt seinem
Nachwort abermals beherrschte, reizte die jugendliche Unduldsamkeit
zu einer Demonstration, zu der die eben umlaufende tragikomische Geschichte von einem verunglückten Liebhaber und Apotheker in Chamounix die
homogene Einkleidung lieh. Der Gedanke, daß der Scherz, wenn
er dem kranken Dichter irgend zu Gesicht kommen sollte, demselben eher ein Lächeln abgewinnen, als ihn ärgern würde,
begleitete den Verfasser bei der Arbeit. Die Veröffentlichung unterblieb jedoch damals und später aus verschiedenen Gründen. Das vorliegende Bruchstück ist dem Manuskripte entnommen, wie es
vor Jahrzehnten abgefaßt wurde, und namentlich ist, was die
Zeitstimmung der fünfziger Jahre betrifft, alles unverändert
geblieben.“

40 14 v. o. Auf der Stadtbibliothek Zürich liegt eine Reihe von Bänden mit zahlreichen
derartigen Eintragungen Kellers. Zumeist sind sie für den betreffenden Ver-

<table>
<tr><td>Seite</td><td>Zeile</td><td></td></tr>
</table>

fasser nicht sehr schmeichelhaft; auch bewegen sie sich oft in nichts weniger als seinen Ausdrücken. Vgl. etwa die Handexemplare Kellers der beiden Anthologien: „Buch deutscher Lyrik" 1853, hg. von Adolf Böttger. Oder Schads Musenalmanach 1854 u. a.

41   5 v. o. Infolge technischer Schwierigkeiten (Anordnung ꝛc.) ist es mir nicht möglich, die Randglossen der ursprünglichen Fassung des „Apothekers" im Lesartenverzeichnis anzuführen. Ich verweise dafür auf den o. a. Separatabbruck aus dem „Euphorion", Ergänzungsheft zum 2. Bd. 1895. (Stadtbibliothek Zürich: Bro 4575.)

45   9 v. o. Die Stelle (aus einem Briefe an Emil Kuh) bezieht sich offenbar auf die Badeszene der Judith in der 1. Ausgabe des „Grünen Heinrich".

56   5 v. u. Die Abneigung G. Kellers, bestehende Reime zu ändern, ist ganz auffallend. Geänderte Reime sind sehr selten. Wenn man ausnahmsweise auf einen solchen stößt, so kann man mit Sicherheit annehmen, daß ein schwerwiegender Grund, eine unumgängliche Nötigung zur Variante vorlag. Auch an Stellen, wo er inhaltlich und im Ausdruck ändert, sucht der Dichter wenigstens den Reim zu erhalten. Daß dabei unter Umständen das reimende Element grammatisch-syntaktisch eine ganz andere Funktion bekommt, verschlägt nichts. So hieß es im III. Gesang von „Lebendig begraben" nach der früheren Fassung (3. 3—4):

„So scharet euch, ihr meine Lebensgeister,
Zu kämpfen mit dem wilden Sinnentrug!"

In den „Gesammelten Gedichten" heißt die Stelle:

„So scharet euch, ihr armen Lebensgeister,
Treu um das Banner, das ich ehrlich trug!"

Oder man vergleiche die verschiedenen Fassungen in Str. 3, V. 3 des Sonettes „Eitles Leben I". (IX. 128):

früher: „Und deutlicher verschwindet alles Enden."
jetzt: „Da wir zur Hälfte nur das Dasein enden."

In dem Gedicht „Ein Tagewerk I" (IX. 66) hieß es früher am Schluß der 2. Strophe:

„Die Berge standen und die Wolken schweiften
Und fächelnd mich des Lebens Schwinge trug."

In der neuen Redaktion heißt der Vers:

„In gleicher Luft, die meinen Odem trug."

Der Meister verfügt über eine staunenswerte Geschicklichkeit, unter Beibehaltung der Reime solche Änderungen anzubringen.

74   5 v. o. Gütige Mitteilung von Adolf Frey. Vgl. ferner Baechtold, II. S. 331.

75   7 v. o. Durch Adolf Frey bin ich auf diese Fragen aufmerksam gemacht worden. Er beabsichtigte ursprünglich, sie selber zu behandeln, hat dann aber den Plan zu meinen Gunsten aufgegeben.

98   6 v. u. Vgl. zur Frage des Titels bei C. F. Meyer S. 33 der Untersuchung von H. Moser.

133   14 v. o. Vgl. dazu die Orientierungen in der Einleitung.

135   19 v. o. Vgl. dazu A. Frey, Erinnerungen an G. Keller S. 133.

162   11 v. u. Welch schwere Mühe sich G. Keller die Korrekturarbeit an seinen Werken kosten ließ, zeigt sein Brief an Th. Storm vom 14. August 1881. Er schreibt:

<table><tr><td>Seite</td><td>Zeile</td></tr></table>

„Ich lebe jetzt in einer Leidenszeit. Mit der Korrektur des Sinngedichtes beschäftigt, und den Text nun zum dritten= oder viertenmal mit der Feder in der Hand durchgehend, stoße ich immer noch auf zahlreiche Nester von groben Schulfehlern, Anhäufungen gleichlautender Worte, Verbalformen, Partikeln und der verfluchten Endsilbe =ung, =heit und =keit, die ich bisher übersehen, so daß ich mich mit meinen 62 Jahren fragen muß, ob das noch anders werden kann. Das Auge fliegt aber immer ungeduldig über die Schrift weg, und das Ohr kann bei mir nichts tun, da ich von Anfang an weder für mich allein laut las, was ich geschrieben, noch jemals eine Umgebung hatte, der ich etwas vorlesen konnte oder mochte."

Wenn schon die Korrekturarbeit an seinen Prosaschöpfungen dem Meister solche „Leiden" verursacht hat, wie viel mehr noch die letzte Redaktion seiner Gedichte! Wir werden ihm glauben dürfen, daß es da „ganze Rattenkönige von Gewissensfragen" abzutun gab.

164 6 v. u. In dem Aufsatz „Autobiographisches" (in den von Baechtold herausgegebenen „Nachgelassenen Schriften und Dichtungen" S. 17) äußert sich der Meister über diese erste Liebeslyrik folgendermaßen:

... „Zehn Jahre später, als ein Bändchen lyrischer Gedichte von mir herausgegeben wurde, sah man in demselben Dutzende von Phantasie=Liebes= liedern, denen es an jedem erlebten Gefühl gebrach, so daß ich sozusagen aus einem Nichts hunderte von Strophen gebaut hatte. Da war ich nicht mehr so bescheiden und wunderte mich nicht einmal, daß einige davon nun ihrer= seits in Anthologie übergingen. Jene erste Schreibepoche aber verlief endlich im stillen, da das reifere Jugendalter nahte und die erwählte Berufsarbeit doch ihre Anforderungen geltend machen, namentlich der Gang in die Fremde angetreten werden mußte".

169 10 v. o. Die politische Lyrik ganz vom Sammelbande auszuschließen, dazu hat sich der Meister nicht verstehen können, wie namentlich die Abteilung „Pandora" beweist. Nicht, um ein paar Gedichte zu retten, sondern aus der prinzipiellen Überzeugung heraus, daß die politisch=religiöse Streitlyrik ihre volle poetische Berechtigung habe. Er hat im Jahre 1879 seine Ansicht dahin formuliert: „Das subjektive Pathos eines politischen oder religiösen Streitgedichtes ist, wenn das übrige Zeug daran nicht fehlt, gerade so poetisch, wie die objektivste historische Ballade und vielleicht oft noch wertvoller wegen der größern Unmittel= barkeit." (Aufsatz über „Niklaus Manuel". Nachgelassene Schriften S. 78—92.)

170 12 v. o. Übrigens besitzen wir eine briefliche Äußerung G. Kellers, wo er den Grund der Unterdrückung des Gedichtes unmißverständlich angibt. Er schreibt am 1. März 1884 an Ida Freiligrath mit Bezug auf die „Gesammelten Gedichte": „Obgleich ich vieles unterdrückt habe, stellt es sich leider schon jetzt heraus, daß ich strenger hätte verfahren sollen. Unter anderem habe ich auch das Gedicht „An Freiligrath" weggelassen, weil es mir seit Dezennien als un= passend, unzutreffend erschienen war und auch ihm nie gefallen hat. Dagegen habe ich mir erlaubt, den Reisespruch, den ich einst in Ihr Album geschrieben, nun mit Ihrem vollen Namen zu überschreiben, damit doch ein Denkmälchen an jene Tage stehen bleibt." (Vgl. W. IX. S. 167.)

173 10 v. u. Mitteilung Adolf Freys.

Zweiter Teil.

Erläuterungen zum II. Teil.

Der kritische Apparat enthält das gesamte Material, auf welches sich die vorliegende Untersuchung aufbaut. Er zerfällt in zwei Abteilungen: 1. das Lesarten-Verzeichnis; 2. den Neudruck derjenigen lyrischen Publikationen, welche nicht in die „Gesammelten Gedichte“ aufgenommen wurden. Vorausgeschickt wird eine Bibliographie, d. h. ein Verzeichnis der sämtlichen lyrischen Publikationen Kellers.

Das Lesarten-Verzeichnis hat die Aufgabe, alle Varianten anzuführen, welche die in die „Gesammelten Gedichte“ übergegangenen Lyrika von ihrer ersten Niederschrift an bis zur Schlußredaktion im Sammelband erfahren haben. Über das Druck- und Handschriftenmaterial, das zu diesem Zwecke zur Verfügung stand, vergl. man im I. Teil das Kapitel: Material und Quellen. Ich habe das Lesarten-Verzeichnis anders angeordnet, als es sonst in literar-historischen Arbeiten gewöhnlich gemacht wird, wo die von dem zu Grunde gelegten Text abweichenden Stellen meist in fortlaufender Reihenfolge angeführt werden. Für eine solche Anordnung ist in Kellers Lyrik die Zahl der zu vergleichenden Redaktionen zu groß. Es kam mir darauf an, die allmähliche sukzessive Glättung und Ausarbeitung eines Gedichtes von seinen Anfängen bis zur endgültigen Redaktion möglichst klar, übersichtlich und in die Augen fallend zu demonstrieren, den Entwicklungs- und Vervollkommnungsprozeß eines Gedichtes gleichsam graphisch darzustellen. Zur Erreichung dieses Ziels konnte nur ein Weg führen: nämlich der, daß man die Varianten in chronologischer Reihenfolge nebeneinander stellte. Dieses Anordnungsprinzip hat vor allem den Vorteil der Übersichtlichkeit. Wie schon bei der Materialbesprechung (I. Teil, S. 19) ausgeführt wurde, legen wir unserer Untersuchung die letzte, von Keller selbst redigierte Ausgabe der „Gesammelten Gedichte“ zugrunde. Wir zitieren nach den Gedichten in Band IX und X der „Gesammelten Werke“. Mit dieser Redaktion vergleichen wir, indem wir von den jüngern zu den älteren Fassungen schreiten, die sämtlichen übrigen, uns erhaltenen Lesarten, seien es Drucke, seien es Manuskripte. Jedes einzelne Gedicht kommt zur Besprechung, und zwar folgen sie sich in der Anordnung der „Gesammelten Gedichte“. Graphisch stellen wir das so dar: Zuerst kommt die Verweisung auf die Stelle, wo das Lied in ben „Gesammelten Gedichten" steht; z. B. W. IX. 24 d. h. Gesammelte Werke, Band neun, Seite 24. Dann folgt der Titel der Normalredaktion. Sodann kommen die Verweisungen auf die früheren Drucke und eventuell Manuskripte mit Angabe des Druckjahres und der Seite oder des Blattes. Also etwa: „Gedichte 1846". S. 21. „Deutsches Taschenbuch" 1845. S. 177 ꝛc. — An zweiter Stelle steht die Verweisung auf den Druck-Manuskriptband von 1882. — Wo keine früheren Fassungen vorliegen, ist mit einer kurzen Notiz darauf hingewiesen. Wo es mir möglich war, ist jeweilen das Datum der Entstehung des Gedichtes beigegeben. Die Vergleichung der Varianten vollzieht sich folgendermaßen: Für jede Redaktion, die von den übrigen Abweichungen zeigt, ist eine besondere Rubrik angeordnet. In der 1. Rubrik (von links nach rechts gelesen) steht der Normaltext der letzten Redaktion. Über der Rubrik steht der Titel des betreff. Publikationsorganes, das die Varianten aufweist. Wenn — wie das meistens der Fall ist — zwischen dem Druck 1883 und dem Manuskript 1882 keine Abweichungen bestehen, so habe ich die beiden Fassungen jeweilen in der 1. Rubrik zusammen= genommen. In den nach rechts folgenden Rubriken stehen die vom Normaltext abweichenden Stellen. Zu äußerst links steht der Normaltext, zu äußerst rechts die älteste, uns erhaltene Redaktion, zwischen beiden in chronologischer Reihenfolge die verschiedenen Zwischenstufen. Wenn in einer späteren Re= daktion eine Stelle gleich lautet, wie die entsprechende Stelle einer früheren, so habe ich ein Gleichheitszeichen gesetzt (=), d. h.: Der Vers lautet gleich wie in der zeitlich zunächst vorangehenden Redaktion; auf unsere Tabellen übertragen: gleich wie der auf derselben Zeile in der rechts folgenden Rubrik stehende Vers. Einzig da, wo für das Manuskript 1882 eine besondere Rubrik eingeräumt ist, bedeutet das Gleichheitszeichen Übereinstimmung nicht mit der chronologisch vorangehenden Redaktion, sondern mit der Fassung in den „Gesammelten Gedichten". Es ließ sich dies nicht anders anordnen, weil wir sonst den Manuskript-Band 1882 statt des Druckes der „Gesam= melten Gedichte" als Normaltext hätten ansetzen müssen. — Bei Manuskript= kopien bedeuten die in eckige Klammern gesetzten Worte Stellen, welche der Dichter im Manuskript gestrichen und wo er Änderungen eingeflickt hat. [....]. Der Wegfall oder der Zuwachs einer Strophe wird durch einen schrägen Strich bezeichnet. Und zwar bedeutet ein von links oben nach rechts unten gerichteter Strich den Wegfall, ein von links unten nach rechts oben gerichteter Strich den Zuwachs einer Strophe. Wo zwei verschiedene Pub= likationen sich in der Fassung decken, sind dieselben unter einer Rubrik zusammengenommen oder es ist in einer Fußnote auf die Übereinstimmung verwiesen.

An 2. Stelle folgen die Neudrucke derjenigen Gedichte, die früher einmal publiziert wurden, die aber nicht in den Sammelband übergegangen sind. Wenn von einer solchen früheren Publikation zwei oder mehrere Fassungen vorliegen, sind die Varianten beigegeben.

Abkürzungen: Mskr. 82. = Manuskriptband 1882.; Mskr. B. II, Bl. 36 = Manuskriptband II, vom Jahre 1844/45, Blatt 36.; 2. Mskr. flieg. Bl. M. 10 = zweites Manuskript auf einem fliegenden Blatt in der Mappe 10 des literarischen Nachlasses. Dat. = Datiert vom .....; D. Tb. = Deutsches Taschenbuch, 2c. 2c.

Verzeichnis

der sämtlichen lyrischen Publikationen G. Kellers
in chronologischer Anordnung.

In Anlehnung an die Bibliographie von J. Baechtold (Berlin, W. Hertz 1897)
mit den nötigen Richtigstellungen und Vervollständigungen.

1844. Die freie Schweiz. Politisch=literarische Wochenschrift, herausg. von Emanuel
Scherb. 3. Febr. (Winterthur, Hegners Buchdruckerei.) Beigelegt ist das
Gedicht G. Kellers: „Sie kommen, die Jesuiten.“
— Der Beobachter aus der östlichen Schweiz vom 7. Juni. (Zürich, Ch. Beyel) „An
den Schweizerischen Republikaner.“ Zwei Sonette:
1. „Nein, länger nicht kann ich es schweigend hören.“
2. „Kannst du, der Freiheit Schild, es schweigend hören.“
1845. Freie Stimmen im Bezirke Zürich. Nr. 1. Warnung: „Ja du bist frei, mein Volk.“
— Der Bote von Uster. Redigiert von Chiridonius Bittersüß. Nr. 2 Fahnenlied.
„Die Fahne, der ich folgen muß, ist purpurrot und weiß.“
Nr. 5. Lied zur Volksversammlung in Unterstraß. „Heraus nun ins Freie.“
(Auch separat erschienen.)
Nr. 20. „Die Waldstätte.“ „Es sind vier Länder gelegen.“
Nr. 24. Ständchen: „Vaterland im Sternenscheine.“
Nr. 26. Gruß an Dr. Steiger. „Mit Deinem Adelsbriefe wohl versehen.“
— Morgenblatt für gebildete Leser (Stuttgart) vom 7. Juni. Liebeslieder von
Gottfried Keller.
Nr. 136. 1. „Von heißer Lebenslust entglüht.“
2. „Ich ging am grünen Berge hin.“
Nr. 139. 3. „Du willst dich freventlich emanzipieren.“
4. „Schon war die letzte Schwalbe fort.“
Nr. 147. 5. „Ein lustiger Mediziner.“
6. „Unverhofft nach trüben Tagen.“
7. „Durch den Garten in die Felder.“
Nr. 150. 8. „Ich habe sie gesehen.“
— Deutsches Taschenbuch. I. Jahrgang. Zürich und Winterthur, Verlag des
literarischen Comptoirs.
S. 167 ff. „Lieder eines Autodidakten.“
169 Morgenlied. „So oft die Sonne aufersteht.“

S. 170 Abend I. „In Gold und Purpur tief verhüllt."
172   „ II. „Es dämmert und dämmert den See herab."
173   „ III. „Im Glase blüht ein frischer Rosenstrauß."
175 Nacht I. „Nun bin ich untreu worden."
177   „ II. „Ermattet von des Tages roher Pein."
178   „ III. „Es wiegt die Nacht mit sternbesäten Schwingen."
181   „ IV. „Willkommen, klare Sommernacht."
183 Winter. „Verschlossen und dunkel ist um und um."
186 Frühling I. „Der Lenz ist da, die Laune fällt."
187   „ II. „Es wandert eine schöne Sage."
188 Sommer. „Das ist doch eine üppige Zeit."
189 Herbst I. „Es ist ein stiller Regentag."
190   „ II. „Im Herbst erblichen liegt das Land."
192 Sonette I. An einen Freund.
193   „ II. Schein und
194   „ III. Wirklichkeit.
195   „ IV. Den Goethe=Filistern.
196   „ V. Herwegh.
197   „ VI. Der deutsche Freiheitskrieg.
198 Vaterländische Sonette VII. Die schweizerische Nationalität.
199   „   „ VIII. Das Eidgenossen=Volk.
200   „   „ IX. Warnung.
201   „   „ X. Den Konservativen.
202   „   „ XI. Zur Verständigung.
203   „   „ XII. Den christlichen Griesgrämlern.
204 Überall.
206 Die Spinnerin I—II.
209 Wanderlied.
211 Pietistenwalzer.
213 Loyolas wilde verwegene Jagd. Keine Vision.
215 Apostatenmarsch.
217 Auf Disteli's Tod.
218 Am Vorderrhein.
220 Für Gott, König und Vaterland!
222 Frau Michel.
225 „Morgenrot usw."
227 Das Weingespenst.
228 Stein und Holz reden.
230 Wir sind auf dem Holzwege.
232 Denker und Dichter.
        I. „Wohlan, ihr neunmal Weisen."
        II. „Nein!.— Zwischen uns soll Friede sein."

1846. Deutsches Taschenbuch II. Jahrgang. Zürich, Julius Fröbel & Comp.
    S. 75 ff. Einundzwanzig Liebeslieder von Gottfried Keller (mit der „An=
        merkung: Der Verfasser hatte die „Einundzwanzig Liebeslieder" dem
        Morgenblatt zur Veröffentlichung überlassen, sah sich aber genötigt, sie
        zurückzuziehen, als die Redaktion nur einzelne Gedichte außer dem
        Zusammenhang abdrucken ließ, und dadurch das Ganze, welches sie
        bilden, zerstörte").
77 An meine Dame. „Die aus den Sternen strahlt".
78   I. „Ich will spiegeln mich in jenen Tagen."
81   II. „Durch's Frührot zog das Wolkenschiff."

S. 84   III. „Sitzt man mit geschloss'nen Augen."
88   IV. „Wohl ist die Lilie wunderbar."
90   V. „Von heißer Lebenslust entglüht."
92   VI. „O Leib meiner Dame, du köstlicher Schrein."
93   VII. „Es bricht aus mir ein bunter Faschingszug."
94   VIII. „Hör' an, mein Kind, was ich dir kosend sage."
97   IX. „Ich ging am grünen Berge hin."
101   X. „Die Sonne fährt durchs Morgentor."
103   XI. „Du willst dich freventlich emanzipieren."
104   XII. „Wie ein Fischlein in dem Netz."
106   XIII. „Schon war die letzte Schwalbe fort."
107   XIV. „Ein lustiger Mediziner."
110   XV. „Es schneit und eist den ganzen Tag."
112   XVI. „Unverhofft nach trüben Tagen."
114   XVII. „Durch den Garten in die Felder."
116   XVIII. „Ich habe sie gesehen."
118   XIX. „Ich fahre mit den Winden."
120   XX. „Ja, das ist der alte Kirchhof."
122   XXI. „Fahret wohl, ihr schönen Gräber."
125—141 Feueridylle, eine Allegorie von Gottfried Keller. I—X. (Im Mskr.:
„Mai 1845, Stoff vom Mai 1844.").

1846. Gedichte von Gottfried Keller. Heidelberg, Akademische Verlagsbuchhandlung von C. F. Winter.

1847. Lyrische Blätter, herausg. von H. Rollet. Darin: Nachtgesänge von G. Keller. (Die beiden Ständchen und Nachtlieder.)

— Europa von G. Kühne. Nr. 49. S. 807 Ave Maria auf dem Vierwaldstättersee. „Fuhr ein Schifflein gegen Flüelen."

— Sängergruß. „Wann die Frühlingslüfte glänzen." Komp. v. Fr. Silcher (für das Sängerfest des Zürichsees). Wieder abgedr. bei Baechtold I⁴, 452.

— Die politischen Lyriker unserer Zeit. Leipzig, Verlagsbureau, Arnold Ruge. S. 305 ff. Morgenlied. „So oft die Sonne aufersteht."

    Sommer. „Das ist doch eine üppige Zeit."

    Warnung. „Ja, du bist frei, mein Volk."

    Pietistenwalzer.

    Loyolas wilde verwegene Jagd.

    Apostatenmarsch.

    Für Gott, König und Vaterland.

— Neue Zürcher Zeitung. Nr. 125. Den St. Gallern. „Wieder hat der junge Mai seine alte Kraft bewährt."

1848. Neue Alpenrosen. Eine Gabe Schweizerischer Dichter. Herausg. von J. J. Reithard (Zürich und Frauenfeld). S. 183—185 Der Wanderer.

    Am Morgen. „Geh auf, o Sonn'."

    Am Abend. „Seid mir gesegnet."

    Der Kauz singt ihm nach. „Seht da den Vogel."

    Der Wanderer im Abendregen. „Langsam und schimmernd fiel ein Regen."

S. 185 Schifferlied. „Es hat die Nacht den Silberschein."
186 Drei Brüder. „Es zechten ihrer Dreie."
187 f. Sonette.

    Der Schein trügt. „Ich weiß ein Haus."

Das Leben. „Wie schön, wie schön ist dieses kurze Leben."

Maßstäbe. „Willst du, o Herz."

1848. Lieder des Kampfes, herausg. von Sal. Tobler, Gottfr. Keller und Rob. Weber.

S. 5 Ave Maria auf dem Vierwaldstättersee.

S. 8 Eines Morgens. „Es fegt der Wind das Stoppelfeld."

— Demokratisches Album, herausg. von mehreren deutschen Schriftstellern. Herisau, Druck und Verlag der M. Schläpfer'schen Buchhandlung; enthaltend „Türkischer Brauch."

- Europa v. G. Kühne. Nr. 115. S. 459 Herbstlied. „Laßt uns auf alle Berge gehen."

— Donauhafen. Jahrbuch für Lied und Novelle. Herausg. von K. Julius und Rupertus. (Preßburg, Wigand). Weinlieder von Gottfried Keller.

S. 68 Cyperwein.

    69 Tokaier.

    70 Lacrymae Christi.

    71 Rheinwein.

    72 Champagner.

    72 Ordinärer Landwein.

    75 Wasser.

1851. Neuere Gedichte von Gottfried Keller. (Braunschweig, Fr. Vieweg & Sohn).

1852. Deutsches Museum von R. Prutz. I, S. 881 ff. Berliner Gedichte von Gottfried Keller.

1. Wilhelm v. Humboldts Landhaus am Tegelsee.

2. Mühlenromantik.

3. Polkakirche.

4. Weihnachtsmarkt.

— Album von Wilhelm Scherffig. Zum Besten Notleidender im sächsischen Erzgebirge. (Zwickau o. J.)

S. 67 Schlafwandel. „Im afrikanischen Felsental."

    70 Zeugen der Vorwelt. „Des Berges alte Wangen."

    72 Aurelie. „Wenn göldrötlich dunkel."

1853. Buch deutscher Lyrik. Von Adolf Böttger. (Leipzig, Dürr'sche Buchhandlung.)

S. 163 Frühlingsbotschaft. „Zum Gerichte rief der Frühling."

— Deutscher Musenalmanach. Herausg. von Christian Schad.

S. 228 Rätsel I. „O, ein Glöcklein klingelt mir früh und spät."

    229   „   II. „Gefächelt von der Lüfte Schwingen."

    230 Romanze. „Graulockig ein Mann."

    231 Für die Roten. „Ich bin rot und hab's erwogen."

1854. Deutscher Musenalmanach, herausg. von Christian Schad.

S. 37 Jung gewohnt, alt getan. „Die Schenke dröhnt."

    39 Liebeslied. „Weise nicht von dir."

    40 Ehescheidung. „Zum Pfäffel kam ein Pärchen."

    41 Trochäen. „Wohl, ich saß im hohen Eschenbaume."

— Deutsches Museum von Rob. Prutz. Nr. 11. Sinngedichte von Gottfried Keller.

S. 380 Einem Herzlichen. „Dein schlechtes Denken steigt."

    Parteitaktik. I. „Partei ist ein Mittel."

       „   II. „Fällt einer ab von eurer Schar."

       „   III. „Betrachtet eurer Gegner Schwächen."

       „   IV. „Trau keinem, der nie Partei genommen."

       „   V. „Halte fest an der Partei."

    Die Mehrheit. „Der Mehrheit ist nicht auszuweichen."

S. 381 Physiologie. „Werft den Schächer aus dem Tempel."

Rat. „Willst Arbeit tragen."

Zu viel verlangt. „Daß einer ein Schuft sei."

Einem prosaischen Kritiker. „Es ist dir nicht um die Sache, nur um dich selber zu tun."

Poesie und Bosheit. „Malice darf nicht Wurzel."

12 Epigramme, von denen G. Keller nur 6 in die Ges. Gedichte aufgenommen hat.

1854. Neuere Gedichte von Gottfried Keller. Zweite vermehrte Auflage (Braunschweig, Vieweg). Ist im Grund eine bloße Scheinausgabe mit einigen neuen Gedichten in Form eingeschobener Kartons (an Stelle der Abteilung „Sonette" die „Berliner Gedichte") und einer neuen Abteilung „Romanzen" am Schluß. Vgl. Baechtold, II. 29. Anm.

1855. Der grüne Heinrich. Roman von Gottfried Keller. Vierter Band. Darin die folg. Gedichte:

S. 264 „Klagt mich nicht an, daß ich vor Leid."

265 „Im Traum sah ich den schlimmen Jugendfeind."

266 „O, ich erkenn' das Unglück ganz und gar."

267 „Ein Meister bin ich worden."

478 „Recht im Glücke, goldnes Los."

1856. Lieder zum Kadettenfest in Zürich und Winterthur, 1856 (Zürich, Zürcher & Furrer). Darin als

Nr. 4. „Vaterland, um deinen Segen."

Nr. 9. „Es eilt vom Berg der Schweizerknab."

— Lied auf den Abschied des Dr. Christian Heußer bei seiner Abreise nach Brasilien. 11. Dez. 1856. „Von Berg und grünen Weiden."

1857. Schweizerisches Jahrbuch für 1857. Zürich, Schultheß. S. 3 ff. Auf die Nationalsubskription zur Tilgung der Sonderbundsschuld 1852. „Wohl dehnen endlos Steppen sich."

1858. Deutscher Musenalmanach, herausg. v. Christian Schad.

S. 118 Propheten beim Champagner: „Da saßen wir Polemiker."

119 Berliner Hebe. „Dein Witz geht an, o Schöne mein."

120 Aktäon. „Aktäon hat im dunklen Hain."

121 Unterbrochenes Opferfest. „Es schlägt der Mönch aufs Kanzelbrett."

122 Auf das Sängerfest des Zürichsees. 1847. „Wann die Frühlingslüfte glänzen."

123 Marschlied 1856. „Es eilt vom Berg der Schweizerknab."

124 Abschied für Ch. H. „Von Berg und grünen Weiden."

125 Schweizerdegen. „Heißt ein Haus zum Schweizerdegen."

127 Trochäen. „Schimmernd liegt die Bahn."

— Der Postheiri. 3. Juli. (Bern, Jent & Gaßmann.) Lied vom Mutz, als er ein schweizerisches Nationaltheater errichten wollte. „De Mutz isch no e rechte Ma, be schön dur b'Berge brumme cha!"

— Erinnerung an die Jubiläumsfeier der Universität Zürich.

Nr. 1. Lied vom Wort: „Auf, lasset uns singen."

Nr. 2. Auf der Ufenau: „Hier unter diesem Rasengrün." Beide Lieder von W. Baumgartner komp.

— Sängergruß auf das Eidgenössische Sängerfest in Zürich, gedichtet von G. Keller; für Männerchor komp. von W. Baumgartner (Zürich, Gebr. Hug). „Wir haben hoch im Bergrevier."

1859. Gruß an die Bremer Schützen am eidgenössischen Schützenfest zu Zürich. „Da nun die Eichen wieder grün und licht die Lande stehn."

— Der Schild der Waadtländer. „An der Brücke zu Lausanne." Einzeldruck. Erschien u. a. auch im „Bund" vom 18. August.

— Deutscher Musenalmanach, herausg. von Christian Schad.
    S. 261 . Kommerslied zur ersten Jubelfeier der Zürcher Hochschule 1858. „Auf, lasset uns singen."
      262 Auf der Ufenau. „Hier unter diesem Rasengrün."
      263 Sängergruß. „Wir haben hoch im Bergrevier."

— „Der Bund" vom 12. Nov. Nr. 312. Prolog zur Schillerfeier von Gottfried Keller; am 10. Nov. im Theater zu Bern gesprochen von Hrn. Sievers.

1861. Neue Zürcher Zeitung vom 4. Oftober. Nr. 277 }
    Winterthurer „Landbote" vom 4. Oftober. Nr. 237 }
      Lied auf das fünfzigjährige Jubiläum von Dekan Johann Rudolf Waser in Bäretsweil: „Auf Strömen des Lebens so tief und so breit."

1862. Becherlied. „Der Traube Saft behagt dem Mund." Gedicht v. G. Keller. Für Männerchor komp. und zur Erinnerung an das eidgenössische Sängerfest in Chur 1862 dem Dichter und den eidgenöss. Sängern gewidmet von A. Billeter. (Schaffhausen, Brodtmann'sche Buchhandlung.)

1864. Antiquarische Buß- und Opferhymne auf den Berchtoldstag. (Zum Abschied Köchly's.) Sep. Druck. „Was durchschauert uns beim Mahle."

1865. Die Schweiz. (Bern, Haller). Nr. 3. Der Friedensmorgen. „Der Zwietracht Wagen rollt."

— Die Damen des Gemischten Chores an F. H. (Friedrich Hegar). „An der Töne Perlenbändern hältst du, Strenger, uns gefangen." Sep. Druck.

1866. Zimmermannsspruch, gesprochen vom Dache der neuen Irrenanstalt des Kantons Zürich den 6. Oft. „Ihr Werkleut', tretet nun heran! Ein frommes Werk wird hier getan."

1867. Zum Gedächtnis an Wilhelm Baumgartner. Gesprochen am eidgenössischen Musikfest in Zürich 1867. „Haltet, Freunde, eine kurze Weile auf des Festes hellen Silberwogen."

1870. Prolog zur Feier von Beethovens hundertstem Geburtstag in Zürich. Einzeldruck. „Man sagt, daß in der Völkerschlacht."

1873. Über Land und Meer. Bd. 29. (Stuttgart, Hallberger.)
    S. 218 Der Parteigänger. „Gefallen sind die Hiebe."
      227 Kleine Passion. „Der sonnige. Duft, Septemberluft."

— Festlied zum Volkstag in Solothurn. (15. Juni.) „Schließt auf den Ring, drin wir im Frieden tagten."

— Die illustrierte Schweiz. Ein Unterhaltungsblatt für den Familientisch. (Bern). S. 232 ff. Nacht im Zeughaus.

1874. Das Schweizerhaus. Ein vaterländisches Taschenbuch. 3. Jahrg. (Bern, Zent und Reinert.)
    S. 1 Revolution. „Es wird schon geh'n."
      89 Krötensage. „Des Berges alte Wangen sind."

1876. Die Johannisnacht. Becherweihe der Zunftgesellschaft zur Schmieden in Zürich. (Druck v. Schultheß).

1877. Schweizerischer Miniaturalmanach. (Bern, Rudolf Buri.) Das Kalendarium gibt zwölf ältere, schon gedruckte, von G. Keller durchgesehene Gedichte:

1. „Nicht ein Flügelschlag ging durch die Welt."
2. „Es ist ein stiller Regentag."
3. „Es wandert eine schöne Sage."
4. „Der Lenz ist da, die Lawine fällt."
5. „Hüll' ein mich in die grüne Decke."
6. „Nasser Staub auf allen Wegen."
7. „Das ist die üppige Sommerszeit."
8. „Hell im Silberschaume flimmern."
9. „Es deckt der weiche Buchenschlag."
10. „Als ich, ein Kind am Strome ging."
11. „Im Herbst erblichen liegt das Land."
12. „Wie nun alles stirbt und endet."

1877. Kunst und Leben. Ein neuer Almanach für das deutsche Haus von Fr. Boden=
stedt. (Stuttgart, Spemann.)
S. 97 ff. Ein Festzug in Zürich.

1878. Deutsche Rundschau. Herausg. v. Julius Rodenberg. (Berlin, Paetel).
Bd. XV. S. 335 ff.
Has von Ueberlingen.
Warbein's Brautfahrt.
Der Narr des Grafen von Zimmern.
Aroleib.
Venus von Milo.
— Bd. XVI. S. 288 ff.
Tafelgüter.
Das Weinjahr.
Am Rhein.

1879. Bd. XX. S. 451 ff.
Ein Schwurgericht.
Stutzenbart.
Abendlied. („Augen, meine lieben Fensterlein.")
Tod und Dichter.

1880. Zürcher Taschenbuch. Dritter Jahrgang. (Zürich, Orell Füßli.) S. 227—246.
Die Johannisnacht. Becherweihe der Zunftgesellschaft zur Schmieden in Zürich.
(Wiederholung des Einzeldruckes.)
— Kunst und Leben. 3. Bd. (Stuttgart, Specmann.) S. 146 ff.
Herbstlandschaft. „Die alte Heimat seh ich wieder."
Winterlandschaft. „Ich sah ein holdes Weib im Traum."
Ein Berittener. „Ein Häuptling ritt geehrt durchs Land."
Auf ein Gesangfest im Frühling. „Nun ist des Winters grimmer Frost."

1882. Nord und Süd. Eine deutsche Monatsschrift. Herausg. von Paul Lindau.
20. Bd. Märzheft, S. 277—285. Der Apotheker von Chamonnix. Fragment
aus einem älteren Gedichte.
— Zürcher Dichter=Kränzchen. Gewunden von Gottfried Keller, Ferdinand
Zehnder, C. Ferdinand Meyer u. a. Darin von G. Keller die bereits ge=
druckten Gedichte:
S. 9 Aroleib.
11 Ein Schwurgericht.
16 Has von Überlingen.
19 Ein Berittener.
20 Herbstlandschaft.

1883. Zürcher Taschenbuch. 6. Jahrg. (Zürich, Orell Füßli.) S. 158 Der Kranz. Ged. von G. Keller.

— Cantate zur Eröffnung der Schweizerischen Landesausstellung. (Sep.=Druck.)

— Cantate zur fünfzigjährigen Stiftungsfeier der Hochschule Zürich. (Sep.=Druck.)

1883. Gesammelte Gedichte von G. Keller. (Berlin, Verlag von Wilhelm Hertz.) Neue Auflagen erschienen 1884, 1888.

1889. Gottfried Kellers Gesammelte Werke. Band IX u. X, enthaltend die Ge= sammelten Gedichte. (Berlin, W. Hertz.)

1894. Zur Feier des 13. Juli. (Gustav Freitag dargebracht. Leipzig, Hirzel.) An Arnold Böcklin zum sechszigsten Geburtstage (vgl. Baechtold III, 647).
     „Seit du bei uns eingezogen."

1895. Schweizerische Rundschau. V, S. 1—3. Adolf Frey, Ein verschollenes Gedicht Gottfried Kellers. „Der Friedensmorgen." „Der Zwietracht Wagen rollt."

— Festklänge. Herrn Elwin Paetel zum 25jährigen Jubiläum als Manuskript gebr. (1874) S. 1 Glückwunsch. „Macht frisch Wetter heut."

— Mitteilungen aus der Literatur des 19. Jahrhunderts. Ergänzungsheft zum 2. Bd. des Euphorion, Zeitschr. f. Literaturgeschichte, herausg. von A. Sauer (Bamberg, Buchner.) S. 138—189 Der Apotheker von Chamounix oder der kleine Romanzero. Von Gottfried Keller. (Abdruck der älteren Fassung von 1860 mit den Randglossen Kellers, durch J. Baechtold.)

— Seldwyler Wochenblatt. Sonntags=Beilage. Einzige Nummer. 10. März. Festzeitung des Lesezirkels Hottingen. Sinnsprüche von Gottfried Keller.
    1. Ein Pärchen. „Hei, da geht er."
    2. Literarisches. „Wie oft ward dieser Sperling schon gebraten."
    3. Gecken. „Was tragen sie für weiße Läppchen."
    4. Zu viel verlangt. „Daß einer ein Schuft sei."
    5. Parteibüffelei. „Partei ist ein Mittel."
    6. Physiologie. „Werft den Schächer aus dem Tempel."

Lesarten-Verzeichnis.

Buch der Natur.

W. IX. 13. Spielmannslied.
Mskr. 82. Liegt in keiner anderen Redaktion vor!

W. IX. 15. Am Himmelfahrtstage 1846.
Mit den ersten Gedichten. Mskr. 1882. Gedichte 1846, S. 337.

	Druck 1883	**Gedichte 1846**
1. 2	Weil, was sich des Lebens freut	Weil, was Freude fühlt und Leben
1. 3	Und den Bund mit ihm erneut,	Und ein gläubig Herz sich heben,
1. 5	Auf die Hügel, auf die Berge.	Auf den See und auf …
1. 8	wird	muß
2. 1	Von dem höchsten Giebel schau'	des Daches
2. 5	Und wie ferne* Kirchenfahnen,	Siehe, wie lebend'ge Fahnen,
2. 6	Flattert's von der Burg Geländern	Flattern dort am Berggeländer
2. 7	Bunt von seidnen Lenzgewändern.	Kinder, bunte Lenzgewänder.
4. 5	Wo ein Strauß von Fliederzweigen†	Blütenzweigen
4. 8	Wilde Röschen …	Junge Rosen
5. 1	Nun in tiefer Einsamkeit	Was ich lange zögernd mied:
5. 2	Schreib' ich, eh' für immer schied	Nun in tiefer Einsamkeit
5. 3	Mir die lange Morgenzeit,	Schreib' ich dieses letzte Lied,
5. 4	Meiner Jugend letztes Lied;	Schlußton meiner Jugendzeit. — —
5. 7	Ist sie mir zur Fahrt bereit,	Preis ihr, wenn sie endlich hält
5. 8	Wird sie selbst ihr Himmelszelt!	Sich zur Himmelfahrt bereit!
		O sie braucht nicht weit zu fahren,
		Die den Himmel in sich wahrt:
		Selbst sich einmal offenbaren,
		Ist die ganze Himmelfahrt!
		Sie ist wie ein Heil'genschein,
		Außen lieblich bunt bemalet:
		Doch verdeckt im Innern strahlet
		Pures Gold und Edelstein.
6. 5	Weihrauch sind die Frühlingsdüfte,	Freiheitschwanger sind die Lüfte:
6. 6	Und auch du, mein Schwalbenzug,	Flieg' hinaus, mein Schwalbenzug!
6. 7	Flattre, leichter Liederflug,	Flattre hin, mein Liederflug,
6. 8	Aufwärts in die freien Lüfte!	Klingend durch die Frühlingsdüfte!

* Mskr. 1882 hat 2. 5 [bunte].   † 4. 5 [Myrtenzweigen].

W. IX. 17. **Stille der Nacht.**

Mskr. 1882. Gedichte 1846, S. 31. Deutsches Taschenbuch 1845, S. 181.
Dat. 5. Juli 1844.

Druck 1883 u. Mskr. 1882		**Gedichte 1846 u. D. Tb. 1845**
1. 2	betauten	tautrunknen
1. 3	goldne	hehre
2. 2	mein Nachtgebet	ein
3. 2	die Luft	der Wind
3. 4	Des Tages leise Ahnung	Die Ahnung, wie vom Tage,
4. 4	viel ersehnte	längst ersehnte
5. 1	im dunklen Erdental	auf blüh'ndem Erdental
5. 2	Ein unergründlich …	Ein unermeßlich …

Mskr. 1882 = Druck 1883. Gedichte 1846 = Deutsches Taschenbuch 1845.

W. IX. 18. **Unruhe der Nacht.**

Mskr. 1882. Gedichte 1846, S. 18 Deutsches Taschenbuch 1845, S. 175. Dat. 24. Juni 1844.

Druck 1883. Mskr. 1882		**Gedichte 1846. D. Tb. 1845**
2. 3	Und eine Sternenkrone	Reichfunkelnde …
4. 1	Es weht durch …	Es streicht …
6. 1	Dem Himmel bringt …	Den Sternen …
6. 2	aufrauschende	aufbrausende
7. 1	Es will vielleicht betäuben	Es will sich vielleicht betäuben
7. 3	Und an noch ältere Sünden	Es denkt an uralte Sünden
7. 4	Denkt wohl ihr reuiges Herz?	Vielleicht ihr reuiges Herz?
8. 1	Ich möchte mit ihr plaudern	Ich möchte gern mit ihr plaudern,
9. 4	Wo meinen …	Wol — meinen Namen gehört?
11. 4	Mein Schlummerlied!	ein Wiegenlied!

Mskr. 1882 = Druck 1883. Gedichte 1846 = D. Tb. 1845.

W. IX. 20. **Unter Sternen.**

Mskr. 1882. Gedichte 1846, S. 33.

Die 5 ersten Strophen sind vollständig unverändert in die Ges. Gedichte hinüber=
genommen. Die Ged. 1846 hatten noch eine weitere 6. Strophe:

> Lieblich diese Sonne lacht
> Und der Tag wird heiter:
> Doch, wer nächtlich einsam wacht,
> Kennt — noch etwas weiter.

W. IX. 21. **Drei Ständchen.**

I. Vor einem Luftschlosse. Mskr. 1882. Neuere Gedichte 1851/54, S. 12.

Druck 1883	**Neuere Ged. 1851/54**
Vor einem Luftschlosse.	Ständchen für eine Prinzessin. 1848.
der Tyrannei	der Phantasei
Grämliche Gespenster!	Luftige Gespenster
———*	Liebliche Bürgerin Klara!

In Mskr. 1882 u. Druck 1883 durchgehende Streichung des früheren Refrains: „Liebliche Bürgerin Klara".

	Druck 1883	Neuere Ged. 1851/54
2. 2	Ewige Jugend zu werben	Jugend und Liebe ...
3. 1	Löse der Krone güldenen Glanz	Löse den Reif von goldenem Glanz
3. 3	in klingendem Tanz	im klingenden Tanz
3. 4	Einen duftigen Rosenkranz	Einen blühenden Myrtenkranz.
4. 3	Ja, dein ...	O, dein
5. 3	Komm', wenn der sonnige Tag uns lacht,	Komm' in der Sonne strahlender Pracht,

W. IX. 22.

II. **Einer Verlassenen.** Mskr. 1882. Neuere Gedichte 1851/54, S. 14.

	Druck 1883 u. Mskr. 1882	Neuere Ged. 1851/54
	Einer Verlassenen.	Ständchen, einer Verlassenen gebracht.
2. 2	bitterm Neide,	scheelem Neide,
4. 4	Sommerau	Frühlingsau.
5.	Die Liebe, die um Liebe warb betrogen,	Laß deine Augen ruh'n vom bittern Grämen,
	Glänzt hoch und herrlich gleich dem Regenbogen;	Wir wollen jeder eine Rose nehmen
	Zu seinen Füßen, die in Blumen stehn,	Aus deinem Garten, daß die Welt erfährt:
	Da liegen goldne Schüsseln ungesehn.	Noch seien deine Blumen hoch begehrt!

W. IX. 23.

III. **Schifferliedchen.** Mskr. 1882. Neuere Gedichte 1851/54, S. 18. Neue Alpenrosen 1848, S. 18. Mskr. im Besitz von Herrn Dr. M. Eßlinger.

	Druck 1883 u. Mskr. 1882	Neuere Ged. 1851/54	Neue Alpenrosen 1848 u. Mskr. Eßlinger
1. 1	=	Schon hat	Es hat ...
3. 3	ein gütig Wehn	ein frisches Weh'n	ein heilig Weh'n
3. 4	Von Osten ...	[fällt Soeben ...	Von Osten ...
4. 1	Das Sternlein schießt, vom Baume	Ich fühle, ...	Ich höre, wie die Erde schwell
4. 2	Das Bluft in meinen Kahn;	=	Zum Himmel leis hinan;
4. 4	Nun, Schifflein, ...	=	Mein Schifflein, ...
		=	Dies Lied hat mir ein Bursch' g
		=	Der fuhr in meinem Kahn; [mach
		=	Er hat's für dich und mich erdach
		Bet' für ihn, Marian!	Bitt' für ihn, Marian!
		Wach' auf, Marian!	Grüß Gott, Marian!

Mskr. 1882 und Druck 1883 haben den in den früheren Fassungen durchgängigen Refrain „Wach' auf Marian!" beseitigt.

W. IX. 24. Nachtfalter.

Mskr. 1882. Gedichte 1846, S. 21. Deutsches Taschenbuch 1845, S. 177. Dat. Juli 1844.

	Druck 1883	Mskr. 1882	Gedichte 1846	Deutsches Taschenbuch 1845
	Nachtfalter.	==	—	—
1	des Tages Not und Pein	==	==	roher Pein
3	bei einer Kerze Schein	==	==	meiner Lampe
8	Schaut hoch herab	=	Sieht hoch herab	Sah hoch herab
14	M. b. H. der Kerze Docht umkreisend	[Mit täppisch blinder Hast das Licht]	==	um meine Lampe kreisend
15	flackerte das Licht	flackerte [der Docht]	==	flatterte das Licht
16	Dann züngelt' seine Flamme still empor	==	==	Mit spitzer Flamme still und stät empor
17	Und zog, wie mit magnetischem Gewicht	==	==	Und zog, magnetisch magisches Gewicht
21	unheilvollem	==	==	unheilschwangerm
22	fast sanken	==	==	ihm sanken
23	schneller	[rascher]	==	mit schneller Hand
25	Und trug ihn weg.	==	==	Und scheucht' ihn fort.

W. IX. 25. Nachtfahrer.

Mskr. 1882. Gedichte 1846, S. 23. Deutsches Taschenbuch 1845, S. 178. Dat. Juli 1844.

	Druck 1883	Mskr. 1882	Gedichte 1846 und D. Tb. 1845
	Nachtfahrer.	==	—
1. 1	mit himmelweiten Schwingen	==	sternbesäten
1. 3	Silberlilien	==	Silberblümchen
			Die Insel schläft, doch Träume auf ihr gaukeln,
			Wie blüht, wie flimmert, flüstert es so minnig!
			Wie lustig sich Lianenkränze schaukeln!
			Wie atmet der Orangenhain tiefsinnig!
3. 4	Deß einzig Licht das Sonnenlicht der Wahrheit!	==	Deß einzig Sonnenlicht das Licht der Wahrheit!
4. 3	erstorbnes Auge	==	ermüdet
			Hehr über Allem wallt ein frohes Ahnen,
			Sein unbewußt und doch so alldurchdrungen, —
			Der Blutlauf, der in unsichtbaren Bahnen
			Dies reine Leben in den Gang geschwungen.

	Druck 1883	Mskr. 1882	Gedichte 1846 und D. Tb. 1845
5. 1	die stille Luft erzittert,	=	die Meeresfläche zittert;
5. 2	Dicht wälzt ein Rauch ...	=	Braun wälzt der Rauch
5. 3	Ein Wasserdrache,	=	Ein Meeresdrache, ...
6. 1	du stiller Menschengarten!	==	du stiller Meeresgarten!
6. 3	deines unschuldvollen Fleisches	=	deines rosig frischen Fleisches
6. 4	Du sanftes Volk,	=	schönes
7. 1	und die Segel sinken	=	Flagg' und Segel
7. 3	Bleichgesichter lüstern blinken	=	Bleigesichter* lüstern blicken*
8. 3	Der Christenpriester	Christen[pfaffe]	Der Christenpfaffe ...
8. 4	Das Marterholz	=	Das blut'ge Kreuz ...

W. IX. 26. Sommernacht.

Mskr. 1882. Neuere Gedichte 1851/54, S. 16. Dat. 1846 oder 1847.

	Druck 1883 u. Mskr. 1882	Neuere Gedichte 1851/54
4. 2	Und rasch in einen Ring gebracht;	Und schön in einen Kranz gebracht;
4. 3	die kurzen Stunden	stillen

W. IX. 28. Trost der Creatur. I.

Mskr. 1882. Neuere Gedichte 1851/54, S. 73. Dat. 1847.

Vollständig unverändert in die Sammlung aufgenommen. Nur ist der Titel neu.

W. IX. 28. Trost der Creatur. II.

Mskr. 1882. Neuere Gedichte 1851/54, S. 74. Dat. 1847.

	Druck 1883	Mskr. 1882	Neuere Gedichte 1851/54
4	ein Gräslein rührend	=	als Lebenszeichen
5	Da wacht' die schönste Lilie auf,	=	Da wachte eine Lilie auf, —
6	mit bangem Atem	=	leisem
7	Da sank ein Falter	Da [fiel]	Da fiel ein Falter ...

W. IX. 29. Wetternacht.

Mskr. 1882. Gedichte 1846, S. 26. Mskr. 1845, B. II, Bl. 70. Dat. 28. Dez. 1845.

	Druck 1883	Mskr. 1882	Gedichte 1846	Mskr. 1845
	Wetternacht.	=	—	—
1. 1	Der Sturm erwacht, ...	=	=	Rauh geht der Nord, es ...
1. 4	=	=	Dort ist es abendklar	Dort ist's nun [selig] [rosenrot] abendklar
1.'5	Und sind nun	[Dort] sind nun	=	Dort sind nun
1. 6	In einem	=	=	Im einen
2. 2	die hohen Wälder	=	=	scheuen ...
2. 4	Des Windes Peitsche fühlt die Haide	=	=	Dicht auf der Haide kühle Winde streichen,
3. 1	Ich sehe kaum ... [streichen,	[kenne]	=	Ich kenne kaum
3. 2	rings	=	=	schon
3. 3	das schwarz verhüllte Land	=	=	das tief verhüllte
3. 5	—, wirft mich jäh darnieder,	=	=	—, wirft zum Staub mich nieder,
3. 6	Und meine Stirne preßt sich in den Sand.	=	=	Und meine Tränen rinnen in den Sand.
4. 5	=	=	=	{Und [endlich] meinen Kindesstolz] meinen Hochmut, wie ein Rohr gebrochen
4. 6	fließt	=	=	strömt
5. 3	Ist mit der Demut angefacht!	=	=	Ist glühend in mir angefacht!
5. 6	Nun schau' ich erst in deiner Tiefe Schacht!	=	=	Nun erst schau' ich in deinen tiefsten Schacht.
			=	Da leuchtet es in düsterm Strahlenkranze,
			=	Da funkelt es von mildem Tränenglanze
			=	Und tief der Wehmut Gold erglüht!
			=	Wie flimmern da der Sehnsucht blaue Kerzen
			Und spiegeln sich in der Entsagung Erzen, Ergebung in gewund'nen Adern blüht.	Und die Entsagung glänzt in harten Erzen, Ergebung sanft in seinen Adern blüht.
			=	{Gebrochner Stolz klagt wie in Grabesklängen, Doch Demut wacht in den geheimsten Gängen, Als mildes [Sternen] Grubenlicht entbrannt; Die oben nicht zum Leben Raum gefunden, O was für Liebe schläft und träumt da unten, Friert endlich ein zu hartem Diamant!

	Druck 1883	Mskr. 1882	Gedichte 1846	Mskr. 1845
6. 4	Marmorgrabe	=	=	frischen Grabe
6. 6	lichten Schacht	=	=	stillen
8. 2	die schwarzgelockten Haare,	=	=	die feuchten, schwarzen Haare,
8. 3	Wie sanft	=	=	Wie weiß
8. 6	, daß ich dies traute Wissen fand,	=	=	—, ich habe endlich dich erkannt!
9. 3	Und wo mich einst	Und wo mich [auch]	=	Und wo mich einst dein [Gruß] Ruf
9. 4	im festlich bunten Saale,	=	im flittervollen Saale	[glanzerhellten] flittervollen Saale,
9. 5	Auf dürft'gem Bett,	=	=	Auf stillem Bett,

10.

Druck 1883:

Die Nacht vergeht, die grauen Wolken [fliegen.
Der Tag erwacht und seine Strahlen siegen,
Im Osten steigt der Sonnenschild empor;
Es blitzt sein Schein auf meinen alten Wegen,
Ein andrer aber tret' ich ihm entgegen,
Der ich die Furcht des Todes still verlor.

Mskr. 1882: =

Gedichte 1846:

So wachet auf, ihr hellen Morgenlieder!
Ich aber leg' mir um die Stirne wieder
Des Stolzes unfruchtbaren Kranz.
Der Welt mit Weltsinn nun entgegengehen
Das will ich; aber innen, ungesehen,
Blüht Todesdemut mit geheimem Glanz.

W. IX. 31. Morgen.

Mskr. 1882. Ruge, Die politischen Lyriker unserer Zeit, 1847, S. 305. Gedichte 1846, S. 4. Deutsches Taschenbuch 1845, S. 169.
Vgl. J. Baechtold, Bibliographie, S. 5, Anm. 1: Vor der gedruckten Str. 1 steht ursprünglich im Mskr. (das nicht erhalten ist):

„Was je ein Mensch empfunden hat
Für dich, o Morgenstunde,
Das findet eine Dankesstatt
In meinem Liedermunde.
Und alle die Gebete,
Die dir erklungen sind,
Ich eine sie zu deinem Preis
Als dein vertrautes Kind."

	Druck 1883. Mskr. 1882	Die pol. Lyriker 1847. Gedichte 1846. D. Tb. 1845
1. 6	Im dunklen Schatten ein,	- Geduldig mit ihr ein:
1. 7	Doch eilig wacht ...	Doch fröhlich ...
2. 7	der Freiheit Fechterschar	der Freiheit Priesterschar

Die politischen Lyriker 1847 } haben den Titel: „Morgenlied."
Deutsches Taschenbuch 1845 }

W. IX. 32. Sonnenaufgang.

Msfr. 1882. Gedichte 1846, S. 6. Msfr. 1845, B. 11, Bl. 66.

	Druck 1883 u. Msfr. 1882	Gedichte 1846	Msfr. 1845
1. 3	=	vom Oste getragen,	vom Ostwind getragen,
2. 1	sie wogen und branden,	=	sie schaukeln und branden,
2. 2	Aber still das Gebirge steht,	=	Fröhlich die Brise vom Morgenland weht,
2. 3	Tau ist gesprengt auf den funkelnden Landen,	=	Sühnend erfunkelt der Tau auf den Landen,
4. 2	und fröhlichem Zug?	Schwenkend in freiem und freudigem Zug?	Schwenkend und ziehend in freudigem Zug?
5. 4	Der den alltäglichen Raub erneut.	Seinen alltäglichen Raub nur ...	Seinen täglichen Raub nur erneut!
6. 1	auf brehenden Speichen	=	auf klingenden ...
6. 2	Schimmernder Morgen	=	Glänzender Morgen
6. 3	=	, auch ihr mögt	Rosige Wimpel, und ihr mögt
7. 2	schon ahnend	=	gar ahnend

Heißt dann die Freiheit dem Wagen entsteigen,
Mit ihrer ganzen herrlichen Fracht;
Mag sich die Sonne [dann] nur heben und neigen:
Schön ist der Tag dann und glücklich die Nacht!

W. IX. 33. Gruß der Sonne.

Msfr. 1882. Neuere Gedichte 1851/54, S. 3.

	Druck 1883 u. Msfr. 1882	Neuere Gedichte 1851/54
	Gruß der Sonne.	Lied der Sonne.
1. 3	rollen	trollen
3. 1	Wieder wohlig zittern	selig

Durch Millionen Röhren
Zieh'n der Erde Saft,
Daß man leis kann hören
Seine Wanderschaft!

5. 1	Felsenhange	Gletscherhange
7. 1	Bringt — ich bin die Sonnen*	Hängt, —
7. 2	An das Kerkertor	Vor das ...

* In „Sonne“ (W. IX. 33, 7. 1) liegt Druckfehler vor!

Druck 1883 u. Mskr. 1882	**Neuere Gedichte 1851/54**
	O ihr Gramspelunken,
	Sendet an den Tag,
	Was in euch versunken
	Leben, weben mag!
9. 1 Mit all' euren Schätzen	Auf den grünen Plätzen
9. 2 Lagert euch herum,	Wimmle es herum,
9. 3 Wendet eure Fetzen	Wende seine Fetzen
10. 3 Mit dem goldnen Faden	Mit der Liebe goldnem Faden

W. IX. 35. Am Brunnen.

Mskr. 1882. Neuere Gedichte 1851/54, S. 113. Donauhafen 1848, S. 75.

Druck 1883 u. Mskr. 1882	**Neuere Gedichte 1851/54**	**Donauhafen 1848**
Am Brunnen.	Wasser.	Wasser.
	Wie dreifach lieblich hat Natur	Ja, lache nur den Wandrer an
	In euch sich lächelnd offenbart!	Mit deinen Augen, groß und hell,
2. =	Aus deinem Aug' grüßt ihre Spur	Wer hat zusammen euch getan
	Des Wandrers stille Morgenfahrt.	So eng vertraut an dieser Stell'?
4. 3 Dies Bild, zart wie ein Morgentraum,	Dies Schau'n, zart wie ein Morgentraum,	Solch duftig zarter Morgentraum
4. 4 Ist ein geschautes Frühgebet!	Ersetzt mir jedes Frühgebet!	Ersetzt mir heut das Frühgebet!
6. 4 Das keusche Ja von deinem Mund!	=	Den ersten Kuß von deinem Mund!

W. IX. 36. Sonnenuntergang.

Mskr. 1882. Gedichte 1846, S. 11. Deutsches Taschenbuch 1845, S. 170. Dat. August 1844.

Druck 1883	**Mskr. 1882**	**Gedichte 1846 und D. Tb. 1845**
2. 2 Des Lichtes, daß er auf mich falle	=	Der labend, leuchtend auf mich falle
2. 3 Und ich aus	=	Daß ich aus
		Ich will dein treuer Page bleiben
		Dein Spiegel, wie das blaue Meer,
		Als Schäfer deine Lämmer treiben,
		Die Morgenwolken, vor dir her.

	Druck 1883	Mskr. 1882	Gedichte 1846 und D. Jb. 1845
2. 5	Laß mich an deinem Hofe weilen,		Als leichte, leichte* Wolke nur
2. 6	Als lichte leichte Wolke nur,		Laß mich an deinem Hofe weilen,
2. 7	Vor deinem Zuge kündend eilen		Als deines Glanzes letzte Spur
2. 8	Als deines Glanzes schwächste Spur!	[kleinste]	Vor deinem Siegszug kündend eilen!
			Ich präg' als Lehrer neue Lieder
			Den Lerchen, deinen Kindern, ein —
			Du willst mich nicht? Du tauchest nieder? —
			Ich bin im Schatten, bin allein!
3. 1	Sie geht, ich wende bang mich ab,	=	Verlassen, bang wend' ich mich ab,
3. 2	Es dünkt die Welt mich eine Kohle;	=	Die Welt ist eine tote Kohle;
3. 7	Im rosig milden …	=	In rosig mildem Nebelmeere
			Leis, magisch kommt der Riesenstern
			Auf grünen Wipfeln hergegangen;
			Er ist nicht kalt, er ist nicht fern,
			Nein, warm und nah, wie zum Erlangen.
4. 1	Der nach verlornen Strahlen jagt,	=	Ist er der Sonne Ährenleser,
4. 2	Ist er der Sonne Ährenleser?	=	Der nach verlornen Strahlen jagt?
4. 3	Ist er, bis sie im Osten tagt,	=	Ist er der Sonne Reichsverweser,
4. 4	Der goldnen Herrin Reichsverweser?	=	Bis wieder sie im Osten tagt? —
4. 5	Ach, unsrer armen Mutter Erde	=	
4. 6	Ist er ja nur ein Lehenmann;	=	
4. 7	Und seht, mit glänzender Gebärde	=	
4. 8	Tut er die Lehnspflicht, wie er kann!	=	
5.	Er trägt das Licht durch Nacht und Grau'n		**Es ist auf Erden keine Nacht,
	Getreu auf sanft erhellten Wegen,	Getreu [voran auf dunklen]	Die nicht noch ihren Schimmer hätte,
	Bis wir den Morgen wieder schau'n		So groß ist keines Unglücks Macht,
	Und frisch die Erde taut im Segen.		Ein Blümlein hängt in seiner Kette!
	Die Liebe wird den Ruhm nicht mindern,		Ist nur das Herz von rechtem Schlage,
	Wenn Kleine mit den Kleinern geh'n:		So baut es sich ein Sternenhaus,
	Die Sonne selbst samt ihren Kindern		Und schafft die Nacht zu hellem Tage,
	Muß sich um größ're Sterne drehn.	[höh're]	Wo sonst nur Asche, Schutt und Graus.

* D. Jb. 1845 hat 3. 1 leichte, lichte; sonst ist es = Ged. 1846. ** Gl. Baechtold II. 516.

W. IX. 38. **Abendregen.**

Mskr. 1882. Neuere Gedichte 1851/54, S. 117. Neue Alpenrosen 1848, S. 185.

	Druck 1883 u. Mskr. 1882	**N. Ged. 1851/54**	**N. Alpenrosen 1848**
3. 4	=	spielen sieht.	glänzen sieht.
4. 2	wohl zu kennen	=	scharf zu kennen
5. 3	Um meinen fernen blassen Namen	Ob meinem fernen, bleichen Namen	Ob meinem fernen, klaren Namen
5. 4	Des Friedens heller Bogen stehn.	=	Der Ehre Regenbogen steh'n.

W. IX. 39. **Gewitterabend.**

Mskr. 1882. Gedichte 1846, S. 14. Deutsches Taschenbuch 1845, S. 172. Dat. 27. April 1844.

	Druck 1883 u. Mskr. 1882	**Gedichte 1846 u. D. Tb. 1845**
2. 4	Am grell erleuchteten Strande*	fahl erleuchteten
4. 3	Der blöde Haufen	dumme
5. 1	einen guten Gedanken	'nen
5. 4	Er in die Wirtschaft dir leuchtet!	Er in deine Wirtschaft dir leuchtet!

W. IX. 40. **Abendlied an die Natur.**

Mskr. 1882. Schweiz. Miniatur-Almanach von R. Buri 1877, S. 5. Gedichte 1846, S. 1. Mskr. 1845, B. II, Bl. 39.
Dat. Glattfelden, Juli oder August 1845. vgl. Baechtold I, 226.

	Druck 1883 u. Mskr. 1882	**Min.-Almanach 1877**	**Gedichte 1846**	**Mskr. 1845**
1. 1	=	=	Hüll' ein mich in die	Hüll' mich in deine grünen Decken
1. 2	sing mich ein	=	Mit beinem Säuseln lull' mich ein!	Und lulle mich mit Liedern ein!
1. 4	Mit deines Tages jungem Schein!	=	Mit deines Tages jungem Schein.	Mit eines jungen Tages Schein!
2. 1	=	=	Des Kinderauges …	Der Kinderaugen …
2. 2	=	=	ein	mit Blumen auf
2. 3	=	.	es	sie
2. 4	=	=	Du scheuchtest ihn mit buntem Schein.	Du letzest weiche Lind'rung drauf.
2. 7	=	=	Doch immer bin ich …	Bin ich doch immer …
3. 7		—**	genaht	wohl nah
4. 2	Lieg ich im Feld	=	=	Bin ich im Feld
4. 3	=	=	warmen	hellen
4. 4	=	=	Ruh' auf mir, auch im	Verfolge mich im
4. 5	das Ende	mein Ende	=	Mein Stündlein
4. 8	In deiner stillen Herbergsruh!	In beines Urgrunds tiefster Ruh'!	Zu neuem Kampf nach kurzer Ruh!	In beines Urgrunds tiefster Ruh'!

W. IX. 41. Abend auf Golgatha.

Mskr. 1882. Mskr. in M. 10. 2. Mskr. in Mskr.-Heft, S. 28.

Druck 1883 u. Mskr. 1882	**2. Mskr. in M. 10**	**1. Mskr. in Mskr.-Heft**
Flügel	=	die samtenen Schwingen
5		
7 Nicht ganz blieb verlassen ihr Schöpfer,	Nicht ganz blieb verlassen der Dulder,	Nicht ganz blieb er verlassen, der Dulder,
den Pfeiler des Kreuzes	den Pfeiler des Kreuzes	am Fuße des Stammes
8 =	Hielt umfangen das Weib, das er	Lag das bebende Weib, das er

W. IX. 42. Rosenwacht.

Mskr. 1882. Gedichte 1846, S. 16. Deutsches Taschenbuch 1845, S. 173. Dat. August 1844. vgl. Baechtold, Bibliographie, S. 5, 2. Anm.

Druck 1883 u. Mskr. 1882	**Gedichte 1846 u. D. Tb. 1845**
2. 3 Der Sterbenskranke	Der Todeskranke
2. 4 Das Kirchenmännchen ...	Das schwarze Pfäfflein ...
3. 1 was suchst du hier?	was willst du hier?
3. 2 Die Menschen nicht, noch Blumen lauschen dir!	Sieh, nicht einmal die Blumen horchen dir!
3. 3 neigen sie sich insgesamt:	neigt sich alles insgesamt:
3. 4 hält	übt
4. 1 ... des Kranken Antlitz ...	... das Haupt des Kranken ...
4. 4 Wie durstig trinkt er	Wie trinkt er durstig ...
5. 2 sind ...	ist Berg und Tal
5. 3 Das junge Menschenkind ist bleich und tot,	Die Rosen sind geblieben frisch und rot,
5. 4 Die Rosen sind geblieben frisch und rot.	Jedoch das Menschenkind ist bleich und tot.
6. So halten die Vergänglichen die Wacht	Doch ehe noch die Rosen ausgeglüht,
Beim stillen Manne bis zur dritten Nacht;	Ist jene Blume schöner aufgeblüht —
Dann legen sie bescheiden ihr Gewand	Nimmst, Teufel! du mir dieses Glaubens Lust,
Dem Herrn des Lebens in die Vaterhand.	Nimm mir zuvor das Herz aus meiner Brust!

Mskr. 1882   3. 1 was [willst] du hier?
3. 2   [horchen] dir!
4. 1 [Das Haupt des Kranken]

W. IX. 43. **Abendlied.**

Mskr. 1882. Deutsche Rundschau 1879, B. XX, S. 451. Mskr.-Heft M. 10, S. 23. Dat. Januar 1879.

	Druck 1883 u. Mskr. 1882	**D. Rundschau 1879**	**Mskr.-Heft 1879**
	==	Abendlied.	Abendgang.
1. 3	Bild um Bild	=	Bild auf Bild
3. 4	=	.. eines Falters ...	Wie von eines Mückleins Flügelweh'n.

Vgl. Köster, Briefwechsel Storm-Keller, S. 70.

W. IX. 44. **Frühlingsbotschaft.**

Mskr. 1882. Neuere Gedichte 1854, S. 222. Böttger, Buch deutscher Lyrik 1853, S. 163.

	Druck 1883 u. Mskr. 1882	**Neuere Gedichte 1854**	**Buch deutscher Lyrik 1853**
2	Denn mit ...	==	Und mit
13	=	Nebelflocken	Wolkenflocken
21	verschraubten	=	und verschrob'nen,
23	=	verbohrten	versteckten
36	Tropfen flüssig heißen Goldes,	=	Flüssig heißes Gold des Weines,
39	Hoffnungsfunke	=	ein Hoffnungsfunken
40	Nur ein Fünklein heitern Glaubens,	=	Nur ein Funken heit'ren ..
49	nichts ergäbe	=	nichts verriete,

W. IX. 46. **Frühlingsglaube.**

Mskr. 1882. Schweizer. Miniatur-Almanach 1877, S. 3. Gedichte 1846, S. 37. Deutsches Taschenbuch 1845, S. 187. Dat. September 1844.

	Druck 1883 u. Mskr. 1882	**Miniatur-Almanach 1877**	**Gedichte 1846 u. D. Tb. 1845**
1. 3	=	Wie sehnend eine Liebesklage	Wie sehnsuchtsvolle Liebesklage
1. 4	=	Geht sie bei Tag und Nacht herum.	In lauer Frühlingsnacht herum.
2. 2	Und von der Menschheit letztem Glück,	=	Und von dem letzten Menschenglück,
2. 4	Der Traum als Wahrheit, kehrt zurück	=	In ew'ger Klarheit ..
3. 4	Ihr leuchtend ...	=	Ihr ehern ...
4. 3	=	Des Eigen-Neides Widerstreben,	Das ist: das neid'ge Widerstreben,
4. 4	=	Der es	Das es ..
5. 3	Der wäre	=	Er wäre ..
5. 4	=	Denn lebend wohnt er schon im Grab.	Und ihm gebührt kein Menschengrab.

W. IX. 47. Wieder vorwärts!

Mskr. 1882. Gedichte 1846, S. 35.

	Druck 1883	Mskr. 1882	Gedichte 1846
1. 3	holder Mund	=	leiser Mund
3. 4	von einer Fluh	=	von Nagelfluh.
6. 1	Dröhnend	Donnernd	Donnernd

W. IX. 48. Bergfrühling.

Mskr. 1882. Schweiz. Miniatur=Almanach von Buri, 1877, S. 4. Gedichte 1846, S. 38. Deutsches Taschenbuch 1845, S. 186. Dat. September 1844.

	Druck 1883 u. Mskr. 1882	Schweiz. Miniatur=Almanach 1877	Gedichte 1846 u. D. Tb. 1845
1. 2	mit Tosen und Sausen ..	mit Brausen und Sausen ..	mit Brausen und Tosen
1. 4	Matten	=	Auf grünende Matt' ...
2. 1	Hüttchen	Und ob auch die Laue mein Hüttlein trifft	Und ob auch mein Hüttlein die Lauine trifft
2. 2	=	im donnernden	in donnerdem Lauf:
2. 3	Sobald wieder	=	Wenn wieder ..
2. 4	Bau' ich	=	So bau' ich
3. 2	Der Knechtschaft verheerende Löwin fällt	Verödend die Laue der Knechtschaft fällt	Die verödende Laue der Knechtschaft fällt:
3. 3	=	die Heimstatt	mein Hüttchen
4.	=	Hinaus in die Welt, in das finstere Reich,	Denn lieber gepeitscht in Sibirien sein,
		Zu dienen im Dunkel dem fremden Mann,	Als Herrenknecht in dem Vaterland!
		Ein armer Gesell, der die Sterne bleich	Viel lieber mit Türken Allah schrein
		Der Heimat nimmer vergessen kann!	Als in Zwinglis Volk Jesuiten=Trabant!

W. IX. 49. Frühling des Armen.

Mskr. 1882. Neuere Gedichte 1851/54, S. 6.

	Druck 1883 u. Mskr. 1882	Neuere Gedichte 1851/54
	Frühling des Armen.	Der junge Bettler.
1. 1	Der Lenzwind tanzt auf Berg und Haide,	Ich wandle taumelnd wie im Traum,
1. 2	Jung Ivo taumelt wie im Traum,	Der Frühling tanzt auf Berg und Haide,
1. 5	Sein Bündelchen im tollen Reigen	Mein Bettelsack, tanz' mit den Reigen,
1. 6	Wirft er empor zum lust'gen Ritt:	Schwing' dich hinauf zum tollen Ritt!

	Druck 1883 u. Mſkr. 1882	**Neuere Gedichte 1851/54**
2. 1	„Was macht der Haide Glanz ſo traurig	Was macht mein junges Bettlerherz
2. 2	Mein arm unwiſſend Bubenherz?	Der Haide grüner Glanz ſo traurig?
2. 4	Das mich durchwallt ſo ſüß und ſchaurig?	Was weht durch mich ſo ſüß und ſchaurig?
2. 5	Tief möcht’ ich . . .	Raſch möcht’ ich . .
3. 1	„Am Bach ſah ich mein Mädchen ſtehen,	O traute Birk’! im Morgenſtrahl
3. 2	O traute Birk’! im Morgenſtrahl,	Sah ich am Quell mein Mädchen ſtehen,
3. 6	. . jähem . .	mit ſüßem Schrecken
3. 7	im Bettelorden	bei Bettlerhorden
3. 8	. reinen . .	: reichen . .
4. 1	„Was ſchiert mich all dies ſtolze Blühen?	Beſchränke dich, du eitle Bruſt!
4. 2	Beſchränke dich, du eitle Bruſt;	Was ſchiert dich all’ dies ſtolze Blühen?
4. 3	=	Umſonſt! mich will die fremde Luſt
4. 4	in die dunkle Ferne	Weit in die goldne Ferne ziehen!
4. 5	Du liebe Schweſter Birke . . .	O ſüße Schweſter Birke,
4. 6	frei herab	wieder mir herab
4. 8	zum grünen Bettelſtab!	zum Wanderbettelſtab!
5.	„Ich wandre, bis das Land ich finde, Das beſſ’re, wo der ärmſte Mann Ein Quentlein Hoffnung kaufen kann Für einen Dent von Birkenrinde. Dann wird mein Stecken bald zu Golde, Das ſchönſte Schloß erſtürm’ ich friſch, Drin ſitzt als Glück mein Kind, das holde, Und winkt mir lächelnd an den Tiſch!“	

W. IX. 50. Gewitter im Mai.

Mſkr. 1882. Neuere Gedichte 1851/54, S. 115. Mſkr. M. 10, 1848. Dat. 21. Mai 1848.

	Druck 1883	**Mſkr. 1882**	**Neuere Ged. 1851/54**	**Mſkr. 1848**
1. 1	das Frühlingsland	=	=	mein Heimatland
2. 1	Voll Reu’ und Leid . . .	Voll [Gram] und	Voll Gram und Reu’ hatt’ ich den Mai	Voll Kummer grüßt’ ich dieſen Mai,
2. 2	. . bunten Flor;	=	Gegrüßt und ſeinen Blumenflor;	Voll Reue ſeinen Blumenflor;
2. 4	Verträumt von dem vergrämten Tor!	=	=	Und träumend naſcht’ ich armer Tor!
4. 4	Das Leben blühte . . .	=	Mein Leben grünte . . .	Mein Leben blühte friſch und neu.

W. IX. 51. **Zur Erntezeit I.**

Mskr. 1882. Buri, Schweizerischer Miniatur-Almanach 1877, S. 7. Ruge, Die politischen Lyriker unserer Zeit, 1847, S. 306. Gedichte 1846, S. 40. Deutsches Taschenbuch 1845, S. 188. Dat. Juni 1844.

	Druck 1883	**Mskr. 1882**	**Schweiz. Miniatur-Kalender 1877**	**Die pol. Lyriker, 1847, Ged. 1846, D. Tb. 1845**
	Zur Erntezeit.	=	=	Sommer.
1. 1	=	=	Das ist die üppige Sommerzeit,	Das ist doch eine üppige Zeit,
1. 3	Des Juli ...	Wo des Juli	Und des Juli ...	Wo des Sommers ... [zieht.
1. 4	Langsam das schimmernde Land durchzieht.	=	.. schimmernden ..	Langsam durch die schweigenden Lande
				Das Himmelblau und der Sonnenschein,
				Die zehren und trinken mich gänzlich auf!
				Ich welfe dahin in üppiger Pein,
				Im Blumenmeer versiegt mein Lauf.
2. 1	=	=	Ich hör' ein heimliches Dröhnen gehn	Die Schnitter so stumm an der Arbeit stehn,
2. 2	Fern in der Gebirge ...	Fern [in Gebirges]	Fern in des Gebirges dämmerndem Blau,	Nachdenklich und lahm auf brennender Au;
2. 3	=	=	Die Schnitter so stumm an der Arbeit stehn,	Ich hör' ein heimliches Dröhnen gehn
2. 4	Sie schneiden	=	Zu schneiden die Sorge auf brennender Au'.	Fern in des Gebirges dämmerndem Blau.
3. 1	=	=	Sie sehnen sich ..	Wie sehn' ich mich
3. 3	.. tüchtigen ...	=	wogenden	.. tüchtigen ..

Deutsches Taschenbuch 1845 = Gedichte 1846 = Die politischen Lyriker 1847.

W. IX. 51. **Zur Erntezeit II.**

Mskr. 1882. Buri, Schweiz. Miniatur-Almanach 1877, S. 9. Gedichte 1846, S. 41. Mskr. B. II, Bl. 44, dat. 30. Dez. 1845.

	Druck 1883	**Mskr. 1882**	**Gedichte 1846**	**Mskr. 1845**
3. 1	=	=		Mir ist, ich trag' ein grünes Kleid
3. 2	=	=		Von Sammet, und die weiche Hand
3. 3	.. schweigsam holden ..	=	Str. 3 =	Von einer schweigsam stillen Maid
3. 4	Strich' es	=		Streicht es mit ordnendem Verstand.
4. 1	=	=		Wie sie so freundlich sich bemüht,
4. 2	Duld' ich	[Trüg] ich	Str. 4 =	Trag' ich die leichte Unruh' gern,
4. 3	=	=		Indes sie mir in's Auge sieht
4. 4	=	=		Mit ihres Auges blauem Stern.

	Druck 1883	Mskr. 1882	Gedichte 1846		Mskr. 1845
1. 1	=	=	Es deckt		So deckt der weiche Buchenschlag,
1. 2	=	=		Str. 1 =	Gleich einem grünen Sammtgewand,
l. 3	=	=			So weit mein Auge reichen mag,
1. 4	=	=			Das hügelübergoff'ne Land.
2. 1	=	=			Und sachte streicht darüber hin
2. 2	Mit linder Hand	=	Mit linder Hand	Str. 2 =	Mit weicher Hand ein leiser West,
2. 3	=	=			Der Himmel hoch mit stillem Glüh'n
2. 4	=	=			Sein blaues Aug' drauf ruhen läßt.
5. 1	=	=			Uns beiden ist, dem Land und mir,
5. 2	=	=		Str. 5 =	So innerlich, von Grund aus, wohl —
5. 3	.. was geht ..	=			Doch schau', was schleicht im Feldweg hier,
5. 4	=	=			Den Blick so scheu, die Wange hohl?
6. 1	=	=			Ein Heimatloser sputet sich
6. 2	=	=		Str. 6 =	Waldeinwärts durch den grünen Plan —
6. 3	=	=			Das Menschenelend krabbelt mich
6. 4	Wolfsspinn'	[Erdspinn']			Wie eine schwarze Erdspinn' an!

Umstellung in der Reihenfolge der Strophen in den Gedichten 1846 gegenüber dem Mskr. 1845.
Schweizerischer Miniaturalmanach 1877 = Gedichte 1846.

W. IX. 53. Waldlieder I.

Mskr. 1882. Gedichte 1846, S. 43. Mskr. 1845 B. II. Bl. 37. Dat. Glattfelden, Juli ob. Aug. 1845, vgl. Baechtold I. 226.

	Druck 1883 u. Mskr. 1882	Gedichte 1846	Mskr. 1845
2. 1	Fern am Rande fing ein junges Bäumchen*)	=	Fern am Rand fing eine junge Eiche ...
3. 2	=	Hoch sich durch die Wipfel wälzend ...	Wälzend [sich auf hohen] her sich auf den Wipfeln
6. 2	nach Nordosten ...	=	—, starr nach Süden

Und [ich saß] im tiefen, feuchten Moose saß ich,
   stumm in mich gekauert,
Von den wunderlichen Weisen, mich umwogend,
   froh durchschauert —
Kein Gesang ist so erbaulich, wie des Waldes
   heilig Rauschen,
Tagelang und dunkle Nächte könnt' ich seinem
   Tosen lauschen.

____
*) Mskr. 1882 hat 2. 1: Eine junge Eiche, sonst = Druck 1883.

Druck 1883 u. Mskr. 1882	Gedichte 1846	Mskr. 1845
7. 1	Also streicht die alte Geige Pan der Alte,	
	laut und leise,	
7. 2 =	Unterrichtend seine Wälder in der	
	alten Weltenweise.	
8. 1	In den sieben Tönen schweift er	
	unerschöpflich auf und nieder,	
8. 2 =	In den sieben alten Tönen, die umfassen	
	alle Lieder.	
9. 1	Und es lauschen still die jungen Dichter	
	und die jungen Finken,	
9. 2 =	Kauernd in den dunklen Büschen	
	sie die Melodien trinken.	

W. IX. 54. Waldlieder II.

Mskr. 1882. Gedichte 1846, S. 46. Mskr. 1845. B. II. Bl. 38. Dat. Glattfelden, Juli oder Aug. 1845. Baechtold I, 226.

Druck 1883	Gedichte 1846	Korrekturen	Manuskript 1845 — 1. Niederschrift
2. 2 =	Und das Weh'n der Föhren,		Und der hohen Föhren,
2. 3 =	=		Wenn die Luft in ihnen träumt,
2. 4 =	Angenehm zu hören!		Wanken schön zu hören.
3. 1 Schlanken	Reichen ...		Schlanken ...
3. 2 =	sie da im Bunde;		licht im Bunde;
3. 3 ein kleines Reich	=		sein Königreich
		Schmach u. Gram umfängt sie nie,	Oftmals kreist ein junger Weih
		Nimmer Lebensreue;	Ob dem Wipfelwehen;
5. =	=	Schnell und mutig wachsen sie	Hören kann man sein Geschrei
		In des Himmels Bläue.	Aber ihn nicht sehen!
			In den Stämmen oft ein Laut
			Hallet einsam wider;
	=		Üppig, wie das Farrenkraut,
			Wachsen mir die Lieder!

Druck 1883	Gedichte 1846	Korrekturen	Manuskript 1845 1. Niederschrift
7. Lieg' ich so im Farrenkraut, Schwindet jede Grille, Und es wird das Herz mir laut In der Föhrenstille.	=		Wie ein Quell versiegt der Schmerz, Schwindet jede Grille; Großen Unfug treibt mein Herz In der Föhrenstille.
8. 3 =	Bin ich in ein Gotteshaus		Wie in einem Gotteshaus
8. 4 Etwan	Etwa eingefallen?		Duftet's in den Hallen!
9. 1 =	Doch der Unsichtbare läßt		Wenn die Abendsonne ruht
9. 2 =	Lächelnd es geschehen,		Oben in den Ästen,
9. 3 =	Wenn mein wildes Kirchenfest	Macht sich in der Purpurglut	Denk ich: es ist Purpurglut
9. 4 Hier ich will begehen!	Ich hier will begehen.	Föhrenwald am besten!	Wohl von Götterfesten!

Mskr. 1882 = Druck 1883.

W. IX. 55. Am fließenden Wasser I.

Mskr. 1882. Schweiz. Miniatur-Almanach von Buri. 1877. S. 8. Gedichte 1846. S. 49—53.
1. Mskr. B. II. Bl. 37, 1845. 2. Mskr.: Flieg. Blatt in M. 10. Dat. Glattfelden, Juli oder August 1845.

Druck 1883 u. Mskr. 1882	Schweiz. Miniatur-Almanach 1877	Gedichte 1846	Mskr. 1845
1. 1 im Silberlichte	=	=	Hell im Silberschaume
1. 7 =	=	Alle haben =	Doch sie haben …

Mskr. 1882 = Druck 1883. Schweiz. Miniatur-Almanach 1877 = Gedichte 1846. 2. Mskr. in M. 10 = 1. Mskr. 1845.

Titel: Am fließenden Wasser. = „Am Wasser" „An der Glatt"

W. IX. 56. Am fließenden Wasser II.

Mskr. 1882. Gedichte 1846, S. 50. 1. Mskr. B. II. Bl. 42, 1845; 2. Mskr. flieg. Blatt in M. 10. 3. Mskr. Eßlinger*), dat.: Glattfelden, Aug. 1845.

Druck 1883 u. Mskr. 1882	Gedichte 1846	Mskr. Eßlinger 1845	1. u. 2. Mskr.
2. 3 =	=	im klaren	auf klarem
2. 4 =	=	Kristallenen Grunde,	Auf sonnigem Grunde
2. 8 .. äth'rischem ..	=	=	tiefblauem
3. 6 =	Der Wolken gesehn:	=	Der Luft hab gesehn,
4. 6 =	=	Der Seele Bedarf	Die Seele bedarf
4. 7 Im Stürmen und Regnen	=	=	Wird selbst es im Regnen
4. 8 Auch seh' ich es scharf.	=	=	Mir deutlich und scharf!

2. Mskr. flieg. Blatt in M. 10 = 1. Mskr. in B. II. 1845 Bl. 42.

*) 3. Mskr. (vermutlich Reinschrift zu Dedikationszwecken) befindet sich im Besitze von Herrn Dr. M. Eßlinger in Zürich.

W. IX. 57. Am fließenden Wasser III.

Mskr. 1882. Gedichte 1846. S. 52. Mskr. Eßlinger 1845. Mskr. 1845 B. II. Bl. 41. Dat. Glattfelden, August 1845.

		Druck 1883	Mskr. 1882	Gedichte 1846	Mskr. 1845*
1.	1	am	=	im	im
2.	1	so lerchenklein	=	=	so klein und fern
2.	2	Zuhöchst im Himmelsdome;	Zuhöchst im [blauen] Dome	=	Ein Punkt im blauen Dome;
3.	1	=	=	Und dieses auch hinwieder sieht	Hinwieder auch das Fischlein sieht

Gedichte 1846 / Mskr. 1845:

Gedichte 1846	Mskr. 1845
=	Wenn man so frei, so kühl, so hoch,
=	Wie ein Fisch oder Falk kann schweben:
=	Dann ist am End' dies Sehnen noch
am	Der beste Teil vom Leben.
	Doch wer mit lahm gebog'nem Knie
=	Wie ein Wurm im Staub muß liegen,
	Der zähme seine Phantasie,
	Lern' schwimmen erst, oder fliegen!

* Mskr. Eßlinger = Mskr. 1845.

W. IX. 57. Am fließenden Wasser IV.

Mskr. 1882. Gedichte 1846. S. 54*). Mskr. 1845. B. II. Bl. 79.

		Druck 1883 u. Mskr. 1882	Gedichte 1846	Mskr. 1845
1.	3	=	... rauschend	Und sich freudig
1.	4	Mit dem Strom	=	Lebensfroh in's ..
3.	4	In der Glut kein Lüftchen weht'!	=	Windstill war's, kein Lüftchen weht'!
4.	1	=	Schaut' ich in ..	Ich schaut' in
5.	2	sie war es	=	es war sie

*) Gedichte 1846. Durch A. A. L. Follen „Dissonanz" betitelt, zu welcher er eine „Auflösung" dichtete, welche in das Bändchen 1846 aufgenommen wurde. (Seite 55—57), vgl. Baechtold I. 230. ff.

W. IX. 59. Regen-Sommer.

Mskr. 1882. Buri, Schweiz. Miniatur-Almanach 1877. S. 6. Gedichte 1846. S. 58.

		Druck 1883 u. Mskr. 1882	Schweiz. Miniatur-Almanach u. Gedichte 1846
1.	2	Dorn und Distel ..	Jede Distel ..
2.	3	Frierend ..	Fröstelnd ..
2.	6	. träge ..	.. fühllos ..
3.	1	am Findelsteine	am Ackersteine
4.	1	—, der ja die Saaten	—, der grüne Saaten

W. IX. 60. In Duft und Reif.

Mskr. 1882. Buri, Schweiz. Miniatur-Almanach 1877. S. 11. Gedichte 1846. S. 62.
Deutsches Taschenbuch 1845. S. 190. Mskr. flieg. Blatt in M. 10. Dat. 10. Oktober 1844.

Druck 1883 u. Mskr. 1882	Miniatur-Almanach 1877	Gedichte 1846 u. D. Tb. 1845	Mskr. 1844
In Duft und Reif.	—	––	Herbstnacht.
1. 1 verblichen	=	=	erblichen
1. 3 =	=	Ein blasser Strahl ..	Der blasse Strahl ..
1. 4 =	=	Den Mond doch selber sieht ...	Den Mond doch sieht man selber nicht.
2. 1 =	=	Doch schau! der Reif wird Blütenstaub,	
2. 2 Ein Lorbeerhain ..	=	Ein Myrtenhain der Tannenwald,	
2. 3 =	=	Das falbe, halberstorbne Laub	
2. 4 Wie bunte Blumenwogen ..	Wie rote Rosenwogen	In bunten Blumenwogen wallt.	
3. 1 Ist es ein Traumbild, das mir lacht?		Welch Traumbild durch das Herbstgrau lacht?	Man weiß nicht, was die Helle macht,
3. 2 =		Ist's Frühlingstraum vom neuen Jahr? —	So duftig wird's und doch nicht klar. —
4. 1 =	=	späht sie rings	horcht sie still
5. 4 in grüne Halme ..	=	in zarte Keime	in grüne Halme
6. 2 im weißen	=	=	in weißem
7. 4 =	=	ein Freiheits-Märtrer	Darin ein Märtrer der Freiheit ruht.

W. IX. 61. Gasel.

Mskr. 1882. Neuere Gedichte 1851/54. S. 72.

Druck 1883	Mskr. 1882	Neuere Gedichte 1851/54
V. 4 Wind	[Luft]	Luft und Gedanken
6 die Nebel ...	=	die Wolken

W. IX. 62. Herbstnacht.

Mskr. 1882. Buri, Schweiz. Miniatur-Almanach 1877. S. 10. Neuere Gedichte 1851/54. S. 20.

Druck 1883	Mskr. 1882	Miniatur-Almanach 1877	Neuere Ged. 1851/54
1. 3 den Wellen	=	=	den Wassern
1. 4 So zögen sie ...	=	=	Sie trügen all'
2. 1 Nun hält	=	=	Es hält

	Druck 1883	Mskr. 1882	Miniatur-Almanach 1877	Neuere Ged. 1851/54
2. 2	Erschauernd	Unruhig	=	Unruhig
2. 3	Weil bald	=	=	Weil nun
3. 1	Schon rauscht und wogt ...	=	=	Es rauscht und weht
3. 3	Es braust	=	=	Es rauscht
3. 4	Entlang des Flusses wildem Lauf.	des Flusses stätem Lauf.	=	des Stromes wildem Lauf.
4. 1	den Wassern	=	dem Wasser	auf den Wassern
4. 2	=	=	Völkerheer,	Gnomenheer
6. 2	.. glimmt ..	=	=	.. tobt ..

W. IX. 63. Sonntagsjäger.

Mskr. 1882. Gedichte 1846. S. 64. Mskr. 1845. B. II. Bl. 53.

	Druck 1883 u. Mskr. 1882	Gedichte 1846	Mskr. 1845
3. 3	=	Ich brenne, wie von	Ich brenn' ihm, wie von
5. 3	Du siehst mich, wie die ...	=	Ich bin halt, wie die Andern sind,
6. 1	=	ausgeschnappt,	überschnappt,
6. 3	Doch freilich schon genug gehabt	=	Doch hab' ich schon genug gehabt

W. IX. 64. Feldbeichte.

Mskr. 1882. Gedichte 1846. S. 60. Mskr. 1845. B. II. Bl. 57. Dat. 11. November 1845.

	Druck 1883	Mskr. 1882	Ged. 1846	Mskr. 1845
	Feldbeichte.	=	—	Im Herbst.
1. 1	der Bann	der Wald	=	der Wald
1. 3	welkes	=	=	dunkles
3. 3	Da brech' ich zag mein Stücklein Brot	mein [dürftig] Brot	=	Da denk' ich fleißig an den Tod
3. 4	Und denk' an meine Sünden.	=	=	Und auch an meine Sünden.
4. 2	Haideplatze	=	=	Haidenplatze
5. 4	=	=	Es ist mir schon vergeben.	Ich hab' mir schon vergeben.
6. 1	Ich habe längst mit Not und Tod	=	=	Ich habe heimlich mit dem Tod

W. IX. 65. Trübes Wetter.

Mskr. 1882. Buri, Schweiz. Miniatur-Almanach 1877. S. 2. Gedichte 1846. S. 68. Deutsches Taschenbuch 1845. S. 189. Dat. September 1844.

	Druck 1883 u. Mskr. 1882	Miniatur-Almanach 1877	Gedichte 1846. D. Tb. 1845
4. 2	Beschau' das Spiel in stiller Ruh:	Beschaut das Spiel mit stummer Ruh:	Späht mit des Feldherrnanges Ruh:

W. IX. 66. Stiller Augenblick.

Mskr. 1882. Neuere Gedichte 1851/54. S. 197. Mskr. flieg. Blatt in M. 10. Dat. Berlin, Nov. 1850.

		Druck 1883	Mskr. 1882	Neuere Gedichte 1851/54 u. Mskr. 1850
1.	1	Fliehendes Jahr, in duftigen Schleiern		Liebliches Jahr, wie Harfen und Flöten,
1.	2	Streifend an abendrötlichen Weiern		Mit wehenden Lüften und Abendröten
1.	3	Wallest du deine Bahn;		Endest du deine Bahn!
1.	6	stummer		stiller
2.	2	Tauchet in den Wasserspiegel,		Taucht vergnügt in den feuchten Spiegel,
2.	6	flüsternden	[klagenden]	klagenden
3.	5	Hin= und Wiederschweben,		Hin= und Wiederweben,
4.	1	Atme nur in vollen Zügen	[Trinke] nur	Trink, o Seele nur in vollen Zügen
	2	Dieses friedliche Genügen		Dieses heilig friedliche Genügen
	3	Einsam auf der stillen Flur!		Einsam, einsam auf der stillen Flur!
	4	Und hast du dich klar empfunden		Und hast du dich klar und tief empfunden,
	5	Mögen enden deine Stunden,		Mögen ewig enden deine Stunden,
	6	Wie zerfließt die Schwanenspur!		Ihr Mysterium feierte die Natur!

W. IX. 67. Herbstlied.

Mskr. 1882. Neuere·Gedichte 1851/54. S. 123. G. Kühne, Europa 1848. No. 115. S. 459.

		Druck 1883 u. Mskr. 1882	Neuere Gedichte 1851/54	Europa 1848
1.	2	zu Tale fließt,	=	in Strömen fließt,
2.	5	Wie auf der Jungfrau'n einer Wange	=	Und an der Jungfrau'n einer Wange
2.	6	Der Widerschein des Mondes ruht,	des Mondes blasse Glut,	Bricht sich die silbermilde Glut,
2.	7	Dieweil	=	Indeß,
3.	4	loht die schönre Spur!	glimmt die schönre Spur!	glimmt die schöne Spur!
4.	2	Und strenger durch erlebte Qual;	Und strenger =	Gestrenger durch die herbe Qual;
4.	3	guten	=	in heißen Freuden
4.	5	=	der Himmel seine .	die Gottheit ihre Kinder
4.	6	=	er	sie
4.	8	vor Freude	=	vor Freuden
5.	1	blasse	=	bleiche
5.	5	=	—, in's klare	—, das klare
5.	7	Daß auch für	=	Auf daß für . . .

W. IX. 68. **Land im Herbste.**

Mskr. 1882. Züricher Dichter-kränzchen 1882. S. 20. Kunst und Leben 1880. 3. Bd. S. 146.

Mskr. 1879 im Mskr.=Heft in M. 10. (S. 24). vgl. Köster, Briefwechsel Storm=Keller S. 131.

	Druck 1883 u. Mskr. 1882	**Dichterkränzchen 1882**	**Kunst und Leben 1880**	**Mskr. 1879**
	Land im Herbste.	=	Herbstlandschaft.	Besuch in der Heimat.
1. 2	=	feuchten	=	grauen Duft
1. 3	=	von den Bäumen	=	von den Tannen
3. 3	zu Seiten	=	=	zur Seite
4. 2	=	=	Die Körner = [Enden	Den Weizen
4. 3	=	=	So mit dem Pflug von End' zu	So mit des Pflugs mühsel'gem Wenden
4. 4	=	=	Ein jüngst vertriebnes Volk ...	Ein jäh vertriebnes Volk geschürft?
5. 3	=	=	schweren Mutes	düstren Mutes
7. 2	=	=	Grau Hut und Kleid	Und grau das Haupt, ..
8. 1	=	=	Das alte Lied, wo ...	Der alte Gruß, wo
8. 2	=	=	Von Mühsal und ...	Von Arbeit und

Mskr. 1879:

[Ich lasse stäuben ihn im Düstern,
Weil ich ein Kind der Sonne bin;
Schon hör' ich grüne Halme flüstern,
Und leicht, wie sie, wird mir der Sinn.]

[Wir gehn und werden bald vergessen,
Und unsre Asche düngt das Land;
Wer nur sät, was er selbst will essen,
Der sät mit einer Totenhand.]

Wohl hör' ich grüne Halme flüstern
Und ahne froher Lenze Licht!
Wohl blinkt ein Sichelglanz im Düstern,
Doch binden wir die Garben nicht!

	Druck 1883 u. Mskr. 1882	**Dichterkränzchen 1882**	**Kunst und Leben 1880**	**Mskr. 1879**
Str. 9	=	=	=	
10. 1	Wir dürfen selbst das Korn nicht [messen,	Ob auch des Korns, das Enkel messen,	Wir gehn und werden bald vergessen,	Ob auch des Korns, das Enkel messen,
10. 2	Das wir gesät aus toter Hand;	Ein Körnlein lief durch unsre Hand;	Und unsre Asche düngt das Land;	Ein Körnlein lief durch unsre Hand;
10. 3	=	Wir gehn und werden bald vergessen,	Wer nur sät, was er selbst will essen,	Wir gehn und werden bald vergessen,
10. 4	=	Und unsre Asche fliegt im Land!	Der sät mit einer Totenhand!	Und unsre Asche fliegt im Land!

W. IX. 70. Fahrewohl.

Mskr. 1882. Neuere Gedichte 1851/54. S. 195. Mskr. in M. 10. Dat. Berlin, Nov. 1850.

		Druck 1883	Mskr. 1882	Neuere Gedichte 1851/54	Mskr. 1850
1.	1	Den Linden ...	.Den Wäldern ..	=	Den Wäldern
2.	1	=	=	.. glänzen ..	Die Wasser leuchten ..
2.	2	Ein Jahr ...	=	=	Ein Herbst ...
3.	1	muß wohl ich bald	=	=	muß ich wohl bald
3.	4	Die Frühlingslüfte ...	[Lebens]lüfte	=	Die Lebenslüfte
4.	1	für meines Wesens Raum	[dieses Hauptes]	=	für dieses Herzens Raum
4.	3	Dann laß mich aus dem ...	[So lern'] mich aus dem	=	Laß mich aus deinem Lebenstraum

W. IX. 71. Erster Schnee.

Mskr. 1882. Schweiz. Miniatur-Almanach von Buri 1877. Neuere Gedichte 1851/54. S. 135.
Mskr. B. II. Bl 59. Dat. 13. Nov. 1845.

		Druck 1883 u. Mskr. 1882	Miniatur-Almanach 1877 und Neuere Gedichte 1851/54	Mskr. 1845
		Erster Schnee.	—	Herbst.
1.	1	=	=	1. Wie nun alles stirbt und endet
	2	Lindenblatt	=	Und das letzte Rosenblatt
	3	=	=	Müd sich an die Erde wendet
	4	=	warme	In die kühle Ruhestatt:
	5	=	So auch unser Tun und Lassen,	Senk' auch ich nach ihren Gründen
	6	Was uns zügellos erregt,	Was uns heiß und wild erregt,	Mein Gedächtnis, tief bewegt,
	7	=	Unser Lieben, unser Hassen	Ob ich nichts wieder möge finden,
	8	Sei zum welken Laub gelegt.	Sei in's welke Laub gelegt!	Was für mich dort eingelegt.

2. Unter all den Traumgestalten,
Die bald licht-, bald schattenhaft
Mir des Schicksals düster Walten
Vorgeführt und weggerafft,
Sind nur zwei mir klar geblieben,
Scharf getrennt und doch vereint:
Hier der Jugend eines Lieben —
Einsam dort der Jugendfeind!

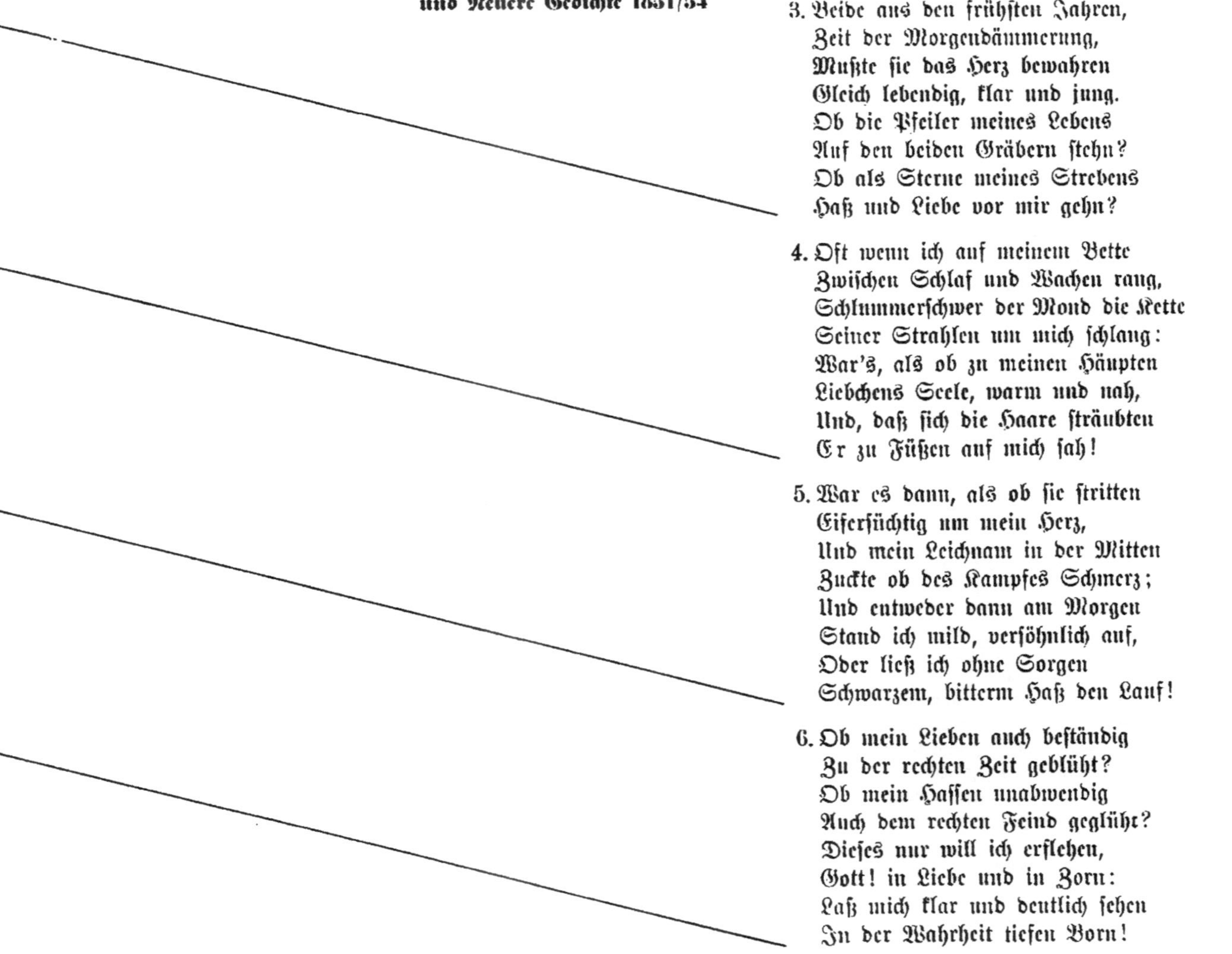

3. Beide aus den frühsten Jahren,
   Zeit der Morgendämmerung,
   Mußte sie das Herz bewahren
   Gleich lebendig, klar und jung.
   Ob die Pfeiler meines Lebens
   Auf den beiden Gräbern stehn?
   Ob als Sterne meines Strebens
   Haß und Liebe vor mir gehn?

4. Oft wenn ich auf meinem Bette
   Zwischen Schlaf und Wachen rang,
   Schlummerschwer der Mond die Kette
   Seiner Strahlen um mich schlang:
   War's, als ob zu meinen Häupten
   Liebchens Seele, warm und nah,
   Und, daß sich die Haare sträubten
   Er zu Füßen auf mich sah!

5. War es dann, als ob sie stritten
   Eifersüchtig um mein Herz,
   Und mein Leichnam in der Mitten
   Zuckte ob des Kampfes Schmerz;
   Und entweder dann am Morgen
   Stand ich mild, versöhnlich auf,
   Oder ließ ich ohne Sorgen
   Schwarzem, bitterm Haß den Lauf!

6. Ob mein Lieben auch beständig
   Zu der rechten Zeit geblüht?
   Ob mein Hassen unabwendig
   Auch dem rechten Feind geglüht?
   Dieses nur will ich erflehen,
   Gott! in Liebe und in Zorn:
   Laß mich klar und deutlich sehen
   In der Wahrheit tiefen Born!

	Druck 1883 u. Mskr. 1882	Miniatur-Almanach 1877 und Neuere Gedichte 1851/54	Mskr. 1845
2. 1	=	=	7. Reiner, weißer Schnee, o schneie,
2	Decke beide Gräber zu,	Schneie beide Gräber zu,	Schneie beide [Gräber] Hügel zu,
3	=	uns	Daß die Seele mir gedeihe
4	Wintersruh!	in Winterruh'!	Still und kühl in Winters Ruh'!
5	=	=	Balb kommt jene Frühlingswende,
6	=	=	Die allein die Liebe weckt,
7	=	Wo der Haß	Daß der Haß umsonst die Hände
8	Dränend*) ...	Träumend	Träumend*) aus dem Grabe streckt!

Mskr. 1882 = Druck 1883. Miniatur-Almanach 1877 = Neuere Gedichte 1851/54.

*) „Träumend" in 2. 8 ist offenbar Schreib= oder Druckfehler. Es ist auffallend, daß er erst in der letzten Redaktion beseitigt wurde. Die Anspielungen gehen einerseits auf Henriette Keller, die früh verstorbene Geliebte des jugendlichen Dichters, andererseits auf das Meierlein (vgl. Baechtald I, 16). Man vergleiche dazu jene Verse aus der Berliner Zeit, die in den 4. Band der 1. Ausg. des „Grünen Heinrich" eingeflochten sind, wo der Dichter im Traum im Kampfe mit dem Jugendfeind unterliegt.

B. IX. 71. Im Schnee.

Mskr. 1882. Gedichte 1846. S. 70. Mskr. B. II. Bl. 67. Dat. 16. Dez. 1845.

	Druck 1883	Mskr. 1882	Gedichte 1846	Mskr. 1845
1. 1	Wie naht	=	=	Wie zieht ...
1. 2	so schwarz	[kalt]	=	so kalt
			= ins	Wo sonst die Venus funkelte, Ist es nun grau und tot; Ich denk' mir in das verdunkelte Westland das Abendrot.
2. 4	Im Schneefeld	=	=	Durch's Schneefeld ...
4. 2	Die wache Seele	=	=	Die stille Seele
4. 3	Ein perlend, nie versiegendes	=	Ein sprudelnd, nie versiegendes	Ein sprudelnd übersiegendes
4. 4	Gedankenbrauwerk rührt!	=	=	Gedankensüpplein rührt.

B. IX. 72. Winterspiel.

Mskr. 1882. Gedichte 1846. S. 72. Deutsches Taschenbuch 1845. S. 183.

	Druck 1883	Mskr. 1882	Gedichte 1846	Deutsches Taschenbuch 1845
	Winterspiel.	=	—	Winter.
1. 2	Herz	=	=	Herze
1. 3	leuchtend	=	=	erleuchtet

	Druck 1883	Mskr. 1882	Gedichte 1846	Deutsches Taschenbuch 1845
2. 3	Und spann' ich ein zierliches Himmels=	=	ein liebliches Himmels=	Da spann'ich ein liebliches Himmelszelt aus
2. 4	Regenbögen ... [gezelt		[zelt, —	Mit Regenbogen ...
3. 1	Da entzünd' ich		zünd' ich .. Abendrot	Da zünd' ich Morgen= und Abendrot an
3. 3	Schlank gehende, blühende ...	[Es müssen dienende] Z ...	=	Da laß' ich blühende Jungfräulein
4. 3	Die Schnitter auf goldenen Garben ruhn,	=	=	Ich lasse die Schnitter auf Garben ruhn
4. 4	Blutrot das Mohnfeld blühen.	=	=	Und blutrote Mohnfelder blühen.
5. 1	.. erhell' ich ..	=	=	Durchzuck' ich
5. 3	.. Schiffe und Männer ..	=	=	. Schiff und Mannschaft ..
5. 4	.. auf Bergen ..	=	=	an Bergen
8.	Es wird mir so bang', kaum find' ich die Den Gräuel noch wegzuhauchen; [Kraft, Braun dämmert ein Moor, ich liege tot, Wo verlassene Trümmer rauchen.	=	=	Der Draht ist gebrochen an meiner Figur, Ich kann nicht mehr mich entziehen! Es wird mir so bang — ich lasse das Bild Mit all den Gespenstern entfliehen —
9.	Wie alles so stumm und erstorben ist, So trag' ich mich schweigend zu Grabe Und pflanz' ein schwarzes Kreuz darauf, Das ich selber gezimmert habe.	=	=	Wenn alles erstorben und totstill ist, Dann trag' ich mich selber zu Grabe, Und steck' ein schwarzes Kreuzchen darauf, Das ich selber geschnitzelt habe.
10.	Ich schreibe darauf: hier ist ins Gras Ein spielender Träumer gekrochen; Wohl ihm und uns, wär' die Welt von Er hätte sie lange zerbrochen! [Glas,	=	=	So spiel' ich des langen Winters Traum: Doch wenn die Maiblumen sprossen, Zerbrech' ich das gläserne Puppenspiel Und — mache den Dichter im Großen!

W. IX. 74. Winternacht.

Mskr. 1882. Buri, Schweizerischer Miniatur=Almanach 1877. Neuere Gedichte 1851/54. S. 22.

Mskr. Eßlinger (vgl. Baechtold II. 31 Anm.).

	Druck 1883 u. Mskr. 1882	Miniatur=Almanach 1877	Gedichte 1851/54	Mskr. Eßlinger
1. 2	=	=	Still und blendend lag ...	Und noch stiller lag der weiße Schnee,
2. 4	grüne	klare	=	das grüne Eis
3. 1	=		Auf dem dünnen Glase stand ich da,	
3. 2	=	=	Das die schwarze Tiefe von mir schied;	
3. 3	=		Dicht ich unter meinen Füßen sah	
3. 4	Glied um Glied		Ihre weiße Schönheit Glied für Glied.	
Str. 4	=	= Str. 4	= Str. 4	= Str. 4
				Als ein heller Stern vom Himmel fiel, Fuhr sie schreiend in die Tiefe da. Mich durchschauerte ein bang Gefühl, Wie wenn ich die eigne Seele sah.

Erstes Lieben.

W. IX. 77. Jugendgedenken.

Mskr. 1882. Gedichte 1846, 109. Deutsches Taschenbuch 1846, 78. Mskr. 1845. B. II, Bl. 16. Dat. März 1845.

Druck 1883 u. Mskr. 1882	D. Tb. 1846 u. Gedichte 1846	Mskr. 1845
Jugendgedenken.	———	———
		{ die wie Lilienflüstern sind entflohn
1. 2 =	die wie Lindenwipfelwehn entflohn,	{ die wie Lindenwipfelwehn entflohn.
2. 2 Blank wie Schnee vor dieser	Blank wie	Weiß wie Schnee, rein vor der . .
2. 4 = [Sonne	den blendend hellen	. den schmerzlich hellen
3. 2 Jener Zeit bescheidne Früh=	=	Jene-Zeit voll zarter Frühlingspracht,
[lingspracht,	=	Und, die weiße Rose in der Mitte,
	=	Tat sich auf der ganze Blumenflor,
	=	Blühte und erstarkte jede Sitte,
	=	Und die Hoffnung stand am Lebenstor.
	=	Alles wundert sich,
	=	Ich aber freute mich,
	bis den Talisman ich selbst verlor	Bis ich das Geheimnis selbst verlor.
	Wenn ich scheidend einst muß überspringen	Leichter Gruß, wenn du auf deinen Fahrten
	Jene Kluft, die keine Brücke trägt,	Sterne hin und wieder wirst durchziehn,
Str. 4 =	Wird mir nicht ein Lied entgegenklingen,	Wird dir nicht im [reichen] ew'gen Gottesgarten
	Das bekannt und ahnend mich erregt?	Ein vertrauter Schein entgegenglühn?
	O die Welt ist weit!	O die Welt ist weit!
	Ob nicht die Jugendzeit	Kann nicht die Jugendzeit
	Irgendwo noch an das Herz mir schlägt?	Irgendwo noch einmal für mich blühn?
5. 2 =	nie	Die nicht fahn

6. 2 Atme fort, . . .		Ja, 's gibt Lücken in den Lebensringen,
6. 3 Heiter leuchte, Frühstern guten		Die das Menschenherz durchwandern muß.
[Strebens,		Blindlings muß der eine überspringen,
		Was den andern [badet] [hüllt in Hochgenuß]
		lockt mit heißem Kuß.
		Und was rückwärts steht,
		Das hat der Wind verweht,
		Fahre wohl, du Jugendmaiengruß.
		Säusle fort, ...
	Leuchte hell, o Sonne	Leuchte mir, o Sonne meines Strebens,
6. 4 Laß mich treu . . .	Ich will treu . . .	Laß mich treu in deinem Scheine gehn
6. 7 Nur noch		Doch noch Ein Mal

B. IX. 79. Der Nachtschwärmer.

Mskr. 1882. Gedichte 1846, 125. Deutsches Taschenbuch 1846, 90. Morgenblatt für gebildete Leser. (Stuttgart). 1845, Nr. 136. Mskr. 45, B. II, Bl. 17.

	Druck 1883 u. Mskr. 1882	Morgenblatt 1845	Mskr. 1845
	Der Nachtschwärmer.	———	———
1. 2	=	=	. . . . durch[strichen]streift
1. 3	Darüber ist der Tag verblüht	=	Drob ist der Tag schön abgeblüht
1. 4	=	=	. . . . [gewichen] greift
1. 5	Ich steige	=	Ich trete . . .
1. 6	Zur Kanzel von Granit empor	=	Einsam ins offne Waldestor
2. 1	Berge	=	Hügel
2. 2	der Liebe Haus,	=	das liebe Haus,
2. 8	Der tiefe Strom dazwischen . .	=	Der Talstrom noch dazwischen . .

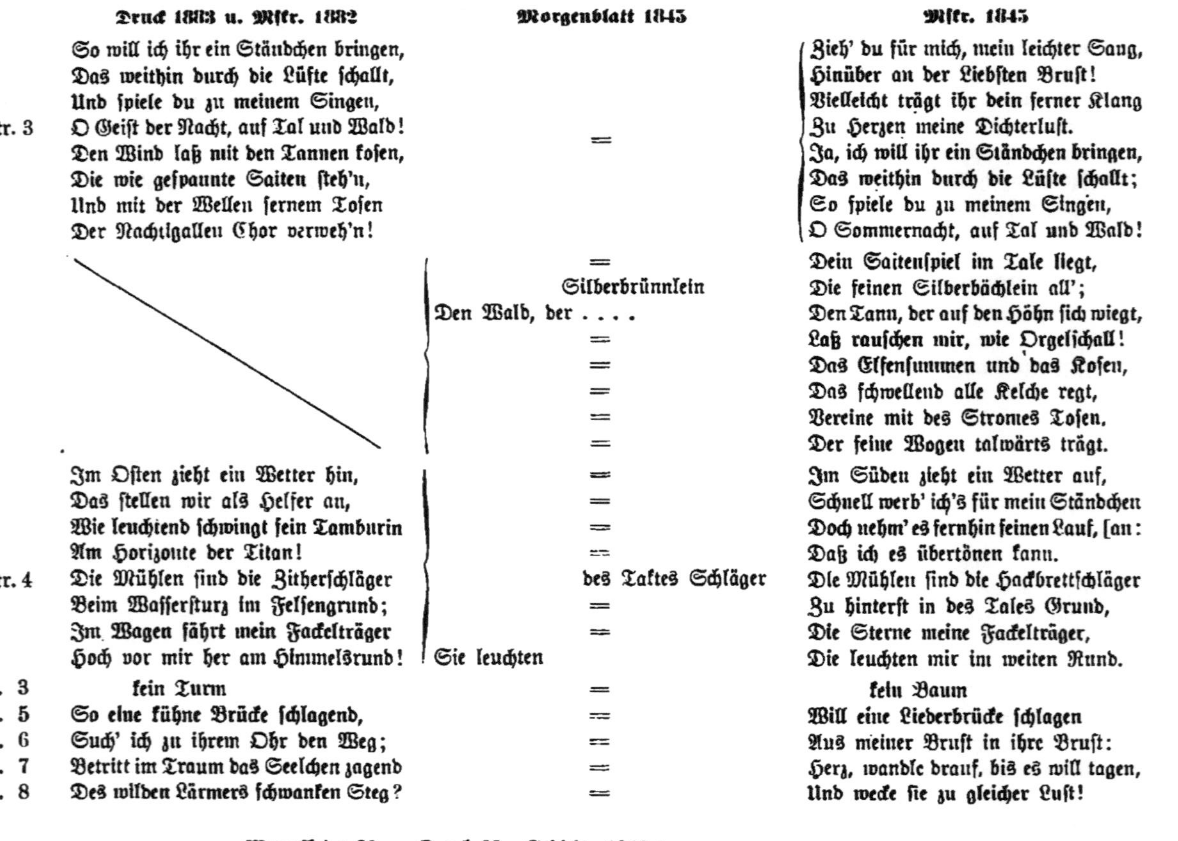

	Druck 1883 u. Mskr. 1882	Morgenblatt 1845	Mskr. 1845
			Zieh' du für mich, mein leichter Sang,
			Hinüber an der Liebsten Brust!
			Vielleicht trägt ihr dein ferner Klang
			Zu Herzen meine Dichterlust.
Str. 3	So will ich ihr ein Ständchen bringen,		Ja, ich will ihr ein Ständchen bringen,
	Das weithin durch die Lüfte schallt,	=	Das weithin durch die Lüste schallt;
	Und spiele du zu meinem Singen,		So spiele du zu meinem Singen,
	O Geist der Nacht, auf Tal und Wald!		O Sommernacht, auf Tal und Wald!
	Den Wind laß mit den Tannen kosen,		
	Die wie gespannte Saiten steh'n,		
	Und mit der Wellen fernem Tosen		
	Der Nachtigallen Chor verweh'n!		
		=	Dein Saitenspiel im Tale liegt,
		Silberbrünnlein	Die feinen Silberbächlein all';
		Den Wald, der	Den Tann, der auf den Höhn sich wiegt,
		=	Laß rauschen mir, wie Orgelschall!
		=	Das Elfensummen und das Kosen,
		=	Das schwellend alle Kelche regt,
		=	Vereine mit des Stromes Tosen.
		=	Der feine Wogen talwärts trägt.
	Im Osten zieht ein Wetter hin,	=	Im Süden zieht ein Wetter auf,
	Das stellen wir als Helfer an,	=	Schnell werb' ich's für mein Ständchen
	Wie leuchtend schwingt sein Tamburin	=	Doch nehm' es fernhin seinen Lauf, [an:
	Am Horizonte der Titan!	=	Daß ich es übertönen kann.
Str. 4	Die Mühlen sind die Zitherschläger	des Taktes Schläger	Die Mühlen sind die Hackbrettschläger
	Beim Wassersturz im Felsengrund;	=	Zu hinterst in des Tales Grund,
	Im Wagen fährt mein Fackelträger	=	Die Sterne meine Fackelträger,
	Hoch vor mir her am Himmelsrund!	Sie leuchten	Die leuchten mir im weiten Rund.
5. 3	kein Turm	=	kein Baum
5. 5	So eine kühne Brücke schlagend,	=	Will eine Liederbrücke schlagen
5. 6	Such' ich zu ihrem Ohr den Weg;	=	Aus meiner Brust in ihre Brust:
5. 7	Betritt im Traum das Seelchen zagend	=	Herz, wandle drauf, bis es will tagen,
5. 8	Des wilden Lärmers schwanken Steg?	=	Und wecke sie zu gleicher Lust!

Manuskript 82 = Druck 83. Gedichte 1846 }
Deutsches Taschenbuch 1846 } = Morgenblatt 1845.

W. IX. 80. Die Mitgift.

Mskr. 1882. Gedichte 1846, 133. Deutsches Taschenbuch 1846, 97. Stuttgarter Morgenblatt 1845, Nr. 136. Mskr. 1845, B. II, Bl. 20. Konzipiert 26. April 1844. Vollendet April 1845.

	Druck 1883	Mskr. 1882	Morgenblatt 1845	Mskr. 1845
	Die Mitgift.	—	—	—
Str. 1		=	= Str. 1	= Str. 1 Ich dacht' an dich, mein süßes Kind! An unsrer Herzen stillen Schlag, An unser heimlich Liebesband Und was daraus noch werden mag. Ich dachte noch gar mancherlei, Was sehnend mir die Brust bewegt, Und was auch jetzt im Traum vielleicht Dein spiegelklar Gemüt erregt.
2. 2	Der Herr der Welt schon zu ...		=	Mein Gott schon manchmal zu
2. 4	Noch frisch ergrünter ...	=	frisch jugendgrüner	Noch jugendgrüner
2. 6	=	=	umschwankte	umwankte
3. 3	=	=	Und in den klaren	In den kristallnen Augen
3. 4	=	=	Liebemeer [Augen	Liebesmeer
3. 5	Ein Regenbogen gürtete	=	=	Ein Regenbogen zog um ihn
3. 6	Sein Kleid mit edler Farbenlust;	=	=	als Gurt die edle Farbeulust;
3. 7	duftigen	=	=	weißen Blütenstrauß
4. 1	seiner Augen Licht	=	=	seines Auges Strahl
4. 2	Wie wolkenlos ein Tag im Mai,	=	=	wie warmer Sonnenschein im Mai,
4. 4	ich	=	=	ich
4. 5	rankte	=	=	blühte
4. 8	=	=	an meines Gottes Seite hin.	an Gottes hoher Seite hin.
5. 1	Und nun erzählte plaudernd ich		=	Und plaudernd nun erzählte ich
5. 2	Dem Herrn mein ...	=	ihm all' ...	Gott all' mein
5. 4	In dir, du gutes Kind	=	schönes	aus dir, [aus dir, o Liebchen mein] du feines Kind, allein! [Dann bat ich Gott um Haus und Hof

	Druck 1883	Mſtr. 1882	Morgenblatt 1845	Mſtr. 1845
				um Tiſch und Bett, um Geld und Gut;
				Denn eines wie das andere ſei
				ein gar verkauft und armes Blut.]
6. 1	=	=	=	Dann trug ich ihm auch klagend vor,
6. 2	ſo ſehr	=	=	wie ich ſo gar ein armes Blut,
6. 3	=	=	=	Und bat darauf um Haus und Hof,
6. 4	Um Tiſch und	um [Bett] Tiſch	=	um Bett und Schrein, um Geld und Gut,
6. 8	myrtenſchöne Schleierbraut.	[reichgeſchm. Herzensbraut]	reichgeſchmückte Her=ſzensbraut.	als reichgeſchmückte, werte Braut.
7. 3	was mir	=	=	Hör an, wie mir
7. 4	Für eine wackre Mitgift bot!	=	=	Gar eine ſchöne Mitgift bot.
8. 1	Nicht Haus und Hof verleih ich euch,	=	=	Ich gebe euch nicht Haus und Hof,
8. 3	ganze große Welt	=	=	ganze, reiche Welt
9. 3	Laub	Beet	=	Beet
9. 5	Kein Prunkgetäfel geb' ich euch,	=	=	Ich gebe euch kein Prunkgemach,
9. 7	Weil ſich ob Silberbronnenglanz	=	=	Weil euch ob ſilbernem Bronnenſchall
9. 8	Goldſtern an Stern zum Kranze [flicht.	zum Kranz euch	=	ſich Stern an Stern zum Kranze flicht.
10. 2	Für euch und ſchöner, wo ihr	=	füreuch und ſchöner, wo	und ſchöner für euch, wo ihr
10. 6	Wirtſchaft	=	=	Heimat
11. 1	Hoffjungfer ſoll die Anmut ſein	=	=	Die Anmut ſei die Ehrendam'
11. 3	flinker	=	=	zarter
11. 6	unvergänglich	=	=	ein leicht' und fröhlich
11. 8	Und Felſen dürft ihr auf ihn bau'n!	=	=	dürft auf ihn wie auf Felſen baun!

Gedichte 1846
Deutſches Taſchenbuch 1846 } = Mſtr. 1845

W. IX. 83. Liebchen am Morgen.

Mskr. 1882. Gedichte 1846, 139. Deutsches Taschenbuch 1846, 101. Mskr. 1845, B. II, Bl. 21.

		Druck 1883 u. Mskr. 1882	Gedichte 1846	Mskr. 1845
1.	5	=	lachen	bie [lachen] blühen
3.	4	=	das still und innig, früh und spat,	ein Schätzlein, das da früh und spat
3.	5	=	für einen lebt . . .	still für mich lebt
4.	1	bu später	=	bu schläfriger . .
4.	3	geschwärmt	=	burchschwärmt
4.	6	Vom hohen Berg	=	Von meinem Berg
5.	5	=	bort oben	ba broben

Deutsches Taschenbuch 1846 = Geb. 1846.

W. IX. 84. Himmelsleiter.

Mskr. 1882. Gedichte 1846, 116. Deutsches Taschenbuch 1846, 84. Mskr. 1844, B. I, Bl. 73. Dat. 10. Jan. 1844.

		Druck 1883	Mskr. 1882	Gedichte 1846	Mskr. 1844.
				=	Sitzt man mit geschlossnen Augen
					Einsam in bem bunflen Zimmer
					Blitzt oft durch bie zarten Liber
					Plötzlich roter Kerzenschimmer ;
					Weiß ich doch, daß Sonnenstrahlen
					Durch bie Augenbeckel bringen
					Und in flimmernben Gebilben
					Sich um unfre Seele schlingen.
1.	1	Mübe saß ich	=	=	Also saß ich
1.	2	Von des Tages Lärm und Staube	=	Müb' vom Erbenlärm und Staube	Schlummernb in der grünen Laube
1.	3	=	=	Eingelullt vom Abenbfäuseln	Eingelullt vom Abenbrote
1.	4	in ber Nebenlaube;	=	• Schlummernb in ber grünen Laube.	Und vom Erbenlärm und Staube.
1.	7	Unb ein Spielen vor ben Augen	=	=	Unb ein Ranken um bie Augen
1.	8	Gleich bem Ranken golb'ner Reben.	=	=	Wie von golbnen Zauberreben.
2.	2	=	=	Primeln, ...	[Lilien] Primeln, Tulpen . . .
2.	3	Sterne, Kelche hunbertfarbig	=	=	Dahlien von hundert Farben
2.	5	=	=	. . . Golb . . .	Purpur, [Schnee], Golb, Azur

		Druck 1883	Mscr. 1882.	Gedichte 1846	Mscr. 1844
2.	7	zartes Laubgrün	[helles] zartes	=	heit'res Meergrün
2.	8	=	=	Glanz mit Glanz	Mußten mild den Glanz versöhnen
3.	1	schöner	=	prächt'ger	[schöner] prächt'ger
3.	4	Kreisend . . .	=	=	Ringelnd
3.	7	=	=	sanft	schön sich nieder
3.	8	=	=	bläulich heiter	selig heiter
4.	3	in den blauen Himmel	=	=	in den Sternenhimmel
4.	5	Engelknaben	=	=	hübsche Knaben
4.	6	Welche träumend brinnen schliefen	=	Die darinnen träumend schliefen	Die darinnen ruhig schließen.
4.	7	mit jenen spielend,	=	mit ihnen spielend,	mit holdem Necken
4.	8	=	=	Rosend . . .	Spielend . .
5.	6	Bis sie jene balb umschlangen,	[fest] balb	=	Als sie jene dicht umschlangen,
5.	8	Beiden Kämmerlein gefangen.	=	tiefstem Grunde	Irb'schem Grunde balb gefangen.
6.	3	halb scheltend, halb mit Lächeln	=	halb mit Lächeln,	halb zornig, halb mit Lachen,
6.	4	=	=	zurückzulocken	zurückzurufen
7.	3	bang umschlossen	[eng] bang umschlossen	=	dann gefangen
7.	5	Kinderjubel	=	=	Liebesjubel
7.	6	das Herz	=	=	mein Herz
8.	2	=	=	schweigsam schauend	sicher schauend
8.	3	Vorgeneigt und unbefangen,	=	=	Vorgebogen, unbefangen,
8.	4	=	=	Auf den festen Schlaf vertrauend ;	Und auf meinen Schlaf vertrauend ;
8.	6	Fast wie Schwalbenflügel summend	=	=	ungeschickt ein Lieblein summend
9.	1	=	=	Fliehe nur, verrat'ne Seele,	
9.	2	=	=	Trostlos durch des Gartens Blüten!	
9.	3	Suche stärkre Zauberdrachen,	=	Euch' dir beff're Zauberdrachen,	
9.	4	=	=	Deines Busens Schatz zu hüten!	
9.	5	=	=	Töricht Kind! nun magst du immer	
9.	6	Dreifach deinen Mund verschließen,	=	Dreifach mir dein Herz verschließen:	
9.	7	Unerbittlich aus den Augen	[seh' ich immer] in den Augen	Unerbittlich seh' ich innen *)	
9.	8	Seh' ich Liebesengel grüßen!	Für mich	Für mich rote Rosen sprießen!	

*) D. Tb.: immer.

Deutsches Taschenbuch 1846 = Gedichte 1846.

W. IX. 87. Nixe im Grundquell.

Mskr. 1882. Gedichte 1846, 121. Mskr. 1845. B. II, Bl. 53.

	Druck 1883 u. Mskr. 1882	Gedichte 1846	Mskr. 1845
1. 3	letzte	=	das schwere Leid,
1. 4	Draus verflüchtigt sich das Weh.	=	Draus verdampft das leichte Weh.
2. 1	meine Seele	=	mein Gemüte ruht,
2. 3	umschließt	und mit Lieb' umgießt die Flut,	[und mit Liebe netzt die Flut] und mit Lieb' umgießt
3. 1	auf dem Grunde	=	aus
4. 4	tief und klar.	=	glatt und klar.

W. IX. 87. Der Kirchenbesuch.

Mskr. 1882. Gedichte 1846, 145. Deutsches Taschenbuch 1846, 104. Mskr. 1845. B. II, Bl. 22. Dat. April 1845.

	Druck 1883	Mskr. 1882	Gedichte 1846	Mskr. 1845
1. 1	. in dem Garn	[Netz] Garn	=	in dem Netz
1. 5	breiten Malven	=	Kürbisblüten	unter [Kürbisblüten] Sonnenblumen
1. 6	Taubesprengt	=	=	Morgenfeucht
1. 7	guten Bürgerfrauen	=	=	breiten
1. 8	Hier	[Dort] Hier	=	Dort
2. 1	schnarcht so sanft,	=	=	schläft und schnarcht,
2. 4	Als ein Räuber guckt und lauschet;	=	=	Wie ein Räuber auf sie lauschet.
2. 5	Doch wie eines Bächleins Faden	=	=	Doch [ein] wie freundlich Wiesenbächlein
2. 6	durchs Gebüsche fließt,	=	=	Murmelnd durchs Gebüsche flieht:
2. 8	Um die Pfeiler sich ergießt.	=	um die Pfeiler	Schlängelnd durch die Kirche zieht.
3. 1	hoch und schlank,	=	=	[froh] [stark] alt und schlank,
3. 3	ein gewölbtes Blätterdach	=	=	hoch ein zierlich Blätterdach
3. 4	krausen	=	=	breiten
3. 5	Untenher	II. Korr. Drunterhin	=	Drunter durch
3. 6	Dämmerhaft ein Sonnenschein;	. =	=	In den Dämmer der Sonnenschein:
3. 8	=	=	Nur mein Lieb ..	Meine Braut und ich
4. 1	webt sich	=	=	spinnt sich
4. 2	Von des Lichts gebrochnem Strahle,	=	=	Buntgefärbter Sonnenstrahlen,

Druck 1883		Mskr. 1882	Gedichte 1846	Mskr. 1845
4. 3	Drin der Taufstein, grün und rot,	[Und] Drin der . . .	=	Die den Taufstein mitten drin
4. 4	Wandelt sich zur Blumenschale;	=	=	Feenhaft ganz übermalen; [Und in beiden unsern Herzen tönen ferne Klänge nach]
4. 5	Ein geflügelt Knäblein flattert	=	=	[Blumenketten] Rosenketten, Liebesgötter
4. 6	Auf des Deckels altem Knauf.	=	=	Flattern um den alten Knauf:
4. 7	Und es gehen uns im Busen	=	Davon wacht . . .	Und es wacht in unsern Herzen
4. 8	Auch der Sehnsucht Rosen auf.	=	=	Eine heiße Sehnsucht auf. [Komm hinaus und laß uns fliehen Weit, o weit ins Morgenland] [Traurig ist das Schläservolk, Eng sind diese Kirchenwände, Komm, mein Liebchen, laß uns fliehen Durch die Lande ohne Ende. Laß uns flieh'n, bis wir am Meere Und wir nichts als Freiheit schau'n, Um dort unter ew'gen Sternen Uns auf ewig anzutraun.]
5. 2	mein Kind, und laß uns fliegen,	=	=	mein Schatz, und laß uns fliehen!
5. 4	Und die sel'gen Inseln liegen,	=	=	Rosen hoch, wie Feuer glühen,
5. 6	=	=	=	[Endlos] Grundlos tief . . . .
5. 8	Uns're Seelen frei zu trau'n!	=	=	[Uns auf ewig anzutraun] Frei und ewig [uns zu trau'n.

Deutsches Taschenbuch 1846 = Gedichte 1846.

B. IX. 89. Tagelied.

Mskr. 1882. Gedichte 1846, 141. Deutsches Taschenbuch 1846, 103. Stuttgarter Morgenblatt 1845, Nr. 139. Mskr. 1844, B. I. Dat. 4. Okt. 1844.

Druck 1883		Mskr. 1882	Morgenblatt 1845	Mskr. 1844
	Tagelied	[Wächterlied]	———	———
1. 3	Ein rotes Mützlein und die Zügel [führen,	[Fähnchen]	=	Auf's eigne Fäustchen deine Wirtschaft führen,
2. 2	Die Spindel meidend in den	[aus stillem Hause]... aus trauter Kammer in den Ratssaal [fliehn?	Als Rose schön im Parlamente blühn? [wohl gar bereinst den ersten mut'gen Feldzug

	Druck 1883	Mskr. 1882	Morgenblatt 1845	Mskr. 1844
2. 3	mit weißer Hand	[weicher]	wohl gar mit weicher Hand	mit weicher Seidenhand die Trommel schlagen,
2. 4	=	=	Wann einst wir gegen die Tyrannen [ziehn?	Wenn gen die Kön'ge bereinst wir zu Felde ziehn?
				[Die Völker sollen frei sein, frei und lebig
				Sich selbst beherrschend mit bewußter Kraft!
				Ein Hochverräter ist, wer bann noch „gnädig"
				Zu nennen wagt, was nackte Pflicht nur schafft!]
				[Das Haupt bedeckt, tritt ein Mann zu dem andern,
				Und spricht: Verwalte bu dies Amt!
				Doch mußt, woher bu kamst, bu wieder wandern,
				Gibst Rechenschaft bu nicht uns insgesamt.]
3. Str.	=	=	=	=
				[Doch dich, mein Kind, bekümmere dies mit nichten]
			... mein Schatz, ...	Mir, mir, mein Kind, mußt bu bich nun verpflichten,
			=	Dein Liebster und dein Herr ist für dich frei;
			=	Auf ihn sollst bu die blauen Augen richten,
				[Daß er bein einz'ger Pol und Leitstern sei!]
			bein siegreich ...	Daß er allein bein führend Banner sei!
4. 4	Wird einzig nur ...	=	=	Soll einzig dann
5. 1	Ich will bir einen festen Turm [erbauen	=	=	Ein fest Gefängnis will ich bir erbauen
5. 2	Und brin ein Kämmerlein, von	=	=.	Von Rosen, Lilien, Myrten, buftend weich;
5. 3	Da ...	[Seide weich; [draus] =	=	Draus ..
	Will bir zur Kurzweil Wächterlieber			Ich will zur Kurzweil süße Lieder singen,
			=	Darinnen bu bich lachend spiegeln magst;
			=	In Liedern bir die Welt zu Füßen bringen,
			=	Wenn über Einsamkeit bu bich beklagst.
6. 1	Nie laß' ich dich dein langes Haar [beschneiden,	Korr. zerschneiben		
2	Damit dein Denken um so kürzer sei;	=		
3	So räch' ich an bem Weibe Simsons [Leiden	=		
4	Und bleibe ungeschoren, stark unb [frei!	=		

Druck 1883	Mskr. 1882	Morgenblatt 1845	Mskr. 1844.
			[Doch wenn die lieben Nachtigallen schlagen
			Im Dämmerflore deiner Blumenhaft]
7. 1 So lang die lieben Nachtigallen [schlagen,	=	=	Doch wenn die lieben Nachtigallen schlagen
7. 2 Leb'ich in dir ein Stück Unendlichkeit;	=	=	Und wenn das Abendrot verglommen ist: [Dann will ich dir den letzten Grund noch sagen Warum du dienstbar und leibeigen bist.]
7. 3 Doch flieht die Nacht und wills auf [Erben tagen,	=	=	Sollst du als Königin die Krone tragen,
			[So lang die Sternennacht ihr Licht ergießt.]
7. 4 Eil'ich für dich und mich zum Kampf [der Zeit.	[Geh'] ich	So lange Luna ihre Bahn durchmißt.	Bis wieder klar der Tag sein Licht ergießt.

Gedichte 1846 }
Deutsches Tb. 1846 } = Morgenblatt 1845.

W. IV. 90. Die Begegnung.

Mskr. 1882. Gedichte 1846, 148. Deutsches Taschenbuch 1846, 106. Stuttgarter Morgenblatt 1845, Nr. 139. Mskr: 1845. B. II, Bl. 23.

Druck 1883 u. Mskr. 1882	Morgenblatt 1845	Mskr. 1845
1. 2 Und wohl seit manchen Tagen auch	=	Und längst seit vielen [manchen] Wochen auch
1. 3 Rose	=	Lilie
2. 1 =	=	[flackerte] flimmerte
2. 2 =	=	[hoch] rot.
2. 4 Der in die Herzen sticht.	Der stets ins Herz mir sticht.	Der manche Hoffnung bricht.
3. 1 =	Ich traf sie da	Da traf ich sie
3. 3 Mit Tuch und Hut weiß umgetan,	=	Mit weißen Kleidern angetan,
3. 4 Von güldnem	Vom goldnen	Vom roten Schein ...
4. 2 Verschächtert kaum	=	Nur ehrfurchtsvoll ...
		[Weil ich, seit ich sie kannte, nie Sie gar so schön gesehn.]
4. 3 Weil ich so feierlich sie nie,	=	Weil ich sie, seit ich liebte, nie
4. 4 So still und schön, gesehen.	=	So still und schön gesehn.
5. 1 Es blickt' aus	=	Doch schaut aus ihrem Angesicht

	Druck 1883 u. Mskr. 1882	Morgenblatt 1845	Mskr. 1845
5. 2	Ein vornehm' etwas neu hervor,	=	Ein fremdes Etwas kalt hervor:
5. 3	Und ihrer Augen Veilchenlicht	=	Es lag vor ihrer Augen Licht
5. 4	Glomm hinter einem Flor.	dunkler	Wie leichter, schwarzer Flor.
Str. 6	Ein fremder Hirt, ein blasser, ging Im Schatten dieser Huldgestalt; Im Gurt ein silbern' Sichlein hing, Das klang: ich schneide bald!	=	Es war, als ob dicht hinter ihr Ein Schatten schwebt' im Abendstrahl, Der gaukelnd, lachend gegen mir, Ihr folgte durch das Tal.
7. 1	Es scheint mir ein Rival erwacht!	„Mir ist ein Nebenbuhl' erwacht!"	Mir ist ein Rival aufgewacht!
7. 2	schaut'	=	sah
7. 4	Die dunkle *) Hand ..	Die Totenhand ...	Die kalte Hand [Vergangen ist schon manches Jahr, Seit jenem glühen Abendrot, Nun weiß ich, wer der Rival war: Es war der blasse Tod!]

*) II. Korrektur: die schwarze Hand

Gedichte 1846 und D. Tb. 1846 = Morgenblatt 1845.

W. IX. 91. Trauerweide. I.

Mskr. 1882. Gedichte 1846, 153. Deutsches Taschenbuch 1846, 110. Mskr. 1845. B. II, Bl. 24. Dat. Wahrscheinlich April 1845.

	Druck 1883 u. Mskr. 1882	D. Tb. u. Ged. 1846	Mskr. 1845
1. 1	=	den ganzen Tag,	schon manchen Tag,
1. 2	erklirret	=	umfängt mich
1. 4	Es liegt ein Mägdlein ernstlich krank.	=	Nun liegt sie wirklich ernsthaft krank!
Str. 2	Das Rosengärtlein ist verschneit, Das blühte als ihr Angesicht, Noch glimmt, wie aus der Ferne weit, Der Augen mildes Sternenlicht.	= = = = heitrer =	Veröbet [liegt] ist das Paradies, Das sonst auf ihrem Angesicht; Nur zitternd blieb und ungewiß Der Augen mildes Sternenlicht. Nur wenn ich alle Tag ein Mal An ihrem Krankenlager bin, So fällt ein sichrer, klarer Strahl Auf meine feuchten Augen hin.

Druck 1883 u. Mskr. 1882	D. Tb. u. Ged. 1846	Mskr. 1845
	=	(Und wenn wir so beisammen sind,
	=	Dann lieb' ich, still sie anzuschaun
	ob dem	Und träumend [ob dem] um das liebe Kind
	=	Den Frühling wieder aufzubaun.
3. 1 blasses Rot	=	leichtes Rot
3. 2 Und immer eines Kusses wert;	=	Und immer noch des Kusses wert.
4. 1 „Ich lieb' auch deinen lieben Mund,	=	„Ich lieb' nicht deinen feinen Mund,
4. 2 Lieb' beine Seele nicht allein —	=	Nur deine Seele ganz allein —
		(Und wenn der Arzt kommt, lügen wir
	=	Ihn tröstlich voller Hoffnung an;
		Doch hab' ich heimlich neben ihr
		Zu Gott manch heiß Gebet getan.
		(Das ist der erste Kummer, so
	=	Mir schwer und ernst ins Leben bricht;
		Wie werd' ich wieder leicht und froh,
		Wenn ihm der Lenz das Urteil spricht!

5
   „Ich lieb' auch deiner Füße Paar,
   Wenn sie durch Gras und Blumen gehn;
   In einem Bächlein sommerklar
   Will ich sie wieder baden sehn!"

6
   „Auf dem besonnten Kieselgrund
   Stehn sie wahrhaftig wie ein Turm,
   Obgleich der Knöchel zartes Rund
   Bedroht ein kleiner Wellensturm!"

7
   Da scheint die Wintersonne bleich
   Durchs Fenster in den stillen Raum,
   Und auf dem Glase, Zweig an Zweig,
   Erglänzt der Trauerweidenbaum!

W. IX. 92. Trauerweide II.

Mskr. 1882. Mskr. 1845. B. II, Bl. 37. Vgl. Baechtolb I, 226. Dat. Glattfelden, Juli ob. Aug. 1845.

<table>
<tr><td colspan="2">Druck 1883 u. Mskr. 1882</td><td>Mskr. 1845</td></tr>
<tr><td rowspan="6">1.</td><td>

O Erde, du gedrängtes Meer
Unzähliger Gräberwogen,
Wie viele Schifflein kummerschwer
Haft du hinuntergezogen,
Hinab in die wellige grünende Flut,
Die reglos starrt und doch nie ruht!

</td><td>

O Kirchhof, du erstarrtes Meer
Von blühenden Grabeswogen!
Manch Schifflein, freuden= und leidenschwer
Haft du hinabgezogen
Auf den Grund deiner wallenden, grünenden Flut,
Wo der Tod, ein riesiger Krabben ruht!

</td></tr>
</table>

1.
O Erde, du gedrängtes Meer
Unzähliger Gräberwogen,
Wie viele Schifflein kummerschwer
Haft du hinuntergezogen,
Hinab in die wellige grünende Flut,
Die reglos starrt und doch nie ruht!

2.
Ich soh einen Nachen von Tannenholz,
Sechs Bretter von Blumen umwunden,
Drin lag eine Schifferin bleich und stolz,
Sie ist versunken, verschwunden!
Die Leichte fuhr so tief hinein,
Und oben blieb der schwere Stein!

3.
Ich wandle wie Christ auf den Wellen frei,
Als die zagenden Jünger ihn riefen;
Ich senke mein Herz wie des Lotsen Blei
Hinab in die schweigenden Tiefen;
Ein schmales Gitter von feinem Gebein,
Das liegt dort unten und schließt es ein.

4.
Die Trauerweide umhüllt mich dicht,
Rings fließt ihr Haar aufs Gelände,
Verstrickt mir die Füße mit Kettengewicht
Und bindet mir Arme und Hände:
Das ist jene Weide von Eis und Glas,
Hier steht sie und würgt mich im grünen Gras.

Mskr. 1845

O Kirchhof, du erstarrtes Meer
Von blühenden Grabeswogen!
Manch Schifflein, freuden= und leidenschwer
Haft du hinabgezogen
Auf den Grund deiner wallenden, grünenden Flut,
Wo der Tod, ein riesiger Krabben ruht!

Ich sah ein Schifflein von Tannenholz,
Mit Kränzen und Bändern gezieret,
Drin lag eine Schifferin, bleich und stolz,
Von schwarzen Delphinen geführet!
Wo ist nun die Well', wo das Schiff versank,
Der Sarg, wie die Leiche, so fein und schlank?

Ich kenn' sie am glühenden Rosenflor,
Am roten Korallenhaine,
Draus funkeln viel hundert Perlen hervor,
Tautropfen im [jungen] Morgenscheine.
Sonst ruhten Korallen und Perl' auf dem Grund —
[Nun] Hier tun sie sich oben dem Lichte kund!

Ich senke mein Herz wie ein schweres Blei,
Ein Lotse, hinab in die Tiefen,
Ich wandle, wie Christ, auf den Wogen frei,
Als die zagenden Schüler ihn riefen;
Doch lieber möcht ich versinken drin,
Wie Petrus der Schwache mit zweifelndem Sinn!

W. IX. 94. Die Entschwundene.

Mscr. 1882. Liegt in keiner früheren Redaktion vor. Vgl. M. Nußberger „Der Landvogt von Greifensee" und seine Quellen. (Frauenfeld, Huber. 1903.) S. 45. Anm.

W. IX. 95. Scheiden und Meiden.

Mscr. 1882. Gedichte 1846, 165. Deutsches Taschenbuch 1846, 120. Manuskript 1843. B. I, Bl. 69. Dat. 30.—31. Dez. 1843.

	Druck 1883 u. Mscr. 1882	Ged. 1846 XXIII u. D. Tb. 1846	Mscr. 1843
1. 3	Offen steht sein morsches Gitter,	dunkeln	Und in seiner feuchten Erde
1. 4	Niemand ist, der es verriegelt!	=	Liegt mein Heiligstes versiegelt;
1. 5	Hier der kleine Berg voll Rosen	Hier das Beet . . .	Und ein Beet voll [weißer] roter Rosen,
			[in dem Schreine wohl verschlossen]
1. 8	Eine Sage schon, verschlossen	=	Eng im Blumenschrein verschlossen.
			Durch die Rosen, durch die Erde,
			Durch die Bretter bringt mein Sehnen;
		=	[Und] Dort wie eben erst gestorben,
			Will mein Herz sie schlummernd wähnen.
			Schläfst du, schläfst du noch, mein Liebchen?
			Zuckt kein Strahl durch deine Leiche,
			Weil auf deinem stillen Grabe
			Nun dein Buhle irrt, der bleiche?
		. . . Stern . . .	Fährt kein Strahl in deine Augen?
		=	Hebt dein Herz nicht an zu schlagen?
		=	Quellen nicht von deinen Lippen
		=	Frische, süße Liebesklagen?
		=	Zieht kein roter Morgenschimmer
		. . . . beine weißen . . .	Über die marmorenen Wangen,
		=	Weil daran die Lebensgluten
		=	Meiner heißen Blicke hangen?
2. 1	Um die Sage, um ein Märchen,	=	Eitler Traum! um eine Leiche,
2. 2	Um den Tod hab' ich geworben,	=	Um den Tod hab' ich geworben;
2. 3	Und so sei mein treues Hoffen	=	Nun, so sei auch meine Liebe

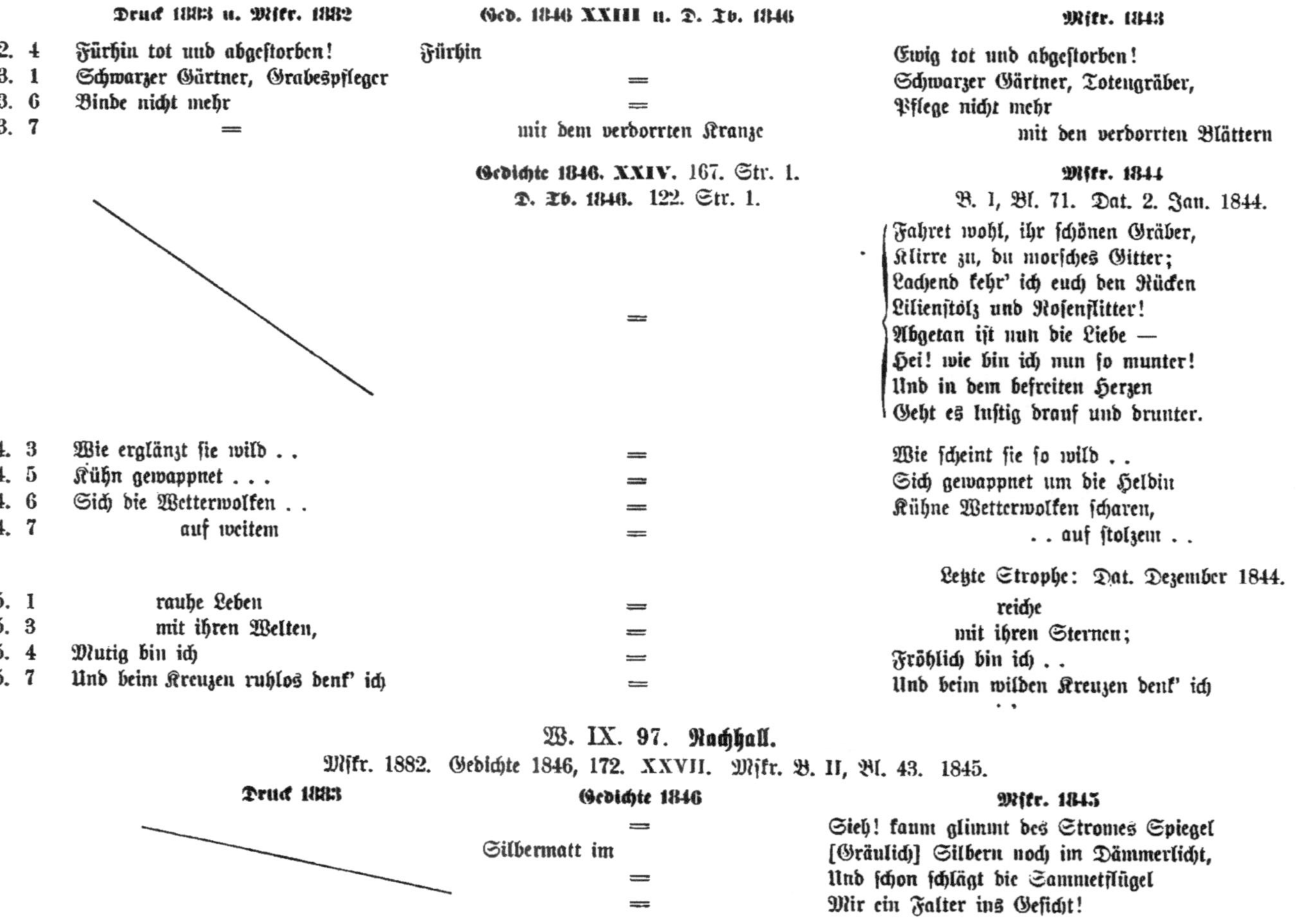

	Druck 1883 u. Mskr. 1882	**Ged. 1846 XXIII u. D. Ib. 1846**	**Mskr. 1843**
2. 4	Fürhin tot und abgestorben!	Fürhin	Ewig tot und abgestorben!
3. 1	Schwarzer Gärtner, Grabespfleger	=	Schwarzer Gärtner, Totengräber,
3. 6	Binde nicht mehr	=	Pflege nicht mehr
3. 7	=	mit dem verdorrten Kranze	mit den verdorrten Blättern

<table>
<tr><td></td><td></td><td align="center">Gedichte 1846. XXIV. 167. Str. 1.
D. Ib. 1846. 122. Str. 1.</td><td align="center">Mskr. 1844
V. 1, Bl. 71. Dat. 2. Jan. 1844.</td></tr>
</table>

Fahret wohl, ihr schönen Gräber,
Klirre zu, du morsches Gitter;
Lachend kehr' ich euch den Rücken
Lilienstolz und Rosenflitter!
Abgetan ist nun die Liebe —
Hei! wie bin ich nun so munter!
Und in dem befreiten Herzen
Geht es lustig drauf und drunter.

	Druck 1883 u. Mskr. 1882	**Ged. 1846**	**Mskr. 1844**
4. 3	Wie erglänzt sie wild ..	=	Wie scheint sie so wild ..
4. 5	Kühn gewappnet ...	=	Sich gewappnet um die Heldin
4. 6	Sich die Wetterwolken ..	=	Kühne Wetterwolken scharen,
4. 7	auf weitem	=	.. auf stolzem ..

Letzte Strophe: Dat. Dezember 1844.

5. 1	rauhe Leben	=	reiche
5. 3	mit ihren Welten,	=	mit ihren Sternen;
5. 4	Mutig bin ich	=	Fröhlich bin ich ..
5. 7	Und beim Kreuzen ruhlos denk' ich	=	Und beim wilden Kreuzen denk' ich

W. IX. 97. Nachhall.

Mskr. 1882. Gedichte 1846, 172. XXVII. Mskr. B. II, Bl. 43. 1845.

Druck 1883	**Gedichte 1846**	**Mskr. 1845**
=		Sieh! kaum glimmt des Stromes Spiegel
	Silbermatt im	[Gräulich] Silbern noch in Dämmerlicht,
=		Und schon schlägt die Sammetflügel
=		Mir ein Falter ins Gesicht!

		Druck 1883	Gedichte 1846	Mskr. 1845
1.	1	Sieh den Abendstern erblinken	Sieh den Abend dort erblinken,	Sieh den Abendstern [im Osten] dort blinken,
1.	2	Tief im Westen . . .	Tief im Süden, schön und hell!	Ungewöhnlich [groß] schön und hell!
1.	3	und gut zu	=	Lieblich ist und klar zu [kosten] trinken
1.	4	lauer	=	Dieser Nachtluft kühler Quell.
2.	4	Wär' ich jetzund	jetzund	[heute] jetzo
3.	3	Minnesang will der uns lehren	=	Er will uns die Minne lehren
3.	4	Durch die kurze . . .	In der kurzen	Durch die kurze . . .
4.	2	vor alten Zeiten schon	=	Die vor siebzig Jahren schon
4.	3	Schönen Frauen wohl gefallen,	=	Unsern Mütterlein gefallen;
4.	4	Und er weiß't uns ihren Ton!	=	Rein klingt ihrer Weise Ton.
5.	2	In die Welt, so jugendfern!	=	In die Zeit, die still und fern:
5.	3	Solcher Schwärmerei . .	Dieser Schwärmerei dich . . .	Dieser Laune dich zu schmiegen,
5.	4	Weiß ich, mochtest *) sonst du gern	=	Weiß ich, tust du zwiefach gern!
6.	3	Wahr ist es! . .	=	Ach 's ist wahr! . . .
Str. 7		Armer Ritter, laß uns gehen,	=	Armer Hölty, du kannst gehen,
		Hurtig such' dein kühles Haus,	=	Traurig such' dein kühles Haus!
		Denn des Morgenwindes Wehen	das feuchte	Sieh'! das graue Morgenwehen
		Lacht uns große Kinder aus!	=	Lacht uns alte Kinder aus!

*) Mskr. 82 [magst] mochtest; sonst = Druck 1883.

Sonette.

W. IX. 101. Der Schulgenoß.

Mskr. 1882. Gedichte 1846. S. 79. Mskr. 1845. B. II. Bl. 74.

Druck 1883 u. Mskr. 1882.	Gedichte 1846	Mskr. 1845
1. 4 = .		
2. 1 =	auf des Lebens Wogen!	... auf den weiten Wogen!
2. 2 =	der Klasse	der Schule ...
2. 3 =	Wie haben wir treuherzig uns betrogen,	Wie schwärmten wir, daß sich die Bänke bogen,
	Erfinderisch und schwärm'risch uns belogen	Wie haben wir [treuherzig] erfinderisch uns belogen
4. 3 Du bist ein Schelm geworden,	=	Du bist ein Spitzbub worden, —
Titel: Der Schulgenoß.	An einen Schulgenossen.	—

W. IX. 102. Vier Jugendfreunde I.

Mskr. 1882. Gedichte 1846. S. 80. Deutsches Taschenbuch 1845. S. 192.

Druck 1883 u. Mskr. 1882	Gedichte 1846 und D. Tb. 1845
—	An einen Freund.
2. 1 vergessend	verzeihend
2. 3 Mit ungerechtem oder bittrem Sprechen	.. ungerechtem, stachelscharfen ..
3. 3 Eh' unsre Jugendtage ganz erblassen:	Die zagend unter meiner Hand erblassen:

W. IX. 102. Vier Jugendfreunde II.

Mskr. 1882. Gedichte 1846. S. 81. Mskr. 1845. B. II. Bl. 76.

Druck 1883	Mskr. 1882	Gedichte 1846	Mskr. 1845
—	—	An einen Zweiten (Künstler).	—
1. 2 Die Schulterlinien einer	Die [feinen] Schulter=	=	Den feinen Nacken einer ..
2. 3 =	= [linien	. des Witzes breite Scheiben,	dem Witz die breiten Scheiben,

Druck 1883	Mskr. 1882	Gedichte 1846	Mskr. 1845
3. 3	=	=	Bald steigt im Traum dir neuer Schwank	Indes der Traum dir einen Schwank erzählt.
4. 1	=	=	[empor. [Siehst du mich wohl] Zeigt er dir mich, ...
4. 2 Begeistert über hundert Büchern	=	=	[im Ohr! Enthusiastisch bei den Büchern hocken?
4. 3	= [hocken?	=	Schon schwirrt dein Traumgelächter mir	Hast du am End' den bessern Teil erwählt?

W. IX. 103. Vier Jugendfreunde III.

Mskr. 1882. Mskr. flieg. Blatt in Mappe 10.

Druck 1883 u. Mskr. 1882

Mskr. flieg. Blatt

An einen Dritten.

Str. 1	=
2. 2 Erloschen ist jetzt seiner Sonne Blinken;	Erloschen ist sein letztes, mattes Blinken;
3. 1 Ich aber steh' in Ohnmacht, in der Ferne,	Zwar ich beweine dich, der mir so fern,
3. 3 Die nur zu wirren weiß und nie zu lösen.	Erst dich durchflammt, und nun so schwarz umnachtet.
4. 1 Am Ende preis' ich meine dürft'gen Sterne;	Doch segn' ich dankend meinen milden Stern:
4. 2 Im Guten träge und zu blöd' im Bösen,	Ich war zu blöd, — und bin gesund geblieben —
4. 3 Bin ich ein stilles Kind im Land geblieben!	Zu schüchtern, — und bin brav jetzt und geachtet. —

Darunter, vermutlich von A. A. L. Follens Hand, die Bemerkung: „Der Gegenstand ist mir etwas zu delikat für diese allzu aufrichtige Fassung; dennoch entbehre ich das Sonett ungern, besonders wegen des letzten Terzettes.“

W. IX. 104. Vier Jugendfreunde IV.

Mskr. 1882. In keiner früheren Fassung vorhanden.

W. IX. 105. Ein früh Geschiedener.

Mskr. 1882. Liegt in keiner früheren Redaktion vor.

Druck 1883	**Mskr. 1882**
4. 2 das Licht zu schauen	[den Glanz] ..

W. IX. 106. Schein und Wirklichkeit I.

Mskr. 1882. Gedichte 1846. S. 83. Deutsches Taschenbuch 1845. S. 193. Mskr. 1844. B. I. Bl. 89.

		Druck 1883 u. Mskr. 1882	Gedichte 1846 u. D. Tb. 1845	Mskr. 1844
1.	1	Jn Mittagsglut	Im Mittagsbraud,	Im Mittagsglast,
1.	2	Fichten	Föhren	Fichten
2.	2	Gebüsch und Stein,	Gerötet war ringsum Gebüsch und Hain,	Gerötet war des Urbergs hart Gestein,
2.	3	Des Hochgebirges ...	Des Urgebirges Eishaupt und Gebein,	Gerötet seiner Leuden Busch und Stein,
2.	4	=	Der Horizont ein sprühend Feuerrad.	Der Himmel war wie eine blut'ge Saat!
3.	1	=	Und rascher fühlt' ich meine Pulse gehen:	Mir aber schien der Tag nun aufzugehn,
3.	3	unn	Erharrend nur der Sonne Auferstehen.	Und harrte auf der Sonne Auferstehn.
4.	2	frostig rauhem	mit frostig leisem ..	mit graulich stillem Wehn,
4.	3·	Und mit dem Mond des Herzeus alte Not.	Und mir auch warb's im Herzen kalt und tot.	Und mir im Herzen war es es kalt und tot.

W. IX. 106. Schein und Wirklichkeit II.

Mskr. 1882. Gedichte 1846. S. 84. Deutsches Taschenbuch 1845. S. 194. Mskr. 1844. B. I. Bl. 89.

		Druck 1883 u. Mskr. 1882	Gedichte 1846 u. D. Tb. 1845	Mskr. 1844
1.	1	So manchmal werb' ich irre ...	So manchmal irre werb' ich	So werb' ich manchmal irre an der
1.	3	Es gährt und tost,	Es gährt, es tost: —	Sie gährt, sie tost;
1.	4	=	so	und zugeschneit.
2.	3	=	o wie weit,	weit, o weit,
2.	4	=	Euch rückwärts! —	Zurück euch! — [Tritt denn kein Uhrenmacher kühn hervor, Die irre Zeit mit Macht zu regulieren?]
3.	1	Doch kann ich nie die Hoffnung ganz	Und dennoch kann die Hoffnung nie verlieren!	O hätt' den Hammer ich des starken Tor,
3.	2	[verlieren,	Sind auch noch viele Nächte zu durchträumen,	Auf das Jahrhundert einen Schlag zu führen —
3.	3	=	Zu schlafen, zu durchwachen — zu durchfrieren:	Ich schlüg' sein morsches Zeigerblatt zu Trümmern.
4.	1		{So wahr erzürnte Wasser müssen schäumen,	Tritt denn kein Uhrenmacher kühn hervor,
4.	2	=	{Muß, ob der tiefsten Nacht, Tag triumphieren,	Die irre Zeit mit Macht zu regulieren?
4.	3		{Und sieh: schon bricht es rot aus Wolkensäumen!	Soll sie denn ganz in Staub und Rost verkümmern?

W. IX. 107. In der Stadt I.

Mskr. 1882. Gedichte 1846. S. 85. Mskr. 1845. B. II. Bl. 64.

		Druck 1883	Mskr. 1882	Gedichte 1846	Mskr. 1845
2.	2	Ein Brautzug kommt ..	=	=	Ein Hochzeitzug mit Geigen und Gepränge,
2.	4	es kann kein Glied sich regen.	=	kein Glied mehr kann sich	kein Glied kann sich mehr regen.
3.	3	Freudenzug.	Hochzeitszug.	=	Hochzeitzug.
4.	2	kalt und still	kalt und [starr]	=	kalt und still

W. IX. 108. In der Stadt II.

Mskr. 1882. Gedichte 1846. S. 86. Mskr. 1845. B. II. Bl. 65.

		Druck 1883 u. Mskr. 1882	Gedichte 1846	Mskr. 1845
2.	3	Da schleifen sie,	=	Da [führen] schleppen sie, wohl [fünfzig] dreißig
3.	3	brängt sich alles Volk heran.	brängt der Pöbel sich heran:	macht der Pöbel sich heran: [Ellen lang,
				[Und brängt sich um den stillen, toten Baum,
				Der da gebrochen liegt in seiner Kraft,
				Aus seinen Wunden fließt der frische Saft.]
4.	1	Sie weiden sich	Er weidet	Und weidet sich an der gebroch'nen Kraft;
4.	2	der tausendjähr'ge Baum,	... der sturmgefeite Baum!	Da liegt entfrönt der stille, tote Baum!
4.	3	Aus allen Wunden quillt der edle Saft.	... quillt ...	Aus seinen Wunden fließt der frische Saft.

W. IX. 109. Reformation.

Mskr. 1882. Gedichte 1846. S. 103. Mskr. 1845. B. II. Bl. 65.

		Druck 1883	Mskr. 1882	Gedichte 1846	Mskr. 1845
1.	4	Jahrtausende	[Jahrhunderte]	=	Jahrtausende
2.	2	=	=	. warf sie ..	Und säet sie ..
2.	3	=	=	Und siehe da: die goldne Saat ...	Und sieh da, eine gold'ne Saat erstaud,
2.	4	Des Volkes Herz und Auge zu erlaben!	=	kount' erlaben!	An der sich Herz und Auge konnten laben.
3.	1	Nachweltskinde,	=	=	Enkelkinde,
4.	3	Das Korn des Wortes, neu es aus= zusä'n?	[Das Wort des Lebens wieder auszusäen?]	=	Das Wort des Lebens, wieder es zu säen?

B. IX. 110. Von Kindern I.

Mskr. 1882. Neuere Gedichte 1851. S. 59. Mskr. Eßlinger.

Druck 1883 u. Mskr. 1882	Neuere Gedichte 1851 u. Mskr. Eßlinger
2. 2 Umdrängt' ihn, wie ein Klein-Bacchantenchor,	Umdrängte ihn, ein lauter Jubelchor;
2. 4 Sich spiegelnd in den hundert Äuglein klar.	Sich vielfach spiegelnd in den Äuglein klar.
3. 3 ben braunen Walb	Den roten ..

B. IX. 110. Von Kindern II.

Mskr. 1882. Neuere Gedichte 1851. S. 58.

Druck 1883	Mskr. 1882	Neuere Gedichte 1851
4. 2 blühten	.. bleichten ..	.. bleichten ..
4. 3 der Falken Stimmen ..	der Adler Stimmen ..	der Adler Rüfe klangen.

B. IX. 111. Von Kindern III.

Mskr. 1882. Neuere Gedichte 1851. S. 57.

Druck 1883	Mskr. 1882	Neuere Gedichte 1851
1. 1 von frischen Knaben,	[schönen]	von schönen Knaben,
1. 2 gezäumt	=	gespannt
3. 3 Und launisch das Gespann ließ gehn ..	=	Und launenhaft den Zug ließ gehn ....
		Mich fränkten minder diese Herrschertriebe,
	Str. 4	Als solchen Knechtsinns zeitiges Vollenden;
		Es tat mir weh an meiner Kinderliebe!
	[triebe,	Im Handexemplar Kellers geändert zu:
4. 1 Wenn nur dies Sinnbild nied'rer Triebe,	Mich fränkten weder Knechts- noch Herrscher-	Mich fränkten weder diese Herrschertriebe,
4. 2 Anstatt mit schlimmer Wirklichkeit zu enden,	Da leider nur im Pferd ich sah vollenden	Noch solchen Knechtsinns zeitiges Vollenden;
4. 3 Einst mit den Kinderschuh'n verloren bliebe!	Sich früh Gehorsam, Eintracht, Bruderliebe!	Ich sah die alte Einheit, Freiheit, Liebe!

W. IX. 112. Jeder Schein trügt.

Mskr. 1882. Neuere Gedichte 1851. S. 61. J. J. Reithard, Neue Alpenrosen 1848. S. 187.

Druck 1883 u. Mskr. 1882	**Neuere Ged. 1851 u. Neue Alpenrosen 1848**
2. 2 In seine Grundgewölbe ..	In seinen tiefsten Keller
2. 3 .. üppig feuchten Moder ..	.üppig feuchtes Unkraut ..
3. 1 .. auch betrogen	arg betrogen
3. 3 Die Feinde ..	Die Reiber ...
4. 2 .. ungehobner ...	.. ungemeſſner ..
4. 3 .. dem Tage ...	dem Lichte
Titel: Jeder Schein trügt.	Der Schein trügt.

W. IX. 113. Winterabend.

Mskr. 1882. Gedichte 1846. S. 82. Mskr. 1845. B. II. Bl. 78.

Druck 1883 u. Mskr. 1882	**Gedichte 1846**	**Mskr. 1845**
1. 2 Bei ihr der Totenwächter unverdroſſen,	=	[Dabei] Daneben ein Geſelle unverdroſſen,
2. 3 =	=	das [blaſſe Antliß] Grabgeſicht
4. 2 =	.. Leichenlippe tut	Doch die verblaßte Leichenlippe ſchließt
4. 3 =	Erſtarrt ſich nimmer auf der roten Flut.	Sich kalt und ſtarr des Sonnenbechers Rand.

W. IX. 114. Nationalität.

Mskr. 1882. Gedichte 1846. S. 87. Deutsches Taschenbuch 1845. S. 198. Dat. Sept. 1844.

Druck 1883 u. Mskr. 1882	**Gedichte 1846 u. D. Tb. 1845**
2. 4 Genarrt	Gelenkt ...
4. 1 Denn einen Pontifex nur faßt der Dom,	Denn einen Preb'ger nur verträgt der Dom:
4. 3 Der löſt und bindet jede Seelenkette!	Der löſt und ſprengt die eingewachſne Kette.
Titel: Nationalität.	Die ſchweizeriſche Nationalität.

W. IX. 115. Eidgenossenschaft.

Mskr. 1882. Gedichte 1846. S. 88. Deutsches Taschenbuch 1845. S. 199. Dat. Oktober 1844.

		Druck 1883 Eidgenossenschaft.	Mskr. 1882 [Die] Eidgenossenschaft.	Gedichte 1846 u. D. Tb. 1845 Das Eidgenossen=Volk.
1.	1	denn einst	=	denn wohl ..
1.	2	unzerstörlich	=	unvergänglich ..
1.	3	strahlenheller	=	strahlenreicher ..
2.	3	zum Volke dann es einweiht,	=	Wenn Freiheitslieb' es dann zum Volke einweiht,
3.	1	Wer will da wohl noch ...	=	Wer will denn da noch ...
3.	2	Zu spät, ihr Herrn! ...		Zu spät, zu spät!
4.	3	.. umschlossen ..	[umgossen]	umgossen

W. IX. 116. Alles oder nichts.

Mskr. 1882. Ruge, Die politischen Lyriker unserer Zeit 1847. S. 307. Gedichte 1846. S. 89.
Deutsches Taschenbuch 1845. S. 200. Freie Stimmen im Bezirk Zürich 1845. No. 1. 1. Jan. 1845.
Mskr. 1844. B. I. Bl. 49. Dat. 13. Sept. 1844.

		Druck 1883 Alles oder nichts.	Mskr. 1882 Alles oder nichts. [Warnung].	Die pol. Lyriker 1847. Ged. 1846. D. Tb. 1845. Freie Stimmen 1845 Warnung.	Mskr. 1844
1.	2	Frei von der Hörigkeiten alter Schande;	=	Kein Fürst, kein Adel schmiedet dir die Bande;	Und von des Vorrechts unerhörter Schande;
1.	3	Kein Hochgebor'ner schmiedet dir die Bande,	=	Frei von des Vorrechts unduldbarer Schande,	Kein Adel schmiedet dich in schnöde Bande,
1.	4	Und wie du liegen willst, darfst du dir betten!	=	.. magst du deinen Wohlstand	Und fröhlich magst du dir im Wohlstand betten!
2.	1	Doch nicht kann dies dich vor der Herrschaft vor der [Knechtschaft] retten,		Doch nicht kann dies dich ..	Doch dies kann nicht dich vor der Knecht=schaft retten,
2.	2	Die ohne Grenzen schleicht von Land zu Lande;	=	=	Der schwarzen — die im weißen Schaß=gewande
2.	3	Ein grimmer Wolf in weichem Lamms=gewande,	=	.. lauscht im Schweizerlande,	An allen Türen [lauert] horcht im [ganzen] weiten Lande,
2.	4	Schafft sie zum Lehn sich all' bewohnte Stätten.	=	Sich als Polyp an	Wie Unkraut sich an jedes Herz zu kletten!

Druck 1883	Mskr. 1882	Die pol. Lyriker 1847. Ged. 1846. D. Tb. 1845. Freie Stimmen 1845	Mskr. 1844
3. 1 nicht völlig magst	=	.. nicht tapfer magst ..	Wenn du nicht kühnlich [kannst] magst den Geist ..
3. 2 Von ihres Dunstes tödlicher Umhüllung,	Von ihres Hauchs ..	Von alles Dunsts erstickender ..	Von allem Wust und tötender Umhüllung,
3. 3 Nicht tapfer um der Seele Freiheit ringen:	=	Nicht heilig deiner freien Einsicht ..	Nicht sorglich deiner eignen Einsicht pflegen:
4. 1 =	=	So wird der Feind stets offne Tore	Wird stets dein Feind die Tore offen finden,
4. 2 All' deinem Werke rauben die Erfüllung,	=	.. rauben ..	All deiner Hoffnung raubend ...
4. 3 Und jede Knechtschaft endlich wieder= bringen!	=	All dein gefördert Werk in ..	Dein schön begonnen Werk in Asche legen!

W. IX. 117. Die Tellenschüsse.

Mskr. 1882. Gedichte 1846. S. 93. Mskr. 1845. B. II. Bl. 63.

Druck 1883 u. Mskr. 1882	Gedichte 1846	Mskr. 1845
Die Tellenschüsse.	Die zwei Tellenschüsse.	—
1. 2 =	Die Perle ...	Die Zierde jeder Fabel
2. 4 =	Will ich beim Ersten in die Schanze schlagen!	Will ich zum Kampf mit dir entgegentragen.
3. 1 =	stehst leer	Und du kommst leer ..
3. 3 .. lächelnd ..	=	Und spiegelst höhnisch ...

W. IX. 118. Auf die Motten.

Mskr. 1882. Gedichte 1846. S. 90. Deutsches Taschenbuch 1845. S. 201. Mskr. 1844. B. I. Bl. 48. Dat. 12. Sept. 1844.

Druck 1883	Mskr. 1882	Gedichte 1846 u. D. Tb. 1845	Mskr. 1844
Auf die Motten.	=	Den Konservativen.	=
1. 1 =	=	Wo ist ein Volk, so frei	Ist wohl ein Volk, so frei .. [die sonst von Staatsverträgen unzertrennlich
1. 2 =	=	die andrer Völker traurig Erbteil ..	die andrer Nationen Erbteil sind, [sind]
1. 3 Ein glücklicher nutznieß'risch ...	=	. blühender, glücksel'ger ...	Ein blühender glückselig Heldenkind,
2. 1 fieberud.	=	=	fiebrisch
2. 2 =	=	Überfülle	reichen Segen
2. 3 =	=	leerem	eitlem

	Druck 1883 u. Mskr. 1882	Gedichte 1846 u. T. Taschenbuch 1845	Mskr. 1844
3. 1	jene flink gelenken Motten, flink [geschwänz=	.. jene silberblanken Motten,	[So sprechen die, die voller Gift und Tücke]
3. 2	= ten]	Die so gemütlich in dem Rauchwerk nisten,	So sprechen, die mit tückischem Verlangen
3. 3	Dem warmen, köstlichen, und es [alten] zernagen.	Dem alten, köstlichen, und es zernagen.	Im Trümmerschutt der alten Babel schleichen, Gehüllt in der Vernichtung Leichentuch.
			[So sprechen die, die knirschend unserm Glücke, Und Schritt für Schritt, ohnmächtig müssen weichen, Aussäend hinter sich der Zwietracht Fluch!]
4. 1	.. gilt es noch .. =	„Nur eben euch noch gilt es auszurotten!	Wir aber sprechen: Ja, ihr falschen Schlangen,
4. 2	=. =	(So sprechen wir, die radikalen Christen,)	Nur euch, nur euch gilt es noch zu erreichen,
4. 3	„Mit lindem Klopfen aus dem = Pelz zu jagen!"	„Mit Schimpf und Schmach euch aus dem Pelz zu jagen!"	Und aufgehoben ist der letzte Fluch!

W. IX. 119. Die Hehler.

Mskr. 1882. Gedichte 1846. S. 92. Deutsches Taschenbuch 1845. S. 203. Mskr. 1844. B. I. Bl. 54. Dat. 27. Sept. 1844.

	Druck 1883 u. Mskr. 1882	Gedichte 1846 u. T. Taschenbuch 1845	Mskr. 1844
	Die Hehler.	**Den christlichen Griesgrämlern.**	**—**
1. 1	.. Schächer, blinde Toren,	=	.. Schwindler, junge Toren,
1. 2	Wenn redlich wir die Möglichkeit erstreben!	Wenn ehrlich wir nach Licht und Wahrheit streben:	Die wir nach Licht und Wahrheit mutig streben!
1. 3	Ja, eure Namen ...	Ja, euren Namen habt ihr uns gegeben;	Halb wahr, halb falsch ist dieses Wort gegeben;
1. 4	=	mit hochgehobnen Ohren!	und öffnet eure Ohren!
2. 2	Zu lichten dieses dornenvolle Leben;	.. nur dies irb'sche Leben:	Dem Volk zu lichten nur dies arme Leben:
2. 3	verschmachtend	= [Toren!	verhungernd
2. 4	Wo ihr schon lang das Bürgerrecht verloren!	Wer sind die Schwindler nun? — Ihr, alte	Wer sind die Schwindler? — O ihr alten Toren!
3. 1	=	Und — wenn die Sterne uns geheim erzählen	Das eine Ziel von allem unserm Wagen,
3. 2	Von neuem Leben und Unsterblichkeit,	Von ew'gem Frühling, von Unsterblichkeit:	Es ist, die Hand voll Erde zu verfechten, [Die Gott dem Menschenkind hienieden hat verschrie=
3. 3	zu dieser Zeit?	Was geht das euch denn an in unsrer Zeit?	Die Gott dem Menschenkind hat zugedacht. [ben]
4. 1	Braucht ihr darum gestohlnes Oel zu hehlen,	Wir lassen uns das Sonnenlicht nicht stehlen,	Ihr aber wollt es von der Erde jagen
4. 2	Das unf'rer Tage Dämmerung erhellt,	Noch unsre Lampe, die die Nacht erhellt:	Und ihm dafür die [Dornen] Himmelskrone flechten,
4. 3	Indes den Fuß ihr setzt auf diese Welt?	Denn uns gehört die ganze, schöne Welt!	Die an den Sternen hängt, [den fernen lieben] in ferner Nacht!

W. IX. 120. Die Goethe=Pedanten.

Mskr. 1882. Gedichte 1846. S. 94. Deutsches Taschenbuch 1845. S. 195. Dat. Okt. 1844.

	Druck 1883 u. Mskr. 1882	**Gedichte 1846 u. Deutsches Taschenbuch 1845**
	Die Goethe=Pedanten.	Den Goethe=Philistern.
2. 4	noch nicht uns klar.	… uns noch nicht klar.
3. 2	.. sichersten ..	im untersten Gewölbe
3. 3	vor des rauhen Feindes Hand;	vor der rauhen Feindeshand.
4. 3	Und läßt es frieblich leuchten durch das Land.	Und bringt's zum Ehrenplatz an seine Wand.

W. IX. 121. An A. A. L. Follen.

Mskr. 1882. Neuere Gedichte 1851.

	Druck 1883	**Mskr. 1882**	**Neuere Gedichte 1851**
	An A. A. L. Follen 1847.	=	An Follen. Mit einem Bändchen Gedichte 1847.
1. 3	der Himmel	=	.. ihr Himmel ..
3. 2	.. leiht ..	[gibt]	.. gibt ..

W. IX. 122. Clemens Brentano, Kerner und Genossen.

Mskr. 1882. Gedichte 1846. S. 95. Mskr. 1845. B. II. Bl. 75.

	Druck 1883 u. Mskr. 1882	**Gedichte 1846**	**Mskr. 1845**
	Clemens Brentano, Kerner und Genossen.	=	Brentano, Kerner.
1. 2	In weißen Laken …	In blut'gen Laken*	[bannen? In blut'gen Laken
1. 3	=	Ob sie nach Schätzen graben? Geister	Als wollten Schätze sie und Geister bannen,
1. 4	=	Sie lassen sonderbare Töne gellen.	So lassen sie gar sondre Töne gellen.
2. 2	große Tränen	=	.. stille Tränen ..
2. 3	.. sacht, gespensterhaft ..	. leis, gespensterhaft .	.. leis und geisterhaft ..
2. 4	=	.. grundempörten …	.. brausend wilden …
3. 1	„Auch scheinen Schild' und Schwerter sie zu tragen	=	Auch scheinen sie ein hölzern Schwert zu tragen,
3. 2	Von Holz, und um die Stirn ein dürr Geflecht	=	Und um die Stirn ein üppiges Geflecht,
3. 3	Von Reisig, draus die feinsten Rosen ragen?"	Strohkränze, draus die feinsten Rosen ..	Wo zwischen Stroh die schönsten Rosen ragen?
4. 2	Poeten sind's, so laß sie ungeschlagen!	Freund! das sind Dichter; laß sie ..	's sind Dichter, Freund, so laß sie ungeschlagen,
4. 3	Denn solche, weißt du, ….	=	Denn Dichter, weißt du, — haben immer Recht!

W. IX. 123. **Herwegh.**

Mskr. 1882. Gedichte 1846. S. 96. Deutsches Taschenbuch 1845. S. 196. Mskr. 1843. B. I. Bl. 24. Dat. 8. Aug. 1843.
Ferner ein zweites Mskr. 1843. B. I. Bl. 26. Dat. 10. Aug. 1843.

	Druck 1883 u. Mskr. 1882	Gedichte 1846 u. D. Tb. 1845	1. Mskr. 8. Aug. 1843	2. Mskr. 10. Aug. 1843
Str. 1	=	Schäum' brausend auf! — Wir haben lang gebürstet, Du Goldpokal, nach einem jungen Wein: Da traf in Dir ein guter Jahrgang ein! Wir haben was getrunken, was gebürstet!	Ein Goldpokal, der brausend überschäumet, Vom Feuerwein der Freiheit angefüllt, So tönt dein Lied, verwegen, ungestillt, Und wogt mit wilden Kräften ungezäumet.	Die Not ist groß, und schwer sind diese Zeiten, Wo sich das alte Chaos endlich lichtet, Und vom Verworrenen das Klare sichtet; Da muß man auch mit scharfen Waffen streiten.
2. 1	. . ragt Zwing=Uri hoch gefirstet,	Noch immer steht Zwing=Uri stolz gefirstet,	Was auch die dunkle Brut zusammenleimet,	Wild mag dein Lied den wilden Sturm begleiten!
2. 2	Noch ist die Zeit ein stummer ..	Noch ist das Land ein kalter Totenschrein,	Und wie sie auch nach deinem Herzen zielt:	Denn wo das Elend berghoch aufgeschichtet,
2. 3	Der Schläfer harrt ...	Der schweigend harrt auf seinen Osterschein —:	O trag' es immer offen, unverhüllt!	Hat Mildigkeit nie etwas ausgerichtet,
2. 4	=	Zum Wecker bist vor Vielen Du gefürstet!	Sie haben ihren Traum bald ausgeträumet!	Ein kühner Arm nur kann das Steuer leiten.
			Und sollten sie auch noch so giftig zischen Und roh die ungerechte Macht mißbrauchen, Der helle Tag wird nimmermehr erblinden. Und müßten wir mit eignem Blut erfrischen Das große Wort, so soll es warm verrauchen; Der Herr mag uns bei voller Arbeit finden!	
Str. 3	=-	.. nach Sturm der Friedensbogen .. Wenn der Dämonen finstre ... =		Doch wenn nach Wettergrau'n die Sonne lacht, Und der Dämonen dunkle Schar bezwungen, Zurückgescheucht in ihres Ursprungs Nacht:

Druck 1883 u. Mskr. 1882	Gedichte 1846 u. D. Tb. 1845	1. Mskr. 8. Aug. 1843	2. Mskr. 10. Aug. 1843
Str. 4 =	Dann soll dein Lied, das uns nur Sturm gesungen, Erst voll erblühn in reicher Frühlings-pracht! =		Dann wird das Lied, das jetzt so rauh geklungen, Erst recht erblühn in holder Frühlings-pracht. Nur durch den Winter wird der Lenz errungen!

W. IX. 124. Zur Verständigung.

Mskr. 1882. Gedichte 1846. S. 91. Deutsches Taschenbuch 1845. S. 202. Dat. 1814.

Druck 1883 u. Mskr. 1882	Gedichte 1846 u. D. Tb. 1845
1. 2 .. abgedroschnen ..	.. ausgedroschnen ..
1. 3 .. in der Empörung Qualmen, .	.. in den Empörungsqualmen,
2. 1 Gemach, o du Philisterschwarm, ..	Gemach, gemach, Philisterschwarm, ..
2. 3 .. die hehrsten Psalmen,	.. feinsten ...
2. 4 Sie bäuchten durch dein Lob mir so ...	Sie dünkten, durch dein Lob, mich so ..
3. 1 .. laut geschrieen,	.. viel geschrieen,
3. 2 Ein rauhes Echo	Bin dumpfes Echo ....

W. IX. 125. Den Zweifellosen I.

Mskr. 1882. Gedichte 1846. S. 100. Mskr. 1845. B. II. Bl. 77.

Druck 1883 u. Mskr. 1882	Gedichte 1846	Mskr. 1845
1. 1 Wer ohne Leid, ...	=	Wer ohne Schmerz, ...
1. 2 Wer ohne Reu', ...	=	Wer ohne Leid, ..
2. 3 Meßt aus und schließt den Zirkel sonder Scheu,	Meßt vor dem Geist das Erdreich sonder Scheu,.	Und meßt das Erdreich ohne heil'ge Scheu,
3. 2 .. nicht ...	=	Ihr kennet kaum ..
3. 3 Des Halmes Leben nicht auf eurem Grab;	=	Die Blume nicht, die sproßt aus eurem Grab:
4. 1 .. fränzt ihr ..	Und dennoch frönt ihr schon mit Stroh das Haar,	Ihr nennt noch selbst die Sterne wunderbar,
4. 2 =	Als Eintagsgötter stolz euch zu begrüßen —;	Und wollt doch schon den Janustempel schließen?
4. 3 Der Zweifel fehlt, der alte Wanderstab.	Der Zweifel fehlt euch —: das bricht euch den Stab!	Der Zweifel fehlt, — und das bricht euch den Stab!

Darunter:

Doch hüpfet ihr und krönt mit Stroh das Haar,
Gedankenlos als Götter euch zu grüßen.

W. IX. 125. Den Zweifellosen II.

Mskr. 1882. Gedichte 1846. S. 101. Mskr. 1845. B. II. Bl. 76.

	Druck 1883	Mskr. 1882	Gedichte 1846	Mskr. 1845
1. 3	=	=	Was mir die kühngeschwung'ne Brücke ..	Ich glaub', was mir die schöne Brücke
2. 1	.. so eng ..	so [kurz]	=	so kurz, [schlägt,
2. 3	Wie wenig ist's, ...	=	=	's Muß wenig sein, ...
3. 2	.. glüht ..	=	= [drungen:	blüht [umschlungen:
3. 3	=	=	Ihr tiefster Kelch vom Sonnenlicht durch=	Auch nicht vom kleinsten Dorne mehr
4. 1	=	=	Das Sehnen bleibt, das uns hinüberzieht!	So ist's ein Funke nur, der ärmlich sprüht,
4. 2	=	=	Das Nachtigallenlied ist nicht verklungen, } Vom Feuer der Unsterblichkeit bezwungen,
4. 3	Bei dessen Ton die Knospen sind erblüht!	[Klang]	Bei dessen Klang die Rosenknosp' erglüht. (Das in des Kindes kleinem Herzen glüht.

W. IX. 126. Dankbares Leben.

Mskr. 1882. Neuere Gedichte 1851. S. 62. J. J. Reithard, Neue Alpenrosen 1848. S. 188.

	Druck 1883 u. Mskr. 1882.	Neuere Gedichte 1851	Neue Alpenrosen 1848
	Dankbares Leben.	Das Leben ist doch schön.	Das Leben.
2. 2	Wir müssen's lächelnd ..	=	Das muß ich lächelnd ....
2. 3	die Erfahrungen des Geistes schwellen,	=	.. die Erfahrungen sich drängend schwellen,
2. 4	.. gleich ..	=	.. wie ..
3. 2	... sehn den Grund wir winken	=	... seh' den Grund ich winken
3. 3	Und lernen täglich mehr der Flut vertrauen.	=	Und täglich lern' ich mehr der Flut vertrauen.
4. 1	.. zierliche ..	=	.. goldene ...
4. 2	Leiht, Götter! uns, und Marmor, ...	Gebt, Götter, mir und Marmor ..	Gebt mir, ihr Götter, Marmor ...
4. 3	Den festen Damm ...	=	'Nen festen ...

W. IX. 127. Erkenntnis.

Mskr. 1882. Neuere Gedichte 1851. S. 63. J. J. Reithard, Neue Alpenrosen 1848. S. 188.

	Druck 1883	Mskr. 1882	Neuere Gedichte 1851. Alpenrosen 1848
1. 1	.. ein gutes Ziel ..	=	.. ein heitres Ziel ..
2. 1	.. Kinderstreichen	=	.... Bubenstreichen

	Druck 1883	Mskr. 1882	Neuere Gedichte 1851. Alpenrosen 1848
3. 1	.. willst ..	=	.. kannst ..
3. 3	.. nur deine Fehler ..	[Die eignen Fehler]	.. die eignen Fehler ..
4. 1	Und ruhig geh' den anderen entgegen;	[Dann gehe mild]	Dann gehe mild den Anderen entgegen;
4. 2	Kannst du dein Ich nur* fest zusammenfassen,	=	Kannst du dich selbst nur fest zusammenfassen,
4. 3	Wird deine Kraft die fremde Kraft erregen.	=	So hängt an deine Schritte sich der Segen.

Titel: Neue Alpenrosen 1848: „Maßstäbe". Die späteren Redaktionen: „Erkenntnis".

———

* Druck 1883. 4. 2 „nun" = Druckfehler statt „nur".

W. IX. 128. Eitles Leben I.

Mskr. 1882. Neuere Gedichte 1851. S. 64. J. J. Reithard, Neue Alpenrosen 1848. S. 183.

	Druck 1883 u. Mskr. 1882	Neuere Gedichte 1851	Neue Alpenrosen 1848
	Eitles Leben I.	Ein Wandrer I. Am Morgen.	Der Wandrer. Am Morgen.
1. 2	=	.. Tore ..	.. Pforten ..
2. 1	.. reinern' Trank ..	Nicht kann uns Hebe edlern ...	Nicht kannst du, Holde, edlern Trank ...
3. 3	=	Da wir zur Hälfte nur das Dasein enden.	Denn deutlicher verschwindet alles Enden!
4. 1	Er läutert besser, ...	=	Er läutert reiner, ...

W. IX. 128. Eitles Leben II.

Mskr. 1882. Neuere Gedichte 1851. S. 65. J. J. Reithard, Neue Alpenrosen 1848. S. 183.

	Druck 1883 u. Mskr. 1882	Neuere Gedichte 1851	Neue Alpenrosen 1848
	Eitles Leben II.	Ein Wandrer II. Am Abend.	Der Wandrer. Am Abend.
1. 2	=	.. des Niederganges Röte ..	.. des Niederganges Rosen ..
1. 3	=	Glimmt	Blüht ..
1. 4	=	An der sich neu mein kaltes Herz ...	An der ich neu mein müdes Herz entzünde.
3. 1	auf trauten Schattenwegen	=	.. auf sonnenhellen Wegen
3. 2	Mit keines Schirm's bedürft'gem Schritt, ..	Mit eines Schirms nicht dürft'gem Schritt, ..	Mit unbeschütztem, sich'rem Schritt, du Reine:
3. 3	O führe mich Ermüdeten und Trägen!	=	Nimm mit und führ' mich Lässigen und Trägen!
4. 1	.. sollst du in beinem Schreine	=	... sollst im geheimsten Schreine
4. 2	Zu abgelegtem Zeug und	=	Zu abgelegtem Schmuck und ...

W. IX. 129. Eitles Leben III.

Mskr. 1882. Neuere Gedichte 1851. S. 65. J. J. Reithard, Neue Alpenrosen 1848. S. 183.

	Druck 1883 u. Mskr. 1882	**Neuere Gedichte 1851**	**Neue Alpenrosen 1848**
	Eitles Leben III.	=	Der Kauz singt ihm nach.
1. 3	in weicher Arme Veste,	′ =	.. in eine Liebesveste,
1. 4	=	Wohin ...	Worein ...
2. 1	.. frech ..	=	Doch war er groß ....
2. 2	Sein Reisig grünt' und blühte schon aufs beste,	=	Ihm grünt' und blüht' der Lorbeer auf das Beste,
3. 2	Aus Luft und Licht, darin er ...	=	Aus Luft und Sonne, drin er ...
3. 3	Und sachte mit sich zu ...	=	Und sachte sich mit zu ....
4. 2	Das Reis verdorrt', das schon so nett belaubte —	=	Das Reis stand ab, das schon so grün belaubte —
4. 3	Nun zieht er ab, unfertig und verdrossen.	Da geht er	Da schleicht er heim nun, schläfrig und verdrossen.

W. IX. 130. Kriege der Unfreien.

Mskr. 1882. Gedichte 1846. S. 98. Deutsches Taschenbuch 1845. S. 197. Mskr. 1843. B. 1. Bl. 29. Dat. 14. August 1843. vgl. Baechtold 1², 216.

	Druck 1883 u. Mskr. 1882	**Gedichte 1846 u. D. Taschenbuch 1845**	**Mskr. 1843**
	Kriege der Unfreien.	Der deutsche Freiheitskrieg.	Die deutschen Freiheitskämpfe.
1. 1	Du tapfres Volk in deinem Löwenzorn,	Du deutsches Volk mit deinem Löwenzorn,	Das deutsche Volk mit seinem Löwenzorn,
1. 2	Wie kühn du schwingst dich über Zaun und Planken,	Wie du Vernichtung schwurst den argen Franken,	Wie es Vernichtung schwur dem schlimmen Franken,
1. 3	Voll Wut die Feinde greifst in deinen Flanken*	Hochschwanger gingst mit riesigen Gedanken,	Hochschwanger ging mit kühnlichen Gedanken,
2. 1	=	Ein Sankt-Georg mit eingedrücktem Sporn,	Und wie es drauf mit scharfem Schrot und Korn
2. 2	Sie all' zurückwirfst über ihre Schranken,	Den Feind zurückwarfst über seine Schranken,	Den Feind zurückschlug über seine Schranken —
2. 3	=	In großer Heldeneintracht sonder Wanken	In großer Heldeneintracht; ohne Wanken —
2. 4	Doch tief im Herzen lässest deinen Dorn:	Doch — in der Wunde ließest deinen Dorn:	Im Herzen stecken ließ den alten Dorn,
3. 1		Wie hoch wir um dein Heldenblut dich ehren,	Und dann im Jubel tät den Bund beeidigen:
3. 2	=	Doch mahnst du uns an jenen närr'schen Tropf,	Es mahnet mich an jenen närr'schen Tropf —
3. 3		— Laß' dirs gesagt sein lachend und mit Zähren —	— Das Gleichnis soll mit nichten Euch beleidigen —
4. 1		=	Der, als die Laus ihn biß in seinen Schopf,
4. 2	=	Sich gegen solche Plackerei zu wehren,	Sich gegen solche Plage zu verteidigen,
4. 3		Mit Ingrimm kratzte auf des Nachbars Kopf.	Mit Ingrimm kratzte an des Nachbars Kopf.

* Mskr. 1882. Str. 1, 3 [Die Feinde packst, die reizen deine Flanken].

W. IX. 131. Nach dem Siege.

Mskr. 1882. Neuere Gedichte 1851. S. 67.

Druck 1883 u. Mskr. 1882	**Neuere Gedichte 1851**
Nach dem Siege.	Nach dem Sonderbundskriege.
	(Zu einem entworfenen, aber nicht ausgeführten Zyklus.)

<table>
<tr><td>1. 1</td><td>Laßt rot vor Scham erglühen eure Wangen,</td><td>In tiefer Scham erglühen meine Wangen,</td></tr>
<tr><td>1. 2</td><td>Die ihr mit eurer Reime leerem Beten</td><td>Da ich mit dieser Reime leerem Beten</td></tr>
<tr><td>1. 3</td><td>Euch anschickt, vor ein tapfres Volk zu treten,</td><td>Vor mein lebendig-kräft'ges Volk will treten,</td></tr>
<tr><td>2. 1</td><td>Des Trommlers Schlägel, ..</td><td>Des Tambour's Schlägel, ..</td></tr>
<tr><td>2. 3</td><td>—, ihr Nach-Propheten!</td><td>—, o ihr Propheten!</td></tr>
<tr><td>2. 4</td><td>Als all' eu'r unnütz eitles Versefangen!</td><td>Als Alles, was wir stolz und eitel fangen.</td></tr>
<tr><td>3. 2</td><td>... Treu und Pflicht im Herzen, ..</td><td>.. Glut und Kraft im Herzen, ..</td></tr>
<tr><td>4. 3</td><td>Was soll ihm ...</td><td>Was soll da ..·...</td></tr>
</table>

Lebendig begraben.

Mskr. 1882. Gedichte 1846, S. 175 208. Gedanken eines Lebendig-Begrabenen.
Vgl. Baechtold I, 224.

W. IX. 135, I. Mskr. 1882. Gedichte 1846 I., S. 177.

Druck 1883 u. Mskr. 1882.	**Gedichte 1846.**
1. 1 Wie poltert es! —	Ei wie das kracht! —
1. 2 . ., modernden . . .	. . . polternden . . .
1. 4 Doch nimmt's mich . .	Es nimmt mich . .
2. 4 . . . . hinaus!	. . . . heraus!
4. 2 Und haben in das Grab hinein gelogen,	Sie haben selbst den Erdboden belogen,
5. 2 . ., muß bekleiden,	. . ., ich muß bleiben,
5. 3 . . der Tod ergrimmt . .	. . . erbost der Tod . .
5. 4 . . . . Kraft!	. . . . Saft!

W. IX. 136, II. Mskr. 1882. Gedichte 1846 II., S. 179

1. 1 . . . denn, . . .	. . . nun, . . .
1. 2 Jns Loch geworfen, wie ein Straßenheld,	Geschieden von der ganzen, weiten Welt!
1. 3 Ein lärmender, von der Empörung Welle;	Versprengter Tropfen von der Lebensquelle,
1. 4 Ein blinder Maulwurf im zerwühlten Feld!	Ein Baum, noch grünend, ist er auch gefällt!
2. 2 Es ist am End' ein friedlich Wohnen hier;	Still und behaglich ist's im Grabe hier,
2. 4 Doch heiter glimmt die stille Seele mir!	Doch hell und heiter glimmt die Seele mir.
3. 4 Behaglich sinnend . . .	Still und behaglich . . .
4. 2 Daß er, in Kraft sich wandelnd, ein Vulkan,	Zu solcher Stärke, daß er, ein Vulkan,
6. 1 . . . Lichtes . .	. . . Geistes . . .
6. 4 Geheim zu leuchten, . . .	Heimlich zu leuchten . . .

W. IX. 137. III. Mskr. 1882. Gedichte 1846 III., S. 181.

1. 2 . . neu erweckt . . .	. . . auferweckt
2. 2 Die Späne knirschen unter dem Genick,	Ich überschau' mein grausiges Geschick!
2. 3 . . . tastend . .	. . tappend . . .
2. 4 Und messe aus mein grausiges Geschick!	Die Späne knirschen unter dem Genick.
3. 1 Halt ein, . .	Halt' an, . .
3. 3 . . ., ihr armen Lebensgeister,	. . ., ihr meine Lebensgeister,
3. 4 Treu um das Banner, das ich ehrlich trug!	Zu kämpfen mit dem wilden Sinnentrug!
4. 3 . . das Herz . .	. . . die Stirn . . .
5. 4 Halt mir das Glas, o Seelentrost Humor!	Halt' mir den Becher, göttlicher Humor!

W. IX. 137. IV. Mskr. 1882. Gedichte 1846 VII., S. 187.

1. 3 Bis hungrig eine käme hergerannt,	Bis Eine käme, hungrig hergerannt,
2. 1 . . . gier'gen . .	. . wilden . .
3. 4 . . den Leichengräber	. . . den Todtengräber . . .

W. IX. 138. V. Mskr. 1882. Gedichte 1846. VI., S. 185.

Druck 1883 u. Mskr. 1882	**Gedichte 1846**
1. 3 .. erkenne, ...	.. erkenn' sie, ..
2. 1 .., aus der Schenke kommen,	..., aus dem Schauk gekommen,
2. 4 ..., daß sie ihn zause,	... mit Zorngebrause,
3. 1 .. hinein ..	.. herein ..
3. 2 ... und unverdrossen ..	... zum Mond indessen ..
3. 3 So mischen sich geübt und doppelstimmig	So mischet sich, erbost und eulenstimmig,
3. 4 Ihr Katzmiaulen und sein Mondsgebelle.	Ihr Zanken in sein trunkenes Gebelle.
4. 4 .., o du vergrab'ne Seele!	..., angstvoll gepreßte Kehle!
5. 3 ... breiten...	.. langen ..
5. 4 Vor jedem* Ruf des Lebens aus der Tiefe.	Vor meinen Hilferufen aus der Tiefe.

* Mskr. 1882 hat 5. 4 Vor [einem] Ruf ...

W. IX. 139. VI. Mskr. 1882. Gedichte 1846. VIII., S. 188.

1. 1 Als endlich sie den Sarg hier abgesetzt,	Als endlich sie, nach langem, schwankem Lauf,
1. 2 Den Deckel hoben noch* zu guter letzt,	Am Grab noch hoben diesen Deckel auf:
2. 1 Beleuchtet ..	Erleuchtet ..
2. 4 ..., sie schlossen wieder zu.	... sie schlugen ..
3. 2 Wie Märzenschnee rings auf den Gräbern lag;	Daß Märzschnee dicht auf allen Gräbern lag;
3. 4 .... in diesen leichten Schrein.	... durch diesen engen Schrein.
4. 1 ... sacht und leis	mählig, leis,
4. 3 Ich ärmster Lenzfreund bin ja auch erwacht	Ich hör' ein feines Rieseln, wie wenn sacht
4. 4 Und kann nicht regen mich in dunkler Nacht!	Das Erdreich aus dem starren Schlaf erwacht.
	{ O wehe, wehe mir! nun darf es kühn
	) Hinaus in Gottes freien Himmel blühn!
	) O wehe mir! ich bin ja auch erwacht,
	(Und kann nicht regen mich in Grabesnacht!
5. 1 .. jeglich ..	.. jedes ..
5. 2 .. ans warme Licht ..	.. nach jungem Licht ..
5. 3 .. den gefangnen, meinen Leib,	... meinen armen, armen Leib —
5. 4 Doch ist's ein ..	O 's ist ein ...
6. 2 .. mein zum Blühen so bereites Herz?	.. mein lebendiges begrabnes Herz?
6. 3 Sie wissen nicht, ...	O wüßten sie, wie ..
6. 4 Und keine Wünschelrute zeigt dies Blut!	Fluch über die gedankenlose Brut!
	{ Wie munter quillt der kühle Erdensaft!
	) Lösch' aus nur meines Lebens Fieberkraft!
	) Zu allen Fugen rinnt es mir herein,
	(Und oben ist's nun warmer Frühlingsschein. —
7. 1 Käm' auch geschlichen so von ungefähr	
7. 2 Ein alter Schatz= und Quellengräber her,	
7. 3 Sein Stäblein, nur auf Geld und Gut gericht'	
7. 4 Es spürt' das warme rote Brünnlein nicht.*	

W. IX. 140. VII. Mskr. 1882. Gedichte 1846. IX., S. 190.

	{ Tief im Gehirne brennt mich diese Stille!
	) Wenn ich verzweifelnd einen Augenblick
	) Geruht, wie mir befahl mein schwacher Wille,
	(So kehrt die Angst verdoppelt mir zurück.

Mskr. 1882 hat 1, 2 [noch einmal]
7, 4 [Es spürte hier das rote ...]

Druck 1883 u. Mskr. 1882 **Gedichte 1846**

Und vor den Augen stets die schwarze Hülle,
Sie tun mir weh, so offen starren sie.
Wie brennt mich im Gehirne diese Stille —
Ihr Nachbarn! schreit ihr denn im Schlafe nie?

		Druck 1883 u. Mskr. 1882	Gedichte 1846
1.	1	... durch ...	... an ..
1.	2	.. zauberhaft ...	.. geisterhaft ...
2.	2	Ich lauschte zählend, still,	Ich fuhr zusammen, still,
2.	4	.. so dröhnend ...	... soeben ..
3.	1	Es ist die große Glock', das Kind der Lüfte,	Die große Glocke ist's im hohen Stuhle,
3.	2	Das	Die ...
3.	3	.... durch Mauern und durch Grüfte	... in diesem Leichenpfuhle
3.	4	... sein ...	... ihr ...

Das ist gewiß, gesteh's nur, armer Nacker!
Wohl so poetisch, wie wenn vordem ich
Am Mittag oft vom fernen Frühlingsacker
Bei diesem Klang vergnügt nach Hause schlich.

		Druck 1883 u. Mskr. 1882	Gedichte 1846
4.	2	.. , vom lichten ...	... vom jungen Aetherblau;
4.	4	... lockend ...	... labend ...
5.	1	..., du Glockenlied, ...	... o Glockenton ...
5.	2	Du Rufer in des Herrgotts Speisesaal!	Und mehrest meine namenlose Qual?
5.	3	Mahnst ungebeten, daß ich Hunger habe	Entdeckst mir plötzlich, daß ich Hunger habe

Ich hab' mein Teil gehungert doch dort oben,
Und nun im Grabe wieder hungert's mich —:
Ist dieser Stern aus Hunger denn gewoben,
Und mehrt der Hunger mit der Tiefe sich?

Halt' aus, mein Herz! wir müssen ihn be-
[zwingen,
Es ist ein feiger, schmählich gift'ger Feind!
Auf dem Geworf'nen laß uns grimmig ringen
Mit Andern, die sich gegen uns vereint!

W. IX. 141. VIII. Mskr. 1882. Gedichte 1846. XIII., S. 196.

		Druck 1883 u. Mskr. 1882	Gedichte 1846
1.	2	.. sie ..	.. man ..
1.	3	... würde Rosen essen,	... Rosen würde essen,
1.	4	Hätt' nimmer ich geglaubt ...	Ich hab' es nie geahnt ...
2.	1	..., ob es eine rote,	..., ob es eine weiße,
2.	2	Ob eine weiße Rose das gewesen?	Ob eine rote Rose das gewesen?
2.	3	Gib täglich uns, o Herr! von deinem Brote,	Am letzten Blatt, das spielend ich zerreiße,
2.	4	Und wenn du willst, erlös' uns von dem Bösen!	Möcht ich es fühlend mit den Fingern lesen.

Wie vielen Gärten voller Knospenprangen
Bin ich gedankenlos vorbeigezogen!
Voll Geigen hat der Himmel mir gehangen —
Nur fand ich nicht den rechten Fiebelbogen.
Blühn wohl auch Rosen an des Himmels
[Bächen? —
Was kümmert's mich? Noch will ich es nicht
[wissen!
Will erst noch dieser Erbe Rosen brechen!
He! laßt mich los aus diesen Finsternissen!

Druck 1883 u. Mskr. 1882 | **Gedichte 1846**

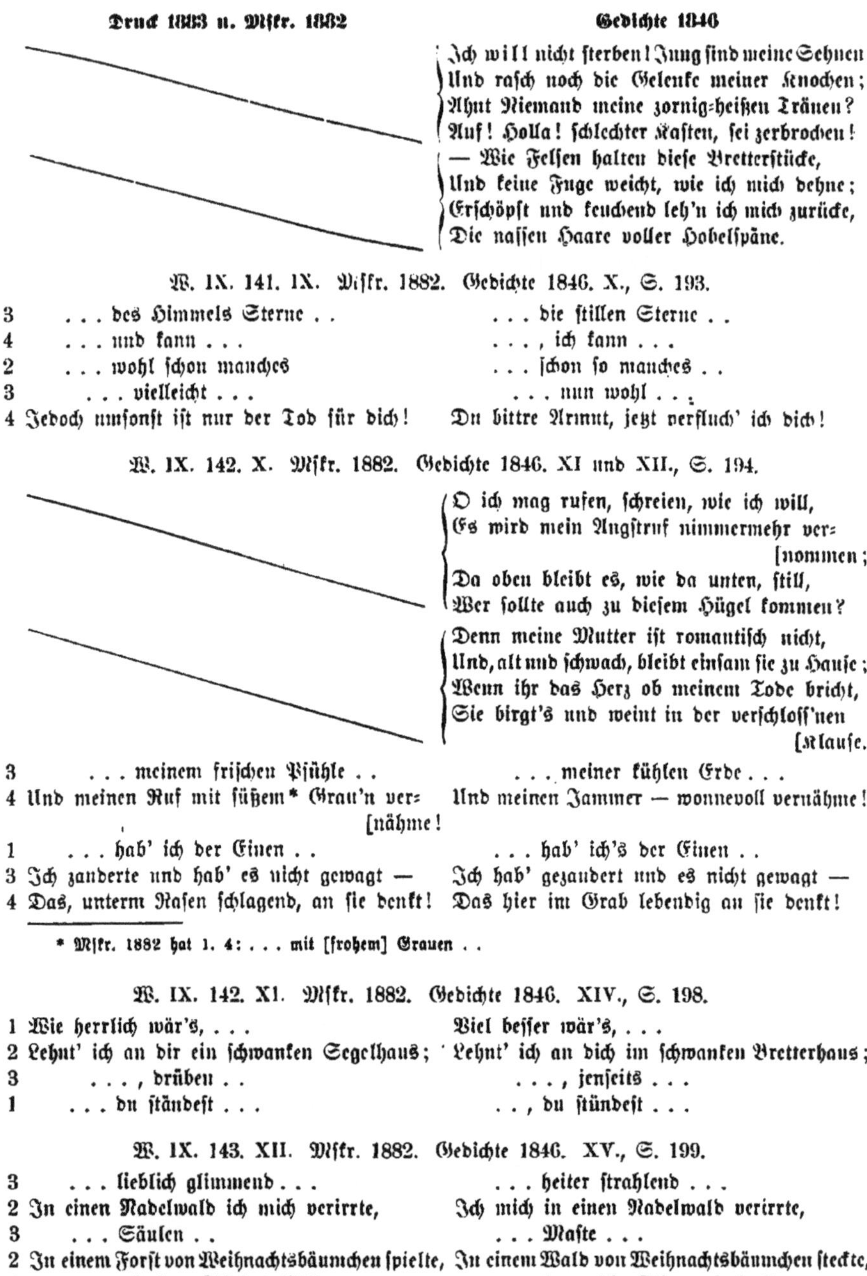

Ich will nicht sterben! Jung sind meine Sehnen
Und rasch noch die Gelenke meiner Knochen;
Ahnt Niemand meine zornig-heißen Tränen?
Auf! Holla! schlechter Kasten, sei zerbrochen!
— Wie Felsen halten diese Bretterstücke,
Und keine Fuge weicht, wie ich mich dehne;
Erschöpft und keuchend leh'n ich mich zurücke,
Die nassen Haare voller Hobelspäne.

W. IX. 141. IX. Mskr. 1882. Gedichte 1846. X., S. 193.

		Druck 1883 u. Mskr. 1882	Gedichte 1846
1.	3	... des Himmels Sterne ..	... die stillen Sterne ..
1.	4	... und kann ...	..., ich kann ...
2.	2	... wohl schon manches	... schon so manches ..
2.	3	... vielleicht ...	... nun wohl ...
3.	4	Jedoch umsonst ist nur der Tod für dich!	Du bittre Armut, jetzt verfluch' ich dich!

W. IX. 142. X. Mskr. 1882. Gedichte 1846. XI und XII., S. 194.

O ich mag rufen, schreien, wie ich will,
Es wird mein Angstruf nimmermehr ver=
[nommen;
Da oben bleibt es, wie da unten, still,
Wer sollte auch zu diesem Hügel kommen?
Denn meine Mutter ist romantisch nicht,
Und, alt und schwach, bleibt einsam sie zu Hause;
Wenn ihr das Herz ob meinem Tode bricht,
Sie birgt's und weint in der verschloss'nen
[Klause.

		Druck 1883 u. Mskr. 1882	Gedichte 1846
1.	3	... meinem frischen Pfühle ..	... meiner kühlen Erde ...
1.	4	Und meinen Ruf mit süßem* Grau'n ver= [nähme!	Und meinen Jammer — wonnevoll vernähme!
2.	1	... hab' ich der Einen ..	... hab' ich's der Einen ..
2.	3	Ich zauderte und hab' es nicht gewagt —	Ich hab' gezaudert und es nicht gewagt —
3.	4	Das, unterm Rasen schlagend, an sie denkt!	Das hier im Grab lebendig an sie denkt!

* Mskr. 1882 hat 1. 4: ... mit [frohem] Grauen ..

W. IX. 142. XI. Mskr. 1882. Gedichte 1846. XIV., S. 198.

		Druck 1883 u. Mskr. 1882	Gedichte 1846
1.	1	Wie herrlich wär's, ...	Viel besser wär's, ...
2.	2	Lehnt' ich an dir ein schwanken Segelhaus;	Lehnt' ich an dich im schwanken Bretterhaus;
2.	3	..., drüben ..	..., jenseits ...
4.	1	... du ständest ...	.., du stündest ...

W. IX. 143. XII. Mskr. 1882. Gedichte 1846. XV., S. 199.

		Druck 1883 u. Mskr. 1882	Gedichte 1846
1.	3	... lieblich glimmend ...	... heiter strahlend ...
3.	2	In einen Nadelwald ich mich verirrte,	Ich mich in einen Nadelwald verirrte,
3.	3	... Säulen ..	... Maste ...
4.	2	In einem Forst von Weihnachtsbäumchen spielte,	In einem Wald von Weihnachtsbäumchen steckte,
4.	4	... mir den Scheitel kühlte.	... kaum die Stirn mir deckte.
5.	3	Ich packte keck ein winzig Tännlein an	Ich faßte keck ein junges Tännlein an
5.	4	... mächtig ..	... kindlich ...

Druck 1883 u. Mskr. 1882	**Gedichte 1846**
7. 2 ... Lufthauch)	... Luftdruck ...
7. 3 Und aus der Höh' schoß senkrecht her der Weih,*	Aus tiefer Luft schoß senkrecht her ein Weih,
7. 4 .. Schwingen ...	.. Flügel ...
8. 1 ... nah ...	... dicht ..
8. 3 Zu äußerst an der Flügel dünnem Rand	Und ringsum an der Schwingen ...
11. 1 ... guten ..	.. klugen ...
12. 1 ... Auge niederzog?	... Aug' wohl niederzog?
12. 4 .. fein ..	.. bunt ..
13. 1 Ich hielt mich reglos und mit lindem Druck	Ich hielt mich still und fühlt' mit lindem Druck
13. 2 Fühlt' ich den leisen Puls am Halse schlagen;	Den feinsten Puls auf meinem Halse schlagen;
13. 3 Das war der einzige und schönste Schmuck,	Das war der schönste und der reichste Schmuck,
14. 4 .. in den Stämmchen ..	.. in denselben ..

* Mskr. 1882 hat 7. 3 [ein] Weih ..

W. IX. 145. XIII. Mskr. 1882. Gedichte 1846. XVI., S. 203.

1. 2 .. sechzig ..	... fünfzig ..
2. 4 .... ihre silbernen Pokale.	... jauchzend silberne Pokale.
3. 2 ... schallten ..	... tönten ..
4. 4 .. zierlich ..	.. braunes ..
5. 1 Sie kam aus der Grisonen letztem Tal,	Sie war zu hinterst vom Misokkertal,
5. 3 Und ...	Sie ...
5. 4 Drin ..	Drein ..
6. 3 Sah drin dem Wiberspiel der Sonn: zu,	Indessen wallten flatternd ab und zu
6. 4 Bis ihr gefiel, den vollen auszugießen.	Die Fahnenzüg' mit buntem Wehn und Grüßen.
7. 1 Dann mich gewahrend, warf sie wohlgemut	Als sie mich sah, warf sie mir wohlgemut
7. 3 Erregt' im Wasser eine Wellenflut,*	Schlug gegen mich in Wellen schlau die Flut.
8. 4 Wie Frühlingssturm in hohen Tannenbäumen.	Wie Orgelsturm von ries'gen Tannenbäumen.

* Mskr. 1882 hat 7. 3 [Schlug gegen mich im Wasser eine Wogenflut].

W. IX. 146. XIV. Mskr. 1882. Gedichte 1846. XVIII., S. 206.

Und wieder schlägt's — ein Viertel erst und [Zwölfe!	
Str. 1. Ein Viertelstündchen erst, daß Gott mir helfe, Verging, seit ich mich wieder regen kann! Ich träumte, daß schon mancher Tag verrann!	
2. 1 Doch bin ich frei, das Weh ...	Ich bin befreit, mein Weh ...
2. 2 Der seine Strahlen durch das Weltall sendet,	Und ich empfind' es, ich bin nicht allein; —
2. 3 Er löst auch Zeit und Raum in diesem Schrein —	Der seine Strahlen durch das Weltall sendet,
2. 4 Ich bin allein und dennoch nicht allein!	Er strahlt mich an durch diesen Totenschrein.
3. 2 Und wie ein Meer, von dem ich mich will scheiden,	Ich bändige den Leib mit starkem Mut;
3. 3 Laß' brausen ich mein siedend heißes Blut	Wie wildes Meer, von dem ich mich will scheiden,
3. 4 Und steh' am Ufer als ein Mann von Mut.	Laß' brausen ich mein krank und siedend Blut.
4. 1 So toset nur, ...	Ja, toset nur, ihr ungetreuen Wogen!
4. 2 Lange genug bin ich mit Euch gezogen!	Ich überfing' euch, wie ein Ferg' am Strand;
4. 3 Ich überfing' euch, wie ein Ferg' am Strand,	Lange genug bin ich mit euch gezogen:
4. 4 Und tausch' euch an ein gutes Heimatland!	Nun tausch' ich euch an festes Blütenland.

Druck 1883 u. Mskr. 1882

Gedichte 1846

Es ist noch gut geworden, und geschlagen
Hat mich der Herr mit einem Rosenstab;
Geläutert will ich meine Seele tragen
Zu ihm empor aus diesem Erdengrab.

Weil ich so sehr geliebt die grüne Erde,
Lebt' ich so bang und tief in sie hinein; —
Wie ich in ihrem Schoß noch leiden werde:
Sie soll mein lieblichstes Gedenken sein!

5. Schon seh' ich schimmernd fließen Zeit in Zeiten,
Verlieren sich in unbegrenzte Weiten
Gefilde, Bergeshöhen, Wolkenflug:
Die Ewigkeit in Einem Atemzug!

6. Der letzte Hauch ein wallend' Meer von Leben,
Wo fliehend die Gedanken mir entschweben!
Fahr' hin, o Selbst! vergängliches Idol,
Wer du auch bist, leb' wohl du, fahre wohl!

Die Nummern IV, V, XVII und XIX sind in den Gesammelten Gedichten vollständig aus dem Zyklus ausgeschieden. Sie lauteten:

Gedichte 1846, IV. S. 182.

1. Sie haben mir, als sie der Tod belogen,
Wie's scheint, die Sonntagsweste angezogen:
In ihren Taschen fand ich einen alten
Zahnstocher und ein Bleistift aufbehalten.

2. Einst gab es Tage, wo man zum Geleite
Den Toten Schwert und Pfeile legt' zur Seite: —
Schmählich Jahrhundert du, das seinen Leichen
Zahnstocher nur und Bleistift weiß zu reichen!

Gedichte 1846, V. S. 183.

1. In's Innere jedes Sarges sollte man
Hell von Metall 'nen Spiegel schlagen an,
Der, wie man sagt, in tiefster Dunkelheit
Getreu die Leichenzüge konterfeit.

2. Das wär' ein Schatzfund, wenn aus Gras und Kraut
Man grauend diese Bilder dann erschaut',
Wie hingehaucht, vom Rost leicht überwebt,
Unheimlich hell vom Sonnenlicht belebt!

Gedichte 1846, V. S. 183.

Die man lebendig einst zu Grabe trug,
Gesunden Herzens in die Erde schlug:
3. Mit den zerriff'nen Zügen wären sie
Die Perlen einer Totengallerie.

Wenn irgendwo ein reicher König praßt,
Der Licht und Leben und die Jugend haßt,
4. Doch heuchlerisch um tote Musen freit:
Ihm wär' ein solcher Kunstschatz dann geweiht!

Gedichte 1846, XVII. S. 205.

Ich muß ein Weilchen wohl geschlafen haben,
Denn wie aus Träumen schein' ich mir erwacht;
1. Bin ich leibhaftig, wirklich denn begraben?
Noch immer diese enge, schwarze Nacht?

Mein Atem ist wohl heftig, rasch gegangen,
Indeß der Traum die Wirklichkeit mir barg;
2. Ich fühl' den Tau an meinen Schläfen hangen,
Die Luft ist heiß und dumpf in diesem Sarg.

O traurig, übertrauriges Erwachen!
O Augenauftun ohne Morgenlicht,
3. Wo keine Wolken durch die Fenster lachen,
Sich keine Reb' um klare Scheiben flicht!

Doch wohl mir, daß ich heiße Tränen finde,
Da ich auch gar hier so verlassen bin!
4. O Kindestränen, fließet, fließet linde,
O Heimatsquell, ström' unaufhaltsam hin!

Gedichte 1846, XIX. S. 208.

O teure Luft! Mit jedem Odemzug
Vergeud' ich sie, die unentbehrlich ist!
1. Fern bin ich euch, Berghöhen, Wolkenflug,
Wo man dies Gut nicht achtet und nicht mißt.

Hier eingeschlossen mit der Todesqual,
Der unsichtbaren, Stirn an Stirn gepreßt,
2. Umschlingt sie mir Haupt, Glieder, Herz zumal
Mit Schlangenringen, unbarmherzig fest.

Nun geht's an's Sterben — strenge Seelenzucht,
Der ich mich scheidend unterwerfen soll!
3. Mein Denken schwindet mir in dunkler Flucht, —
Matt schlägt das Herz, — bald bricht's — erwartungsvoll —

Feuer=Idylle.

W. IX. 151. Feuer=Idylle.

Mskr. 1882. Gedichte 1846, S. 209. Deutsches Taschenbuch 1846, S. 125. Mskr. 1845, B. II, Bl. 27.
Dat. vollendet Mai 1845, Stoff vom Mai 1844, vgl. Baechtold I, 223.
Titel: Deutsches Taschenbuch 1846: Feueridylle, eine Allegorie von Gottfried Keller. In allen späteren Redaktionen: Feuer=Idylle.

W. IX. 151. I. Mskr. 1882. Gedichte 1846, S. 211, I. Deutsches Taschenbuch 1846, S. 127, I. Mskr. 1845, B. II, Bl. 27, 1.

		Druck 1883 und Mskr. 1882	**Gedichte 1846 u. D. Tb. 1846**	**Mskr. 1845**
1.	1	Laut stürmt der Schall der Glocken ..	=	Wild hallt der Schrei der Glocken ..
2.	3	„furchtbar schöne“	=	die wunderschöne Glut
3.	4	dem willkomm'nen Schauspiel ..	Läuft alles rings ...	Läuft alles nun dem [leckeren] selt'nen Schau=
5.	2	Die rote Lohe ...	=	Die eine Flamme [spiel zu.
5.	4	=	So blüht und glüht das große Bauernhaus.	Wie eine Kerze brennt das alte Haus.
6.	3	ganz im Frühlingsflor	voller Frühlingsflor	voll von Frühlingsflor
6.	4	Zu Feuers Hofstatt führt der Weg empor.	=	Klimmt der Poet [zum roten Brand] zur Feuer=
7.	4	.. mit glüh'ndem Arm ..	=	mit glühem Arm [stätt' empor.
8.	2	.. erraffen ..	... erhaschen ...	.. und erhalten ..
				[Die Lenznacht und das Feuer sind so schön, —
				Sie scheinen sich wohl heimlich zu verstehn!]
10.	3	=	=	Zu lesen in des Feuers Angesicht
10.	4	=	=	Und was es heimlich mit den Sternen spricht.

W. IX. 152. II. Mskr. 1882. Gedichte 1846, S. 214, II. Deutsches Taschenbuch 1846, S. 129, II. Mskr. 1845, B. II, Bl. 28, II.

1.	3	macht' Verwitt'rung unbrauchbar,	=	.. ward vom Regen unbrauchbar,
3.	1	=	.. in wildem Feuerflug	.. im wilden Feuerflug
4.	2	Die zieren wird ...	=	Die einstens ziert ...

W. IX. 153. III. Mskr. 1882. Gedichte 1846, S. 215, III. Deutsches Taschenbuch 1846, S. 130, III. Mskr. 1845, B. II, Bl. 28, III.

	Druck 1883 und Mskr. 1882	**Geb. und D. Tb. 1846. Mskr. 1845**
1. 1	Von ...	Seit alter Zeit her ...
2. 1	=	.. das [finstre] dunkle Unkraut ..
2. 2	.. in der Luft ..	.. in die Luft ..
3. 1	Oho, was fliegt ...	Hei,* was fliegt ..
3. 3	=	.., [Würmer], Käfer, ..
3. 4	Erlebt im Feuer seinen jüngsten Tag.	Kommt sterbend in der hellen Glut zu Tag.
4. 4	.. dicken ...	.. alten ..
		[Den [seit Jahrhunderten] lange Nächte durch der [Ephen trank,
		Verschollner Mondenschein schmilzt silberblank,
		Ein alter Heidenschatz, von jedem Blatt,
		Nun trinkt die wilde Glut an ihm sich satt.]
5. 4	.. von Silber schwer!	.. von Golde schwer ..
		[Das staf vielleicht seit manchem hundert Jahr,
		Seit alles Land herum des Papstes war,
		Vom Ahn' im grünen Rankenwerk versteckt,]
6. 1	.. , es sind dreihundert Jahr',	.. , vor manchem hundert Jahr',
6. 2	Das Bild als Bilderstürmer ...	Das Kreuz als Bilderstürmer ...
8. 1	=	[Nur eins reut mich:] Eins tut mir leid —
9. 1	.. o Vöglein altvertraut,	... o Schwalbe zart und traut!
9. 4	=	... in [stiller] guter Ruh.

* Geb. und D. Tb. 1846: 3. 1 El, was ...

W. IX. 154. IV. Mskr. 1882. Gedichte 1846, S. 218, IV. Deutsches Taschenbuch 1846, S. 132, IV. Mskr. 1845, B. II, Bl. 29, IV.

5. 4	.. das wahre Brot des Lebens sei!	Daß dies [allein die rechte Nahrung] sein reichster Trost und [Hausschatz sei.
6. 2	.. der Spangen ..	[Geschmolzen ist] Im Feuer blieb der Ecken Silberzier;

W. IX. 155. V. Mskr. 1882. Gedichte 1846. S. 220. V. Deutsches Taschenbuch 1846, S. 133 V. Mskr. 1845 B. II. Bl. 30. V.

1. 1	Und Einer kommt und raunt mit trübem Blut,	Ich denke dran mit wehmutsvollem Schmerz,
1. 2	Wie rettungslos ein königliches Blut,	..... ein königliches Herz,
2. 3	.. geiz'ge ..	Und [auf] ob ihm trampelte der graue Wicht,

	Druck 1883 u. Mskr. 1882	Ged. 1846 u. D. Tb. 1846	Mskr. 1845
3. 3	.. warmem ..	=	... mit heißem Blut,
4. 1	.. heitern ..	=	.. goldnen Blick,
4. 4	.. frohen ..	=	.. aus der hellen Menschenkehle ..
5. 4	... wohl ...	=	.. süß ..
6. 3	=	Vergessen, ...	Verschollen, ..

W. IX. 156. VI. Mskr. 1882. Gedichte 1846. VI. S. 222. Deutsches Taschenbuch 1846. S. 135. VI. Mskr. 1845 B. II. Bl. 30. VI.

1. 3	vom blendend roten Schein,	=	.. vom blutig roten Schein,
1. 4	.. in den .... hinein.	=	.. auf den .... herein.
2. 4	Durch seine Krone zieht der schwarze Rauch.	=	Um seine Krone spielend zieht der Rauch.

W. IX. 156. VII. Mskr. 1882. Gedichte 1846. S. 223. VII. Deutsches Taschenbuch 1846 S. 136. VII. Mskr. 1845. B. II. Bl. 31. VII.

	Druck 1883 u. Mskr. 1882	Ged. 1846. D. Tb. 1846. Mskr. 1845.
1. 2	Liegt froh ..	Liegt hoch ..
1. 4	Zu ihrem ...	Zum stillen Allerheiligsten ..
2. 3	Drin Putz und Mädchenkleinod aller Art	Drin Bänder, Kettlein, Herzchen aller Art
2. 4	In buntbemaltem Schachtelwerk verwahrt.	In mannigfachen Kästlein wohl verwahrt.
3. 2	Auf einem Brett der lang gehegte Flor,	Der zartgepflegte bunte Blumenflor,
3. 3	Levkosen, ...	Gelbveiglein, ...
3. 4	.. das lose Zeug ..	.. das liebe Zeug ...
4. 1	.... hinaufgetönt	Manch [heimlich] nächtlich Lied hat hier heraufgetönt
4. 2	Und jene.Fensterchen* ...	Und diese Fensterlein ...
4. 4	... halbe Nächte durch ..	... ganze Nächte durch ..
5. 2	Die stille Liebeswarte kühn gestürmt;	Und auf die Liebeswarte kühn gestürmt;
6. 2	... berußter ...	.. geschwärzter ...
7. 4	Auch riecht es, wie verbrannten Ambers Duft.	Verfliegend, wie verbrannter Ambrabuft.
8. 2	Und find't in einer Höllenglut sein Grab;	.Und findet in der Glut sein feurig Grab;
8. 3	So ging's den Gärten der Semiramis	Ob all' die stille, schöne Liebeswelt
8. 4	Und ging es noch mit jedem Paradies.	Wohl rettungslos zugleich in Asche fällt?

---

*Mskr. 1882 hat 4. 2 „[diese] Fensterchen".

Druck 1883 u. Mskr. 1882	Ged. 1846. D. Tb. 1846 und Mskr. 1845
	Mir ist nicht bang; ist neu das Haus erbaut,
	Man sicher wieder dran ein Fenster schaut
	Mit Rosen, Gelbveiglein und Nelkenzier:
	Denn Solches muß man haben für und für.
	*[Mit Rosen, Nelken und Gelbveigelein,
	Denn ohne solche kann man nimmer sein.]

* Ursprüngliche Schlußverse im Mskr. 1845.

W. IX. 158. VIII. Mskr. 1882. Gedichte 1846. S. 225. VIII. Deutsches Taschenbuch 1846. S. 138. VIII. Mskr. 1845 B. II. Bl. 31. VIII.

	Druck 1883 u. Mskr. 1882	Mskr. 1845
1. 4	=	.. [ausgewaschne] ausgehöhlte ...
		[Und aus der Feuersäule springt der Quell
		Des Wassers munter und kristallenhell]
2. 3	=	Und aus der Feuersäule quillt der Schwall,
2. 4	=	Des Wasserstrahls lebendiger Kristall!
3. 1	=	Wie [klingend springt] fröhlich tönt ...
5. 3	=	Auf! [gebt ihm] schnitzelt ...

W. IX. 159. IX. Mskr. 1882. Gedichte 1846. S. 227. IX. Deutsches Taschenbuch 1846. S. 139. IX. Mskr. 1845. B. II. Bl. 32. IX.

	Druck 1883 u. Mskr. 1882	Mskr. 1845
1. 2	... aus der Feuersglut	... mit der heißen Glut,
2. 2	... an froher Jugend Glanz,	... an hohen Jugendglanz,
2. 3	An den, wie ein verstummter Harfenton,	An irgend einen frühgestorbnen Sohn,
2. 4	In voller Hoffnung früh verblichnen Sohn.	An einen längst verhallten Harfenton.
3. 2	... der fühle Maientau;	.. der milde Maientau;
3. 4	... fröstelnd ...	... zitternd ...
4. 4	... letztem leichten Pfand.	... letztem, welkem Pfand.
5. 3	Bis, was einst grün war, endlich ganz zerstiebt	Bis auch sein letztes, leichtes Blatt zerstiebt

Gedichte 1846 und Deutsches Taschenbuch 1846 = Mskr. 1845.

W. IX. 160. X. Mskr. 1882. Gedichte 1846. S. 229. X. Deutsches Taschenbuch 1846. S. 140. X. Mskr. 1845 B. II. Bl. 32. X.

	Druck 1883 u. Mskr. 1882	Gedichte 1846 u. D. Tb. 1846.	Mskr. 1845
			[Der Flammenkelch ist endlich ausgeglüht]
1. 1	=	=	Die Flamm' ist tot, der Krater ist verglüht,
1. 2	=	Die Himmelsrose drüber ...	Und drob die Himmelsrose aufgeblüht;
1. 3	.. auf Asche ..	=	.. auf Kohlen ..

		Druck 1883 u. Mskr. 1882	Gedichte 1846 u. D. Tb. 1846	Mskr. 1845
2.	1	. . . ruhlos die Hände legt,	. . die falten Hände . .	Woran der Mensch die Totenhände legt,
2.	3	=	Hin ist nun alles, was . . .	Gefallen alles, was . . . .
3.	3	. . rings im Knospendrang,	=	. . voller Knospendrang,
3.	4	. . voll Vogelsang!	=	. . voll Frühlingssang!
4.	3	. . . , wo die tote Hand	=	. . [wenn die Menschenhand] . . wo die Sünderhand
4.	4	Mit ihrer Spanne mißt das reiche Land.	=	Ihr Maß will legen auf das reiche Land.
				[Drum auf zum Streite, Menschheit, unerschreckt]
5.	2	=	=	Drum auf zum Werke, . . .
5.	4	=	. . feinen Segenslauf!	. . . feinen milden Lauf!

Rhein- und Nachbarlieder.

W. IX. 163. Am Vorderrhein.

Mskr. 1882. Gedichte 1846, S. 283. Deutsches Taschenbuch 1845, S. 218. Dat. September 1844.

		Druck 1883 u. Mskr. 1882.	Gedichte 1846	Deutsches Taschenbuch 1845
1.	1	=	Wie ahnungsvoll er ausgezogen,	Wie ist er rauschend ausgezogen,
1.	4	Die Milch des Berges . . .	=	Die Milch der Freiheit . .
1.	5	. . . der Hirtensohn . . .	=	. . . der Bergessohn . .
2.	2	Und lerne ritterlichen Brauch;	=	Mit deinem feinsten Ritterbrauch,
2.	4	Die krausen Käuze, . . .	=	Die lieben Käuze, . . .
2.	5	. . wüßt' ich . . .	=	. . . weiß ich . . .
2.	6	Vielleicht die schlimme Lorelei	=	Als etwa noch die Loreley
2.	8	Den Vierzigen . . .	=	Den Dreißigen . . .
3.	6	Und eh' du trittst zum Meerestor,	=	Du grüner Held, zum Meerestor,
3.	7	Den Vettern halt', im Eichensaale,	=	Und halt' dem Volk im Eichentale,
3.	8	Den harrenden, dies Zeichen vor!	=	Dem harrenden, dies Zeichen vor!

W. IX. 164. Via mala!

Mskr. 1882. Neuere Gedichte 1851/54, S. 126. Mskr. 1845. B. II, Bl. 74.

		Druck 1883 u. Mskr. 1882	Neuere Gedichte 1851/54	Mskr. 1845
		Via mala!	In der via mala.	———
1.	4	An ihren dunklen Augen hing;	=	Verliebt an ihren Augen hing;
2.	5	=	. . . sind dein Aug' und deine Haare,	Schwarz ist dein Aug', schwarz deine Haare,

Reich ist der alte, tiefe Rhein
An Wundern und an Sagenluft,
Der Nibelungenhort ist sein,
Drum wandelt er so stolz bewußt!
Doch deiner Augen reichem Glühn
Und innerlicher Herrlichkeit
Muß er [beschämt] verarmt vorüberziehn
In stiller Bescheidenheit.

	Druck 1883 u Mskr. 1882	Neuere Gedichte 1851/54	Mskr. 1845
1	=	Ich aber wandle im Gestein	
2	=	Und wolkenhoch auf schmalem Steg,	
3	=	Im Abgrund schäumt der weiße Rhein,	
3. 4	=	Und via mala heißt mein Weg!	
5	=	Dir gilt das Tosen in den Klüften,	
6	=	Nach dir schreit dieses Tannenweh'n,	
7	. . aus kalten . .	Bis hoch in kalten Eiseslüften	
8	Die Waffer jenseits niedergeh'n!	Die Wege auseinandergeh'n!	

W. IX. 165. Gegenüber.

Mskr. 1882. Gedichte 1846, S. 285. Mskr. Dr. Eßlinger. Mskr. 1845. B. II, Bl. 35. Dat. Glattfelden, 27. Juli 1845. Vgl. Baechtold I, 225.

	Druck 1883 u. Mskr. 1882	Gedichte 1846	Mskr. Dr. Eßlinger	Mskr. 1845
	Gegenüber.	Einkehr unterhalb des Rheinfalls.	Am Rhein	Ein Winkel am Rheine.
1. 1	=	=	Da rauscht . .	Da wallt . . .
3. 2	=	=	=	Nur [Eichen] Wälder . . .
3. 3	=	=	. . fliehend' . . .	. . zitternd' . . .
4. 3	=	=	Verfenke . . .	[Vergleiche] Begrabe . . .
5. 4	=	=	. . darf . . .	. . kann . .
7. 3	=	=	=	Hier ist [der Freiheit ftiller Port] ein ftiller [Freiheitsport,
7. 4	Und hier wie dorten schweigt der Hain!	=	=	Hier find wir mit dem Rhein allein!
8. 1		=		Da rafchelt's drüben, und der Scherg
8. 2	=	Zweifärbig, reckt das Ohr herein —	=	Lauscht zweigefärbt durchs dunkle Grün!
8. 3		Ich fliehe rasch hinan den Berg:		Ich fliehe schnell hinan den Berg —
8. 4		Ade, du ftiller Ort am Rhein!		Du ftiller Ort am Rhein, fahr hin!

W. IX. 166. Vier Jahreszeiten.

Mskr. 1882. Neuere Gedichte 1851/54, S. 199. Mskr. flieg. Blatt in M. 10. Dat. Heidelberg, 1849.

		Druck 1883.	Mskr. 1882	N. Ged. 1851/54	Mskr. 1849.
1.	3	Wie flog	=	=	Wie zog . . .
1.	4	Als ob ich mitgeflogen sei,	=	=	Mir ward es im Gemüt so frei,
1.	5	War mir das Herz so weit!	[Ward mir im Herzen so weit]	=	Das Herz so leicht und weit!
2.	1	O linde Luft im fremden Land,	=	=	O fremde Luft, o schönes Land,
3.	2	Empörtes Land . . .	=	=	Das deutsche Land durchzieh'n;
3.	3	Sie stritten um das höchste Gut,	=	=	Es tobte [schwerer Stürme] dunkler Wetter Wut,
3.	4	Geschlagen mußt'*) das freiste Blut	=	=	Aus freien Herzen sah das Blut
3.	5	Aus hundert Wunden flieh'n.	=	=	Ich wild und heiß entflieh'n.
4.	1	Kaum hört' ich in . . .	=	=	Doch ich sah in . . .
4.	2	Der schwülen Stürme Weh'n;	=	=	Die schwülen Wolken geh'n;
5.	2	Und ich nahm beiderlei:	=	=	Und ich nahm froh und frei
5.	3	Mit ihrem Gruß den jungen Trank —	=	=	Aus ihrer Hand den jungen Trank —
			=		Der Traum! — Jedoch die Wahrheit nicht,
			=		Die ich von hinnen trug,
			=		Die bis zum Tode in mir spricht:
			=		Sie ist und lebt im Sonnenlicht,
		Dies sei dir, Herz, genug!			Und dies sei mir genug!

[Allein, allein ist nur der Tod,
Das Leben ist zu zweit!
O Herzenseinsamkeit, o Not,
Wann kommt das letzte Abenbrot,
Das mich von dir befreit?]

6.   Doch jene, die zur Sommerszeit
Der Freiheit nachgejagt,
Sie schwanden mit der Schwalbe weit, [Sie irren durch die Lande weit]
Sie liegen im Friedhof eingeschneit,
Wo trüb der Nachtwind klagt.

---

*) Druck 1883. Str. 3. 4 „muß" ist Druckfehler.

W. IX. 167. An' Frau Ida Freiligrath.

Mskr. 1882. Neuere Gedichte 1851/54. S. 154.

Druck 1883	**Mskr. 1882**	**Neuere Gedichte 1851/54**
An Frau Ida Freiligrath.	=	Wandersegen.
Albumblatt vor 1846.		In das Album der Frau Ida F. 1846.
		An Gottes Segen
		Ist alles gelegen;
		Jedoch der Segen eines Poeten
		Mag ihn in guten Stunden vertreten.
V. 20 Die schönste Seite ..	=	Die schönsten Seiten ...
V. 25 Derweil ...	=	Indeß ...
		Vom Rhein will keinen Wunsch ich sagen,
		Er wird gerührt und treu dich tragen;
		Jedoch das Meer sei ohne Gefahr!
		Und wo Ihr hinkommt, frisch und klar,
		Von Blumen umgeben, vergnügt und rein,
		Müssen alle Brunnen und Quellen sein!
V. 28 Noch lange Tage wandern werden,	[manche]	Noch eine Weile ...

W. IX. 169. Stein= und Holz=Reden.

Mskr. 1882. Gedichte 1846, S. 254. Deutsches Taschenbuch 1845, S. 228. Mskr. 1844, B. I, Bl. 83. Dat. 10. Febr. 1844.

		Druck 1883 u. Mskr. 1882	**Gedichte 1846 u. D. Tb. 1845**	**Mskr. 1844**
1.	1	=	Auf Lüneburger Haide	Auf der Lüneburger Haide
1.	2	=	.. der alte Stein,	.. ein alter Stein,
1.	3	=	Daneben die alte Eiche,	Dabei eine alte Eiche,
1.	4	=	Sie ...	Die ..
2.	1	Gesellen ziehn vorüber	Es ziehn vorbei Gesellen,	Es ziehn vorüber Gesellen,
2.	2	=	Im Lenz mit frischem Sang;	Zwei oder drei mit Sang;
2.	3	=	Sie ...	Die singen ..
2.	4	In heller Luft ...	Auf weitem Plan ...	Auf weiter Haid' ...
3.	2	=	Als wacht' er auf vom Traum:	Als wie erwacht vom Traum!
3.	3	=	„Ging nicht vorbei die Freiheit?"	„Ging nicht die Freiheit vorüber?"

	Druck 1883	Gedichte 1846 u. D. Th. 1845	Mskr. 1844
4. 1	=	Und durch des Baumes Krone	Und durch die Krone fahret
4. 2	. . . ein Windesbraus,	Da fährt ein Saus und Braus,	Ein lauter Saus und Braus,
4. 3	=	Die moosigen Äste schlagen	Es schlagen die moosigen Zweige
4. 4	=	In tausend jungen Augen aus!	In tausend grüne Blätter aus.
5. 1	Da spricht zum alten Steine		
5. 2	Der frisch ergrünte Baum:		
5. 3	„Klang nicht das Lied der Einheit?		
5. 4	Wie, oder war's des Windes Traum?"		
6. 1	=	Die Sänger sind gezogen	Die Gesellen sind [verschwunden] gezogen
6. 2	Die Eiche hat . . .	Fernhin durch's Haidekraut:	Schon fern [im] durchs Haidekraut!
6. 3		Die Eich' hat ihnen von oben	Und die Eiche hat ihnen
6. 4	=	Gar lang und traurig nachgeschaut.	Gar bang und traurig nachgeschaut.
		Sie hub sich aus der Wurzel	
		Den fernen Sängern nach:	
		Es klang des Liedes Nachhall	
		Wohl durch ihr hohes Blätterdach.	
7. 1	Den letzten Ton in Lüften	Den letzten Hall verklingen	Den letzten Ton verklingen
7. 2	Hat sie verhallen gehört,	Hat sie im Herbst gehört:	Hat träumend sie gehört:
7. 3	Dann hat sie rauschend die Äste	Da hat sie, schüttelnd, die Äste	Da hat sie schüttelnd die Äste
7. 4	Vom welken Laub im Zorn geleert.	Vom letzten Laub im Zorn.geleert.	Vom grünen Laub [wieder] im Zorn geleert.
			„Nun will ich wiederum schlafen,"
			Spricht sie zum alten Stein,
			„Sollst mir nun einmal ruhig sein!"
8. 1	=	. . wieder . .	
8. 2	=	=	
8. 4	=	. . . stille sein!	

W. IX. 170. Beim Rheinwein. 1847.

Mskr. 1882. Neuere Gedichte 1851,54, S. 103. Donauhafen 1848, S. 71.

	Druck 1883 u. Mskr. 1882	Neuere Gedichte 1851/54	Donauhafen 1848
4. 6	. . ihre Hände . .	=	. . ihre Rechte . .
5. 5	=	Liebe, die das Heldenkind gebar,	Liebe, die das junge Heil gebar
5. 6	=	Die der	Und der Freiheit . . .
6. 6	=	O wie . .	Ach, wie lang noch . . .

W. IX. 171. **Wien.** 1848.

Mskr. 1882. Neuere Gedichte 1851/54, S. 157.

Druck 1883	**Mskr. 1882**	**Neuere Gedichte 1851/54**
Wien. 1848.	=	Wien, Frühling 1848.
2. 7 . . , da jandt'ſt du	[warfſt] du	. . da warſſt du
3. 2 Mit Poſaunen . . .	=	Mit den Cymbeln . .
4. 7 . . . im ſtillen Feuer	=	. . . in ſchönem Feuer
5. 5 . . . auf Blumenauen,	=	. . . in Blumen weilen,
5. 7 . . . ſchwanken Tauen	=	. . . ſchwanken Seilen

W. IX. 173. **Die Schifferin auf dem Neckar.** 1849. I.

Mskr. 1882. Neuere Gedichte 1851/54, S. 163. Heidelberg 1848.

Druck 1883 u. Mskr. 1882	**Neuere Gedichte 1851/54**
1. 2 . . brauſendem . .	. . . ſiebendem . .
1. 3 Entzündet vom Weine, von Lieb und von Luſt,	Vom Weine entzündet, voll Leben und Luſt:
4. 3 . . glänzenden . .	. . glühenden . .
5. 3 . . Worte wie Wellen . .	. . Worte und Wellen
6. 2 Und ließ uns mit fliegendem Buſen ans Land!	Und ſetzt' uns mit klopfendem Herzen an's Land;
6. 3 Gewendet den Nachen, ſchon kehrt' ſie zurück,	Dann wandte ſie leicht in den Strudel zurück
6. 4 Fuhr über das Waſſer mit ruhigem Blick.	Und ſah auf die Waſſer mit heiterem Blick.

W. IX. 174. **Die Schifferin auf dem Neckar.** II.

Mskr. 1882. Neuere Gedichte 1851/54, S. 165. II.

Druck 1883 u. Mskr. 1882	**Neuere Gedichte 1851/54**
1. 3 . . wallenden . .	. . fliehenden . .
1. 4 . . muß deutſche Zerriſſenheit . .	. . muß Deutſchlands Zerriſſenheit . .
2. 1 . . . , ſie ſtritten im Land,	. . , ſie kämpften im Tal;
2. 2 Die Preußen, die Baiern, die Heſſen zu Hand	Die Preußen, die Heſſen, die Baiern zumal
4. 3 . . . wilden . . .	. . roten . .
5. 1 Schon ſchimmert durch Bäume der Helm und der Speer,	Schon blitzt durch die Gärten von Helmen ein Meer,

	Druck 1883 u. Mscr. 1882	Neuere Gedichte 1851/54
5. 3	Die Schifferin brüben steht einsam am Borb,	Die Schifferin sieht es vom anderen Borb,
5. 4	Schon schwenkt sie das Ruber, . . .	Sie springt in ben Rachen, . . .
6. 4	Hat sie schon bas . . .	Hat schon sie das . . .
7. 4	. . . flackert das Totenlicht!	. . . glimmet ein Totenlicht.
8. 3	So treibt *) . . .	So tanzt . . .
9. 1	. . . bes Flusses . . .	. . bes Neckars . .
11. 1	Es rieselt . .	Es schwellt sich . .
11. 2	. . . tanzenben . .	. . schaukelnben . .
11. 3	. . streift . .	. . streicht . . .
11. 4	Das Aug' hängt am Ziele nur . . .	Sie schauet zum Ziele hin . .
12. 2	Unb bleicher nur kämpfen bie Lebenben fort;	Unb wirbleich kämpfen bie Anberen fort;
12. 3	. . . unb flattert aufs neu',	. . . unb steht wieber auf;
12. 4	Fest steht nur bie Jungfrau unb steuert getreu.	Sie führet getreulich bem Schifflein ben Lauf.
13. 2	. . . bie letzten . .	. . bie Kämpfer . .
14. 1	. . legt jetzt bas . .	. . leget bas . .
14. 4	Unb setzt ihren Fuß auf ben blutigen Ranb.	Unb setzet sich stumm auf ben blutigen Ranb.
15. 3	Das ruhvolle, kühle, . . .	Das ruhige, kühle . . .

*) Mscr. 1882 hat 8. 3: So [tanzt] . .

B. IX. 176. Der Gemsjäger. 1849.

Mscr. 1882. Neuere Gedichte 1851/54, S. 160.

	Druck 1883 n. Mscr. 1882	Neuere Gedichte 1851/54
3. 3	Für altes Leib bas Elixir,	Für altes Weh manch' Elixir,
5. 3	In unser neues Haus hinein,	In unser neues Haus am Main,
		⎰ Unb heut noch sitzt er ba unb spricht
		⎱ Sein Sprüchlein von ber beffern Zeit.
		Noch immer macht er sein Gesicht
		Voll Einfalt unb voll Ehrlichkeit.
		⎰ Doch wenn bie Nacht auf Erben graut,
		⎱ Dann schleicht aus Kluft unb Spalt hervor
		Die schlimme Sippschaft, wohlvertraut;
		Er aber öffnet still bas Tor.

<table>
<tr><td>Druck 1883 u. Mskr. 1882</td><td>Neuere Gedichte 1851/54</td></tr>
<tr><td></td><td>{ Wohl hält er stets den Hahn gespannt:
{ Die Kugel ist für unser Herz;
{ Und unsre Kinder schlägt die Hand,
{ Die lindern sollte unsern Schmerz.</td></tr>
<tr><td>6. 1   Nun sitzt er brin, der Spaß ist aus,</td><td>Wir sind verstoßen, der Spaß ist aus!</td></tr>
</table>

W. IX. 177. Rheinbilder.

I. **Das Tal.** Mskr. 1882, Deutsche Rundschau 1878. Bd. XVI, S. 291. Am Rhein I. Mskr. Heft 1878, S. 16. M. 10.

Die drei Redaktionen decken sich völlig.

W. IX. 177. Rheinbilder.

II. **Stilleben.** Mskr. 1882. Deutsche Rundschau 1878. Bd. XVI, S. 291. Am Rhein II. Mskr. Heft 1878. M. 10.

	Druck 1883 u. Mskr. 1882	Deutsche Rundschau 1878. S. 291	Mskr. 1878
1. 2	=	Die Fluten hört man rauschen schon,	Ich glaub', man hört ihn rauschen schon,
1. 3	=	Da zieht er her . . .	Da wallt er her . . .

W. IX. 178. Rheinbilder.

III. **Frühgesicht.** Mskr. 1882. Deutsche Rundschau 1878. Bd. XVI, S. 292. Am Rhein III. Mskr. 1878. M. 10.

	Druck 1883 u. Mskr. 1882	Deutsche Rundschau 1878	Mskr. 1878
3. 3	Doch auf gedankenleichten Sohlen	. . mit . .	. . mit . . .

Vgl. Baechtold III, 385. Brief an J. Rodenberg vom 18. Februar 1878.

Sonnwende und Entsagen.

Mskr. 1882: Sonnwende und Resignation.

W. IX. 183. Ich hab' in kalten Wintertagen.

Mskr. 1882. Neuere Gedichte 1851/54. S. 171.

Druck 1883	Mskr. 1882	Neuere Gedichte 1851/54
—	Untertitel: [Abfall]	—
2. 3 Ich habe nen das Herz umkränzet,	=	Auf's Neu' hab' ich das Haupt bekränzet,
4. 3 .., wie hell die Flamme glühet,	=	.., wie sehr das Herz auch glühet,
4. 4 .. gleich dir ..	=	.. wie du ...

Seib mir gegrüßt, ihr holden Rosen,
In eures Daseins flücht'gem Glück!
Ich wende mich vom Schrankenlosen
Zu eurer Anmut froh zurück!

Zu glüh'n, zu blüh'n und ganz zu leben,
Das lehret euer Duft und Schein,
Und willig' bann sich hinzugeben
Dem ewigen Nimmerwiedersein!

W. IX. 184. Die Zeit geht nicht.

Mskr. 1882. Neuere Gedichte 1851/54. S. 173.

Druck 1883 u. Mskr. 1882	Neuere Gedichte 1851/54
3. 4 Und ein Jahrhundert nichts.	Und hundert Jahre — Nichts!
4. 3 .. roten Blut ..	.. besten Blut ..
5. 3 Auch ich schreib' meinen Liebesbrief	Schreib' ich 'nen kurzen Liebesbrief
6. 1 .., daß ich aufgeblüht	... daß ich aufgetaucht

W. IX. 185. Siehst du den Stern.

Mskr. 1882. Neuere Gedichte 1851/54. S. 176.

Druck 1883 u. Mskr. 1882	Neuere Gedichte 1851/54
1. 2 . . flimmernd . .	. . zitternd . . .
2. 3 Und doch steht dort sein milder Schein	Und doch seh'n seinen lieblichen Schein
2. 4 Noch immer still und fern.	Wir dort noch still und fern.

W. IX. 185. Wir wähnten lange recht zu leben.

Mskr. 1882. Neuere Gedichte 1851/54. S. 188.

Druck 1883 u. Mskr. 1882	Neuere Gedichte 1851/54
3. 1 Und wärmer ward's . . .	Und grüner ward's . . .
3. 4 Liegt auch des Scheidens Ernst zu Grund!	Liegt fest ein edler Ernst zu Grund.

W. IX. 186. Rosenglaube.

Mskr. 1882. Neuere Gedichte 1851/54. S. 191

Druck 1883 u. Mskr. 1882	Neuere Gedichte 1851/54
	„So lange eine Rose zu denken vermag, ist noch nie ein Gärtner gestorben."
	Fontenelle.
1. 5 . . . die tauigen . . .	. . . träumenden . . .
1. 8 . . niemals . . .	. . nimmer . . .
2. 2 ‚Ihr dünkt . . .	Sie dünkt . . .
3. 3 Es schwanket und flüstert die Lilienfrau,	Es zittert und lispelt die Lilienfrau,

W. IX. 187. Die Gräber.

Mskr. 1882. Neuere Gedichte 1851/54. S. 184.

Druck 1883	Mskr. 1882	Neuere Gedichte 1851/54
1. 1 Zwei Gräber waren auf der Heide,	=	Ich sah zwei Gräber auf der Heide,
1. 5 . . . mit bittern Tränen	=	. . . in heißen Tränen
1. 6 . . . trauervoller . . .	=	. . gramerfüllter . .
1. 8 Hinauf zur hellen Frühlingsnacht.	Auf in die helle Sternennacht.	Auf in die klare Sternennacht.

	Druck 1883	Mskr. 1882	Neuere Gedichte 1851/54
2. 1	„In jenen heil'gen Aetherfernen	.. [selig] heitern ..	„In jenen selig heitren Fernen
2. 6	.. die kurze Spanne Zeit;	=	.. die Spanne schnöber Zeit;
2. 8	... Unendlichkeit ..	=	.. Unsterblichkeit ...
3. 3	Daß ich befreit in ..	=	Daß ich auf euch in ..
3. 6	Und ob auch ...	=	Und wenn auch ...
4. 4	.. himmelwärts ..	=	... sternenwärts ..
4. 5	So trauerten sie, bis der Morgen	=	Sie trauerten, bis daß der Morgen
4. 6	Erröten hieß der Wolfen Schar,	=	Erbleichen ließ der Sterne Schar,
4. 7	Im Aetherblau das Gold verborgen	=	Der Höhe Blau das Gold verborgen
4. 8	Und lichter Tag auf Erden war.	[Und es auf Erden heiter war]	Und es auf Erden heiter war.
5. 8	... Leid in Lust ...	=	.. Lust in Lust ..
6. 3	Sieht pflügen man ...	=	Sah pflügen ich ...

W. IX. 189. Wochenpredigt.

Mskr. 1882. Neuere Gedichte 1851.54. S. 177.

	Druck 1883 u. Mskr. 1882	Neuere Gedichte 1851/54
V. 2	... lagert ..	.. wimmelt ..
12	Dem Kranich gleich ..	Gleich einem Storch ...
20	Das nach dem Tod es werde geben:	Das es werd' nach dem Tode geben:
23	... von Handel und Wandel frei,	... von Wandel und Handel frei,
45	Nicht immer bezahlt, was sie geborgt,	Sie hatten geweint und öfter gelacht,
46	Und fleißig doch für Erben gesorgt.	Und genugsam Kinder gemacht.
52	... setzen sich gemach ip ..	... setzen langsam sich in ..
54	Zwischen den Gräbern hin und her.	Über die grünen Gräber her.
57	Sie hüsteln, spucken aus und lachen	Sie hüsteln wunderlich und lachen
60	.. ihre Enkel ...	.. ihre Söhne ...
72	So glimmen sie jetzt wieder hin.	So glimmen jetzt sie wieder hin
78	.. einen Schluck ...	.. einen Trunk ...
79	.. schmucken ..	... schönen ..
90	In Herrn Confratris ...	In des Kollegen ...
105	Doch ist er hievon abgegangen,	Dann ist er davon abgegangen,
116	... mit all den ...	.. aus all den ...

W. IX 193. Fahrende Schüler.

Mskr. 1882. Neuere Gedichte 1851/54. S. 189.

		Druck 1883 u. Mskr. 1882	Neuere Gedichte 1851/54
1.	1	.. du holde Maid,	.. du heitre Maid,
1.	2	Wenn wir dir vorüber kommen,	Wenn wir deine Straße ziehen,
1.	3	Leute, denen aus Wanderleid	Bursche, denen Lust und Leid
1.	4	Ist ein guter Stern entglommen!	Hoch in bewegter Brust erglühen!
2.	4	Ein paar Tränen . . .	Helle Tränen . . .
4.	1	Atmen . . .	Trinken . . .
5.	4	Wie wir denken, auch zu leben.	Frei und rasch und stark zu leben!
7.	4	. . . die Wolken . . .	. . . die Flügel . .
8.	3	Doch wir ehren noch zumeist,	Fürchte dich nicht! denn noch zumeist
8.	4	Wenn sie gut sind, holde Frauen!	Ehren wir euch holde Frauen.

W. IX. 195. Flack're, ew'ges Licht im Tal.

Mskr. 1882. Neuere Gedichte 1851/54. S. 205.

1.	1	. . . ew'ges . . .	. . fernes . . .
1.	2	Friedlich vor dem Frohnaltare;	Durch die Nacht mit leisem Blinken:
1.	3	Auch dein Küster liegt einmal,	Noch vor Morgen wird dein Strahl
1.	4	Der das Oel hat, auf der Bahre!	Endlich in sich selbst versinken!
2.	1	Rausche fort, du tiefer Fluß!	Rausche, singe, schöner Fluß!
3.	3	Und ihr wißt . . .	O, wie wißt . . .
3.	4	Luft und Erde . . .	Ihr der Erde . .
4.	2	Säumt ihr nicht, . .	Wißt ihr schnell
5.	1	Aus des Aethers dunklem Raum	Aus dem tiefen blauen Raum
5.	2	Perlen leuchtend . . .	Perlt ihr leuchtend, . .
5.	3	Kommen, schwinden . . .	Kommt und schwindet, . . .
6.	4	Endlos durch die Himmel* tragen?	Ewig durch die Himmel tragen?
7.	1	Ewig neu der Wirbel ist,	Andre Blumen, andre Wellen,
7.	2	Zahllos aller Dinge Menge,	Andre Sterne, andre Herzen,
7.	3	Und es bleibt uns keine Frist,	Andre Freuden, andre Schmerzen
7.	4	Zu beharren im Gedränge.	Werden unerschöpflich quellen,
8.	1	Wie der Staub im Sonnenstrahle	Und, eh' wir noch ganz verglommen,
8.	2	Wallt's vorüber, Kern und Schale —	Ganz uns auszulöschen kommen.

* Mskr. 1882 hat 6. 4 Endlos durch die [Welten] . . .

Festlieder und Gelegentliches.

W. IX. 199. An das Vaterland.

Mskr. 1882. Gedichte 1846. S. 233. Mskr. 1844. Bd. I. Bl. 50. Dat. 13. September 1844.

	Druck 1883 u. Mskr. 1882	**Gedichte 1846**	**Mskr. 1844**
	An das Vaterland.	=	An mein Vaterland.
1. 1	=	=	O mein Heimatland, o mein Vaterland!
1. 2	=	=	Wie so innig, feurig lieb' ich dich!
			[Heller Stern, wenn jeder mir erblich,
			Leuchtest mir noch Trost und Hoffnung zu!]
1. 3	=	. . , ob jede . . .	Schönste Ros', wenn jede mir verblich,
1. 4	=	. . an meinem öden Strand!	Duftest noch auf meinem öden Strand!
			Als ich arm, doch froh, [in die Fremde zog] [durch die
2. 1	=	=	Fremde strich] fremdes Land durchstrich,
2. 2	=	=	Königsglanz mit deinen Bergen maß,
2. 3	=	=	Thronenflitter bald ob dir vergaß,
			[Da warst du des Bettlers größter Stolz!]
			[O wie war der Bettler stolz auf dich!]
2. 4	=	=	Wie war da der Bettler stolz auf dich!
			[Als ich wandern ging und dir ferne war,]
3. 1	=	=	Als ich fern dir war, o Helvetia!
3. 2	=	=	Faßte manchmal mich ein tiefes Leid;
3. 3	=	=	Doch wie kehrte schnell [sich dies] es sich in Freud',
3. 4	=	=	Wenn ich einen deiner Söhne sah!
			[Lodert Fieberglut dir im heißen Blut,]
			Wenn dein eigen Kind deinen Schmuck zertritt,
			Sengt der Zwietracht Flamme deinen Flor,
			O wie schlägt so bang mein Herz empor,
			Und es fühlet deine Schmerzen mit!

Druck 1883 u. Mskr. 1882	Gedichte 1846	Mskr. 1844
		Wenn ich leider auch rüstig kämpfen muß
		In der streitenden Parteien Reih'n,
		[Werb' ich stets dem Gegner Liebe weih'n,
		Vor dem Fremdling leugn' ich allen Zwist.]
		Dem gerechten Gegner Liebe weih'n
		Werb' ich stets und den Versöhnungsgruß.

4. 1	=	O mein Schweizerland, ...	[O mein Schweizerland! [O] du mein Vaterland!]
4. 2	Wann dereinst die letzte Stunde kommt,	Wenn ...	O du Schweizerland, all' mein Gut und Hab!
4. 3	=	=	Wann dereinst mein banges Stünblein kommt —
4. 4	=	=	Ob ich Schwacher dir auch nichts gefrommt —
			Nicht versage mir ein stilles Grab!
5. 1	[Staubgewand, Werf' ich von mir einst dies mein	Werf' ich ab von mir dies mein ...	[Wenn aus Grabesnacht ich einst aufersteh',] Werfe ich von mir einst mein [Grab=] Staubgewand,
5. 2	=	=	Beten will ich dann zu Gott dem Herrn,
5. 3	=	„Lasse strahlen deinen schönsten Stern	Daß er segnend seinen schönsten Stern
5. 4	=	Nieder auf mein irdisch Vaterland!"	Strahlen lasse auf mein Vaterland!

vgl. Baechtold I. 224 f. u. I. 434.

W. IX. 200. Wegelied.

Mskr. 1882. Es liegt keine andere Redaktion vor.

	Druck 1883	Mskr. 1882
2. 2	.., auf allen Pfaden ..	.. von ...

W. IX. 201. Die Landessammlung zur Tilgung der Sonderbundskriegsschuld 1852.

Mskr. 1882. Schweizerisches Jahrbuch 1857. S. 3 ff.

	Druck 1883 u. Mskr. 1882	Schweiz. Jahrbuch 1857
	Die Landessammlung zur Tilgung der ...	Auf die Nationalsubskription zur Tilgung der Sonderbundschuld 1852.
1. 4	Wie Sand vorm Auge wehet;	Wie Sand im Winde wehet;
2. 2	Mit Fug uns selbst die Schmiede;	Uns selber stolz die Schmiede;
2. 3	...sechs Jahrhundert schon	.. ein halb Jahrtausend schon
2. 4	Am selben alten Liebe,	Am alten Freiheitsliebe , .
2. 5	Bald sacht und leis, ...	Bald lind und leis , ..

		Druck 1883	Schweiz. Jahrbuch 1857
3.	7	Die Pflugschar in der eig'nen Eff',	Das Eisen in dem wilden Zwist,
4.	4	Dort kämpfend überwunden,	Dort zehnfach überwunden,
4.	7	Die sterbend zur Gesellschaft er	Sie, während das Land in Flammen stand,
4.	8	Mit sich zum Hades nahm.	Sterbend beim Schopfe nahm.
5.	5	. . ., und brauchten wir	. . und schossen los
5.	6	Die Ratio ultima,	Die ultima Ratio,
5.	8	Und alle sind noch da!	Und alle siegesfroh!
8.	5	. . . das Schuldenbuch,	. . . das Rechenbuch,
9.	5	Du Schreiber . . .	Du Weibel . . .
9.	7	Denn sieh', schon drängt sich Kind und Greis	Das ist der Schweizer Bürgerkrieg
9.	8	Um deinen Rechentisch!	Und gründlich reiner Tisch!

W. IX. 203. Abschiedslied.

An einen auswandernden Freund, Dr. Christian Heußer. 1856.

Mskr. 1882. Chr. Schad, Deutscher Musenalmanach. 1858. S. 124. Dat. Dezember 1856.

		Druck 1883 u. Mskr. 1882	Deutscher Musenalmanach 1856
2.	3	Das mutige Wehen . . .	Ein mutig Wehen . . .
3.	3	. . . in bangem Träumen	. . . in wehem Träumen

W. IX. 205. Marschlied für das ostschweizerische Kadettenfest 1856.

Mskr. 1882 Chr. Schad, Deutscher Musenalmanach 1858. S. 123. Neue Zürcher Zeitung No. 229. 16. August 1856.

		Druck 1883 u. Mskr. 1882	Musenalmanach 1858 u. Neue Zürcher Zeitung 1856
1.	1	Was eilt zu Tal der Schweizerknab'	Es eilt vom Berg der Schweizerknab',
1.	2	Und wandert . . .	Er wandert . . .
1.	3	. . . den Strom und See herab,	Er fährt den See und Strom herab,
2.	4	Und dreimal tausend wieder!	Und abertausend wieder!
5.	1	Von hundert Trommeln ist der Klang	Wie schön der feste Trommelklang
5.	2	Zum Vorgeh'n dumpf zu hören;	Von Knabenhand zu hören!
5.	3	Das Blachfeld hier und dort entlang	Das Brachfeld und den Wald entlang
5.	4	Wallt Rauch aus tausend Röhren.	Knallt es aus tausend Röhren.

W. IX. 206. Schweizerdegen.

Tischlied am Jahresfest der schweizerischen Militärgesellschaft 1857.

Mskr. 1882. Chr. Schad, Deutscher Musenalmanach 1858. S. 125. Mskr. flieg. Blatt in M. 10. Dat. Mai 1857.

		Druck 1883	Mskr. 1882	Musenalmanach 1858	Mskr. 1857
1.	2	=	=	Lustig muß	['s Muß ein wildes Wirtshaus sein;] Wehrhaft muß die Herberg sein; [Werben in ruhig' Bettlein gebracht.]
1.	6	=	=	Sie hat schon manchen zu Bette [gebracht!	Hat schon so manchen das Bettlein [gemacht!
2.	4	=	=	. . den Eintritt . .	. . . den Eingang . .
4.	1	Und auf allen Weg' und Stegen	=	All die Wehr' und Waffen pflegen,	Und die Wehr' und Waffen pflegen,
4.	2	Steht es auf zu Berg und Tal;	=	Stehen auf von Tal zu Tal;	Eilen aus von Tal zu Tal;
5.	1	=	=	. . schön gelegen,	. . . frei gelegen,
5.	5	Da ist die Mutter, so hold und [so fein,	[Da haust die Mutter Helvetia [fein,	=	Da ist die Mutter, so hold und so fein,
5.	6	Lacht sie, so wird's Frau Helvetia [sein!	Der Name klingt zopfig und lacht [doch so rein!]	=	Lacht sie, so wird's Frau Helvetia sein!

W. IX. 207. Eröffnungslied am eidgenössischen Sängerfest 1858.

Mskr. 1882. Chr. Schad, Deutscher Musenalmanach 1859. S. 263. Separatdruck: Sängergruß auf das eidg. Sängerfest in Zürich 1858.

(komp. von W. Baumgartner).

		Druck 1883 u. Mskr. 1882	Musenalmanach 1858	Separatdruck 1858
3.	6	Dünkt sich der Fürst im roten Schein;	Dünkt sich der Held im blut'gen Schein;	Dünkt sich der Fürst im blut'gen Schein;
3.	7	Wir mehrten	Wir mehren . . .	Wir mehrten . .

W. IX. 209. Das neue glückhafte Schiff.

Mskr. 1882. Mskr. flieg. Blatt in Mappe 10. 1858.

		Druck 1883 u. Mskr. 1882	Mskr. 1858 (ohne Überschrift und Anmerkung.)
1.	3	In heitrer Luft vereinigt flogen	Im reinen Morgenwinde flogen
1.	4	Die alten Banner wohlbekannt;	Zwei alte Banner wohlbekannt;
1.	6	Verwunderungsvoll ans Licht empor,	Wie ein verscholl'nes Weib empor,
1.	7	Sie, die im Glanz verschwund'ner Tage	Und sah erstaunt im lichten Tage
1.	8	Einst auf dem Rhein zum Festgelage	Bei Paukenschall und Ruderschlage
1.	9	Sah fahren schneller Männer Chor.	Wie eh'dem froher Männer Chor!

Druck 1883 u. Mskr. 1882		Mskr. 1858
2. 4	Das Glanzgestad', den blauen See;	Verwundert auf den blauen See:
2. 8	Als gält' es, Helden draus zu tränken, —	Und wert, daß Helden daraus tränken,
2. 9	Das blitzt im Julisonnenschein.	Das glänzt im Sommersonnenschein.
4. 8	Das Steuer recht und fest zu greifen	Das Leben ganz und voll zu greifen
5. 3	Wir knüpften neu der Wohlgemuten	Und schlang sich neu mit wärmern Gluten
5. 7	So mögen noch der Enkel Scharen	So mögen unsrer Enkel Scharen,
5. 8	Die Flut des Lebens froh befahren	So mögen alle selig fahren,
5. 9	Und unsre Städte fortbesteh'n!	Die durch die Zeiten fortbesteh'n!

W. IX. 211. Ufenau. 1858.

Von den Züricher Studenten anläßlich einer festlichen Fahrt nach Ulrichs von Hutten Grabinsel gesungen.

Mskr. 1882. Chr. Schad, Deutscher Musenalmanach 1859. S. 262. Separatdruck 1858: Erinnerung an die Jubiläumsfeier der Universität Zürich. Nr. 2. Auf der Ufenau. (komp. von W. Baumgartner).

	Druck 1883	Mskr. 1882	Deutscher Musenalmanach 1859* und Separatdruck 1858.
2. 3	... auf sich'res Land	auf freies Land	... auf freies Land
5. 3	... der Sinn ...	=	... das Herz ..
5. 7	... dein nie geschwundner Mut	=	.. dein unentwegter Mut

W. IX. 213. Schütz im Stichfieber 1859.

Mskr. 1882. Mskr. (langer, schmaler Papierstreifen) in M. 10. Dat. August 1859.

	Druck 1883	Mskr. 1882	Mskr. 1859
	Schütz im Stichfieber.	=	Stichfieber.
3. 5	.. der böse Drach' ...	[das böse Weib]	... das böse Weib ...
3. 8	Da er	=	Wenn er ...
4. 3	Für den Stich ins „Vaterland" —	=	In die Scheibe „Vaterland" —
4. 4	Ach wie scheint die Scheibe weit!	=	Ach, wie scheint sie nun so weit!
6. 8	... gaukeln ..	.. [tanzen] ..	... tanzen ...

* Im Musenalmanach 1859 lautet die Bemerkung unter dem Titel: Für die Zürcher Studenten gedichtet, welche das Lied, bei einer Lustfahrt nach der Insel, auf dem Grabe Ulrichs von Hutten sangen.

Druck 1883	**Mskr. 1882**	**Mskr. 1859**
8. 1 ... die Sippe ...	=	... Sippschaft ...
8. 3 Büchsenmeister und Gesell,	.. [samt] ...	... samt ...
8. 7 Die ihm dienlich sind und nütz,	=	Jeder macht sich gut und nütz,
9. 5 ... flößt ...	=	... gibt ...
10. 4 Sie umsteh'n den kühnen Schütz,	=	Stehen um den kühnen Schütz,
11. 4 Klangvoll schließt des Tages Tor!	=	Klangvoll schließt der Tag das Tor!

W. IX. 216. Becherlied auf das eidgenössische Sängerfest in Chur 1862.

Mskr. 1882. Separat=Druck 1862. (komp. von A. Billeter).

Druck 1883 u. Mskr. 1882	**Separat=Druck 1862**
2. 5 Drum schafft, bis aus dem Becher blinkt	So schafft, bis aus den Bechern blinket
3. 3 .. — die Seele nicht,	.. — der Wille nicht,
3. 4. Sie glüht bewegend Herz um Herz.	Es lebt bewegend Herz um Herz.

W. IX. 217. Gedächtnis an Wilhelm Baumgartner, Gesangführer und Tondichter, gest. 1867.

Gesprochen am schweiz. Musikfest 1867.

Mskr. 1882. Separat=Druck 1867.

Druck 1883	**Mskr. 1882**	**Separat=Druck 1867**
Gesangführer und Tondichter,	.. und Komponist,	=
4. 5 Der, wenn Sichel, Schwert und Hammer klingt,	=	Der da, wenn das Schwert, die Sichel klingt,

W. IX. 219. Auf das eidgenössische Schützenfest 1872.

Mskr. 1882. Mskr. zwei fliegende Blätter in M. 10.

Druck 1883 u. Mskr. 1882	**Mskr.* in Mappe 10**
4. 4 ... Wunderhorn!	... Zauberhorn!
5. 5 ..., dem gut es steht,	..., dem's trefflich steht,
6. 7 Und läßt's ...	Und heißt's ...

W. IX. 221. Schlußgesang am Volkstage in Solothurn für Annahme der abgeänderten Bundesverfassung 1873.

Mskr. 1882. Separatdruck: Festlied zum Volkstag in Solothurn (15. Juni 1873.) Mskr. fliegendes Blatt in Mappe 10.

Druck 1883 u. Mskr. 1882	**Separatdruck und Mskr. 1873**
3. 3 ... glüht ...	... wächst ...
3. 5 .., soll zerrinnen,	.., muß zerrinnen,
3. 8 Gewinnt den Sieg ...	Behält den Sieg ....

---

* Das Manuskript in M. 10 hat weder Titel noch Fußnote.

W. IX. 222. Prolog zur Schillerfeier in Bern 1859.

Mscr. 1882. Der Bund (Bern) vom 12. Nov. 1859. Nr. 312. Mscr. flieg. Blätter in M. 10.

	Druck 1883 u. Mscr. 1882	Bund 1859 u. Mscr. 1859.
B. 10	.. den erwählten Tagen . . .	. . . jenen goldnen Tagen . . .
22.	So schlüge hochverwirrt ihr weiches Herz	So bräche vor der Zeit ihr starkes Herz
23.	.. und Wonne	.. und Freude ..
24.	Und stürmisch flöß dem Kind	Und es entflöh' dem Kind die weiße Nahrung,
27.	. . . hundertfältig . . .	. . . unvermindert . . .
29.	. . . heraufgebracht,	. . . heraufgeführt,
32.	Auf dieses Brachfeld einer Zwischenzeit.	In unsre urteilslos verwirrte Zeit.
42.	Und auch den Kindern steh' ich eurer Kinder,	Und stehe auch den Kindern eurer Kinder,
44.	Das alte Sehnen . . .	Die alte Sehnsucht . . .
46.	Wir aber an der Grenzmark . . .	Und wir hier an der Grenzmark . . .
55.	Denn treulich fest . . .	Denn klar und fest . . .
56.	Und hoffen Daseinsrecht auch zu erhärten,	Und werden auch das Recht dazu erhärten,
57.	Sobald die Stunde nicht mehr säumt, die drohend	Sobald die Stunde kommt, die einen Frager
58.	Uns einen Frager vor die Schwelle führt.	Uns waffenklirrend vor die Schwelle führt.
59.	Ob wir in unserm Land gelassen hausen,	Ob wir in unsern Bergen fröhlich hausen,
60.	. . regen . . .	. . muntern . . .
67.	. . . . springt . .	. . . ruht . . .
68.	. . . dankt jeder dieser Quelle.	. . . dankt jeder nur dem Ganzen.
74.	. . . im Sturmgewog' . . .	. . . im Wogensturm . . .
82.	Im rastlos wachen Fleiß, der sich ergeht	In mannigfachem Werk des ganzen Volkes
83.	In Talesgründen und auf luft'gen Höhen,	Aus grünen Tälern bis auf luft'ge Höhen,
84.	. . . treiben . . .	. . . brehen . . .
93.	. . hellen . . .	. . heitern . . .
102.	. . . sie in der Sonne spielen,	. . sie spielen in der Sonne,
103.	. . . wo er . . .	. . die er . . .
107.	Das ist die schönste Krone, . . .	Das ist die Eichenkrone, . .
111.	. . freudig ..	. . mutig ..
112.	Sei nur das erste Halbteil nun getan!	Ist nur das erste Halbteil froh getan,
113.	. . . schuld'ge Hälfte ..	. . schöne ..
114.	Mit unerschlaffter Hand heranzuführen,	Mit klarbewußter Meisterschaft zu leben,
122.	Das redlich selbst sich prüft und kennt und dennoch	Ein Volk, das sich durchschaut, sich kennt, und dennoch

	Druck 1883	**Bund 1859 u. Mskr. 1859**
128.	Daß diese nicht vor ihren Jahren stirbt.	Daß sie gereift zu hohen Jahren kommt.
134.	Da nun die niedern Mächte überwunden,	Nachdem die niedern Mächte wir bezwungen,
135.	Die gröbern Elemente sich gefüget,	Den Widerstand der großen Elemente,
138.	. . , frei mit der Welt verbinde	. . , ans Allgemeine knüpfe
(Zwischen V. 144—145)		Daß er in ihrem Scheine heiter schafft;
147.	. . . Rost . .	. . . Schmutz . .
152.	. . im eblern Sinn . .	. . im beffern Sinn . .
159.	Zum Historiendienste fie zu zwingen!	Und mit Geschrei auf die Altäre stellen.
163.	Und nicht die Schönheit, bie . . .	Nicht ift's die Schönheit, . .
179.	. . in sich selbst —	. . . mit sich selbst —
(Zwischen V. 186—187)		Dann ohne Hast in eblen Wogen geht,
188.	. . breiter . .	. . . voller . .
189.	Ist uns ein Stern und Führer nun vonnöten,	Und ist ein Grund und Pfeiler uns von Nöten
197.	Die das Gewordene als edles Spiel verklärt,	Die das Geschehene im Spiel verklärt,
198.	. . . neuem Werben . . .	. . . neuen Taten . . .
199.	Daß . . . kräft'ge . . .	Bis . . . schöne . . .
200.	. . Gegenspieglung . . .	. . . Wechselwirkung . . .
201.	. . . wärm're . . .	. . . schön're . . .
202.	. . . selben . .	. . . gleichen . .
203.	. . die Völker selbst die Meister sind,	. . die Völker edle Meister sind,
206.	Dem allzufrüh das große Leben brach;	Dem vor der Zeit die holden Jahre brachen;
209.	Doch jeder Teil von ihm, der uns geblieben,	Doch jeder Teil, der uns von ihm geblieben,

W. IX. 229. **Prolog zu einer Theatereröffnung in Zürich 1864.**

Mskr. 1882. Keine frühere Redaktion vorhanden.

	Druck 1883	**Mskr. 1882***
V. 24	Ja, wann der Sonnenwagen höher steigt	Denn, wann der Sonnenwagen wieder steigt
V. 46	Uns, niemals heimisch, . . .	Uns [wandernd] niemals heimisch, . . .
V. 62	Hört	Sieht . . . .
V. 65	. . . gelaff'nen Zeugen	. . . . erschrecken . . .

* Die Fußnote folgt im Mskr. 1882 am Schlusse des Prologs und lautet: „Das Theater in Zürich gehört einer Aktiengesellschaft und wird nur im Winter benutzt. Dasselbe ist in die Kirche eines ehemaligen Barfüßerklosters eingebaut und stößt an den Kreuzgang, auf bessen anderer Seite sich der frühere Schwurgerichtsaal befindet."

W. IX. 232. Prolog zur Feier von Beethovens hundertstem Geburtstag in Zürich 1870.

Mskr. 1882. Keine andere Redaktion vorhanden.

Druck 1883	Mskr. 1882
... Beethovens hundertstem Geburtstag ..	.. hundertjährigem Geburtstag ..
1. 2 .. Stück und Wagen,	.. [Roß] und Wagen,
1. 3 In schmelzenden Gesanges Pracht,	In [feurigen] Gesanges Pracht,
2. 3 ... Drommetenklang	... Trompetenklang
12. 2 ... der Deutsche ...	.. der andere ...

W. IX. 235. Für ein Gesangfest im Frühling 1878.

Mskr. 1882. Fr. Bodenstedt, Kunst und Leben. 3. Bd. 1880. S. 149. Mskr. 1878 im Mskr. Heft S. 27 in W. 10.

	Druck 1883 u. Mskr. 1882	Kunst und Leben 1880	Mskr. 1878
1. 1	Jetzt ist ...	=	Nun ist ...
2. 5	Doch steht	=	Und steht ...
2. 8	Und heben hell ...	=	Und heben laut ....
3. 1	=	Verschließt ...	Verlaßt ...
3. 5	So treiben wir den Teufel aus,	Der Böse weiß nicht ein noch aus,	Und ist sie erst von Grillen rein,
3. 6	Schon wird es frei und licht im Haus!	Schon wird es frei und licht im Haus!	So blüht und reift ein blasser Wein
3. 7	=	Wir aber reih'n uns Mann zu Mann	Für uns und jeden bessern Mann,
3. 8	=	Und heben froh das Lenzlied an!	Der noch das Lenzlied singen kann!

W. IX. 236. Ein Festzug in Zürich 1856.

Mskr. 1882. Fr. Bodenstedt, Kunst und Leben 1877. S. 97. (hier datiert 1857!) vgl. Baechtold II. 311.

	Druck 1883 u. Mskr. 1882	Kunst und Leben 1877
B. 1	Als einst die Luft von Lindenbluft	Die Linden blühten, daß die Brust
2	Durchduftet	Sich auftat ....
125	Der Kurbe ...	Der Grieche ....
346	Ein breit' Gesims	Ein Dachgesims ...
363	Die Zahl der ...	Die Schar der ...
377	Doch jenem scheint vom Tageslauf	Die Mannschaft scheint ihm aufgeregt
378	Die wackre Mannschaft aufgeregt,	Vom wunderlichen Tageslauf,

	Druck 1883		**Kunst und Leben 1877**
379	=		Drum steigt er wohlbedacht vorauf
380	=		Und klimmt zum obersten Geschoß
381	=		So rüstig, wie ein Lenzgenoß
382	=		Zu Berge steigt im Sonnenschein.
			Die leichte Hakenleiter schlägt
			Von Stock zu Stock er sicher ein.
383	Und mit ihm steiget Glied an Glied		Jedoch das Schlimmste bleibt zu tun:
384	Fritz Waser auf, der Messerschmied,		Die Leiter neigt nach außen nun,
385	Der schon sich Brau' und Hand verbrannt,		Und rückwärts hängend macht der Mann
386	Als er den Feind ein Haus berannt.		Ums Dachgesims den Rest der Bahn.
387	Der eine alt, der and're jung,		„Ihr Herren, reicht mir nun die Hand,“
388	Tun sie den gleichen schweren Schwung,		Ruft er und schwingt sich über'n Rand,
389	Und schwingen mutig sich hinein,		Und unwillkürlich ziehen ihn
390	Wo die zwei Wandrer starr wie Stein,		Die beiden Wandrer zu sich hin.
391	Lautlos in Wolken Rauches steh'n.		So, eh' sie wissen, wie's geschah,
392	Die wissen nicht, wie es gescheh'n,		Ist die Erlösung traulich nah.
393	Daß die Errettung treulich nah;		Ein zweiter Mann, ein Dritter schwingt
394	Wie lieblich tönt den Männern da,		Sich schon heran und lieblich klingt,
395	Als Hoffnung schon verloren,		Als Hoffnung schon verloren,
396	Der Heilsruf in den Ohren!		Der Zuspruch in den Ohren!
397	Ein hanfner Schlauch . . .		Ein Rettungsschlauch . . .
399	. . . hurtig . . .		. . . lustig . . .
406	Die zitternden Gestalten.		Die rundlichen Gestalten.
407	Ein Ritter erst und dann ein Graf		
408	Vom kaiserlichen Land Tirol		
409	Entstiegen so dem dunklen Hohl,		
410	Um zu entgeh'n dem Todesschlaf,		
421	. . . guten . . .		
424	Das Löschen . . .		. . wackern . . .
437	Wie viele Jahre sind dahin!		Das Spritzen . . .
445	. . . . keiner . . .		Zweimal zehn Jahre sind dahin!
447	Nur Waser glüht den Stahl noch hart,		. . Niemand . . . .
448	Und stahlgrau ist sein langer Bart!		

W. IX. 250. Die Johannisnacht.

Festspiel bei der Becherweihe der zürcherischen Zunftgesellschaft zur Schmieden 1876.
Mskr. 1882. Separat=Druck 1876.

	Druck 1883	Mskr. 1882	Separat=Druck 1876
V. 8	. . . . begraben . . .	=	. . . gebettet . .
10	. . . Straßen . . .	=	. . Gassen . . .
44	Es sandten flieh'nd ein paar Böhmaken	. . . [zwei] ein paar . . .	Es schossen fliehend zwei Böhmaken
53	. . . . nun . . .	=	. . balb
55	Was ihnen nicht, . . .	=	S' war ihnen nicht, . . .
97	So . . .	=	Da . . .
112	. . . jetzt . . .	=	. . . 'mal . . .
133	Als sie bie Höfe uns genommen,	=	Als sie uns jenen Hof genommen,
252	. . . herumgekrochen	=	. . . umhergekrochen
305	. . Heut ja ist Johannistag,	=	Heute ist Johannistag,
309	Oho! . . .	O weh! . . .	O weh! . . .
351	. . auf . .	=	. . . in . . . .
353	. . Sire! . . .	=	. . Herr, . . .
430	. . . helbisch . . .	=	. . . tapfer . . .
431	. . . in Rüstung . . .	. . . in [Waffen]	. . in Waffen . .
433	Und wie er . . .	=	Doch eh' er . . .

Die Fußnoten in Druck 1883 sind neu.

W. IX. 267. Kantate bei Eröffnung einer schweizerischen Landesausstellung in Zürich 1883.

Separat=Druck 1883. Mskr. im Mskr. Heft S. 34 in M. 10. Dat. März 1883. (Also noch nicht im Mskr. 1882!)

	Druck 1884, 1888 2c. (Von der 2. Auflage an)	Separatdruck 1883	Mskr. 1883
V. 5	Aus tausend Stoffen . .	=	Aus tausend Formen . .
6	Was Not und Lust . . .	=	Was Lust und Not . .
16	Sehen wir . . .	=	Haben wir . . .
22	=	Eifern lang schon . . .	Prangten lang schon . .
23	Aber wo wir Kleinen . .	Aber wo wir Kleinsten . .	Jeho wo wir Kleinsten wohnen,
24	=	Darf die Müh' nicht kleiner sein!	Muß die Müh' am größten sein!
34	. . . Vaterland!	=	. . . . Heimatland!

W. IX. 269.   Kantate zum 50=jährigen Jubiläum der Hochschule Zürich.

Separat=Druck 1883. Mskr. im Mskr. Heft S. 36 in Mappe 10. Dat. April 1883. (Also noch nicht im Mskr. 1882!)

	Druck 1884	Separatdruck 1883	Mskr. 1883
B. 6	=	Und was wir wägen, schwindet hin;	Zu messen unsere Endlichkeit.
7	=	Darum mit ehrerbiet'ger Scheu	Und wissen, was wir messen können,
8	=	Gebrauchen wir das Maß der Zeit,	Ist wandelbar und löst sich auf.
9	=	Und rufen hoher Jahre Zahl	
10	=	Mit Weihefesten an.	
nach B. 15			Seit einem Bestehn,
38	=	.. schneeigen ..	.. silbernen ..
62	mit verborg'nen Stäben	=	.. mit demant'nen Stäben

Pandora.

(Antipanegyrisches.)

W. IX. 275. Meergedanken.

Mskr. 1882. Gedichte 1846. S. 275. Mskr. 1845. B. II. Bl. 54.

	Druck 1883 u. Mskr. 1882*	**Gedichte 1846**	**Mskr. 1845**
1. 2	seine Feinde	Und meine Feinde die Schiffe:	[Und Trone drauf] [die Feinde darauf] Und meine
1. 4	seines Zornes	=	meines Hasses [Feinde
2. 1	=	=	Und endlich schläng' es [sie hinab] unter sie,
2. 2	Hinunter in die Tiefe,	Tief unter in die Tiefe,	Hinunter in die Tiefe,
			[Bis still und ruhig, wie ein Grab]
2. 3	=	=	Daß drüber [lächelnd] glänzend spät und früh
3. 1	=	ein Wellchen	'ne Welle
3. 2	=	Von tausend Wellen Eine:	Von tausenden nur Eine:
4. 1	=	ziehen	Wir [ziehn und spülen] Wellen brausen treu vereint
5. 1	Die Geisternot, der Wirbelwind,	=	Das Unglück ist der Wirbelwind,
5. 3	=	Bis alle wach geschlagen sind	Und bis wir wach geschlagen sind
5. 4	=	Aus ihren Wasserträumen.	Von unsern [falschen] Wasserträumen.
6. 1	=	sinkt	Und endlich [bricht] sinkt
6. 4	=		[Darob] Dann oben …

Str. 7

Dann ruft's von allen Ufern her,
Als ständ' der Himmel offen:
Das Schiff der Lügner ist im Meer
Mit Mann und Maus ersoffen!

---

* Mskr. 1882 hat 1. 2 … meine Feinde …
        1. 4 … meines Zornes …

W. IX. 276. Apostatenmarsch.

Mscr. 1882. A. Ruge, Die politischen Lyriker unserer Zeit 1847. S. 311. Gedichte 1846, 241.
Deutsches Taschenbuch 1845. 215. Mscr. 1844. B. I. Bl. 76. Dat. Januar 1844.

		Druck 1883 u. Mscr. 1882	Die pol. Lyriker 1847. Ged. 1846. D. Tb. 1845.	Mscr. 1844
1.	1	=	Bum! Bum! Bim, bam, bum!	Bum! Bum! bum, bum, bum!
	2	kehrt links um!	macht	Schnürt den Sack und kehrt links um!
	3	=	Abgeweidet ...	Abgefressen ist die Matte,
	4	=	=	Spute dich, du Wanderratte,
	5	=	=	Hungern ist kein Gaudium!
	6	=	Dreht die Fahne, dämpft die Trommel:	Gott sei uns Sündern gnädig!
	7	=	Bum! Bum! Bim, bam, bum!	
2.	1		=	Sind wir nicht ein schöner Zug,
	2		=	Galgenfroher Rabenflug?
	3		Hinter uns die guten Tröpfe	Haben neues Aas gewittert,
	4	=	Stehn und brechen sich die Köpfe,	Wie der Magen freudig zittert!
	5		Ob dem lustigen Betrug.	Denn wir spähen fein und flug!
	6		Dreht die Fahne, dämpft die Trommel:	Gott sei uns Sündern gnädig!
	7		Bum! Bum! Bim, bam, bum!	
3.	1		=	Hohn und schriller Pfeifenklang
	2		Folgen uns den Weg entlang;	Tönet unsern Weg entlang;
	3		Weiter, weiter in dem Kote!	Doch das soll uns nicht verdrießen,
	4	=	Weiße, süße Gnadenbrote	Laßt die Scham uns nun durchfließen!
	5		Lohnen uns den sauren Gang!	Mit der Tugend an den Strang!
	6		Dreht die Fahne ... 2c.	Gott sei uns Sündern gnädig!
4.	1	=	Aus dem Busen reißt das Herz,	Nieder mit dem Jungfernkranz!
	2	=	Werft es fluchend hinterwärts!	Ausgelöscht der Ehre Glanz!
	3	=	Pfaffenküch' und Kellerkühle,	Angespie'n der Sonne Klarheit,
	4	Spülen	Spüle weg die Hochgefühle, —	Abgeleugnet jede Wahrheit!
	5	=	Ei, es war nur Bubenscherz!	Hure, reich' die Hand zum Tanz!
	6	=	Dreht die Fahne ... 2c.	Gott sei uns Sündern gnädig!

	Druck 1883	Die pol. Lyriker 1847. Ged. 1846. D. Tb. 1845	Mskr. 1844
5. 1	=	Nieder mit dem Jungfernkranz!	Aus dem Busen reißt das Herz,
2	=	Ausgelöscht der Ehre Glanz!	Werft es fluchend hinterwärts!
3	Ausgepfiffen ..	Ausgehöhnet jede Wahrheit!	Fauler Schlamm, o kühle, spühle
4	Angeschwärzt ..	Angespien der Sonne Klarheit!	Weg die heißen Hochgefühle,
5	=	In den Staub mit dem Popanz!	[Machten uns nur Pein und Schmerz]
6	=	Dreht die Fahne, dämpft die Trommel:	Ach! es ein Bubenscherz!
7	=	Bum! Bum! Bim, bam, bum!	Gott sei uns Sündern gnädig!
			Ficht euch das Gewissen an
			[mit dem hohlen spitzen]
			[mit dem giftgeschwollnen]
			mit dem spitzen Viperzahn?
			Weist ihm einen roten Lappen,
			Daß er lustig darnach schnappen
			Und sich drein verbeißen kann!
			Gott sei uns Sündern gnädig!
			Pereat [dem] das Vaterland!
			Deckt es zu mit Spott und Schand!
			Führt das arme Lamm zum Schlächter,
			Und verkuppelt seine Töchter
			An die erste, beste Hand!
			Gott sei uns Sündern gnädig!
6. 1	Judas starb den dummsten Tod,	Tod am Strick — ein dummer Tod —	Auf! bei fahlem Irrlichtschein
2	=	Schäme dich, Ischariot!	Tanzen wir zum Rabenstein.
3	Magst du zappeln! Unsereiner	Du magst baumeln! Unsereiner	Macht den Galgen dort zum Kreuze,
4	=	Schwimmt mit Würde stets als reiner	Daß dran ehrenvoll sich spreize
5	Goldfisch durch das Blut so rot!	Goldfisch oben auf dem Kot.	Unser ausgedorrt Gebein!
6	=	Dreht die Fahne, dämpft die Trommel:	Gott sei uns Sündern gnädig!
7	=	Bum! Bum! Bim, bam, bum!	
			Gleite, gleite hin mein Hohn,
			Kalt, wie du dem Herz entflohn
			Treffe sie auf ihren Wegen.
			Wie vom Blatt ein Tropfen Regen
			Fällst du ab, ich weiß es schon!
			Gott sei den Sündern gnädig!

W. IX. 278. Auf Maler Distelis Tod.

Mskr. 1882. Gedichte 1846. 244. Deutsches Taschenbuch 1845. 217. Dat. Okt. 1844.

Druck 1883. Mskr. 1882

1. 4 Und was da klebt im zähen Pech und Harz!
2. 1   und ließ sie tanzen,
2. 3 Die dicken Käfer und die dünnen Mücken,
2. 4 Die Maulwurfsgrillen und die Flöh' und Wanzen!
4. 1 Solch einen Sabbat
4. 2   ein unerschrocknes Blut!
4. 3 Nun warf er hin den Stift, nahm Stock und Hut,
4. 4 Und fluchend steht das Volk vor seinen Bildern.

Titel: D. Tb. 1845: Auf Distelis Tod.
     Geb. 1846: Auf Martin Distelis Tod.
     Mskr. 1882: „   „   „   „
     Druck 1883: Auf Maler Distelis Tod.

Gedichte 1846. D. Tb. 1845

All das vertrackte, zähe Pech und Harz!
     und scharf gegeißelt
Er hat aus tausend giftgeschwollnen Mücken
Sich gar ein seltsam Monument gemeißelt.
Abschaum
     ein gut und starkes Herz!
Und was sein Lohn? — Des freien Schweizers Schmerz,
Den unser Stolz auf ihn nur schwach kann mildern.

vgl. S. 61 u. 292.

W. IX. 279. Schlechte Jahreszeit.

Mskr. 1882. Gedichte 1846. 66. Mskr. 1845 B. II. Bl. 52

Druck 1883 u. Mskr. 1882

Schlechte Jahreszeit.*

1. 4   fahl gefegt!
1. 7   das Vaterland
2. 3   öd und fahl
2. 6   in dunkle Wolken

Gedichte 1846

———

=
=
=
=

Mskr. 1845

Herbstlied.
     rein gefegt!
     mein Vaterland
     fahl und fahl
     in dunkle Nebel
[Ich weiß, es ist ein bittres Kraut
Und ist ein harter Stand:
Mit Schurken atmen gleiche Luft
Im engen Vaterland!
Doch ob die Schwalbe singend floh,
Wir, Brüder, bleiben stets!
Daß keiner mir die Heimat jetzt

Druck 1883 u. Mskr. 1882	Gedichte 1846	Mskr. 1845
3. 3 Wie drückend ob dem Scheitel uns	=	Wie drückend dicht ob unserm Haupt
3. 4 =	Der graue Himmel .	Der graue Nebel hängt!
3. 5 =	. Kreuzweg ..	Auf jedem Feldweg ...

W. IX. 280. Lied vom Schuft.

Mskr. 1882. Gedichte 1846. 317.

	Druck 1883 u. Mskr. 1882	Gedichte 1846
2. 3	Wenn ihn die Welt, die er betrog,	Wenn ihn ein rein, einfältig Herz
3. 3	Er kriecht umher in dunkler Not	Er prägt sich selber in den Kot
3. 4	Und spiegelt sich in Glas und Glück.	Und spiegelt sich im hellsten Glück.
5. 1	plagt er sich	quält er sich
6. 3	Es tagt dereinst ihr Wandertag,	So Gott will, kommt ein Sonnentag,
6. 4	Dann schweigen sie und sterben aus!	Wo auch die Schufte sterben aus!

W. IX. 281. Jesuitenzug.

Mskr. 1882. A. Ruge, Die politischen Lyriker unserer Zeit. 1847. S. 309. Gedichte 1846. S. 237. D. Taschenbuch 1845. S. 213.
Die freie Schweiz. 1844. Nr. 1. Mskr. 1843 B. I. Bl. 23. Dat. 3. August 1843.

	Druck 1883	Mskr. 1882	Die polit. Lyriker 1847 und Gedichte 1846	D. Tb. 1845 u. Freie Schweiz 1844	Mskr. 1843
	Jesuitenzug. 1843	=	Loyola's wilde verwegene Jagd. Keine Vision.	——	Jesuitenlied.
1. 3	Das springt	=	Der ..	Das springt	Der springt
1. 4	Das kreischt	=	Der ..	Das ..	Der kreischt
2. 2	Und hinterdrein ..	=	=	==	Und hintennach
3. 2	=	=	Pfui, wie's so	=	Und wie's so ...
3. 4	das Fenster	=	die Fenster	==	das Fenster
4.	„Gewissen, Ehr' und Treue nehmt Dem Mann und macht ihn ausverschämt, Und seines Weibes Unterrock Hängt ihm als Fahne an den Stock: Wir kommen, die Jesuiten!"	=			
5. 3	Der Fanatismus ist Profoß,	=	Der F ...	Den Fanatismus als Profoß,	Fanatismus als Feldprofoß,
5. 4	=	=	=	Die Dummheit folgt als Bettlertroß:	Und Lug und Trug im Lagertroß:
5. 5	=	=	Sie =	Sic* kommen, die Jesuiten!	So kommen die Jesuiten!

* D. Tb. 1845. 5.5 So kommen d. J.

Jesuitenzug.

Zeichnung von Martin Disteli.
„Freie Schweiz 1844. No. 1. vgl. I. Teil, S. 61.

Druck 1883   **Mskr. 1882   Die polit. Lyriker D. Tb. 1845 u. Freie Schweiz 1844**   **Mskr. 1843**
1847 und
Gedichte 1846

„Wir nisten uns im Niederleib   [Sie nisten sich]]
Wie Maden ein bei Mann und Weib,   =
6.   Und was ein Schw .. n ersinden kann,   Schwein
Das bringen wir an Weib und Mann: =
Wir kommen, die Jesuiten!"   =

7. 1 O gutes Land, du schöne Braut,   =   =   =   O Schweizerland, du schöne Braut,
7. 2 Du wirst . . . .   ==   du wirst dem   =   Du bist dem Teufel angetraut!
7. 4 Vom Gotthard   [Vom Süden]   =   =   Vom Gotthard

W. IX. 283. Die öffentlichen Verleumder.

Mskr. 1882. Mskr.-Heft M. 10. 1878.

Druck 1883 u. Mskr. 1882   **Mskr. 1878**

1. 4 In leichter Asche   grauer
2. 4   beffern Wert: andern
2. 8 Ein Volk in Blödigkeit.   Ein Herz voll Blödigkeit.
3. 8   verblüffte* Welt.   verworrne
4. 4 Ragt bald er groß an Macht   Steht er mit seiner Macht
4. 5 Mit seiner Helfer Zahl,   Strolche Zahl,
5. 4 Das flecket fort und fort!   Das fleckt und wuchert fort.
5. 5 Erst log allein der Hund,   Und trotz dem wölf'schen Mahl,
5. 6 Nun lügen ihrer tausend;   Wird reicher Vorrat langen;
5. 7 Und wie ein Sturm erbrausend,   Statt Fischen zucken Schlangen
5. 8 So wuchert jetzt sein Pfund.   Und wälzen sich zu Tal.
Str. 6   =   =

Str. 7 Wenn einstmals diese Not
Lang wie ein Eis gebrochen,
Dann wird davon gesprochen,
Wie von dem schwarzen Tod;
Und einen Strohmann bau'n
Die Kinder auf der Haide,
Zu brennen Lust und Leide
Und Licht aus altem Grau'n.

* Mskr. 1882: [verwirrte]

W. IX. 285—290. **Nacht im Zeughaus.**

Mskr. 1882. Die Illustrierte Schweiz. 1873. S. 232 ff.

Druck 1883 u. Mskr. 1882	Illustrierte Schweiz 1873
I.	(Fortlaufend, keine Abteilungen)
1. 1 Bleich	Fahl beglänzte
2. 3 braun	schwarz
2. 4 Rascheln	Rauschen
3. 4 Schilde und Halmbarten!	Schilde, Helebarten!
Str. 4 =	=

5.
Die euch eh'rne Chrysaliden
Sich zum Kleide mochten schmieden,
Sind die Falter ausgeflogen?
Sagt, wo sind sie hingezogen?

6.
Und in welcher Schöpfungsweite
Steh'n die Helden jetzt im Streite?
Sieht man sie im Feld marschieren
Unter fliegenden Panieren?

7.
In gedrängten Männerhaufen
Stürmend an die Feinde laufen
Und Dämonenheere schlagen,
Ew'ge Freiheit zu erjagen?

8.
Schweigen herrscht — sie ruhn im Frieden;
Tatenfroh sind sie geschieden,
Ließen stolz und reich im Sterben
Land und Freiheit ihren Erben.

II.

Druck 1883 u. Mskr. 1882	Illustrierte Schweiz 1873
9. 2 Fängt das Erz nicht an zu leben?	zu beben?
10. 1 Aber statt der tapfern Alten	Aber statt der Vorzeit Walten
10. 4 Grinsen aus den Eisenhauben!	Starren aus den stählern Hauben!

11.
Und es raunt aus allen Ecken
Ein Gelächter mir zum Schrecken;
Wechselnd flirrt es auf den Schilden
Wie von tausend Fratzgebilden.

12.
Sind vom Hause fort die Katzen,
Tanzen auf dem Tisch die Ratzen.
Traurig in dem wärmelosen*
Zwielicht flammen Schwerterrosen.

III.

Druck 1883 u. Mskr. 1882	Illustrierte Schweiz 1873
13. 1 hölzern'	Auf der alten Trommel sitzet
13. 2 Wert, daß man die Zung' ihm schlitzet,	Dort, die Zunge zweigespitzet,
13. 3 Dort ein altes Weib mit Gleißen:	Eine Hex' mit Augengleißen:
13. 4 .. wird es ..	wird sie

14.
In der Schürze einen Knäuel	Auf dem Schoße einen Knäuel
Birgt es von verworr'nem Greuel,	Birgt sie mit verschieb'nem Greuel,
Branraketen, Schwefelschnüre:	Furcht und Mißtrau'n: Schwefelschnüre,
Mißtrau'n, Furcht und Zeugenschwüre.	Branraketen: Lügenschwüre.

* Mskr. 1882 12. 3 .... wesenlosen.

<table>
<tr><td>Druck 1883 u. Mskr. 1882</td><td>Illustrierte Schweiz 1873</td></tr>
<tr><td>15. 2 Des Gerüchtes Blechtrompete,</td><td>Lärmtrompete,</td></tr>
</table>

16.	Eine Brille auf der Nase, Eulenhaft, von blindem Glase, Lauert es und spioniert es, Keift und schreit und peroriert es.

IV.

17. 1	Aus der schwarzen Riesenrüstung,	Dort aus schwarzer ..	
Str.18	=	=	Str. 11
Str.19	=	=	Str. 12

20.	Droht es so ins Horn zu blasen, Zitternd laufen Fuchs und Hasen, Selbst die starken Löwen kneifen Aus mit eingezog'nen Schweifen.

V.

21. 3 Schielen eine Affenschande:	Grinsen ..

22.	Brud, Bruderneid auf freier Erde, Der mit knechtischer Geberde Mürrisch auf der Hofstatt lungert, Nach des Nachbars Äpfeln hungert.
23.	Einen Raub* an seinem Lehen Schilt er jedes Wohlergehen; Grimmig schlägt dem eignen Enkel Er vom Kruge weg den Henkel.

---

* Mskr. 1882 hat zu 23. 1 folgende Anmerkung: „Indem er Werke zu hindern sucht, die ihm selbst nicht unmittelbaren Nutzen bringen, und Gesetze verwirft, welche das Wohl der Nachkommen begraben."

VI.

Str.24	=	= Str. 14
25. 1	Hoch vom Helme	Hoch vom Haupte
25. 3	aufgetakelt	aufgerankt
25. 4	wackelt:	wankt:

26.	„Ja, ich bin der große Peitel! Auf der Welt ist alles eitel Und am eitelsten ich selber, And're sind bescheid'ne Kälber!"
27.	„Lob zu fangen sind die Ohren Reichlich groß mir angeboren; Wische mir damit die Augen, Wenn gerührt sie Wasser saugen!"

VII.

28. 2	geharnischte ..	gepanzerte
28. 3	Mit der Klapperfaust, der harten,	Mit der Faust, der knochenharten,
Str.29	=	= Str. 17

Druck 1883 u. Mskr. 1862   **Illustrierte Schweiz 1873**

30.
Sau und Bube, Lumpentrümpfe,
Helfen ihnen auf die Strümpfe
So im Rat, wie bei den Karten —
Nur nicht bei den Feldstandarten.

31.
Und sie zählen falsch die Stiche,
Und sie schleichen ihre Schliche:
Übung, Übung macht den Meister!
Sprechen auch verlor'ne Geister.

VIII.

32. 3	schwarzen Mäuse	.. Ratten	
Str. 33	=	=	Str. 19
34	=	=	20
35	=	=	21
36	=	=	22
(14 Plusstrophen)		—	

Trinklaube.

W. X. 11. Gaselen. I.

Mskr. 1882. Neuere Gedichte 1851/54. S. 71. I. (Zum großen Teil von 1847 stammend.)

Druck 1883 u. Mskr. 1882	Neuere Gedichte 1851/54
1. . . . . das Los* . . .	. . . . das Reich . . .
2. Die im weiten Zwischenreiche wohnen;	Die im großen Herkulanum wohnen;
5. . . . ist mäßig noch vorhanden,	. . . ist noch genug vorhanden,
6. . . . des Lebens Süße . . .	. . . der Liebe Zucker . . .
7. . . . . . in breiten Strömen,	. . . . in weiten Meeren,
11. Und der Dichtung Fahrzeug mag entrinnen	
12. Dem Bereich der grausen Lästrygonen!	

* Mskr. 1882. 1 . . das Reich . . .

W. X. 11. II.

Mskr. 1882. Neuere Gedichte 1851/54. XIII. S. 83.

4. . . . . Festpokal!	. . . Weinpokal!
7. . . . . jämmerlich . . .	. . . säuerlich . . .
8. Als stäk' er	Als stäke er . . .

W. X. 12. III.

Mskr. 1882. Neuere Gedichte 1851/54. VI. S. 76.

1. . . . gutes . . .	. . . . schönes . . .
5. Gleich einer Palme . . .	Wie eine Palme . . . .
10. Als seine Interpretin legst du dar!	Legst du in reizbewußtem Wesen dar.

W. X. 12. IV.

Mskr. 1882. Neuere Gedichte 1851/54. V. S. 75.

Die beiden Redaktionen decken sich.

W. X. 12. V.

Mskr. 1882. Neuere Gedichte 1851/54. VIII. S. 78. Mskr. flieg. Blatt 1847 in M. 10.

Druck 1883 u. Mskr. 1882	Neuere Gedichte 1851/54 u. Mskr. 1847
3. In holden Züchten laß die Augen streifen,	Mit leichtem Hohn* laß beine Augen schweifen
5. . . . die Stadt durchschweifen	. . . . ben Markt durchstreifen,
6. Und meiner Neider goldne Schar erbosen.	Dort will ich meiner Feinde Schar erbosen!

* Neuere Gedichte 1851/54. 3 . . . Spott . . .

W. X. 13. VI.

Mskr. 1882. Neuere Gedichte 1851 54. VII. S. 77.

Druck 1883 u. Mskr. 1882	**Neuere Gedichte 1851/54**
2. Wie stets ich mich	O wie ich mich . . . . .
4. . . . des Kummers letzte Träne.	. . . die letzte, kleine Träne.
7. Doch um dein schönstes Lächeln zu gewinnen,	Und um dein schönstes Lächeln zu verdienen,
8. Verlieren sich in Torheit meine Pläne!	Gelingen meinem Geiste seine Pläne.

W. X. 13. VII.

Mskr. 1882. Neuere Gedichte 1851/54. IX. S. 79.

5. . . . glüht	. . . brennt . . .
6. . . . dem Kelch der Rose* . . .	. . . dem Herz der Rose . . .

———

* Mskr. 1882. 6 . . . Dem Rosenkelche . . .

W. X. 13. VIII.

Mskr. 1882. Neuere Gedichte 1851/54. X. S. 80.

4. . . . des Lebens . . .	. . . der Erbe . . .

W. X. 14. IX.

Mskr. 1882. Neuere Gedichte 1851/54. S. 84. XIV. Mskr. flieg. Blatt in M. 10. 1847.

Druck 1883 u. Mskr. 1882	**Neuere Gedichte 1851/54 u. Mskr. 1847**
3. . . . springt er	. . . eilt er . . .

W. X. 14. X.

Mskr. 1882. Neuere Gedichte 1851/54. S. 87. XVII.

Druck 1883 u. Mskr. 1882	**Neuere Gedichte 1851/54**
1. Verbogen . . .	Zerbogen . . .
2. . . . . des Trinkers	. . . . Sängers . . .
4. . . , der Chapeau war doch im ganzen gut.	. . . , denn im ganzen war der Chapeau gut.

W. X. 15. Panard und Galet. I.

Mskr. 1882. Neuere Gedichte 1851/54. S. 91.

Druck 1883 u. Mskr. 1882	**Neuere Gedichte 1851/54***
4. 5 . . . hohle . . .	. . . lose . . .

W. X. 16. II.

Mskr. 1882. Neuere Gedichte 1851/54. S. 94.

2. 2 . . neue . . .	. . . frische . . .
5. 2 Mit seinem Spaten** . . .	Mit seinen Burschen . . .
6. 1 „Der hackt mich mit den andern sechs	„Der hackt, wie Blumen, kunterbunt
6. 2 Bald unter grünes Grasgewächs.	Die andern Sechse in den Grund,

———

* Neuere Gedichte 1851/54. Unter dem Titel die Anmerkung: (Zu Daumers Hafis.) vgl. Baechtold II. 32.
** Mskr. 1882. 5. 1 Mit seinen Knechten . . . .

Druck 1883 u. Mskr. 1882	Neuere Gedichte 1851/54
	{ Daß zwischen Scholl' und Totenbein { Sehn sie vergehn die Schwesterlein.
	{ Doch die sind lieblich, meiner Treu! { Der letzte Reim ist süß und neu,
7. 1 „Leb' wohl, mich dünkt, nun muß es sein,	So voll und rein, wie Rhein und Wein —
7. 2 Der beste Reim ist Rhein und Wein!"	Leb' wohl! mich dünkt, nun muß es sein!"

W. X. 17. III.

Mskr. 1882. Neuere Gedichte 1851/54. S. 96.

1. 4 Und meines Herzens Wut!	Und meines Zornes Glut!
3. 2 . . . vom Turm herab	. . . vom Dach herab
3. 4 Und plätschert auf dem Grab!	Und tröpfelt auf das Grab!
	(4) { Daß ich, wenn ich 'nen feur'gen Guß { Weih'n möcht' auf seinem Stein, { Hinweg voll Abscheu fliehen muß, { Zu schützen meinen Wein!

W. X. 18. Ungemischt.

Mskr. 188. Neuere Gedichte 1851/54. S. 175.

1. 2 Mit . . .	In . . . .
1. 3 . . . . blühende . . .	. . . perlende . . . .
1. 4 . . . würz'gen . . .	. . . . . starken . . .
2. 2 . . . Sterne . . .	. . . Strahlen . . . .
3. 2 Wie sie lind in . . .	Wie sie linde in . . . .

W. X. 18. Geübtes Herz.

Mskr. 1882. Neuere Gedichte 1854. S. 187. Chr. Schad, Deutscher Musenalmanach 1854. S. 39. Dat. 1854. (vgl. Baechtolb. Bd. II. 89.)

Druck 1883 u. Mskr. 1882	Neuere Gedichte 1854	Deutscher Musenalmanach 1854
Geübtes Herz.		Liebeslied.
2. 3 . . sie tönt mit sichrér Kraft . . .	. . . gibt mit sichrer Kraft . . .	Denn sie tönt mit tiefer Kraft . .

W. X. 19. Doppelgleichnis.

Mskr. 1882. Neuere Gedichte 1854. S. 213. Chr. Schad, Deutscher Musenalmanach 1853. S. 228.

Druck 1883 u. Mskr. 1882	Neuere Gedichte 1854	Deutscher Musenalmanach 1853
Doppelgleichnis.	Vergleich.	Rätsel I.
1. 2 . . . . herein,	=	. . . hinein,
1. 3 . . . von Westen . . .	=	. . . von Osten . .
1. 4 . . ., so lieb und fein!	=	. . . ., melodisch rein!
2. 1 =	. . . wandl' ich . . .	. . . schaff' ich . . .
2. 4 . . . Becherglöckchen . .	=	. . . Glockenbecherchen . .
4. 1 Kelch und Glöcklein	=	Glas und Glöcklein . . .

W. X. 20. Mit einer Reißkohle.

Mskr. 1882. Neuere Gedichte 1854. S. 211. Chr. Schad, Deutscher Musenalmanach 1853. S. 229.
Mskr. flieg. Bl. in M. 10. Dat. Berlin, März 1852.

	Druck 1883 u. Mskr. 1882*	Neuere Gedichte 1854	Deutscher Musenalmanach 1853	Mskr. 1852
	Mit einer Reißkohle.	Verliebtes Rätsel.	Rätsel II.	Rätsel.
1. 2	. . . beines Mundes . . .	=	=	. . . beiner Lippen . . .
2. 1	=	=	. . . das Knistern, . . .	. . . . das Liebchen, . . .
2. 4	=	=	Die Schwärze, als dein Haar im Morgen=	An Schwärze es, als beiner Locken Glanz?
5. 2	=	. . und der Jahresringe Lauf;	=	[glanz? Der Abern und des Markes schönen Lauf;

* Titel im Mskr. 1882: Mit einer Schachtel Reißkohle.

W. X. 21. Die Aufgeregten.

Mskr. 1882. Neuere Gedichte 1854. S. 216.

	Druck 1883 u. Mskr. 1882	Neuere Gedichte 1854
1. 1	. . . . bewegten . . .	. . . bewegte . . .
1. 4	. . . . gegenseitig . . .	. . . an einander . . .
3. 2	. . . . kleine . . .	. . . zarte . . . .

W. X. 21. Lacrimae Christi.

Mskr. 1882. Neuere Gedichte 1851/54. S. 106. Julius und Rupertus, Donauhafen 1848. S. 70.

	Druck 1883 u. Mskr. 1882	Neuere Gedichte 1851/54	Donauhafen 1848
1. 1	' . . . . . . Silbersäumchen	=	. . . . Silbersäumlein
1. 3	. . . . . Feigenbäumchen,	=	. . . . Feigenbäumlein,
2. 1	=	. . . Mönch	. . . Greis* . . .
2. 6	. . in Liebe . .	=	. . . vor Liebe . . .
2. 8	Ischia, Capri und Sorrent.	=	Capri, Ischia und Sorrent.
3. 4	=	. . . glühenden . .	. . . . schimmernden . . .
4. 3	=	. . . der Ruh',	. . die Ruh,
4. 6	=	Ischia, Capri und Sorrent —	Capri, Ischia und Sorrent;

* Donauhafen 1848. 2. 1 „Greis" ist auffallend. Bachtold notiert dazu in seinem Handexemplar die Lesart „Christ" . . .

W. X. 23. Landwein.

Mskr. 1882. Neuere Gedichte 1851/54. S. 108. Donauhafen 1848. S. 72.

	Druck 1883 u. Mskr. 1882 Landwein.	Neuere Gedichte 1851/54 Ordinärer Landwein.	Donauhafen 1848 Ordinärer Landwein.
1. 1	Am Hügel wohnt der alte Bauersmann,	=	'nen Vetter hab' ich, einen Bauersmann,
1. 2	..... von neuer Hand gegründet,*	=	.... mit starker Hand geründet,
1. 3	... Land ..	.. Gut ...	.... Feld ...
1. 4	...... feste	=	.. hohe ....
1. 5	.. harter ...	=	... heißer ...
1. 6	.. zu ...	=	... in ...
2. 2	Geteilt in Streifen und in allen Farben	=	In weiten Kreisen und in allen Farben
2. 3	Dehnt es sich aus, vom hellen Saatengrün	=	Rings um das Haus, vom feinen Saatengrün
2. 6	.... Blüten ..	=	... Sterne ...
3. 1	.. Berge ...	=	.. Hügel ...
3. 3	.. felsiger Gestalt	... hoher Felsenhald'	... schroffer Felsenhald'
3. 6	.... Tann' ...	=	.... Föhr' ...
3. 7	=	.. blanke ..	Die schwere ...
3. 8	Dem langen Zug den richt'gen Weg zu schauen.	=	Dem schwanken Zug den besten Pfad zu schauen.
4. 1	... zum Nah'n ...	=	... zum Wehn ...
4. 2	=	.... Flur und Felder ..	..... Flur und Gründe ..
4. 3	.... Halmes Blüte ..	=	.... Feldes Blume ..
4. 4	... Pflug und Stier ..	=	... Pflug und Roß ..
4. 5	=	.... sonnig heitrer ..	... sonnig blauer ..
4. 7	....., Wachtel, Eul' und Rabe	=	....., wildes Huhn und Rabe
5. 4	.... rauhern ..	=	.... rauhen ..
5. 8	Der Rebe wähl'risch Schoß ...	Der Rebe zartes Schoß zum Lichte wendet.	Das Rebenschoß zum warmen Lichte wendet.
6. 3	Der nicht wie Honig süß, doch frisch und herb	Gewöhnlich zwar wird er etwas herb,	Zwar wird er meistens säuerlich und herb,
6. 4	Der Männer Blut erhält mit tücht'ger Kraft;	Doch frischet er das Herz mit tücht'ger Kraft;	Doch frischet er das Herz mit derber Kraft.
6. 6	Dem Volke, das	=	Dem Manne, der ....
7. 5	Hat er das erste Glas davon geleert —	=	Hab' ich ein schäumend' Glas bei ihm geleert —
7. 6	... er	=	.. ich ...
7. 7	So saß der Mann inmitten ...	=	Der Vetter saß in Mitten seiner Sippe

* Druck 1883. 1. 2 .. „gegründet" .. vermutlich Schreibfehler für .. „geründet".

	Druck 1883 u. Mskr. 1882	**Neuere Gedichte 1851/54**	**Donauhafen 1848**
8. 4	Als hört' er wo ein . .	=	Als hörte er ein . . .
8. 7	. . , mag er . .	=	. . . . , kann er . . .
8. 8	. . . . mutiges . .	=	. . . . fröhliches . .
9. 5		. . . sich soll offenbaren	. . . sich wird offenbaren
9. 8	Wird dieser harte Ackergrund gegeben.	==	Ist dieser harte Erdenkloß gegeben.
10. 5	. . der Geist der Geister will entfalten,	=	. . der Geist in's Weite will entfalten,

W. X. 26. Rote Lehre.

Mskr. 1882. Neuere Gedichte 1854. S. 220. Chr. Schad, Deutscher Musenalmanach 1853. S. 231.
Mskr. flieg. Bl. in M. 10. (Entwurf zweier Strophen.)

	Druck 1883 u. Mskr. 1882	**Neuere Gedichte 1854**	**Deutscher Musenalmanach 1853**	**Mskr. in M. 10**
	Rote Lehre.	Rot.	Für die Roten.	—

„Blut ist ein ganz besondrer Saft!"

	Druck 1883 u. Mskr. 1882	**Neuere Gedichte 1854**	**Deutscher Musenalmanach 1853**
1. 2	. . behaupt' es	=	. . verkünd' es . .
1. 3	Könnt' ich, würd' ich jeden köpfen,	=	Und geköpft sei Jeder, welcher .
1. 4	Der nicht meine Meinung teilt!"	=	Das Prinzip nicht mit mir teilt!"
2. 1	In des Babers enger Stube	=	Also in des Babers Stube
2. 2	Vetter Hansen also sprach,	==	Hört' ich einen, der dies sprach,
2. 4	=	Jener . . .	Dieser . . .
3. 2	=	. . dicken brallen	. . runden brallen . .
3. 3	. . dem Vetter . .	=	. . dem Sprecher . . .
4. 3	. . . rümpft er . .	=	. . . rümpft sich . .

Deutscher Musenalmanach 1853 (mit = in Neuere Gedichte 1854):

Eine Ros' im Wetterscheine
Sah ich blühen brennend rot;
Einen Becher sah ich glühen,
Der noch tief're Röte bot!

Deutscher Musenalmanach 1853	**Mskr. in M. 10**
Aber rief etwa die Knospe	O ihr Esel! Sagt die Rose
Vorher, daß sie rot wollt' sein?	Vorher, daß sie rot will sein?
Schrie der junge grüne Weinstock:	Schreit der zarte grüne Weinstock:
Ich will geben roten Wein?	Ich will geben roten Wein?

	Druck 1883 u. Mskr. 1882	Neuere Gedichte 1854	Deutscher Musenalmanach 1853	Mskr. in M. 10
5. 1	Mittags widert ihm die Suppe,	=	Nein, der ewig goldengrüne	Nein, der ewig goldengrüne
5. 2	Rötlich dampft sie, wie noch nie;		Baum des Lebens tut das nie,	Baum des Lebens tut das nie,
5. 3	Immer geht es so der alten		Das tut nur die ewig graue,	Sondern nur die ewig graue,
5. 4	Grauen Eselstheorie!		Grane Eselstheorie!	Graue Eselstheorie!
			Reich das eig'ne Blut verschwenden,	
			Mit dem fremden knauj'rig sein,	
			Ist der Freiheit Wirtschaftslehre,	
			Sie verleiht den Sieg allein!	
6. 1		Manches Brünnlein mag noch springen*	Doch die wahre Friedenstaube	
6. 2	=	In das Gras mit rotem Schein;	Dann erst zu den Sternen fliegt,	
6. 3		Doch der Freiheit echter, rechter	Wenn mit schallendem Gelächter	
6. 4		Letzter Sieg wird trocken sein.	Trocken ihr den Feind besiegt!	

* 6. 1 Mskr. 1882 hat ... [fließen].

Epigrammatisches.

W. X. 27. Venus von Milo.

Mskr. 1882. Deutsche Rundschau 1878. Bd. XV. S. 339. Mskr. 1878 in Mskr.-Heft M. 10. Dat. April 1878.

	Druck 1883 u. Mskr. 1882	Deutsche Rundschau 1878	Mskr. 1878
1. 3	... in Gips, Porz'lan und Zinn	=	.. in Gips, Biscuits und Zinn
2. 1	=	Die Suppe dampft, ..	Der Kaffee dampft, ..
2. 3	=	An das Gerümpel längst gewöhnt,	Doch du, mit deinem Stoff versöhnt,

vgl. Baechtold III. 393; A. Köster, Briefwechsel Storm-Keller S. 39.

W. X. 27. Ratzenburg.

Mskr. 1882. Mskr. flieg. Bl. in M. 10.

	Druck 1883 u. Mskr. 1882	Mskr. flieg. Bl.
B. 7	Vom untern bis zum obern Tor;	Vom obern bis zum untern Tor;
14	.. niemand	.. keiner ....

B. X. 28. An eine junge Simplicitas.

Mskr. 1882. 2. Mskr. flieg. Bl. 1. Mskr. in Mskr.-Heft S. 28. M. 10.

	Druck 1883, Mskr. 1882 u. Mskr. flieg. Bl.	1. Mskr. im Mskr.-Heft
2	Spendest zur Seite gewandt beinen verkümmerten Knicks!	Grüßest zur Seite gewandt — wohl auf der Mutter Geheiß?
3	. . . : als Mütterchen seh' ich dich humpeln,	. . . : ich seh' dich als runzlige Alte,
4	Welches zu Hussens Gericht steuert sein schwelendes Scheit!	Welche zu Hussens Gericht schleppt ihr schwelendes Scheit!

B. X. 28. Historiograph.

Mskr. 1882. 2. Mskr. flieg. Bl. 1. Mskr. im Mskr.-Heft S. 28. M. 10.

	Druck 1883, Mskr. 1882 u. Mskr. flieg. Bl.	1. Mskr. im Mskr.-Heft
	Historiograph.	Gervinus.
3	. . schäbiges, ...	. . ruppiges, . . .
4	. . die Dichter im Chor.	. . die Dichter vergnügt.

B. X. 28. Einem Tendenzriecher.

Mskr. 1882. 2. Mskr. in M. 10, flieg. Bl. 1. Mskr. im Mskr.-Heft S. 29, M. 10.

	Druck 1883	Mskr. 1882	2. Mskr. flieg. Bl. u. 1. Mskr. im Mskr.-Heft
1	. . . . müd und kränklich . . .	. . . frank und müde . . .	. . . . frank und müde . . .
2	Ärgert dich jetzo der Gran, ...	=	Ekelt dich jetzt der Gran, . . .

B. X. 28. Der Scheingelehrte.

Mskr. 1882. 2. Mskr. flieg. Bl. 1. Mskr. im Mskr.-Heft S. 29. M. 10.

	Druck 1883, Mskr. 1882 u. 2. Mskr. flieg. Bl.	1. Mskr. im Mskr.-Heft
1	„Wissende sagten es lange!"	„Wissende sagten es längst schon!" . . . .

B. X. 28. Rhetorische Histrionen.

Mskr. 1882. 2. Mskr. flieg. Bl. 1. Mskr. im Mskr.-Heft S. 29. M. 10.

	Druck 1883	Mskr. 1882, 2. Mskr. flieg. Bl. u. 1. Mskr. im Mskr.-Heft
1	Einer flötet wie Honig so süß, der andere lümmelt,	Einer flötet wie Honig, der andere poltert als Lümmel,
2	Doch vor dem gleichen Trümeau wurden die Reden studiert.	Doch vor dem nämlichen Glas wurden die Reden studiert.

W. X. 29. Ein schuldlos Unwahrer.

Mskr. 1882. 2. Mskr. flieg. Bl. 1. Mskr. im Mskr.-Heft, S. 32.

	Druck 1883	Mskr. 1882	2. Mskr. flieg. Bl.	1. Mskr. im Mskr.-Heft
	=	=	Ein schuldlos Unwahrer.	Ein unschuldig Unwahrer.
V.2	=	=	... das Gebilde sich durch;	... log das Gebilde so fort;
3	Was es berührt, wird unwahr,...	[Was er berührt, ward] ..	=	Was er berührt, ward unwahr,...
4	=	=	Gold zu gleißendem Tombak, Kläglich im festlichen Krug...	Gold zu erdigem Staube, Hebend den festlichen Krug...
5	Möchte Natura naturans mit solchem Betrieb uns verschonen,	Doch das Naturspiel scheint mir ein bedenklicher Scherz,	=	Doch das Naturspiel scheint mir ein bedenklicher Scherz.
6	Laufen ja mehr als genug wirkliche Schelme herum!	Laufen doch übergenug wirkliche Schelme herum!		

W. X. 29. Dynamit.

Mskr. 1882. 2. Mskr. flieg. Bl. 1. Mskr. im Mskr.-Heft, S. 30.

	Druck 1883	Mskr. 1882 u. 2. Mskr. flieg. Bl.	1. Mskr. im Mskr.-Heft
V.1	=	Seit ihr die Berge versetzet mit ...	Schleudert die Berge zur Seite mit ....
2	=	Fürcht' ich, den Hebel entführt euch ein dämonisch Geschlecht!	Aber den Hebel entführt, fürcht' ich, ein schwarzer Zyklop!
3	... geht um die verwünschte Patrone,	... rouliert die verwünschte Patrone,	... rouliert die verruchte Patrone,
5	=	... mit länglichen Schritten,	.. mit eiligen Schritten,

W. X. 29. Dem Kopf- und Herz-Dogmatiker.

Mskr. 1882. 2. Mskr. flieg. Bl. R. Prutz, Deutsches Museum. 1854. No. 11, S. 380.
1. Mskr im Mskr.-Heft, S. 33.

	Druck 1883, Mskr. 1882 u. 2. Mskr. flieg. Bl.	Deutsches Museum 1854	1. Mskr. im Mskr.-Heft
	Dem Kopf- und Herz-Dogmatiker.	Einem Herzlichen.	—
1	Dein schlechtes Fühlen stieg aus deinem Kopf hernieder,	=	Dein schlechtes Denken steigt aus deinem Herzlein bieder;
2	Dein schlechtes Denken kommt aus deinem Herzen bieder:	= [ihn vergißt!	Dein schlechtes Fühlen stieg aus deinem Kopf hernieder:
4	=	Die träge Magd, das Herz, zu wecken	Und weil die Magd, das Herz, sich seines Amts vergißt!

W. X. 29. Ein Goethe-Philister.

Mskr. 1882. 2. Mskr. flieg. Bl. 1. Mskr. im Mskr.-Heft, S. 30. N. 10. Sodann zu vgl. Mskr. Bd. II. 1845. Bl. 80.

(Innenseite des hintern Deckels. vgl. S. 123)

Druck 1883 Mskr. 1882 2. Mskr. flieg. Bl.	1. Mskr. im Mskr.-Heft	Mskr. 1845. B. II.
=	Ein Goethe-Philister.	—
1 =	Den mit trock'nen Erbsen angefüllten Schädel	Du, mit dem Kopfe voll Erbsen, o langer und redlicher Heinzen,
2 =	Taucht er jauchzend in des klaren Meeres Wellen,	Saug' aus dem Ruge'schen Buch nicht zu viel Wasser in dich;
3 . . . nennt; . . . ,	Das man Goethe heißt; nun schauet achtsam,	Denn wie du weißt, es zerspringen die Nähte an jeglichem Schädel
4 =	Wie die Nähte platzen, wenn die Erbsen schwellen!	Wenn er mit Erbsen gefüllt, die unter Wasser gesetzt!

W. X. 30. Parteileben 1.

Mskr. 1882. Mskr. flieg. Bl.

Druck 1883 u. Mskr. 1882	Mskr. flieg. Bl.
B. 2 .. zumeist vielmehr beträchtlich ...	... zumeist im Gegenteil beträchtlich ..

W. X. 30. II.

Mskr. 1882. 2. Mskr. flieg. Bl. 1. Mskr. im Mskr.-Heft S. 29. N. 10. R. Prutz, Deutsches Museum 1854. S. 380.

Druck 1883. Mskr. 1882. 1. u. 2. Mskr.	Deutsches Museum 1854
B. 4 ..... will kommen.	. : . kann kommen.

W. X. 30. III.

Mskr. 1882. 2. Mskr. flieg. Bl. 1. Mskr. im Mskr.-Heft S. 29. N. 10. R. Prutz, Deutsches Museum 1854. S. 379.

B. 4 Von dort, dem schauet ins Gesicht!	Von drüben, dem schaut ins Gesicht!

W. X. 30. IV.

Mskr. 1882. 2. Mskr. flieg. Bl. 1. Mskr. im Mskr.-Heft S. 29. N. 10.

	Druck 1883 u. Mskr. 1882	2. Mskr. flieg. Bl.	1. Mskr. im Mskr.-Heft
B. 1	=	=	„Was du nicht willst, daß man dir tu',
2	=	=	Das füg' auch keinem andern zu!"
3	=	=	Laß die Gesinnung merklich sein,
4	=	=	So ist der halbe Sieg schon dein.
5	=	Zu diesem Wort lacht manch' ein Schuft,	
6	=	Der sich auf den Erfolg beruft;	
7	=	Doch du erlebst, daß er wird wandern,	
8	s' trifft eben einen nach dem andern!	Es kommt nur einer nach dem andern!	

B. X. 30. V.

Mskr. 1882. 2. Mskr. flieg. Bl. 1. Mskr. im Mskr.-Heft S. 29. M. 10. R. Prutz, Deutsches Museum 1854. S. 379.

	Druck 1883 u. Mskr. 1882	1. und 2. Mskr.	Deutsches Museum 1854
B. 1	=	… an der Partei,	… zu der Partei, …
2	… unbewegt …	.. muentwegt …	Aber unterwegs* ……

* Deutsches Museum 1854 … „unterwegs" ist Druck- resp. Schreibfehler.

B. X. 30. VI.

Mskr. 1882. 2. Mskr. flieg. Bl. 1. Mskr. im Mskr.-Heft S. 29. M. 10. R. Prutz, Deutsches Museum 1854. S. 380.
Die fünf Redaktionen stimmen überein.

B. X. 30. VII.

Mskr. 1882. 2. Mskr. flieg. Bl. 1. Mskr. im Mskr.-Heft S. 30. M. 10.
Die Redaktionen stimmen überein.

B. X. 30. VIII.

Mskr. 1882. 2. Mskr. flieg. Bl. 1. Mskr. im Mskr.-Heft S. 30. M. 10.

	Druck 1883. Mskr. 1882. 2. Mskr. flieg. Bl.	1. Mskr. im Mskr.-Heft
B. 2	Strauchdiebe aber sind keine Partei!	Doch Beutelschneider sind keine Partei!

B. X. 31. Majorität.

Mskr. 1882. 2. Mskr. flieg. Bl. 1. Mskr. im Mskr.-Heft S. 30. M. 10. R. Prutz, Deutsches Museum 1854. S. 380.

	Druck 1883. Mskr. 1882. 2. Mskr. flieg. Bl.	1. Mskr. im Mskr.-Heft	Deutsches Museum 1854
	Majorität.	Die Mehrheit.	Majorität.
B. 6	Laßt Ehr und Schuld ihm und sagt Amen!	Laßt ihm die Ehr' und saget Amen!	Laßt ihm die Ehr' und saget Amen!
7	=	Und läuft es dann auf schlechten Sohlen,	
8	=	So wird es schon der Teufel holen!	

B. X. 31. Ist zu Ende nun das Kannegießen.

Mskr. 1882. Liegt in keiner andern Redaktion vor!

W. X. 31. Aus ihrem Leben: Dichtung und Wahrheit I.

Mskr. 1882. Gedichte 1846. S. 291. Mskr. 1845. B. II. Bl. 58.

Druck 1883 u. Mskr. 1882	Gedichte 1846 u. Mskr. 1845
—	Ghasel.
V. 1 Den Dichter seht, ...	Seht den Poet, ...
2 ... ein Dutzend ...	.... drei Dutzend ...

W. X. 32. Aus ihrem Leben: Dichtung und Wahrheit II.

Mskr. 1882. Gedichte 1846. S 292.

Druck 1883 u. Mskr. 1882	Gedichte 1846
2. 1 —	Konditor und Poet.
2. 2 Und zur ...	O, zur ...
2. 3 Duftet es an allen Wänden!	Duftet rings es an den Wänden!
2. 4 ... von Seligkeiten	... von Herrlichkeiten
3. 1 .. aus mächt'gen Händen!	.. aus vollen Händen!
5. 3 ..... Wunderblumen,	.... süße Blumen,
... ein gefehltes Törtchen	... eine Zuckererbse
	Soll ich einen andern Himmel,
	Samt den Göttern, noch beschreiben:
	Samt den Dichtern, — die ihr Dichten
	Just wie Zuckerbäcker treiben?
St. 6 =	= Str. 7

W. X. 33. In den Äpfeln.

Mskr. 1882. Das Gedicht liegt in keiner andern Redaktion vor.

Druck 1883	Mskr. 1882
In den Äpfeln.	[Lebensart.]
3. 4 Die Krone zu	[Das Bäumlein] ....
6. 2 Nach Äpfeln auszuspähen,	Und ließ mir's wohl ergehen,
6. 3 Und ich genoß den süßen Schaum,	Ich trank der Äpfel süßen Schaum,
6. 4 Die Blätter ließ ich stehen.	Und ließ die Blätter stehen.

W. X. 34. Der falsche Hafisjünger.

Mskr. 1882. Neuere Gedichte 1851/54. S. 193. Mskr. flieg. Bl. in M. 10.

(Heidelberg, November 1849.)

Druck 1883 u. Mskr. 1882	Neuere Gedichte 1851/54 u. Mskr. 1849
1. 1 „Ich bet' in aller Frühe	„Ich bete in der Frühe
3. 4 .. das Wort ...	... mein Wort ...
4. 2 Das angelobte Streben,	Mein Wort, das ich gegeben,
4. 3 Von Lieb' und Wein die Lieder	Und halle heuchelnd wider
4. 4 Auch orthodox zu leben,	Hafisens Jubelleben
5. 2 .. grämlich mich verbittre,	.. gramvoll mich erbittre,
5. 3 ... blöd und schüchtern	... stumm und schüchtern
6. 1 Indes ich mit Bülbülen	
6. 2 Und mit Narzissen prahle,	
6. 3 Sorg' einzig ich im Stillen,	
6. 4 Wie sich die Zeche zahle.	

Druck 1883 u. Mskr. 1882   **Neuere Gedichte 1851/54 u. Mskr. 1849**

7.
Verfluchtes Buch, das dreimal
Ich schon veräußert habe!
Stets kehrt zurück das Scheusal
Wie eines Teufels Gabe!

8.
Und wieder mit Geflüster
Bet' ich in dem Breviere
Und hock', wie ein Magister
Bei seinem sauren Biere!

9.
So ist zu jeden* Zeiten
Die Heuchelei vom Bösen —
Mög' uns nach allen Seiten
Der Herr davon erlösen!"

Ich fühl's, nach allen Seiten
Ist Heuchelei vom Bösen;
Drum gilt's, das eigne Streiten
Von Pfaffheit zu erlösen!

Hast Freude du empfangen,
So freu' dich ohne Prahlen!
Und will dich Nacht umfangen,
Ergib dich ihren Qualen!

* Mskr. 1882 hat 9. 1 . . zu [allen] Zeiten.
Neuere Gedichte 1851/54 9. 4 Von Pfaffentum erlösen!
10. 4 Schäm' nicht dich ihrer Qualen!

W. X. 35. Morgenwache.

Mskr. 1882. Gedichte 1846. S. 8.

Druck 1883 u. Mskr. 1882   **Gedichte 1846**

2. 4 Klärlich* kann bespiegeln: Fröhlich kann bespiegeln:
2. 8 Glühe, dunkles Naß!   Glühe, Purpurnaß!
3. 3 Ob die Rosen schon sind wach,   Ob schon viele Rosen wach:
4. 1 .... tiefe Amselschlag   ..... erste Amselschlag
4. 4 Heiter ...   Freudig ...
4. 8 Wacker ...   Heiter ....
5. 1 ... unf'rer Freude ..   ... meiner Freude ..
5. 3 ... der helle Zorn   ... der rote Zorn
5. 4 Gleich in ..   Hell in ...

6.
Und der Lüge schwarzen Molch**
Tapfer anzustechen,
Dem gemeinen Höllenstrolch
Kühn das Horn zu brechen:
Ja, die Nas' zu finden,
Die uns nicht gefällt,
Zieh'n mit allen Winden
Fort wir in die Welt!

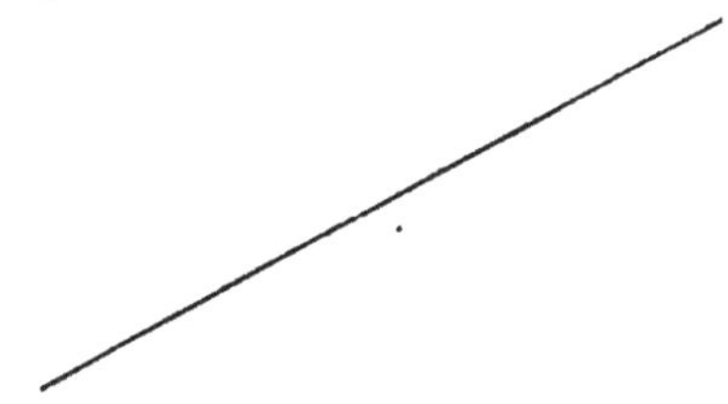

* Mskr. 1882: 2. 4 ... [Munter] kann bespiegeln.
** Zur letzten Strophe vgl. Adolf Frey, Erinnerungen an Gottfried Keller. II. Aufl. S. 128.

Vermischte Gedichte.

W. X. 39. Denker und Dichter. I.

Mskr. 1882. Gedichte 1846, S. 277. Deutsches Taschenbuch 1845, S. 232. Dat. 12. März 1844.

		Druck 1883 u. Mskr.* 1882	Gedichte 1846 u. Deutsches Taschenbuch 1845
2.	1	. . gülbnen . .	. . goldnen . .
3.	6	. . . burch die Lüfte rollt,	. . . burch die Lande rollt,
4.	1	Der . . .	Mein . . .
5.	7	. . leicht' Gemüt . .	. . Dichtergeist . .
6.	1	Ich senbe . . .	Ich schicke . . .
7.	2	Geordnet . . .	Erfunden . . .

* Mskr. 1882: 3. 6 . . [hoch am Himmel rollt,]
  4. 1   Mein . . . .

W. X. 41. Denker und Dichter. II.

Mskr. 1882. Gedichte 1846, S. 280. Deutsches Taschenbuch 1845, S. 235. Dat. Oktober 1844.

1.	7	Die Dichter . . .	Wir Dichter . . .
2.	8	. . . verflogen.	. . . zerflogen.*
5.	1	. . der Sänger Schar,	. . . die Dichterschar,
5.	8	. . hell gestimmten . .	. . . klar gestimmten . .

* In Geb. 1846 offenbar Druckfehler.

W. X 42. Wanderlied.

Mskr. 1882. Gedichte 1846, S. 249. Deutsches Taschenbuch 1845, S. 209. Dat. August 1844.

1.	4	Die Sonne mit mir geht!	Die Sonne da mit mir geht.
2.	1	Ich führe nur Stab und Becher,	Nichts nehm' ich mit, als den Becher,
2.	4	Wie's überall so schön!	Wie's überall boch so schön!
3.	2	Als meine Berge, so hoch!	Als meine Berge noch),
3.	4	. . . Purpurwolken . . .	. . purpur'ne Wolken . .
4.	1	Und wo kein schmachtender Lotos,	Wo keine schmachtenden Lotos,
5.	2	So lockt mich die Moschee;	Mich lockt die luft'ge Moschee:
5.	4	. . . abenbländisches . .	. . . europäisches . . .
6.		Das Heimweh nach der Wirtin! Sie finb' ich in keinem Haus, Und nach der einzig Einen Jag' ich Welt ein und aus.	Nur einer süßen Blüte Ermangel' ich überall, Von einem süßen Namen Den silbernen Zauberschall.
7.		Hei da, du wilder Jäger, Du Bauer bort im Kraut, Haft du, verweg'ner Schiffer, Die Wirtin nirgenbs geschaut?	Hallo, du muntrer Jäger! Sag' an, du Bergmann traut! Haft du, mein stiller Fischer! Mein Liebchen nirgenbs geschaut?

<table>
<tr><td>

Druck 1883 u. Mskr. 1882

8.
Frau Freiheit heißt die Schönste!
Sie ist von keuschem Blut;
Sie hält sich Wanderschuhe
Und einen Reisehut.

9.
Wo kocht sie jetzt die Rüben?
Wo malt sie jetzt ihr Korn?
Wo striegelt sie die Knechte?
Wo reutet sie den Dorn?

10.
Sie ist eine Melusine,
Wer sie hat und nach ihr fragt,
Dem wandert sie aus dem Hause
Früh morgens, eh' es tagt!

</td><td>

Gedichte 1846 u. Deutsches Taschenbuch 1845

Mein Liebchen, das ist die Freiheit,
Die such' ich kreuz und quer —
Sie ist doch nicht ertrunken
Im alten, falschen Meer?

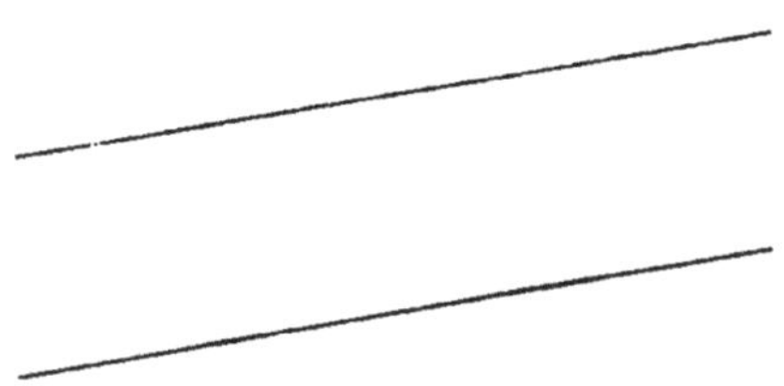

</td></tr>
</table>

W. X. 44. Überall. 1843.

Mskr. 1882. Gedichte 1846, S. 247. Deutsches Taschenbuch 1845, S. 204. Dat. 8. Mai 1844.

1.	8	Röte dich ..	Strahle rot ..
3.	3	... Siegeskrone,	... Siegerkrone,
3.	8	... Würdige ..	.. Würdigste ..

W. X. 45. Die Tronfolger.

Mskr. 1882. Gedichte 1846, S. 271. Deutsches Taschenbuch 1845, S. 225. Dat. 1844.

		Die Tronfolger.	„Morgenrot u. s. w."
1.	8	.. leerer Becher * ..	.. Wermutsbecher ..
2.	1	.. was flüstern diese Massen,	.. was flüstert durch die Gassen
2.	2	Und was reitet vom Palast	Und was zischelt vom Palast?
2.	3	Schwarz ein Herold durch die Gassen,	Herolde durchziehn die Straßen,
2.	4	Rufend mit gedämpfter Hast?	Wispern mit gedämpfter Hast:
2.	6	Tot der alte Eigensinn!	„Hei, der alte Herr ist tot!"
2.	7	Hat der Sohn das Reich erworben,	„Kronprinz hat den Tron erworben:
2.	8	Ist auch uns're Not dahin!	„Aus und ab ist unsre Not!"
3.	2	... weit herum;	... um und um:
4.	5	.., da tröpfelt's auf die Nase —	... da fällt was auf die Nase —

* Mskr. 1882 hat 1. 8 .. Wermutsbecher ...,

W. X. 46. Frau Rösel.

Mskr. 1882. Gedichte 1846, S. 266. Deutsches Taschenbuch 1845, S. 222. Dat. Oktober 1844.

		Frau Rösel.	Frau Michel.
1.	1	Frau Rösel ...	Frau Michel* ..

Frau Michel hat ihren einz'gen Sohn
dem König hingegeben,
Der steht und gafft im Schilberhaus:
sie nährt mit Spinnen ihr Leben.
Die gute, arme Frau Michel.

* Der Refrain hat durchgehend die Variante ... Frau Rösel.

| **Druck 1863 u. Mstr. 1862** | **Gedichte 1846 u. Deutsches Taschenbuch 1845** |

2. 1   .. junge ..
2. 2   .. auf, gute Frau!
    Ihr müßt das Haus verzieren!
3. 1 ... Frau Rösel ..
    wie trippelt sie und wie lauft sie!
3. 2 Ein Dutzend Fähnchen und Goldpapier
    und junge Birken kauft sie,
4. 1   .. zu Wald
4. 2 ... Zeug,
6. 3 Der guten, armen Frau Rösel.
7. 2 Und sitzt vergnügt vor ihrem Haus
    und harrt der Landesmutter,

.. liebe ..
.. Frau Michel mein,
  ihr müßt eu'r Haus verzieren.
... Frau Michel ..
  wie trippelt sie, wie lauft sie!
Baumwollenfahnen und Goldpapier
  und frische Rosen kauft sie.
.. in Wald ..
... Quark,
Die gute, arme Frau Michel.
Und sitzt vergnügt und harrt im Haus
auf die neue Landesmutter.

Doch eh' sie sich recht umgeschaut,
  sind schon vorbei die Wagen!
Und wie das Pärlein ausgesehn,
  muß sie den Nachbar fragen.

So schlage doch der Teufel drein!
  ich kann nicht mehr spaffen und narren:
Wie lang noch willst du, altes Kind!
  in deinem Dufel verharren?
  Du dummes Weib, Frau Michel!

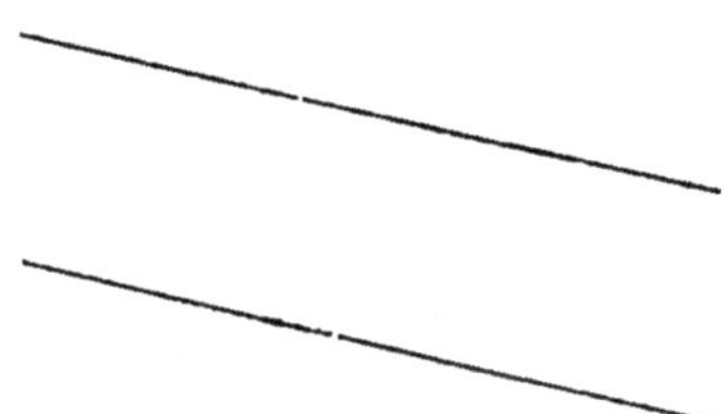

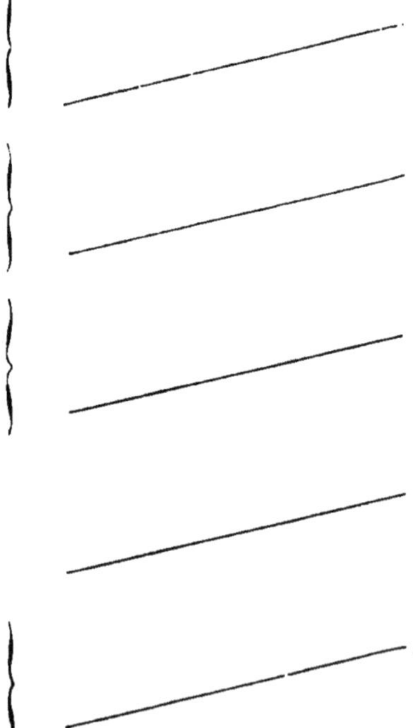

8. Doch ist sie müd, sie sitzt und schläft,
   hört nicht das Schießen und Lärmen,
Und sie entschläft für allezeit,
   es kann sie nichts mehr härmen,
   Die gute, arme Frau Rösel.

9. Sie sieht nicht, wie vorüberrollt,
   als von der Luft getragen,
Im Sonnenschein der Freudenzug
   der königlichen Wagen,
   Die gute, stille Frau Rösel.

10. Denn hinten auf dem hintersten
    im goldbetreßten Kleide
(Ein Jäger stand, der hieß der Tod,
   und löst sie von dem Leibe,
   Die gute, arme Frau Rösel!

11. Heut kommt der Vogt herbeigerannt
    und kratzt sich an den Ohren:
Nun hab' die letzte Steuer ich
   aus eig'ner Schuld verloren
   Am alten Weib, der Rösel!

12. Was soll ich denn dem toten Weib,
    dem hinterlist'gen, pfänden?
Es bleibt mir nichts als Flitterkram
   und welkes Laub in Händen!
   Das schlechte Weib, die Rösel!

Druck 1883 u. Mskr. 1882 Gedichte 1846 u. Deutsches Taschenbuch 1845 

13. Der Künstler auch, Herr Bunzelmann,
    er kam herbeigetrunken:
Gut ist es, daß mein Honorar
    ich auf der Stell' getrunken!
    Die gute, arme Frau Rösel!

Mskr. 1882 hatte ursprünglich am Schluß die Plusstrophe:

[So geht es, wenn ein Vaterland
    aufbraust im Festesjubel,
Es wird gewonnen und verspielt
    im allgemeinen Trubel
    Am toten Weibe, Frau Rösel!]

W. X. 48. Der Kürassier.

Mskr. 1882. A. Ruge, Die politischen Lyriker unserer Zeit. 1847, S. 313. (Gedichte 1846, S. 269. Deutsches Taschenbuch 1845, S. 220.

Druck 1883 u. Mskr. 1882   Die politischen Lyriker 1847. Gedichte 1846. Deutsches Taschenbuch 1845.

Der Kürassier.   Der Kürassier. „Für Gott, König und [Vaterland!"

1. 1 Ich drückte mich ..   Ich spute mich ..
1. 2 Da stand er ...   Da stehet ...
2. 1 .. ein Groschen, ... ein Kreuzer, ..
2. 2 Erschrocken blieb ich stehen und wurde ...   Ich stehe still, erschrocken, und werbe ...
2. 3 Den schlanken, den blanken, den schweren ..   Der schlanke, der blanke, der schwere ...

3. Von Stahl der Helm und Harnisch glänzt wie
    [ein Spiegel klar;
Im Waffenrock von Scharlach, im höchsten
    [Stieselpaar,
So stand der schlanke, blanke, der schwere
    [Kürassier.

4. Das nackte Schwert im Arme glich eines
    [Cherubs Schwert,
Und einen Rapp im Stalle, mit Hafer wohl-
    [genährt,
Hat auch der schlanke, blanke, der schwere
    [Kürassier.

5. Ei, solch' ein Land und Leute, das hab' ich nie
    [gesehn,
Wo so kostbare Bettler an Marmortüren stehn!
Der schlanke, der blanke, der schwere Kürassier!

6. Ich trau mir kaum zu geben, und schäme mich
    [zu fliehn!
Doch zögernd wag' ich endlich, das Benteichen
    [zu ziehn;
O schlanker, o blanker, du schwerer Kürassier!

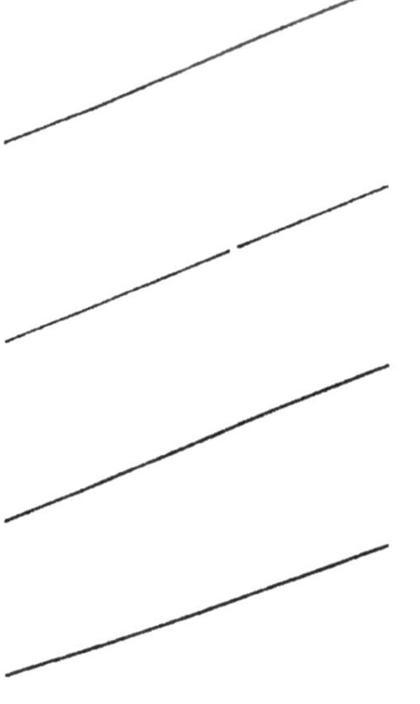

Druck 1883 u. Mskr. 1882	Die polit. Lyriker 1847. Gedichte 1846. Deutsches Taschenbuch 1845
7. 1 Und als ich	Doch wie ich
7. 2 . . . herbei . .	. . . vorbei . .
8. 1 Drin saß . . . . Agnatenweib ; *	Drin sitzt . . . . Ministerweib:
8. 2 Der Recke ließ . . .	Der Reiter läßt . .

Dann nimmt er meine Gabe und bittet demutsvoll,
Daß ich doch unsern Handel Niemandem sagen soll; —
   Der schlanke, der blanke, der schwere Kürassier.

So steht er noch ein Stündlein und grübelt sonder Harm,
Etwa: „Im Königssaale, da ist es wohl recht warm.“
   Der schlanke, der blanke, der schwere Kürassier.

Bis einsmals er im Fieber von seinem Posten geht —
Drauf heißt es: „Nummer Neune liegt tot im Lazareth.“
   Der schlanke, der kranke, der arme Kürassier!

Es wird an seiner Treue zu Schanden jeder Spott;
Er starb ja für den König, für Vaterland und Gott!
   Der schlanke, der tote, der arme Kürassier! —

9.   Verschwunden war der Wagen, ich reckte meine Hand —
    Doch wieder klirrt's und glitzert's, wie eine Säule stand
      Der schlanke, der blanke, der schwere Kürassier.

10.   Vier seines Gleichen kamen mit Sporenschritt heran,
    Parole wird gewechselt und abgelöst der Mann,
      Der schlanke, der blanke, der schwere Kürassier.

11.   Er wend't kein Aug' zur Seite und wechselt still den Ort,
    In Nacht und Nebel schreitet er mit den andern fort,
      Der schlanke, der blanke, der schwere Kürassier.

12.   „Was mögen das für Dinge, nachtschattenhafte, sein?“
    Dacht' ich und legt' ein Gröschlein furchtsam auf einen Stein
      Dem schlanken, dem blanken, dem schweren Kürassier.

13.   „Vielleicht, so kommt er wieder, ich will nach Hause geh'n!
    Es ist nicht gut den Nachtmahr im fremden Lande seh'n,
      Den schlanken, den blanken, den Hungerkürassier!“

W. X. 49. Auf der Landstraße.

Mskr. 1882. Gedichte 1846. S. 257. Mskr. Dr. Eßlinger. Mskr. 1845. B. II. Bl. 36. Dat. 30. Juli 1845. Glattfelden. vgl. Baechtold I. 225.

		Druck 1883 u. Mskr. 1882	Gedichte 1846	Mskr. Eßlinger	Mskr. 1845
1.	2	.. am dürren Stab	=	=	... am Bettelstab,
2.	7	=	.. schien' es mir ein arger Spott,	=	Drum schien' es selbst mir arger Spott,
3.	1	=	... geht ihrer Rede Lauf:	Doch fort floß ihrer Rede Lauf:	„O Herr, geht immer euren Lauf
3.	2	=	=	„Gott segne euer junges Haupt	Auf einer Straße, weltbestanbt:
3.	3	=	=	Und heb' euch seinen Segen auf,	Gott hebt euch seinen Segen auf,
3.	4	=	=	Bis ihr allenblich an ihn glaubt!“	Bis ihr allenblich an ihn glaubt.“
3.	8	... gut kathol'schen ..	.. röm'sch kathol'schen ..	=	... christkathol'schen ..
4.	6	... es steht mein Lieben	=	=	... , es hat mein Lieben
4.	7	Im gold'nen Buch der höchsten	=	=	Der wahre Gott in seiner Huld
5.	2	... mein Knappe .. [Huld	=	=	... mein Schildknapp ..
5.	4	... und Hände ..	=	=	.. und Sinne ..
5.	6	.. jähen ...	=	=	... offnen ..

W. X. 51. Die Spinnerin I.

Mskr. 1882. Gedichte 1846. S. 262. Deutsches Taschenbuch 1845. S. 206. Dat. Juli 1844.

		Druck 1883 u. Mskr. 1882	Gedichte 1846 u. D. Tb. 1845
3.	3	Wie so schwer vom schwülen Sehnen	Schwer von jungfräulichem Sehnen,
3.	4	Nach des Lebens Myrtenbäumen!	Reich an Ros'- und Myrtenbäumen!

W. X. 52. Die Spinnerin II.

Mskr. 1882. Gedichte 1846. S. 264. Deutsches Taschenbuch 1845. S. 207. Dat. Juli 1844.

		Druck 1883 u. Mskr. 1882	Gedichte 1846 u. D. Tb. 1845
1.	2	... der Mädchenfleiß,	... mein reger Fleiß,
1.	3	... , meine ...	... blonde ...
2.	4	Des Mannes Ehrenbahn?	Die lichte Ehrenbahn?
3.	4	Für sein Gewissen will!*	Für unsre Ehre will!
3.	6	Nur ...	Wohl ...
3.	8	.. ein ..	.. mein ..

* Mskr. 1882: 3. 4 Für [Recht und Ehre] ...

W. X. 53. Am Sarg eines neunzigjährigen Landmannes vom Zürichsee. 1846.

Mskr. 1882. Gedichte 1846, S. 331. vgl. Baechtold I.¹ 226.

	Druck 1883 u. Mskr. 1882	Gedichte 1846
5. 5	. . . Eichenstockes	. . . Föhrenstockes
11. 2	. . . fremd . . .	. . . fern . .
13. 3	. . Birk' und Föhre . .	. . Dorn und Eiche . .
14. 1	. . . geheime . .	. . . heimliche . .

W. X. 56. An das Herz.

Mskr. 1882. Gedichte 1846. S. 288. Mskr. 1846, B. II. Bl. 75.

	Druck 1883 u. Mskr. 1882	Gedichte 1846	Mskr. 1846
1. 4	=	Geben . . .	Stürmen . .
4. 3	Schänden . . .	=	Stehlen . . .
5. 1	=	=	[Stürzen] Werfen . .
5. 3	. . . mit Prahlen	=	. . . mit Toben
5. 4	. . entfärbt . .	=	. . zersetzt . .
6. 2	Nichts sie . . .	=	Sie nichts . . .
9. 1	. . . Kammern	=	. . . Hallen
9. 3	Laß dein Glöcklein stürmen,	=	Laß aus deinen Glocken
			Dann ist's Zeit zu schließen
			Endlich Tür und Tor;
			Dann blüh' dir im Innern
			Neu der Lenz hervor!

W. X. 58. Revolution.

Mskr. 1882. Das Schweizerhaus 1874. S. 1. Mskr. 1845. B. II. Bl. 44 u. 47. Dat. 31. August 1845.

	Druck 1883 u. Mskr. 1882	Schweizerhaus 1874	Mskr. 1845
	=	Revolution.	Ça ira!
			[Ein ferner, feiner Lerchenschlag]
1. 2	=	Die Lerche, die am frühsten wach;	Die Lerche in den frühen Tag;
			[Ein unterirdisch Wetter nach]
			[Ein langnachhallender Donnerschlag]
1. 4	=	Ein unterirdisch Wetter nach.	Nachrollend lang ein Donnerschlag.
1. 6	=	Und lieblich, wie Schalmeienton:	Und wie ein milder Flötenton:
1. 7	. . . hallt es . . .	. . . tönt es . . .	. . . lispelt's in den Träumen

	Druck 1883 u. Mskr. 1882	Schweizerhaus 1874	Mskr. 1845
2. 1	=	. . reg . . .	. . wach . . [Heraus, o Volk, ruft Morgensonne, Auf offnem Markt will ich dich sehn, Der sei fortan dir Lust und Wonne Der lehre dich, wie es wird gehn!]
2. 7	=	Bring' auf das Forum deine Sache!	Nicht' auf ein Forum deiner Sache!
3. 2	Und Luft und Leib im . .	Und Luft wie Leid in . .	Dein Freud' und Leid im . .
3. 3	. . schlagend . . .	. . zitternd . .	. . . blutend . .
5. 1	Er eilt, und es empfängt . .	=	„Es wird schon geh'n!" empfängt die Menge
5. 2	. . hoffend . . .	. . . jauchzend . . .	. . donnernd . .
5. 8	. . . fließt* . .	. . . glüht . . .	. . schmilzt . . [Die Bauern wollten Korn verkaufen. Als sie die schmucke Wirtschaft sehn, Hei, wie sie aus den Toren laufen Dorf zu: Heut aber muß es gehn! Die Türme fangen an zu [fackeln] schwingen, Und tönen, wie ein eh'rner Schild, Die Glocken fangen an zu [wackeln] klingen Durch's mittagstille Lenzgefild!] [Und überall wird es lebendig, Das Land eröffnet seinen Schoß; Nun eher wär' ein Lied notwendig! Das Volk steht auf, der Sturm bricht los! Und durch das Singen und das Lachen Zieht kummervoll die Truppenmacht: Mit Gott, ihr Brüder! 's wird sich machen, Es hat sich vieles schon gemacht!]
6. 3	=	. . . rosenrot . .	. . . morgenrot . . . .
6. 4	Vom Liebespuls . .	Des süßen Bluts . . .	Vom Liebespuls . . .
6. 6	. . . sei . .	. . . ist . .	. . . . sei . .

* Mskr. 1892: 5. 8 . . . [schmilzt] . . . .

| Druck 1883 u. Mſkr. 1882 | Schweizerhaus 1874 | Mſkr. 1845 |

Mſkr. 1845

Ich hab' ein grünes Reis geschnitten
Von einem abgestorbnen Baum —
Ich sah ein Volk, das [lang] heiß gelitten
Durch tausendjähr'gen schlimmen Traum.
Ich hab' dasselbe Volk erwachend
Im Morgenglanze drauf gesehn,
Und gründlich jetzt sein Tagwerk machend
Sang es dazu: Es wird schon gehn!

7. 1	=	Doch wenn es nicht von Güte strahlet
7. 2	=	Wie eine hochbeglückte Braut,
7. 3	. . . ihm ausgezahlet	So ist sein Lohn ihm schon gezahlet
7. 4	. . . fährt* ins Kraut.	Und seine Freiheit schießt ins Kraut.
7. 5	. . . gift'ger . . .	Ein böses Weib, ein schlimmer Drache
7. 6	. . . sind . . .	Und böses Volk ist all' ein Fluch,
7. 7	=	Und traurig spinnt die beste Sache
7. 8	. . in ihr . . .	Sich in ein graues Leichentuch!

* Mſkr. 1882: 7.4 . . [schießt] . . . .

W. X. 60. Des Friedens Ende.

Mſkr. 1882. Lieder des Kampfes 1848. S. 8.

| | Druck 1883 u. Mſkr. 1882 | Lieder des Kampfes 1848 |
	Des Friedens Ende.	Eines Morgens.
1. 1	Im Zwielicht ruht das Stoppelfeld, Nachsommerlüfte weh'n,	Es fegt der Wind das Stoppelfeld, Nachsommerwolken zieh'n,
1. 2	Und fliegend über das falbe Land ein Jüngling ist zu seh'n;	In seidenen Gewanden irrt der Jüngling: Friede! hin;
2. 4	Drum über die Stoppelhaide floh das Kind die ganze Nacht.	Drum über Haid' und Stoppelfeld fliegt er, durch Sturm und Nacht!
3. 1	Es sucht des Berges dunkle Schlucht . . .	Er sucht des Berges wilde Schlucht . . .
3. 2	. . . rauschenden . .	. . . tobenden . .
3. 4	Als es . . . . . . in das Wasser . . .	Als er . . . . . in die Wogen . .
4. 1	. . , wo ihre Wucht sich von den Felsen schwingt,	. . . , wo jähen Falls sie von den Felsen springt,
4. 2	Da buckt es unter das Wurzelwerk, vom weißen Gischt umringt;	Da buckt er unter Wurzelwerk, von Gischt und Schaum umringt;
5. 1	. . . und müßig . . .	. . . in Stoppeln . .
5. 2	. . . der Makler . . .	. . . der Jude . . .
5. 3	. . . reift . . .	. . . glüht . .

	Druck 1883 u. Mskr. 1882	**Lieder des Kampfes 1848**
6. 1	. . . . du süßes Engelherz?	. . . . du schwaches, kleines Herz?
6. 2	. . . . . eitler . .	. . . . blasser . .
6. 3	Ich bin die Wut und Unvernunft, die wie die Hölle brennt,	Ich, die auf Erden kreisen muß, und nach dem Sohne ringt,
6. 4	Der Dämon, der sich weinend selbst den bösen Willen nennt!	Dem wahren und unsterblichen, der uns den Frieden bringt.
7. 1	. . . . aus den Gewändern . .	. . . . . . aus seinem Kleide . . .
7. 2	. . der Eris . .	. . . . . der Göttin . . .
7. 3	. . . . . ., der lüstern blinkt,	. . . . den es umflicht,
7. 4	. . . . lautlos zusammensinkt.	. . . . schreiend zusammenbricht!
8. 1	Nun . . . . und schlägt den roten Schein	Schon . . . . und schlägt den ersten roten Schein
8. 2	. . . . . . tief in die Welt hinein.	. . . . zurück und in die Welt hinein.
8. 3	. . . , wie Brandung . . .	. . . wie weiße Brandung . . .
8. 4	. . . . mit dumpfer . . .	. . . . mit träumender Todeslust!

W. X. 61. Nikolai.

Mskr. 1882. Keine andere Redaktion vorhanden. Druck 1883 u. Mskr. 1882 stimmen überein.

W. X. 62. Napoleons Adler.

Mskr. 1882. In keiner andern Redaktion vorhanden.

	Druck 1883	**Mskr. 1882**
3. 7	. . . . Flügel . .	. . . . [Schwingen] . . .
5. 8	Quer durch . . .	[Mitt'] durch . . .
6. 1	Hört! . . .	[Weh!] . . . .
6. 2	Wie ein . . .	[Und ein] . .
6. 6	Schwindet er im . . .	[Schwingt er sich im] . .

W. X. 64. Der Waadtländer Schild.

Mskr. 1882. Berner „Bund" 1859. 18. August. Nr. 227. (Feuilleton). Mskr. fliegendes Blatt in Mappe 10. Dat. August 1859.

	Druck 1883 u. Mskr. 1882	**Bund 1859. Mskr. 1859**
1. 5	. . . . glänzt . .	. . . strahlt . .
1. 6	. . strahlt . .	. . . glänzt . .
1. 7	. . . schrieb . .	. . schreibt . .
1. 8	. . . war . .	. . . ist . . .

Druck 1883 u. Mskr. 1882	**Bund 1859. Mskr. 1859**
2. 3 . . . Dirnchen	. . . Mädchen
2. 4 Seinen . . .	Ihren . . .
3. 2 Am Metall hinauf, hinab,*	An dem Erze auf und ab,
3. 8 . . . blühend . .	. . . glühend . .
4. 3 . . . . mit ergrautem Haare	. . . mit ergrauten Haaren
4. 4 Still und kühl . . .	Kühl und still . . .

* Mskr. 1882: 3. 2 An dem Erze auf und ab,

Unter dem Titel: Erinnerung an Ferdinand Flocon. 1859.

Dazu die Fußnote:

„Französischer Republikaner, 1848 Mitglied der provisorischen Regierung, lebte seit dem Staatsstreich von 1852 im schweizerischen Exil und starb in Lausanne. Er war es, der auf der Brücke die zwei Kinder sah.“

Fußnote im Bund 1859:

„Herr Ferdinand Flocon, der sie mir mitteilte, hat obige Scene wirklich erlebt.“

W. X. 66. Ein Tagewerk I.

Mskr. 1882. Gedichte 1846. S. 306. Mskr. 1845. Bd. II. Bl. 48. Dat. September 1845.

Druck 1883 u. Mskr. 1882	**Gedichte 1846**	**Mskr. 1845**
1. 1 Vom Lager stand ich mit dem Frühlicht	=	Jüngst stand ich mit dem ersten Frühlicht auf
1. 3 . . . duftiggrau* . . . [auf	=	. . . silbergrau . . .
1. 5 =	. . satt zu gehn in Busch und Feldern	. . . satt zu gehen auf den Feldern
1. 7 Und auch ein Lied* . . .	=	Ein bleibend Lied . . .
2. 1 . . . der Himmel, . . .	=	. . . der Morgen, . . .
2. 2 . . . Lebenspuls . .	=	. . . Liebespuls . . .
2. 6 . . . Atemzug;	=	. . . . Odemzug;
2. 8 In gleicher Luft, die meinen Odem trug.	=	Und fächelnd mich des Lebens Schwinge trug.
3. 2 =	. . . regte sich . . .	. . . schlummerte . . .
3. 3 . . . heller . . .	=	. . . leichter . .
3. 4 — es rang sich nicht zu Tag.	=	— es rang umsonst zu Tag.

	Druck 1883 u. Mskr. 1882	**Gedichte 1846**	**Mskr. 1845**
3. 5	Der Mittag kam, ...	=	Es ward Mittag; ..
3. 6	=	Die Sonne sucht' ich in der klaren Flut:	Und sucht' die Sonne in der blauen Flut:
3. 7	Und burste nicht ..	=	Ich burste nicht ...
4. 5	.. schwanken ..	=	... schlanken ..
4. 6	Auch höhnend sah das niedere Moos empor	.. der Erde Moos ..	Und höhnisch sah der [Erde] Steine Moos empor
4. 7	=	.., die geschäftig spannen,	..., die darüber spannen,
5. 1	.. frisch und voll ..	=	... rein und scharf ..
5. 2	=	... bu müßig ...	... armselig ..
5. 4	=	Schlemihl, der träumend Raum ...	Du Schlemihl, der da Raum ...
6. 4	=	So, däuchte mir, lag ich im regen All.	So, däucht' mir, lag ich im lebenb'gen All!
6. 5	Und Luft und Tannen, Berge, Moos ...	=	Und Wind und Tannen, [Würmer], Gletscher, Moos ...
6. 6	... lächelnd ...	Sie schlangen lachend ...	Sie schlängen [frieblich] lächelnd ...
6. 7	=	... Insel sich das Meer, das ferne,	Wie an der Insel in der Meeresferne
6. 8	=	... ihr frieblich milder Glanz.	.... der frieblich milde Glanz.

W. X. 67. Ein Tagewerk II.

Mskr. 1882. Gedichte 1846. S. 309. Mskr. 1845. Pb. II. Bl. 49. Dat. September 1845.

	Druck 1883 u. Mskr. 1882	**Gedichte 1846**	**Mskr. 1845**
			[Aber kommen wird noch die Zeit,
			Wo ich den Tag muß wieder finden,
			Wenn ich die strahlende Ewigkeit
			Werde durchsuchen in tiefsten Gründen!]
			[Mach', o Seele, dir keine Pein,
			Denn es steht in den Sternen geschrieben,
			Daß kein Tag soll im Leben sein,
			Der verloren und unnütz geblieben!]
1. 1	Aber ein kleiner, goldener Stern		Aber ein kleiner, silberner Stern
1. 2	=		Sang und klang mir in die Ohren:
1. 3	=	=	„Tröste dich nur, dein Lieb ist fern,
1. 4	=		Fern bei uns und nicht verloren!
2. 1	=		Findest du nicht oft einen Klang,
2. 2	=	=	Wie zu früh herüber geklungen?
2. 3	Also hat sich heut dein Sang		Also hat dein heutiger Sang
2. 4	Heimlich zu uns hinüber geschwungen!		Heimlich sich hinüber geschwungen!

	Druck 1883 u. Mskr. 1882	Gedichte 1846	Mskr. 1845

Mskr. 1845:

[Und du wirst es zu seiner Zeit
Lieblich tönend wiederfinden,
Wenn du die strahlende Ewigkeit
Wirst durchsuchen in tiefsten Gründen."]

[Nicht in träumender Seligkeit
Werb' ich vor Gottes Trone liegen;
Nein! am starken Bande der Zeit
Leidend, schaffend, die Welt durchfliegen.]

[Werde verlieren, indeß ich finde,
Werde suchen zu jeder Frist,
Bis vom Auge die letzte Binde
[Und dann alles gefunden ist!]
Und ich den Anfang ruhig ergründe.]

	Druck 1883 u. Mskr. 1882	Gedichte 1846
3. 1	=	Dort, im donnernden Weltgesang,
3. 2	=	Wirst du ein leises Lied erkennen,
3. 3	. . . fernster . .	Das dir, wie fernster Glockenklang,
3. 4	= .	Diesen Sommertag wird nennen.
4. 1		Denn die Ewigkeit ist nur
4. 2	=	Hin und her ein tönendes Weben;
4. 3		Vorwärts, rückwärts wird die Spur
4. 4		Deiner Schritte klingend erheben,
5. 1		Deiner Schritte durch das All:
5. 2	=	Bis, wie eine singende Schlange,
5. 3		Einst dein Leben den vollen Schall
5. 4		Findet im Zusammenhange."

W. X. 68. Grillen.

Mskr. 1882. Gedichte 1846. S. 323. Mskr. fliegendes Blatt in M. 10.

	Druck 1883 u. Mskr. 1882	Gedichte 1846	Mskr.*
1. 1	Die Phantasie tut . . .	Die Poesie ist wie ein Kind,	
1. 2	=	Das einsam Kränze windet,	
1. 3	=	Balb lacht und plaudert mit dem Wind,	

	Druck 1883 u. Mskr. 1882	Gedichte 1846	Mskr.*
1. 4	=	Bald einen Schwank erfindet	
1. 5	=	Und wunderliche Märchen spinnt,	
1. 6	=	Dann inne hält und traurig sinnt.	
2. 4	=	Wie? Wenn ich nicht erlebte	Wie, wenn nicht mehr erlebte
2. 5	=	Der nächsten Morgenglocke Schlag?	Ich nun den Morgenglockenschlag?
			.... ganzes ...
4. 1	.... kurzes ...	=	Und auch mein ganzes Wissen;
4. 2	Mit meinem besten Wissen;		[Schrieb Irrtum, Schmach und Fehl' zu Hauf]
			Irrtümer wuchsen mir zu Hauf,
4. 3	=	=	Getreulich und beflissen;
4. 4	=	Ich zählte sie beflissen;	Doch war's [wie] fast eine ...
4. 6	=	Doch fast war's eine ...	.... leeres ...
6. 3	.... kühnes ...	=	.... , hart ...
7. 1	=	.... , rauh ...	...... weinte:
7. 2	...... greinte:	=	.. tief ...
8. 3	.... weich ...	=	
8. 4	=	Schlaftrunken, ..	Entschlafen, ...
8. 6	.... in einen Torentraum.	=	.... zum trivialsten Traum.
9. 1	=	Und dieser auch floh ...	Und auch der Traum floh ...
11. 6	Stand eine Zeile Sonnenschein:	Stand ein Paar Zeilen Sonnenschein:	

* Das Mskr. auf dem fliegenden Blatt ist nur bis Str. 9 (inkl.) erhalten; der Rest des Gedichtes fehlt.

W. X. 71. Bei einer Kindesleiche.

Mskr. 1882. Gedichte 1846. S. 328. Mskr. 1845. B. II. Bl. 62. Dat. November 1845. vgl. Baechtold I. 224.

	Druck 1883 u. Mskr. 1882	Gedichte 1846	Mskr. 1845
		Bei einer Kindesleiche.	An einer Kindesleiche.
	=		
1. 1	=	Den niemand kommen hört und kommen sieht,	Er hat geweht, der Wind, den niemand sieht
1. 2	=	Er hat geweht, der Wind, — den	Und niemand hört; er hat den Baum geschwungen
1. 5	=	... Knösplein, gestern dran erblüht,	Das jüngste Blatt, das gestern dran geblüht,
1. 7	=	Es fiel ...	Und fiel, ..
1. 8	Als ich, der mit dem Zufall hielt die Wacht.	..., der, just zunächst dabei, gewacht.	Als ich, der da zunächst dabei gewacht.
2. 3	... zwei Wörtchen* ..	=	... drei Worte ...
2. 5	=	... zartsten ...	... feinsten ..

	Druck 1883 u. Mscr. 1882	**Gedichte 1846**	**Mscr. 1845**
2. 6	= [gewonnen!	Es hat tiefsinnig mich mit dir . . .	Es hat mich innig auch mit dir verbündet;
2. 8	Hab' ich dich kleinen Nachbar wert ge=	=	Hab' ich dich Kleinen wert und lieb gewonnen!
3. 4	. . . . helles . . .	=	. . . reines . . .
3. 6	=	Ihn frischend, . . .	Erfrischend, ...
4. 2	War ja die Gegenwart so klar und heiter!	=	Die Gegenwart war ja so schön und heiter!
4. 4	Nicht dacht' ich an gereifte Früchte weiter;	Und an des Herbstes Frucht	Und an die Sommerfrucht dacht' ich nicht weiter.
4. 6	Ob du am Fuße bliebst der langen Leiter:*	Ob hoch du steigest	Wie hoch du steigest auf der großen Leiter:
5. 7	=	Wenn ihm die Seelen, kaum hier eingefangen,	Wenn ihm die frohen Seelen, kaum gefangen,
5. 8	=	Laut jubelnd wieder in die See gegangen.	Mit lautem Jubel wieder auf die See gegangen.

* Mscr. 1882: 2. 3 . . . drei Worte . . . .
4. 6 [Ob hoch du stiegest] . . . .

W. X. 72. Schlafwandel.

Mscr. 1882. Neuere Gedichte 1854. S. 228. W. Scherssig, Album 1852. S. 67.

	Druck 1883 u. Mscr. 1882	**Neuere Ged. 1854. Album 1852.**
	Schlafwandel.	**Schlafwandel am Tage.**
3. 2	Das Zelt nur sehen mag,	Das enge Zelt nur sieht,
3. 3	Tritt unterm off'nen Himmelsblau	Wird unter'm offnen Himmelblau
3. 4	Im Wüstenlicht zu Tag.	Vom Wüstenlicht durchglüht.
4. 1	. . . , zuckt . . .	Es zuckt die Lippe, es zuckt . . .
4. 8	Den Vater, der einst . . .	Die Mutter, die einst . . .
4. 9	. . . . Jugendland!	. . . . Vaterland!
5. 6	Willkommen ihm der Streit,	Und ihm willkommen der Streit;

W. X. 74. Klage der Magd.

Mscr. 1882. Neuere Gedichte 1851/54. S. 141.

	Druck 1883 u. Mscr. 1882	**Neuere Gedichte 1851/54**
1. 3	. . . . und Freude	. . . . und Liebe
1. 8	. . . falten . .	. . . dunklen . . .

	Druck 1883 u. Mskr. 1882	**Neuere Gedichte 1851/54**
2. 3	. . . grab' . . .	. . . schaff' . .
2. 6	. . . ungefügten* . . .	. . . ungefügen . .
2. 8	Das kleine Lied . . .	Ein jedes Lied . . .
3. 3	. . . warme . . .	. . . heiße . . .
3. 5	Höhnt sie am Mittagsmahle,	Kommt sie und streut mit Schelten
3. 6	Daß ich am untern Ende	Und ausgesuchter Bosheit
3. 7	Das Auge nicht erheben	Mir in die süße Wallung
3. 8	Und mich nicht rühren darf.	Den Tod, so eisig scharf!
		Und wenn am Mittagsmohle
		Ich mit gesenkten Augen
		Am Tische sitz' und esse
		Und mäuschenstille bin:
		Zielt sie mit scharfen Augen,
		Mit harten, spitzen Reden
		Und oft mit groben Scherzen
		Vor Allen nach mir hin.
4. 6	Die Rinde harten . . .	Ein Stücklein harten . . .
		O lieber Gott im Himmel!
		Du weißt, wie sehr es schmerzet,
		Wenn man just möchte weinen
		Und dazu essen soll!
		Man schämt sich, es zu zeigen
		Und kann es doch nicht lassen,
		Es ist ein Zucken, Würgen
		Im Herzen jammervoll!
5. 8	. . . . tröstliche . . .	. . . heilige . . .
	Mag selber sie nur beten,	
	Daß ihre eignen Kinder	
	Nicht einmal dienen müssen,	
	Wenn ihr das Glück entschwand	
St. 6	Und sie als arme Mutter	
	Wird um die Häuser schleichen,	
	Wo jene sind geschlagen	
	Von böser Herrenhand!	

---

* Druck 1883. V. 2. 6: ungefügten . . vermutlich Druckfehler für „ungefügen".

W. X. 76—83. Alte Weisen.

Mskr. 1882. Neuere Gedichte 1851/54. S. 27—53. Von Weibern. Alte Lieder 1846.
vgl. Baechtold II. 31, 208 f.

W. X. 76. I. Mir glänzen die Augen.

Mskr. 1882. Neuere Gedichte 1851/54. S. 27.

Druck 1883 u. Mskr. 1882   **Neuere Gedichte 1851/54**

I Klärchen.

4. 1 Was richten deine Sporen
4. 2 Mein Spinngarn zu Grund?
4. 3 Was hängt mir am Hage
4. 4 Deine Jacke so bunt?
5. 3   . . . freudigen   . . . strahlenden

W. X. 77. II. Die Lor' sitzt im Garten.

Mskr. 1882. Neuere Gedichte 1851/54. S. 29.

II. Regina.

1. 1 Die Lor' sitzt . . .   Mein Schatz sitzt . . .
1. 2   . . . . zumal   . . . . dem Tal,
1. 3   . . . . der Augen   . . . . ihrer Augen
2. 3 Den Rotmund, das Weißkinn   Ihren Mund und ihre Augen

W. X. 77. III. Du milchjunger Knabe.

Mskr. 1882. Neuere Gedichte 1851/54. S. 30.

III. Therese.

1. 2   . . . siehst . . .   . . . schaust . . .
2. 1   . . . . der Stadt   . . . in der Stadt
3. 1 Ein leeres Schneckhäusel,   Eine Meermuschel liegt
3. 2 Schau, liegt dort im Gras;   Auf dem Schrank meiner Bas' —
3. 3 Da halte dein Ohr dran,   Da halte dein Ohr dran,
3. 4 Drin brummelt dir was!   Dann hörst du etwas!

W. X. 78. IV. Ich fürcht' nit Gespenster.

Mskr. 1882. Neuere Gedichte 1851/54. S. 31.

IV. Walpurgis.

1. 1   . . . nit . .   . . . nicht . . .
3. 3   . . . spät noch . . .   . . . nächtlich . . .
                                          4. Doch der Schein meiner Augen
                                          Und das Rot von meinem Mund
                                          Verscheuchen das Spukweib
                                          Alsbald auf den Grund.

W. X. 79. V. Singt mein Schatz wie ein Fink.

Mskr. 1882. Neuere Gedichte 1851/54. S. 37.

VII. Salome.

2. 2 Vom Gebirg . . . .   Von dem Berg . . .

W. X. 79. VI. Tretet ein, hoher Krieger.
Mskr. 1882. Neuere Gedichte 1851/54. S. 39.

Druck 1883 u. Mskr. 1882	Neuere Gedichte 1851/54
	VIII. Helene.
4. 3 . . . . . kühlenden . .	. . . . spielenden . .
5. 1 . . . Marschalk . . .	. . . . Reitknecht . .
5. 2 . . . . Weizenbrot . . .	. . . . Lebkuchen . . .
5. 4 Um die . . .	Auf die . . . .
6. 1 . . . . eure Seele	. . . Leib und Seele
6. 3 Euer Leib ist verkauft,	Denn ihr seid verkauft,
	Seid der Liebe verfallen
	Und verpfänd't euer Blut!
	Müsset leiden und brennen
	In ewiger Glut!

W. X. 80. VII. Röschen biß den Apfel an.
Mskr. 1882. Neuere Gedichte 1851/54. S. 41.

	IX. Röschen.
1. 3 Brach und blieb ein Perlenzahn	Blieb ein perlengleicher Zahn
1. 4 In dem Butzen stecken.	In demselben stecken.
2. 2 Seine . . .	Ihre . . .
2. 4 Perlten nun hernieder.	Träufelten ihr nieder!

W. X. 81. VIII. Wandl' ich in dem Morgentau.
Mskr. 1882. Neuere Gedichte 1851/54. S. 44.

	XI. Das rote Bärbchen.
2. 4 Alles fühlt und nennt sich Braut. .	Alles nennt und fühlt sich Braut!
3. 3 Freudig stirbt so früh im Jahr	Dieweil schon mit linder Wucht
3. 4 Schon das Papilionenpaar.	Ihr im Schoße keimt die Frucht.

W. X. 81. IX. Das Köhlerweib ist trunken.
Mskr. 1882. Neuere Gedichte 1851/54. S. 46.

	XII. Kunigunde.
1. 3 Hört, wie die Stimme gellend	Hört ihr, wie ihre Stimme
	Ruht auf der roten Nase
	Der Abendstrahl:
	Glüht sie, wie wilde Rosen
	Im dunklen Tal.
2. 1 . . die schönste Blume,	. . die feinste Blume,

W. X. 82. X. Das Gärtlein dicht verschlossen.
Mskr. 1882. Neuere Gedichte 1851/54. S. 48.

	XIII. Sabine.
1. 1 Das Gärtlein dicht verschlossen	Du hast wohl dicht verschlossen
1. 2 Hältst wohl du, frommes Kind,	Dein Gärtlein, frommes Kind,
3. 1 Als hätt' der gnadenreichen	
3. 2 Maria reinste Hand	
3. 3 Im Sonnenschein zum Bleichen*	
3. 4 Ihr Hemblein ausgespannt.	

* II. Korrektur hat 3. 3: Die Himmlische, zum Bleichen.

W. X. 83. XI. Wie glänzt der helle Mond.

Mskr. 1882. Neuere Gedichte 1851/54. S. 51.

Druck 1883 u. Mskr. 1882   **Neuere Gedichte 1851/54**

XV. Creszenz.

	Druck 1883 u. Mskr. 1882	Neuere Gedichte 1851/54
1. 1	. . . helle . . .	. . weiße . .
2. 2	Doch	Ach, . . .
		⎰ Tief ab liegt des Gebirges Kluft und Schlund,
		⎱ Noch tiefer schwindet meines Glückes Grund!
		⎰ Und alle Morgen muß ich niederschau'n
		⎱ In diesen Abgrund, wo die Nebel grau'n!
3. 1	Ohn' Rad und Deichsel gibt's ein Wägelein,	Und alle Nacht rück' höher ich hinauf,
3. 2	Drin* fahr' ich bald zum Parables hinein.	Zuletzt tut sich der kalte Himmel auf.
4. 1	Dort sitzt die Mutter Gottes auf dem Tron,	Da sitzt Maria auf dem goldnen Tron,
4. 2	Auf ihren Knieen . . .	Auf ihrem Schoße . . .
5. 1	Dort . .	Da . . .
5. 2	Aus seiner Hand . . .	Aus hohler Hand . . .
6. 2	. . . . Finger . .	. . . . Hände . .
7. 1	Sankt Petrus aber gönnt sich keine Ruh,	⎰ Bis irgend eine Harfensaite springt
7. 2	Hockt vor der Tür und flickt die alten Schuh'.	⎱ Und mir erschreckend durch die Seele klingt.

* Mskr. 1882: 3. 2 [Drauf] . . . . .

W. X. 83. XII. Alle meine Weisheit.

Mskr. 1882. Neuere Gedichte 1851/54. S. 53.

XVI. Die schöne Wirtin.

	Druck 1883 u. Mskr. 1882	Neuere Gedichte 1851/54
1. 3	. . . . wasserklaren,*	. . . . sternenklaren,
3. 3	. . . pocht . . .	. . . klopft . . . [schlägt!
3. 4	Wie eine Kuckucksuhr in leerer Kammer schlägt!	Wie eine Uhr vom Schwarzwald in leerer Stube

* Mskr. 1882: 1. 3 . . . sternenklaren . . .

W. X. 84. Der Taugenichts.

Mskr. 1882. Neuere Gedichte 1851/54. S. 8.

	Druck 1883 u. Mskr. 1882	Neuere Gedichte 1851/54
1. 3	Ein Bettelpack stellt' seinen Tron	Das Bettelpack schlug auf den Tron
1. 4	Ins Feld . . .	Im Feld . . .
1. 6	Das Weib, das wusch . . .	Die Mutter wusch am See;
3. 5	. . . . Hyazinthe dar	. . . Hyazinth' empor
3. 7	Dicht drängte sich der Kelchlein Schar,	Die Blume war von selt'nem Flor
3. 8	. . . war der Duft.	. . . süß ihr Duft.
4. 5	Ich schlich zum golb'nen Gittertor,	Ich lag am goldnen Gittertor
4. 6	So oft ich ging, zurück,	Vom Morgen bis zur Nacht,
4. 7	Bedacht nur, aus dem Wunderflor	Die Blume aus dem Wunderflor
4. 8	Zu stehlen mir dies Glück!	Zu stehlen nur bedacht!
5. 1	O sehet nur, ich werde toll,	Seht nur, wie vornehm und wie fein,
5. 2	Die Glöcklein alle an!	Wie zierlich sie gebaut!
5. 3	Ihr Duft, so fremd und wundervoll,	Ich habe starr nach ihrem Schein
5. 4	Hat mir es angetan!	Den ganzen Tag geschaut.
5. 5	=	O schlaget nicht mich armen Wicht,
5. 6	=	Laßt euren Stecken ruh'n!
5. 7	=	Ich will ja nichts, mich hungert nicht,
5. 8	=	Ich will's nicht wieder tun!

Druck 1883 u. Mskr. 1882   Neuere Gedichte 1851/54

O sehet nur, ich werde toll,
Die Glöcklein alle an!
Ihr Duft, so fremd und wundervoll,
Hat mir es angetan!
Auch alle Blumen nun im Feld
Lieb' ich von heute an;
Die Hexe, welche neue Welt
Hat sie mir aufgetan!

	Druck 1883 u. Mskr. 1882	Neuere Gedichte 1851/54
7. 2	Der ...	Er ...
7. 3	Schmiß ...	Warf ....
7. 5	. sanftem ..	... lindem ...

W. X. 86. Waldfrevel.

Mskr. 1882. Neuere Gedichte 1851/54. S. 145.

	Waldfrevel.	Waldliebe.
1. 2	... Sprüngen ..	... Schritten ...
1. 3	Einen jungen Eschenbaum	Den geraubten Föhrenbaum
1. 4	Auf den breiten Schultern ...	.. der jungen Schulter ..
1. 8	... das Herz ...	... sein Herz ...
2. 2	Mit geschnittnen Weidenruten;	Mit gestohl'nen Birkenruten;
2. 3	Von der Last, die drückend schwer,	Von der Arbeit, lang und schwer,
2. 5	Und der Bursche wirft die schwere	Und der Bursche wirft die Föhre
2. 6	Bürde beider in den Graben,	Wie 'ne Feder in den Graben,
2. 7	Beide springen nach, als wäre	Reißt die Dirne nach, ich schwöre,
2. 8	Dort ein Nest voll Glück zu haben.	Daß die was zusammen haben!
3. 9	.... brennend ...	... glühend ...

Daß ich prüfe die Juwele:
Deine Äugelein voll Feuer!
Daß ich meine Perlen zähle,
Deine Zähne blank und teuer!
Zeig' mir der Korallen Schein
     ... süßen ...

4. 5		=
4. 6	... roten ...	

Gib mir meine Silberberge,
Die mich weiß und selig blenden,
Drin die tausend Liebeszwerge
Pochen mit den kleinen Händen!
     ... ein ...

4. 9	... der ..	... ein ...
7. 1	Gleich ist drauf die Dirn' davon*	Und die Dirne ist davon
7. 4	Seinen Eschenbaum geschwungen;	Seine Föhre aufgeschwungen.
7. 5	Wie die Beine rasch ihn tragen	Wie ihn schnell die Beine tragen
7. 6	... langen, schwanken ...	... schwanken, langen ..
7. 8	.. die Kron' er nach im Staube.	.. die Krone er im Staube.
7. 9	Wie die Grill' im Grase springt	Und vor inner'm Lachen springt

     * Mskr. 1882: 7. 1 Schon ist auch die Dirn davon

W. X. 88. Der alte Bettler.

Mskr. 1882. Neuere Gedichte 1851/54. S. 137.

1. 1	... wettermüde ..	... knorrenvolle ..
1. 3	Da ich im Walde schon rumoren höre	Da ich mit seiner Axt rumoren höre
1. 4	Mit seiner Axt	Im Walde schon ....

Druck 1863 u. Mskr. 1882	Neuere Gedichte 1851/54

1. 5   ... beinen Kopf begnaben, ... mit mir feberlesen,
1. 6   .... bein ...   ... mein ...
1. 7 Dem armen Schelm und einem alten Schaben   Ein alter Lump ist wohl das einz'ge Wesen,
1. 8 Nur wird des Alters Ehrenzoll verfagt!   Dem man des Alters Ehrenzoll verfagt!
2. 2   ... alte ..   ... schöne ..
2. 3   .. lebensfrohen ..   .. frohen, stolzen ..
2. 6   .. im Lichte ...   ... im Lenzgolb ...
2. 8 Den meinem Aug' nicht Vogt noch Richter   Den Niemand auch dem ärmsten Manne nimmt.
3. 2   .... schiefe, morsche ...   [nimmt!   .... alte morsche ...
3. 6 Balb war ich um .... gepreßt;   Balb war es ..... getan;
3. 8 Ich wurb' ein Hauptmann in der Bettler   Ich aber fing barauf zu betteln an.
4. 2   .. von ben ...   [Welt!*   .. aus ben ...
5. 1   .. fliehen, ... meiben, ...
5. 2 Daran auch ich mit fleiß'gen Füßen spann,   Das mein Volk auf des Landes Boden spann?
5. 4 Fast mit ...   Auch mit ....
5. 5 Wo ich den Fuchs und seinen Vater kenne   Wo ich der Quellen tiefen Ursprung kenne
6. 1 O gute Scholle meiner Heimaterbe,   O meines Vaterlandes gute Erbe,
6. 3   ...., wie sanft ..   ..., wie süß ..
6. 4 Vom Kau'n des Brots und allem Irrfal los!   In bir, von allem Druck und Irrfal los!
6. 6   ... meines Elends ...   ... meiner Armut ...
6. 7 Wie laughin mich ...   Wie selig mich ....
6. 8 Als läg' ich stolz in eines Königs Grab!   Und unverwüstlich ruh'n in meinem Grab!
7. 2   ... im leichten Nebelkleib,   ... im grauen Schattenkleib
7. 3 So leicht, wie Luft, dies laute Volk umschweben,   Vergnügt und still dies gute Volk umschweben,
7. 4   ... in Freube, Zorn und Leid!   ... in Freube, wie in Leid!
7. 5 Möcht' meine Seligkeit barin bestehen,   Als leichte Mahnung neckenb umzugehen
7. 6 Einst seines letzten Bettlers Geist zu sein,   In seines Glückes hellem Sonnenschein:
7. 7 Zufrieden, still und müßig umzugehen   Möcht' meine Seligkeit barin bestehen,
7. 8 In seines Glückes hellem Sonnenschein!   Einst seines letzten Bettlers Geist zu sein!

* Mskr. 1882: 3. 8 Ich wurb' ein König ....

W. X. 90. Der Schöngeist.

Mskr. 1882. Neuere Gedichte 1851/54. S. 149.

Der Schöngeist.	Türkischer Brauch.

1. 1   ... Duften, ... Wehen, ..
1. 3   .... zerstreut ...   ... getrennt ...
1. 4 Bricht ...   Quillt ...
2. 4   .... Lumpenbrut?   ... Bettlerbrut?
2. 5   ... volles ...   ... hehres ...
3. 2 Die tecke Dilettantenhand   Die kunstgeübte Zeichnerhand
3. 4 Das ich so unverhofft hier fanb!   Das ich Beglückter heute fanb!
5. 1   .... ebnen ..   ... flachen ..
5. 3   ... Kinder ..   .... Kinblein ..
6. 4   .... Wanderstab!   .... Bettelstab!
6. 7 Den Sinn für ewig Schönes gab!   Den feinen Sinn fürs Schöne gab!
8. 2 Hub sich ...   Hob sich ...
8. 3   .... mübe ..   ... schwere ..
9. 2   .... verglüh'nben ..   ... helllichten ...
10. 5 Er schwang der Armut langen Stecken,   Er hob der Armut harten Stecken,

W. X. 93. Wanderbilder 1852.

Mskr. 1882. Neuere Gedichte 1854. S. 57—68. Aus Berlin.

W. X. 93. I. Am Tegelsee.

Mskr. 1882. Neuere Gedichte 1854. S. 57. Rob. Prutz, Deutsches Museum 1852. S. 881.

	Druck 1883 u. Mskr. 1882	**Neuere Gedichte 1854 u. Deutsches Museum 1852**
	Am Tegelsee.	Wilhelm v. Humboldt's Landhaus am Tegelsee.
1. 1	. . . stilles weißes Haus	. . . heitres stilles Haus
8. 4	. . . perlengleich . . .	. . . perlenbleich . .
9. 4	Fahr' auf dem nord'schen Geistersee,	Land' an dem . . . .

W. X. 94. II. In einem Lustwalde.

Mskr. 1882. Neuere Gedichte 1854. S. 68. Mskr. flieg. Bl. in M. 10.

	Druck 1883 u. Mskr. 1882	**Neuere Gedichte 1854**	**Mskr.**
	In einem Lustwalde.	Im Tiergarten.	—
2. 3	=	. . . ruhgewiegten . .	. . . vollgewiegten . .
3. 1	. . milden tiefen . .	=	. . . tiefen milden Frieden,
3. 3	=	. . . ein voller Dank . .	. . . der stille Dank . . .
3. 4	. . ., das sein Werk erfreut!	=	. . ., das dies Grün erfreut!

W. X. 95. III. Sonntags.

Mskr. 1882. Neuere Gedichte 1854. S. 67. Mskr. flieg. Bl. in M. 10.

	Druck 1883 u. Mskr. 1882	**Neuere Gedichte 1854**	**Mskr.**
1. 4	Dort am . . . Totenhair.	=	Hoch am . . . Friedrichshain.
2. 4	. . . . Burgportal.	=	. . . Schloßportal.
4. 4	Golden sonnige Segel zieh'n.	Hoch bie sonnigen Segel . . .	Hoch bie glänzenden Segel zieh'n.

W. X. 95. IV. Berliner Pfingsten.

Mskr. 1882. Neuere Gedichte 1854. S. 61.

		Druck 1883 u. Mskr. 1882	Neuere Gedichte 1854
1.	2	Freudevoll . .	Wonnevoll . . .
2.	5	Frisch gewaschen und gesteift,	Blau und weiß und rot gestreift,
2.	6	Tadellos gebügelt,	Wunderbar beflügelt,
2.	7	Blau und weiß und rot gestreift,	Frisch gewaschen und gesteift,
2.	8	Wunderbar geflügelt!	Tadellos gebügelt.
3.	2	Falbeln . .	Lenden . .
3.	3	. . mit . . .	. . von . . .
3.	4	Füllten sich die Brüste;	Blähten sich auf die Brüste!
3.	8	Lustig ist das Leben!	Schön ist doch das Leben!

W. X. 96. V. Weihnachtsmarkt.

Mskr. 1882. Neuere Gedichte 1854. S. 63. R. Prutz, Deutsches Museum 1852. S. 883.

		Druck 1883 u. Mskr. 1882	Neuere Gedichte 1854	Deutsches Museum 1852
1.	1	. . . . hohe . . .	=	. . . graue . .
5.	1	. . . um ein winziges Kieferlein	=	. . . um ein verkrüppeltes Reis
6.	1	. . . rosiger . . .	. . . glühender . . .	. . . blühender . . .
7.	3	. . . ärmste . . .	=	. . . arme . . . .
8.	3	Stand reifbezuckert auf dem Grat	=	Stand eisbezuckert auf dem Granit
9.	3	. . . . man . . .	=	. . . . . ich . .
9.	4	Die alte Wendel . . .	Die alte Schmidtin . . .	Die alte Gevatterin . . .
10.	3	Weil auf der Welt sie nichts besaß,	=	Weil sie auf der Welt sonst nichts besaß,
10.	4	Hatt' sie sich selbst bescheret.	=	Hatte sie sich selbst bescheret.

W. X. 98. VI. Polkakirche.

Mskr. 1882. Neuere Gedichte 1854. S. 60. R. Prutz, Deutsches Museum 1852. S. 882.

		Druck 1883 u. Mskr. 1882	Neuere Gedichte 1854 u. Deutsches Museum 1852
1.	3	Angemess'nen . . .	Baubefliss'nen . . . . .
1.	4	Ein erbaulich Bauexempel!	Ein Modell und Lehrexempel!

	Druck 1883 u. Mskr. 1882	**Neuere Gedichte 1854 u. Deutsches Museum 1852**
2. 3	Nur die phantasiegebornen	Nur die tollen und genialen
2. 4	Alten Fratzenbilder fehlen.	Alten Fratzgebilde* fehlen.
4. 1	Hofhistoriographen lispeln	
4. 2	Mit ergrauten Paladinen;	
4. 3	Nach den Mosaiken blicken	
4. 4	Kammerherrn mit Beterminen.	
5. 1	Und die Kanzel mit dem glatten	Und die Kanzel mit germanisch
5. 2	Superintendent garnieret —	Christlichem Pastor garnieret —

* Neuere Gedichte 1854: 2. 4 . . . Fratzenbilder . . . .

W. X. 98. VII. Biermamsell.

Mskr. 1882. Chr. Schaab, Deutscher Musenalmanach 1858. S. 119. Dat. 1850.

	Druck 1883 u. Mskr. 1882	**Deutscher Musenalmanach 1858**
	Biermamsell.	Berliner Hebe.
1. 4	Das Blaue	Die Bläue . . . .
2. 1	. . . als dies Flackerlicht	. . . . als dies irrende Licht
4. 4	. . . . Seibel* . . .	. . . . Seibel* . . .
6. 1	Getrost nur wandle deine Bahn!	O wandle mutig deine Bahn!

* 4. 4 In Kellers Handexemplar korrigiert: . . . . Krügel . . .

W. X. 100. In fremden Landen.

Mskr. 1882. Neuere Gedichte 1851/54. S. 132. Dat. Heidelberg 1849.

	Druck 1883 u. Mskr. 1882	**Neuere Gedichte 1851/54**
	In fremden Landen.	Heimweh.
1. 1	An des Heimatflusses Borden,	An den schönen Limmatborden,
1. 2	Wo die Linden überhangen,	Die so grün in's Wasser hangen,
2. 5	Und so man	Und wenn man . . .
2. 6	Will es scheinen, daß das ganze*	Will es scheinen, daß die ganze

* Mskr. 1882: 2. 6 [Glaubt man, daß die] . . . .

		Druck 1883 u. Mskr. 1882	Neuere Gedichte 1851/54
2.	7	Inn're Land	Inn're Schweiz im Firnenglanze
2.	8	... herunterzieht.	Auf der Flut herniederzieht.
3.	1	.... flimmern	..... schimmern
3.	6	Schaukelnd sich	Wiegend sich ....
4.	3	Schlicht bescheiden ....:	Klar und einfach ...
4.	4	Ernst bewegt ...	Klug und ernst ....
4.	6	Wuchsen .... auf;	Wuchsen ...... groß;
4.	7	Das Gesetz schirmt Haus und Hütte,	Das Gesetz schmückt jede Hütte,
4.	8	Jeden Herd ein Büchsenlauf. .	Jeden Herd ziert ein Geschoß.

> (Etwas Wein auch pflanzt der Bauer
> An der Berge grünen Füßen,
> Wenn auch manchmal etwas sauer:
> Arbeit weiß ihn zu versüßen.
> Längst schon wohnt an jenen Flüssen
> Rasche Tat, entschloss'nes Handeln,
> Daß vor ihrem heitren Wandeln
> Gram und Sorge schwinden müssen.

		Druck 1883 u. Mskr. 1882	Neuere Gedichte 1851/54
5.	2	Wachsen Weine stark	Sind die Weine stark ..
5.	3	.... üppige	... edle ....
5.	4	Wohl auch	Auch wohl .....

W. X. 101. Die kleine Passion.

Mskr. 1882. Über Land und Meer. 1873. Bd. 29. S. 227.

	Druck 1883 u. Mskr. 1882	Über Land und Meer 1873*
	Die kleine Passion.	Kleine Passion.
V. 18	... ein dichterliches Buch;	.... das dichterliche Buch;

* vgl. Baechtold, Bibliographie S. 26: „Der ursprüngliche Schluß, den Keller auf Hallbergers (des Herausgebers) Wunsch änderte, lautet:
V. 35. „Wenn's kein katholisch Mückeln,
36. Sonst würd's im Fegefeuer sein."

W. X. 103. Krötensage.

Mскr. 1882. Das Schweizerhaus. 1874. 3. Jahrg. S. 89. Wilh. Scherffig. Album 1852. S. 70.

		Druck 1883 u. Mскr. 1882	**Schweizerhaus 1874**	**Album 1852**
			Krötensage.	Zeugen der Vorwelt.
		=		
2.	1	=	. . . . aus dem Kieselstein,	. . . . aus dem harten Stein,
2.	2	=	Ein Hirt hat . .	Ein Bäuerlein hat . . . .
3.	3	. . . vom hohen Felsgebirg	. . . vom hohen Steingebirg	. . . vom fernen Urgebirg
4.	1		Doch manchmal in der Wasser Sturz	Dann sind wir wieder zum starren Grat
4.	2	=	Sind wir gewaltig gesprungen;	In Sprüngen hinangestiegen;
4.	3		Dann hat's um meine dunkle Klausur	Erst war um uns ein gewaltiger Lärm
4.	4		Gesungen und geklungen.	Doch oben hat's endlich geschwiegen.
6.	2	=	Nur konnten mir behagen;	Konnten mir nur behagen;
7.	1	So hab' ich ein	=	Ich habe ein . . . .

W. X. 104. David.

Mскr. 1882. Neuere Gedichte 1851 54. S. 121.

		Druck 1883 u. Mскr. 1882	**Neuere Gedichte 1851/54**
2.	1	Mit Wein und Brot kam er gegangen,	Er kam mit Wein und Brot gegangen,
2.	2	Sein Auge strahlt' in kindlichem Vergnügen;	Sein braunes Auge strahlte vor Vergnügen;
2.	6	. . . . Prahlen . . .	. . . . Wüten . . .
3.	1	. . . . . . verschmähend,	. . . . . verwerfend,
3.	3	Und einen weißen Stein 'erspähend	Die Hand mit weißen Steinen schärfend
3.	6	. . . . des Blitzes Schlag!	. . . . . ein jäher Schlag!
3.	8	Hauptlos*	Kopflos . . . .
4.	3	. . . . schwarz . .	. . . . toll . . .
4.	4	. . . . wurd' er ungetrieben.	. . . . warb er hingetrieben.
4.	5	Das Angesicht zum Herren aufgewendet,	Sein Haupt zum Herren nächtlich aufgewendet,

---

* Mскr. 1882: 3. 8 [Kopflos] . .

W. X. 105. Parteigänger.

Mskr. 1882. Über Land und Meer. 1873. Bd. 29. S. 219. Mskr. 1843. Bd. I. Bl. 43.

Druck 1883 u. Mskr. 1882	Über Land und Meer 1873	Mskr. 1843	
		2. Niederschrift*	1. Niederschrift
Parteigänger.	Der Parteigänger.	—	Allerhand große Streiter.
			[Ich bin ein armer Schlucker
			Und tölpischer Gesell,
			[Und] Hab' gegen feine Mucker [Fell.
			Ein [wenig grob und grell] widerhaarig
			Doch auf den groben Keil und Klotz
			Ist frischer grober [Bauern] Bubentrotz
			Ost an der rechten Stell'!]
1. 1	=	Gefallen sind die Hiebe,	
1. 2	Verflogen Staub und Rauch,	Schon legt sich Staub und [Dampf]	
1. 3	=	Und [alle] süße Bruderliebe [Rauch,	
		[Blüht wieder aus dem Kampf]	
1. 4	Blüht wieder an jedem Strauch!	Blüht jetzt in jedem Strauch!	
1. 5	=	Hin ist so mancher Brave,	
1. 6	Und blökend zieh'n die Schafe	Und mancher Schuft im Schlafe	
1. 7	Zum Pferch nach altem Brauch.	Gewann's nach altem Brauch.	
2. 1	Nun singt in allen Pfannen	Nun kocht in allen Pfannen	
2. 2	=	Der fette Siegesbrei;	
2. 3	=	So reit' ich denn von dannen,	
2. 4	=	Die Straßen sind ja frei!	
2. 5	Und winkt ein Schank an Wegen,	Und steht ein Schank an Wegen,	
2. 6	Will ich hinein mich legen	Will ich darein mich legen	
2. 7	=	Und seh'n, was Ruhen sei!	
3. 1	=		Ich bin als [wilder] heißer Zecher
3. 2	=		Auf einen Trunk erpicht;
3. 3	=		Doch fülle[t]n meinen Becher [nicht —
3. 4	Wohl Tränen Christi nicht —		[Lacrimae Christi] Wohl Christi Tränen
3. 5	Ich trink' nur herbe Reben		Ich lasse nur in [saurem] herbem Wein
3. 6	Und laß' im Herben leben		Die Freiheit meine Göttin sein,
3. 7	Mein Schätzel derb und schlicht!		Die [Göttin] Dirne derb und schlicht.

* Die zweite Niederschrift ist jedenfalls um mehrere Jahre jünger als die erste.

	Druck 1883 u. Mskr. 1882	Über Land und Meer 1873	2. Niederschrift	1. Niederschrift 1843
4. 1	=	Ich bin ein wilder Reiter,		Ich bin ein guter Streiter,
4. 2	=	Auch beißt und schlägt mein Gaul;		Mit ungewasch'nem Maul;
4. 3	=	Ich bin ein grober Streiter,		Ich bin ein guter Reiter,
4. 4	Und führ' ein grobes Maul;	Mit ungewasch'nem Maul;		Ob auch auf magerem Gaul; [Und ob mein Schild auch rostig ist, Und ob mein Schwert auch schartig ist, Es haut darum nicht faul.]
4. 5	=	Und sind auch allerwegen		Doch ob mein Schwert auch schartig ist,
4. 6	=	Mir rostig Schild und Degen —		Und meinen Schild der Rost zerfrißt,
4. 7	=	Drein schlag' ich drum nicht faul!		Ich schlage drein nicht faul!
5. 1		=	Und ist der Streit geendet	
5. 2		=	Und ist die Tat getan,	
5. 3		Mag ich, wie's auch sich wendet,	Will ich, wie auch sich's wendet,	
5. 4	=	=	Doch keinen Lohn empfah'n!	
5. 5		=	Will nicht im Rate tagen,	
5. 6		=	Will Ketten nicht und Kragen,	
5. 7		=	Die stehen mir nicht an.	
6. 1	=	So sitz' ich in der Schenke	Ich sitz' in meiner Schenke	
6. 2	Zur braunen Distel wert,	Zur blauen Distel wert,	Zur [roten] braunen Distel wert,	
6. 3	=	=	Weil braußen an der Tränke	
6. 4	=	... das ...	Gesattelt steht mein Pferd.	
6. 5	=	=	Ich lach' der neuen Herren,	
6. 6	=	=	Die an der Beute zerren,	
6. 7	=	=	Und lock're still mein Schwert!	

W. X. 107. Im Meer.

Mskr. 1882. Gedichte 1846. S. 260.

	Druck 1883 u. Mskr. 1882	Gedichte 1846
2. 2	.... starkes ..	... blankes ...
3. 3	..... blanker Schuppentracht	.... büstrer Schuppenpracht
4. 1	... von Lurch und Fisch,	... von Schlang' und Fisch,
5. 1	... Seeschlang' ...	... Meerschlang' ...
5. 3	Sie putzt die Brill' und liest darin	Sie Alle lesen emsig brin
5. 4	Verkehrt und findet keinen Sinn.	Und forschen nach dem dunkeln Sinn.
6. 1	... den Steuermann ...	.... den Missionär ..

B. X. 108. Mönchspredigt.

Mskr. 1882. Chr. Schad, Deutscher Musen-Almanach 1858. S. 121. (Dat. 1853.)

		Druck 1883 u. Mskr. 1882	**Deutscher Musenalmanach 1858**
		Mönchspredigt.	Unterbrochenes Opferfest 1853.
2.	2	. . . . heiß . . .	. . . ferm . . .
2.	3	. . . . schreit er, . . .	. . . ruft er, . . .
4.	1	Er rief's; . . .	Er schrie's ; . . .
6.	1	Uns ist . . .	Euch ist . . . . .

B. X. 109. Tafelgüter.

Mskr. 1882. Deutsche Rundschau 1878. Bd. XVI. 288. Mskr.-Heft S. 14. M. 10.

		Druck 1883 u. Mskr. 1882	**Deutsche Rundschau 1878**	**Mskr. 1878**
		Tafelgüter.	Tafelgüter.	Mensa episcopalis.
1.	1	. . . Stoßenwolf . . .	=	. . . Springewolf . . .
2.	3	. . . folgen . . .	=	. . . folget . . .
2.	4	Absonderliche . . .	=	Absonderlicher . . . .
11.	3	. . . flugs daran,	=	. . . gleich heran,
13.	2	=	Schließt man sie fest am Felsen,	Schließt man sie an die Kette,
13.	4	=	Mit nackten Hungerhälsen ;	Im luft'gen Wolkenbette.
14.	2	. . . . um die Nahrung.	=	. . . . mit der Nahrung.
14.	3	. . . . aller . . .	. . kühler . .	. . . in guter Ruh
15.	5	Doch sie den Aar in Lüften!	=	Den Aar sie in den Lüften!

B. X. 111. Tod und Dichter.

Mskr. 1882. Deutsche Rundschau 1879.* Bd. XX. S. 454. Mskr.-Heft. S. 8. M. 10. Dat. Mai 1878.

	Druck 1883 u. Mskr. 1882	**Deutsche Rundschau 1879**	**Mskr. 1878**
V. 2	=	Hängt	Schwebt und bricht . . .
V. 6	. . . . . bunten . .	=	. . . lichten Tanz!
V. 11	=	Nicht bedarf ich Schrecklicher des Ruhmes;	Unvermeidliche bedürfen nicht des Ruhmes;
V. 16	=	Laßt nicht büßen mich, der sie gepflegt:	Schreibt als eine Tugend mir auf's Grab:
V. 17	=	Süße Frauenbilder zu erfinden,	Ein paar Frauenbilder zu erfinden,

Druck 1883 u. Mskr. 1882	Deutsche Rundschau 1879	Mskr. 1878
V. 18 =	Wie die bittre Erde sie nicht hegt!	Die's hienieden niemals gab!
V. 23 =	Blut von meinem Blute; zu verderben	
V. 24 =	Bin ich nicht, eh' jene sterben!	
V. 29 =	Spiele weiter in des Lebens Fluten,	Und ich trinke noch die Lebensfluten,

W. X. 113. Stilles Abenteuer.

Mskr. 1882. Neuere Gedichte 1854. S. 231. Chr. Schad. Deutscher Musen-Almanach 1854. S. 41.

Druck 1883 u. Mskr. 1882	Neuere Gedichte 1854	Deutscher Musenalmanach 1854
Stilles Abenteuer.	=	Trochäen.
V. 1 In dem Winkel einer Schenke saßen		
2 Einstmals Jäger nach vollbrachtem Jagen.		
3 Sie erzählten sich die feinen Künste,		
4 Wie des Wildes Heimlichkeit zu sehen,		
5 Alle Kreatur sei zu beschleichen.		
6 Als sie nun nicht ihrem Witz alleine,		
7 Sondern auch dem Glück erkenntlich waren,		
8 Griff ein alter Schlingel nach dem Faden		
9 Des Gesprächs und zog ihn an sich, gleich der		
10 Schnur, mit der ein Netz man zuzieht.		
11 Ein erlebtes Jugendabenteuer		
12 Bracht' er vor mit schlauen Blinzeläuglein,		
13 Daß die Köpfe sie zusammensteckten		
14 Und die Pfeifen halb erkalten ließen:		
16 In dem Kronenbusche ...	=	In der grünen Krone ...
		*Wie das Fröschchen grün vom grünen Blatte,
		War ihr weißer Leib vom weißen Sande
		In die Weite nicht zu unterscheiden.
25 Ihrer Knie' durch das bewegte Wasser,**	=	Ihrer Kniee aus der klaren Feuchte,
30 ... steuernd ...	=	.... lässig ...
34 =	Nicht ein menschlich Wesen ...	.Kein lebendig Wesen zu erspähen.

* Eingeschoben im Musenalmanach nach Vers 21.

** Mskr. 1882: V. 25 ... [aus dem bewegten] ...

	Druck 1883 u. Mskr. 1882	Neuere Gedichte 1854	Deutscher Musenalmanach 1854
38	. . . . beibe Augen,	=	. . . . ihre Augen,
39	=	Nicht sich regend, . . .	Nicht mehr atmend, ...
			*Als sie leise ihre Augen auftat,
44	. . . oft . . .	. . stets . .	. . . . stets . . .
46	. . . . . Entenjäger,	=	. . . . . Müßiggänger,
47	Den das Glück auf jenen Baum getrieben;	=	Den bie Laune auf ben Baum . . .
50	. . . . . . erbauert',	=	. . . . erwägte,
52	. . , fanb ich, . . .	=	. . , bacht' ich, . . .

* Eingeschoben im Musenalmanach nach Vers 42.

W. X. 115. Ehescheidung (Amerikanisch).*

Mskr. 1882. Neuere Gedichte 1854. S. 214. Chr. Schab, Deutscher Musen=Almanach 1854. S. 40.

		Druck 1883 u. Mskr. 1882	Neuere Gedichte 1854	Deutscher Musenalmanach 1854
1.	1	=	Zum Pfäffel . .	Zum Pfäfflein . . .
1.	3	. . . keinen einzigen Tag	=	. . . nicht eine einzige Stunde
1.	4	=	. . ohne einanber . .	. . von einanber . .
2.	4	. . . keine Stunde** . .	=	. . keine Minute . .
3.	3	. . . . gelobt,	=	. . . . beschwor'n:
4.	3	Der Mann bot einen Dollar bar,	Der Mann bot einen Beutel bar,	Die Frau bot einen Beutel bar,
4.	4	Die Frau ber Dollars zwei.	Die Frau ber Beutel zwei.	Der Mann ber Beutel zwei.
5.	1	=	. . . Pfäffel . . .	. . . . Pfäfflein . .
5.	3	=	. . , ber hielt es bei bem Kopf,	. . . mußt's halten bei bem Kopf,
6.	1	Mit seinem Küchenmesser schnitt	. . . . mit großem Messer . .	Der Pfaff mit seinem Messer hieb
6.	2	Der Pfarr bie Katz' entzwei:	=	Das Kätzelein entzwei;
6.	4	=	Da waren sie wieber frei.	Geht hin, nun seib ihr frei!

* Die Bemerkung zum Titel: „Amerikanisch" ist neu im Druck 1883.

** Mskr. 1882: 2.4 . . keine Minute . . . .

W. X. 116. Untergehende Liebe.

Mſkr. 1882. Mſkr. in Mappe 10. (langer Papierſtreifen.) Dat. 12. März 1859.

V.	Druck 1883 u. Mſkr. 1882	Mſkr. 1859
		Wer ihn ſah, der dachte ſeufzend*
		An das Schöne, was er wußte. —
18	. . . . Woche hingeht!	. . . . Woche hin iſt!
25	. , der heiße Föhn, . . .	. , der Abendſturm, . . .
33	Deines Blutes einmal wieder!**	Deines Blutes einmal wieder,
45	Immer taucht empor es wieder,	Immer taucht es oben wieder,
52	Einen ſchwachen Seufzer hört' ich,***	Und ich hörte einen Schrei,
53	Deutlich, wie aus weiter Ferne;	Deutlich, doch wie aus der Ferne;
54	Denn von den Betörten endlich	Denn von Ungeliebten endlich,
55	Auch einmal vergeſſen werden,	Endlich auch vergeſſen werden,
56	Tut den Vielgeliebten weh,	Tut den eitlen Frauen weh,

* Eingeſchoben nach V. 12
** Mſkr. 1882. V. 33 [Deines aufgeregten Blutes.]
*** Mſkr. 1882. V. 52 Und ich hörte einen Seufzer,

W. X. 118. Wardeins Brautfahrt.

Mſkr. 1882. Deutſche Rundſchau 1878. Bd. XV. S. 336. Mſkr.-Heft 1878. S. 4. Mappe 10.

	Druck 1883 u. Mſkr. 1882	Deutſche Rundſchau 1878	Mſkr. 1878
	=	Wardeins Brautfahrt.	Heimführung.
3. 2	Schau, werden .	Sieh', werden . . .	Sie werden . . .
3. 3	Schon ſiehſt du . . .	=	Schon ſchauſt du . . .
6. 1	=	. . . . weiß den Tiſch!	. . . . unſern Tiſch!
7. 2	=	Der ſtrenge Herr Wardein.	Ein ältlicher Wardein.
7. 4	=	Im Raſen — doch allein!	Allein, allein, allein!

W. X. 119. Aus einem Romane. I. Verlor'nes Recht, verlor'nes Glück.

Mscr. 1882. Der grüne Heinrich. Vierter Band 1855. 1. Ausg. S. 478. Mscr. im Traumbuch. S. 87. Dat. Berlin, September 1854.

		Druck 1883 u. Mscr. 1882	Der grüne Heinrich. 1855. IV. Bd.	Mscr. 1854
1.	1	=	. . . goldnes . .	. . . schönes . .
2.	1	=	. . . . herrlich . .	. . . großes . .
3.	2	=	. . . auf den Wassern . .	. . . auf dem Wasser . .
				Diese waren spiegeleben;
3.	3	=	War wie ein Medusenschild	Doch wie ein Medusenschild,
3.	4	. . erstarrten . . .	Der versteinten Unruh' Bild.	Der versteinten Unruh' Bild
				Sah die Flut man wiedergeben.
4.	2	Glitt ich	=	Schoß ich . . . .
5.	3	Gestern noch mit ihm ich schlief —	=	Gestern noch ich mit ihm schlief —
6.	1	=	In der dunklen Tiefe fern	Und schon dünkt mich's tausend Jahr',
6.	2	=	Schimmert ein gefall'ner Stern;	Daß das Recht mein eigen war.
6.	3	Und schon ist's wie tausend Jahr',	Und schon dünkt mich's tausend Jahr',	Ferne, ferne, ferne schimmert's,
6.	4	=	Daß das Recht einst meines war.	Ein gefall'nes Sternchen flimmert's.
7.	1	=	Wenn die See nun wieder tobt,	Wird die See nun wieder toben,
7.	2	Keiner mehr	Niemand mehr den Meister lobt:	Wird man nicht den Meister loben!

W. X. 120. Aus einem Romane. II. In der Trauer. 1.

Mscr. 1882. Der grüne Heinrich. Vierter Band. 1855. 1. Ausg. S. 264. Mscr. im Traumbuch S. 84. ohne Datum.

		Druck 1883 u. Mscr. 1882	Grüner Heinrich 1855 u. Mscr. im Traumbuch
1.	4	Fern euere . . .	Wohl euere . . . . .
3.	1	Und wie die müde Danaide wohl,	Und wie die Danaide wohl
3.	2	Das Sieb gesenkt, neugierig um sich blicket,	Einmal neugierig um sich blicket,

W. X. 120. Aus einem Romane. II. In der Trauer. 2.

Mscr. 1882. Der grüne Heinrich. Vierter Band 1855. 1. Ausg. S. 266. Mscr. im Traumbuch. S. 81. Dat. Berlin, September 1852.

		Druck 1883 u. Mscr. 1882	Der grüne Heinrich 1855. IV. Bd.	Mscr. 1852
1.	1	Ich kenne dich, o Unglück, ganz und gar	=	O, ich erkenn' das Unglück ganz und gar
1.	2	. . . an deiner Kette!	=	. . . an seiner Kette!
1.	3	Du bist vernünftig, zum Bewundern klar,	=	Es ist vernünftig, liebenswürdig klar!
1.	4	Als ob ein Denker dich geordnet hätte!	=	Kein Schlag, den ich nicht selbst verschuldet hätte!

Druck 1883 u. Mscr. 1882	Der grüne Heinrich 1855. IV. Bd.	Mscr. 1852
2. 1 Nicht mehr noch weniger hat mir gebührt,		Nicht zehnmal Ärgeres hat mir gebührt,
2. 2 Mir ist gerecht die Schale zugemessen;	=	Gerecht ist mir die Schale zugemessen!
2. 3 Und dennoch hab' ich bitt'rer sie verspürt,		Doch zehnmal bitt'rer hab' ich sie verspürt,
2. 4 Als niemals ich getrunken noch gegessen.		Als ich im Glück zu träumen mich vermessen!
3. 1 Jetzt aber bring' ich leichter sie zum Mund,	=	Doch zehnmal leichter bring ich sie zum Mund,
3. 2 Als einst die müde Seele noch wird wissen;	Als die Erinnerung einst sich noch entsinnet;	Als die Erinnerung einst wird können schließen;
3. 3 =	Der quellenklare Perltrank ist gesund,	Die quellenklaren Tropfen sind gesund,
3. 4 Ich lieb' ihn drum mit dürstendem Gewissen!	Ich lieb' ihn drum, und weiß, woher er rinnet!	Ich liebe sie, und weiß, woher sie fließen!

W. X. 121. Aus einem Romane. II. In der Trauer. 3.

Mscr. 1882. Der grüne Heinrich. Vierter Band 1855. 1. Ausg. S. 267. Mscr. im Traumbuch S. 83. (ohne Datum).

Druck 1883 u. Mscr. 1882	Der grüne Heinrich 1855. IV. Bd.	Mscr. im Traumbuch
1. 1 =		Ein Meister bin ich worden
1. 2 Zu weben Gram und Leid;	=	Zu tragen Gram und Leid,
1. 3 Ich webe Tag' und Nächte		Und meine Kunst zu leiden
1. 4 Am schweren Trauerkleid.		Wird mir zur Seligkeit.
2. 1 Ich schlepp' es auf der Straße	=	Doch fühl' ich auch zum Glücke
2. 2 Mühselig und bestaubt;	=	In mir die volle Kraft;
2. 3 Ich trag' von spitzen Dornen	=	Und werde noch beweisen
2. 4 Ein Kränzlein auf dem Haupt.		Die schönste Meisterschaft.

Mittelspalte:

.. schön're . . . .
Auf einem golb'nen Feuer
Von Zimmet, süß und echt,
Will zierlich ich verbrennen
Das schnöde Dorngeflecht,

Das mir um's Haupt gelegen
So viele Tage lang,
Und lachend übertön' ich
Der Bettlerkrone Knistersang!

3. 1 Die Sonne steht am Himmel,		
3. 2 Sie sieht es und sie lacht:		
3. 3 Was geht da für ein Zwerglein		
3. 4 In einer Königstracht?		

Druck 1883 u. Mskr. 1882	Der grüne Heinrich 1855. IV. Bd.	Mskr. im Traumbuch
4. 1 Ich lege Kron' und Mantel		
4. 2 Beschämt am Wege hin		
4. 3 Und muß nun ohne Trauer		
4. 4 Und ohne Freuden zieh'n!		

W. X. 122. Melancholie.

Mskr. 1882. Neuere Gedichte 1851/54. S. 119. Dat. Heidelberg. Dezember 1848.

	Druck 1883 u. Mskr. 1882	Neuere Gedichte 1851/54
2. 1	. . . . Spiegelschild,	. . . Spiegel hält,
2. 2	Den unbezwungnen, hält empor,	Den düster blitzenden, empor,
2. 3	. . . . schwillt	. . . . . . schwellt
2. 4	. . . aus dunklem Aug' . .* [immer,**	. . aus zagem Aug' . . .
2. 5	Wie hebst das Haupt du streng und strenger	O strenge Rache nimmst du Dunkle immer,
3. 1	Wie hängt	Es hängt . . . .
3. 6	Was leer und nichtig ist, . .	Daß Alles nichtig ist, . . .

5. Noch fühl' ich dich so edel nicht,
Wie Albrecht Dürer dich geschaut:
Ein sinnend Weib, von innerm Licht
Erhellt, des Fleißes schönste Braut,
Umgeben reich von aller Werke Zeichen,
Mit milder Trauer angetan;
Sie sinnt — der Dämon muß entweichen
Vor des Vollbringens reifem Plan!

* Mskr. 1882: 2.4 . . aus zagem Aug' . . . .
** Mskr. 1882: 2.5 Wie strenge Rache nimmst du Dunkle immer,

W. X. 123. Ein Berittener.

Mskr. 1882. Züricher Dichter-Kränzchen 1882. S. 19. Kunst und Leben 1880. 3. Bd. S. 149. Mskr. 1879 im Mskr.-Heft S. 26. Nr. 10.

	Druck 1883 u. Mskr. 1882	Dichter-Kränzchen 1882	Kunst und Leben 1880	Mskr. 1878
1. 3	=	Als er . . .	=	Da er . . . .
1. 4	=	=	Hub er den Arm zu beten:	Begann er so zu beten:
2. 1	=	=	„Mich traf das Übel Schlag auf Schlag,“	„Fuhr auf mich nieder Schlag auf Schlag,“
2. 3	=	. . . schuldig . . .	=	. . . knirschend . . .

W. X. 124. Stutzenbart.

Mskr. 1882. Deutsche Rundschau 1879.* B. XX. S. 453. Mskr. 1878 im Mskr.-Heft S. 22. M. 10.

Druck 1883 u. Mskr. 1882	Deutsche Rundschau 1879	Mskr. 1878
=	Stutzenbart.	Bartschur.
1. 4 =	Nun die blanke Schere!	Deine blanke Schere!
3. 3 =	Und da fliegt der Reingewinst	Fahret wohl, o Reingewinst,
3. 4 =	Deiner Lebenswonnen!	Herzeleid und Wonnen!
4. 1 =	...., wie feierlich	..., wie würdiglich
4. 2 =	In die Höh' sie schweben,	Auf die Flöcklein schweben;
4. 3 =	All' die Flöcklein! Will zu sich	Will versöhnt empor zu sich
7. 1 =	.., Star und Spatz —	..., Spatz und Matz —
8. 3 ... weich beflaumte ...	.. gelb beflaumte ...	Für die allerleicht'ste Brut

* Vgl. A. Köster, Briefwechsel Storm-Keller. S. 70 ff.

W. X. 126. Poetentod.

Mskr. 1882. Gedichte 1846. S. 311. Mskr. 1845. Bd. II. Bl. 60. (Dat. 18. November 1845).

Druck 1883 u. Mskr. 1882	Gedichte 1846	Mskr. 1845
1. 1 Der Herbstwind rauscht; .... im ...	= im Sterben,	Der Herbstwind zieht; der Dichter liegt am [Sterben,
1. 2 Die Blätterschatten fallen an der Wand;	=	Die Wolkenschatten jagen an der Wand;
2. 1 =	Mit dunklem Purpurwein, darin ertrunken	Darin ein flücht'ger Abendstrahl ertrunken.
2. 2 Der letzten Sonne Strahl, netzt er den Mund;	Ein letzter Abendstrahl, netzt er den Mund,	Mit dunklem Purpurwein netzt er den Mund, [Er netzt mit Goldwein seinen blassen Mund]
2. 3 Dann wieder	=	Und wieder rückwärts auf den Pfühl gesunken, [Nachdem zurück aufs [Lager] Kissen er gesunken]
2. 4 =	=	Tut er den letzten Willen also kund:
3. 1 ... aus luft'gen Klängen ..	=	.... aus Wunderklängen ...
3. 2 Vorbei ...	Dahin	Vorbei ....
3. 4 Mein Tagewerk und meine Erdenzeit.	.... und meine ...	Mein blühend Lied, dich, meine Erdenzeit.
4. 1 Das keck und sicher seine Welt regierte,	=	Das stolz und mächtig diese Welt regierte,
4. 3 Der Hungerschlucker, der die Tafel zierte:	=	Der Gastfreund, der die edlen Hallen zierte,
4. 4 Der Ruhm, er flattert mit den Schwalben aus.	... wallt	Der Ruhm zieht mit dem Leichenzug hinaus.

	Druck 1883 u. Mskr. 1882	Gedichte 1846	Mskr. 1845
5. 1	So . . . . Weihrauchflamme	Dann . . . . Weihrauchflamme	Dann löschet meines Herdes helle Flamme
5. 2	. . . . schlechte . . .	=	. . . . [düst're] stille . . . .
5. 4	Vor ich . .	=	Eh' ich . . .
6. 1	. . . . bescheidnen Schmuckes kränzte,	. . . in schöner Form umkränzte,	. . . [mit] in schönen Formen zierte,
6. 3	In Weihgefäßen auf Gesimsen glänzte,	In heil'gen Schriften auf Gesimsen glänzte,	Die heil'gen Schriften, die ich bei mir führte,
7. 1	Daß meines Sinnes unbekannter Erbe	Daß meines Geistes unbekannter Erbe	Daß meines Geistes namenloser Erbe
7. 2	Mit sinb'ger Hand, vielleicht im Schülerkleid,	Mit klarem Aug', im leichten Schülerkleid,	Mit [sichrer Hand] [festem Blick] klarem Aug',
			[im leichten Schülerkleid,
7. 3	. . . Markte ahnungsvoll . .	=	. . . Markt sich ahnungsvoll . . .
7. 4	Die Heilkraft wider der Vernachtung Leid.	=	Was ich in Sternennächten eingeweiht.
8. 1	Werft jenen Wust verblichner Schrift ins Feuer,	=	(Str. 12)* Gebt jenen Band verblichner Schrift
			[den Flammen,
8. 2	Der Staub der Werkstatt mag zu Grunde geh'n!	=	s'Ist meiner Jugend greller Widerschein;
8. 3	Im Reich der Kunst, wo Raum und Licht so	Ein frisches Lorbeerreis biegt mir zusammen	Die Asche und mein Lorbeerreis zusammen
	[teuer, **		
8. 4	Soll nicht der Schutt*** dem Werk im Wege stehn!	Und legt's zu Häupten mir im Totenschrein.	Legt mir zu Häupten dann im Totenschrein.
		=	Nur meine Rosengärten lasset stehen,
		=	Bis auch mein herrliches Poetenweib,
		=	Im nächsten Lenze, wird zur Ruhe gehen,
—		. . . gebend . . .	Den Blumen schenkend ihren schönen Leib.
9. 1	Dann laßt des Gartens Zierde niedermähen,	=	Dann aber mäht die Rosenbüsche nieder
9. 2	Weil unfruchtbar; die Lauben brechet ab!	=	Und brechet meine grünen Lauben ab!
9. 3	Zwei junge Rosenbäumchen lasset stehen	. . Kohl und Rübe . .	Der Boden trage Kohl und Rüben wieder: —
9. 4	Für mein und meiner lieben Frauen Grab!	. . . auf unserm Grab!	Nur eine Rose laßt auf meinem Grab!
10. 1	Mein Lied mag auf des Volkes Wegen klingen,	=	Mein Lied wird siegreich durch die Lande klingen,
10. 2	Wo seine Banner von den Türmen weh'n;	=	Ein Banner von den Höhn der Erde wehn:
10. 4	=	. . . Sippschaft . . .	. . . . Sippe . . . .

* Die Strophe steht in Mskr. 1845 u. Gedichten 1846 an 12. Stelle.
** Mskr. 1882: 8. 3 [In einer Welt, wo] . . . . .
*** Mskr. 1882: 8. 4 . . . . der Span . . . . In der 2. Korrektur geändert zu . . . Meißelschutt . . .

	Druck 1883 u. Mskr. 1882	Gedichte 1846	Mskr. 1845
		=	Drum soll ihr meinem Sohn das Leben gründen,
		=	Giebt ihm ein Handwerk, oder auch ein Schwert:
		Und du, mein Mädchen! wirst den Freier finden,	Und meine Tochter laßt den Freier finden,
		Der dich in Lieb' und Treuen redlich nährt.	Der sie in Lieb' und Treuen redlich nährt.
			Arm, wie ich kam, soll man hinaus mich tragen!
		=	Den Lorbeer nur will ich mit Zaubermacht
			Als Wünschelrute an die Sterne schlagen
			Nach neuen Klängen aus der [alten Pracht]
			[Strahlenpracht." —
11. 3	.... im Purpurscheine,	=	.... im Rosenscheine,
		=	Und wie das Schneegebirg, erlöscht, verblichen,
		=	Zum Himmel raget zwischen Tag und Nacht,
		Der letzte Glockenhall durchs Tal gestrichen,	Der letzte Nachhall über's Tal gestrichen,
		.... ob den Landen ...	Dann tiefe Stille auf dem Lande wacht:
		=	Die ganze Größe dieses [schönen] stummen
			[Spieles
		Ruht	[Herrscht] Liegt in der engen Totenkammer nun,
		=	Wo Weib und Kinder, stumm, voll Wehgefühles,
		=	Verlassen um die Dichterleiche ruhn.
12. 2	.... Adlers Schwingen webt,	=	.... Adlers Flügeln weht:
12. 4	.... von hinnen schwebt.	=	.... von hinnen geht.
13. 1	... Schweigenden ..	=	.... Seligen ...
13. 2	In faltige Gewande ...	In reiche Prachtgewande ...	In [stolze] reiche Prachtgewänder ...
13. 3	.... einst ...	=	... schon ... [so schön erfüllt.
13. 4	Was als Geschick sein Leben hat erfüllt!	=	Was [dann der Sänger hat] er in Liedern dann
			[Voran, gesenkten Blicks, das Leib der Erde
			Zieht mit der Freude Arm in Arm hinaus;
			Dann Phantasie, zuletzt geht ihr Gefährte,
			Der Witz, mit leerem Becher aus dem Haus.]
14. 1	=		Voran, gesenkten Blicks, das Leib der Erde,
14. 2	=		Verschlungen mit der Freude Traumgestalt,
14. 3	=	=	Die Phantasie, und endlich ihr Gefährte,
			[Der Witz, ein wenig schmerzlich, aber kalt]
14. 4	...., still und kalt.		Der Witz, mit leerem Becher, stolz und kalt.

W. X. 128. An Justinus Kerner.

Mskr. 1882. Gedichte 1846. S. 296. Mskr. 1845. Bb. II. Bl. 51.

		Druck 1883 u. Mskr. 1882	Gedichte 1846	Mskr. 1845
1.	1	=	. . . , edler Sänger!	. . . , stiller Sänger,
3.	3	. . . . . , daß das: Werde!	Und manchmal scheint mir, Gottes: Werde!	Fast will mir scheinen, Gottes: Werde!
5.	2	=	Herfahrend, —	Und lächle, — doch mein Feuerbrach'
7.	1	. . . glüh'n und sprühen,	=	. . . sprühn und glühen,
8.	1	. . . in hundert Jahren	=	. . . nach fünfzig Jahren
8.	2	. . . hoch mit Griechenwein	=	. . . voller Griechenwein
8.	3	=	. . . . käm' . . .	. . . kommt . . .
9.	4	=	Hinab in das verlaff'ne Meer!	Hinab in's still verlaff'ne Meer!

> Ein bischen Hunger wohl noch nähret
> Vorher die schöne Phantasie,
> Doch hat man uns nicht längst gelehret,
> Der Hunger auch sei Poesie?

W. X. 131. Der Kranz.

Mskr. 1882. Zürcher Taschenbuch 1883. VI. Jahrg. S. 158. Mskr. im Mskr.-Heft S. 31 in M. 10. Dat. April 1882.

		Druck 1883 u. Mskr. 1882	Zürcher Taschenbuch 1883*)	Mskr.
1.	3	Die treue Gattin;	=	Sein treues Weibchen; . . .
2.	4	Umleuchtet. noch von hellem Geisterblitz.**	Dort wetterleuchtet heller Geistesblitz.	Dort wetterleuchtet stets des Geistes Blitz.
5.	3	Dem Meister	=	Herrn Ludwig . . .
6.	1	=	. . . balb . . .	Sie wandeln jetzt . . .
6.	3	=	. . . so fest und frei . . .	. . . so fest und hoch . . .
8.	3	Traurig	=	Reuig . . . .

* Zürcher Taschenbuch 1883 hat die Fußnote: s. Uhlands Leben, von seiner Witwe. Stuttgart 1874.

** Druck 1883. B. 2. 4. Vermutlich Druckfehler statt: „Geistesblitz".

W. X. 132. Das von Überlingen.

Mskr. 1882. Züricher Dichter-Kränzchen 1882. S. 16. Deutsche Rundschau 1878. Bd. XV. S. 335 ff.
Mskr. 1887 im Mskr.-Heft S. 2 in M. 10. (vgl. Baechtold. III. 392.)

	Druck 1883 u. Mskr. 1882	Züricher Dichter-Kränzchen 1882	Deutsche Rundschau 1878	Mskr. 1878
1. 1	=	Es war	=	Das war ...
1. 2	=	=	Der scheut'	Der forcht' ......
1. 3	=	=	... in die Glieder ...	... an die Knochen ....
1. 4	=	=	Mit ihm des Alters leise Not.	Alljährlich schon des Alters Not.
2. 3	=	=	Sah man ihn vor die Türe treten	Dann sah man ihn gewaffnet treten
2. 4	=	=	Wie einen Krieger auf die Wacht.	Vor seine Haustür auf die Wacht.
7. 1		=	Fuhr dann dem Alten rauh entgegen	
7. 2	=	=	Ein Staubgewölf im Sonnenschein,	
7. 3		=	Ein Schauer auch von Schnee und Regen,	
7. 4	So hieb und stach er mächtig drein.	=	So schlug er mächtiglich darein.	
8. 1	.... Dufte * ...	=	Denn in dem Dufte sah er drohen	
8. 2	=	=	Den Gegner mit gezücktem Speer;	
8. 3	=	=	Drum schlug er, bis der Spuk entflohen,	
8. 4	Und blickte siegreich um sich her.	=	Dann blickt' er siegreich um sich her.	
9. 4	=	=	... neue ...	.... junge ...
10. 2	Er schlug	=	=	Er zwang ....

W. X. 134. Das Weinjahr.

Mskr. 1882. Deutsche Rundschau 1878. Bd. XVI. S. 289. Mskr. im Mskr.-Heft S. 10. M. 10.

	Druck 1883. Mskr. 1882.** Deutsche Rundschau 1878	Mskr.
	Das Weinjahr.	Heißer Jahrgang.
2. 2	Gletscher, sie ebben wie Meere zurück,	Gletscher weichen um Meilen zurück,
6. 3	Gleich einem Spielzeug	Gleich einem Mühlchen .....
		Denn ein Äderlein Wassers rinnet
		Durch die Schrunde und treibet das Werk;
		Und der Tote gewinnt die Miene
		Durstigen Mann's, der zu trinken begehrt.

---

* Druck 1883. B. 8. 1 „Dufte" Druckfehler für „Dufte".

** Im Mskr. 1882 zeigt die Fußnote folg. Abweichungen: für .. „im rhätischen Gebirge": [nach damaligen Zeitungsberichten]; nach „Gebein und Waffen": [spanischer Herkunft].

Druck 1883. Mskr. 1882 u. Deutsche Rundschau 1878		Mskr.
7. 4	Drinnen ein Glutelf brauet die Flut!	Drinnen der Dämon reift an der Glut!
10. 3	Bindet die Herzen mit eisernem Willen,	Haltet die Herzen in stählernen Binden,
10. 4	Daß ihr entrinnet dem töblichen Fall!	Daß ihr entrinnet dem jähligen Fall!

W. X. 136. Arsleid.

Mskr. 1882. Zürcher Dichterkränzchen 1882. S. 9. Deutsche Rundschau 1878. B. XV. S. 338. Mskr. in Mskr.-Heft S. 7 in M. 10.

	Druck 1883 u. Mskr. 1882	Zürcher Dichterkränzchen 1882	Deutsche Rundschau 1878	Mskr. 1878
1. 4	=	... entschwunb'ner ..	=	Seit lang entschlaf'ner Zeit.
2. 2	.. steilen *	=	... steilsten ...	.. höchsten ...
			=	(5). So himmelhoch, so abgrundtief War Alles Glanz und Duft, Wo unsichtbar der Tote schlief In seiner offnen Gruft.
5. 1	Voll bittrer Sehnsucht sprang sie auf	.. bittrer Sehnsucht stand sie auf	=	Voll tiefster Sehnsucht stand sie auf
6. 3	=	Mit ihrem Kind	=	Und mit dem Kind ...

* Mskr. 1882: 2. 2 ... steilsten ...

Vgl. A. Köster, Briefwechsel Storm-Keller. S. 39. ff. Als Quelle vgl. Walliser Sagen von Tscheinen S. 32. No. 24. (Sitten 1872).

W. X. 137. Der Narr des Grafen von Zimmern.

Mskr. 1882. Deutsche Rundschau 1878. Bd. XV. S. 337. Mskr. 1878 in Mskr.-Heft S. 35. M. 10.

	Druck 1883 u. Mskr. 1882	Deutsche Rundschau 1878	Mskr. 1878
3. 1	.... mit seinem Hofgesind	=	... mit allem Hofgesind
3. 2	=	Weilt	Harri ....
3. 6	=	Und zieht ihn zum Altare;	Daß er sich fromm gebahre,
3. 7	=	Der Knabe sieht sich fleißig vor,	Und flink in Sakristei und Chor
3. 8	Daß er nach Bräuchen fahre.	Daß er in Züchten fahre.	Ihm dien' und am Altare.
4. 1	.., als wär' er's längst gewohnt,	=	.., als hätt' er's lang gelernt,
4. 3	Doch wann's die Müh' am besten lohnt,	=	Doch manche Nuß ist taub bekernt
4. 4	Bricht oft der Unstern an;	=	Und sieht sich köstlich an;
5. 3	Der gleich ein Unheil ahnen will,	=	Der schon das Zeichen deuten will
5. 4	Das ihn vom Himmel traf.	=	Als Unheil, das ihn traf.
5. 5	Doch schon hat sich der Narr bedacht,	=	Doch hat der Narr sich schnell bedacht,

W. X. 139. Die Winzerin.

Mskr. 1882. Neuere Gedichte 1854. S. 237.

		Druck 1883 u. Mskr. 1882	Neuere Gedichte 1854
1.	1	… sonnig weißen …	… sonnig edlen ..
1.	4	Und prüft die schwere Laube;	Prüft sinnend ihre Laube;
1.	5	… des Weibes ..	… der Schönen ..
2.	1	… das noch gefang'ne Blut	… der Trauben stille Glut
2.	6	… grünen ..	… gold'nen …
2.	7	Hin schweifet über See und Land	Im Fluge über See und Land
2.	8	Im Flug der Blick und weilet.	Schweift hin der Blick und weilet.
3.	1	Gleich einer reifen Beere …	Wie eine reife Beere …
3.	6	Die vollen ….	Die schweren …

Sie wandelt hin und wandelt her
Geschäftig durch den Garten,
Bis all' die Körbe, früchteschwer,
Gereiht der Kelter warten.
Die Kelter ist gar reich gebaut,
Recht für der Schönen Hände;
Von Silber man die Spindel schaut,
Von Rosenholz die Wände.

4.	1	Und auf der Laube Marmeltisch	Sie steht auf einem Marmortisch.
4.	2	Zu keltern sie beginnet,	Die Winzerin beginnet,
4.	3	…. duftig frisch	… süß und frisch
4.	5	Wie muß …….	Wie reg' …
4.	6	….. sich mühen!	…. sich mühet!
4.	7	,… die Wangen ..	… die Wange ..
4.	8	Gleich jungen Rosen blühen.	In dunklem Purpur glühet.
5.	6	… starkem ..	… edlem …
6.	1	…. den heißen Rebensaft	… den süßen Feuersaft
6.	2	Mit treuer Sorge gähren,	Verschlossen in sich gähren,
6.	4	…. sich klären.	…. verjähren;
6.	6	Auf Höhen und im Tale;	Wohl auf und ab im Tale,
7.	2	Im Herbste schon seit Jahren.	Im Herbst seit manchen Jahren;
7.	5	Im Hafen legt das Schiff sich an,*	Ein Schifflein legt im Hafen an,
8.	5	… frohen …	… holden ..
8.	8	Nun kehrt ein Mann dir wieder!"	Ein Mann kehrt dir nun wieder!"
9.	3	….. Lebenszeit	…. Weiblichkeit

---

* Mskr. 1882: 7. 5 [Es legt ein Schiff im Hafen an,]

W. X. 142. Geistergruß.

Mskr. 1882. Kunst und Leben 1880. 3. B. S. 147. „Winterlandschaft."

Abweichung nur im Titel. Im übrigen decken sich die Redaktionen.

W. X. 144. Jung gewohnt, alt getan.

Mskr. 1882. Neuere Gedichte 1854. S. 234. Chr. Schad, Deutscher Musenalmanach 1854. S. 37.

		Druck 1883 u. Mskr. 1882	Neuere Gedichte 1854	Deutscher Musenalmanach 1854
1.	4	.... des Trankes	Ertönte an des Bieres trüben Wellen.	Umtönte wild des Bieres trübe Wellen.
2.	4	=	... blinden ...	... die schmutzigen ...
5.	2	Und barg es in des Tuches grauen Falten.	=	Und barg das Brötchen in des Tischtuchs Falten.
5.	4	.... treuen Mutter häuslich Walten.	=	... eblen Mutter strenges Walten.
6.	4	.... Reden ...	=	.... Worten ...
7.	2	=	Wohlschmeckend in dem Dufte guter Sitten;	Denn Brot ist weiß in Hütten, wie in Hallen;
7.	4	=	Doch einem Fräulein war ein Stück entglitten.	Jedoch ein Fräulein ließ ein Bröcklein fallen.
8.	3	..., der närrische Gesell,	Und späht und sucht, der treffliche Gesell,	Und sucht und späht, der treffliche Gesell,
10.	2	=	.. spöttisch lächelnd sich ...	Indem sie spöttisch sich verneigte;
10.	4	... gar sittsam tief verbeugte:	.... sittsamlich verbeugte:	.... sittsamlich verneigte:*
11.	1	=	... meine ...	.... diese ...
11.	2	Doch Ihnen diesmal nicht, ...	=	Euch aber diesmal nicht, ...
11.	3	Es galt	=	Sie galt ...
11.	4	=	... bitt'rem ..	.... und schwerem Grame.

* Deutscher Musenalmanach 1854: 10. 4 „verneigte" ist Druckfehler für „verbeugte".

W. X. 146. Am Ufer des Stromes.

Mskr. 1882. Neuere Gedichte 1854. S. 225. Chr. Schad, Deutscher Musenalmanach 1853. S. 230.

		Druck 1883 u. Mskr. 1882	Neuere Gedichte 1854 u. Deutscher Musenalmanach 1853
1.	1	..... und ein blonder Kam'rad	... und ein blöndlicher Fant,
1.	2	Spazieren an fließenden Wassers Gestad';	Die gehen spazieren am sonnigen Strand,
1.	3	Der Ältere kehrt sich zum Jungen und spricht:	Der Ältere spricht zu dem flaumigen* Wicht:
2.		„Lieb fand ich ein Mädchen und hab' ihm's gesagt,	Der klagt ihm, wie er ein Weib hielt wert,
		Sie flüstert ein Nein, kaum daß ich gefragt,	Dem neulich er fruchtlos die Liebe erklärt,
		Und alles im Nu — nun beklemmt's mir die Brust,	Und wie nun verletzt seine stolze Brust,
		Daß Herz ich und Mund nicht zu halten gewußt!"	Daß er das Maul** nicht zu halten gewußt.

* Neuere Gedichte 1854: 1. 3 ... zu dem jüngeren Wicht:

** Neuere Gedichte 1854: 2. 4 ... den Mund ....

Titel: Musenalmanach 1853: Romanze.

Neuere Gedichte 1854: Die falsche Scham.

	Druck 1883 u. Mskr. 1882	Neuere Gedichte 1854 u. Deutscher Musenalmanach 1853
3. 1	Und jener erwidert:	Und Jener spricht:
4. 1	Gefiel' mich ...	Glömm' mir ....
4. 3	.... rauschenden ...	.... tönenden ..
5. 1	Leicht schlug	Hoch schlug ...
5. 2	Und müßig	Und feurig ...
5. 3	Rasch ...	Fromm ....
6. 2	..... im Busen ...	... im Herzen ...
6. 4	Doch wußt' ich nicht, ...	Doch weiß ich nicht, ...

	Und grämlich schwieg ich und ging in die Welt,
	Schlug auf, brach ab mein Wanderzelt;
	Auch oftmals kam ich wieder in's Land,
	Wo stets ich die lächelnde Dame fand.

7. 4	.... im Leichenschmucke ..	... im Leichenhembe ...

	Druck 1883 u. Mskr. 1882	Neuere Gedichte 1854 u. Deutscher Musenalmanach 1853
8.	Fest waren die Augen zugetan,	Die Augen starrten mich offen an,
	Sie schauten nicht mich, noch die Welt mehr an;	Weil Niemand liebend sie zugetan,
	Doch auf dem Munde bleich und tot,	Doch auf den Lippen, bleich und tot,
	Da lächelt's noch leise wie ein Spott.	Lag lieblich lächelnd noch der Spott.
9.	Mir lispelt's im Ohre: „O träger Mann,	Er schien zu sagen: „o grober Mann,
	Der so mit Worten geizen kann!	Der so mit Worten geizen kann!"
	Du hattest den Schlüssel zum seligen* Haus,	Ich ärgerte und kränkte mich,
	Wo fliegen die Engel hinein und hinaus!	Daß ich beschämt von bannen schlich!
10.	Du hattest den Schlüssel zum goldenen Schrein	
	Für alle zwei beide, nun lieg' ich allein!"	
	Da donnert die Orgel, da psaltert der Chor,	
	Und sie trugen hinaus, was ich elend verlor!	

* Mskr. 1882: 9. 3 ... zum [goldenen] Haus,

W. X. 148. Ein Schwurgericht.

Mskr. 1882. Zürcher Dichter-Kränzchen 1882. S. 11. Deutsche Rundschau 1879. B. XX. S. 451. Mskr. im Mskr.-Heft S. 18. M. 10.

V.	Druck 1883 u. Mskr. 1882	Zürcher Dichter-Kränzchen 1882	Deutsche Rundschau 1879	Mskr.-Heft
	=	=	Ein Schwurgericht.	Die Schwurgerichte.
2	.., die nun lang dahin geschwunden,	.., deren Schein nun längst verblichen,	=	.., die nun lang dahin geschwunden,
3	... verblich ...	=	=	... verschwand ...
13	Mit schwerem Gold ...	= –	=	Mit Gräbergold ...
14	=	=	..., bran die Torheit saß,	..., bran Gesindel saß,
21	Und seinen Fiebertraum voll Hast ...	=	=	Und nun voll Hast den wirren Traum ...
28	=	=	Es steht ein Richterspruch	Drei Richtersprüche stehn darauf verzeichnet,
29	=	=	Und eine Tat so dunkel traur'ger Art,	Verbrechen so dämonisch traur'ger Art,
31	=	=	Das blut'ge Rätsel ...	Die dunklen Rätsel ....
38	... Dunkelzeit.	=	=	.... Dämmerung.
44	=	=	... übrig noch genug. [fragen	... noch des Zeug's genug.
47	=	=	Und sie um tausend Dinge zu be=	Und ihr zehntausend Dinge abzufragen
54	=	=	... sein Häuschen ...	... sein Stumprich ...
59	..., die wen'gen ...	=	=	..., die sieben ....
67	=	Die, fast verwehend ..	Die, halb verwehend ..	Die, halb verwehet ..
69	.. hat	... wird ...	=	.. hat ....
76	... dreien ...	=	=	... sieben ..
81	.... achtzehn ...	.... siebzehn ...	=	.... achtzehn ..
83	Mißtrauisch spielend ...	=	=	Mißtrauisch schielend ...
87	=	=	Und es gebeten, ihm das Ding zu	Und gebeten, das Musikding ihm zu ...
88	Für einen ...	=	=	Nur einen ...
89	Denn eine unbezwinglich starke Lust			
90	Hab' ihn schon lang gequält, auf solchem Werklein			
91	Ein einzig Mal sich blasend zu vergnügen.			
92	... hab' das Knäblein ...	=	=	... habe jenes ...
				Und beraubt, und zwar in wildem Zorne,
				Denn niemals hab' er selber Kind sein bür=
94	... ward die Kunde beigebracht,	=	=	... wurde Kundschaft beigebracht, [sen.
104	... gespielt.	=	=	..... getändelt.

Vgl. Baechtold, B. II³, 77. Ferner vgl. A. Köster, Briefwechsel Storm-Keller. S. 68 ff.

W. X. 152: Zeitlandschaft.

Mskr. 1882. Chr. Schad, Deutscher Musenalmanach 1858. S. 127.

Druck 1883 u. Mskr. 1882	Deutscher Musenalmanach 1858
Zeitlandschaft.	Trochäen.
1. 5 … weite …	… kühne …
2. 2 Bindet wald'ge Berge sie zusammen;	Überspannt der Bau die grünen Hügel;
4. 4 …. an dem Steuer:	… sich am Steuer:
4. 5 Ist das nicht ein schönes Abenteuer?	Ist nicht lieblich solch' ein Abenteuer?

W. X. 153. Das große Schillerfest 1859.

Mskr. 1882. Sonderabdruck aus der Zeitschrift für Literaturgeschichte „Euphorion". Zweiter Band. Ergänzungsheft 1895. S. 186—189. (abgedr. durch J. Baechtold). vgl. Baechtold. 11³, 331 u. 541.

Druck 1883 u. Mskr. 1882	Euphorion 1895
	Abdruck der älteren Fassung von:
	Der Apotheker von Chamouny
	oder der kleine Romanzero.
	Von Gottfried Keller.
Auf das große Schillerfest 1859.	Abgesang. (November 1859.)
1. 1 Schnee und Regen floß hernieder	Jüngst war es auf braunen Bergen,
1. 2 Auf novemberbraunen Bergen,	Schnee und Regen floß hernieder,
2. 3 … hinab …	… herab ….
	Und kein Schimmer frohen Lichtes
	War in weiter Welt zu schauen,
	Aber tief ins Herz hinein
	Schauerte die feuchte Kälte.
3. 1 Aus den dunklen …	Sieh! aus dunklen …
4. 1 Zitternd und mit nassen Fingern	Schlotternd und mit starren Fingern
4. 4 Raffte sie …	Sammelt' sie …
5. 4 Hing an ihren Augenwimpern.	Hing ihr in den Augenlidern.
6. 2 … und guter Hoffnung:	…. und schwangern Leibes;
7. 2 Ei, Gevatt'rin! wie zu sehen,	…. , wie ich sehe
7. 3 Sind wir beide gleich gesegnet?	Sind wir beide guter Hoffnung?
7. 4 Nun wahrhaftig …	Hei! wahrhaftig ….
8. 2 … laut …	… nun …
9. 2 …, kummerschwer sich fassend,	… kummervoll in Tränen,
10. 1 „Meinen Gatten und Ernährer	
10. 2 Hab' ich traurig jüngst verloren,	
10. 3 Als er einen Stamm geschlagen,	
10. 4 Der ihn fallend wieder schlug."	
11. 3 …. und das mehrt sich,	…. und das mengt sich,
13. 4 In das weite Reich hinaus!	Lustig in das Reich hinaus!
14. 4 …. durchgebissen!	…. weggebissen!
15. 1 „Meinen Mann hab' ich vertrieben,	
15. 2 Weil er faul war und den Kindern	
15. 3 Alles Brot, das ich erworben,	
15. 4 Vor den Mäulern wegstipitzte!"	
17. 4 Desto traur'ger wurde diese.	Desto bittrer weinte diese.

<table>
<tr><td colspan="3">Druck 1883 u. Mskr. 1882</td><td>Euphorion 1895</td></tr>
<tr><td>19.</td><td>2</td><td>Einesmals die Spätherbstsonne,</td><td>Plötzlich die Novembersonne,</td></tr>
<tr><td>19.</td><td>3</td><td>Daß in hellem Golde ...</td><td>Daß im hellen Golde ....</td></tr>
<tr><td>20.</td><td>3</td><td>Vor dem wehenden ...</td><td>Und vor'm wehenden ...</td></tr>
<tr><td>20.</td><td>4</td><td>.... davon.</td><td>.... empor.</td></tr>
<tr><td>21.</td><td>4</td><td>Lag ....</td><td>Stand ....</td></tr>
<tr><td>22.</td><td>3</td><td>Ihnen wehte ...</td><td>Und es wehte ...</td></tr>
<tr><td>23.</td><td>1</td><td>... wogte ...</td><td>... rauschte ...</td></tr>
<tr><td>23.</td><td>2</td><td>... erschollen ...</td><td>... erklangen ...</td></tr>
<tr><td>27.</td><td>2</td><td>.... haftigen ..</td><td>.. eiligen ...</td></tr>
<tr><td>27.</td><td>3</td><td>Daß die schönere und die größere,</td><td>Daß die beffere und die schönere</td></tr>
<tr><td>27.</td><td>4</td><td>Ja die beffere Zeit sei nah!</td><td>Und die größere Zeit sei nah!</td></tr>
<tr><td>28.</td><td>3</td><td>Feiern wir in meiner Hütte</td><td>Freuen wir uns in meiner Hütte</td></tr>
<tr><td>28.</td><td>4</td><td>Diesen unbekannten Tag!</td><td>Über den unbekannten Tag!</td></tr>
<tr><td>29.</td><td>4</td><td>Schaffen die Welt uns warm und hell!</td><td>Daß es brenne warm und hell!</td></tr>
<tr><td>30.</td><td>1</td><td>Neuen Most hab' ich im Hause,</td><td>Brot und Wein hab' ich im Hause,</td></tr>
<tr><td>31.</td><td colspan="2">So genossen sie unwissend
Jenes Tages Silberblick;
Mit am warmen Feuer ruhte
Still ein künftiges Geschick.*</td><td></td></tr>
<tr><td>32.</td><td colspan="2">Seine unsichtbaren Hüter
Lehnten am Standartenschaft
In den goldnen Wappenröcken:
Das Gewissen und die Kraft.</td><td></td></tr>
</table>

---

* Mskr. 1882: 31. 4 Still [das waltende Geschick].

Der Apotheker von Chamounix.
Ein Buch Romanzen.

W. X. 159. **Der Apotheker von Chamounix.** Ein Buch Romanzen.
Mskr. 1882.

Paul Lindau, Nord und Süd, 1882. Märzheft. XX. Bd. S. 277—285: Der Apotheker von Cha=
mounix. Fragment aus einem älteren Gedichte. Von Gottfried Keller, Zürich. (Zweiter Teil,
Romanze IX bis zum Schluß.)

„Euphorion". Zeitschrift für Literaturgeschichte. II. Band. Ergänzungsheft 1895: Der Apotheker
von Chamounix oder Der kleine Romanzero, von Gottfried Keller. (Abdruck der älteren
Fassung von 1860 durch J. Baechtold). vgl. Baechtold, Biogr. II. 325 ff. und Bibliogr.
S. 30 u. 36.

Vorrede
in Druck 1883 u. Mskr. 1882

Vorliegende Dichtung stammt aus den achtzehnhundertfünfziger Jahren und verdankt ihr Ent=
stehen unmittelbar dem Er=
scheinen von Heines Romancero. Die mit gesteigerter Energie ver=
bundene Geisteswillkür, welche das denkwürdige Buch samt seinem Nachwort abermals be=
herrschte, reizte zu einer Gegen=
übung, zu der die eben um=
laufende tragikomische Geschichte von einem verunglückten Lieb=
haber und Apotheker in Cha=
mounix die Einkleidung lieh. Die Geschichte war ohne Zweifel eine Zeitungsente; um so besser schien sie der luftigen Komödie zum Vehikel zu dienen, einer Kundgebung, die übrigens mehr dem literarischen Gewissen und der Selbstbefreiung, als einem sterbenden Dichter galt, dem sie wohl eher ein Lächeln abge=
wonnen, als ihn betrübt hätte. Die Veröffentlichung unterblieb damals aus zufälligen Ursachen. Wenn sie jetzt dennoch stattfindet, so geschieht es, weil das „Zu=
spät", wenigstens bei Anlaß eines Sammelbuches, ja auch wieder verjährt ist.

Vorrede zum Fragment in
Nord u. Süd 1882

Fragliches Opus verdankt seine Entstehung unmittelbar dem Erscheinen von Heines Ro=
mancero. Die mit gesteigerter poetischer Energie verbundene Geisteswillkür, welche das merk=
würdige Buch samt seinem Nach=
wort abermals beherrschte, reizte die jugendliche Unduldsamkeit zu einer Demonstration, zu der die eben umlaufende tragi=
komische Geschichte von einem verunglückten Liebhaber und Apotheker in Chamounix die homogene Einkleidung lieh. Der Gedanke, daß der Scherz, wenn er dem kranken Dichter irgend zu Gesichte kommen sollte, dem=
selben eher ein Lächeln abge=
winnen, als ihn ärgern würde, begleitete den Verfasser bei der Arbeit. Die Veröffentlichung unterblieb jedoch damals und später aus verschiedenen Gründen. Das vorliegende Bruchstück ist dem Manuskripte entnommen, wie es vor Jahrzehnten abge=
faßt wurde, und namentlich ist, was die Zeitstimmung der fünf=
ziger Jahre betrifft, alles un=
verändert geblieben.

Vorrede zur
ursprünglichen Fassung 1860

In den gleichen Tagen, in welchen Heine's „Romanzero" erschien, lief durch die Zeitungen die Geschichte von dem Apotheker von Chamounix, dessen tragi=
komisches Geschick dem nachfol=
genden Scherz zur Einfassung dient. Die Zeitungsromanze vom Montblanc schien für ein Re=
quiem poetischer Willkür einen guten Rahmen abzugeben und so wurde er denn, wie vorlie=
gendes Büchlein zeigt, allmählich ausgefüllt und zwar immer in Zeiten, wo die alten „Schwarm=
geister" durch die Luft flirrten, vor und nach Heine's Hingang.

Zürich, im Januar 1860.

W. X. 163. Erster Teil. I. (Str. 1—19)
Druck 1883 u. Mskr. 1882

Abdruck der älteren Fassung von 1860.
Euphorion 1895. S. 138.
Anfänge der Konzeption 1852—1853.
Umarbeitung zu Anfang der 80er Jahre.
Änderung der Namen: Bertram > Titus.
Laura > Rosalore. Chamouny > Chamounix.

I. Str. 1.—19.

1. 2   .. zwei gefreite Liebste,
  3 Die sich liebten, wie die Sünde
  4 Liebt und wieder wird·geliebet.

Und sie hießen die gefreiten,
Weil sie taten, was sie wollten,
2. Nur der Leidenschaft ergeben
Und das Ende schlecht bedenkend.

Lachend sprachen sie zusammen:
Weil wir uns schon beide haben,
3. Brauchen wir uns nicht zu nehmen,
Bis es uns vielleicht gefällt!

Frei sind wir und auch so stürmisch,
Wie des weiten Himmels Lüfte;
4. Doch ein Faden leichter Seide
Bindet uns wie starke Ketten!

Sie, die schöne Rosalore,
Fern am Mittelmeer geboren,
5. Handelte mit Putz und Handschuh'n
Für die fremden Nationen.

Er, der hübsche schlanke Titus,
Hielt ein kleines Apotheklein;
6. Die Essenzen und Latwergen
Braut' ein Zwerg im Hinterhäuschen.

Titus war zugleich ein Jäger,
Drum erfreut' ihn die Erfindung
7. Jener schlauen Schießbaumwolle,
Die der Zwerg bereiten mußte.

8. 1 Wenn er nicht der Wache pflag
8. 3 Wo ein ungebor'nes Menschlein
8. 4 In der Weingeistflasche saß,
9. 1   .... Arven,
9. 3 Im Gewehr die weiße Ladung;
9. 4 Weiß auch stieg ...
10. 3 An dem Busen, der im Dunkeln
10. 4 Magisch wie ein Mondlicht leuchtet!
12. 2 An der Seite der Geliebten;
12. 3 Die Mysterien und Wunder,
12. 4 Fährlichkeiten, Abenteuer,
13. 1 Leidenschaften und Gebärden
13. 2   .. unerschöpflich ..
13. 4 Weichen Armen Rosalorens.

Wenn er nicht mehr ihres Wesens
Wilde Macht ermessen konnte
14. Und berauscht es ihr gestand,
Schloß zufrieden sie die Augen,

I. Str. 1—15.

1. 2   .... zwei geschwor'ne Liebste
1. 3 Kußvertraut und herzergeben;
1. 4 Und sie lebten, wie sie's freute.

Laura hieß sie und er Bertram,
Beide waren schön und feurig;
2. Apotheker von Chamouny
War er und zugleich ein Jäger.

Darum hieß er froh willkommen
Die Erfindung jener schlauen,
3. Weißen, weichen Schießbaumwolle,
Die er reichlich nun verfertigt'.

4. 1 Wenn er nicht die Wache hatte
4. 3 Bei dem dürren Krokodile,
4. 4 Sägefisch und Straußenei,
5. 1   .... Tannen,
5. 3 Weiße Wolle in der Büchse;
5. 4 Weiß stieg auch ....
6. 3 An dem trotzig wilden Busen,
6. 4 An dem schlanken Leibe Lauras.
8. 2 In dem Bette der Geliebten;
8. 3 Die Geheimnisse und Wunder,
8. 4 Fährlichkeiten, Abenteuer,
9. 1 Leidenschaften, Seligkeiten
9. 2   ... unergründlich ..
9. 4 Federarmen Donna Lauras.

Wenn die wilde Tiefe ihres
Wesens er nicht mehr begriff,
10. Und berauscht es ihr gestanden,
Schloß vergnügt sie ihre Augen,

I. Str. 1—19.

15.3   ... krausen ..
15.4 Was er freilich nicht bemerkte.
16.2   ... auf ihrer Schulter;
16.3 Während Rosalore traulich
16.4 In die Tituslocken lächelt',
17.2   ..... Flechten
17.3   .. an einem Rosenöhrchen
17.4 Träumend: ...
18.1 Weit auf sperrte sie ..
18.2 Horchte lautlos noch ein Weilchen,
18.3   .... mählich ..
19.3   ... blieb es ...

I. Str. 1—15.

11.3   ... goldnen ..
11.4 Daß er es nicht sehen konnte.
12.2   .... auf ihrer runden
12.3 Marmorschulter; während Laura
12.4 In die goldnen Locken lächelt',
13.2   ...... Locken,
13.3   .. an ihrem ros'gen Öhrchen
13.4 Zitternd: ....
14.1 Und sie sperrte auf ..
14.2 Hörte auf zu lächeln, horchte,
14.3   ... etwas .
15.3   .. blieb er ....

W. X. 166. II. Str. 20—32.

20.
Eine Clara lebte wirklich,
Eine süße, junge, feine,
Und bescheiden wie ein Veilchen,
Still in einem Seitentälchen.

21.
Dort auf einem Blumenhügel
Lag das Häuschen ihres Vaters,
Mild umwandelt von der Sonne
Und umflogen von den Bienen.

22.
Denn ein wack'rer Immenkönig
War der Vater, doch das Mägdlein
Sein getreuer Stellvertreter
Und ein Mütterchen der Bienen.

Euphorion S. 140. II. Str. 16—21.

16.
Eine kleine, süße Klara
Wohnte wirklich in dem Tale,
Doch abseits, man sah sie selten,
Eine seltne Bergesblume.

17.
Ihre Augen glänzten tief,
Wie das Blau der Genziane,
Hochrot waren ihre Lippen,
Gleich dem Kelch der Alpenrose.

18.
Aber wenn der schöne Bertram
Auf der Jagd vorüberstreifte,
Glühten auch die weißen Wangen
Und der Hals bis in den Busen

19.
Reizend rosenrötlich an,
Gleich dem milden Schnee der Berge
Nach dem Untergang der Sonne.
Und der Jäger sah die Röte. —

20.
Aber Laura sah sie auch;
Und sie setzte eine Blässe
Gleich dem Gletschereis dagegen,
Welches bleich im Mondschein starret.

21.
Grünlich fahl erglänzet dieses,
Wenn die Mondnacht auf ihm lagert,
Und dazwischen kracht's und donnert's
Manchmal in den tiefsten Schründen.

W. X. 166. II. Str. 20—32.   Euphorion.

23.
Viele lange Sommertage
Samt den Nächten weilte jener
In des Berges höchster Wildnis
Als ein vielbewährter Führer.

24.
Und gelockt vom Gold der Fremden
Wagt' er hundertmal das Leben,
Um den Einsatz zu gewinnen
Und ein kleines Gut zu sparen.

25.
Blank geprägt in einem Beutel,
Erb' und Mahlschatz seines Kindes,
Barg er, mit und ohne Kön'ge,
Die französische Geschichte

26.
Von den letzten siebzig Jahren.
Und die neu'sten Stücke zeigten
Wieder eines Kaisers Bildnis,
Freilich nun mit einem Spitzbart.

27.
Aber hinten stand geschrieben,
Noch das Wörtchen Republik,
Wie ein putziger Bedienter
Hinten auf dem Wagen steht.

28.
Und der Bienenvater sagte,
Wenn er seine Füchse zählte:
Gold, du bist ein starker Knecht,
Kannst auf beiden Achseln tragen!

29.
Wirst gewiß mein leichtes Kind,
Das nicht schwerer als ein Lämmchen,
Wirst gewiß mein Clärchen tragen,
*Daß ein Weibchen es mag werden!

30.
Eines Tages aber führt' er
Eine ruhelose Britin
Auf den Berg und fiel zu Tode,
Weil sie jeden Rat verschmähte.

31.
Sie, das Unkraut, kam davon;
Und mit ihren langen Beinen
Läuft sie heut noch im Gebirge,
Eine grause Gletscherspinne.

32.
Doch dem Kind des toten Führers
Gab sie eine Rolle Goldes
Oder zwei. Das holde Mädchen
Blieb allein nun mit den Bienen.

---

* 29. 4: Mstr. 1882: „Daß es mag ein Weibchen werden."

W. X. 168. III. Str. 33—53.

33.
Golden strahlt die Morgensonne
Auf den Raum vor Claras Hütte
Und auf ihre kleinen Hände,
Welche Honigwaben halten.

                                  Euphorion.

34.
Frieblich hält sie eine Wabe
Über'm Kruge, leicht zur Seite
Neiget sie das stille Antlitz,
Bild der Einsamkeit und Unschuld.

35.
Wie Kryftall so hell entfließet
All' den Zellen reine Süße;
Funkelnd in der Sonne Glanz
Trieft der holde Tau hernieder.

36.
Frieblich summen auch die Bienen;
Nur das Hündchen bellt gewaltig,
All' die Stille unterbrechend;
Denn es kommt ein Mann gegangen.

37.
Titus ift's, der Apotheker,
Der seit Jahren dieses Weges
Nicht gekommen und die schöne
Unschuld voll Erstaunen sieht.

38.
Wie ein Baum, der hier gewachsen,
Bleibt er stehen bei dem Anblick;
Wie die Luft im Laube flüstert,
Fängt er langsam an zu reben.

39.
Faft mit blödem Ungeschicke
Grüßt er sie, als wär's ein Engel,
Und sie schaut den schlanken Jäger
Arglos mit den Veilchenaugen.

40.
Schüchtern fragt er, ob der Honig
Feil, und wünscht zu koften,
Und sie eilt, ein silbern Löfflein
Aus der Truhe schnell zu holen.

41.
Freunblich reicht sie jetzt ein Pröbchen,
Und das off'ne Mündchen atmet,
Und am Löfflein hängt ihr Auge,
Ob der Handel auch gelinge?

42.
Und wie sie den Mann betrachtet,
Schießt das Blut ihr in die Wangen,
Denn sie sieht die Blumenwürze
Ihres Honigs ihn verfüßen,

43.
Daß die Augen ihm erglänzen
Und der Mund im Zauber lächelt,
Während ungewohnte Rosen
Auf den braunen Wangen stehen.

44.
Ja, der lange Mensch errötet;
Angeglüht wird auch das Mädchen
Von dem Widerschein der eig'nen
Unbewußten Lieblichkeit.

45.
Aber schnell besinnt sich Titus,
Und er kauft die Honigernte
Gütig, ohne nur zu feilschen,
Und er geht mit Schmeichelworten.

III. Str. 33—53.   Euphorion.

46.
Selben Tag's mit einem Es'lein
Kommt der Zwerg, das Gut zu holen;
Ei! sagt er, jetzt will ich glauben,
Daß mein braver Herr verliebt ist!

47.
Bänglich pocht ihr Herz im Leibe,
Als er, auf dem Tiere sitzend
Und den großen Krug im Arme,
In dem blauen Duft verschwindet.

48.
Liegt sie dann in Schlummerträumen
Süß verloren, weckt das Herz
Sorglich sie mit leisem Pochen
Alle Stunden in der Nacht.

49.
Doch am andern Morgen trägt sie
Ihren Mahlschatz zu der Quelle,
Wäscht ihn eifrig, und die gold'nen
Münzen legt sie an die Sonne.

50.
Wieder bellt das Hündchen, eilig
Wirft sie auf das Gold ein Tuch;
Denn schon kommt der Apotheker,
Um den Honig ihr zu zahlen.

51.
Diesmal bleibt er eine Stunde,
Sittig und bescheiden plaudernd;
Fast der Sitte nicht mehr kundig,
Mißgerät ihm manches Wörtlein,

52.
Ängstlich sucht er es zu heilen;
Doch versteht die Unschuld wenig
Was gefehlt und was verbessert;
Daß er nicht mißfallen möchte,

53.
Dieses nur versteht sie wohl,
Und es rührt das junge Herz. —
Still verschwiegen zieht er fürhin,
Wenn er jagt, des selben Weges.

W. X. 171. IV. Str. 54—77.

54.
Als nun jenes Wort gefallen,
Claras unbekannter Name
Dicht an Rosalorens Ohr,
Harrte diese bleich und schweigend.

55.
Harrte, bis Herr Titus wieder
Ins Gebirg ging, wie er sagte;
Alsdann in die Apotheke
Schlich behend sie zu dem Diener,

56.
Zu dem Zwerge, der im Zwielicht
Seiner Laborantenküche
Hauf'te, fast so breit als hoch
Und mit einem Kropf behangen.

Gruselnd kraut' sie ihm die Borsten:
"Sag' mir, Thomas, wer' ist Clara?
57.
Kennst du solch ein Frauenzimmer?"
Sinnend senkt er seinen Kopf.

Dann begann er fein zu grinsen:
"Frau, ich glaub', ich kenn' ein solches,
58.
Und ich kann's sogar euch zeigen,
Denn es ist nicht weit von hier!

"Ist ein Herlein oder Geistlein,
Ist vielleicht wohl gar ein Teuflein;
59.
Denn es sitzt in einer Flasche,
Folgt mir, wollet ihr es schauen!"

Zornig rümpft sie drauf die Nase
Und besieht den eklen Spötter;
60.
Aber ernsthaft geht er, und sie
Folgt ihm in die Apotheke.

Dorten hängt das Embryönchen,
Spannelang und ganz verhutzelt,
61.
In dem trüben Spiritus,
In dem staubbedeckten Glase.

Und es weis't ihr das Persönchen,
Das sie niemals noch gesehen;
62.
Titus hat es jüngst erworben
Neben einem alten Bandwurm.

Als ein alter Arzt gestorben,
Kauft' er diese schönen Sachen,
63.
Um sein kleines Apothiklein
Mit Gelehrsamkeit zu zieren.

Rosalore steht erschrocken;
Aber Thomas reckt und streckt sich
64.
Auf den Zehen, und er flüstert:
"Seht ihr sie? Das ist sie, glaub' ich!"

"Wißt! in einer Vollmondnacht
Wacht' ich auf an einem Husten,
65.
Und ich hörte lachen, singen,
Kosen von gedämpften Stimmen.

"Schlich hieher, besorgt zu wachen,
Guckt' umher und durch das Fenster;
66.
Noch vernahm ich jene Stimmen,
Doch kein Wesen konnt' ich sehen.

"Und mir graute; mich zu stärken,
Sucht' ich hinter diesen Gläsern
67.
Mir ein Tröpflein kräft'gen Geistes
Von der Wurzel Enzian.

"Wie ich das geschliff'ne Zäpfchen
Drehte, daß es leise Piep macht',
68.
Sah ich ungewollten Blickes
Nach der Flasche mit dem Herlein.

IV. Str. 54—77.   Euphorion.

69.
„Aber nichts war mehr darin,
Als das trübliche Gewässer;
Halb verwundert gafft' umher ich, —
Himmel! was geschah mir da?

70.
„Dort am Fenster glitt ein weißes
Großes Frauenbild vorüber
Und im selben Augenblicke
In die Türe, und zerfloß!

71.
„Als ich dürftig mich erholt
Mit dem Schlücklein, auf den Schrecken,
Saß das Ding hier, dieses gelbe,
Wie vorher an seinem Ort.

72.
„Doch was meint ihr, schönste Dame?
Bald darauf am hellen Mittag,
Als ich hier Rhabarber siebte,
Sah ich draußen auf der Wiese

73.
„Meinen Herren sanft spazieren,
Auf und ab im Sonnenscheine,
Mit der allerschönsten Frauen,
Deren Antlitz mir bekannt war!

74.
„Eilig schielt' ich nach der Flasche.
Sie war leer! Jetzt nach der Wiese
Schaut' ich wieder, wo der Meister
Eben noch die Hexe küßte.

75.
„Einen Hut mit Schleier trug sie;
Und mit tiefen Komplimenten
Grüßt' er sie, bis sie verschwand
Hinter jenen Lärchenbäumen.

76.
„Aber hier im Weingeistglase
Saß das Ding an seinem Ort,
Auf den miserabeln Beinchen
Hockend wie ein alter Schneider!"

77.
So belog der Schalk die Schöne;
Und voll Eifersucht, Entsetzen,
Und mit aufgesträubten Haaren
Lief sie aus der Apotheke.

W. X. 174. V. Str. 78—93.

78.
Ruhig sprach sie andern Tages,
Da er harmlos sie besuchte:
„Lieber Titus, sei so gütig,
Bring' ein Pfund mir deines Pulvers,

79.
„Deiner weißen Feuerwolle,
Wo du mit die Tiere schießest;
Mein Herr Vetter in San Remo
Wünscht davon zur Vogeljagd,

V. Str. 78—93.   Euphorion.

80.
„Mein Herr Vetter, der Curato;
Denn ich hab' sie ihm gerühmt,
Und ich soll ihm mit der Post
Wohlverpackt ein Pröbchen senden." ·

81.
„„Wie, ein Pfund?"" versetzte Titus,
„„Einen ganzen Sack voll gäb' es!
Dieses wäre zu gefährlich,
Und ein Viertelpfund genügt!""

82.
„Nein! zum mindesten ein halbes
Muß es sein!" rief Rosalore;
„Mein Herr Vetter will auch andern
Guten Freunden davon schenken!"

83.
Also trug der kleine Thomas
Bald ein Kistlein mit dem Zeuge,
Gut verschlossen und vernagelt,
Auf dem Kopfe keuchend her.

84.
Doch mit nichten sandte sie
Diese Fracht dem Herrn Curato
In San Remo; sondern sachte
Schob sie unters Bett das Kästlein.

85.
Warm und lang ein Strümpfepaar,
* Über Kniershöhe reichend,
Von der dicksten roten Wolle
Strickte sie nun für den Jäger.

Euphorion. S. 140. III. Str. 22—29.

86.
Als die Strümpfe fertig waren,
Nahm sie feinste bunte Wolle,
Strickte prächtig siebenfarbig
Einen Hals- und Nasenwärmer.

22.
Eine lange, warme Binde
Strickte Laura nun für Bertram,
Nahm dazu die feinste Wolle
Von der Iris sieben Farben.

87.3 . . . . Fischbeinstäbchen
88.2 Jagend auf den Anstand ging.
88.3 . . . Schärpe . .
88.4 Holte sie die Schießbaumwolle,

23.3 . . . . Fischbeinnadeln
24.2 In's Gebirg auf Anstand ging.
24.3 . . . Binde . .
24.4 Nahm sie viele Schießbaumwolle,

89.1 Weiß und zart und lind und mollig,
89.2 Füllt' und stopft' damit die Binde,
89.3 Daß sie rund und wohlgenährt
89.4 Schimmerte gleich einer Boa.

25.
Weiß und zart, die nach und nach
Sie aus des Jägers Tasch' entwendet;
Damit stopft' sie dicht die Binde,
Daß sie noch viel wärmer wurde.

90.2 Zog er an die roten Strümpfe,
90.3 Und sie wickelte die Boa
90.4 Kosend zweimal um den Hals ihm.
92.3 Männiglich hat ihn im Tale
92.4 Angestaunt, wo er einherging.
93.1 Die Besorgnis jener Nacht
93.2 Schwand nun ganz aus seinem Herzen;
93.3 Sonntag war es, und am Abend

26.2 Als sich Bertram von ihr trennte,
26.3 Schlang sie diesen warmen Zierat
26.4 Kosend zweimal um den Hals ihm,
28.3 Die Besorgnis jener Nacht
28.4 Schwand nun ganz aus seinem Herzen.
29.1 Männiglich hat ihn bestaunt in
29.2 Chamouny, wo er einherging,
29.3 Und am Abend selben Tages

* Mskr. 1882 hat 85. 2: „Hoch bis an das Knie reichend,"

W. X. S. 176. VI. Str. 94—104.

94.1 Traurig saß das Embryönchen
95.3 Fällt den schnöden Männern leider
95.4 Selten oder niemals ein.
96.2 Ruhlos ...
96.3 .. sein Herzblut ...
96.4 Daß 'er irr' und dämlich wurde.
97.3 Heimatlos war seine Seele,
97.4 Und kein Ende konnt' er sehen.
98.1 Aber Rosalore sah es,

99.1 Selber glich sie dieser Schlange,
99.2 Ringelnd sich mit allen Reizen,
99.3 Titus wärmend mit den Gluten
99.4 Der in Haß verkehrten Liebe.

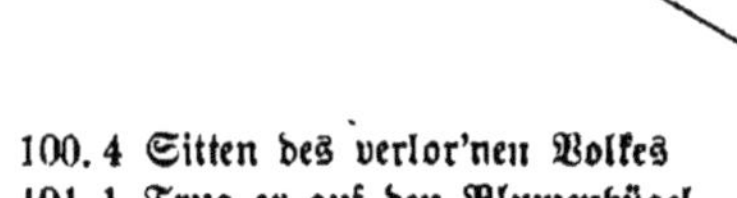

100.4 Sitten des verlor'nen Volkes
101.1 Trug er auf den Blumenhügel,
101.2 In der Clara stilles Häuschen,

102. Und in ihre quellenklare
Wissenslose Mädchenliebe
Streut' er böse Leidenschaften
Der Verwild'rung und Verderbnis.

103. Aber ihre Lebensgeister
Flohen schaudernd vor dem Unheil,
Stritten keinesweges tapfer
Mit dem unbekannten Feinde.

104. Als der Frühling neu geworden,
War die Flucht auch schon beendigt,
Und der letzte Hauch verließ
Scheidend einen jungen Busen.

Euphorion. S. 141. IV. Str. 30—43.

30.1 Traurig wackelte der Sägfisch
31.3 Dieses kommt den schnöden Männern
31.4 Leider niemals in den Sinn.
32.2 Unstät ...
32.3 .. sein Herze ...
32.4 Daß es irr' und schmerzlich wurde.
33.3 Als ob er sich selbst verloren;
33.4 Auch sah er kein Ende ab.
34.1 Aber Laura sah das Ende,

35. Und sie selbst glich dieser Schlange;
Alle Reize ihrer Schönheit,
Alle Farbe ihres Witzes
Ließ erhöht sie wechselnd spielen,

36. Wärmte Bertram mit den Gluten
Der in Haß verkehrten Liebe,
Wie man einem armen Sünder
Gern das Henkermahl gestattet.

37. Ja, in seiner tiefen Trauer
Und in seiner Todesweihe
Liebte sie ihn wie ein Kleinod,
Wie die Schlange das Kaninchen.

38.4 Und des Todes krause Wollust
39.1 Trug er aus der Kammer Lauras
39.2 In die stille Kammer Klaras

40. Und in ihre stille, reine
Quellenklare Mädchenliebe
Streute er die Leidenschaft
Der Verzweiflung und der Sünde.

41. Wie wenn man ein junges Täubchen
Speist mit weingetränktem Brote,
Oder eine weiße Rose
Taucht in schwärzlich roten Wein,

42. So verlor sie Halt und Farbe
Ihrer eignen guten Art;
Ohne Schuld und deren Ahnung
Zeigte sie die Art der Schuld'gen.

43. Doch der zarte Körper folgte
Nicht der oktroyirten Richtung;
Er ging seine eignen Wege
Auf den Kirchhof Chamouny's.

Auf dem Kirchhof in Chamouny
Liegt ein Grab, ein kleines Wälbchen

44.

Steht darauf von hochgewachs'nen
Engverschränkten Alpenrosen.

Kleine Däumlingsgemslein weiden
In dem Innern dieses Wälbchens,

45.

Kleine Brummebärchen reiben
Sich vergnüglich an den Stämmchen.

Nieblich kleine Amoretten
Jagen nach den wilden Tieren,

46.

Aus Versehen schießen sie
Christenelfchen in die Herzchen.

Christenherzen gleichen freilich
Auch den Bären, die sich kratzen

47.

Wo sie's juckt und den erbrosseln,
Der sie im Geschäfte stört.

Und in einem Baumeskrönlein
Hat ein Gnom sich angesiebelt,

48.

Zwischen purpurroten Blüten
Ein Kapellchen sich gebaut,

Lässet dort zu Gottes Ehre
Jeden Tag ein Glöcklein schallen,

49.

Daß es lieblich in dem Wälbchen
Mit dem Jagdhorn harmonirt;

Hält das Hochamt, peitscht den Rücken
Mit dem langgeflocht'nen Bärtchen,

50.

Welches er beim Bibellesen
In das Buch als Zeichen legt,

Wenn er merket, daß ihn schläfert.
Alsdann schläft er vor der Bibel,

51.

Denn er legt sich nie zu Bette;
Aber aus dem Baume schlüpfet

Nächtlich leise eine Dryas,
Nestelt auf sein langes Bärtchen,

52.

Kämmt und salbt und flicht es neu,
Zierend es mit rotem Bändchen,

Krau't ihm sachte hinter'm Ohre,
Daß er gar behaglich träumet,

53.

Knurrt und schnurrt gleich einem Kätzchen,
Bis das Nymphchen lachend weghuscht.

Und am Morgen schreibt er zierlich
Auf das feinste Pergamentchen

54.

Ein Legendchen mit gemalten
Goldenen Initialen:

Wie die Königin des Himmels
Ihm allnächtlich sei erschienen

55.

Und sein Bärtchen hab' geflochten
Und mit frischem Band geschmücket.

VII. Str. 105—128.　　　　　　　　V. Str. 44—75.

	56. Und er hängt die bunten Blätter / Auf zum Trocknen an die Zweige / Rings um seine lust'ge Zelle, / Daß sie in der Sonne flimmern.

V. Str. 44—75.

56.
Und er hängt die bunten Blätter
Auf zum Trocknen an die Zweige
Rings um seine lust'ge Zelle,
Daß sie in der Sonne flimmern.

57.
Und er weiht sein Gotteshäuschen
Nach dem zarten Wunder fromm
Unf'rer lieben Frau vom Bärtlein.
In dem Bäumchen lacht die Dryas,

58.
Daß das Stämmchen samt der Krone
Wild sich schüttelt und die Kelche
Ihren hochgefüllten Tau dem
Mönchlein auf die Glatze gießen.

59.
Also spukt die tolle Wirtschaft
In dem Wäldchen auf dem Grabe;
Manchmal rauschen alle Wipfel
Vom Gelächter der Dryaden,

60.
Gemslein springen, Bärlein brummen,
Jäger jagen, Hörner schallen,
Pfeile schwirren, Elfen seufzen
Und des Paters Glöcklein bimmelt.

61.
Doch das Grab ist hohl und leer.
Hoch am Montblanc ragt ein Zacken
Laut'ren Eises in die tiefe,
Kalte, blaue Himmelsdecke.

62.
In der klar durchsicht'gen Säule,
Die in's Tal wie Silber glänzet,
Sitzt gebannt und eingeschlossen,
Bleich und still die tote Klara.

VII. Str. 105—128.

105.
In die schönste Alpenflora
Wird man Claras Leib begraben;
Ihre Seele aber wandert[1])
Unaufhaltsam in die Gletscher.

106.
Hoch am Montblanc ragt ein Zacken
Lautern Eises in die tiefe
Dunkelblaue Himmelsdecke;
Dieß ist ihre Büßerwohnung.

107.
In dem frostigen Gehäuse,
Das im Früh- und Spätlicht schimmert,[2])
Wird gebannt sie einsam sitzen,
Etwas seitwärts von den andern.

108.1 Dort verbüßt . . .
108.3 Die mit unschuldvollem Herzen
108.4 Sie getragen hat im Leben.[3])
109.3 Mit Gebarung der Gerechten,
110.2 　　　　　. . sich eingewickelt,
111.2 　　　　. . . ein schlechter . .
111.4 　　　　　. . . arger . .
112.1 Und mit solchen armen Seelen
112.2 Ist der ganze Berg bevölkert,
112.4 　　　　　. . . Englein . .
　　　　　Str. 113

63.1 Dorten büßt . . .
63.3 Die sie bei unschuld'gem Herzen
63.4 Einst auf Erden angenommen.
64.3 Mit Manieren der Gerechten,
65.2 　　　　　. . . . . sich eingehüllet,
66.2 　　　　. . . ein schlimmer . .
66.4 　　　　　. . . großer . .
67.1 Und der ganze Berg ist mit
67.2 Solchen Büßenden bevölkert,
67.4 　　　　　. . . Lämmlein . .
　　　　　= Str. 68

69.
Manch ein pfiff'ger Macchiavelli,
Manch geriebner Staatsminister,
Der als Schlaukopf sich gerirte
Und im Grund ein Esel war,

70.
Manch ein roter Kopfabschneider,
Der kein Hühnchen würgen konnte
Und den Finger dumm emporhielt,
Wenn er sich darein geschnitten,

VII. Str. 105—128.

V. Str. 44—75.

71. Mancher Spötter, der mit alten
Witzen alte Frauen schreckte,
Doch vor witz'gen Schicksalspfeilen
Ernsthaft und empfindsam floh:

72. Alle solche Teufelsbraten
Werden auf die angeborne
Unschuld des harmlosen Herzens
Hier gemütlich rebuzieret.

73. Das Kristallhaus Klaras aber
Schmilzt schon an der Sonnenseite;
Bald wird in den blauen Aether
Ihre Lichtgestalt entschweben.

74. Doch ihr Eiszapf schließt sich wieder;
Klaras Purgatorium
Ist zum Voraus schon bestellet
Ach! für einen deutschen Dichter,

75. Dessen Tod die Welt belauschet,
Höll' und Himmel still erwarten;
Doch der letzt're wird ihn haben
Und am Montblanc putzen lassen.

114. Also wandert Claras Seele
Traurig einsam ihres Weges;
Nur die treuen Bienen folgen,
Leise summend, langen Zuges.

115. Immer höher führt die Straße
Durch Gehölz und über Felsen,
Wo am Berghang in der Sonne
Sitzt ein Hirt auf einem Steine,

116. Sitzt ein junger Ziegenhirt,
Schön wie Milch und Blut ein Knabe;
Ruhig weiden seine Tiere,
Doch er sieht die arme Seele.

117. Weil er ein Quatemberkind,
Sieht er und erkennt die Clara⁴)
An dem breiten Binsenhute
Und den blauen Blumenaugen.

118. Als sie nun herangekommen,
Bleibt sie vor dem Hirten stehen;
Alle Bienen hängen schwebend
Über ihr im Sonnenscheine.

119. Traurig, aber mild und lieblich,
Schaut sie an den Jungen, welcher
Freudig überrascht sie grüßet
Und ihr blöd' die Hand will reichen.

120. „Lange weiß ich," spricht sie lächelnd,
„Daß du mir bist gut gewesen!
Habe Dank, du lieber Knabe,
Aber gib mir nicht die Hand!

VII. Str. 105—128.

„Denn in diesem Augenblicke
Bin ich eben erst gestorben,
121.
Und nun geh' ich, wo du weißt,
Daß wir der Erlösung harren.

„Wisse, meine kleine Habe,
Die jetzt herrenlos geworden,
122.
Hab' ich dir verschreiben lassen;
Geh' jetzt hin und nimm mein Häuschen!

„Pflege meine armen Bienen!
Unter ihrem Hüttendache
123.
Liegt ein Häuflein Gold's verborgen;
Nimm ein gutes Weib und hause!"

Blaß, mit⁵) überströmten Augen
Auf den Knieen lag der Knabe,
124.
Streckte nach ihr aus die Arme,⁶)
Aber schon war sie verschwunden.

Sehnend eilt er, sie zu suchen,
Und erreicht ein Meer des Eises.
125.
An dem Rand der staubenweiten⁷)
Wüste schwirrten Claras Bienen.

Endlich ließen sie sich nieder,
Hier auf Steine, dort auf Gräser,
126.
Manche krochen auf dem Eise
Traurig mit erstarrten Füßchen.

Knieend betete das Hirtlein
Für die Seele der Geschied'nen;
127.
Dann erhoben sich die Bienen.
Eine Wolke, lieblich klingend,

Fuhren sie durch Lenzeslüfte
Sonnig heimwärts und zerstreuten
128.
Mählich sich zu den Geschäften
Und den Mühen aller Tage.

---

* Mskr. 1882 hat: ¹) 105. 3 [Doch schon wandert ihre Seele]
²) 107. 2 Das ins Tal im Spätlicht schimmert,
³) 108. 4 Sie im Leben angenommen.
⁴) 117. 2 Sieht und kennet er die Clara
⁵) 124. 1 Und mit . . . . .
⁶) 124. 3 Und er hob nach ihr die Arme,
⁷) 125. 3 . . . . [meilenweiten]

W. X. 181. VIII. Str. 129—175.

Euphorion S. 180. XXI. Str. 459—471

Jetzo kann die Bergromanze
Füglich ihren Schluß ereilen,
459.
Und vergnüglich lauf' ich mit ihr
Heimwärts durch die Alpenrosen.

Denn der Kropf der Episode,
Der so gräulich überwuchert,
460.
Glücklich ist er eingebunden
In der Willkür weiten Kragen,

<table>
<tr><td valign="top" width="50%">

VIII. Str. 129 - 175.

129.
Wieder war der Herbst gekommen
Und noch immer wandelt' Titus
In den Schlingen Rosalorens,
In dem schnöden Bann des Todes.

130. 1   . . ahnte[1]) . . . .
130. 2 Wenn er kaum das Haus betrat,
131. 1 Statt des tückischen Gestrickes
131. 3 Wieder um des Jägers Schultern,
131. 4 Um den Hals des Apothekers.

132.
Nicht verzieh sie ihm die dunkle
Untreu, sein verstocktes Schweigen;
Und mit Furcht und Haß erfüllt' ihn
Gleicher Zeit ihr eig'nes Schweigen.

133.
Claras frühes Sterben dünkt ihm
Eine bittere Kritik
Ohne Worte; deren Stachel
Pflanzt' er weiter ohne Worte.

Str. 134

135.
Und sie tranken süße Küsse
Ohne Dank und ohne Güte,
Wie zwei nächtliche Lemuren
Aus dem gleichen Kruge naschen. —

136. 4   . . in den Bergen . .
137.
Von der Herde, die der König
Ehrenmann am Monte Rosa
Sich zur Jagd herangezogen,
Habe sich das Tier verlaufen.

138. 1   . . . jetzt . .
138. 2   . . . höchsten Felsengräten,
138. 3   . . seit Menschenaltern keiner
138. 4 Jemals sei gesehen worden.

</td><td valign="top" width="50%">

XXI. Str. 459—471.

461.
In die bunte Schicksalsbinde,
Die der arme Apotheker
Von Chamouny, wenn er jagt,
Immer noch am Halse trägt.

462.
Denn noch immer geht er fährlich
In dem schnöden Bann des Todes,
In der Schlinge, womit Laura
Tötlich schmollend ihn umwunden.

463. 1   . . . . wußte . .
463. 2 Wenn er nächtlich sie besuchte,
464. 1 Statt der tück'schen Todesschlinge
464. 3 Wieder um die breiten Schultern
464. 4 Und bestrickend um den Hals ihm.

467.
Nicht verzieh sie ihm die Untreu,
Nicht verzieh sie ihm sein Schweigen,
Nicht verzieh er ihr das Wissen
Um die Untreu und das Schweigen.

465.
Und kein Wort von Klaras Leben
Und kein Wort von Klaras Tode
Ward je zwischen ihnen laut,
Und sie wußten's alle Beide.

468.
Nicht verzieh er ihr, daß sie nicht
War so gut und fein wie Klara,
Die er in den Tod verdorben,
Die er in das Grab gesendet.

= Str. 466.
469.
Ausgezogen war die Liebe
Aus den Herzen und die Freude
Und der Friede; mit der Schönheit
Spielten grimmig zwei Gespenster.

470.
Und sie kos'ten falsch und glühend,
Und sie tranken süße Küsse
Ohne Dank und ohne Güte;
Jedes schlang für sich den Honig,

471.
Jedes schlang für sich den Honig,
Gleich zwei nächtlichen Dämonen,
Die entzweit, doch aneinander
Festgebunden und verbannt sind,
Aus demselben Topf zu naschen.

XXII. Str. 472—510. Euphorion S. 181.

472. 4   . . . auf den Flühen . .

473. 1   . . . dort . . .
473. 2   . . . hohen Felsenspitzen,
473. 3   . . seit einem Menschenalter
473. 4 Keiner sei gesehen worden.

</td></tr>
</table>

VIII. Str. 129—175.

Str. 139

140. 1 Titus auch entriß sich stürmisch
140. 2   ... glatten Armen;
140. 3 Täglich stieg er früh vor Tage²)
141. 1 Klettert' hin und klettert' wieder,

Str. 142. 143

144. 3   ... schöne ....
144. 4   .. tolle ...

145. Rosaloren packt' indessen
Bange Neubegier und Unruh';
Mit dem Wirbel der Gefühle
Wandelt' sich in ihr die Seele.

146. 2 Faßt' sie Grausen, Furcht und Reue,
146. 3 Und es trieb sie wie mit Peitschen,
146. 4 Seinen Spuren nachzugehen.

147. 1   ... steile ..
147. 2 Jagt' die Angst sie, immer höher,
148. 4   ... wahllos drang sie ...
149. 3 Drüben sah sie auf dem Rasen
149. 4 Friedliche Marmotten spielen.

Str. 150

151. 3   .... Pharmazeute

Str. 152. 153

154. 4   ... Zwergleins ..

Str. 155

156. 2 Nur die Murmelmutter sorgt sich;

Str. 157. 158

159. 1 Rosalore sieht den Frieden
159. 3 Und mit kummervollem Neide
159. 4 Schaut sie das bescheid'ne Glück.

XXII. Str. 472—510.

= Str. 474.

475. Also wirft sich die Gemeinheit
Auf das Selt'ne und das Edle,
Ihm die Haut vom Leib zu ziehen
Und es schleunig zu zerlegen.

476. Gleich den Kindern, die ihr Spielzeug
Ungeduldig demolieren,
Das Zerstörte nun begaffend.
Und das nennt man Böcke schießen!

477. 1 Bertram auch entriß sich eilig
477. 2   ... üpp'gen Armen,
477. 3 Und für viele Tage stieg er
478. 1 Jagte hin und jagte wieder,

= Str. 479. 480.

481. 3   ... kühne ...
481. 4   .. dunkle ...

482. Unerreicht auf Himmelsklippen,
An dem Rand der Todesschluchten;
Und er taumelt' ohne Sinne
Über tausendfache Gräber.

483. Unterdessen faßte Laura
Plötzlich Neubegier und Unruh,
Daß sie auffuhr und ihn suchte,
Den sie in den Flühen wußte.

484. 2 Wußt' sie selbst nicht, ob die Rachlust,
484. 3 Ob ein Rettungstrieb sie packe
484. 4 Und nach seinen Spuren jage.

485. Und begierig, wie es komme
Und was da geschehen würde,
Schnöd geteilten hohlen Herzens
Lief sie an den wilden Bächen.

486. 1   ... große ...
486. 2 Höher stieg sie, immer höher,
487. 4   ... hastig stieg sie ...
488. 3 Doch auf sonnig grünem Rasen
488. 4 Sah sie die Marmotten spielen.

= Str. 489.

490. 3   .... Apotheker

= Str. 491. 492.

493. 4   .... Zwerges ..

= Str. 494.

495. 2 Nur die Mutter hegt Besorgnis,

= Str. 496. 497.

498. 1 Laura schaut' den gold'nen Frieden
498. 3 Doch die Wächterpfeif' ertönte,
498. 4 Und das Volk floh in den Berg.

<table>
<tr><td>

VIII. Str. 129—175.

160.
Aber ruhlos aufwärts trieb die
Seele sie durch eine Wolke
Schweren Nebels, der die Locken
Ihr von Feuchte triefen machte.³)

161.1   .. warb es vor den Augen;
161.3   .. mit den Füßen vortrat,⁴)
161.4   ... ein düst'res Nichts.

162.1   ... auf schmaler Platte
162.2 Eines schwarzen Felsenturmes,

163.
Doch auf einer Nachbarkuppe,
Die im hellen Scheine glänzte,
Ragte Titus, welcher spähend
Ausschaut' nach dem selt'nen Wilde.

164.
Da der Morgen kalt gewesen,
Trug er noch die lange Binde,
Jene schlimme Bajabere,
Zweimal um den Hals gewickelt,

165.
Doch gelockert, um den Kolben
Des Gewehrs hindurch zu schieben
An die Wange, und so starrt' er
Mordbegierig in die Wüste.

166.
Und auf einmal steht der Steinbock
Wie gemalt auf dunkler Klippe
Gegenüber; zierlich steht er,
Alle Füße nah beisammen.

167.
Ahnend nicht, daß nur die Spieg'lung
Lichtdurchwirkter Nebelzüge
Ihn betrogen, zielte Titus,
Drückte und die Kugel flog.

168.
Und von jener schwarzen Säule⁵)
Scholl ein lauter Menschenschrei,
Widerhallend in den Bergen
Durch die Einsamkeit der Wildnis.

169.
Taumelnd dreht sich dort ein Weib
Durch den Nebel; rücklings stürzend
Aus der Wolke in den Abgrund,
Ging es kurzen Weg's verloren,

</td><td>

XXII. Str. 472—510.

499.
Wieder klomm sie ruhlos aufwärts,
Und sie kam in eine Wolke
Schweren Nebels, der die Locken
Und die Kleider ihr benetzte.

500.1   ... wards vor ihren Augen,
500.3   .... mit dem Fuße tappte,
500.4   ... der dunkle Abgrund.

501.
Graue Flechten, von der Arven
Knorrigen Ästen niederhängend,
Triefend wie Tritonenbärte,
Schlugen ihr die heiße Stirne.

502.1   ... auf einem schmalen,
502.2 Hohen, schwarzen Felsenturme,

503.
Doch auf einer andern Kuppe,
Die im hellen Schein erglühte,
Ragte regungslos der Jäger,
Apotheker von Chamouny.

504.
Um den Hals die bunte Schlinge,
Rot und weiß und blau erglänzend,
Schaut' er spähend in die Runde,
Ob das edle Wild sich zeige.

505.
Und wahrhaftiglich, den Steinbock
Sieht er dort auf dunkler Klippe
Zierlich auf den Füßen stehen,
Halb im grauen Duft verschleiert.

506.
Die gekerbten Riesenhörner
Mächtig auf den Rücken lehnend,
Wittert er in weite Ferne,
Abgekehrt vom gier'gen Jäger.

507.
Ahnend nicht, daß nur die Sonne
Auf den silbergrauen Nebel
Sich ein Spiegelbild gemalet,
Sandte dieser hin die Kugel.

508.
Dicht im Rücken ihm entschwand
Hohen Sprungs der wahre Steinbock.
Doch von jener schwarzen Säule
Hallt' ein greller Menschenschrei,

509.
Widerhallend durch die Wüste,
In der Einsamkeit des Berges;
Rücklings stürzet dort ein Weib
Aus der Wolke in den Abgrund.

</td></tr>
</table>

VIII. Str. 129—175.

170.
Während in des Jägers Rücken,
Ungeseh'n von ihm, der wahre
Steinbock floh in weiten Sätzen
Von der nächsten Felsenkuppe.

171.
Titus stand, der Apotheker,
Ein= bis zweimal zehn Sekunden,
Als ein Räuchlein von verbrannter
Wolle stieg in seine Nase.

172.
Und er merkt', daß Rosalorens
Schöne Binde leise schwelte:
Achtlos will den kleinen Schaden
Mit der Hand er schnell verwischen.

173.
„Diese schlechten Zünderhütchen,“
Brummt er, „wollen nicht mehr taugen;
Funken speien sie zur Seite!
Oder mag der Hahn nicht schließen?“

174.
Doch da fährt die Feuerschlange
Zischend erst, dann laut erbrüllend
In die Lüfte; hoch im Bogen
Fliegt der Kopf des armen Titus.

175.
Zwiefach geht er so zu Grunde,
Doppelt geht er so zu Grabe;
Oben zuckt sein Herz verblutend,
In der Tiefe stirbt das Haupt ihm!

XXII. Str. 472—510.

510.
Doch der Jäger sah es nimmer.
Hauptlos sank er in die Tiefe;
Denn ein Funke seines Schlosses
Hatte Lauras Schwal entzündet.

* Mskr. 1882 hat: ¹) 130,1 . . . wußte . . . .
²) 140.3 . . schon vor Tage . . .
³) 160.4 Und die Kleider ihr durchnäßt'.
⁴) 161.3 . . . mit den Füßen tappte,
⁵) 168.1 . . . . . . schwarzen Klippe

W. X. 188. IX. Str. 176—184.

176.
Schon die nächste Mitternacht
Geh'n sie mit dem Totenvolke,
Das in ungeheurem Zuge
Hoch von Grat zu Grat muß wandern.

177.
Fern her von der Rhone höchsten ¹)
Quellen zu Liguriens Gipfeln
Über Schluchten, Alpentriften
Unaufhaltsam kommt's gegangen.

178.
Hunderttausendweise trappelt's
Her wie dunkle Wolkenbänder
An den Wänden, auf den Kämmen,
Steigt's die jähen Pfade nieder.

179.
Taucht dann hinter einem Sattel
Hell empor des Mondes Scheibe,
Sieht man sie vorüberwallen
An dem Glanze, Mann für Mann.

Euphorion.

IX. Str. 176—184.   Euphorion.

180.
Schaut zerstreut man, in Gedanken,[2]
Hört man deutlich einen Marsch,
Trommelschlag und helle Pfeifen,
Fernhin eine alte Weise.

181.
Einfach, doch unsäglich traurig,
Herzbewegend tönt die Weise.
Horcht man aber wachen Sinnes,
So verschallt's, und niemals wieder

182.
Kann man sich des Tons entsinnen.
Aber endlos kommt's gezogen,
Breit zu sechsen und zu zwölfen
Bis zum Morgen=Vesperläuten,

183.
Bis noch wenige zerstreut,
Säumig auf dem Heerweg folgen
Und zuletzt das blasse Paar
Jener beiden Toten wandert.

184.
Stolpernd schleppt er an der Hand
Eine blutgetränkte Schärpe,
Während hinter ihm das Weib
Seinen Kopf trägt in der Schürze.

Mstr. 1882 hat: [1] 177. 1 Ferne von der . . . .
[2] 180. 1 Schaut man, achtlos, in Gedanken,

W. X. 190. Zweiter Teil.   Abdruck der älteren Fassung von 1860.

Druck 1883 u. Mstr. 1882   Euphorion 1895
I. Str. 185—217.   Euphorion 145. VI Str. 76—115.

185. 3 . . . . . . durchdringend   76. 3 . . . . aufdringlich
185. 4 Starker . . .   76. 4 Scharfer . . .

Str. 186   = Str. 77.
187. 1 . . . . Theologen[1]   78. 1 . . . Reformirte
187. 3 . . . alte . . . .   78. 3 . . . kräft'ge . . .
187. 4 Stritt mit einer neuen Nonne.[2]   78. 4 Stritt mit einem kranken Weibe.

188.
Zwar sie ließ sich nicht verschüchtern;[3]
Am Spinettlein sang sie zierlich
Und mit leicht belegter Stimme:[4]
„Ach, das Kreuz hat seine Reize!"

189. 1 Und desselben Jahres wallte   79. 1 Und im selben Jahre stieg
190. 3 . . . mit großem Pompe   80. 3 . . . mit höchstem Glanze

191.
Kunstreich baut' er einen Hügel
Aus antiken Tempeltrümmern,
Den behing er mit Tapeten,
Ganz mit Bilderwerk durchwoben.

81.
Und er baute kunstreich einen
Berg aus griech'schen Tempeltrümmern,
Den behing er mit Tapeten,
Wundervoll gestickt in Seide,

192.
Weiße Nymphen, schwarze Nonnen,
Gold'ne Ritter, dunkle Mönche
Wandelten auf grünem Rasen
Unter blühenden Granaten.

193.
Diademe, Schmuck und Waffen,
Kreuze, Kämme, Sonnenstrahlen
Und das Licht der blonden Haare
Waren echt in Gold gewirket.

Str. 194

195. 1   . . . . roten . .
195. 4   . . . gute . .
196. 1   . . . als Tau
196. 2 Spielten blitzende Brillanten;
196. 3   . . Wuch'rer . .
196. 4 Unbedenklich als Versatz.⁵)

197.
Freilich hingen die Tapeten
Etwas locker auf dem Marmor,
Mancher Herr und manche Dame
Hing in Falten schnöd' gebrochen.⁶)

198. 1   . . . trug am Rücken
198. 4 Wack're . . . .

Str. 199

200. 3   . . . gewähltes . .

201.
Ritterschaft der alten Schmecker
Mit dem Tellertuch am Halse
Und dem Stocher in den Zähnen;
Auch das Heer der Schulpennäler.

82.
Wo auf glänzend grünem Rasen,
Abgeteilt durch Silberbäche,
Mit Granat= und Mandelbäumchen
Auf das Artigste besetzt,

83.
Ein Gewimmel sich bewegte
Bunter menschlicher Figuren
Von der allerfeinsten Hosen=
Träger und Pantoffelarbeit:

84.
Schwarze Nonnen, hüllenlose
Weiße Nymphen, braune Mönche,
Ritter und brokatumstarrte
Frauen mit geschwung'nen Hüften.

85.
Heil'genscheine und Agraffen,
Kreuze, Kämme, Säbelscheiben
Und das Licht der blonden Haare
Waren echt in Gold gewoben.

= Str. 86.

87. 1   . . . . . hellen . .
87. 4   . . . echte . . .
88. 1   . . der Tau . . .
88. 2 Er bestand aus Solitären;
88. 3   . . Jude . . . .
88. 4 Unbedenklich in Versatz.

89.
Die Tapeten hingen etwas
Schlottrig auf dem griech'schen Schutte,
Mancher Ritter hing gefaltet
Wie ein alter Unterrock.

90. 1   . . zeigte schrecklich)
90. 4 Mächt'ge . . .

= Str. 91.

92. 2   . . . brillantes . .

93.
Ritterschaft der Gourmandise,
Bourgeoisie des falschen Witzes,
Mit der Serviett' im Knopfloch
Und dem Stocher in den Zähnen,

94.
Aufgeputzte Hungerschlucker,
Schnüffelnd in den dünnen Lüften
Nach dem Flug gebratner Tauben
Eines Witzes à tout prix;

95.
Jungfräuliche dumme Jungen
Flüsternd: Ach, der schlimme Heinrich!
Oder alte Amateurs,
Die mit Grund den Schein verehren.

96.
Denn der Pfeil des wahren Witzes
Ist aus ganzem Holz geschnitten,
Und er birgt den feinen Markstreif
Innerer Berechtigung,

I. Str. 185—217.

202.1   ... so ..
202.2   .... einen Strauß
203.4 Unten herrschte große Stille.⁷)
204.1   .... hagrer ..
     Str. 205
206.3 Von des Rheines Quellgebirgen
206.4 Zu der Nordsee Wolkengürtel,
     Str. 207
208.1   .. den Finger ...
209.4 Proklamiert ....
210.2 Sich die Kompetenz gewährte,
210.3 Feierlich mit roter Hand

211.1 Hatte niemand das Vergnügen
211.2   .... Angenehmer
211.3 Schauer ....
212.3 Fast gerührt, der exclusive
213.2   .... die Begehung
214.4 Keiner kann aus seiner Haut.

215.1 Keiner kann aus seinem Felle;
216.2   .... besser!
216.3   .... hält den Schnabel
216.4 Gleich in alle Ewigkeit.
217.4   .... in der Erde.

VI. Str. 76—115.

Fährt nicht tückisch in den Rücken
Oder tölpisch in den Bauch,
97. Auch nicht zwecklos in den Stiefel,
Sondern in das Herz der Sache.

98.1   ..... nun ...
98.2   ..... ein Bouquet
99.4 Stille ward es plötzlich unten.
100.1   ... weißer ..
     = Str. 101.
102.3 Auf den rhein'schen Uferbergen,
102.4 Auf des Meeres fernen Dünen;
     = Str. 103.
104.1   .... die Finger ...
105.4 Dekretirt ..
106.2 Das Vergnügen sich gewährte,
106.3 Aus dem souveränen Witze

107. Hatte (freilich ausgenommen
Master Smith, Haupt der Mormonen,
Der im Westen ganz gemütlich
Auch ein bischen komponirte,)

108.1 Niemand solcherlei Genüsse
108.2   ..... Angenehmes
108.3 Grauen .....
109.3 Wiedermals der elegante
110.2   .... das Vergnügen
111.4 So viel Herzen, so viel Götter.

112. Fische zeugen keine Vögel,
Feigen wachsen nicht auf Disteln,
Närr'sche Menschen, närr'sche Götter!
Keiner kann aus seiner Haut!

113.1 Keiner kann aus seiner Haut!
114.2   ..... gut!
114.3   ..... hält das Maul
114.4 Nun durch alle Ewigkeit.
115.4   ..... unter'm Gras.

Mstr. 1882 hat ¹) 187.1 .... [Proclaturen]
²) 187.4 .. stritt mit einer kranken Nonne.
³) 188.1 .... verblüffen;
⁴) 188.3 .. mit zart belegter ...
⁵) 196.4 Gern als Pfänder für ein Darlehn.
⁶) 197.4 ..... verschoben.
⁷) 203.4 Stille ward es plötzlich unten.

W. X. 195. II. Str. 218—225.

218. Aber nun, im Ernst zu reden,
War der Held mit Pein geschlagen;
In dem unheilbaren Leiden
Liegend auf dem Lorbeerbette,

Euphorion S. 149. VII. Str. 116—130.

116. Doch im Ernst zu reden, Heinrich
Heine war mit Pein geschlagen,
Und er lag in tiefen Schmerzen
Auf dem vollen Lorbeerkissen,

II. Str. 218 225.

219. 1 Fiel er heim dem altgewohnten
220. 2   .... wünscht sich ..

221. 1   .... Klüger
222. 3 Ohne sich nun stark zu zieren,

223. 3   .... in ein frisches Hemde,
224. 2 Schlingt es um den blassen Scheitel,
224. 3 Um den Gipfel seines Daseins;
       Str. 225

VII. Str. 116—130.

Auf dem brallen Lorbeerfacke;
117. Jener ist ein solches Bett,
Fährlich ist ein solcher Hausrat,
Sei's zur Hochzeit, sei's zum Sterben.

118. Hochzeit hat er wohl gehalten
Auf demselben Lorbeerbette
Manche Nacht; jedoch es nun
Ging an's Sterben, mocht' er nicht,

119. 1 Und verfiel dem unvermeidlich
120. 2   .... wünschet ...

121. Ein Narr fragt bekanntlich mehr,
Als zehn Weise wissen können;
Doch ein Menschenherz wünscht mehr
Als zehn Götter geben können.

122. Frage die verschmähte Liebe,
Ob ihr Wünschen sei Gesetz?
Und mit Tränen wird sie sagen:
Leider nein! Niemand befolgt es. —

123. Über sich hinauszuschnappen
Ist des Menschen große Gabe,
Die ihn von dem Tiere scheidet,
Ist die Hälfte der Geschichte;

124. Von dem Schnapp zurückzukommen
Der Geschichte andre Hälfte,
Welche anfängt zu beginnen.
Doch zurück zu Heinrich Heine!

125. 1   .... weiser
126. 3 Ohne sich nun zu genieren,

127. Seine Seele zu versichern;
Denn er hat sich nie gezieret,
In dergleichen zarten Sachen
Nie ein Freund vom Resignieren.

128. 3   .... in das weiße Laken
129. 2 Schlingt es zierlich ineinander
129. 3 Um den schön gewölbten Scheitel;
       = Str. 130.

W. X. 196. III. Str. 226—238.

226. Mitternächtig wandelt Heinrich
Wacker auf dem schmalen Pfade
Und spazieret gravitätisch
Aus der guten Welt hinaus.

227. Wo die letzten Lebensbäume
Säuselnd an dem Wege stehen
Und die letzten Silberwölkchen
Durch die dunklen Wipfel streifen,[1)]

Euphorion S. 150. VIII. Str. 131—143.

131. Mitternächtig wandelt er
In dem Laken, mit dem Buche
Auf dem wunderbaren Pfade
Und spazieret gravitätisch

132. Aus der guten Welt hinaus.
Wo die letzten Lebensbäume
Säuselnd an dem Wege steh'n
Und die letzten Silberwölkchen

III. Str. 226 238.

228. Sitzt die Nachtigall und flötet
In bewegten Laub verborgen,
Hüpft von einem Ast zum andern,
Und sie singt mit süßem Tone:

229.2 .... will verduften,
229.3 ...... ziehen,

Str. 230

231.1 .. ein Stückchen Weges ..
231.3 D'rin das letzte Sternchen schimmert,
232.2 ...... Kirmes!
233.1 Lieber ein ....
234.1 .. trampelt ....
234.4 .. wirft ...

Str. 235

236.2 ..... Grillenleben
237.2 .... auf den Scheitel;[2)
238.3 ... wieder aufgerichtet,

Mitr. 1882 hat: [1)] 227.4 ... Kronen ...
[2)] 237.2 ... auf den Kopf;

W. X. 198. IV. Str. 239—262.

239.2 ... kolossale ..
239.4 .... Abendrot.
240.1 Matt und kühl [1)] ...
240.4 All' der ....

Str. 241, 242

243.1 .... kecklich
243.2 ... Buche ...
243.3 . an das Tor geschlagen,
243.4 .. es ....
244.2 Sterblicher ....
244.3 Wo die Luft des ....

Str. 245

246.3 Jeder spinnet in Gedanken
246.4 Eifrig seine Welt nun fertig.

VIII. Str. 131—143.

133. Durch die grünen Kronen weh'n,
Sitzet dort die Nachtigall
In dem luft'gen Laub verborgen,
Und sie singt mit süßem Spotte:

134.2 ...... will nicht sterben,
134.3 ...... gehen,

= Str. 135.

136.1 .. ein kleines Stücklein ..
136.3 Der im letzten Sternchen schimmert,
137.2 ..... Kirchweih!
138.1 Mehr ist ein ....
139.1 .. strampelt ....
139.4 .. stößt .....

= Str. 140.

141.2 .... Heimchenleben
142.2 .... auf den Kopf;
143.3 .. wieder aufrecht stand,

Euphorion S. 151. IX. Str. 144—155.

144.2 .... ungeheure ...
144.4 ..... Morgenrot.
145.1 Hart und kalt ...
145.4 Von den .....

= Str. 146, 147.

148.1 ..... keck
148.2 .. Büchlein ..
148.3 .. an die Thre schlug;
148.4 .. sie ....
149.2 Schweigender ...
149.3 Wo die Schuld des ....

= Str. 150.

151.3 Denkend an die vielen Böcke,
151.4 Die sie schmählich einst geschossen.

152. Und ihr irdisch Tun und Wirken
Liegt so duftig leicht beisammen
Wie ein Bündel trockner Blumen,
Reu und Sehnsucht nur erweckend.

153. Reu- und sehnsuchtsvoll verbessern
Sie die Werke ihrer Tage;
Jeder spinnet in Gedanken
Eifrig seine Welt nun fertig.

154. Aber nichts wird mehr gedruckt
Und noch weniger „besprochen";
Alles bleibet schattenhaft,
Und sie selber sind nur Schatten.

IV. Str. 239—262.

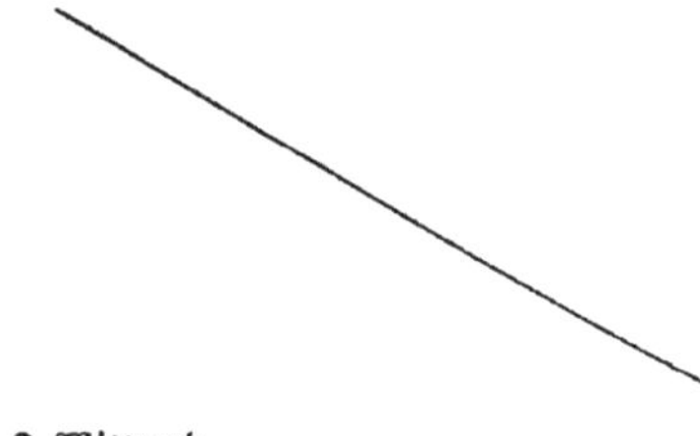

247. Wie in irb'schen Nebelnächten
Da und dort Laternenträger,
Gingen die berühmten Herren
Jeder still im eig'nen Scheine.

Str. 248

249.2 Witternd . . . . . .
249.4 Tönend . . . . . .

Str. 250

251.4 Sänger und . . . .
252.1 ... rein . . . . .
252.2 .... in den Tagen,
252.3 Und ich walle leicht und glänzend
253.1 Horchend stand Herr Heinrich Heine, ²)
253.2 Stutzend schaut' er den Poeten,
253.3 ... im hellen Ärger:
254.1 . mit transparenten Händen
254.3 Und skandierte traurig weiter:

Str. 255

256.4 . . . . . erhöhen
257.1 „Oder fremden Wert vermindern,
258.2 ... nicht . . . . . .

IX. Str. 144—155.

155. Keinen einz'gen schlechten Vers
Können in der Tat sie ändern,
Und die dämlichsten Gedanken
Bleiben leider nun unsterblich.

Euphorion S. 153. X. Str. 156—176.

156. Unabsehbar war der Raum
Und mit feinem Duft erfüllet,
Der sich dämmernd weit ergoß
Und die Schatten leicht umhüllte.

157. Dünn gesät spazierten sie
Weithin durch dies ew'ge Leben,
Und den Dunst erhellte Jeder
Farbig um sich in die Runde,

158. Spiegelnd drin sein einsam Denken,
Malend drauf sein Welterinnern.
Wie in irb'schen Nebelnächten
Da und dort Laternenträger

159. Durch die stillen Gassen gehen,
Gingen die berühmten Herren
An einander hier vorüber,
Jeder still im eig'nen Scheine.

= Str. 160.

161. Ja die trock'nen Lorbeerblätter,
Die auf Erden einst gewachsen,
Auf betaut' lebend'gen Fluren,
In besonnten grünen Hainen,

162. Ach, sie dufteten allmächtig
Und gewaltig durch die Räume,
Daß ein lüstern' und ein sehnlich'
Späh'n und Wittern rings begann.

163.2 Jählings . . . . .
163.4 Plötzlich . . . . .

= Str. 164.

165.4 Dichter und . . . . .
166.1 .. schön . . . .
166.2 ... im Gesang:
166.3 Und mein Schatten wallt nun glänzend
167.1 Zornig stutzte unser Heinzchen
167.2 Und ersah den stolzen Schatten.
167.3 ... mit hellem ...
168.1 .. mit duft'gen Geisterhänden
168.3 Und fast traurig sang er weiter:

= Str. 169.

170.4 . . . . . vermindern
171.1 „Oder einen Wert erhöhen!
172.2 .. kein . . . . .

IV. Str. 239—262.

259.4 Denn er war noch nicht gestorben!
260.2 Das . . . .
261.3 Unwohl bin ich . . . .
262.1 . . duft'gen . . . .
262.2 Winkt' der Junker . . . .
262.3 Sich in einen Nebel hüllend,
262.4 Schüttelt' er das Haupt und schwieg. ³)

Mitr. 1882 hat: ¹) 240.1 Hart und kühl . . .
²) 253.1 . . . blieb . . . .
³) 262.4 [Schüttelte] das . . . .

W. X. 201. V. Str. 263—286.

Murrend zog der Kranke weiter
Viele kurze Menschenschritte,
263. Bis er stieß auf eine starke,
Lieblich heit're Säule Lichtes,

Str. 264

265.2 Liebe Weiber, kecke Männer,
265.3 Hohe Türme, weiße Wolken

266. Ei, das zog und flog so fleißig,
Rasch und fleißig, unablässig!
Doch wer schafft und webt das alles?
Zwei weitoff'ne Sonnenaugen
267.3 In der Mitte dieses Lebens ¹)
267.4 . . solch' ein . . .

Str. 268

269.1 . . . . . . alten,
269.2 Feierlichen schönen Manne;
269.3 Ruhig steht er da und heiter,
269.4 . . . „Hier riecht's nach Erde!"
270.1 . . . . „Dieses Duften
270.2 Kommt von mir, o Herr und Goethe!
270.3 . . . . , daß so kräftig ²)
270.4 Ich nach Arzeneien dufte!"
271.1 . . . . . . herrlich!
272.2 Feines . . . .

Str. 273

274.4 Wenn ich überhaupt bereue!

X. Str. 156—176.

173.4 Denn noch war er ja nicht tot!
174.2 Dies . . .
175.3 Ich bin unwohl . . .
176.1 . . . leichten . . . .
176.2 Winkte Jener . . . .
176.3 Schüttelte das Haupt und schwieg,
176.4 Sich in lichte Nebel hüllend.

Euphorion S. 154. XI. Str. 177—193.

Murrend ging Herr Heinrich weiter,
177. Viele kurze Menschenschritte;
Er passirte manche farbig
Hingehauchte Nebelwelt,

178. Die ein mehr und minder großer
Toter emsig um sich spann.
Da gewahrt' er eine starke
Lieblich heit're Säule Lichtes,
= Str. 179.

180.2 Grüne Bäume, kecke Männer,
180.3 Liebe Frau'n und weiße Wolken

181. Ei! das zog und flog so fleißig,
Rasch und fleißig unablässig,
Klug und innig, sacht und leise,
Ruhig strahlend in einander,

182. Daß ein blindgebornes Auge
Daran wäre sehend worden.
Doch wer schafft und webt das Alles?
Zwei weit'offne Sonnenaugen
183.3 In der Mitt' all dieses Märchens
183.4 . . dieser . . .
= Str. 184.
185.1 . . . . . . schönen,
185.2 Alt und hohen schlichten Mann;
185.3 Ohne Reu und heiter steht er,
185.4 . . . „Hier wehet Erdduft!"
186.1 . . . . „Dieser kommt von
186.2 Mir, o großer Herr und Goethe!
186.3 . . . , daß zugleich ich
186.4 Auch nach Medizinen dufte!"
187.1 . . . . . . lieblich!
188.2 Duft'ges . . . . . .
= Str. 189.
190.4 Aber wahrlich nur das Eine!

191. „Die Geschichte mit den Weibern
Ließ ich mir zu Herzen gehen,
Und von Anfang bis zum Ende
War mein Blut zu ernst und ehrlich!

V. Str. 263—286.

275.3 Mit den schönen Zuckeraugen
276.1 Schwarze Raben, weiße Raben!
276.2 Und ich habe mich vertänbelt:
276.3 Ach, am Ende . . . .

277.1 „Allzuwarm ist auch nicht gut,
277.3 . . . . hoher . .
277.4 . . aus dem Dämmer . .
278.3 Mäßig . . . . . .

279.1 Zeitig baut' ich . . .
279.2 Saß dabei . . . . .
279.4 Weilte mir ein holdes Weib.

Str. 280

281. Wohl die Hälfte meiner Bahn
Ist mit hellem Licht beschienen;
Doch die and're blieb im Dunkel;
Klag' und tanz' mit mir, o Freund!"

282.3 . . . wirkten . . .
282.4 Mit den großen Weberschiffen,
283.4 . in ihren Reigen . .
284.2 Sprühend wie ein heißes Eisen,

Str. 285, 286

Msfr. 1882 hat: ¹) 267.3 . . . . all des Lebens
²) 270.3 . . . . daß so stark

W. X. 204. VI. Str. 287—300.

287. Als er lange Zeit gegangen,
Kam einher ein schlichter Waller,
Freudlos, doch auch kummerlos,
Seines Weges fest geschritten.

288.3 Was sie wert ist, hab' ich redlich
288.4 Zu ergründen mich beflissen.

289. Vom Bedürfnis müd' getrieben
Sehnte sich mein Sinn nach Golde;
Dem Geschick verzeih' ich's nimmer,
Ohne Groll mag ich es sagen.

XI. Str. 177—193.

192.3 Raben mit den schönen Augen
193.1 Und ich ward um mich betrogen
193.2 Von den Kleinen, von den Großen,
193.3 Und am Ende . . . .

Euphorion. S. 156. XII. Str. 194—205.

194.1 „Allzugut ist gar nicht gut,
194.3 . . . . hehrer . .
194.4 . . unversehens . .
195.3 Spärlich . . . . . .

196. Danklos schmachten lieb' ich nicht;
Aber als ein munt'res Schwäblein
Ging ich handlich an das Freien.
Spaß ließ ich mir nicht gefallen.

197.1 Also baut' ich . . .
197.2 Saß daran . . . .
197.4 Saß mir gar ein holdes Weib.

= Str. 198.

199. Wohl die Hälfte meiner Bahn
Ist mit Sternenlicht gezeichnet;
Doch das End', das mir entrissen,
Bleibt ein diamant'nes Rätsel.

200. Schön und köstlich ist das Rätsel.
Und es schimmert mir zum Ruhme.
Doch zu kurz war mir das Leben!
Klag' und tanz' mit mir, o Bruder!"

201.3 . . webten . .
201.4 Wie mit tausend Weberschiffchen,
202.4 . in ihre Kreise . . .
203.2 Transparent, wie glüh'ndes Eisen,

= Str. 204, 205

Euphorion. S. 157. XIII. Str. 206—218.

206. Als er lange Zeit gegangen,
Sah er einen einzlen Mann
Ohne Schein und Bilder gehen,
Fest und dunkel schritt er hin.

207. Lessing hieß der tapfre Waller
Mit dem kräft'gen Zopf im Nacken;
Freudlos, doch auch kummerlos,
Fest und dunkel schritt er hin.

208.3 Was sie wert ist, weiß ich auch.
208.4 Das ist meiner Weisheit Ende!

209. Vom Bedürfnis müd gehetzt,
Sehnte sich mein Sinn nach Gold,
Ach, an dem wir alle hingen,
Einen Hauch von Glück zu kaufen!

VI. Str. 287—300.

290.
„Denn Verzeih'n und nicht Verzeihen,
Keines rühret mehr mein Herz;
Ruhig wandl' ich vor der Helle,
Die der Morgenstern verkündet."

291.
„Guter Freund! Könnt ihr mir sagen,
Ist der liebe Gott zu finden
In der Gegend, wo ihr herkommt?"
Also fragt ihn Meister Heine.

292.2 Wer ein ......
292.4 Und was will sich ...

Str. 293, 294, 295

296.4 Hielt er ihn für einen Kindskopf.

297.1 Also gab er ihm die Lieder,
297.2 Für sich selber aber grollt' er:
298.3 „Wie die Echo ohne Körper¹)
299.3 .... leuchtend züngelt,
300.4 .., hauset ...

Mskr. 1882 hat: ¹) 298.3 ..... sonder Körper

XIII. Str. 206—218.

210.
„Daß ich mich nach Golde sehnte,
Ruh' und Frieden nur zu kaufen,
Das verzeih' der Welt ich nimmer,
Die mich hämisch dazu zwang.

211.
„Nicht verzeih' ich's! aber zornlos,
Ohne Groll mag ich es sagen.
Denn Verzeih'n und nicht Verzeihen,
Keines rühret mehr mein Herz!

212.
„Mild und streitbar, Mann und Kind,
Sah ich in der Nacht die Sonne;
Ewig geh' ich mit der Helle
Eines frühen Morgensterns."

213.
„„Lieber Mann! Könnt ihr mich weisen:
Ist der liebe Gott zu finden
Hierum oder dieser Enden?"„
Also fragt ihn unser Heinz.

214.2 Was ein ....
214.4 Und was sich will ....

= Str. 215, 216, 217.

218.4 Glaubte Heinz, es sei ein Kindskopf!

Euphorion. S. 158. XIV. Str. 219—241.
219.1 Heinrich gab den Romanzero,
219.2 Für sich selber also sagend:
220.3 ...., fast vernichtet
221.3 .... hoch aufleuchtet,
222.4 .., weilet ...

W. X. 206. VII. 301—317.

301.1 ...... vorwärts,
302.1 .. weißes Linnenhembchen
303.3 Fröstelnb¹) ......
304.4 .. wurden eisig,
305.1 Spröde ......

Str. 306, 307

308.3 .... rotes Glänzen
308.4 Brach gemächlich .....
309.4 Glühte wie bengalisch Feuer.
310.3 ... war ....

311.
Lag ein mächtig großer Teller,
Auf dem Teller eine Glocke
Von demselben roten Glase,
Unter dieser glüht' der Lichtquell.²)

223.1 ...... weiter,
224.1 .. weißer Leintuchmantel
225.3 Seltsam ......
226.4 .... ward ihm eisig,
227.1 Eisig ......

= Str. 228, 229.

230.3 .... roter Glanz
230.4 Strahlte ruhig ....
231.4 Glüht' wie in bengal'schem Feuer.
232.3 ... stand ....

233.
Seltsam freilich und befremdlich —
Stand ein mächtig großer Teller,
Auf dem Teller eine Glocke
Von demselben roten Glase.

234.
Und darunter war der Glanz.
Heinrich schüttelte den Kopf;
„Solche Dinge, sprach er heimlich,
Braucht' ich grad' nicht hier zu suchen!"

<table>
<tr><td>

VII. Str. 301—317.

312.2 Gar melodisch eine Stimme:
312.3 Hebe diesen Deckel auf

Str. 313

314.3 Wer nicht wich und wankte, war das[3])
314.4 Gläserne Mysterium.
315.1 Wie er zerrte . . . .
315.4 Dennoch unversehens wich sie,
316.2 Saß er von dem starken Rucke,
316.4 Kein Altar war mehr zu sehen,
317.2 Saß sein Erbfeind Ludwig Börne,
317.4 Lachend jetzo . . . .

Mskr. 1852 hat: [1]) 303.3 Klappernd . . . .
        [2]) 311.4 . . . . war . . . .
        [3]) 314.3 . . . . und wer nicht wankte,

</td><td>

XIV. Str. 219—241.

235.   Doch das Glas erklang melodisch,
     Wie ein fernes Festgeläute,
     Und darunter glüht' es stärker,
     Wie ein Sonntagsmorgenrot.

236.2 Jene Stimme freundlich wieder:
236.3 „Hebe diese Glock' empor

= Str. 237.

238.3 Was nicht wich und was nicht wankte,
238.4 War jedoch die Wunderglocke.
239.1 Wie er zog auch . . . .
239.4 Dennoch plötzlich gab sie nach,
240.2 Saß Herr Heinrich von dem Rucke,
240.4 Und kein Altar war zu sehen.
241.2 Saß der And're, Ludwig Börne,
241.4 Und jetzt lachte . . . .

</td></tr>
<tr><td>

W. X. 209. VIII. Str. 318—348.

318.1 Schleunig endete das Lachen,
318.3   . . ., gleich wilden Katzen,

Str. 319

320.   Doch es wollt' ihm nicht gefallen,
     Schüttelte den dicken Haarzopf,
     Und er packte unvermutet
     Den Lebend'gen und den Toten,

Str. 321

</td><td>

Euphorion S. 160. XV. Str. 242—292.

242.1 Doch bald hört' er auf zu lachen,
242.3   . . . wie wilde Katzen

= Str. 243.

244.   Doch es wollt' ihm nicht gefallen,
     Schüttelte den Kopf und sagte:
     „Andre Juden sah mein Auge,
     Als ich meinen Nathan schrieb!

245.   „Wo sind jene ruhevollen,
     Wohlgesinnten Morgenländer,
     Ein Spinoza, selbst mein guter,
     Sanfter Moses Mendelssohn?"

246.   Also sprach er; doch dann ward er
     Plötzlich zornig ob dem Zischen,
     Und er packte alle Beide,
     Den Lebend'gen und den Toten,

= Str. 247.

248.   Und er rief: „Ihr Schwerenöter!
     Welche köstlich schönen Gaben
     Habt ihr nicht verzischt, verschliffen,
     Welch' ein Pfund habt ihr vergraben!

249.   „Was wir unf'rer Zeit kaum ahnten,
     Solche Federkraft der Schönheit,
     Sonnbeglänzter Stahl der Sprache,
     Welch' ein Witz war euch gegeben!

250.   „Doch ihr war't nicht Schwerterschmiede,
     Sondern Scheer= und Messerschleifer,
     Nadler; und mit Nadelstichen
     Habt ihr klein genug hantiert!

</td></tr>
</table>

VIII. Str. 318—348. | XV. Str. 242—292.

XV. Str. 242—292.

251. „Fast so klein, daß jeder Schneider
Fähig ist, euch nachzunähen;
Und es pfeifet manches Bübchen
Unverdrossen euer Lied!"

252. Also grollt' er und er schüttelt'
Abermals die beiden Zappler,
Die sich unversöhnt bekämpften
Und behend zu beißen suchten.

253. „Wollt ihr ruhig sein? rief jener,
Wahrlich, wär't ihr nicht gekrönte
Meister, und mit Recht gekrönet,
Beide schmiß' ich in die Tinte!

254. 1 „Wißt ihr, was die Tinte ist?

255. Die sich unversehens zeigte;
Stieß sie auf und stellte beide
Arme Sünder flugs darunter.
„Sehet hier die and're Seite

256. Unsers wohlbesorgten Himmels!"
Und sie sah'n im fahlen Lichte
Weißlich grau ein totes Feld,
Das sich hin und her bewegte.

= Str. 257.

258. 1 .... Eisenhaken
259. 2 .... sich erzeigte,
259. 3 ... zwei, drei Skandäler
259. 4 Auf im falben Zwielicht tauchten,

= Str. 260, 261.

262. 1 Und der tapfre Lessing rief:
262. 2 „Sehet hier die Willkürbestien!
262. 3 Wie sie ewig Tinte saufen,

263. Die's nicht konnten und nicht wollten,
Wenn sie's konnten, doch nicht wollten,
Wenn sie's wollten, erst nicht konnten!
Alle, die nicht recht tun mochten!

264. 3 „Denn bei eurem sonst'gen Wesen
264. 4 Kämt ihr zu den dummen Teufeln,

265. „Die hier in der Tinte patschen!"
Heinrich schaut verdutzt hinunter,
Sorglich seinen weißen Mantel
Vor den Tintenspritzen wahrend;

266. 1 Denn sie ......
267. 1 .. jagten ganze Scharen
267. 2 .... einzeln, ..

268. Daß er noch elender wurde.
Jezuweilen schlug der gute
Lessing seinen Eisenhaken,
Wie im Traum vergang'ner Tage,

VIII. Str. 318—348.

322. „Wollt ihr Ruhe geben!" rief er,
„Wahrlich, wär't ihr nicht die Meister
Neuer Künste, die uns Alten
Noch verborgen sind gewesen,

323. 1 „Beide schmiß' ich in die Tinte!
Stieß sie auf und stellt' die armen
324. Sünder flugs auf ihre Beine.
„Seht, das ist die andere Seite
Unsers wohl besorgten Himmels!"

325. Und sie sah'n in fahlem Lichte
Weißlichgrau ein Feld sich dehnen,
Das sich hin und her bewegte,
Ohne daß man sah wovon.

Str. 326

327. 1 .... Schifferhaken
328. 2 .... überfloß
328. 3 ... ein paar Skandäler
328. 4 Pfauchend aus der Tiefe stiegen,¹)

Str. 229, 230

331. 1 Wieder grollt' der tapf're Lessing:
331. 2 „Nehmet wahr die Willkürbestien,
331 3 .. bitt're Tinte ..

332. 3 Sicher würdet sonst ihr patschen
332. 4 Unter diesem Dunkelvolke!"

333. 1 Ja, sie ......
334. 1 .. jagten sie zu Scharen
334. 2 .... einz'gen ..

335. Je zuweilen schlug der gute
Lessing seinen Eisenhaken,
Wie im Traum vergang'ner Tage,
Einem Seehund auf die Schnauze,

VIII. Str. 318—348.

336.
Oder stört' ein breites Haimaul
Aus der Tiefe, dem die schwarzen
Schnüre aus den Ecken flossen,
Als es grimmig klaffend auffuhr.

XV. Str. 242 292.

269.
Einem Seehund auf dem Kopf.
Doch so bunt und mannigfaltig
Das Gewürm sich auch bewegte,
Dennoch fehlte ihm der König,

270.
Der es mächtig wird beherrschen.
Jener große Tintendrache,*
Der seit fünfundzwanzig Jahren
Nun durch Deutschland wurmisieret.

271.
Fünfundzwanzig Jahre schreibt er,
Und noch denkt er wie ein Junge!
Immer zankt er, aber taktlos,
Ungeschickt zu Schutz und Angriff.

272.
Sogar wo er Recht hat, scheint er
Eitel Unrecht nur zu haben;
Aber wo er Unrecht hat,
Ist er völlig unerträglich.

273.
Mit den Jungen und den Jüngsten
Keift und balgt er sich alltäglich;
Auf der literar'schen Gasse
Läuft und lärmt er unablässig.

274.
Kein Gewicht in seinem Herzen,
Keine Weih' auf seinem Haupte,
Wird er nie ein Herze treffen,
Ob er hundert Jahre ziele!

275.
Von Papier ist seine Welt
Und papieren ist sein Witz,
Nie saß er an frischen Quellen,
Er, der Mann aus zweiter Hand!

276.
Am natürlichsten noch paßt ihm
Jene näselnde Malice;
Aber wo er brav will sein,
Zeigt er seine Eselsohren!

277.
Auf den Kopf wird er noch stehen
Und mit seiner Füße Zehen
Bücher an der Decke schreiben,
Nur um obenauf zu bleiben!

278.
Doch dann ist die Zeit gekommen,
Wo man ihn zu aller Frommen
Endlich bei den Beinen packt
Und hier in die Tinte stecket!

337. 1 Immer liegt ein solcher Kraken ·
337. 2 Grämlich lauernd auf dem Grunde;
338. 1 An dem Fischteich ....
338. 4 Gleich der bangen ....
339. 1 Schaut' und rief mit ....
339. 3   ... schrieb ....

279. 1 Grämlich wird er auf dem Grunde
279. 2 Wie die alte Seeschlang' liegen;
280. 1 An dem Meere ....
280. 4 Wie die bange .....
281. 1 Und er rief mit ....
281. 3   .... schreib ...

-----
* Karl Gutzkow.

VIII. Str. 318—348.

340.2 Hinterrücks von Ludwig Börne,
340.4   . dunkle bitt're ..
341.2   .. trostlos ...
341.4   ... im Schreibekübel

342.
Eines federsiechen Schmierers;
Aber mählich ward es lichter,
Und am Ende schaut' er um sich
In der hellsten Morgensonne.

343.1   .... auf sein Lager
343.3   ... in seinen Kissen

344.
Manch ein Eckermännchen harrte
Aufmerksam an seinem Bette,
Schreibbereit mit seinem Griffel,
Den es still im Ärmel barg.

Str. 345, 346

347.4   ..... beschwören.²)
348.1 Spuken läßt man mich an Orten,
348.2   ... dümmste ....
348.3   ... muß ...

Mskr. 1882 hat ¹) 328. 4 Blasend .....
²) 347. 4 ..... fingieren.

W. X. 213. IX. Str. 349—368.
Druck 1883 u. Mskr. 1882
P. Lindau, Nord und Süd 1882
XX. Bd. S. 277.

Str. 349, 350, 351, 352

353.1 Auf den Höhen ist gelagert
353.2 Dort ein Meer von Marmorblöcken,
354.3   .... Sommerwochen
355.2   . und welk .....
355.3   . der Wind .....
355.4   .... hat geblasen!
356.4 All' das Flatterzeug von bannen!
357.3   .. Bettlein ....
358.4   .... gleich den Katzen.
359.1 Auch der ..

Str. 360

361.1   ...... still,
361.2 Da der

XV. Str. 242—292.

282.2 Rücklings, unversehns von Börne,
282.4   .. schwarze, bitt're ..
283.2   ... endlos .....
283.4   .... Tintenfasse

284.
Eines schlimm obskuren Schmierers!
Plötzlich aber sah er Licht,
Hochaufatmend schaut' er um sich
In der schönsten Morgensonne.

285.1   .... auf sein Bett
285.3   ... auf diesem Bette

286.
Freundliche Eckermännchen standen
Aufmerksam an seinem Lager,
Schreibbereit mit ihren Griffeln,
Die sie still im Ärmel hielten,

= Str. 287, 288

289.4   ..... zitieren.
290.1 Spuken werd' ich in Berlin,
290.2   .. tollste ....
290.3   ... werd' ...

291.
„Schmachgesellen werden kommen,
Die sich meine Freunde nennen,
Und in meine Totenhäube
Ihre schlechte Feder drücken.

292.
„Werden so mich schreiben lassen
O, die schnödesten der Verse,
Und mit selben Handel treiben,
Schnöden Handel und Trasik."

Euphorion
S. 165. XVI. Str. 293—312.

= Str. 293, 294, 295, 296

297.1 Die sich auf den Höhen lagert,
297.2 In das Meer von Marmorblöcken,
298.3   .... Sommertage
299.2   .. und bunt ....
299.3   ... der Hauch ...
299.4   ... hat geschüttet .
300.4 All' das Flattergebein von bannen!
301.3   ... Bettchen ...
302.4   .... wie die Katzen!
303.1 Und der .....

= Str. 304.

305.1   ...... stille
305.2 Und der .....

IX. Str. 349 -368.

362. 1 Allen, die noch Salz genießen.
362. 2 Gleich von hinnen fährt der Fuhrmann
362. 3 ... dunklen Totenwagen
362. 4 .. schwarzumhüllten ..
363. 1 Rittlings hockt er auf dem einen,
363. 4 Daß die schwarzen Tücher fliegen.
364. 1 .. blühet ....
365. 4 Schnell das zweite Gläschen nimmt er.

366.
Eine Flasche wird gestochen
Und ein Dutzend Schelmenliedchen
An den Schwänzen eingefangen,
Am Refrain, den alle kennen.

367. 4 Heiß gleich ihren braunen Äuglein.

Str. 368

W. X. 216. X. Str. 369—384.
Druck 1883 u. Mskr. 1882
Nord u. Süd 1882

369. 3 .... Dunst ...
370. 2 Diese Magd, ...
370. 3 Aber nie den Herr'n ...

Str. 371

372. 4 Reibt behaglich er die ..

Str. 373

374. 1 . das Flötchen ...
374. 2 .. es ...

375.
Wetter! welch' vertrackte Nase!
An ihr hängt die ganze Welt,
Wie der tote Has' am Nagel.
Steh'n wir wirklich auf zwei Augen?

376. 1 Wieder liegt die Pfeif' am Munde;
376. 3 .. ringsher, ...
377. 4 Gafft Europa wie ein Maulaff!

Str. 378, 379, 380, 381

382. 1 Auf zwei Augen steht die Welt!

Str. 383

384.
Pantheon hat sie geheißen
In den Tagen, die verschwunden;
Mächtig ragt sie gleich der leeren
Hirnschal' eines toten Riesen.

XVI. Str. 293 —312.

306. 1 Unsichtbar für jetzt und immer!
306. 2 Und der Fuhrmann fährt von hinnen,
306. 3 .. schwarzen Leichenwagen
306. 4 .. schwarzverhüllten ..
307. 1 Und er reitet auf dem Einen,
307. 4 Daß die Tücher weit sich bauschen.
308. 1 .. glühet ....
309. 4 Und er nimmt ein zweites Gläschen.

310.
Doch die Stunde ist zu günstig:
Eine Flasche wird gestochen,
Auch von Beranger ein Liedchen
Singen sie geschwind dazu.

311. 4 Und die Äuglein funkeln listig.

= Str. 312.

Euphorion S. 167. XVII. Str. 313—331

313. 3 .... Duft ...
314. 2 Eine Magd, ...
314. 3 Und doch nie ...

= Str. 315.

316. 4 Reibt er sich vergnügt die ..

= Str. 317.

318. 1 . die Pfeife ....
318. 2 .. sie ....

319. 1 Wieder hält er sie im Munde;
319. 2 ... ringsum, ...
320. 4 Gafft Europia, der Maulaff!

= Str. 321, 322, 323, 324.

325. 1 Eine Metze ist die Welt.

= Str. 326.

Pantheon hat sie geheißen
In den Tagen, die verschwunden;
Auf der edlen Rundung scheinet
Jetzt ein goldnes Kreuz zu funkeln.

Wie's auch funkle, nur die hohle
Hirnschal' eines toten Riesen,
Deren Inhalt ist vertrocknet,
Dünket mich die ferne Kuppel.

Und vertrocknet hängen drinnen
Zwei, drei Fasern, die einst lebten;
Von Gedanken sind's Gespenster:
Voltaire, Rousseau, Mirabeau.

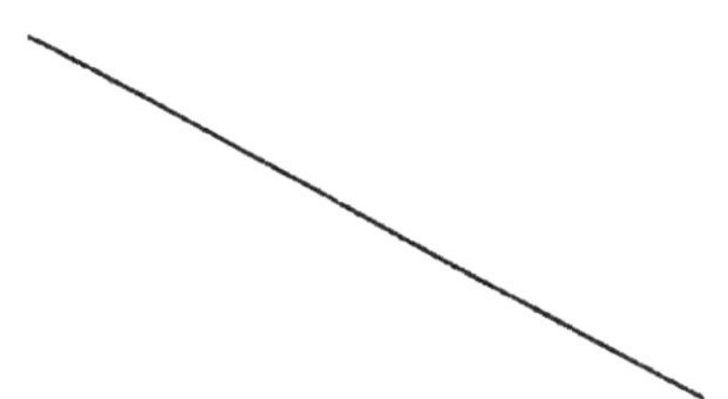

W. X. 218. XI. Str. 385—434.

Druck 1883. Mskr. 1882
Nord u. Süd 1882
Str. 385

386.4 Mit dem treuen kalten Antlitz.

387. Als des Nachtgerichtes Wärtel
Kommt er hier die Schau zu halten,
Schließt mit seinem Silberschlüssel
Lautlos auf die stillen Gräber.

388.1 Öffnet reich' und arme Mäler,
388.2 .. schlummertrunk'ne
388.3 ... aus ihren Betten,
388.4 .. und die Nachbarin.
389.2 Fern vom Osten und vom Westen.
389.4 Der im Tanze hingesunken.
390.4 .... von Sevilla,
391.1 ... den dichten Schleier
391.4 ...... leuchten.
392.1 Horch, sie rührt die Castagnetten
392.3 .. Knöchlein ....
393.1 Aus dem Schatten ...

Str. 394

395.3 .... auf die Zehen,
395.4 .... einst gewirbelt.

396. Mit den zimmetfarb'nen Armen
Wetzt und schlägt sie gold'ne Cymbeln,
Hält sie weithin auseinander,
Zeigt sie lächelnd wie zwei Monde.

397.3 Einen blassen Lichtstreif einzig
397.4 Läßt der Wirbeltanz erscheinen.

Str. 398, 399

400.4 ... die Achsel ..
401.1 An die Achsel ....
402.3 .. bebend, ...
402.4 Sich in einem Walzer schlingen.

Str. 403

404.3 .. schwanken ....

Str. 405

XVII. Str. 313—331.

Und gespensterhaft erscheinet
Drüben jetzt die runde Wölbung
Als ein grauer bleicher Schemen,
Da die Sonne ist verschwunden.

Und der letzte Dämmerschein
Auf dem Gräberberg verglühet.
In der Heimat stillem Schatten
Schöner ist ein trautes Grab.

Euphorion S. 169.

XVIII. Str. 332—382.

= Str. 332.

333.4 Tauchend aus dem Sängerstrome.

334. Und er kommt, Gericht zu halten
Weise über seinen Toten,
Und mit seinem Silberschlüssel
Schließt er auf die stillen Gräber,

335.1 Öffnet er die Marmormäler,
335.2 .... todestrunk'ne
335.3 ... rings aus der Tiefe,
335.4 .. und Frau Nachbarin.
336.2 Aus dem Ost und aus dem Westen,
336.4 Der erstarrt im tollen Tanze.
337.4 .... von Granada,
338.1 ... den langen Mantel
338.4 .... glänzen.
339.1 Und sie schlägt die Castagnetten
339.3 .. Knöchel ....
340.1 Und vom Schatten ...

= Str. 341.

342.3 .... auf die Sohlen,
342.4 .... einst geflogen.

343. Mit den feinen Safranarmen
Schlägt sie klirrend wild die Cymbeln,
Wie wenn große Nachtigallen
Wütend ihre Schnäbel wetzten.

344.3 Denn nur einen bleichen Lichtstreif
344.4 Zeigt der Wirbel ihres Tanzes.

= Str. 345, 346.

347.4 ... die Schulter ..
348.1 An die Schulter ...
349.3 .. zitternd, ...
349.4 Endlich einen Walzer singen.

= Str. 350.

351.3 .. wilden ....

= Str. 352.

<table>
<tr><td>XI. Str. 385—434.</td><td>XVIII. Str. 332—382.</td></tr>
</table>

XI. Str. 385—434.	XVIII. Str. 332—382.
406.2 .. Zoll, ...	353.2 .. Teil, ...
406.3 . . . zu wenden . .	353.3 . . . zu zeigen . .
406.4 Über dem	353.4 Hoch ob dem . . . . .
Str. 407	= Str. 354.
408.1 .. das	355.1 .. dies . . . .
Str. 409, 410	= Str. 356. 397.
411.3 Tanzt darauf, als wär' es eines	358.3 Und sie tanzt darauf, als wär es
411.4 Circusschimmels breiter Rücken.	358.4 Eines Renners schmaler Rücken.
412.2 Seine erzgegoss'ne Türe	359.2 Glänzend seine gold'ne Türe,
Str. 413	= Str. 360.
414.1 Manche	361.1 Eine . . . . . .
415.1 . . . . . . nimmer	362.1 . . . . . . nicht,
Str. 416, 417	= Str. 363, 364.
418.1 Plötzlich schüttelt sie die Locken,	365.1 Und sie schüttelt ihre Locken,
418.3 Wiegt die schön gewölbten Schultern,	365.3 Und sie wiegt die schönen Schultern,
419.1 Schneller dreht sie schon die Hüften,	366.1 Und sie schwingt die runden Hüften,
419.2 . . . . . beschuhten	366.2 . . . . . chaussierten
419.3 .. zum keuschen Monde,	366.3 . . . zum Sternenhimmel,

	XVIII. Str. 332—382.
367.	Daß der keusche Mond mit Grauen Blitzen sieht den anmutreichen Arg entweihten weißen Schoß, Die mißbrauchten edlen Glieder. —

XI. Str. 385—434.	XVIII. Str. 332—382.
420.4 Und die köstlichen Gewänder.	368.4 Daß die Gräber in sich schaudern.
421. Enger schließen die Gespenster Sich zusammen und sie geben Sich die weichen weißen Hände, Die nur Zuckerbrot gebrochen.	369. Und die toten Nymphen alle Geben sich die weißen Hände, Die nur Zuckerbrot gebrochen Und darum so weiß geblieben.
422.1 Ihre krausen Tänze mischen	370.1 Und sie mischen ihre Tänze
422.2 Sich zu einem runden Reigen	370.2 All' zu einem Totentanze
422.3 Um das Grab des toten Dichters,	370.3 . . . . . . Sängers,
422.4 Es umkreisend bittren Ernstes.	370.4 Und sie hören auf zu lachen.
423.1 Wundersam	371.1 Wunderlich . . . .
423.2 Nun das Spiel und schmerzlich zucken [1]	371.2 Nun der Tanz, und die Gesichter,
423.3 Jetzt die Lippen und die Wangen,	371.3 Sie verziehen sich unsäglich,
Str. 424	= Str. 372.
425.4 Wie ein Kindlein süß gepflegt.	373.4 Stolz gepfleget wie ein Kindlein!
Str. 426, 427	= Str. 374, 375.
428.1 Und der Aff' hier, dieser Dichter,	376.1 Und der Esel hier, der Dichter,
Str. 429, 430	= Str. 377, 378.
431.4 Grausam freilich, ...	379.4 Zierlich freilich, ...
Str. 432	= Str. 380.
433.1 Rege dich und . . .	381.1 Wache auf und . . .
Str. 434	= Str. 382.

Nord und Süd 1882 hat: [1] 423. 2 Nun das Spiel, und die Gesichter,
423. 3 Sie verziehen sich unsäglich,

W. X. 226. XII. Str. 435—453.
Druck 1883. Mskr. 1882
Nord u. Süd 1882.   S. 283.

Str. 435, 436

437.4 Schwach das Haupt zum Protestieren.

Str. 438

439.1 . . . . . . Zug;
439.3 . . . . blanken . .

Str. 440

441.3 Seiner Trägerinnen becken
441.4 Wie ein Schleier ihm die Augen.

Str. 442

443.3 Einem aufgeflog'nen Grabmal ¹)
443.4 Gleicht es, von verweg'nem Stile.

Str. 444, 445, 446

447.1 Auf der Saone grünen Weiden
447.3 Doch schon dunkeln auch die Tannen
447.4 Schwarz empor am Juraberg.
448.1 Schaut dort vor dem großen Spiegel
449.4 Dort ein Tor und alter Schächer!
450.4 Ein Lawinenchor erdröhnt.
451.2 . . blitzt . . . . .
451.4 Tritt hervor der weiße Berg.
452.1 . . . . . verschlagen,
453.2 . . . mit unserm Dichter,
453.3 Dem sie eine Kammer suchen
453.4 Für sein Purgatorium.

Euphorion S. 173.
XIX. Str. 383—403.

= Str. 383, 384.

385.4 Schlafestrunken, matt das Haupt.

= Str. 386.

387.1 . . . . . . Flug;
387.3 . . . . gold'nen . .

= Str. 388.

389.3 Seiner Trägerinnen hüllen
389.4 Ihn in duftig dunkle Nacht,

= Str. 390.

391.3 S'ist ein aufgeflog'nes Grabmal,
391.4 Doch bedenklich ist der Stil.

= Str. 392, 393, 394.

395.1 Auf den Weiden der Saone
395.3 Doch dort rauschen schon die Tannen
395.4 Schwarz am Juraberg empor.
396.1 Schau dort vor dem hellen Spiegel
397.4 Dort ein Schächer und ein Tor.
398.4 Dumpf verhallt Lawinenchor.
399.2 . . glänzt . . . .
399.4 Tritt der weiße Berg hervor.
400.1 . . . . . entführet,
401.2 . . . mit ihrem Dichter,
401.3 Dem sie einen Kerker suchen,
401.4 Daß er büßend in sich gehe.

402. { Wie es vorgesagt in dieser
Dichtung, welche rühmlich endlich
In die Gegend wieder einlenkt,
Wo sie prahlend ausgegangen!

403. { Denn das Best' ist nicht das Waffer,
Wie einst Pindar hat behauptet.
Daß ein Ende naht den Dingen,
Und ein Ende den Trochäen,
Dieses dünket mich das Beste!

Mskr. u. Nord und Süd 1882 haben: ¹) 443. 3—4 = Euphorion 391, 3—4.

W. X. 228. XIII. Str. 454—508.
Druck 1883 u. Mskr. 1882
Nord u. Süd 1882

454.1 Von Gestein, ...
454.2   . . . . Berggesimse,

Str. 455

456.3 Von dem Scheitel . . . .

Str. 457

458.1   . . schwingt der Zwerg die Rute,

Euphorion S. 175. XX. Str. 404—458

404.1 Von Granit, ...
404.2   . . . . Felsgesimse;

= Str. 405.

406.3 Von der Scheitel . . . .

= Str. 407.

408.1   . . schwingt er seine Rute,

XIII. Str. 454—508.	XX. Str. 404—458.
459.1 ...., meine Kühlein,	409.1 ...., meine Lämmlein,
459.3 Die wir	409.3 Die ich ......
459.4 .... temperieren?	409.4 .... temperiere?
Str. 460, 461	= Str. 410, 411.
462.4 Schabte Rübchen er den Leuten.	412.4 Schabte er den Leuten Rübchen.
Str. 463, 464	= Str. 413, 414.
465.2 ...... munter,	415.2 ...... fröhlich,
465.3 ... Wie an den Augen	415.3 .... es ist ein Deutscher,
465.4 Ich erkenne, ist's ein Deutscher!	415.4 Wie ich an den Augen sehe!
466.1 Seht den Schalk! Die Sünbermaske	416.1 Seht! der Schlingel will die Maske
466.2 Will um keinen Preis er lassen!	416.2 Auch im Tob nicht lassen fahren!
466.3 ..... geprägt	416.3 ..... gebrückt
466.4 Wollen wir sie aufbewahren!	416.4 Sollst du sie zurück mir lassen!
467.1 Haben eine	417.1 Hab' schon ......
467.2 Solcher abgelegten Larven,	417.2 Solcher Larven, die possierlich
467.3 Welche uns're Burg verzieren,	417.3 Oder grämlich mich beluft'gen,
467.4 .... alten¹) ..	417.4 .... wack'ren ..
468.1 .. im Paradiese	418.1 ... auf Himmelsauen
469.1 ..... der Geister	419.1 ..... der Mädchen
469.2 Hurtig fort	419.2 Munter fort .....
469.3 Drin gar schnurrig, wunderbarlich	419.3 Drin gar wunderlich und schnurrig
Str. 470, 471	= Str. 420. 421.
472.1 .... hoher schmaler	422.1 .... langer schmaler
472.3 Gleich dem Speere eines Kriegers	422.3 Gleich der Strenge eines Landsknechts
472.4 .... Wolkenflocke.	422.4 ... Nebelflocke.
Str. 473	= Str. 423.
474.2 .. schöne lange ..	424.2 .. lange, lange ..
474.3 . noch stets	424.3 .. noch lang ....
475.3 .. manchen langen ..	425.3 .. fünfzehn langen ..
476.3 .. lautlos	426.3 .. schweigend ...
476.4 Schlachten, ...	426.4 Morden, ...
477.3 Schon geläutert,²)	427.3 Schön geläutert, ...
478.1 .. ungezog'nen ..	428.1 .. wild geworb'nen ..
479.2 Mit dem Trüppchen armer Seelen³)	429.2 Und er hielt mit seiner Schar
479.3 Hielt er an vor einer Säule,⁴)	429.3 Unverseh'ns vor einer Säule,
480.1 Wie mit Filigran gefaßt,	430.1 Zierlich eingefaßt vom Reife,
480.2 Und mit spiegelnden Facetten	430.2 Und mit schönen Spiegelflächen
Str. 481	= Str. 431.
482.1 ... erhellten ..	432.1 ... durchsicht'gen ..
483.1 .... Frauenumriß	433.1 .... Mädchenumriß
483.3 .... reine ..	433.3 .... klare ..
Str. 484	= Str. 434.
485.2 .... gegraben.⁵)	435.2 .... gegraben.
485.3 .. im bunkelblauen Feuer	435.3 . in bunkelblauem Feuer
485.4 Blühten	435.4 Glühten ......
486.1 Glühten ruhig gleich zwei Sternen,	436.1 Still, als wären es zwei Sterne,
486.2 ...... leuchten;	436.2 ...... stäuben;
486.3 ...... lauter	436.3 ...... farblos

XIII. Str. 454—508.

487. 1 Nun . . . .
488. 1 Lächelnd schwebt' es auf zum Himmel,
488. 3 . . . das holde Clärchen
489. 1 „Schnell jetzt, ...
489. 2 Schnell . . . . .
490. 1 . . . das weiße Männlein;
491. 3 Schling umher und rief gewaltig:
492. 1 . . ., schnöd' erfund'nes

Str. 493

494. 2 . ., wenn in des Toren Schädel,
494. 3 . . . . . entsprungen,
495. 3 Nun durchaus mußt du erdulden
495. 4 Auch der Andern Spruch und Rede!
496. 4 Einlogiert . . . .
497. 1 . den Störrischen⁶) . .
497. 3 Sieh, da huscht' er . . . .

Str. 498, 499, 500

501. 1 Doch der . . .
502. 3 . . silbergrauem . . .
503. 2 . . auf dem Felsen . .
503. 3 . . kleine Geistermännchen
504. 1 . . . das winz'ge Mücklein,
504. 3 . . fernen
505. 2 Der im Eisberg eingeschlossen,
505. 4 Auf dem dunklen Meere . .
506. 1 Myriaden wohl von Jahren
507. 3 Manchmal wieder⁷) . . .
507. 4 . . . . . auf!
508. 2 Trauter Herr und Zeitgenosse
508. 3 Tritt mir immer menschlich sittlich
508. 4 Und belehrend freundlich nah.

XX. Str. 404—458.

437. 1 Jetzt . . . . . .
438. 1 Lächelnd in den tiefsten Himmel,
438. 3 . . . die schöne Klara
439. 1 Rasch jetzt, . . .
439. 2 Rasch . . . . .
440. 1 . . . der alte Weiße.
441. 3 Schlug um sich und schrie gewaltig.
442. 1 . . ., schlecht erfund'nes

= Str. 443.

444. 2 . . ., wenn in den hohlen Schädel,
444. 3 . . . . . entflohen,
445. 3 Nun mußt du durchaus erdulden
445. 4 Spruch und Rede auch der Andern!
446. 4 Einspaziert . . . . . .
447. 1 . . den Scheltenden . . . .
447. 3 Sogleich ging er . . . . .

= Str. 448, 449, 450.

451. 1 Und der . . . .
452. 3 . . dunkelblauem . . .
453. 2 . . . auf dem Boden . . .
453. 3 . . . gute Zaubermännchen
454. 1 . . . Silbermücklein,
454. 3 . . . heitern . . .
455. 2 Der im Eiskoloß verschlossen,
455. 4 Auf den dunklen Meeren . .
456. 1 Eine Million von Jahren
457. 3 Manchmal aber . . . .
457. 4 . zum . . . an!
458. 2 Wohlverwahrter deutscher Dichter:
458. 3 Menschlich sittlich tritt er mir
458. 4 Und belehrend freundlich nahe!

---

¹) Nord und Süd 1882: 467. 4 . . . frühern . .
²) 477. 3 Schön geläutert, . .
³) Nord und Süd 1882 u. Mstr. 1882: 479. 2 Und er hielt mit jener Schar
⁴) . 479. 3 Unversehns vor einer Säule,
⁵) Druck 1883: 485. 2 . . „begraben“ ist Druckfehler.
⁶) Nord und Süd 1882: 497. 1 . . den Zaubernden
⁷) Mstr. 1882: 507. 3 Manchmal jedoch . . . .

Euphorion S. 185. XXIII. Str. 511—523.

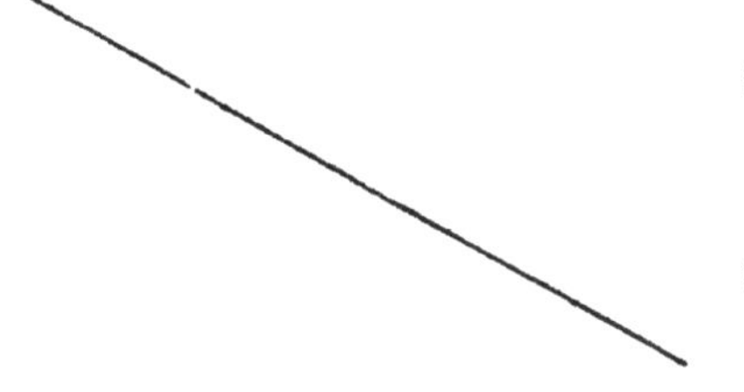

511.
Dieses ist das Lied der Willkür,
Und es sei nun ausgesungen,
Ausgeklungen nun und immer,
Und begraben sei die Leier!

512.
Legt sie unter grünen Rasen,
Blumen lasset drüber wachsen!
Aber wendet eure Augen
Nach der Sonne des Gesetzes!

XXIII. Str. 511—523.

513.
Ihm, dem Toten, sei die Ehre;
Doch die Lehre den Lebend'gen!
Lasset uns die Blicke wenden
Nach der Sonne des Gesetzes!

514.
Und es gibt nur e i n e Sonne,
Die von Anbeginn geschienen,
Und es gibt nur e i n e Schönheit
Und in reiner Schale strahlt sie!

515.
Die ihr euch der Jugend freuet,
Lebt und weihet euch dem Morgen!
Sorgenbrecher, Herzerneuerer
Bleibt der ewig reine Morgen.

516.
Täglich steigt er aus den Meeren,
Reich an Ehren, frischen Glanzes;
Täglich schenkt er euch die Macht
Über das beschmutzte Gestern.

517.
Tragt des Morgens klare Fahne
Aufrecht über Wahn und Nöten!
Nöten werden sich dann wieder
Ungebrochner Greise Wangen.

518.
Firn und edel wird der Wein
Guter Berge mit den Jahren,
Ein gemeiner Säuerling
Wird am Ende schnödes Wasser.

519.
Schwinde das Geschlecht der Stümper,
Das mit halber Kraft gefahren
Und der Jahre Mitte ruhmlos,
Mit gestrichner Flagge sah!

520.
Flieht den Midas, den Beherrscher
Übermütig schlechter Zeiten,
Wo die Mode völlig toll wird,
Ehe das Verhängnis naht!

521.
Ungeschmack ist Hofes Sitte,
Wo das Laster König ist;
In der Mitte der Verkehrten
Lernet wieder einsam sein!

522.
Jeder sei für sich ein Mann,
Schöpfend aus des Guten Urquell!
Was er kann, mit innern Gluten
Bring' er's ruhig zu dem Ganzen!

523.
Wollt ihr eure Zeit erbauen,
Laßt sie schauen lichte Züge!
Frauen, die in Hoffnung leben,
Zeigt man weislich schöne Bilder.

Lyrische Publikationen,

welche nicht in die „Gesammelten Gedichte" aufgenommen worden sind.

Register.

A. In den älteren Gedichtsammlungen.

Nicht in die „Gesammelten Gedichte" aufgenommen sind aus

I. Neuere Gedichte 1854. Zweite vermehrte Auflage.

Seite	Titel	Anfangsvers
33	V. Aennchen.	Drei Liebste will ich nehmen.
35	Von Weibern VI. Agnes.	Ein Schreiner hobelt spät und früh.
42	Von Weibern X. Gretchen.	Das Dirnlein vor dem Gnadenbild.
49	XIV. Sibylla.	Die alten Jungfern bleichen.
66	Frühling 1853	Welch' schauriger Lenz, der Sonne beraubt.
81	Gaselen. XI	Als ich an deiner Frühlingsbruft zwiefachem Himmel geruht.
82	„ XII.	Dies ist eine heilige Lenzmitternacht, o höre:
85	„ XV.	O Mädchen! gestern quälte mich ein eitler Christ, ein Esel.
86	XVI.	'ne Schaale Feuerwein ist gut, wenn man sich schlagen soll.
98	Tokaier (Reminiszenz an Lenau)	Als die Wetterwolken schloffen.
101	Cyprier.	Du Wein der süßen Wonnen.
128	Ave Maria auf dem Vierwald- stätter-See 1847	Fuhr ein Schifflein gegen Flüelen.
201	Aus der Brieftasche. XV.	Weil ich den Schwarzen untreu ward.
203	„ XVI.	Ich fühlte wohl, warum ich dich.
217	Aurelie.	Wenn so goldrötlich dunkel.
219	Seemärchen.	Und als die Nixe den Fischer gefaßt.

Seite	Titel		Anfangsvers
	II. Neuere Gedichte 1851.		
187	Aus der Brieftasche.	VII.	Ich habe so manchen Narren gekannt.
	III. Gedichte 1846.		
75	Winter.	III.	Der Winter ist eine ehrliche Haut.
97	Subjektives Dichten.		Erst wollte ich mit vieler Mühe flechten.
99	Auch an die „Ichel".	1.	„Ich mach' die Seelen selig, Ich allein!"
102	„	4.	Wenn ein Poet ein Stück vom ew'gen Leben.
107	An meine Dame.		Die aus den Sternen strahlt, auf Meeren ruht,
112		II.	Durch's Frührot zog das Wolkenschiff.
122		V.	Viele Wochen sind entflohn.
123		VI.	Wohl ist die Lilie wunderbar.
128		VIII.	O Leib meiner Dame, du köstlicher Schrein.
129		IX.	Es bricht aus mir ein bunter Faschingszug.
130		X.	Hör' an, mein Kind, was ich dir kosend sage.
143		XIV.	Gestern eine Aventür'.
150		XVII.	Ein lustiger Mediziner.
155		XIX.	Unverhofft nach trüben Tagen.
157		XX.	Durch den Garten in die Felder.
161		XXI.	Ich habe sie gesehen.
163		XXII.	Ich fahre mit den Winden.
169	Nachhall	XXV.	Wie ich fahr' in stiller Nacht.
170		XXVI.	Wie sie sich da dreh'n im Tanze.
235	Waldstätte		Es sind vier Länder gelegen.
239	Pietistenwalzer		Nun stimmet die Harfen und salbet die Geigen!
245	Bei Robert Steigers Befreiung und Ankunft in Zürich.		Mit Deinem Adelsbriefe wohl versehen.
252	Holzwege.		Ein Tannenbaum im Schwarzwald steht.
273	Das Weingespenst.		Die grünen Römer blinken.
299	An Lenau.		Welf lag meines Herzens Garten.
301	An Freiligrath.		Sobald ein Dichterkind mit holdem Siege.
319	Modernster Faust.		„Ich habe nun Paris, Wien und Berlin gesehn."

(Die eingeklammerte Zahl „Siebenundzwanzig Liebeslieder" steht am linken Rand der Gruppe der Gedichte 1846.)

B. In Tageszeitungen, Zeitschriften und Almanachen.

Der Bote von Ulster 1845. Nr. 2. Fahnenlied. „Die Fahne, der ich folgen muß."

„ „ „ „ 1845. Nr. 5. Lied zur zürcherischen Volksversammlung in Unterstraß. „Heraus nun ins Freie."

„ „ „ „ .1845. Nr. 24. Ständchen. „Vaterland im Sternenscheine."

Neue Zürcher Zeitung 1847. 5. Juni. Nr. 125. Den St. Gallern. „Wieder hat der junge Mai."

Neue Alpenrosen. 1848. Eine Gabe schweizerischer Dichter. Hgg. von J. J. Reithard. S. 186. Drei Brüder. „Es zechten ihrer Dreie."

Deutsches Museum von Rob. Prutz 1854. Nr. 11. Sinngedichte von G. Keller.

12 Epigramme. Davon sind nicht in die „Gesammelten Gedichte" aufgenommen:

Parteitaktik. „Partei ist ein Mittel, wie Alles im Staate."

Physiologie. „Werft den Schächer aus dem Tempel."

Rat. „Willst Arbeit tragen und Ehre genießen."

Zu viel verlangt. „Daß einer ein Schuft sei, glaubt er am End'."

Einem prosaischen Kritiker. „Es ist dir nicht um die Sache."

Poesie und Bosheit. „Malice darf nicht Wurzel."

Neue Zürcher Zeitung. 1856. 16. Aug. Nr. 229. Waffensegen. „Vaterland, um deinen Segen."

Der Postheiri. 1858. 3. Juli. Lied vom Mutz, als er ein schweizerisches Nationaltheater errichten wollte. „De Mutz isch no e rechte Ma."

Deutscher Musenalmanach von Christian Schad. 1858.

  *S. 118. Propheten beim Champagner. „Da saßen wir Polemiker."

  S. 120. Aktäon. „Aktäon hat im dunklen Hain."

  *S. 122. Auf das Sängerfest des Zürichsee's. (1847). „Wann die Frühlingslüfte."

Neue Zürcher Zeitung 1861 4. Okt. Nr. 277
Winterthurer „Landbote" 1861 4. Okt. Nr. 237 } Lied auf das fünfzigjährige Jubiläum von Dekan Johann Rudolf Waser in Bäretsweil. „Auf Strömen des Lebens so tief und so breit."

 * Abgedruckt bei Baechtolb. I². S. 444 und 445.

C. In Einzeldrucken. (Festlieder und Gelegenheitsgedichte.)

1858. Festlied für die Jubiläumsfeier der Universität Zürich. Lied vom Wort. „Auf, lasset uns singen."

1859. Gruß an die Bremer Schützen am eidgenössischen Schützenfest zu Zürich. „Da nun die Eichen wieder grün."

1864. *Antiquarische Buß- und Opferhymne auf den Berchtoldstag. „Was durchschauert uns beim Mahle."

1865. Die Damen des gemischten Chores an F. H. (Friedrich Hegar). „An der Töne Perlenbändern."

1866. Zimmermannsspruch, gesprochen vom Dache der neuen Irrenanstalt des Kantons Zürich, den 6. Oktober. „Ihr Werkleut', tretet nun heran!"

 * Abgedruckt bei Baechtolb III, 632.

Verzeichnis
der von J. Baechtold (Biographie) veröffentlichten Gedichte G. Kellers.

Bd. I. (2. Aufl.)

S. 396	Schöne Brücke, hast mich oft getragen.	Heidelberg 1849
424	Luna, leuchte sanft und lieblich! .	März 1837
424	Abendsegen. Senf' hernieder, heilige Nacht.	7. Juli 1837
425	Da lieg' ich in meinem Fensterlein. .	Juli 1843
431	Ich treibe wie ein Schiff auf wilder Flut.	München 1841
432	Irrlichter. War ein heimatloser Wandrer. . .	11. Jan. 1844
433	Das Vaterland, die Freiheit, die Liebe und die Sonne.	1. Sept. 1844
433	Gott. Gott ist ein großes stilles Haus.	1. Sept. 1844
*434	An mein Vaterland. O mein Heimatland!	13. Sept. 1844
435	Am Bettage. Herr der Völker, dem des Himmels Sterne brennen.	Sept. 1844
436	Lied der Freischaren. Auf, ladet Eure Büchsen. .	Dez. 1844
437	Lied der Zerrissenen. Sie nennen uns die Zerrissenen.	1844
438	Ballade vom dürren König. Es war ein dürrer König . .	Febr. 1845
440	An Frau Caroline Schulz. Wenn aus dunkeln Tannenbüschen.	18. Juli 1845
441	Prinz Schuster. Auf seinem Dreibein sitzt und näht.	7.. Nov. 1845
443	Sonntag. Der Rundgesang der Glocken ist verklungen. .	12. Nov. 1845

443 An George Sand. Ich denke oft ans große Meer.   19. Dez. 1845
444 Frühlingsglaube. Weil man von geknickten Rosen. .   April 1846
*444 Champagner. Da saßen wir Polemiker.   1847
*445 Auf das Sängerfest des Zürichsees. Wann die Frühlingslüfte glänzen. .   1847
454 Glocken-Inschriften für die Kirche von Obfelden. .   .   .   1848
458 Plauderwäsche. Seht Ihr die zwei Kirschenbäumchen.   1849

Bd. II. (3. Aufl.)

S.   3 Tief im Norden auf den sandigen Haiden.   .   .   .   März 1851
     3 Mühlenromantik. Als ich den Rhein herunter gefahren. .   1851
    67 Aus eines stromdurchzognen reichen Grundes.   .   1849
   191 Ich schmiede Verse, schreibe Bücher.   .   .   .   .   .   28. Dez. 1851
   527 Ballade vom jungen Mörder Haube. Unheilschwanger sind die Lüfte.   —
   543 Der Bundesschwur zu Basel 1501. Von strenger und doch freier Art.   April 1861

Bd. III. (3. Aufl.)

*S. 631 Der Friedensmorgen. Der Zwietracht Wagen rollt.   .   .   .   1865
*632 Antiquarische Buß- und Opferhymne auf den Berchtoldstag. Was durch-
         schauert uns beim Mahle.   1864
*647 An Arnold Böcklin zum sechzigsten Geburtstage. Seit du bei uns ein-
         gezogen.   .   16. Okt. 1887

Die mit * bezeichneten Gedichte sind von G. Keller selbst veröffentlicht.

Die aus den „Neueren Gedichten 1851/54" ausgeschiedenen Gedichte.

Neuere Gedichte 1851/54.

S. 33. Von Weibern. V. Aennchen.

Keine andere Redaktion.

Drei Liebste will ich nehmen:
Der Erste muß ein Kaufmann sein,
Der Andere ein Gärtner,
Der Dritt' ein Betteljung.

Der Kaufmann soll mir bringen
Wohl Perlen, Gold und Edelstein,
Der Gärtner süße Früchte
All' für den Betteljung.

Der Kaufmann soll mir bauen
Ein Haus mit einem schönen Saal,
Der Gärtner grüne Reben
Für meinen Betteljung.

Der Kaufmann soll mich kleiden
In Seiden und in blauen Samt,
Mein Haar der Gärtner kränzen
Schön für den Betteljung.

Der Kaufmann und der Gärtner,
Sie sollen haben keinen Lohn,
Doch viele tausend Küsse
Mein lieber Betteljung.

Und wenn wir sind gestorben
Und schau'n die ewige Seligkeit:
Dann sollen sie begraben
Mich und den Betteljung.

Der Kaufmann soll errichten
Von Marmor einen Leichenstein,
Der Gärtner Rosen pflanzen
Mir und dem Betteljung!

S. 35. Von Weibern. VI. Agnes.

Keine andere Redaktion.

Ein Schreiner hobelt spät und früh,
Verliebt in eine Maid;
Doch einen andern liebte sie,
Das schuf dem Holzmann Leid.

Es war gar traurig anzuseh'n,
Wenn an der Arbeitsbank
Voll Kummer in die Hobelspän'
Sein blondes Haupt versank.

Und hub er aus den Spänen dann
Das gelbe Haar zurück,
Ein Tränenstrom ihm niederrann,
Herzbrechend war sein Blick.

Da trat sie in die Werkstatt ein,
Erblühend, schön und stolz:
Schafft mir ein Bett, Herr Schreiner mein!
Von gutem Nußbaumholz!

Soll auf gewund'nen Säulen stah'n
Ein Himmel drüber hin,
Den malt mit blauer Farbe an
Und goldnen Sternen drin!

Und eine Wieg', die wie ein Reh
So leicht und munter springt
Und schaukelnd nach dem Takte geh',
Wenn man dem Kindlein singt!

Betrübt und folgsam hob er nun
Die schwere Arbeit an;
Ich frag: was konnt' er Andres tun,
Der blonde Tränenmann?

S. 42. Von Weibern. X. Gretchen.

Keine andere Redaktion. Vgl. Vaechtolb II. 515.

Das Dirnlein vor dem Gnadenbild
Im trüben Kerzenglanz,
Es flehte heiß, es flehte wild
Um einen Myrthenkranz.

Die Mutter Gottes schaute das
Herab von dem Gestell;
Es flunkerte der Schmuck von Glas
Auf ihrer Brust so hell.

Die Orgel gab 'nen schönen Klang,
Wie Donnerton im März;
Vor Bangigkeit und Wehmut sprang
Dem Kinde schier das Herz.

Und unter selbem Herzen schwoll
Ein zweites Herzlein an. .
Bald stand sie blaß und schaudenvoll
Mit Stroh hier angetan!

S. 49. Von Weibern. XIV. Sibylla.

Keine andere Redaktion.

Die alten Jungfern bleichen
Ihr Tuch am Sternenschein,
Da wird dann ohne Gleichen
Das Linnen zart und rein.

Bei Tage an der Sonnen
Tut's fast den Augen weh;
Im Himmel wird's gesponnen,
Das ist der weiße Schnee.

Und Wiese, Feld und Garten
Hast du schon vollgespannt?
Willst du so bald erwarten
Des Bräutigames Hand,

Der an der Kirchenpforte
Dich sanft vorüberträgt,
Mit kühlem Liebesworte
Dich in die Erde legt?

S. 66. Frühling 1853.

Mskr. in Mappe 10. (Zusammengeheftete Blätter.) Berlin.

Neuere Gedichte 1854

Welch' schauriger Lenz, der Sonne beraubt,
Um Pfingsten die Bäume noch nicht belaubt!
Der Eisbär sperrte den Rachen auf,
Propheten hemmten der Erde Lauf;
Die Hochgebildeten und Geweihten
Knieten vor Tischen, die prophezeiten!
Es war eine stechende Maienluft
Das Säulein schrie in der Menschenbrust.

Mskr. 1853: V. 7 . . grauslige . .

S. 81. Gaselen XI.

Mskr. in Mappe 10.

Neuere Gedichte 1851/54

Als ich an deiner Frühlingsbrust zwiefachem Himmel geruht,
In königlicher Ruhe stolz hinwogte unser Blut:
Von diesem Himmel unverwandt sah ich zum andern auf
Und schaute in den Hesperus mit frohem stillem Mut.
Dann drückte müd' die Augen ich an deinem Busen zu,
Doch immerfort sah ich den Stern in seiner schönen Glut.
Er ging in deinem Herzen auf, wie es der Widerschein
Luna's in einem spiegelnden und tiefen Brunnen tut.

Mskr. 1847: V. 1 . . . Lilienbrust . . .

S. 82. Gaselen XII.

Keine andere Redaktion.

Dies ist eine heilige Lenzmitternacht, o höre:
Drangvoll alle Quellen gehn, laut rauschen ihre Chöre!
Tag' und Nächte gleichen sich, hell zuckt ein Wetterschein,
Lieblich aber, als ob ihn nur Blütenbunst gehöre!
Löse auf dein wallend' Haar, weit laß es sich zerstreu'n,
Schwöre, daß ein jegliches mein nur, o mein gehöre!
Löse deine Schleier auf, die Liebesbrust zu weih'n,
Bade sie im Wetterschein; mich treu zu lieben schwöre!

S. 85. Gaselen XV.

Mskr. in Mappe 10.

Neuere Gedichte 1851/54	**Mskr.**
O Mädchen! gestern quälte mich ein eitler Christ, [ein Esel,	O Mädchen, gestern plagte mich ein plumper [Christ, ein Esel,
Heut' schreckte mich par excellence ein Atheist, [ein Esel,	Heut' aber drangsalierte mich ein Atheist, ein [Esel!
Dort naht mit wortesschwangerm Nichts, mit [ungeheurem Unsinn,	Nun laß an deiner Frühlingsbrust mich wiederum [genesen.
Mit tönender Salbaberei ein Pantheist, ein [Esel —	Und trübe mir die Quelle nicht zu dieser Frist [ein Esel!
Birg mich an deiner jungen Brust und rette [meine Menschheit,	Wer so nicht sorglos ruhen kann in seligem [Vergessen,
Mein Kind! sonst werd' ich selber noch zu dieser [Frist ein Esel!	Halbschlummernd nach den Sternen schau'n, der [bleibt und ist ein Esel.

S. 86. Gaselen XVI.

Mskr. in Mappe 10, das mit den „Neueren Gedichten" übereinstimmt.

'ne Schale Feuerwein ist gut, wenn man sich schlagen soll,
Und mehr noch, wenn das Leben man zu Markte tragen soll,
Ist eine Überzeugung wert, wofür man steh' und falle,
Woran das junge Leben man, das schöne, wagen soll!
Doch mehr, als Wein und Hochgefühl beim hellsten Zinkenschalle,
Begeistert mich, so ich der Lust der Welt entsagen soll,
Wenn auf dem Mund ein Weibeskuß noch brennt, ich frag' euch Alle:
O saget mir, nach was man noch auf Erden fragen soll?

S. 98. Tokaier.

Reminiszenz an Lenau. Donauhafen 1848. (Jahrbuch für Lied und Novelle). S. 69.

Neuere Gedichte 1851/54	**Donauhafen 1848**
Als die Wetterwolken schlossen	=
Dicht den Himmelssaal,	=
Kam noch zwischendurch geschossen	=
Hell ein Sonnenstrahl.	Grell . . . .
Der versank in eine Traube	
Und erlosch zuletzt;	
Diese aber glüht, ich glaube,	=
Mir im Glase jetzt.	

Neuere Gedichte 1851/54	Donauhafen 1848
Denn ein leises, schrilles Klingen Zirkelt um den Rand, Tönt, als wenn der Becher springen Wollte in der Hand.	=
Gieße dich, du Becherklage, Tief in meinen Mund: Das Geheimnis komm' zu Tage Auf dem leeren Grund!	=
Schwarz seh' ich die Gründe gähnen, Wo erlosch der Strahl, Der sich durch Gewittertränen Aus der Sonne stahl.	. . . die Haide . . = = Aus dem Himmel stahl.
Eine ungeheure Leere Tut sich gräulich kund, Wie im abgelauf'nen Meere Wimmelt's auf dem Grund.	Und der Frühling ist verschimmelt, Und die Welt ist leer! Schlang' und Molch und Krappe wimmelt Im versiegten Meer!
Und, ein schwarzer Wirbel, drehet Es sich niederwärts, Bis in ew'ger Nacht vergehet, Scheidet Lust und Schmerz.	
Schenke, Wirt! o laß es brausen! Gieß' den Becher voll, Wenn mein Herz ob innerm Grausen Nicht verzagen soll!	=

S. 101. Cyprier.

Donauhafen 1848. S. 68. Cyperwein.

Du Wein der süßen Wonnen, Du heißer Trank der Lust! Willst du erlosch'ne Sonnen, Willst du versunk'ne Bronnen Erwecken in der Brust?	=
Was führst du all mein Denken Gen Morgen fern zurück, Die Seele zu versenken, Die Sinnen mir zu tränken In unermess'nem Glück,	=
Wo grünen Myrtenhainen Der Goldaltar entsteigt, Sich glühes Widerscheinen Von Rosen an den reinen Marmornen Säulen zeigt!	=
Und Meeresfluten ziehen Rings einen Zauberbann, Daß nirgends man entfliehen · Dem ewigen Glüh'n und Blühen Der schönsten Liebe kann.	=

<table>
<tr><td>

Neuere Gedichte 1851/54

Es rauscht in deinen Güssen,
Du roter Inselwein!
In deinen Feuerflüssen
Ein fabelhaftes Küssen
Zu meinen Lippen ein.

Die Heidengöttin neiget
Sich geisterhaft mir zu.
Ihr rauhen Lieder, schweiget!
In weißen Gliedern steiget
Sie aus der Todesruh'!

</td><td>

Donauhafen 1848

. brauner . . .
=

So lang ich leb' auf Erden,
Mein Herz mit Leib ermißt,
Was hätte können werden,
So klar und heiter werden,
Und nicht geworden ist!

</td></tr>
</table>

S. 128. Ave Maria auf dem Vierwaldstätter-See.

1847. Zur Zeit des Sonderbundes.

1848. Lieder des Kampfes, hg. v. Salomon Tobler, Gottfried Keller u. Rob. Weber. S. 5.
1847. Europa v. G. Kühne. No. 49. S. 807.

Neuere Gedichte 1851/54	Lieder des Kampfes 1848	Europa 1847
Fuhr ein Schifflein gegen Flüelen,		
Drin ich saß, zur Abendzeit,		
Wo die finsteren Wasser spülen	=	=
Und den Bergen die Füße kühlen		
Schon seit einer Ewigkeit.		
Aus den finstern Felsengängen	. . finstern . . .	. . schwarzen . . . .
Bang ein Hauch des Föhnes strich,	Bang	Lau . . . . . .
Ein Gewebe von Abendklängen	=	=
Zitterte an den Alpenhängen,	. . . an den	. . . von den . . . .
Und der Ferg bekreuzte sich.		
Dunkel lauschten die Kapellen	=	=
Alter Freiheit aus dem See;	=	=
Wo einst fuhren die frommen Tellen,	=	=
Tauchte jetzo aus den Wellen	=	=
Dieses Wassers schlimme Fee.	Dieser Wasser . . .	Dieses Wassers . . .
Ja, ich sah sie steigen, winken	=	=
Aus der schwärzlichgrünen Flut!	. . schwärzlich-grünen . .	. . bergestiefen . .
Ließ der Krone goldene Zinken	=	=
Tückisch in der Sonne blinken,	=	=
In der sterbenden Sonne Glut.	. . sinkenden Sonne Blut.	. . sterbenden Sonne Blut.
Fabelhaft und heidnisch blühte	Fabelhaft und heidnisch blühte	Nicht wie jenes Weib erblühte
Ihrer Schönheit arger Flor;	Ihrer Schönheit arger Flor;	Sie, des Ostens Ruhm und
		[Flor
Wilde Schadenfreude glühte	=	=
Und ein buhlerisch Feuer sprühte	=	=
Aus den seidenen Wimpern vor.	=	
Haar und Schleier, ungebunden	Haar und Schleier, unge-	Und ihr Haar weht unge-
	bunden	bunden
Wehten in dem heißen Wind;	Wehten in dem heißen Wind,	In dem bangen, heißen Wind;
Und sie hielt im weißen, runden	=	=
Arm ein Kind mit sieben Wunden,	=	=
Ein ersterbendes, welkes Kind.	=	=

Neuere Gedichte 1851/54	Lieder des Kampfes 1848	Europa 1847
An den staffellosen Wänden	=	=
Glitt die grauliche Nix' hinan;	=	=
Von den Purpurzinnen und Ränden	.... Ständen	.... Ränden
Hielt sie das Kind in erhobenen Händen	=	=
Über der Länder tiefen Plan.	Über der Wasser ...	Über der Wasser ...
Sieben Tropfen aus sieben Wunden		
Preßte sie dem armen Wurm;		
Wo die rot hinabgeschwunden,	=	=
Hat sich die Flut emporgewunden,		
Schreiend in Wut und Weh und Sturm!		
Wut und Wahn die Herzen faßte	=	=
An den Borden rings am See,	=	=
Daß der Priester im Blute praßte,	. der Priester	. der Pfaff ...
Und der Bruder den Bruder haßte,	=	=
Ihm zum eigenen Gift und Weh!	=	=
Als das Ave Marie verklungen,		
War der arge Spuk entfloh'n. —		
Noch ein Alphorn hat gesungen	=	=
Aus der Höh' und leis bezwungen		
Hat mein Herz sein süßer Ton.		

S. 201. Aus der Brieftasche XV.

Mskr. in Mappe 10 (Heidelberg, November 1849), das mit dem Druck übereinstimmt.

Weil ich den schwarzen untreu ward
Und mich zu blauen Augen wandte,
Kamst du, zu rächen jene, her,
Du dunkelglühende Nachtgesandte!

Ich sollt' auf deiner Augen Grund
Die Strafe meines Leichtsinn's lesen,
Und schamerrötend auch zugleich
Der wahren Liebe Glut und Wesen!

Der Liebe, die im heiligen Ernst
Zu lieben denkt und dann zu sterben,
Und deren dunkle Rosen sich
Nur mit dem besten Herzblut färben!

Und als ich büßend dich geliebt,
Bist du wie ein Phantom entschwunden;
Da hab' ich mich mit meiner Reu'
Verlassen und allein gefunden!

S. 203. Aus der Brieftasche XVI.

Mskr. in Mappe 10. (Heidelberg, November 1849. Auf Johanna.)

Mskr. 1849

Ich fühlte wohl, warum ich dich,
O teures Weib! so sehr geliebt,
So stark, so wahr, so inniglich,
So ohne Wahn geliebt!

Ich fühlt' es wohl und weiß es nun,
Und weiß, welch' große Seligkeit
Muß tief in deinem Herzen ruh'n
Für den, dem es geweiht!

Ich sah nun in dein goldnes Herz,
Wie in den Hort im tiefen Rhein;
Ich sah mit wundersüßem Schmerz
In einen Himmel tief hinein!

Neuere Gedichte 1851/54	Mskr. 1840

Ich schaute und mir ward so weh,
So wohl und weh' bei meinem Schau'n,
Als blickt' ich durch die grüne See
Hinab auf lenzbesonnte Au'n!

Ich ward so arm und doch so reich,
Zum stolzen Wissen mein Verlust!   Und mein Entsagen stolz bewußt.
Und in dem Elend lag zugleich
Der Balsam für die wunde Brust.

Und besser ging ich, als ich kam,
Von reinem Feuer neu getauft,
Und hätte meinen reich'ren Gram
Nicht um ein reiches Glück verkauft!   ... hohes ...

S. 217. Neuere Gedichte 1854. Aurelie.
Wilhelm Scherffig, Album 1852. S. 72.

Wenn so goldrötlich dunkel
Mit schillerndem Gefunkel
Dein Haar in Ruhe liegt,
In Flechten reich gebunden,
Von Purpurband umwunden
Sich an die Wangen schmiegt:
Dann ist es uns der Ordnung Bild
Und streng gezog'ner Schranken,
Und wir ergeh'n uns frieblich mild
In zierlichen Gedanken.

Doch wenn in ungebund'ner
Pracht es sich aufgetan,
Dann haucht ein unumwund'ner
Und wilder Geist uns an,
Wie wenn von Bergeshöhen
Die Feuerzeichen wehen
Und glüh'n von Tal zu Tal!
Die dunkle Flamme flüstert,
Die rote Seide knistert,
Nun ist dein Haar ein lohes
Und leidenschaftlich frohes
Hochwehendes Streitsignal!*

---

* Die Redaktion 1852 in Scherffig's Album stimmt mit dem Druck in den Neueren Gedichten überein. Nur der letzte Vers weicht ab. Er lautet „Hochwehendes Kriegsfanal".

Neuere Gedichte 1854. S. 219. Seemärchen.
Keine andere Redaktion.

Und als die Nixe den Fischer gefaßt,
Da machte sie sich abseiten;
Sie schwamm hinaus mit lüsterner Hast,
Hinaus in die nächtlichen Weiten.

Sie schwamm in gewaltigen Kreisen herum,
Bald oben, bald tief am Grunde,
Sie wälzt' mit den Armen sich um und um
Und küßt' ihm das Rot vom Munde.

Drei Tage hatte sie Zeitvertreib
Mit ihm in den Meeresweiten,
Am vierten ließ sie den toten Leib
Aus ihren Armen gleiten.

Da schoß sie empor an das sonnige Licht
Und schaute hinüber zum Lande;
Sie schminkte mit Purpur das weiße Gesicht
Und nahte sich singend dem Strande.

Neuere Gedichte 1851.
S. 187. Aus der Brieftasche VII.

Ich habe so manchen Narren gekannt,
Der wollte ewig leben;
Es war ein gewaltig feuriges
Und lieberliches Bestreben.

Ich selber verlor darüber den Kopf,
Und wäre bald verdorben,
Und so mit meiner Unsterblichkeit
Recht als ein Lump gestorben!

Die aus dem ersten lyrischen Bändchen von 1846 ausgeschiedenen Gedichte.

S. 75. Winter III.

Mskr. 1845. B. II, Bl. 68. Mit dem Druck von 1846 übereinstimmend.

Der Winter ist eine ehrliche Haut,
Ein alter Poltrian;
Wie zornig er mir in's Auge schaut,
Blick' ich ihn wiederum an!

Sein Blut ist kühl und starr, wie Eis,
Doch nie seine Treue wankt;
Wie oft hab' ich mich nächtlicher Weis'
Mit ihm herum gezankt!

Da rüttelt er mir am Gartentor
Und stampft auf den Beeten herum;
Er schimpft mich einen sanguinischen Tor,
Leichtgläubig und herzlich dumm!

Viel Hoffnungen zieh' ich in Scherben auf
Am kalten Sternenschein:
Da ist er besonders versessen drauf
Und stürmt auf sie herein.

Ich balge mich immer, so gut ich kann,
Um jedes grüne Reis:
Er aber entrupft sie, der harte Mann,
Den Scherben büschelweis!

Doch die mir der Alte stehen läßt,
Die sind erprobt und gefeit:
Die sind gewurzelt und winterfest,
Die sind der Erfüllung geweiht.

S. 97. Sonette XIX. Subjektives Dichten.

Mskr. 1846. Bd. II, Bl. 78. Dat. 14. Jan. 1846.

Gedichte 1846	**Mskr. 1846**
Erst wollte ich mit vieler Mühe flechten	=
'Ne lange Geißel leberner Terzinen,	'Ne lange Schnur von schläfrigen Terzinen.
Mit breitem Klatsch die Kläffer zu bedienen,	=
Die mit dem Ich in unsern Liedern rechten.	=
Ein Pinsel aber möge das verfechten,	=
Was solchen engen Herzen krumm erschienen!	Was solchen Langgeöhrten krumm erschienen!
Und feige wär's, nach jedes Kunzen Mienen	. . . . , nach jedes Narren Mienen
Zu drehen sich und gar das Lied zu knechten.	=
Ein wunderlicher Kauz ist der Poet,	
Der das, was alle Andern bloß empfinden,	
Mit wunderlichen Worten sagen kann;	
Wenn's nun in seinem Namen besser geht,	Wenn's unter seinem Namen . . .
Wie möget ihr ein Ärgernis da finden,	=
Ihr eigensüchtig Volk: Er, Sie, Es, Man?	Ihr nüchternes Geschlecht: . . . .

S. 99. Sonette XXI. Auch an die „Ischel". 1.

Mskr. 1846. Bd. II, Bl. 77. Dat. 16. Jan. 1846.

Gedichte 1846	Mskr. 1846
„Ich mach' die Seelen selig, Ich allein!"	=
Spricht Rom. Lang hielt ich diesen Hokus=Spruch	. . . . . Jammerspruch
Für das Erbärmlichste, was je in's Buch	=
Der Sünde schrieb das Erbenelend ein.	=
Da kommet ihr, euch würdig anzureihn,	=
Und sprecht: Ein Ende macht das Leichentuch!	Und sagt: . . . .
Der Jenseitsglaube ist ein dürrer Fluch,	=
Hier laßt uns Hütten baun, hier ist gut sein!	=
Auch ich glaub' wandellos: Hier ist gut wohnen;	
Auf! laßt uns sehn, wie wir zurecht uns finden:	=
Die Menschenseele ist zum Glück bestimmt.	

Was aber ward und wird aus den Millionen,	Was aber ward aus all' den Millionen,
Die unversöhnt, bleich, siech von hinnen schwinden? —	Die bleich und siech von hinnen mußten [schwinden?
Wie pitoyabel euer Lichtlein glimmt!	Wie unvernünftig euer . . . . .

S. 102. Sonette XXIV. Auch an die „Ischel". 4.
Keine andere Redaktion.

Wenn ein Poet ein Stück vom ew'gen Leben
Im Herzen trägt schon hier als Morgengabe,
Wenn in Verklärung alle Dinge schweben,
Die er berührt mit seinem Zauberstabe,

Und er den Blick nach dem, was über'm Grabe,
Unsterblichkeitgetränkt, nicht mag erheben:
O, was er auch im Rausch gesungen habe —
Euch soll es drum kein gültig Zeugnis geben!

Wenn, sonnend sich auf seinem Maientron,
Buntschillernd eine Schlange sich erhebt,
So ist sie mit den Blumen Poesie:

Jedoch der Atheist von Profession,
Der nur von Atheismus=Knochen lebt,
Ist eine eingefleischte Blasphemie.

Siebenundzwanzig Liebeslieder.

S. 107. An meine Dame.

Deutsches Taschenbuch 1846. S. 77. Mskr. 1845. Bd. II, Bl. 16. Dat. März 1845.

Gedichte 1846	D. Taschenbuch 1846	Mskr. 1845
Die aus den Sternen strahlt, auf Meeren ruht,	. aus den . . .	. in den . . . .
Im Schmetterling von Blum' zu Blume schwebt	=	=
Und heiß aufatmet in des Aetna's Glut —	=	=
Die wagend mit dem Aar zur Sonne strebt,	=	=
Die feurig in des Jünglings Adern wallt	=	=
Und sehnend in der Jungfrau Busen bebt —	. . . bebt —	. . . lebt —

Gedichte 1846	D. Taschenbuch 1846	Mskr. 1845

Von meiner Heimat Bergen freudig schallt,
Wenn auch im Tal der böse Feind mag toben,
In Deutschlands Eichen leise wiederhallt —

    =   =
... der böse Feind mag   ... die wilden Stürme
    [toben,   [toben,

Die unabläffig alle Völker loben
Und schmählich doch verraten jeden Tag,
Jedoch von Gott getreulich aufgehoben,

Bis dich einst jeglich Herz erfassen mag:
O schönste Dame! die ich nicht will nennen,
Doch der da zittert meines Blutes Schlag:

Ich will vor dir ein Myrthenreis verbrennen,
Ein abgedorrtes aus der Jugendzeit,
Dir meinen zarten Morgentraum bekennen.

Wem hätt' ich beffer auch dies Lied geweiht,
Als dir, du Gotteskind, das man mit Recht
Dem Lieblichsten, den Frauen, angereiht?

Nicht weiß ich wahrlich, ob der Frau'n Geschlecht
Dich zieret, oder du ihm Zierde bist;
Doch immer bin ich euer beider Knecht,

Und euch vereint mein Lied gesungen ist.

Mittlere Spalte (D. Taschenbuch 1846):
Doch immer bin ich euer [beider Knecht,
Und euch vereint mein [Lied gesungen ist.

Rechte Spalte (Mskr. 1845):
[In beiden Fällen bin ich [beider Knecht;]
[So seid von mir nun [durch mein Lied ge=[grüßt.]

S. 112. Liebeslieder II.

Deutsches Taschenbuch 1846. S. 81.*) Mskr. 1845. Bd. II, Bl. 26.
(Erster Entwurf September 1844. Vollendet 1845.)

	Mskr. 1844/45

Durch's Frührot zog das Wolkenschiff
Vor einem hellen Frühlingstag,
Als ich, ein träumend Schülerkind,
Im morgenstillen Felde lag;
Ein Falter streifte meine Stirn,
Und vor mir eine Lilie stand;
Ich aber schaute drüber hin
In's tiefe, blaue Morgenland.   In's silberduft'ge ...

Das ganze Erdreich schwoll empor
In tausendfacher Blütenluft;
Doch mächtiger schwoll Traum an Traum
Und Bild an Bild in meiner Brust:
Das war die duftige Kinderwelt,
An deren Scheibe ich mich fand,
Die, wie die erste Blüte, sich
Am Lebensbaume mir entwand.

Mskr. 1844/45

	Mskr. 1844/45
Sie baute sich noch ein Mal auf,	=
Mit letztem Glanz, im letzten Flor;	=
Ein lieblich wunderlicher Bau,	=
Ein Feentempel stieg empor	=
Von hundert Säulchen, fein wie Glas,	. . . . . , zart wie Glas,
Altärlein, Nischen — Bildchen drin,	=
Bepriestert war das Wunderhaus	=
Nach mystisch heil'gem Kindersinn.	=
Und mitten in dem Tempel stand,	=
Durchsichtig, ein krystall'ner Sarg,	=
Der eine rosige Schläferin	Der eine rosenrote Frau
Auf Feuerlilien träumend barg.	In blauen Lilien schlafend barg.
Vier Riesen lagen um den Schrein	. . . schliefen um den Sarg
Mit schlummernden Falken auf der Faust;	=
Sie nickten oft im Morgenwind,	=
Der ihnen um die Schläfe braust'.	=
Da ging die Sonne flammend auf	=
Und schmolz den Tempel auf den Grund,	=
Nur in der wehenden Asche noch	=
Der Schrein mit seinen Hütern stund;	. . . . . Wächtern .
Worauf der wärmste Sonnenstrahl	=
Den Deckel von Krystall erschloß,	=
So daß der lieblichen Schläferin	. . . rosigen . . .
Der Tag sich in die Augen goß.	=
Und auch die Riesen wachten auf,	=
Die sandten ihre Falkenzucht	=
Aus in den goldenen Morgenschein;	=
Sie stiegen auf mit sehnender Flucht,	Sie stiegen auf nach aller Winde fröhlicher Flucht,
Sie stiegen auf in's Aetherblau	. . . . in's himmlische Blau
Und brachten in einem Augenblick	=
Der Dame im krystallnen Sarg	=
Eine schöne weiße Taube zurück.	=
Halb Kind, halb Jüngling, träumend noch, *)	
Fand ich die Lieb' im Morgentau;	
Ich trug sie singend in der Brust,	
Heimkehrend von der funkelnden Au.	
Ein neuer Mensch, trat ich ins Haus	=
Und fand — das lockige Mädchen da,	
Das schüchtern mir und ungewohnt,	
Wegfliehend in die Augen sah.	
O süße Stunde, die das Herz	
Vom Herzen voller Sehnsucht reißt!	
O Trennung, die schon im Entstehn	
Auf schrankenlos Vereinen weist!	=
Zieht ein mit eurem ganzen Hof,	
O Liebesweh, o Seligkeit!	
Zieht klingend ein, hier ist für euch	
Ein offnes Feld und gute Zeit!	

*) Als 7. Strophe hat das Mskr. 1844/45 noch folgende Plusstrophe, die im Deutschen
Taschenbuch 1846 u. Gedichten 1846 wieder unterdrückt ist.

> Mit einem Wort. Es zog in mich
> Die Jugendliebe strahlend ein:
> Das war die junge Taube wohl,
> Die Dame mag die Sehnsucht sein.
> Die Riesen mit den Falken dann
> Der [heißen] hohen Wünsche kühne Schar,
> Sie brachten meiner Sehnsucht balb
> Ein zartes Wild zur Freude dar.

*) Die Redaktion im Deutschen Taschenbuch stimmt mit dem Druck in den Gedichten 1846 überein.

S. 122. V.

Keine andere Redaktion.

Viele Wochen sind entflohn,
Seit ich Dich gesehen;
Hab' auch lange Tage schon
Keine Blum' gesehen!

Keine Blumen und kein Lied —
Ach, was soll das werben?
Was soll aus dem Frühlingstrieb
In mir innen werden?

Zwar noch stets der Lenz erschien,
Seiner bin ich sicher;
Wüßt' ich nur, was ich Dir bin,
Wär' ich doppelt sicher!

Eine Rose und ein Blick
Deiner lieben Augen
Wäre wohl ein zartes Glück
Mir für Herz und Augen!

S. 123. VI.

Deutsches Taschenbuch 1846. S. 88. Mskr. Bd. II, Bl. 26. Dat. April 1845.

Gedichte 1846 u. D. Taschenbuch 1846   **Mskr. 1845**

Wohl ist die Lilie wunderbar,
Wenn stolz sie sich im Garten wiegt,
In ihrem Kelche, sonnenklar,
Langsam der Morgentau versiegt;   =
Doch mag ich gehn und wandern,
So weit nur Lilien stehn,
Ist keine vor der andern
Mit höherm Schmuck versehn.

Von Glanz und Lust und Klarheit voll   =
Ist alle diese reiche Welt,   =
Weiß nicht, wo ich mich wenden soll,   =
Daß Schönheit nicht sich vor mich stellt: =
Nur du, nur du alleine   =
In all' der Zier und Pracht,   =
Du gleichst dem Mondenscheine   Gleichst auch dem . . . .
In heitrer Sternennacht.   =

<table>
<tr><td>Gedichte 1846 u. Taschenbuch 1846</td><td>Mskr. 1845</td></tr>
</table>

O lieblichste Vollkommenheit,
Die Niemand, als mein Herz, erkennt,
Wer hat dies stille Licht geweiht,
Das nur für mich im Weltall brennt?
Ich fühl' es stärker immer,
Daß dieser reine Strahl,
Daß dieser eigne Schimmer
Nicht ist zum zweiten Mal.

Das ist nicht Zufall, nicht Natur,
Was aus den blauen Augen strahlt: Das aus . . . . .
Das ist der Gottheit Sonnenspur,
Die sich in dieser Seele malt.
Ich ahn' es licht und lichter,
Mein Herz, nun gib es zu:
Hier ist ein andrer Dichter
Und mächtiger als du.

S. 128. VIII.

Deutsches Taschenbuch 1846. S. 92. Mskr. 1845. Bd. II. Bl. 18. Dat. März. 1845.

O Leib meiner Dame, du köstlicher Schrein,
Wo Gott seine köstlichste Perl' legt' hinein,
Nun ruhst du und schläfst du, doch in dir erstrahlt
Die träumende Perle im sonnigsten Schein!
Den zartesten Liliengeist bergender Kelch,
Des reinsten Gedankens still blühendes Sein:
O wär ich, du Kleinod, dein Schatzmeister nur,
Dürft' ich mich, du Blume, zum Gärtner dir weihn!
Mit Liebe umschließen dich innig und fest,
Wie schützendes Gold den erfunkelnden Stein!   Wie treu schützend Gold einen funkelnden Stein.
Dann trüg' ich die Erde, den Himmel, die Welt
Beisammen als Herzschmuck, geläutert und rein;
Dann tränk' ich die klareste Seele aus dir,
Du zierlichster Becher, wie perlenden Wein.
Schlaf' sanft und schlaf' selig, du köstlicher Leib!
Indessen ist träumend die Seele ja mein.   [Die träumende gehöret indeß ja mein.]

S. 129. IX.

Deutsches Taschenbuch 1846. S. 93. Mskr. 1845. Bd. II. Bl. 18. Dat. April 1845.

Es bricht aus mir ein bunter Faschingszug   Hin wallt von mir der bunte Faschingszug
Und zieht dahin mit tönendem Gepränge;
Talüber wallt im lustigen Gedränge
Ein Bilderreigen, mein Gedankenflug.

Gedichte 1846 u. Taschenbuch 1846	Mskr. 1845
Wie spielend sie die Luft hinübertrug,	=
So ranken sich, ein üppig Laubgehänge,	=
Bis auf zum Giebel, meine Nachtgesänge	[Und Lauben wölbend], ...
Rings um ihr Haus, ein zauberischer Trug.	=
Es rauscht und schwillt und bricht in's Schlafgemach	
Und singt und klingt die reine Seele wach,	
Betäubt tritt sie in meine Blumenschlingen;	.. fällt sie ....
Nun ist es Zeit, mein Herz, mach' dich hinzu!	
Nachtwandelnd weiß sie's nicht und lauscht in Ruh':	=
Kannst Alles, Alles ihr zu Ohren bringen!	

S. 130. X.

Deutsches Taschenbuch 1846. S. 94. Mskr. 1845. Bb. II. Bl. 19.

Gedichte 1846 u. Taschenbuch 1846	Mskr. 1845
Hör' an, mein Kind, was ich dir kosend sage,	=
Wie mich ein Traum betrog so wunderbar:	=
Es war an einem stillen Feiertage,	=
Als ich mit dir bei Gott im Himmel war.	=
Er schaute eben noch vom Taubenschlage	=
Her in die Sonntagswelt so weit und klar,	=
Und ob bem fernen Glockenklang allmälig	= [selig.]
Entschlief er auf ein Stündchen sanft und selig.	[Sch]lief er ein Stündchen ein vergnügt und
Man hörte kaum die Menschen unten singen,	=
Im Himmel aber war es still und leer;	.... ward ...
Nur an der Sternenuhr das Pendelschwingen	=
Klang langsam und gemessen hin und her,	=
Und mäuschenstill, in seligem Umschlingen,	=
Sah ich in deines Augs urtiefes Meer;	=
Da hatte plötzlich ich den Mut gefunden:	=
Bat um den ersten Kuß dich unumwunden.	
„Um dreie von den Sternen, die dort schweben,	=
Geb' ich dir, Lieber, meinen ersten Kuß!"	=
So sagtest lächelnd du, mein süßes Leben;	=
Ich aber eilte, schon im Vorgenuß,	=
Die Goldnen aus den Angeln flugs zu heben,	... aus den Angeln zu erheben.
Und brachte sechse bir zum Überfluß;	=
Du aber drauf: „Wie mich die Dinger laben!	=
Um noch zwölf andre sollst den Kuß du haben."	=
So ging es fort; verdoppelt immer wieder	=
Erhöhtest du den teuren Liebespreis;	=
Und zwiefach dürstend holte ich hernieder	=
Dir Stern um Stern aus ihrer Brüder Kreis.	=
Du schmücktest emsig deine schönen Glieder,	Du schmücktest Haupt und Hals und alle
Verlachend heimlich meinen heißen Fleiß,	= [Glieder,
Und zu erkaufen meine höchste Wonne,	=
Blieb mir am Ende nur noch Mond und Sonne!	=

Ich brachte sie, und in dein Stirnband hingest
Die helle Sonne du mit stolzer Lust;
Mit Sternen du den Schwanenhals umfingest,
Der Mond erstrahlte mild an deiner Brust;
Dann himmelauf und ab du dich ergingest,
All' deiner Schönheit siegreich dir bewußt;
Von dir allein nun strömte alle Helle,
Ich lag vor dir, als vor des Lichtes Quelle!

Der Himmel ruhte noch im tiefsten Schweigen,
Wie vor dem jüngsten Tag ein stilles Grab,
Und eben wolltest du dich selig neigen,
Gerührt, bezwungen, sanft auf mich herab,
Die süße Gunst mir endlich zu erzeigen,
Wofür ich Sterne, Sonn' und Mond dir gab:
Da brach ein Angstschrei durch des Himmels Hallen,
Als wollt' die Welt aus ihren Fugen fallen.

Indem ich dir den Sternenschmuck errungen,
Hatt' ich die Welt um Licht und Zeit gebracht;
Deß' hatte sich die Klage aufgeschwungen,
Und schreiend lag die Erde in der Nacht.
Der erst so friedlich in den Schlaf gesungen,
Gott Vater ist da zornig aufgewacht,
Verweisend mich an meiner Schulter rüttelnd;
Du flohst davon, den Schimmer von dir schüttelnd!

Du flohst davon und lachtest mit Behagen,
Indessen ich in saurem Schweiß begann
Die Sterne wieder alle fortzutragen,
Und sie zu ordnen mühsam mich besann.
So hatte sich der Handel schon zerschlagen,
Von welchem ich so bösen Lohn gewann!
Heut ist an dir das Träumen und das Dichten:
Willst du mir nun die süße Schuld entrichten?

Apparat (Mskr. 1845):

. . . . . [mild] sanft . . . .

Denn Finsternis hatt' alle Welt verschlungen,
Die Kreatur irrt' trostlos durch die Nacht,
Und von der Erde schreiend aufgeschwungen,
Ward eine Klage nun vor Gott gebracht.

. . . ist da sorgenvoll erwacht,

S. 143. XIV.

Keine andere Redaktion.

Gedichte 1846

Gestern eine Aventür'
Hatt' ich, die mir weh getan;
Allerliebste, denke dir!
Einen Burschen traf ich an,
Jung und fein und glatt gestrichen,
Der dir auf ein Haar geglichen,
Wie der Tulp' die Tulipan!

Ja, dein Antlitz trug er dreist,
Deine Züge frech zur Schau;
Doch, was mich noch allermeist
Ärgerte, o zarte Frau!
War das dunkle Gold der Haare
Und dein Rot, das wunderbare,
War der Augen süßes Blau.

Gedichte 1846

Aber was mir stets an dir	Weibisch war der Haare Licht;
War von unschätzbarem Wert,	Deine Linien, zart und fein,
Ward mir unerträglich hier	Sind zum Schneiderangesicht
In das Gegenteil verkehrt.	Worden, unbedeutend, klein.
Jede Zierde deiner Züge	Deiner Augen Sternenschimmer
Schien hier eine schnöde Lüge,	Ward zum wässerigen Flimmer,
Ja verspottet und entehrt!	Blöden Geistes Widerschein.

Seines Mundes Freundlichkeit
War beleidigend für mich:
Was mich freute jederzeit,
Gestern war's mir widerlich;
Schier hätt' ich dein Bild geschlagen,
Ja! ihn aus der Welt zu jagen
Wünscht' ich angelegentlich.

S. 150. XVII.

Deutsches Taschenbuch 1846. S. 107. Stuttgarter Morgenblatt 1845. No. 147. S. 583.
Mskr. 1845. B. II. Bl. 23. Dat. April 1845.

Gedichte 1846 u. Taschenbuch 1846	Mskr. 1845	
Ein lustiger Mediziner		
War dazumal mein Freund;	=	
Wir saßen bei vollem Glase		
Um Mitternacht vereint.		
Ich sprach ihm von meiner Liebe,		
Indessen er zecht' und sang,	=	
Und meine Worte verhallten		
Im wilden Gläserklang.		
Doch sprach ich immer und stärker,		
Mit höherer Liebesglut;	=	
Ich wollte damit dämmen		
Mein bange wallendes Blut.		
Da ward er ungeduldig		
Und sagte mit barschem Ton:	=	
„Ich kenne deine Geliebte		
Und rate dir ab davon.		
*Ich rate dir ab, sonst bist du		
Ein Witwer im nächsten Mai;	=	
Denn dann liegt sie im Sarge,		
'ne Leiche frank und frei.		
Die Rosen sind eitel Hektik	=	
Auf ihrem schmalen Gesicht;	. . . [hübschen] schmalen . .	
Ich hörte sie heute husten,	=	
Und das gefiel mir nicht.	. . gefällt . .	
Wohl ist sie ein feines Wesen,	=	
Doch eben nur allzufein —	=	
Laß' fahren den sterblichen Engel,	=	[Pein.
Sonst trifft dich Kummer und Pein."	[Laß dir geraten sein.] Ansonst erwächst dir

---

* Stuttgarter Morgenblatt 1845 = Gedichte 1846, jedoch ohne die 5. Str.: „Ich rate dir ab, sonst bist du.'

<table>
<tr><td>Gedichte 1846 u. Taschenbuch 1846</td><td>Mskr. 1845</td></tr>
</table>

Die herben Worte schnitten   . rohen ....
Mir tief in die Seele ein,   =
Darum, weil leicht ja was Wahres   Und darum, ...
An ihnen konnte sein.   =

Jedoch mein armes Liebchen
Gewann einen Zauber mehr; —
Nein, nein, sie kann nicht sterben!   =
Wir lieben uns allzusehr.

Am Morgen ward ich ruhig,
Als die Sonne in's Zimmer fiel;
Ich sah durch's Fenster fröhlich   =
Der jagenden Wolken Spiel.

Ich rief: „Er sprach's im Rausche,   =
Und ich war gestern ein Tor;   =
Es lebe das rosige Leben   Es lebe die rosige Liebe,
Und meine Liebe zuvor!"   Mein Liebchen dreimal zuvor!

S. 155. XIX.

Deutsches Taschenbuch 1846. S. 112. Stuttgarter Morgenblatt 1845. No. 147. S. 586.

Gedichte 1846

Unverhofft nach trüben Tagen
Ist der heitre Lenz erschienen
Und die aufgewachte Erde
Überhaucht ein zartes Grünen;
Und mit bunten Sonnenschirmen
Mädchen in den Gärten gehen,
Wanderer, vorüberziehend,
Nach den schönen Blumen spähen.

Unter all' den hellen Fenstern,
Die der Sonne offen stehen,
Ist ein einziges verschlossen
Vor dem lauen Frühlingswehen.
Eine Hyazinthe duftet
Vor den blendenden Gardinen:
Aber eine kranke Jungfrau
Atmet bange hinter ihnen.

Ihr zu Häupten sitzt die Mutter
Und die Schwester ihr zu Füßen,
So, verhaltend bittre Tränen,
Einen Dritten leis zu grüßen.
Und in ihren Blicken liest er,
Daß der Herbst hat wahr gesprochen,
Daß die Hoffnung ist vernichtet
Und die Lilie gebrochen. —

So den stillen Tod zu sehen
In den lichten, himmelblauen
Augen eines kranken Liebchens:
*Traun, das ist ein seltsam Schauen!
Wenn die weißen Todesrosen
Gar so stolz und sieghaft prangen
Auf der Liebsten ausgeglühten,
Bleichen, bleichen Marmorwangen!

Blühe, milde Grabesblume,
Blühe und verblühe selig!
Noch ein kurzer, heißer Sommer,
Und auch ich bin überzählig.
Wie die linden Maienlüfte
Deine Blüte sanft entblättern,
So wird meine Krone fallen
In des Herbstes rauhen Wettern.

---

* Die Drucke im Stuttgarter Morgenblatt 1845 und im Deutschen Taschenbuch 1846 stimmen mit den Gedichten 1846 überein; einzig V. 4 der 4. Str. lautet abweichend: 4. 4 Wahrlich, s'ist ein seltsam Schauen!

S. 157. XX.

Deutsches Taschenbuch) 1846. S. 114. Stuttgarter Morgenblatt 1845. Nr. 147. S. 586.

Gedichte 1846.

Durch den Garten in die Felder
*Irr' ich hin mit dunkeln Augen,
Achte nicht, wie tausend Kelche
Licht und Aether um mich saugen.
Muß der Mai mit holdem Lachen
Mir denn eine Leiche geben,
Während meine Freunde haschen
Neue Liebe, warmes Leben?

Aber sagt, wie kommt es mir denn,
Daß durch meines Grames Schatten
Doch die Sonnenstrahlen bringen
Und sich mit den Schmerzen gatten?
Daß der Lenz mit seinen Reizen
Mir noch zehnmal üppiger scheinet
Und mit seinem alten Schmucke
Eine neue Schönheit einet?

Ja, die todeskranke Liebe
Einen Geisterabglanz gießet
Über all' die Lenzesfülle,
Die da drängt und blüht und sprießet.
Hunderttausend Blumen wollen
Ihr die letzte Ehre geben,
Und noch vielmehr Knospen eilen,
Solche Feier zu erleben.

Sehet da, die weißen Lilien
Sind vor ihrer Zeit gekommen,
Als sie von der Blumentrauer
Rings im weiten Land vernommen;
Ihre Schwester zu begleiten,
Blühen sie in langen Reihen,
Während sie aus ihren Kelchen
Weihrauch in die Lüfte streuen.

Und die Abendröte schlingt sich
Schön in rosigen Guirlanden
Um die hohen Silberberge,
Die noch eben sonnig standen;
Und der Hesperus dort funkelt
Als des Himmels Scharenmeister,
Rufend in die weiten Sphären
Alle guten Sternengeister.

Alle Silberbronnen klingen,
Alle Nachtigallen schlagen —
Jetzt seh' ich die Blumenleiche
Schwankend über die Auen tragen;
Morgenröten, Abendröten,
Wetterleuchten, Regenbogen,
Alles Schöne kommt der Bahre
Trauerfunkelnd nachgezogen.

Sagt, wann wird der Täuschung Schleier
Endlich mir vom Aug' gehoben?
Unverwüstlich sind die Dichter,
Alles wird zum Traum verwoben;
Selbst der nahe Tod wird spielend
Noch mit Schein und Tand umschlungen —
O, ich glaube, er ist eben
Eisig in ein Herz gedrungen!

---

* Die Drucke im Stuttgarter Morgenblatt 1845 und im Deutschen Taschenbuch 1846 stimmen mit den Gedichten 1846 überein; einzig V. 2 der ersten Strophe lautet abweichend: 1. 2   Irre ich mit . . . . .

S. 161. XXI.

Deutsches Taschenbuch 1846. S. 116. Stuttgarter Morgenblatt 1845, No. 150. S. 597.
Mskr. 1845. Bd. II. Bl. 25.

Gedichte 1846	Mskr. 1845
Ich habe sie gesehen	Ich hab' mein Lieb gesehen
Auf Blumen in einem Sarg;	=
Das bleiche, traute Antlitz	=
Ein weißes Tüchlein barg.	=
Ich hob es in die Höhe	
Und legte meine Hand	
Auf ihre dunkeln Augen,	=
Auf ihre kalte Hand;	

Gedichte 1846	Mskr. 1845
Auf ihre verschlossenen Lippen —	=
Ade, du blühendes Rot! —	Fahr wohl, du . . . .
O weh mir, ich mußte sagen:	=
Nun wahrlich ist sie tot!	=
Da liegt die edle Rose,	. . . [rote] Sommerrose,
Die einst so purpurn gelacht;	=
Es hat ein fremder Künstler	=
Eine weiße aus ihr gemacht.	=
Da liegt sie so starr und traurig,	
Als hätte sie nie gelebt;	
Ach Gott, es nimmt mich Wunder,	=
Wo ihre Seele schwebt!	
Kein Laut, kein Hauch, kein Ahnen,	=
Kein Flüstern um mich her!	=
Der Leib und ich in der Kammer	=
Und alles still und leer!	Und sonst so still und leer!
Ich habe gespielt mit dem Leben	=
Und habe den Tod verlacht:	=
Nun ist er über mich kommen	=
Ganz höhnisch über Nacht.	Hohnlachend über Nacht.

Deutsches Taschenbuch 1846 = Gedichte 1846.

Stuttgarter Morgenblatt 1845 = Gedichte 1846; jedoch ohne die Schlußstrophe: „Ich habe gespielt mit dem Leben."

S. 163. XXII.

Deutsches Taschenbuch 1846. S. 118. Mskr. 1845. Bd. II. Bl. 25.

Gedichte 1846 und Deutsches Taschenbuch 1846	Mskr. 1845
Ich fahre mit den Winden,	
Die fächelnd vor dem Sommer wehn;	
Wo Klang und Duft sich finden,	=
Kann man mich immer sehn.	
Des Lebens süßes Schmeicheln	==
Gewann mich neu in seinen Bund,	Gewann mich für den neuen Bund,
Und nimmer mag ich heucheln,	Nein, nein! ich mag nicht heucheln,
Ich fühle mich gesund.	=
Durch fremde Städt' und Auen	
Trag' ich mein Herz voll Sang und Klang;	
Die Blumen und die Frauen	==
Blühn mir den Weg entlang.	
Die Blumen brech' ich gerne,	
So oft mir's eine angetan:	
Doch sicher aus der Ferne	=
Schau' ich die Frauen an.	'
Ich lieb' sie in's Gemeine,	
Wie einen vollen Rosenkranz,	=
'S wär' schade, wenn ich eine	
Entzöge solchem Glanz.	

Doch fallen hin und wieder
Im Wind den Rofen Blätter ab,
Die ſinken in mich nieder   =
Auf ein verborgen Grab.

Da liegt von welkem Schimmer·   =
Und Blütenſchutt ein dichter Flor,   =
Draus ragt das Grabmal immer   =
Und lieblicher hervor.   In neuem Schmuck hervor.

S. 169. XXV. Nachhall.
Keine andere Redaktion.

Wie ich fahr’ in ſtiller Nacht
Auf den Silberwellen,
Hebt mein Weh mit alter Macht
Wieder an zu ſchwellen.

Sieben Jahre ſind dahin,
Wie ein Tag, geſchwunden:
Und noch immer glühn und blühn
Meine alten Wunden.

Faſt ja klingt’s wie bittrer Hohn:
Ich ſei jung an Jahren,
Da ſo lang die Liebſte ſchon
Mir dahin gefahren.

Wohl ergeh’ es, Engel, Dir!
Werde licht und lichter!
Ach! Dein Knabe wurde hier
Unterdeß — ein Dichter!

Muß nun reimen früh und ſpat
Um ſein täglich Leben;
Kannſt du keinen beſſern Rat
Dann und wann ihm geben?

S. 170. XXVI.
Mſkr. 1845. Bd. II. Bl. 49. Dat. Oktober 1845.

Wie ſie ſich da drehn im Tanze,
Puppen aus geſchnitztem Holz!
Eitles Volk im Kerzenglanze,
Leben heuchelnd, ſteif und ſtolz!

Schlüſſelbeine, Schulterblätter
Stoßen ſchamlos hart mich an;
Alte Tanten, grau vom Wetter,
Klatſchen längs der tollen Bahn.

Die dem Tode längſt verfallen,
Treibt der Wahnſinn hier im Kreis:
Und ich ſchleiche durch die Hallen,
Einſam ſchlägt mein Herz und leis.

Dein gedenkt es, zarte Blüte,
O mein roſ’ger Morgentraum!
Daß dich Gott mir treu behüte
Fern am grünen Wogenſaum!

Fern am Wogenſaum im Grabe
Schläft, was Luſt und Leben war!
Dieſes Bechers Feuergabe
Bring’ der Schläferin ich dar!

*Jung geblieben iſt mein Lieben
Und noch heute roſenrot,
Auch mein Liebchen jung geblieben:
Dank dafür, du milder Tod!

---

* Das Mſkr. 1845 ſtimmt mit den Gedichten 1846 überein. Dagegen zeigt es zwiſchen Str. 5 und 6 noch folgende Plußſtrophe:

Wie ein Schild von friſchen Roſen,
Wie ein Schwert von Sonnenſtrahl,
Schützt dein Bild mich freundesloſen
Hier vor dieſer öden Qual!

S. 235. Waldstätte.

Bote von Uster 1845. Nr. 20. Dat. August 1844.

Gedichte 1846   **Bote von Uster 1845**

Es sind vier Länder gelegen	
Um einen urtiefen See,	
Die mir das Herze bewegen	=
Mit noch viel tieferem Weh!	
Sie sind der Stolz gewesen,	=
Die Zierde vom Schweizerland:	=
Nun kehrt man mit eisernem Besen	Nun kehrt man kaum mit Besen
Kaum aus die blutige Schand'!	Hinaus die blutige Schand'!
Sie nähren sich noch zur Stunde	
Vom alten Ruhm mit List,	
Der doch auf der Wasser Grunde	=
Schon lange versunken ist!	
Noch leuchtet in der Sonnen	
Der Berge silberner Dom:	
Die Täler hat übersponnen	=
Die alte Spinne von Rom.	
Da liegen sie, wie vier Leichen,	
Von Alpenrosen umblüht,	
Und über die Todesbleichen	=
Hohnlachend der Böse zieht.	
Wer hebt mir die Edelsteine,	
Die vier', aus dem Schlamm und Sand?	
Wer setzt sie mit neuem Scheine	=
In die Krone dem Vaterland?	

S. 239. Pietistenwalzer.

Die politischen Lyriker unserer Zeit, hg. v. Arnold Ruge 1847. S. 308. Deutsches Taschenbuch 1845 S. 211. (Dat. Oktober 1844.)

Nun stimmet die Harfen und salbet die Geigen!
Nun reicht euch die Händlein zum himmlischen Reigen!
Ein Weiblein, ein Männlein,
Ein Hühnlein, ein Hähnlein!
Je zwei und zwei, wie es am besten sich schickt
Und wie man am frömmsten zu Herzen sich drückt.

Sind Alle da? Ei, so verschließet den Himmel!
Laßt draußen der weltlichen Böcke Gewimmel!
Ihm birgt man die Kniffe,
Die glücklichen Griffe;
Wir haben den Geist uns zu Fleische gemacht
Und feiern subtil die urewige Nacht.

Zu wecken die frommen, ersterbenden Gluten,
Bestreicht uns Mephisto die Steißlein mit Ruten;
O heilige Völle,
Durchwürze die Hölle!
Nun löschet die Lichter, von ungefähr:
Das Töchterlein tanzt mit dem Missionär.

O süßes Geschmatz in dem heimlichen Dunkel!
Begehrliches Tappen und Liebesgemunkel!
Mich faffet der Schwindel!
Paradiesisch Gesindel!
O heilige, himmlische Windbeutelei —
Hinschmelz' ich und sieb' ich im seligsten Brei!

Die drei Drucke stimmen mit einander überein.

S. 245. Bei **Robert Steiger's** Befreiung und Ankunft in Zürich, am 20. Juni 1845.

Bote von Uster 1845. Nr. 26. 1. Mskr. 1845 Bd. II. Bl. 32. (20. Juni 1845).
2. Mskr. in Mappe 10. flieg. Blatt.

Gedichte 1846	Mskr. 1845
Mit Deinem Adelsbriefe wohl versehen,	=
Dem Todesurteil mit dem argen Riß,	Dem [roten] Todesurteil . . . . .
Sehn wir Dich jugendlich und frisch erstehen	=
Aus Deines Kerkers kalter Finsternis.	. . . Grabes . . . . .
Des Unglücks Feuertaufe auf dem Haupte,	=
Den letzten Kettenring noch an der Hand:	=
So schreitest Du durch dieses jungbelaubte	=
Und doch so tiefgebeugte Vaterland!	=
Und wo Du gehst, da weckst Du auf den Bergen	. . . . , da [flammen] weckst Du . . . .
Die hellen Freudenfeuer ohne Zahl!	=
Doch hinter Dir, da stehn die röm'schen Schergen,	, . . . bleichen Schergen,
Geblendet noch vom unverhofften Strahl:	. . . . von des Gerichtes Strahl:
Der Apostat, deß' Name nun zertreten,	=
Im Staub an unsers Volkes Sohlen klebt,	Im Staube an des Volkes Sohlen klebt,
Indeß den Deinen es mit lautem Beten	=
Und kindlich dankbar zu den Sternen hebt!	Und dankbar kindlich . . . . .
Es grüße Dich das goldne Licht der Sonne,	=
Dich grüßt die Freiheit und das Vaterland!	Wie auch die Freiheit . . . . .
Es grüßen Dich mit heißem Schlag der Wonne	. . . . . lautem Schlag . . .
Viel tausend Herzen, freudig zugewandt!	=
Nimm hin in vollem Maß des Volkes Liebe	=
Und seinen Dank, den es den Helden zollt:	=
Der Männer Lärm und jubelndes Getriebe,	=
Des Weibes Träne, die im Stillen rollt!	:=
Nimm hin die Lieder und die Festgesänge!	
Es *rauscht ein heil'ger, starker Zorn darin!	
Die bittre Klage in dem Lustgedränge,	
Den Dorn, den diese Rose birgt, nimm hin!	
Denn was dem milden Volk das Herz durchzittert,	
Legt's heimlich in die Grüße mit hinein;	
Ob's nun in Freude oder Leid gewittert:	=
Es wird nicht minder ein Gewitter sein!	

*Gedichte 1846 hat den Druckfehler „rauscht" . . .
Der Bote von Uster 1845 = Gedichte 1846.
2. Mskr. in Mappe 10 = Gedichte 1846.

S. 252. Holzwege.

Deutsches Taschenbuch 1845. S. 230. Mskr. Bd. II. Bl. 6. Dat. Dez. 1844.

Gedichte 1846	**Mskr. 1844**
Holzwege.	**Der Freiheitsbaum.**
Ein Tannenbaum im Schwarzwald steht,	=
Der wächst schon manches Jahr;	=
Sein Haupt empor in's Blaue geht,	Sein Wipfel hoch ins Blaue geht,
Da fliegt sein grünes Haar.	=
Die Wurzel hat den Erbengrund	=
Gar inniglich erfaßt:	Gar innig angefaßt:
Und darum bleibt der Baum gesund	=
Wie Süd und Nord auch rast.	=
Doch Alles, was auf Erden ist,	
Muß haben seine Zeit:	
Und auch der Baum zu seiner Frist	=
Zum Fällen ist bereit.	
Dann schmückt man ihn, dann führt man ihn	=
Den grünen Rhein entlang,	Den hellen Rhein entlang,
Auf Donau, Spree, nach Wien, Berlin,	Bis mitten in die Stadt Berlin
Mit hellem Sang und Klang.	Mit lautem Sang und Klang.
O Maienluft, o — Freiheitsbaum!	
So jugendlich und grün:	
Wie wirst du, alter Menschentraum,	=
Dann ewig, ewig blühn!	

Deutsches Taschenbuch 1845 = Gedichte 1846. Dagegen lautet der Titel: „Wir sind auf dem Holzwege."

S. 273. Das Weingespenst.

Deutsches Taschenbuch 1845. S. 227. Dat. Sept. 1844.)

Gedichte 1846 und Deutsches Taschenbuch 1845

Die grünen Römer blinken,	Wie kommt so kranke Dirne
Wir trinken draus mit Lust:	Denn unserm Jubel nah?
Das ist ein fröhlich Leben,	O, schleudert weg die Becher,
Das hebt die junge Brust.	Das ist — Germania!
Was liegt denn an der Schwelle	Wir nehmen still die Hüte
Dort für ein bleiches Weib,	Und schleichen aus dem Schauk,
Zerschlagen und gebunden	Wie einer, der ein Räuschchen
Den edelschönen Leib?	Sich am Charfreitag trank.

S. 299. An Lenau.

Mskr. 1845. Bd. II. Bl. 56.

Gedichte 1846	**Mskr. 1845**
Welk lag meines Herzens Garten	
Und sein Springquell war versiegt,	
All das Liedervolk in Zweigen	=
Saß in dumpfen Schlaf gewiegt.	

Gedichte 1846	Mskr. 1845
Hohl und klanglos schien mir Alles,	Starr . . . .
Und der frische Duft entwich;	. . . . . entflohn;
Selbst die fremden Lieblingsweisen	=
Hatten keinen Ton für mich.	Hatten für mich keinen Ton.
Wie es oftmals geht im Leben,	
Das so seltsam webt und flicht:	
Längst schon kannt' ich deinen Namen,	
Aber deine Lieder nicht.	=
Und nun las ich sie; auf einmal	
In so öder Winterszeit	
Ging mir auf ein neuer, reicher	=
Lenz in seiner Herrlichkeit!	
Und in Deinen Geistesblüten	==
Warst Du mir ein Nekromant,	Warst Du wie ein Nekromant,
Der für meinen eignen Zauber	=
Wieder mir das Schlagwort fand.	=
Rasch entfesselt sprang der Bronnen,	
Alle Lauben voller Sang!	
Und in den geheimsten Gängen	=
War es wieder Duft und Klang.	
Damals wünscht' ich, daß ich möchte	==,
Ein begabter Sänger sein,	==
Um Dir recht ein schön und lindernd,	Um Dir recht ein weich und lindernd,
Ein vergeltend Lied zu weihn!	=

S. 301. An Freiligrath bei seinem Eintritt in die Schweiz im Frühling 1845.

Mskr. 1845. Bd. II. Bl. 70.

Gedichte 1846	Mskr. 1845
1) Sobald ein Dichterkind mit holdem Siege	
Die Augen aufschlägt hier im Erdentale,	==
Stehn schon zwei Genien an seiner Wiege:	
2) Hell von Kristall hält dieser eine Schale,	
Voll, bis zum Rand, von feuergoldnem Wein,	=
Belebt, durchwebt vom reinsten Sonnenstrahle;	
3) Des Andern Schal' ist dunkler Edelstein,	
Rubin, und faßt des Mohnes dunkeln Saft,	=
Durchwoben von des Mondes Zitterschein.	
4) In beiden Schalen ruht die Lebenskraft	
So ihm die treuen Genien rastlos schenken,	==
Die ihn durchwallt und seine Lieder schafft;	
5) Aus beiden Schalen strömt sein Sein und Denken,	=
Sein Blühn und Sehnen, fließen Tag und Nacht,	Sein Tun und Trachten, ...
Ein sonnig Schaun, ein träumerisch Versenken	=
6) In seine Seele, wie sie träumt und wacht.	
Und Preis dem Dichter, wenn die Lebensbecher	=
Ihm reich erfunkeln und in gleicher Pracht!	
7) Doch Halbpoet nur ist der trunkne Zecher,	=
Der aus dem einen überwiegend trinkt;	=
Sein Herz wird krank, sein Lied alltäglich schwächer! —	. . . . ., sein Sang wird täglich schwächer!

Gedicht 1846	Mskr. 1843
8) O, wenn die Nacht mit ihren Sternen winkt, Dann leer' die dunkle Schale bis zum Grunde, Daß der uralte Zauber in dich sinkt!	=
9) Doch naht mit heil'gem Wehn die Morgenstunde, Laß' dem Kristall den klaren Trank entquellen, Dann führ', wie sie, der Wahrheit Gold im Munde!	=
10) Tu' auf dein Aug' des Lichtes goldnen Wellen! Laß' liegen, die im tötlichen Rausch versunken, Die ewig auch den Tag zur Nacht gesellen! —	=
11) So hast auch Du die Zauberflut getrunken, O Freiligrath! daß Berg und Tal erklungen Und sich die Elfen fröhlich zugewunken.	=
12) Vom Morgenland hast ahnend Du gesungen, Und als der Morgen endlich Dir gegraut, Da hast Du aus den Rosen Dich geschwungen:	= [Dir stand, Denn als der Morgen leuchtend vor = [Morgenland Frisch und gesund; und sieh! das Lag ausgebreitet Dir zu Füßen;
13) Hast freien Blicks dem Tag in's Aug' geschaut, Die Spinnwebbande leichter Hand zerrissen, Womit die Traumgenossen Dich umbaut!	Kamele, Tiger, Sklaverei und Sand, Nur keine Löwen. Doch mitten in der [Wüste Finsternissen
14) Sie schrien Dir nach aus ihren Finsternissen; Jedoch vom „Morgen und vom Rhein" erklang's Entgegen Dir in hellen Freiheitsgrüßen!	Erblüht' der „Morgen und .... von ......
15) Und jeder Mund im deutschen Lande sang's: Der Freiligrath hat sich zu uns geschlagen! Und jedes Ohr in fernen Gau'n verschlang's,	=
16) So weit die deutsche Kunde ward getragen! Doch manchem wohl erklang Dein Taglied schrill, Denn bald sah man die Schergen nach Dir jagen.	= [schrill, Doch klang Dein Morgenruf wohl vielen =
17) Die sonst so nächtlichsanft und muckerstill, Es brach die preußische Romantik los, Die Mohn und Mohn und wieder Mohnsaft will. —	=
18) So grüß' ich Dich in dieses Landes Schoß! Zwar eben ist's in unsern Bergen düster Bei heiterm Frühlingshimmel; heut noch floß	=
19) Ein blutig Rieseln, und ein Klaggeflüster Durchzieht den Bergwald; es erdröhnt das Land Vom wüsten Schrei der Pfaffen und Philister.	=
20) Wir reichen Dir die pulverschwarze Hand, Der Trommelschlag verschlingt die Freundesgrüße Und ringsum loht des Hasses roter Brand!	..... pulvergeschwärzte . =
21) Auf starre Leichen stoßen Deine Füße; Hier liegen sie mit ausgestochnen Augen, Dort rollen sie hinab die blauen Flüsse.	=
22) Sieh, wo Dir mag ein stilles Plätzlein taugen: Du trittst hier in der Freiheit Werkstatt ein, Wo zornig ihre Essen sprühn und rauchen.	=

<table>
<tr><td>Gedichte 1840</td><td>Mskr. 1845</td></tr>
</table>

23) Doch mag hier noch der beste Boden sein,   =
    Wo harrend Du Dir Deine Warte baust;   =
    Wallt doch nach Deinem vielgeliebten Rhein ·   Fließt doch in Deinen . . . . .

24) Ein jedes Wässerlein, in das Du schaust!
    Da lasse Deine Lieder abwärts schwimmen,   =
    Da wirf hinein die „Späne", die Du haust!

25) Und hier, wie dort die Hoffnungssterne glimmen: =   [kehr schauen,
    Bis Du darin der Heimkehr Tag wirst schauen,   Bis Du wirst drin den Tag der Heim=
    Kannst Du derweil zum Sieg die Saiten stimmen: =
    Mich dünkt, Du wirst darüber nicht ergrauen!   =

S. 319. Modernster Faust.

Keine andere Redaktion. Dat. 25. Dez. 1845. vgl. Baechtold I. 226. Anm.

Gedichte 1840

„Ich habe nun Paris, Wien und Berlin gesehen,
Und mußte, als das Geld ausging, nach Hause gehen;
Welch' unermeßlich weiter Raum
Liegt nicht in diesem Wort, von Souvenir beladen!
Ich trank am Markusplatz, durst' in Ostende baden —
Dahin, dahin ist der glückfel'ge Jugendtraum!

„Und mit der Freiheit hab' ich tapfer koquettirt,
Hab' St. Simon, Cabet und Fourrier studiert
Und schrie ganz leise: Ja, der Mensch ist frei!
Ich trug ein trikolor feinseidnes Taschentuch
Und schneuzte heimlich drein: denn nie in Widerspruch
Geriet ich mit der Polizei.

„Ich hab' um einen Stern mich, um ein Amt, beworben;
Doch weil ein falscher Freund mir meinen Plan verdorben,
Nahm ich die Freiheit wieder auf;
Doch klüger als vorher, und stets vorausgesetzt,
Daß nie man zum Entscheid die blanken Waffen wetzt,
Und Alles bleibt bequem im alten Lauf.

„Ich bin ein ganzer Held! Den Mantel umgeschlagen —
Romantisch schwarzer Sammt erglänzt an Kleid und Kragen —
Stürm' ich dahin in eitlem Wahn;
Ob Sammt, ob nur Katun? Es war ein langes Zanken
Mit meinem Mütterlein; doch fest und ohne Wanken
Erstritt ich Sammt, und Niemand sieht den Streit mir an.

„Leichtsinnig, hohen Mut's mach' ich die Morgenrunde;
Die Wintersonne scheint, Cigarro brennt im Munde,
Den ich dem Krämer schuldig bin;
Die Wintersonne scheint, kalt ist ihr Silberflimmer
Und kalt ist mir das Herz, kalt meiner Augen Schimmer
Und trüb, befangen immerhin.

„Da treff' ich einen Freund auf meiner irren Bahn,
Wir halten mit Geklatsch ein halbes Stündchen an;
Wie wenn zwei alte Hexen bellen,
So bricht von Medissance ein ganzer Geisterchor,
Von Lügen, schlechtem Witz und Neid aus uns hervor,
Daß mir verschämt die eignen Ohren gellen:

„„Siehst du die Dirne hier? Teufel, die ist piquant!
Das gibt ein flott Gedicht — der Dichter sei galant,
Das amüsiert und reizt die Welt!
Doch jene Dame dort? Wie kostbar ist ihr Schleier!““
Flugs gehen hinter ihr zwei interessante Freier,
Und jeder fragt: Hat sie wohl freies Geld?

„Da kommt ein Handwerksbursch, bleich, mit zerrissnen Sohlen,
Mütz' in der Hand, gebuckt, ein Gäblein sich zu holen,
Mit einem Kreuzer wär' ihm wohlgetan;
Doch weil ich diesen nicht in leerer Tasche trage
Und doch nicht freundlich ihm es zu gestehen wage,
Fahr' ich ihn rauh abweisend an.

„Ob mir das kühle Herz in rascher Scham erglüht,
Ob auch ein scharfer Schnitt mir durch die Seele zieht:
Man sieht es nicht in meinen Blicken;
Ich habe ja gelernt, mit höhnisch leichtem Spiel
Den halberfrorenen Lenz, das innere Gefühl,
Wenn es erblühen will, zu unterdrücken!

„O ich war treu, wie Gold, begeistert, klar und offen,
Ein Blatt um's andre fiel von meinem grünen Hoffen,
Und taube Nüsse tauscht' ich ein:
Schmach über dich, o Welt! du hast mich ganz beladen
Mit deinem Schlamm und Staub! o könnt' ich rein mich baden
Im wilden Meer, sollt's auch ein Sterben sein!“ —

— „Koquett ist dies Gedicht, Naivetät erlogen
Und nur das Schnöde wahr! ich hab' euch arg betrogen,
Denn zwei geworden sind mir Herz und Mund;
Ich bin ganz euer Bild: selbstsüchtig, falsch und eitel
Und unklar in mir selbst; vom Fuße bis zum Scheitel
Tut sich an mir Salon-Europa kund!“

Einzelne Publikationen und Separatdrucke,

welche nicht in die „Gesammelten Gedichte" aufgenommen worden sind.

Tageszeitungen, Zeitschriften und Almanache.

Der Bote von Uster. 1845. No. 2.
2. Mskr. B. II. Bl. 9. Dat. Dez. 1844. 1. Mskr. B. I. Bl. 15. Dat. 9. Mai 1843.

Der Bote von Uster 1845 **Mskr. 1843**

Fahnenlied. (Anonymes Eingesandt.) **Fahnenlied.**

Die Fahne, der ich folgen muß
Ist purpurrot und weiß,
Wie blutigroter Morgengruß
Auf reinem Gletschereis!

In Fetzen hängt sie hoch und stolz
Und peitscht die Himmelsluft;
Doch unten um das Fahnenholz
Entsteigt ein Moderduft.

Es streiten zwei Parteien sich,
Sie ringen Tag und Nacht;
Sie stehn und schlagen bitterlich
Sich um die Fahnenwacht.

Die Fahne, der ich folgen muß
Ist weiß und purpurrot!
Ein Augentrost und Himmelsgruß
Dem Vaterland in Not!

O Lilienweiß! o Purpurrot!
Du hehres Schlachtgewand!
O Lilienweiß! O Purpurrot!
Du leuchtend Liebesband!

O flattre, flattre hoch und frei
In reiner Schweizerhand!
Wink' mahnend mir mein Volk herbei,
Weck' auf das Vaterland!

O flieg' herbei, du Männerschar
Mit gut gestähltem Schwert,
Bring' ihr dein Todesopfer dar,
Die sehnlich dein begehrt.

Schon sind wir mit dem Tod verlobt,
Wie blutig er uns lacht,
Wie heulend uns der Feind umtobt,
Komm' an, du bittre Schlacht!

Und ob du auch zerrissen bist,
Hoch flattre, Weiß und Rot!
Dich zieht der Schwarzen schwarze List
Doch nicht in Staub und Kot!

„Hoch Schweizerland!" ist Feldgeschrei
Und „eine Freiheit!" Losungswort.
So fallen wir mit alter Treu
All' um des Landes Hort.

O Freiheit mein! O Fahne mein!
Wenn du mußt untergehn,
Dann soll die letzte Stunde sein
Und niemand auferstehn!

O Freiheit mein! O Fahne mein!
Wann du mußt untergehn,
Dann soll die letzte Stunde sein
Und niemand auferstehn!

Der Bote von Uster 1845	Mskr. 1843
Dann treff' uns des Vergessens Fluch	Dann treff' uns des Vergessens Fluch
Und unser schlecht Gebein!	Und unser schlecht Gebein!
Dann sollst du unser Leichentuch	Dann sollst du unser Leichentuch
Und unser Grabhemd sein!	Und unser Grabhemd sein!

Das 2. Mskr. vom Dez. 1844 stimmt mit dem Druck im „Boten von Uster" überein.

Der Bote von Uster 1845. Nr. 5. 31. Januar. Keine andere Redaktion.

Lied zur zürcherischen Volksversammlung in Unterstraß.

Heraus nun, ins Freie!
Stimmt an den Frühgesang!
Der Tag bricht die Wolken,
Wir säumten fast zu lang.
Die Herren noch drehen
Und leiern fort und fort:
Steh' auf, o Volk, und tage
Und sprich dein Wort!

Heran nun, ihr Männer,
Heran von Berg und Tal!
„Ihr Wühler, Tyroler,
„Gesindel allzumal!" *
Ja, zeigt Aug' und Faust
Nur frei und ungeschreckt:
Dann haben unsre Gnädigen
Gehörig Respekt!

Steh' auf, Volk, und klage
Die Landesverräter an!
Steh' auf, Volk, und frage:
„Wer ist nun unser Mann?"
Ja, frag' laut und fest:
„Ihr Herrn, was wollt ihr tun?
Wir wollen's gründlich wissen
Und nimmer ruhn!"

„Wo sind nun die Zürcher?"
So fragt die ganze Schweiz;
„Sie haben wohl vergessen
Im roten Feld das Kreuz?" —
Nein, nein und aber nein!
Wir Zürcher auch sind da!
Grüß deine treuen Söhne
Helvetia!

Zwar haben die Führer
Nicht allzu rasch gemacht:
Doch stets lacht am besten,
Wer erst am Ende lacht.
Und mancher trug
So hoch den Schwindelkopf —
Und hat doch jetzt den Schlotter,
Der feige Tropf!

Hinaus die Jesuiten!
Die Natterbrut hinaus!
Kehr' wieder, alte Treue,
In unser Bruderhaus!
Gib du den Segen uns,
Den du den Vätern gabst!
Du alte Schweizer=Freiheit,
Sei du unser Papst!

* „So nannten und nennen die zürcherischen Jesuitenblätter „Östlicher Beobachter" u. „Eidgenössische Zeitung" die Teilnehmer der freisinnigen, echt eidgenössischen Versammlung des Zürcher Volkes!!!"

Der Bote von Uster 1845. No. 24. 13. Juni. Mskr. in Mappe 10. Dat. Okt. 1844.

Der Bote von Uster 1845	Mskr. 1844
### Ständchen.	### Ständchen.
Vaterland im Sternenscheine!	
Perle in Europas Kron'!	
O Helvetia, du reine	
Jungfrau auf dem Silberthron!	
Leg' dein Schwert auf Alpenrosen	
Und den Schild auf weißen Schnee!	
Laß uns auf ein Stündlein kosen	
Ruhend an des Berges See!	Stillend unser Liebesweh!

Der Bote von Uster 1845

Laß uns plaudern, laß uns klagen
In der stillen, klaren Nacht,
Und um Rat die Sterne fragen,
Eh' das laute Volk erwacht!

Und dann laß dich freudig küssen,
Und vergiß dein Herzeleid!
Meine Brüder, die dich grüßen,
Senden dir ein Hochzeitskleid!

Streif' die bunten Hüllen nieder,
Zweiundzwanzigfache Schweiz;
Nimm dies purpurrote Mieder
Mit dem weißen Silberkreuz!

Komm Geliebte, laß dich schmücken,
Und erhöhen deinen Glanz!
Laß in deine Locken drücken
Einen frischen Myrthenkranz.

Und nun schlaf noch eine Weile
Sorgenlos, du süße Braut,
Während ich zu spähen eile
Ob der Tag im Osten graut!

Träume von dem Tag der Wonne,
Wo die neuen Banner weh'n —
In der hellen Morgensonne:
Vaterland! auf Wiederseh'n!

Uster 1844

Laß uns weinen, laß uns klagen
Einsam durch die stille Nacht,
=

.. wilde ...

Und nun laß dich feurig küssen,
=
=
Senden dir dies neue Kleid!
[Lege ab die alten Fetzen,
Bunte Wappen grauer Not,
Kann nicht deine Augen letzen
Dieser Mantel, weiß und rot?]

=

=

=

Denke an den Tag der Wonne,
Wo wir zum Altare gehn
In der roten Morgensonne.
=

Deutsches Museum, hg. v. Rob. Pruß. 1854. Nr. 11: Sinngedichte. Drei derselben sind von Jak. Baechtold aus G. Kellers Nachlaß für die Festschrift des Lesezirkels Hottingen 1895, das „Selbwyler Wochenblatt", zur Verfügung gestellt worden und finden sich daselbst abgedruckt.

Parteitaktik. (Selbwyler Wochenblatt 5. Parteibüffelei.)

Partei ist ein Mittel, wie Alles im Staate,
Zuletzt gilt der Mann, was er ist, im Rate;
Und ist die Parteischrift dein einzig Brevier,
So bist du dem Ganzen ein schädliches Tier.

Physiologie. (Selbwyler Wochenblatt 6.)

Werft den Schächer aus dem Tempel, der von Kopf und Herz euch spricht;
Denn als unteilbare ganze Kerle müßt ihr in's Gericht.

Rat.

Willst Arbeit tragen und Ehre genießen,
Wird dir vielleicht was Gutes ersprießen;
Genieße die Arbeit und trage die Ehre!
Ich glaube, daß das sich noch besser bewähre!

Zu viel verlangt. (Selbwyler Wochenblatt 4.)

Daß einer ein Schuft sei, glaubt er am End',
Wenn deine Beweise gelingen;
Doch daß er sich als Esel bekennt,
Dazu wird nichts ihn bringen.

Einem prosaischen Kritiker.

Es ist dir nicht um die Sache,
Nur um dich selber zu tun;
Drum wirfst du mit schlechten Poeten
Auf einem Kehricht ruh'n!

Poesie und Bosheit.

Malice darf nicht Wurzel, nein,
Darf Blüte nur am Baume sein,
Je nach Regen und Sonnenschein;
Wo böse Absicht zu Tage bringt,
Auch dem Klügsten es mißlingt!

Deutscher Musenalmanach, hg. v. Chr. Schad. 1858. S. 120. Die drei letzten Strophen finden sich auch handschriftlich in Mappe 10. (Berlin.)

Aktäon.

Aktäon hat im dunklen Hain
Das edle Wild gefällt,
Da sah von einem milden Schein
Die Waldflut er erhellt.

Den Silbermond auf weißer Stirn,
Sonst der Gewänder bar,
Und um sie manche nackte Dirn,
Die nicht zu tadeln war,

So stand Diana weiß und zart —
O dreimal selige Birsch!
Sie spritzt' ihm Wasser in den Bart,
O unglückseliger Hirsch!

Wohl sprang er über Stein und Dorn,
Zitternd und verzagt,
An seinen Fersen Götterzorn,
Die wilde Jungfernjagd!

Schon floß sein rauchend Blut so rot
Dianen vor den Fuß;
Das ist ein schlimmer Jägertod,
Wer so verenden muß!

Das letzte wilde Mägdlein sprang
Voll keuscher Wut herzu
Und hielt dem schön gehörnten Fang
Das brechende Auge zu.

Auch heut noch mancher Junker birscht
Durch das Kartoffelkraut,
Der aber, wird er auch verhirscht,
Die Göttin nie geschaut!

Der grüne Heinrich.

1. Ausgabe 1855. Bd. IV. S. 265.

Im Traum sah ich den schlimmen Jugendfeind,
Mit dem ich in der Schule einst gesessen;
Sein Name schon verdunkelt mir den Sinn,
Wie viel der Jahre auch geflohn indessen.

Als bärt'ge Männer trafen wir uns nun;
Doch jeder trug annoch sein Büchertänzchen,
Das warf er ab, und rief dem andern zu,
Die Fäuste ballend: „He, willst du ein Tänzchen?"

Wir rauften uns, er spie mir ins Gesicht,
Ich unterlag in Schmach und wildem Bangen,
Da bin in Schweiß und Tränen ich erwacht,
Und sah die Sonne kalt am Himmel prangen.

Mskr. Traumbuch Bl. 86

Sein bloßer Nam' . . . . .
Ob zwanzig Jahre auch . . .

Neue Zürcher Zeitung Nr. 125. 5. Mai 1847. Biblgr. S. 11.

Den St. Gallern.

Wieder hat der junge Mai
Seine alte Kraft bewährt
Und das liebe Wörtlein: „frei!“
Frisch mit Frühlingsmilch genährt!
Und er sprach, der heitre Knabe:
Nein, ich laß es nicht gescheh'n,
Daß, was ich errungen habe,
Sollte schmachvoll untergeh'n.

Und ein andres gutes Wort
Wieder klar am Tage liegt:
Steht und stemmt euch hier und dort,
Denn, wer stehen bleibt, der siegt! •
Mancher ist davongelaufen
Wie ein Lump mit seiner Schar,
Als der Feind in hellen Haufen
Just zu fliehen Willens war!

Lasset schlafen dort am Rhein
Jene kluge, fromme Stadt,
Die beim schönsten Morgenschein
Nimmer wird des Schlafes satt!
Ach, es wächst ein Baslerzöpflein
Selber noch im Grabe fort,
Treibt für seiner Kinder Köpflein
Hundert zarte Wurzeln dort!

Aber Euch gebührt die Lust,
Eure Brüder zu erfreu'n,
Und, die Liebe in der Brust,
Unser Bündnis zu erneu'n!
Möget Ihr der Blüte warten,
Die des Lenzes Hauch geschwellt,
Daß die reife Frucht im Garten
Bis zum Herbst vom Baume fällt!

Neue Alpenrosen. 1848. Eine Gabe schweizerischer Dichter. hg. von J. J. Reithard. S. 186.

Drei Brüder.

Es zechten ihrer Dreie
Auf einer hohen Bergeshaid;
Ihr Singen strömt' ins Freie,
Den Wein goß eine sonnenbraune Maid.

Auf seiner Geige spielte
Der Hirt 'nen alten schönen Sang;
Die reine Bergluft führte
Das Lied bis hin den Horizont entlang.

Ob Wäldern, Laub und Seen
Zog wie ein Schwan die Melodie,
Ein lieblich Auferstehen
Weckt' aus der Tiefe von drei Herzen sie.

Drei Namen sangen sie leise,
Dann laut und voll hinaus ins Land;
Solch' wunderschöne Weise
Sich nie wohl aus drei Klängen fand. —

Lieder zum Kadettenfest in Zürich und Winterthur. 1856. (Zürich, Zürcher & Furrer.) Darin als Nr. 4 folgendes Gedicht, abgedruckt in der Neuen Zürcher Zeitung Nr. 229 vom 16. Aug. 1856. Bibl.. S. 17.

Waffensegen.

Vaterland, um deinen Segen
Flehn wir, da wir vor dich legen
Unsrer Erstlingswaffen helle Reihn,
Dir sie ernst und treu zu weihn.

Geist der Väter! Tapfre Ahnen!
Wohnt uns bei mit lautem Mahnen,
Daß wir, jung bewehrt schon auf der Hut
Wahren lernen jedes Gut.

Daß sich fort und fort erneue
Geist der Ehre, Lieb und Treue!
Wenn dazu des Mutes Banner wehn,.
Wird die Freiheit auch bestehn.

Laßt uns mit gestähltem Herzen
Unsre Tage nicht verscherzen,
Daß in ferner Jahre Ehrenschein
Selbst wir dürfen Ahnen sein.

Los, das uns ist überkommen,
Ja, wir haben's übernommen!
Künd' es allen, froher Weihgesang!
Zeug' es, junger Waffenklang!

1858. Der Postheiri vom 3. Juli. (Bern, Jent und Gaßmann) Mskr. in Mappe 10.
(langer Papierstreifen).

Lied vom Mutz,

als er ein schweizerisches Nationaltheater errichten wollte.

Te Mutz isch no e rechte Ma,
De schön dur b' Berge brumme cha!
Er treit e schwarz und roti Binde
Es Schwert vu vorne längs bis hinde.

Er isch vu gar brünetter Art,
Het i der Hand e Hellibart
Und uf em Chopf en Isehut,
Das steiht im Mutz no einisch gut!

Da chunt en Bratisguger her
Und rüeft: Wach uf, du Zottelbär!
Du muescht jetz lehre b' Zither spille;
Leg ab din Spieß, i will di trülle!

Der Mutz, de leit si Waffe=n=ab
Guetmüetig, wie=ne Schuelerdschnab,
Er nimmt das Ding i sini Praße,
Die Zithere=n, u faht a z,chraße.

Er chraßet hi u chraßet her,
Er chraßet geng no wie=ne Bär,
Ihn selbischt ärg'ret das Gitön;
Der Ander brüelet: O wie schön!

Da chunt de Mutz i große Zore,
Er schlaht ihm Zithere um b' Ohre:
Lügscht wie=n e Schölm, du donners Hehler!
I kenne wohl mi Mutzefehler!

Su isch es recht, du brune Mutz!
Biet du dem Märitguger Truß!
Wenn b' weide tuescht mit Urtstiere,
Selb isch en angers Musiziere!

U we's be musiziert sy soll,
Su hei mer Werch no b' Chunkle voll;
Z'erscht sueche mer selb erzi Hore,
Wo mir by Marignan verlore.

Und we mer's wieder gsunde hei,
Su blase mer de s'Volch herbei,
U wei be neuis Tolls erschaffe,
Doch ohni die Theaterpfaffe!

Neue Zürcher Zeitung 1861. 4. Okt. Nr. 277.   Biblgr. S. 22.
Winterthurer Landbote 1861. 4. Okt. Nr. 237.

Lied auf das fünfzigjährige Jubiläum von Dekan Joh. Rud. Waser in Bäretsweil.

Auf Strömen des Lebens, so tief und so breit,
Da kommt er gefahren so fernher und weit,
Aus Tagen, verschollen im dämmernden Schein,
Und fährt in die ewige Jugend hinein.

So steht er am Steuer, der Alte, der Greis,
Ihn tragen die Wogen so sicher und leis;
Sie tragen sein Schiff und sein Schiffsvolk zumal:
Unsterblicher Seelen gesegnete Zahl.

Ein halbes Jahrhundert am Strome verhallt,
Er führt die Geschlechter mit sanfter Gewalt;
Die singenden Kindlein zuvorderst im Kahn,
Er sah sie ergrauen auf eilender Bahn.

Er selbst sang vordem als Kindlein am Bord;
Da führte der Alte, sein Vater, das Wort,
Im andern Jahrhundert; — es ist wie ein Traum,
Die ältesten Leute entsinnen sich kaum.

Auf Strömen des Lebens, so tief und so breit,
Da kommt er gefahren so fernher und weit,
Aus Tagen, verschollen im dämmernden Schein,
Und fährt in die ewige Jugend hinein.

O fahre, bis ewiger Morgen erglänzt,
Das Schifflein, das Kirchlein, mit Palmen
[bekränzt,
So steure getrost in den goldenen Schein
Von irdischer Freiheit zur himmlischen ein!

Baechtold, Bibliographie S. 36.

Seldwyler Wochenblatt, Festschrift des Lesezirkels Hottingen. 10. März 1895.

Hier sind von Baechtold sechs Sinnsprüche G. Kellers abgedruckt, von denen die drei ersten sonst nirgends veröffentlicht sind. Sie entstammen alle drei der Mappe 10. Es sind die Epigramme:

Ein Pärchen.

Hei, da geht er, hei, da geht sie!
Was zwei schöne Leutchen!
Alle Täglein sind sie so,
Morgelein wie heutchen.

Wenn ein Armer schuldig bleibt
Ihnen gar ein Schuldchen,
Wird er ernstlich aufgemahnt
Ohne ein Gebüldchen.

Und sie gehn zum Richterlein,
Richten ihn zu Gründchen —
Schmunzelnd dann im Träblein heim
Gehn zwei schlechte Hündchen!

Litterarisches.

Wie oft ward dieser Sperling schon gebraten
Von Stanzenmachern und Spagatbereitern!
Wie rar ist's doch, das Feld poet'scher Taten
Mit einem neuen Lande wirklich zu erweitern,
Auf unentdeckte Inseln zu geraten
Und nicht auf seichter Rhede noch zu scheitern!

Gecken.

Was tragen sie für weiße Läppchen
An ihren Ohren aufgestellt?
's sind — Vatermörder, deren Blitzen
Sanft ihres Daseins Nacht erhellt.

Separatdrucke.

(Festlieder und Gelegenheitsgedichte.)

Festlieder für die Jubiläumsfeier der Universität Zürich 1858.

I. Lied vom Wort.

Festgedicht von Gottfried Keller nach der Mel.: Wir hatten gebauet.

Auf! lasset uns singen,
Es ist uns ein Hort,
Der blitzt wie neue Klingen,
Ist das lebend'ge Wort!

Es quillt wie ein Bronnen
Und mindert sich nicht,
In Freiheit wird's gewonnen,
Ist Eins mit Tat und Licht!

Das Wort, das muß wandern
Ohn' Rast und ohn' Ruh',
Und ein Geschlecht dem andern
Ruft laut die Losung zu.

Das Wahre, das Rechte
Erglänzet in Pracht;
Das Falsche und das Schlechte
Ist häßlich wie die Nacht!

Hoch haltet die Schale
Und haltet sie rein,
So schau'n vom Himmelssaale
Die Götter selbst darein!

Des Reigens zu warten
Mit Euch Hand in Hand,
Ist uns der schönste Garten
Das klare Schweizerland!

Fahr aus, Gott der Sonnen,
Strahl' auf und sei da!
Ihr Mägdlein, süß von Wonnen,
All' Musen, seid uns nah!

Lit. Nachlaß Mappe Nr. 11.

Gruß an die Bremer Schützen am eidgenössischen Schützenfest zu Zürich 1859.

Da nun die Eichen wieder grün[1)]
Und licht die Laube stehen,
Will auch der Freundschaft Rose blüh'n
Im holden Wiedersehen.
Landaufwärts zogt Ihr wohlbewehrt,
Und trefft geschart
Ein Volk, das harrt
Und Eurer Treu' begehrt.

Wie Sonnenblick den Haidegrund
Bald hie, bald da erhellt,
Tut sich ein herzlich Lieben kund,
Durchblitzt die dunkle Welt.
Wir fanden uns! Gefall' es Euch
Bei unsrem Spiel,
Wie's Euch gefiel
In Eurem Seebereich!

Wir danken Euch für Schiff und Meer,
Für Stadt und nord'sche Au'n;
Für deutschen Wein und Mannesehr',
Wir grüßen Eure Frau'n!
Gesittet sah'n wir Weib und Kind;
Gern sind sie schön,
Wenn sie nur seh'n,
Daß wir noch Männer sind!

Mag sich die Zeit im Sturme dreh'n,
Daß Volk um Volk zerstiebt:
Der rechte Mann, er bleibt besteh'n,
Der wahr die Freiheit liebt;[2)]
Die Torheit ist der Freiheit Grab:
Nicht viel er spricht,
Und fürcht' sich nicht,
Und treibt den Dränger ab!

Erzwungen ist der Haß und Groll,
Ein sündig Narrenspiel;
Die Welt ist edler Neigung voll!
Und Bosheit ist das Ziel,
Das braver Schützen Kugel sucht:
Wer Leben stört,
Dem Tod gehört,
Das ist uralte Zucht.

Es gibt ein stolzes Fürstenwort,
Das heißt: vom Fels zum Meer!
Doch wird es einst der Völker Hort,
Wiegt's noch einmal so schwer!
Dann eint ein glückliches Geschlecht
Vom Firnenrand
Zum Meeresstrand
Ein Denken und ein Recht!

Handschriftl. Korrekturen Kellers: [1)] Weil alle Eichen . . .
[2)] Der Recht und Ehre liebt;

Lit. Nachlaß. M. Nr. 11.

Die Damen des Gemischten Chores an F. H. (Friedrich Hegar.) 1865.

An der Töne Perlenbändern
Hältst du, Strenger, uns gefangen,
Daß die Augen und die Lippen
An dem Hirtenstäbchen hangen,
Daß von Takt zu Takt uns leitet
Und von Lied zu Liedern führt,
Bald im Seelensturm begeistert,
Bald erschüttert und uns rührt!

Wenn wir furchtsam=kühn gehorchten
Und das Schöne dann gelungen,
Fühlen gern wir uns als Sieger,
Die den Kranz sich frei errungen;
Und wir tanzen, lachen, scherzen
In bewegter Freude Kreis;.
Doch in unserm Herzen flüstert's:
Ihm allein gebührt der Preis!

Und wir fühlen deine Herrschaft
   Halb unwillig und mit Schmerzen,
Und der Stolz erweckt den Aufruhr
   Ach, in uns'ren sanften Herzen!
Und wir rufen voll Empörung:
   Das ist länger nicht zu tragen!
Auf und schlagt den Mann in Bande,
   Ketten soll der Meister tragen!

Also gingen wir zur Schmiede:
   „Schmied, verschaff' uns gute Ketten!
Einen Stolzen gilt's zu binden,
   Nichts soll den Verweg'nen retten!"
Doch der Schmied, er lachte schelmisch,
   Sprach: „Ich werde Euch bedienen!"
Ach, was mußten wir erleben,
   Als der Freche dann erschienen!

Eine Nachtigall zu fesseln,
   Stark genug wär' seine Arbeit!
Sieh', dies kleine schwache Kettchen,
   Das Dir uns're Hand nun darbeut!
„Frauen", sprach der rußige Spötter,
   „Wollt nicht länger Euch empören:
Tyrannei müßt Ihr erleiden
   Einzeln und in ganzen Chören!"

Drum zum Zeichen Eurer Reue,
   Ihm zu einem Ehrenzeichen
Müßt Ihr nun dem guten Meister
   Diese Fessel überreichen!"
Nimm es denn! Wir Armen müssen
   Uns zuletzt in Alles finden!
Weil das Kettlein leicht und hold ist,
   Wird es doch vielleicht Dich binden!

(Neugedruckt auf das Hegarjubiläum Okt. 1890.)

Lit. Nachlaß Mappe 11.   Bibl. S. 24.

Zimmermannsspruch,

gesprochen vom Dache der neuen Irrenanstalt des Kantons Zürich, den 6. Okt. 1866.

Ihr Werkleut', tretet nun heran!
Ein frommes Werk wird hier getan,
Da aufgerichtet steht der Bau,
Weittragend über See und Au!

Die edle Kunst und Wissenschaft
Und unsrer Hände rege Kraft,
Sie bauten, bis das Haus bereit,
Das tiefstem Unglück ist geweiht.

Denn unglückselig ist der Mann,
Der nicht mehr das Gesetz der Welt
Und dessen, der sie aufrecht hält,
In seinem Sinn begreifen kann!
Der Gottes allgerechtes Maß
In seines Geistes Nacht vergaß,
Für den des Himmels treues Licht
Nicht mehr die goldnen Strahlen bricht!
Und unglückselig ist die Frau,
Die wandelt auf des Lebens Au
Und im verfinsterten Gemüt
Nicht hofft mehr, daß ein Lenz ihr blüht.
Als Warnungszeichen irrt umher,
Deß' Seele so belastet schwer,
Und ein gerechtes Volk erkennt,
Was es mit Recht sein Höchstes nennt;
Es weiß, daß nur des Geistes Kraft
Die Welt erhält und Leben schafft!

Um hoch zu halten Maß und Licht,
Tat dieses Volk die edle Pflicht
Und baut dies Haus mit reicher Hand
Durch unsern Werkmut und Verstand.

Den Becher nehm' ich drum zur Hand
Und bring' mein Hoch dem freien Land,
Das Alles, was es sich erspart,
Den Werken weiht von Geistes Art;
Das immer brach des Geistes Joch —
Das Volk von Zürich lebe hoch!

Dem Meister, der den Zirkel führt,
Sodann mein zweites Hoch gebührt,
Es lebe lang der feste Mann,
Der dieses Hauses Plan ersann!
Und unser Meister all' zugleich
In der Gewerke buntem Reich,
Die klug bewegt des Stoffes Kraft,
Hoch lebe unsre Meisterschaft!

Der Mutter, die uns alle nährt,
Von Anfang war und ewig währt,
Die Mühsal ist und Ehre bringt
Und aus der Knechtschaft uns entringt,
Die treu uns deckt den schlichten Tisch
Und Geist und Sinne hält uns frisch, —
Der Mutter Arbeit trinken wir
Zuletzt von hoher Stätte hier:
Sie lebe hoch, und wir mit ihr!

Manuskript im Besitz von Herrn Dr. Max Eßlinger in Zürich.
Undatiert, jedenfalls aus den 40=er Jahren stammend.
Bisher ungedruckt.

Lenzspuk.

In einer Frühlingsmitternacht
Ging ich durch Tal und Flur;
In jugendlicher, zarter Pracht
Erblühte die Natur.

Da kam ich an ein Ackerland
Von grüner Saat belegt;
Wo Halm an Halm gen Himmel stand,
Von keinem Hauch erregt.

O welch' ein Spuk im Mondenglanz
Vor meine Augen trat!
Ich sah 'nen wilden Geistertanz
Hoch auf der feinen Saat.

Drei arme Seelen drehten sich
Und schlangen sich in Reih'n;
Die vierte Seele saß und strich
Die Geig' auf einem Stein.

Ein Engel übte strenge Hut,
Das Flammenschwert zur Hand,
Das Auge hell, wie Sternenglut
Und blumig das Gewand.

So schwirrte ohne Rast und Ruh
Der Bogen auf und ab,
Bald flog der Ton den Sternen zu,
Bald sank er tief zu Grab.

Es war, als ob für langes Leid
Sein Spiel sich rächen wollt',
Es war, als ob die Ewigkeit
Der Spielmann hätt' entrollt.

Und ohne Ruh und ohne Rast,
So wirbelten die drei
In endlos wilder Qual und Hast
Nach seiner Melodei.

Sie sah'n im Feld den Blumenflor
Erbarmung flehend an,
Und zu den Sternlein scheu empor
Am stillen Himmelsplan.

Und warfen sich und wanden sich
In tausend Kreisen um,
So wie der Bursch die Fiedel strich
Herein, heraus, herum.

Zensorenseelen nannten sich,
Die sich im Tanz gedreht;
Die vierte, die die Geige strich,
Die war einst ein Poet!

Register.

Die Anfänge aller Gedichte Kellers in alphabetischer Anordnung.

Die Nummern verweisen auf die Seiten; die letzte Zahl gibt immer die Seite an, auf welcher das Gedicht im Lesarten=Verzeichnis steht.

A bedeutet Romanze aus dem Apotheker von Chamounix.

A.

Abend war's, ich stand am Ufer. 341.
Aber auch den Föhrenwald. 25. 51. 128. 156. 207.
Aber ein kleiner goldener Stern. 48. 321.
Aber nun, im Ernst zu reden. A. 377.
Aktäon hat im dunklen Hain. 166. 429.
Alle meine Weisheit. 328.
Aller Sonnenschein. 267.
Als die Wetterwolken schlossen. 173. 401.
Als einst die Luft von Lindenbluft. 95. 106. 134. 283.
Als endlich sie den Sarg hier abgesetzt. 139. 252.
Als er lange Zeit gegangen. A. 382.
Als Gegner achte, wer es sei. 307.
Als ich an beiner Frühlingsbrust. 400.
Als ich, ein Kind am Strome ging. 143. 151. 210.
Als nun jenes Wort gefallen. A. 362.
Am Hügel wohnt der alte Bauersmann. 33. 94. 105. 128. 137. 155. 301.
Am sonnig weißen Gartenhaus. 93. 351.
An der Brücke zu Lausanne. 154. 319.
An der Töne Perlenbändern. 433.
An des Heimatflusses Borden. 32. 89. 147. 333.
Angetan mit rost'gen Waffen. 295.
Ans Fenster schlägt ein unerschöpfter Regen. 236.
Arm in Arm und Kron' an Krone. 24. 34. 206.
Auf dem Kirchhof in Chamouny. A. 367.
Auf der hölzern' Trommel sitzet. 294.
Auf! lasset uns singen. 167. 432.
Auf Lüneburger Haide. 266.
Auf seinem Bette liegt Galet. 148. 298.

Auf Strömen des Lebens, so tief und so breit. 170. 431.
Augen, meine lieben Fensterlein. 91. 154. 202.
Aus den braunen Schollen. 107. 152. 158. 197.
Aus der schwarzen Riesenrüstung. 295.
Ausgestorben scheint die Stadt. 146. 190.

B.

Berge dein Haupt. 298.
Berghinan vom kühlen Grund. 203.
Betrachtet eurer Gegner Schwächen. 307.
Bleich beglänzte Wolkenscharen. 136. 144. 294.
Bum! Bum! bim, bam, bum! Schnürt den Sack. 31. 139. 288.

D.

Da hab' ich gar die Rose aufgegessen. 254.
Da ist ein Buch, geschwärzt. 259.
Da lieg' ich denn, ohnmächtiger Geselle. 115. 231.
Da liegt ein Blatt, von meiner Hand beschrieben. 70. 88. 145. 148. 354.
Da liegt vor mir dein unglückfel'ger Brief. 127. 236.
Da nun die Eichen wieder grün. 167. 433.
Da rauscht das grüne Wogenband. 97. 264.
Da saßen wir Polemiker. 397.
Das Dirnlein vor dem Gnadenbild. 171. 400.
Das Gärtlein dicht verschlossen. 327.
Das ist die üppige Sommerzeit. 80. 93. 205.
Das Köhlerweib ist trunken. 327.
Das Urmaß aller Dinge ruht. 19. 21. 286.

Daß einer ein Schuft sei. 428.
Daß ich nicht ein jedes Atom. 160. 299.
De Muß isch no e rechte Ma. 166. 431.
Deiner bunten Blasen Kinderfreude. 10. 82. 338.
Dein schlechtes Fühlen. 103. 305.
Dein Witz geht an, o Schöne mein. 150. 333.
Den Dichter seht, der immerdar erzählt. 308.
Den Linden ist zu Füßen tief. 89. 214.
Den mit trocknen Erbsen angefüllten Schädel. 123.
Den niemand kommen hört. 143. 323.
Der erste Tannenbaum, den ich gesehn. 149. 150, 153, 255.
Der Frühling ging durchs reiche Schwabenland. 21. 149. 348.
Der Herbstwind rauscht. 33. 51. 54. 91. 105. 130. 161. 345.
Der Herr gab dir ein gutes Augenpaar. 297.
Der Himmel hängt wie Blei so schwer. 337.
Der Lenz ist da, die Lawine fällt. 123. 141. 158. 203.
Der Lenzwind tanzt auf Berg und Haide. 156. 203.
Der Mehrheit ist nicht auszuweichen. 307.
Der Ölbaum wuchs in dichten Hainen. 90. 145. 335.
Der schönste Tannenbaum, den ich gesehn. 255.
Der sonnige Duft, Septemberluft. 135. 334.
Der Sturm erwacht, es dunkelt allerenden. 46. 51, 80, 109, 154, 195.
Der Traube Saft behagt dem Mund. 280.
Der Winter ist eine ehrliche Haut. 406.
Des Berges alte Wangen. 98. 106. 335.
Dich ziert dein Glauben. 93. 142. 272.
Die Abendsonne lag am Bergeshang. 20. 106. 239.
Die alte Heimat seh' ich wieder. 97. 213.
Die alten Jungfern bleichen. 400.
Die aus den Sternen strahlt. 164. 407.
Die ersten Veilchen waren schon. 51. 89. 141. 328.
Die Fahne, der ich folgen muß. 169. 426.
Die Flamm' ist tot, der Krater ist verglüht. 109. 261.
Die Freundschaft fuhr auf klaren Wogen. 82. 87. 102. 278.
Die grünen Römer blinken. 170. 421.
Die Lor' sitzt im Garten. 326.
Die Phantasie tut wie ein Kind. 322.
Die Ratzenburg will Großstadt werden. 303.
Die Schenke dröhnt. 91. 101. 138. 352.
Die Schifflein ruhn. 19. 21. 89. 285.
Dieses ist das Lied der Willkür. A. 393.
Dies ist eine heilige Lenzmitternacht. 401.
Die Sonne fährt durchs Morgentor. 223.

Die Zeit geht nicht, sie stehet still. 155. 271.
Doch was will sich hier begeben. 294.
Dort gegen Westen, traulich unterm Dach. 81. 260.
Drei Ellen gute Bannerseide. 276.
Drei Liebste will ich nehmen. 399.
Du bist ein Schreier, bist ein frecher Prahler. 142. 246.
Du, der so lang im Herzen mich geborgen. 235.
Du milchjunger Knabe. 54. 158. 326.
Du tapfres Volk in deinem Löwenzorn. 119. 249.
Du Wein der süßen Wonnen. 172. 402.
Du willst dich freventlich emanzipieren. 27. 53. 81. 153. 226.
Durch Bäume bringt ein leiser Ton. 10. 270.
Durch den Garten in die Felder. 416.
Durchs Frührot zog das Wolkenschiff. 408.

E.

Eben die dornige Krone geneiget. 99. 146. 201.
Ein Apfelbaum in voller Blüte steht. 140. 260.
Ein armer Teufel ist der Schuft. 132. 291.
Eine Clara lebte wirklich. A. 359.
Eine lange, warme Binde. A. 365.
Einer flötet wie Honig. 103. 304.
Ein Fischlein steht am kühlen Grund. 26. 96. 209.
Ein Häuptling ritt geehrt im Land. 344.
Ein lustiger Mediziner. 165. 414.
Ein Meister bin ich worden. 21. 68. 129. 343.
Ein Schreiner hobelt spät und früh. 399.
Ein Tannenbaum im Schwarzwald steht. 169. 421.
Ein Ungeziefer ruht. 62. 88. 94. 293.
Er kam, ein alter Jägersmann. 120. 269.
Ermattet von des Tages Not und Pein. 107. 146. 150. 193.
Erst wollte ich mit vieler Mühe flechten. 406.
Er war geschaffen, durch das All zu schweifen. 236.
Es bricht aus mir ein bunter Faschingszug. 411.
Es dämmert und dämmert den See herab. 155. 200.
Es deckt der weiche Buchenschlag. 138. 205.
Es donnert über der Pfaffengass'. 10. 270.
Es glänzt ein stilles, weißes Haus. 331.
Es ist dir nicht um die Sache. 429.
Es ist ein stiller Regentag. 139. 211.
Es ist nicht Selbstsucht und nicht Eitelkeit. 94. 247.
Es klagt Panard. 299.
Es lässet sich mit aller Kraft. 153. 211.
Es schlägt der Mönch aufs Kanzelbrett. 98. 338.
Es schneit und eis't den ganzen Tag. 58. 229.
Es ringen die Ströme gewaltig zu Tal. 88. 108. 268.
Es sind vier Länder gelegen. 168. 419.

Es wallt das Korn weit in die Runde. 95. 194.
Es wandert eine schöne Sage. 202.
Es war der Has von Überlingen. 10. 69. 137. 349.
Es war ein heitres goldnes Jahr. 232.
Es wiegt die Nacht mit himmelweiten Schwingen. 94. 110. 193.
„Es wird schon gehn." 31. 88. 99. 145. 316.
Es zechten ihrer Dreie. 166. 430.

F.

Fahre herauf, du krystallener Wagen. 150. 153. 197.
Fällt einer ab von eurer Schar. 306.
Flackre, ew'ges Licht im Tal. 274.
Fliehendes Jahr, in duftigen Schleiern. 80. 157. 212.
Fliehe nicht, du holde Maid. 109. 274.
Frau Rösel ist eine gute Frau. 143. 158. 161. 311.
Freiheit mit den schwarzen Augen. 311.
Fuhr ein Schifflein gegen Flüelen. 168. 403.

G.

Gefächelt von der Lüfte Schwingen. 97. 300.
Gefallen sind die Hiebe. 50. 88. 99. 138. 336.
Geh' auf, o Sonn'! und öffne mir. 20. 100. 248.
Geh', gewinn mir Geld ins Haus. 99. 279.
Gestern eine Aventür'. 413.
Glück auf! nun will ich wandern. 65. 157. 162. 310.
Golden strahlt die Morgensonne. A. 360.
Graulockig ein Mann und ein blonder Kam'rad. 70. 88. 91. 98. 111. 139. 352.

H.

Halb sorg-, halb lustbewegt. 282.
Halte fest an der Partei. 307.
Haltet, Freunde, eine kurze Weile. 289.
Ha! was ist das? Die Sehnen zucken wieder. 251.
Hei, da geht er. 432.
Heißt ein Haus zum Schweizerdegen. 278.
Hell im Silberlichte flimmernd. 97. 208.
Heraus nun, ins Freie! 169. 427.
Herbstnächtliche Wolken, sie wanken und zieh'n. 210.
Herrlich in der Maienzeit. 83. 98. 126. 137. 161. 345.
Herr Stoßenwolf von Gevauban. 10. 104. 157. 338.
Heute sah ich ein Gesicht. 156. 332.
„Hier die Brücke, da der Fluß." 10. 98. 150. 341.
Hier unter diesem Rasengrün. 279.

Hoffnungsblumen, Morgenröten. 144. 311.
Holzgeschnitzte Bilder prangen. 295.
Horch — endlich zittert es durch meine Bretter. 115. 253.
Horch! Stimmen und Geschrei, doch kaum zu hören. 138. 159. 252.
Hör an, mein Kind, was ich dir kosend sage. 412.
Hüll' ein mich in die grünen Decken. 131. 150. 154. 200.
Hussah! Hussah! Die Hatz geht los. 60. 97. 111. 160. 291.

J.

Ich bet' in aller Frühe. 137. 160. 308.
Ich bin ein Fremder hier zu Lande. 331.
Ich bin rot und hab's erwogen. 48. 97. 142. 302.
Ich drückte mich nach Hause. 112. 313.
Ich fahre mit den Winden. 417.
Ich fühlte wohl, warum ich dich. 171. 404.
Ich fürcht' nit Gespenster. 32. 326.
Ich ging am grünen Berge hin. 26. 96. 132. 221.
Ich habe nun Paris, Wien und Berlin gesehn. 172. 424.
Ich habe sie gesehen. 416.
Ich habe so manchen Narren gekannt. 7. 171. 405.
Ich hab' in kalten Wintertagen. 271.
Ich halte dich in meinem Arm. 298.
Ich kam zu einem Apfelbaum. 99. 308.
Ich kenne dich, o Unglück. 21. 68. 151. 342.
Ich liege beschaulich. 208.
Ich mach' die Seelen selig, ich allein. 170. 407.
Ich muß ein Weilchen wohl geschlafen haben. 117. 257.
Ich sah ein holdes Weib im Traum. 98. 351.
Ich sah jüngst einen Schwarm. 20. 56. 239.
Ich sehe dich mit lässig sichrer Hand. 235.
Ich weiß ein Haus, das ragt mit stolzen Zinnen. 20. 240.
Ich will spiegeln mich in jenen Tagen. 132. 154. 218.
Ihr nennt uns Träumer, Schächer. 98. 110. 243.
Ihr Werkleut', tretet nun heran. 167. 434.
Im afrikanischen Felsental. 34. 90. 104. 324.
Im Bauch der Pyramide tief begraben. 238.
Im Frührot stand der Morgenstern. 190.
Im gebenedeiten Jahre. A. 375.
Im Glase blüht ein frischer Rosenstrauß. 23. 138. 146. 201.
Im Herbst verblichen liegt das Land. 141. 210.
Im Herbst, wenn sich der Baum entlaubt. 98. 211.
Im Laube weht der Sommerwind. 280.

Im Traum sah ich den schlimmen Jugendfeind. 131. 429.

Im Wallis liegt ein stiller Ort. 10. 34. 145. 350.

Im Zwielicht ruht das Stoppelfeld. 82. 99. 158. 318.

In Blüten schwamm das Frühlingsland. 101. 204.

In dem Tale von Chamounix. A. 358.

In dem Winkel einer Schenke. 65. 98. 339.

In die schönste Alpenflora. A. 368.

In einer Frühlingsmitternacht. 436.

In Gold und Purpur tief verhüllt. 50. 133. 141. 153. 161. 198.

In heißem Glanz liegt die Natur. 16. 34. 81. 109. 146. 273.

In Mittagsglut, auf des Gebirges Grat. 101. 237.

Ins Innere jedes Sarges sollte man. 117. 256.

Ist zu Ende nun das Kannegießen. 307.

J.

Ja, das ist der alte Kirchhof. 27. 88. 232.

Ja, du bist frei, mein Volf. 28. 98. 241.

Ja, hätt' ich ein verlass'nes Liebchen nun. 115. 254.

Jetzo kann die Bergromanze. A. 370.

Jetzt ist des Winters grimmer Frost. 283.

Johannisfeuer glimmt und flimmert. 140. 285.

K.

Kennt ihr den Kleinkinderhimmel. 308.

Klagt mich nicht an. 21. 67. 104. 152. 342.

L.

Läg' ich, wo es Hyänen gibt, im Sand. 251.

Lässig bald und wieder schneller. 331.

Langsam und schimmernd fiel ein Regen. 127. 200.

Laßt mich in Gras und Blumen liegen. 33. 107. 132. 348.

Laßt rot vor Scham erglühen eure Wangen. 20. 120. 250.

Laßt uns auf alle Berge gehen. 212.

Launig erlog die Natur. 305.

Laut stürmt der Schall der Glocken. 129. 258.

Leise regen sich die Schollen. A. 391.

M.

Malice darf nicht Wurzel. 429.

Man merkte, daß der Wein geraten war. 20. 239.

Man sagt, daß in der Völkerschlacht. 283.

Mich tadelt der Fanatiker. 298.

Mir glänzen die Augen. 65. 326.

Mit deinem Adelsbriefe wohl versehen. 168. 420.

Mit dem grauen Felsensaal. 10. 270.

Mitternächtig wandelt Heinrich. A. 378.

Müde saß ich in der Dämm'rung. 26. 57. 137. 161. 223.

Murrend zog der Kranke weiter. A. 381.

N.

Nachdem wir nun begraben. 90. 92. 94. 102. 147. 281.

Nasser Staub auf allen Wegen. 162. 209.

Nein! — Zwischen uns soll Friede sein. 129. 137. 310.

'Ne Schale Feuerwein ist gut. 401.

Nicht ein Flügelschlag ging durch die Welt. 26. 34. 217.

Nimm diese Lieder, Lobgesang und Klagen. 20. 244.

Nun bin ich untreu worden. 99. 145. 159. 191.

Nun, da diese alten Herrn. 64. 309.

Nun in dieser Frühlingszeit. 149. 225.

Nun ist der Lenz gekommen. 51. 148. 324.

Nun legst du, alte wettermüde Föhre. 90. 96. 108. 148. 329.

Nun schmücke mir dein dunkles Haar. 297.

Nun stimmet die Harfen. 419.

Nur diesen letzten Rocken. 315.

„Nur Ordnung, Anmut!" 244.

O.

Ob sie geschehn? Das ist hier nicht zu fragen. 90. 242.

O ein Glöcklein klingelt. 97. 299.

O Erde, du gedrängtes Meer. 58. 146. 156. 231.

O heiliger Augustin im Himmelssaal. 160. 297.

O Leib meiner Dame, du köstlicher Schrein. 165. 411.

O Mädchen! gestern quälte mich. 401.

O mein Heimatland! 28. 152. 160. 275.

O teure Luft! Mit jedem Odemzug. 115. 257.

O wär' mein Herz das tiefe Meer. 122. 287.

O welch' ein Duften, Rosalinde. 92. 159. 330.

P.

Partei ist ein Mittel, wie alles im Staate. 428.

Perlen der Weisheit sind mir deine Zähne. 298.

R.

Ragend in der dunklen Nacht. A. 379.

Recht im Glücke, goldnes Los. 21. 66. 94. 154. 342.

Rinne sanft, du weiche Welle. 315.

Röschen biß den Apfel an. 88. 150. 327.
Ruhig sprach sie andern Tages. A. 364.
Rüstet die Kelter, die Kufen und Tonnen. 10. 33. 138. 349.

S.

Sah ich eine junge Welle. 156. 209.
Schämig versagst du den Blick. 304.
Schäum' brausend auf! 54. 88. 151. 245.
Schimmernd liegt die Bahn. 98. 142. 355.
Schleunig endete das Lachen. A. 384.
Schließt auf den Ring. 280.
Schneebleich lag eine Leiche. 240.
Schnee und Regen floß hernieder. 46. 71. 88. 96. 108. 141. 151. 156. 355.
Schöne Bürgerin, sieh, der Mai. 141. 191.
Schon die nächste Mitternacht. A. 374.
Schon hat die Nacht den Silberschein. 23. 96. 192.
Schon war die letzte Schwalbe fort. 27. 53. 140. 150. 228.
Seht da den Vogel mit gerupften Schwingen. 20. 162. 249.
Seht den Schuft am Waldessaum. 160. 329.
Seht die dürre Spielersippe. 295.
Sei mir gegrüßt, Melancholie. 69. 137. 152. 344.
Seid mir gesegnet, meiner Heimat Gründe. 20. 108. 248.
Seit ihr die Berge versetzet. 305.
Sie haben mir, als sie der Tod belogen. 117. 256.
Sie haben Ruh', die Kutten. 290.
Sieh den Abendstern erblinken. 47. 96. 121. 233.
Siehst du den Stern. 272.
Sie kamen von der Tränke. 298.
Singt mein Schatz wie ein Fink. 326.
Sobald ein Dichterkind mit holdem Siege. 170. 422.
So beginnt es rings zu leben. 296.
So bist du eine Leiche. 316.
So ist es doch betrübt zu klagen. 266.
So manchmal werd' ich irre. 55. 143. 156. 237.
So oft die Sonne aufersteht. 196.
Stadt der Freude, Stadt der Töne. 108. 145. 268.
Suchend ging er wieder vorwärts. A. 383.

T.

Trau keinem, der nie Partei genommen. 306.
Traurig saß das Embryönchen. A. 336.
Tretet ein, hoher Krieger. 327.

U.

Unabsehbar auf der Steppe. 310.
Unabsehbar in der Runde. A. 388.

Und als die Nixe den Fischer gefaßt. 166. 405.
Und als die Schöpfung bleischwer. 194.
Und Einer kommt und raunt. 81. 95. 259.
Und wieder grünt der schöne Mai. 131. 265.
Und wieder schlägt's. 115. 255.
Unser ist das Los der Epigonen. 297.
Unverhofft nach trüben Tagen. 415.

V.

Vaterland im Sternenscheine. 427.
Vaterland, um deinen Segen. 166. 430.
Verbogen und zerknissen. 111. 137. 298.
Verschlossen und dunkel. 129. 143. 154. 161. 216.
Viele Tage lag der Dichter. 387.
Viele Wochen sind entflohn. 410.
Volkstum und Sprache sind das Jugendland. 149. 240.
Vom Lager stand ich mit dem Frühlicht auf. 49. 95. 154. 320.
Von alter Zeit her war des Hauses Wand. 108. 149. 259.
Von Berg und grünen Weiden. 277.
Von Gestein, schwarz und verwittert. A. 391.
Von heißer Lebenslust entglüht. 51. 129. 144. 219.
Von Holz und Reisig eine hohe Wand. 91. 162. 258.

W.

Wandl' ich im Morgentau. 327.
Wann die Frühlingslüfte glänzen. 397.
Was du nicht willst. 306.
Was durchschauert uns beim Mahle. 397.
Was eilt zu Tal der Schweizerknab'. 107. 277.
Was ist das für ein Schrei'n und Peitschenknallen. 238.
Was rollt so zierlich, klingt so lieb. 10. 85. 137.
Was sind das für possierliche Gesellen. 244.
Was tragen sie für weiße Läppchen. 432.
Weil ich den Schwarzen untreu ward. 171. 404.
Weil in Tendenzen. 304.
Weise nicht von dir mein schlichtes Herz. 7. 98. 299.
Weisheitsvoll und prophetisch. 304.
Welche tief bewegten Lebensläufchen. 300.
Welch' lieblich Wunder nimmt mein Auge wahr. 261.
Welch' lustiger Wald. 159. 332.
Welch' schauriger Lenz. 400.
Welk lag meines Herzens Garten. 173. 421.
Wende dich, du kleiner Stern. 191.
Wenn ein Poet ein Stück vom ew'gen Leben. 170. 407.
Wenn schlanke Lilien wandelten. 297.

Wenn schlechte Leute zanken. 307.
Wenn so golbrötlich dunkel. 166. 405.
Werft den Schächer aus dem Tempel. 428.
Wer ohne Leib, der ist auch ohne Liebe. 162. 246.
Wer über den Partei'n. 306.
Westlich sank die rote Sonne. A. 338.
Wie ahnungsvoll er ausgezogen. 263.
Wieder hat der junge Mai. 169. 430.
Wieder war der Herbst gekommen. A. 370.
Wie des Rauches Silbersäumchen. 300.
Wie ein Fischlein in dem Garn. 80. 93. 138. 154. 225.
Wie einst die Medizäerin. 10. 102. 303.
Wie einst die Tochter Pharaos. 56. 263.
Wie glänzt der helle Mond. 112. 328.
Wie herrlich wär's, zerschnitt'ner Tannenbaum. 114. 137. 254.
Wie ich fahr' in stiller Nacht. 418.
Wie ist denn einst der Diamant entstanden. 94. 241.
Wie nach dem Rezept geschaffen. 92. 332.
Wie naht das finster türmende. 216.
Wie nun alles stirbt und endet. 131. 153. 214.
Wie oft ward dieser Sperling schon gebraten. 432.
Wie poltert es! — Abscheuliches Geroll. 114. 140. 160. 251.
Wie schlafend unterm Flügel. 160. 194.
Wie schön, wie schön ist dieses kurze Leben. 20. 97. 128. 155. 247.
Wie sie sich da drehn im Tanze. 418.

Wie strahlet ihr im Morgenschein. 53. 99. 198.
Willkommen, klare Sommernacht. 93. 159. 160. 191.
Willst Arbeit tragen und Ehre genießen. 428.
Willst du nicht dich schließen. 316.
Willst du, o Herz, ein gutes Ziel erreichen. 20. 132. 148. 247.
Wir haben deinen tiefen Gram vernommen. 192.
Wir haben hoch im Bergrevier. 278.
Wir standen an rauschender, schwellender Flut. 268.
Wir wähnten lange recht zu leben. 272.
„Wissende sagten es lange." 304.
Wohin hat dich dein guter Stern gezogen. 235.
Wohlan, ihr neunmal Weisen. 129. 310.
Wohl dehnen endlos Steppen sich. 107. 276.
Wohl ist die Lilie wunderbar. 410.
Wo ist der schöne Blumenflor. 290.
Wo ist ein Volk, so frei von allen Plagen. 56. 97. 242.
Wo sich drei Gassen kreuzen. 238.

Z.

Zieht eine arme Pilgerin. 132. 161. 315.
Zu loben ist der Männer kühner Mut. 261.
Zum Gerichte rief der Frühling. 202.
Zum Pfäffel kam ein Pärlein. 108. 340.
Zwei Gräber waren auf der Heide. 101. 128. 147. 272.
Zwölf hat's geschlagen. 254.

Druckfehler.

Infolge Abwesenheit des Verfassers sind in den ersten fünf Bogen folgende Druckfehler
stehen geblieben:

S. 5 Z. 5 v. o. lies „ihn“ statt ihm.
S. 6 Z. 15 v. o. „darüber“ ist auszumerzen.
S. 7 Z. 20 v. u. nach „die“ Komma.
S. 34 Z. 14 v. u. lies „Tscheinen.“
S. 43 Z. 7 v. o. lies „barock-puppenhaft.“
S. 45 Z. 14, 18, 30 v. o. statt „und“ überall das Zeichen > („zu“) zu setzen.
S. 54 Z. 5 v. o. nach „empfunden“ kein Anführungszeichen.
S. 59 Z. 3 v. u. lies „Über der Beschäftigung.“
S. 67 Z. 10 v. o. lies „I. Ausg. IV. Bd.“
S. 71 Z. 19 v. u. lies „abgedruckte“.
S. 74 Z. 15 v. u. nach „auch“ Komma.

O